ÉTATS-UNIS

D'AMÉRIQUE,

PAR

M. ROUX DE ROCHELLE,

MEMBRE DE PLUSIEURS SOCIÉTÉS SAVANTES ET LITTÉRAIRES,
ANCIEN ENVOYÉ EXTRAORDINAIRE
ET MINISTRE PLÉNIPOTENTIAIRE DE FRANCE
A HAMBOURG ET AUX ÉTATS-UNIS.

Magnus ab integro sæclorum nascitur ordo.
Virg. ecl. 4, v. 5.

PARIS,

FIRMIN DIDOT FRÈRES, ÉDITEURS,

IMPRIMEURS-LIBRAIRES DE L'INSTITUT DE FRANCE,
RUE JACOB, N° 56.

M DCCC XXXIX.

L'UNIVERS.

HISTOIRE ET DESCRIPTION
DE TOUS LES PEUPLES.

ÉTATS-UNIS D'AMÉRIQUE,

PAR M. ROUX DE ROCHELLE,

MEMBRE DE PLUSIEURS SOCIÉTÉS SAVANTES ET LITTÉRAIRES.

TYPOGRAPHIE DE FIRMIN DIDOT FRÈRES,
RUE JACOB, N° 56.

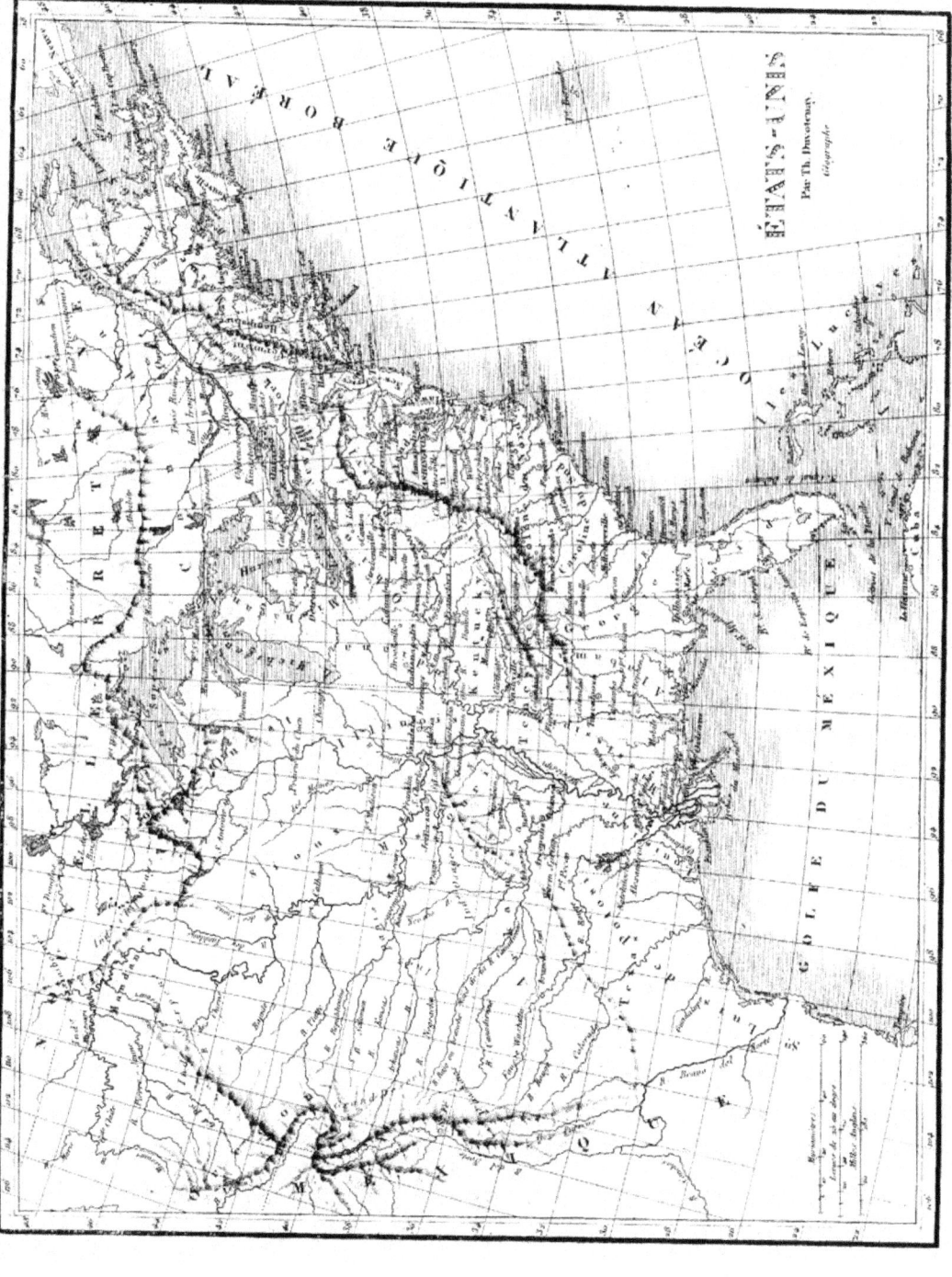

L'UNIVERS,

ou

HISTOIRE ET DESCRIPTION

DE TOUS LES PEUPLES,

DE LEURS RELIGIONS, MOEURS, COUTUMES, ETC.

ÉTATS-UNIS D'AMÉRIQUE.

PAR M. ROUX DE ROCHELLE,

ANCIEN MINISTRE DE FRANCE AUX ÉTATS-UNIS.

INTRODUCTION.

EXPÉDITIONS ANTÉRIEURES A L'ÉTABLISSEMENT DES COLONIES ANGLAISES. — PONCE DE LÉON, VASQUEZ DE AILLON, NARVAEZ, FERDINAND DE SOTO, TRISTAN DE LUNA, RIBAUT, LAUDONNIÈRE, MENENDEZ, DOMINIQUE DE GOURGUES.

L'ORIGINE des États-Unis d'Amérique remonte aux premières colonies anglaises qui furent établies sur ce rivage. Nous passerions sous silence plusieurs expéditions antérieures à ces établissements, si elles n'intéressaient pas des contrées qui devaient entrer un jour dans la confédération américaine. Les acquisitions successives de cette puissance devant être comprises dans le cadre de notre histoire, il nous paraît utile à l'enchaînement des faits qui se dérouleront sous nos yeux, de suivre et de rapprocher les annales des différents membres de ce vaste corps : nous indiquerons comment toutes ces régions furent découvertes, et par quelles vicissitudes elles passèrent, avant d'être réunies en une seule nation.

Dans ce tableau général, quelques grands traits domineront nécessairement tous les autres. Les événements féconds en résultats, ceux qui règlent les destinées des empires, sont les seuls qui puissent rester dans la mémoire des hommes, les seuls dont l'examen puisse offrir quelques salutaires leçons.

La première expédition pour les côtes de Floride fut faite en 1512, par Juan Ponce de Léon, qui avait accompagné Colomb dans son second voyage. Il avait porté ses premières armes contre les Maures, lorsqu'ils furent expulsés du royaume de Grenade, et sa valeur, son habileté le firent ensuite remarquer dans les guerres des Indes occidentales. Ponce de Léon, devenu conquérant et gouverneur de Porto-Rico, apprit de quelques Indiens, qu'il existait vers le nord une contrée riche et fertile, dont les eaux avaient la propriété de rajeunir, et qu'une source douée d'une vertu semblable coulait dans l'île de Bimini, située au milieu de l'archipel

1re *Livraison.* (ÉTATS-UNIS D'AMÉRIQUE.) 1

de Bahama. Le vieux guerrier, désirant se signaler par de nouvelles entreprises, et se laissant peut-être séduire par une illusion vaine, partit de Porto-Rico avec trois navires : il se dirigea vers cet archipel, en parcourut les îles, sans y trouver la fontaine merveilleuse, et atteignit ensuite le continent, vers le 30° degré 8 minutes de latitude. Sa découverte eut lieu le jour des Rameaux ou de Pâques fleuries, et il donna le nom de Floride au pays qu'il venait de reconnaître. Ponce de Léon parcourut, du nord au midi, tous les parages de cette contrée ; il y débarqua sur différents points, et il eut plusieurs engagements avec les indigènes. Après avoir doublé la pointe méridionale de la Floride, et avoir reconnu l'archipel des Tortues, il revint à Porto-Rico, encore ébloui de ses premières espérances. Les trésors et la jeunesse qu'il cherchait lui échappèrent, mais il trouva la renommée, et sa mémoire a été consacrée par une grande découverte.

Perez de Ortubia entreprit ensuite un voyage et des recherches semblables ; et quelques reconnaissances sur d'autres points de cette côte furent faites en 1520, par Lucas Vasquez de Aillon. Une tempête l'ayant surpris dans une expédition contre les Caraïbes des îles Lucayes, il fut jeté sur les côtes orientales du continent, et il prolongea ses découvertes vers le nord, jusqu'au cap Sainte-Hélène ; mais il n'y forma aucun établissement ; et le seul résultat de son voyage fut l'enlèvement de cent trente Indiens, qu'il amena dans l'île d'Haïty, où ils furent condamnés aux travaux des mines, et où ils moururent incessamment de fatigue et de tristesse.

Pour remplacer dans cette île et dans celle de Cuba les anciens habitants moissonnés par les vainqueurs, on allait souvent faire des esclaves dans l'archipel des Caraïbes ; et lorsque le continent eut été reconnu, ce genre de piraterie put s'exercer sur ses rivages, jusqu'à ce qu'on en eût transporté le sanglant théâtre sur les côtes d'Afrique.

Ponce de Léon avait paru renoncer depuis quelques années à toute entreprise nouvelle, lorsque le bruit des exploits de Fernand Cortez, conquérant du Mexique, vint ranimer son ambition. Les récentes découvertes de Vasquez de Aillon l'avertissaient d'ailleurs de la vaste étendue de la Floride ; car ce nom s'était appliqué de proche en proche à toutes les contrées contiguës. Ponce de Léon partit en 1521 avec deux navires équipés à ses frais, pour s'établir sur ce littoral ; mais les Indiens s'avancèrent contre lui (voy. pl. 1) : la plupart de ses hommes furent tués ; lui-même, ayant été blessé d'un coup de flèche, fut contraint de regagner ses vaisseaux, et il remit à la voile pour l'île de Cuba, où il mourut quelques jours après son arrivée.

Une nouvelle expédition fut formée en 1524 par Vasquez de Aillon ; mais il ne put pas même parvenir au cap qu'il avait reconnu dans son premier voyage. Les Indiens de la côte où il débarqua lui firent un accueil simulé, pour attirer une partie de ses soldats dans l'intérieur du pays : deux cents hommes y furent tués ; les autres furent assaillis sur la plage, et Vasquez de Aillon tomba lui-même sous les coups des Indiens. Toutes les tribus de cette contrée cherchaient à repousser les Européens : le bruit des enlèvements commis sur le rivage s'était répandu de toutes parts : les Indiens en étaient indignés, et ils avaient saisi l'occasion de se venger.

On n'avait encore exploré que la côte orientale de Floride ; Pamphile Narvaëz suivit une autre direction. Cet ancien rival de Fernand Cortez était déjà connu par sa malheureuse expédition du Mexique : il voulut ensuite réparer noblement sa disgrace et se signaler à son tour par des découvertes. L'escadre qu'il vint équiper à Cadix mit à la voile en 1527, relâcha dans l'île de Cuba, et se dirigeant vers le nord, découvrit la baie de Pensacola, où elle débarqua au mois d'avril 1528. Narvaëz avait avec lui trois cents hommes, dont quarante étaient à cheval : il pénétra dans l'intérieur, à la tête de son corps de troupes, et pour gagner la haute région des Apalaches, il eut à surmonter tous les obstacles qu'une contrée sauvage peut opposer aux communications. Les plaines immenses qui s'étendaient jusqu'au pied de ces montagnes étaient couvertes d'épaisses forêts, et l'on se frayait avec effort un passage à travers des débris confus d'arbres renversés par les ouragans, fracassés par la foudre, ou tombés de vétusté : des marais, des flaques d'eau où ces ruines de la végétation étaient amoncelées occupaient tous les bas-fonds. Ici les eaux ne trouvaient aucun écoulement, là il fallait franchir des rivières profondes et rapides, soit à la nage, soit à l'aide de radeaux ou de canots faits à la hâte : on rencontra quelques hameaux indiens, entourés de leurs plantations de maïs ; mais le plus souvent on voyageait dans les déserts, on y manquait de subsistances ; et lorsqu'on fut arrivé chez les Apalaches, on n'y trouva point l'abondance et les richesses qu'on était venu chercher. Narvaëz, exposé à de fréquentes hostilités de la part de ces peuples, armés d'arcs et de flèches, dont ils se servaient avec autant d'adresse que de force, ne crut pas pouvoir se soutenir dans leur contrée. Il regagna les bords de la mer, et parvint à l'embouchure du fleuve Apalachicola. Ce voyage avait duré trois mois : les embarcations qu'on eut alors à construire ne furent prêtes que le 20 septembre, et en prenant la mer sur-le-champ, on fut exposé à la violence des ouragans qui accompagnent souvent l'équinoxe. Cette flottille aventureuse suivit d'abord le rivage, en se dirigeant de l'est à l'ouest : des canaux maritimes, formés entre la terre ferme et quelques îles étroites et sablonneuses, abritèrent par intervalles cette navigation ; mais partout où l'on n'avait plus ces barrières naturelles, on devenait le jouet des vagues. L'entrée d'un grand fleuve fut ensuite reconnue ; ce devait être celle du Mississipi : la masse de ses eaux était si grande qu'elles prolongeaient leur cours assez loin dans la mer, et qu'on put y puiser de l'eau douce. dont les équipages avaient besoin. Mais le même courant obligeait ces faibles esquifs à s'écarter de la côte ; le gros temps les dispersa bientôt : Narvaëz, qui avait espéré gagner un parage mieux abrité, fut violemment emporté vers la haute mer, et ne reparut plus. Les autres barques poursuivirent péniblement leur traversée vers l'ouest, et furent jetées sur différents points de la terre ferme ou des îles qui bordent le littoral : la plupart des hommes y périrent de faim ou de maladie. Alvar Nunez, l'un de ceux qui survécurent aux désastres de cette expédition, était réservé à d'autres hasards ; il parvint à gagner la confiance des Indiens, et il acquit d'autant plus d'ascendant sur milieu d'eux, qu'on lui croyait l'art de deviner et de guérir : trois autres hommes, naufragés comme lui, s'unirent à sa destinée : plusieurs cures, que ces peuplades regardaient comme l'effet de leurs soins ou de leurs sortilèges, les mirent en crédit, et leur adresse leur fit attribuer différents prodiges. Ils partagèrent pendant huit ans la vie errante, les fatigues, les misères des sauvages, et ils se rendirent ensuite à Mexico, accompagnés de trente Indiens des territoires où ils avaient passé. Le conquérant de la Nouvelle-Espagne s'y trouvait encore, et Antonio de Mendoza y exerçait l'autorité de vice-roi.

On voulut profiter des notions données par ces voyageurs, pour essayer par terre de nouvelles expéditions dans l'intérieur de la Floride. Vasquez Coronado en était chargé ; mais il prit une autre direction ; il se porta au nord-ouest vers les régions de Sinaloa et de Sonora, et il pénétra dans celle de Quivira, en cherchant, sur la foi de quelques vagues traditions, des richesses et des merveilles qui s'évanouissaient à son approche.

Une autre entreprise s'exécutait à la même époque, et Ferdinand de Soto était parti d'Espagne en 1538, avec un corps de douze cents hommes, destinés à former un établissement en Floride. Ce guerrier se rend dans l'île de Cuba, s'élève ensuite vers le continent, débarque dans la baie de Spiritu-Santo, et remonte vers le nord jusqu'au pied des Apalaches. Les Espagnols changent alors de direction ; ils poursuivent leur voyage vers l'ouest, à travers les pays arrosés par le Coosa, l'Alabama, le Tombegbe, et ils gagnent successivement le Mississipi, la rivière Rouge, et le Brazos-de-Dios, qui devient le terme de leur expédition. Elle avait duré trois ans : la guerre, les fatigues, la famine avaient emporté la plupart des soldats ; l'esprit de sédition désunissait les faibles restes de cette armée, et Ferdinand de Soto prit le parti de la ramener vers le Mississipi. On regagna ce fleuve, près de l'embouchure de l'Arkansas ; mais la mort du commandant vint ruiner son entreprise : cette troupe, réduite à trois cents hommes, renonça à former un établissement : ils s'embarquèrent sur le Mississipi, firent de fréquentes incursions qui les affaiblirent encore, et s'avancèrent jusqu'à l'embouchure du fleuve, d'où ils regagnèrent les grandes Antilles ou les côtes du Mexique.

Don Louis de Velasco, devenu viceroi de la Nouvelle-Espagne, fut chargé de préparer une autre expédition pour peupler la Floride. Il rassembla tous les hommes qui avaient fait la guerre dans cette contrée, ou que des naufrages y avaient conduits ; et Tristan de Luna fut nommé capitaine-général de ce corps d'armée, qui s'embarqua à Vera-Cruz, et prit terre le 14 août 1559, dans la baie de Pensacola. Six jours après, toute la flotte fut brisée par un ouragan : on perdit les approvisionnements qu'elle avait à bord, et l'on se trouva sans ressources sur une côte stérile. Un détachement de quatre cents hommes fut alors envoyé à la découverte ; il eut à traverser un pays inculte et désert, et enfin il atteignit le village indien de Nanipacna. Cette peuplade avait été plus nombreuse, et sa ruine paraissait remonter à l'époque de l'invasion de Ferdinand de Soto. Luna se rendit bientôt au même lieu avec toutes ses troupes : les unes arrivèrent par terre, les autres en remontant le cours du fleuve : ce village reçut le nom de Santa-Cruz de Nanipacna.

Nous avons rapporté dans nos récits les noms primitifs des lieux où les navigateurs abordèrent ; mais pour éclaircir cette partie de notre histoire, et pour en établir la concordance avec les autres ouvrages publiés sur les mêmes expéditions, il convient de remarquer que plusieurs parties de ces rivages ont successivement reçu des noms différents. La baie et le port de Pensacola, découverts par Pamphile Narvaez, furent désignés par lui sous le nom de Santa-Cruz. La même baie fut reconnue dix ans après par un capitaine de Ferdinand de Soto, qui lui donna le nom d'Achusi ; elle fut nommée en 1558 baie de Sainte-Marie, par don Tristan de Luna ; et dans la suite on joignit le nom de Galve à cette dernière désignation ; mais le nom indien de Pensacola prévalut enfin sur ceux qui l'avaient momentanément remplacé.

Le Mississipi est connu dans les relations les plus anciennes, sous le nom de Spiritu-Santo, qui fut également donné à une baie de la Floride. Quelques parages situés au nord du golfe du Mexique, et désignés dans les relations d'Alvar Nunez, sous les noms de plage de Cavallo, détroit de Saint-Michel, île de Malhado, ont changé de nom, et l'on ne peut en retrouver la situation qu'en rapprochant les unes des autres plusieurs circonstances locales qui aident à les reconnaître.

C'est ainsi que dans l'histoire de la géographie, plusieurs désignations passagères se sont succédé. On cherche en vain dans les cartes du Nouveau-Monde, les plus voisines du temps de sa découverte, la trace d'une partie de ces changements : les pilotes qui les dressèrent avaient consulté quelques relations ; les autres étaient tombées dans l'obscurité ou dans l'oubli.

De telles variations de nomenclature ne peuvent nous surprendre : elles se font également remarquer dans la géographie des temps anciens; mais elles avaient alors une autre origine : elles étaient, d'âge en âge, le résultat des conquêtes et d'un changement de domination. Lorsqu'un nom périssait, la cité même qui le portait avait été détruite; si une autre la remplace, elle rappelle, par le nom qu'on lui donne, celui de son réparateur ou de son fondateur; et l'étude de ces désignations successives se lie étroitement à celle des révolutions des empires : les peuples se heurtent, les trônes s'écroulent, et les noms changent parce que les possesseurs ne sont plus les mêmes.

Mais dans cette série de différents noms arbitrairement imposés aux mêmes lieux par les navigateurs du Nouveau-Monde, nous ne reconnaissons plus les vicissitudes des événements. Nous voyons des rivages, des fleuves, des promontoires aperçus tour à tour par divers voyageurs : chacun d'eux leur impose un nom; chacun veut consacrer dans ses cartes ou dans ses récits le monument de sa découverte. D'autres voyageurs surviennent : les désignations changent encore, et la confusion des noms et des langues est souvent le résultat de cette espèce de rivalité. Quel sera le dénoûment de ces prétentions jalouses? Plusieurs noms sont en présence; on s'en dispute la conquête : digne sujet d'altercation pour l'orgueil humain! Heureuses les nations, si les querelles de pavillon et de puissance ne succèdent pas à ces discussions individuelles!

Le commandant espagnol que nous avons suivi jusqu'au village indien de Nanipacna, y fut accueilli favorablement par les naturels du pays. Les produits de leur chasse et la récolte de leur maïs assurèrent à ses troupes quelques subsistances; mais ces faibles provisions furent bientôt épuisées, et Luna, voulant faire de nouvelles reconnaissances, fit porter en avant un corps de trois cents hommes. Il avait entendu parler de la province de Coosa, située plus au nord : ce fut dans cette direction que les Espagnols voyagèrent, et, après cinquante jours de marche à travers un pays coupé par des fleuves, des marécages, des forêts, où ils ne pouvaient suivre aucune direction déterminée, ils parvinrent sur les bords de l'Alabama. Plus loin, ils reconnurent quelques villages indiens; ils campèrent dans le voisinage, et firent divers échanges avec ces peuplades pour en obtenir des subsistances.

La présence des étrangers n'était pas pour les Indiens un nouveau spectacle : ils se rappelaient l'expédition de Ferdinand de Soto : deux hommes de sa suite avaient même passé douze ans au milieu d'eux, et ils y avaient terminé paisiblement leur vie. On aurait reçu sans crainte quelques voyageurs; mais le nombre et la force d'une troupe armée excitaient les inquiétudes de cette tribu sauvage, et, pour éloigner les Espagnols, elle les entraîna dans une expédition militaire, propre à séduire leur vaillance, et les détermina à porter secours aux Indiens de Coosa, qui n'étaient éloignés que de quelques journées. Ceux-ci étaient alors en guerre avec les Natchez, peuplade révoltée qui leur refusait le paiement d'un ancien tribut. Les Natchez avaient obtenu sur eux plusieurs avantages; les veuves des guerriers de Coosa, morts en combattant, avaient coupé leur chevelure, l'avaient dispersée sur les tombeaux de leurs ancêtres, et, venant toutes ensemble adresser au cacique leurs supplications, elles se jetaient à ses genoux pour implorer vengeance (voy. pl. 6).

À l'arrivée des Européens, qui se présentèrent comme auxiliaires, on courut aux armes avec plus de confiance : le cacique en avait donné le signal; des cris de guerre retentirent dans toute la nation de Coosa. Trois cents hommes s'assemblèrent dans une plaine, et se partagèrent en différents groupes, dont chacun avait un guide; cinquante Espagnols à pied et cinquante à cheval se joignirent à cette expédition. Le lendemain on vit huit chefs indiens traverser à la course le quartier des Espagnols, celui de leurs propres guerriers, et se rendre près du cacique en poussant de grands cris ; ils le prirent sur leurs épaules et le portèrent à quelque distance, jusqu'au pied d'une estrade dont il monta seul les degrés. Le cacique s'y promena avec gravité ; on lui remit une espèce de sceptre, terminé par quelques brillants plumages ; il le leva plusieurs fois, en le dirigeant vers le pays des Natchez avec un geste menaçant. Il mit alors quelques graines dans sa bouche, les écrasa, et en rejeta les débris. « Amis, dit-il à ses guerriers, « nos ennemis seront vaincus, et leurs « forces seront brisées comme ces « graines que mes dents ont détrui- « tes. » Le cacique prit ensuite une conque remplie d'eau, et, la versant goutte à goutte : « Que tout leur sang, « s'écria-t-il, puisse être ainsi répan- « du ! » (voy. pl. 3). Tous les Indiens répétèrent à grands cris ces imprécations. Le cacique descendit de son estrade, et marcha à la guerre qu'il venait de déclarer solennellement aux Natchez.

La nuit suivante, de nouveaux cris s'élevèrent dans le camp des Indiens : leur cacique les excitait encore à la vengeance, et ils lui juraient tous de ne pas revenir sans s'avoir accompli. Le témoignage des éclaireurs envoyés à la découverte fit penser que les Natchez n'étaient pas sur leurs gardes, et le cacique aimait mieux les surprendre que de les attaquer à force ouverte. On approchait de leur premier village, et l'on voulut en occuper les différentes avenues, afin que personne ne pût échapper ; mais lorsque le cacique y entra avec ses troupes, tous les Natchez venaient de s'enfuir : un bruit confus les avait avertis de son approche. Leur village était désert, et l'on ne put s'emparer que des vivres qu'ils avaient laissés.

La vengeance était différée ; et les regrets furent plus amers, lorsqu'on vit dans la place, autour de laquelle s'élevaient leurs habitations, de grands poteaux, marquant le lieu ordinaire du supplice des prisonniers qu'ils avaient faits. Ces pieux étaient garnis de lambeaux sanglants et de chevelures ; et l'aspect de ces funestes trophées vint exalter encore la fureur des guerriers (voy. pl. 4). Ils recueillirent ces misérables dépouilles pour les inhumer avec des rits superstitieux, et ils se dispersèrent dans le village comme des forcenés, les uns dans l'espérance d'y trouver encore quelques ennemis à sacrifier, les autres pour dévaster les cabanes et y mettre le feu. Après le coucher du soleil, ils célébrèrent leur victoire, à la lueur de l'incendie, par des danses, des chants, des cris, et par les bruits confus de leurs instruments sauvages.

Le cacique et les Espagnols voulurent aller à la poursuite des ennemis, et s'avancèrent vers les montagnes où l'on supposait qu'ils s'étaient réfugiés : on ne put en découvrir la trace, et l'on s'approcha d'un grand fleuve, vers lequel ils semblaient s'être dirigés. Les sauvages lui donnaient le nom d'Ochechiton, et ce nom rappelle celui des Nachitoches, dont les tribus se sont ensuite retrouvées dans les contrées plus occidentales.

Les Natchez s'étaient en effet retirés au-delà du fleuve, et ils s'y croyaient en sûreté ; mais les Indiens de Coosa savaient sur quel point la rivière était guéable. On la traversa, ayant de l'eau jusqu'à la poitrine. Un coup d'arquebuse, qui tua un Natchez, jeta l'épouvante parmi tous les autres ; ils ne pouvaient résister aux armes à feu, et, se voyant encore poursuivis au-delà d'une autre rivière, ils sollicitèrent la paix, et offrirent de remettre au cacique de Coosa leurs anciens tributs. Ces subsides consistaient en provisions de grains et de fruits que l'on remettait trois fois par année. Voilà pour quels trésors les sauvages se font la guerre ; ce sont les conquêtes qu'ils se disputent. Une ambition plus vaste, une soif d'or et de pouvoir plus dévorante et plus insatiable, n'appartient qu'aux peuples civilisés.

Les détails où nous sommes entrés sur cette expédition contre les Natchez, nous peignent, sous quelques rapports, les habitants des contrées que l'on venait de découvrir. Les annales de l'histoire nous conduiront à d'autres développements, qui seraient prématurés dans l'introduction de cet ouvrage.

En pénétrant dans l'intérieur du pays, le détachement espagnol, séparé du corps d'armée par de longs déserts, n'avait pu faire parvenir à Tristan de Luna aucune nouvelle de sa situation et de ses découvertes : on croyait que cette troupe entière avait péri; et don Tristan, voulant se tenir plus à portée des secours qu'il attendait du Mexique, abandonna Santa-Cruz de Nanipacna, pour revenir, en descendant le fleuve, au port Ste-Marie, qui en était éloigné de 40 lieues.

Un capitaine et douze hommes, envoyés par le commandant du corps qui avait combattu contre les Natchez, n'arrivèrent à Santa-Cruz qu'après le départ du capitaine général. Un avis, laissé au pied d'un arbre, les avertit de la direction qu'il avait prise, et ils vinrent le rejoindre au port Sainte-Marie. On mit alors en délibération si l'on chercherait à se soutenir dans la province de Coosa, ou s'il fallait l'abandonner. Tristan de Luna regardait comme indigne du courage espagnol de se laisser vaincre par les difficultés, et il ne croyait point cette région si pauvre que les mécontents la représentaient. « Si l'on ne peut y vivre, disait-il, nous nous retirerons chez les Natchez; si leurs ressources s'épuisent, nous chercherons des contrées meilleures, et, pour y parvenir, nous braverons d'autres fatigues : il serait humiliant de les craindre, et, quelque grandes qu'on les suppose, nous sommes déterminés à les souffrir. »

Luna était prêt à lutter contre tous les obstacles; mais son mestre de camp Juan Céron, les croyant insurmontables, et voyant son opinion partagée par le plus grand nombre, résolut de s'opposer au projet du capitaine général. Il renvoya subitement dans le pays de Coosa les douze hommes qui en étaient venus, et il crut pouvoir rappeler, en vertu de l'autorité que lui donnait sa charge, le détachement envoyé à la découverte. Céron lui prescrivait de revenir incessamment; et le commandant de ce corps avancé, recevant un ordre si positif, abandonna la province où il s'était établi : il avait employé sept mois à cette expédition.

La plupart des troupes étaient soulevées quand l'avant-garde revint à Sainte-Marie : l'esprit de sédition faisait chaque jour des progrès; l'extrême sévérité du capitaine général ne fit que l'accroître, et comme il ne pouvait mettre à exécution la rigueur de ses ordres contre un grand nombre d'hommes indisciplinés, on passa bientôt du mécontentement au mépris de l'autorité. Ces troubles durèrent cinq mois; ils furent enfin apaisés par les pieuses exhortations du F. Domingo de l'Annonciation, qui fit usage de toute la puissance de la religion, pour ramener les deux partis à l'amour de la paix et à l'oubli mutuel des injures.

Sur ces entrefaites, le vice-roi du Mexique, don Louis de Velasco, informé des vives dissensions de ce corps d'armée, avait donné un successeur à Tristan de Luna; il avait nommé Angel de Villafane gouverneur de la Floride, et ce nouveau commandant arriva bientôt au port Sainte-Marie, avec quelques renforts de troupes et de munitions. Villafane voulut recueillir les avis de ses prédécesseurs, afin de décider plus mûrement s'il fallait occuper de nouveau la province de Coosa, ou abandonner tout projet d'établissement dans une région si souvent représentée comme stérile. Ce dernier conseil prévalut, et Villafane ramena les troupes à la Havane. Ses instructions lui prescrivaient de se rendre sur la côte orientale de Floride, et de la parcourir jusqu'au cap Sainte-Hélène; mais ce projet ne fut pas mis à exécution.

Il n'était resté au port Sainte-Marie que Tristan de Luna et quelques hommes de sa suite. Cet ancien commandant ne pouvait renoncer à une entreprise dont la grandeur et les avantages l'avaient frappé; et il écrivit encore au vice-roi du Mexique, pour lui soumettre un nouveau plan d'opérations. Il ne doutait pas du succès; mais le vice-roi, n'en prévoyant pas la possibilité, lui donna l'ordre de revenir dans la Nouvelle-Espagne, et il obéit.

Ces derniers événements se passaient en 1561. Quoique la Floride eût été reconnue sur différents points, depuis les premières découvertes de Ponce de Léon, il ne s'y était encore formé aucun durable établissement, lorsqu'un nouveau pavillon parut sur les côtes orientales que la Géorgie et la Caroline occupent aujourd'hui.

L'amiral de Coligny, désirant assurer un refuge aux calvinistes persécutés en France, avait formé, sous le règne de Henri II, le projet de fonder en Amérique une colonie protestante; et Durand de Villegagnon, vice-amiral de Bretagne, avait été chargé de cette expédition. Mais le fort qu'il érigea sur les côtes du Brésil ayant été promptement détruit par les Portugais, Coligny jeta les yeux ur les contrées situées au nord de la Floride, qui avaient été anciennement aperçues par Verazzani. Il proposa au roi d'y faire entreprendre un voyage de découvertes, et Charles IX, qui régnait alors, mit à sa disposition deux navires, dont le commandement fut confié à Jean Ribaut de Dieppe, homme de mer expérimenté, qui partit de ce port le 15 février 1562. Ribaut et ses équipages appartenaient à la religion réformée; et l'amiral, en protégeant une expédition qui pouvait être utile aux protestants, veillait aussi aux intérêts de la France. C'était ouvrir une retraite aux proscrits et mettre un terme aux guerres civiles et religieuses; c'était séparer les deux partis, sans cependant leur faire oublier la communauté de leur origine et de leur patrie. En cessant d'être aux prises, ils se toléreraient davantage, et de mutuels besoins établiraient entre eux de nouvelles relations.

Le capitaine Ribaut atteignit, vers le 30º degré de latitude, les côtes de la Floride; il les suivit en s'élevant vers le nord, et débarqua sur les bords d'un fleuve, auquel il donna le nom de rivière de Mai, parce qu'il l'avait découvert le premier de ce mois. Cette rivière est celle qui reçut ensuite des Espagnols le nom de San Matheo. On y érigea, comme titre d'occupation, une colonne où étaient gravées les armes de France, et l'on eut des communications amicales avec les naturels du pays. Ribaut voulait continuer ses découvertes, afin de choisir sur la côte le lieu le plus favorable à un établissement; il reconnut l'embouchure de toutes les rivières de ce littoral, depuis l'Altamaha jusqu'au-delà du Savannah, et il atteignit, en prolongeant sa navigation, l'entrée d'une baie profonde, qui reçut de lui le nom de Port-Royal. Le Coosa-Walchee, dont la source est dans les Apalaches, verse ses eaux au fond de ce vaste bassin, et il se partage en deux bras avant de se rendre à la mer; l'un se dirige vers le Port-Royal, l'autre vers la baie de Sainte-Hélène; et cette région a toujours été signalée par les indigènes comme la première où ils aient vu s'établir les Européens.

Ribaut considérait comme un prolongement méridional de la Nouvelle-France les contrées qu'il venait de reconnaître, et les Espagnols les regardaient comme un prolongement septentrional de la Floride. C'était donner de part et d'autre une grande extension au droit de découverte; celui d'occupation était plus positif, et Ribaut n'avait été devancé par aucune autre colonie sur le rivage où il cherchait à se fixer. Il donna des noms français aux rivières dont il reconnut l'embouchure: c'étaient la Somme, la Seine, la Loire, la Charente, la Garonne et la Dordogne. La forteresse qu'il éleva ensuite dans une île de la baie de Port-Royal reçut le nom de Charlesfort. Le commandement en fut remis au capitaine Albert, et le chef de l'expédition lui dit, avant de le quitter : « J'ai à vous « prier, en la présence de tous, que « vous ayez à vous acquitter si digne- « ment de votre devoir, et si modeste- « ment gouverner la petite troupe que « je vous laisse, laquelle de si grande « gaîté demeure sous votre obéissance, « que jamais je n'aye occasion que « de vous louer, et de déclarer, comme « j'en ai bonne envie, devant le roi,

« le fidèle service que, en la présence
« de nous tous, lui promettez faire
« en sa Nouvelle-France. Et vous,
« compagnons, dit-il aux soldats, je
« vous supplie aussi de reconnaître le
« capitaine Albert, comme si c'était
« moi-même; lui rendant l'obéissance
« que le vrai soldat doit à son chef
« et capitaine, vivant en fraternité
« les uns avec les autres; et ce fai-
« sant, Dieu vous assistera et bé-
« nira vos entreprises. » Nous venons
d'emprunter le langage des relations
contemporaines, afin de reproduire
dans sa naïve simplicité cette allocution.

Après avoir laissé dans le fort des
vivres et des munitions de guerre, Ribaut salua de son artillerie le nouvel établissement français, et il dirigea sa navigation vers le nord, dans l'intention de gagner l'embouchure du Jourdain, aujourd'hui Santée, qu'un matelot de l'expédition de Vasquez de Aillon avait reconnue quarante ans auparavant; mais les eaux de la mer devenaient plus basses le long de la côte, l'entrée des rivières que l'on rencontra était embarrassée par des bancs de sable, et Ribaut, après avoir consulté son équipage, se détermina à ne pas poursuivre ses découvertes, et à venir rendre compte de celles qu'il avait faites. Il était de retour à Dieppe, cinq mois après son départ.

Les premières relations du capitaine Albert avec les Indiens furent amicales : il alla voir, en remontant le cours du fleuve, le cacique Andusta, et plusieurs autres chefs de tribus, qui l'accueillirent et lui donnèrent des fêtes : il en reçut des provisions de maïs, de gibier et de fruits, leur fit quelques présents, et entretint avec eux une parfaite intelligence; mais il ne sut pas gagner l'affection de ses soldats, et il les irrita par plusieurs actes de rigueur et d'injustice. Un soldat avait été dégradé, en punition d'un délit, et on l'exila dans une île voisine où il fut abandonné : d'autres hommes, menacés d'un traitement semblable, excitèrent une sédition contre Albert : ils le mirent à mort, rappelèrent le soldat banni, près de succomber, et se donnèrent pour chef un autre soldat, nommé Nicolas Barré, qui parvint à rétablir l'ordre dans la colonie. Cependant elle éprouvait des besoins toujours croissants : les secours qu'elle attendait de France ne lui furent pas envoyés, et n'ayant pour y retourner aucun navire à sa disposition, on s'occupa de la construction d'un brigantin. Les Indiens fournirent de grossiers cordages pour les agrès : on employa pour le calfatage la mousse des arbres et la résine des pins; on fit servir à la voilure la toile même de ses vêtements, et l'on se mit en mer sur ce frêle esquif, après avoir distribué aux Indiens ses derniers présents. Les subsistances qu'on obtint d'eux étaient insuffisantes pour une longue traversée; la navigation fut contrariée tour à tour par des tempêtes et par des calmes : les vivres vinrent enfin à manquer; et l'équipage décida dans son désespoir qu'un homme devait être sacrifié pour sauver tous les autres. Alors le soldat banni, qu'ils avaient arraché à la mort une première fois, s'offrit comme victime volontaire : il fut accepté, et la faim les rendit anthropophages. Ces malheureux aperçurent enfin la terre; ils étaient troublés de joie, et laissaient voguer au gré des flots leur navire désemparé, qui faisait eau de toutes parts. Dans cette situation, ils rencontrèrent un capitaine anglais qui les recueillit à son bord : plusieurs furent emmenés en Angleterre, où l'on cherchait à recueillir des informations sur les rivages d'Amérique et sur la possibilité de s'y établir; les autres hommes furent débarqués sur les côtes de France, et ils arrivèrent à Dieppe, au mois de juillet 1564. Cette expédition avait duré vingt-neuf mois : on l'avait abandonnée à elle-même; et les guerres civiles avaient empêché de porter des secours à ces établissements éloignés. Ce fut seulement après le retour de la paix que l'amiral de Coligny fut autorisé par le roi à expédier trois vaisseaux pour cette partie du continent d'Amérique.

René de Laudonnière, qui avait accompagné Ribaut dans sa première expédition, était chargé du commandement de celle-ci, et il partit du Hâvre le 22 avril 1564. Nous devons citer, parmi les hommes qui le suivirent, Ottigny, Lacaille, Laroche-Ferrière, d'Erlac, Levasseur, qui se signalèrent par leurs services militaires. Un peintre, nommé le Moine, se trouvait avec eux, et ses dessins, gravés ensuite par Debry, firent connaître à l'Europe différentes scènes de la vie des Indiens. Nous avons cru devoir en reproduire une partie dans le cours de cet ouvrage, et sans pouvoir garantir la complète exactitude de cet artiste, nous ferons néanmoins observer que ses dessins remontent à l'époque même de la découverte. Si quelques-unes des usages qu'il a représentés ne se retrouvent plus aujourd'hui parmi les sauvages, c'est que la plupart de ces tribus ont été détruites, que celles qui subsistent encore n'appartiennent plus aux mêmes nations, ou que leur genre de vie a été modifié par l'arrivée des Européens, soit qu'elles aient fait quelques progrès, soit qu'elles aient rétrogradé vers des mœurs plus barbares.

Les dessins qui ornent une relation ont souvent été considérés comme un des secours les plus utiles à l'étude de l'histoire. La nature a ses spectacles, les peuples ont leurs monuments, et de fidèles images aident à les fixer dans notre souvenir. Si elles s'appliquent à des fêtes, à des solennités nationales, elles répandent plus de clarté sur leur description ; si elles peignent les tableaux ordinaires de la vie, elles dispensent d'entrer dans des détails qui suspendraient l'intérêt des événements et la rapidité du récit. Les écrits des anciens, dans l'état au moins où ils nous sont parvenus, n'étaient pas accompagnés d'un tel secours : cette privation nous tient souvent dans l'incertitude sur les progrès de leur industrie et de leur génie dans les arts ; et nous avons essayé vainement de reconstruire une partie de leurs inventions, à l'aide des récits qu'ils nous ont laissés.

Mais en nous aidant de ce langage des signes, ne perdons pas de vue qu'il n'est qu'un accessoire de notre travail, et qu'il doit se plier à la marche de l'historien, sans jamais lui servir de guide. Chaque lieu, chaque époque n'offrent pas un même nombre de tableaux : l'histoire a ses déserts, comme elle a ses champs fertiles ; là on n'a rien à peindre, ici se présente une longue série d'images.

Le moment où Laudonnière mit à la voile était aussi l'époque où la colonie de Charlesfort, que l'on avait tardé de secourir, se disposait à quitter les rivages d'Amérique pour revenir en France. Les deux expéditions se croisèrent au milieu de l'Océan sans se rencontrer, et le projet que Coligny avait formé ne put être accompli : d'autres destinées attendaient les navigateurs sur la plage où ils allaient s'établir.

Laudonnière gagna les îles Canaries, d'où il se dirigea vers les Antilles : il eut à la Dominique, où il aborda pour prendre quelques vivres, un engagement avec les Caraïbes ; il longea les îles de Saint-Christophe, des Saints, de Mont-Serrat, atteignit les côtes de Floride, reconnut la rivière des Dauphins, et entra le 20 juin dans la rivière de Mai. Les Indiens le reçurent avec amitié : leur cacique Saturiova vint le voir ; et Lacaille, qui avait appris imparfaitement leur langue dans son premier voyage, fit entendre au cacique que les guerriers étaient envoyés près de lui par un prince qui gouvernait tout l'Orient. Ils venaient rendre hommage à sa bonté, à sa valeur, à sa libéralité, et ils avaient surmonté les périls et les distances, pour former avec lui des liens de confédération et d'amitié. Saturiova fut flatté de cette ambassade ; il se crut encore plus puissant, puisqu'un souverain si éloigné recherchait son alliance, et il fit conduire es Français vers la colonne que Ribaut avait érigée, deux ans auparavant, sur la rive du fleuve. Les guerriers la trouvèrent ornée de fleurs, de branches de laurier et d'autres arbrisseaux : on y avait porté pour ces nouveaux hôtes quelques provisions de maïs et de fruits (voy. pl. 5).

L'intention de Laudonnière était de gagner promptement la baie de Port-Royal : il reprit sa navigation vers le nord, et toucha quelques points du rivage déjà reconnus dans l'expédition précédente. Là il apprit que le poste de Charlesfort était abandonné depuis plusieurs mois, et l'on eut à délibérer sur le lieu où il conviendrait de se fixer. Cette baie était la plus belle et la plus sûre que les Français eussent découverte, mais les bords de la rivière de Mai paraissaient plus fertiles et plus favorables à un premier établissement. On espérait, en remontant le lit du fleuve, arriver aisément à la contrée des mines d'or que l'on cherchait, et cette opinion se fondait sur des renseignements inexacts ou mal compris que l'on avait reçus des sauvages. Ceux-ci avaient également annoncé qu'en suivant cette direction qui conduisait vers les montagnes, on pouvait établir des communications faciles avec une autre mer; et en effet on a reconnu dans la suite, en visitant cette partie des Apalaches, qu'une faible distance séparait les sources des fleuves qui se dirigent, soit à l'orient, soit au midi, les uns vers l'Océan, les autres vers le golfe du Mexique. Ces considérations firent préférer à tout autre lieu les bords de la rivière de Mai. Un fort triangulaire fut construit à deux lieues de son embouchure; on lui donna le nom de Caroline, en l'honneur du roi, et les Indiens travaillèrent eux-mêmes aux retranchements, que l'on entoura de fossés et de palissades.

Les peuplades de cette contrée se partageaient alors en plusieurs confédérations. Celle des rivages de la mer se composait de trente tribus, chacune avait son chef, et celui de qui dépendaient tous les autres était Saturiova. Une confédération plus éloignée de l'Océan, et répandue dans les premières vallées et sur le versant oriental des Apalaches, reconnaissait Outina pour son premier chef. D'autres ligues semblables s'étaient formées sur les territoires voisins, et la population des naturels du pays se groupait ainsi autour de différents chefs de guerre. La communauté d'intérêts, les rapports de langage, quelques alliances de famille, étaient le principe de ces associations volontaires. Si les liens venaient à se rompre entre quelques tribus d'une même nation, ils pouvaient être aisément rétablis par les conseils et l'intervention des autres associés; mais les rivalités qui subsistaient entre les grandes confédérations étaient plus invétérées, et leurs inimitiés se transmettaient de génération en génération.

Laudonnière désirait ne point entrer dans les querelles des indigènes; il avait d'abord recherché l'amitié de Saturiova, dont le bon voisinage était utile à la sûreté de la colonie; et quand ce chef réclama son assistance contre les nations des montagnes, Laudonnière, au lieu de s'unir à l'un des deux partis, s'efforça de les réconcilier. Cependant il ne s'en tint pas toujours à cette neutralité : il prêta plusieurs fois des secours à Outina, contre les autres tribus des Apalaches; les Indiens du rivage en furent jaloux, et les conséquences de ce changement de politique rendirent enfin plus difficile la situation des Français.

En préférant l'alliance d'Outina à celle de tout autre chef, Laudonnière cherchait à s'ouvrir des communications plus faciles avec les montagnes où l'on espérait trouver des mines d'or; c'était dans cette direction qu'il faisait prolonger ses découvertes. Il fit passer à Outina un corps de vingt-cinq arquebusiers, commandés par Ottigny, l'un de ses officiers les plus braves; et les troupes du cacique, compagnées de leurs auxiliaires, marchèrent avec confiance contre l'ennemi. L'armée indienne s'arrêta vers le soir, et se distribua en différents groupes, pour assurer la garde de la nuit. Cent guerriers étaient rangés à quelque distance autour du cacique; deux cents hommes plus éloignés l'environnaient d'une seconde enceinte, et ils étaient eux-mêmes entourés d'un autre cercle plus nombreux. Les Indiens se remirent en marche au point du jour, et, lorsqu'ils furent arrivés sur les limites du territoire qu'ils devaient envahir, Outina voulut consulter le devin qu'il avait dans son armée, afin de connaître la force et la position des troupes ennemies. Le devin était un vieillard accablé d'années; il s'agenouille, trace autour de lui sur le sable quelques caractères informes, murmure des mots entrecoupés, se fatigue par de violentes convulsions, et, reprenant haleine, il déclare le nombre des ennemis et fait connaître le lieu où ils attendent le combat. Le cacique était découragé; mais, sur les instances d'Ottigny, il se détermine à marcher en avant. Cet officier et ses arquebusiers engagent l'action : les ennemis sont vaincus; ceux que l'on a tués ou faits prisonniers sont mis en pièces par les Indiens, sans qu'Ottigny puisse les faire renoncer à une coutume si barbare, et les sauvages, chargés de ces sanglants débris, regagnent leur territoire.

Après avoir secouru le cacique dans son expédition, Ottigny quitta la contrée des montagnes et revint au fort Caroline. Les vivres commençaient à y manquer, les liens de la discipline se relâchaient, et cet esprit de dissension faisait des progrès de jour en jour. Les mécontents accusaient Laudonnière de s'être emparé des sommes qui lui avaient été remises pour l'approvisionnement des troupes, de n'envoyer que ses amis à la découverte des mines, de frustrer de cette richesse tous les autres soldats, de les condamner à de rudes travaux, de les priver même des secours de la religion, et de laisser sans ministres tous les réformés qui l'avaient suivi.

Quelques mouvements d'insubordination, d'abord timides et indécis, firent bientôt place à une conjuration contre Laudonnière. Desfourneaux était à la tête des séditieux : il se rend au milieu de la nuit, avec vingt arquebusiers, au logement de cet officier, le surprend sans défense, et le conduit enchaîné à bord d'un navire. Les mutins l'obligèrent ensuite, sous peine de la vie, à signer une patente qui les autorisait à se rendre dans les possessions espagnoles pour y chercher des vivres, et, sous ce prétexte, ils armèrent deux bâtiments légers, parcoururent l'archipel des Lucayes, et gagnèrent les parages de l'île de Cuba, où ils commirent de nombreuses déprédations. Le gouverneur de cette île se trouvait avec ses fils à bord d'une caravelle dont ils s'emparèrent : il convint avec eux du prix de sa rançon, et l'on permit à un de ses fils de se rendre à terre pour chercher cette somme; mais les instructions secrètes que le gouverneur lui avait données firent subitement rassembler dans le voisinage toutes les forces dont on pouvait disposer : elles assaillirent les pirates. La caravelle dont ils s'étaient emparés fut reprise avec les hommes d'équipage qu'ils y avaient placés : un de leurs navires fut détruit, et il ne leur resta qu'un brigantin monté de vingt-six hommes qui, ne croyant plus pouvoir continuer la course, se déterminèrent à regagner la rivière de Mai. Ils n'avaient plus l'espoir d'exciter une sédition : Laudonnière avait été remis en liberté, et son autorité était rétablie par les soins de d'Ottigny, de la Caille, d'Erlac et des autres soldats restés fidèles. Les corsaires ne voulurent que toucher au port, afin d'y prendre quelques vivres, et leur intention était de faire voile ensuite pour la France; mais on parvint à s'emparer de leur bâtiment : les quatre principaux coupables furent condamnés à mort, les autres obtinrent leur grâce.

Ces actes de piraterie durent exciter dans les colonies espagnoles de profonds ressentiments; les haines religieuses venaient s'y joindre, et l'on désirait la ruine d'un établissement formé par des luthériens. Quoique la punition des criminels fût une réparation donnée aux offensés, on ne s'en tenait point à cette satisfaction, et ne pouvant plus reprocher à la colonie française de favoriser le brigandage, on continua de l'accuser d'hérésie.

Pendant l'absence de ces aventuriers,

dont les croisières durèrent près de quatre mois, Laudonnière avait fait poursuivre les travaux du fort Caroline. Il entretenait des relations paisibles avec Saturiova, et les Indiens du rivage lui apportaient souvent du poisson, du gibier, du maïs, en échange de quelques armes et de différents produits des fabriques européennes. Le capitaine Levasseur navigua le long des côtes jusqu'à la baie de Port-Royal, pour renouer les communications établies, trois ans auparavant, avec les peuplades de ce littoral, et il reçut de leur cacique Andusta une provision de maïs. Laudonnière maintenait l'intimité de ses liaisons avec Outina, et, pour en obtenir des subsistances, il l'aidait dans ses expéditions militaires.

Cependant les vivres commençaient à manquer : le poisson n'abondait pas dans toutes les saisons ; les oiseaux de passage disparaissaient ; les chasseurs ne rencontraient plus ces volées de palombes qui avaient momentanément couvert quelques îles du rivage, et l'on était réduit aux glands, aux baies de quelques arbres, aux racines de la terre, aux fruits qu'elle donnait spontanément. On aurait obtenu, en la cultivant, des ressources plus efficaces et plus durables ; mais on ne s'était point occupé de ce soin, quoique l'amiral de Coligny l'eût expressément recommandé. Ce genre de labeur répugnait à des hommes accoutumés aux fatigues de la guerre et au délassement absolu qui en remplit les intervalles : on croyait pouvoir tout acquérir à la pointe de l'épée, et l'on n'attachait aucune valeur aux paisibles conquêtes du travail et à des occupations obscures et sans péril. Les guerriers qui se rendaient alors dans le Nouveau-Monde avaient vu souvent en Europe une classe d'hommes attachée à la glèbe ; ils y étaient chargés de la défense de ces cultivateurs qui les nourrissaient, et en changeant d'hémisphère ils ne renoncèrent point à leurs habitudes. Cependant on doit reconnaître que, depuis l'époque de la découverte, leur conduite envers les Indiens n'avait plus la même rigueur. Les Français qui cherchaient en Amérique un établissement se reposaient, il est vrai, sur les naturels du pays pour assurer leurs subsistances, mais ils avaient habituellement recours à des échanges. Les plus minces produits de l'industrie avaient une grande valeur pour les sauvages, tous les fruits de la terre avaient du prix pour les Européens, et l'on était entraîné à ce commerce par des besoins mutuels. Cependant ces relations diminuaient de jour en jour, et les vivres n'arrivèrent plus au fort Caroline quand les Français eurent épuisé les moyens d'échange et les présents.

Alors, ne pouvant rien demander à la terre, à laquelle on n'avait rien confié, on eut à subir toute la peine d'une si funeste imprévoyance. Il fallut exiger des Indiens ce qu'ils ne venaient plus volontairement offrir ; mais ceux-ci se retiraient au fond des bois, et ils emportaient dans leur fuite le peu de provisions qui leur étaient restées. Le rivage n'offrait plus de ressources : les peuplades des montagnes avaient elles-mêmes suspendu leurs approvisionnements, quoiqu'elles pussent en fournir encore. La difficulté de se maintenir sur un rivage inculte et dévasté fut généralement sentie, et l'on pressa les travaux de construction d'un navire qui devait ramener en France la colonie. Ce n'était point assez, il fallait la nourrir jusqu'à l'époque de l'embarquement, et la pourvoir de vivres pour la traversée.

On jeta les yeux sur Outina ; et comme on n'espérait plus rien de son amitié, on forma le projet de s'emparer de lui, afin de forcer les Indiens dont il était le chef à fournir quelques provisions de vivres pour le racheter. Laudonnière repoussa d'abord ce dessein, et fit aux hommes qui le lui proposaient de sages représentations sur la nécessité de ménager les habitants, et de ne pas encourir leur inimitié ; mais il ne fut point écouté, et la résolution qu'on avait prise d'abandonner le pays fit croire que l'on pouvait impunément user de contrainte. Enfin Laudonnière se rendit aux instances de ses troupes : il s'embarqua, pour remonter le fleuve, avec cinquante de ses meilleurs soldats, et après un voyage de soixante lieues, il surprit Outina au milieu de sa tribu, et l'emmena prisonnier, en déclarant les motifs qui l'avaient entraîné à cette mesure.

Les Indiens fournirent quelques subsistances, et voyant à regret qu'on ne remettait point leur cacique en liberté, ils se rangèrent sous l'autorité de son fils, afin de se rallier encore autour d'un chef, et d'un nom qui leur était cher. Outina, devenu captif, faisait de nouvelles promesses pour se dégager, et la saison allait lui permettre de les accomplir. L'été commençait, les grains entraient en maturité, et l'on touchait au moment des nouvelles récoltes ; mais Outina faisait entendre que ces moissons n'appartiendraient jamais à ceux qui le retenaient prisonnier, et que les Indiens aimeraient mieux les dévaster que de les laisser à leur merci. Laudonnière consentit enfin à remettre le cacique en liberté, dans l'espérance qu'il inspirerait à sa tribu des dispositions plus favorables.

Cependant la nation entière était irritée, et l'on se préparait partout à la guerre (voy. pl. 2). On voyait dans les champs de longues flèches plantées en terre, avec des chevelures suspendues au sommet ; on avait abattu des arbres pour embarrasser le cours de la rivière, afin que les barques des Français ne pussent pas retourner vers le fort Caroline ; on avait tué plusieurs soldats isolés, et l'on dressait aux troupes différentes embuscades. Un détachement de trente hommes, commandés par Ottigny, fut attaqué par des peuplades indiennes qui s'étaient partagées en plusieurs corps pour le charger chacune à leur tour. Il perdit quelques hommes, vingt-deux autres furent blessés, et les barques où ils se réfugièrent ne purent regagner le fort qu'avec peine. Le commandant n'ayant plus à compter sur les résultats de cette expédition, fit chercher des subsistances sur d'autres points, il envoya quelques bateaux le long de la côte, et le capitaine Levasseur y obtint des chefs indiens deux chargements de maïs. Alors on espéra que l'on aurait assez de vivres pour retourner en France ; on était près de quitter cet établissement, et l'on commençait à en détruire les fortifications, afin de ne pas laisser à d'autres occupants les moyens de s'y maintenir.

Le 3 août 1565, on découvrit en mer quatre voiles, et les ayant envoyé reconnaître, on sut que cette escadre était commandée par le capitaine anglais Hawkins, qui naviguait depuis quinze jours le long de la côte. Il y avait été amené par Martin Atinas, de Dieppe, qui la connaissait depuis plusieurs années, car il avait accompagné Ribaut dans sa première expédition. Hawkins désirait prendre une provision d'eau ; sa demande fut accueillie, et il vint lui-même, dans une des chaloupes de ses navires, trouver Laudonnière et passer quelques jours avec lui. Les Français avaient ménagé jusqu'alors, au milieu des plus grandes privations, quelques oiseaux domestiques, qu'ils cherchaient à naturaliser dans ce pays, et qui devenaient leur dernière ressource : on en tua plusieurs, pour mieux recevoir le capitaine anglais ; et celui-ci ayant appris l'intention où était le commandant de ramener ses troupes en France, lui offrit de le recevoir lui et tous les autres Français à bord de ses vaisseaux. Laudonnière n'accepta point : il ignorait quelles étaient alors les relations de la France avec l'Angleterre ; les deux puissances lui paraissaient mal réconciliées, la guerre pouvait se rallumer entre elles inopinément, et si elle éclatait pendant la traversée, les Français qui se trouveraient à bord pourraient, à leur arrivée en Angleterre, être retenus comme prisonniers.

Quelque plausibles que fussent les inquiétudes de Laudonnière, son refus excita dans le fort Caroline un tel mécontentement, que tous voulaient profiter de l'occasion qui leur était offerte pour s'embarquer. Hawkins proposa d'emmener tous ceux qui le désireraient, et de céder à Laudonnière un bâtiment pour transporter les autres : cette offre fut acceptée ; on convint du prix du navire, et l'on remit pour gage de paiement plusieurs pièces d'artillerie et quelques munitions de guerre, que le prochain abandon du fort faisait regarder comme inutiles. Le capitaine, anglais voyant que l'on n'avait que du maïs pour nourriture, offrit vingt barriques de farine, des légumes, du sel, du biscuit, d'autres vivres et une provision de vin ; il fournit des chaussures aux hommes qui en manquaient, fit des présents aux officiers, et se conduisit envers tous avec autant d'humanité que de courtoisie.

Après le départ de Hawkins, Laudonnière pressa avec activité ses préparatifs d'embarquement, et le 28 août on allait mettre à la voile, lorsqu'on signala quelques navires ; ils étaient commandés par le capitaine Jean Ribaut, qui avait déjà conduit l'expédition de 1562, et qui devait succéder à Laudonnière. De malveillantes imputations avaient donné lieu à ce remplacement : quelques mécontents retournés en France avaient accusé cet officier d'être trop sévère envers les hommes qui l'avaient suivi, d'entretenir des correspondances suspectes à l'autorité, d'être même disposé à la rébellion. Cependant l'amiral de Coligny lui écrivait que l'on n'avait contre lui aucun sujet de mécontentement et de défiance, et que le roi ne désirait son retour que pour mieux connaître la véritable situation d'un établissement sur lequel tous les rapports ne s'accordaient pas, et pour résoudre s'il fallait y renoncer, ou faire de nouveaux sacrifices pour s'y maintenir. Ribaut fut bientôt convaincu de l'injustice des accusations dirigées contre Laudonnière, et il désira le conserver avec lui dans la colonie ; mais il ne put le déterminer à se réduire à la seconde place dans le pays où il avait commandé.

Le capitaine Ribaut n'était arrivé que depuis sept jours dans un fort ruiné, dont il fallait relever les fortifications, lorsqu'on vit paraître six grands navires étrangers, commandés par don Pédro Ménendez de Avilez. Cet officier, regardé par les Espagnols comme un des plus grands capitaines qu'ils aient eus dans le Nouveau-Monde, avait été chargé par Philippe II de visiter toutes les côtes de Floride, et d'en dresser une carte exacte, qui pût servir de guide aux pilotes dans le canal de Bahama, où il se faisait de fréquents naufrages. Ménendez trouva cette mission trop limitée ; il proposa au roi de former un établissement dans la Floride, et d'y propager la foi. « Pour moi, sire, ajouta-t-il, l'a« veuglement de tant de milliers d'i« dolâtres m'a touché au point que, « de tous les emplois dont Votre Ma« jesté peut m'honorer, il n'y en a « pas un seul auquel je ne préfère ce« lui de conquérir la Floride et de « la peupler de véritables chrétiens. » Philippe II agréa les offres de Ménendez : celui-ci fit ses préparatifs ; et son expédition allait mettre à la voile, lorsqu'on apprit en Espagne que les protestants établis en Amérique allaient recevoir de la France de nouveaux secours : Philippe II conçut le projet de les détruire, et il augmenta les forces qu'il voulait mettre entre les mains de Ménendez. Cet amiral partit de Cadix le 29 juin 1565, avec le galion le Saint-Pélage et avec dix autres navires : on donnait à son expédition le caractère d'une guerre sainte ; un grand nombre de volontaires se joignirent à lui, et il eut bientôt sous ses ordres deux mille six cents hommes. Le 9 août, il arriva devant Porto-Rico ; mais il n'avait plus que cinq navires, les autres avaient été dispersés par la tempête, et il ne lui restait que le tiers de ses troupes. Alors il apprit que Ribaut l'avait devancé, mais qu'il s'était arrêté longtemps près des côtes avant de débarquer.

Ménendez, sans attendre de nouvelles forces, résolut de poursuivre son expédition : il gagna les eaux de la Floride, et atteignit successivement l'entrée de la rivière des Dauphins et celle de la rivière de Mai. Quatre navires français étaient mouillés hors de l'embouchure de ce dernier fleuve, dont ils n'avaient pu passer la barre : Ménendez s'en approcha; son dessein était de s'en emparer : il enleva quelques hommes sur la plage, adressa une sommation de se rendre à l'officier que l'on avait chargé de la garde des navires, et déclara qu'il était venu faire une guerre à mort à tous les luthériens qu'il rencontrerait, que les catholiques seraient humainement traités, que les hérétiques ne devaient espérer aucune grace. Après avoir essayé les menaces, Ménendez attendit la haute mer pour aborder les navires, qui n'avaient pas assez d'hommes pour combattre; mais ils eurent le temps de prendre le large : n'ayant pu les atteindre, il regagna la rivière des Dauphins, et les bâtiments français vinrent reprendre leur station vers le rivage dont ils s'étaient momentanément éloignés.

Ribaut prit alors la résolution de se rembarquer avec une partie de ses troupes, pour aller attaquer les Espagnols. Quelques-uns de ses capitaines, et Laudonnière surtout, cherchèrent inutilement à l'en détourner; ils lui représentaient qu'il valait mieux garder la terre et se hâter de se fortifier, qu'il était périlleux de s'exposer aux coups de vent, sur une côte où ils sont fréquents, qu'il serait difficile d'y revenir si l'on s'en trouvait écarté, et qu'il ne fallait pas abandonner le fort aux périls de l'attaque dont il pouvait être menacé pendant cette absence. Mais le capitaine Ribaut insista; il se croyait obligé de chercher l'ennemi par les derniers ordres qu'il avait reçus de l'amiral de Coligny avant son départ de France. Ses instructions se terminaient ainsi : « En « fermant cette lettre, j'ai eu cer- « tain avis, comme don Pédro Mé- « nendez se part d'Espagne pour al- « ler à la côte de la Nouvelle-France. « Vous regarderez de n'endurer qu'il « n'entreprenne rien sur vous, non « plus qu'il veut que nous n'entre- « prenions sur eux. » Ribaut, pour ne pas laisser à Ménendez le temps de s'établir et de se retrancher sur la côte où il avait débarqué, fit remonter sur l'escadre tous ses soldats; il y joignit la meilleure partie de ceux de Laudonnière, et il sortit de la rade le 10 septembre, pour ne plus y reparaître.

Une extrême activité signalait le commandant espagnol. A peine revenu dans la rivière des Dauphins, il avait débarqué trente hommes sur le rivage, afin de choisir un lieu avantageux pour l'établissement qu'il voulait former; le fort dont il commença les travaux sur les bords du fleuve reçut le nom de Saint-Augustin, et ce fut plus tard que cette première station fut abandonnée, pour être portée plus au midi dans l'emplacement qu'elle occupe encore. Ménendez fit retirer de ses vaisseaux tous les objets nécessaires à son établissement, et lorsqu'il apprit que Ribaut se disposait à venir l'attaquer, il expédia deux navires pour aller chercher des renforts à Hispaniola, et pour transporter en Espagne différents prisonniers de guerre qu'il voulait livrer à l'inquisition : lui-même vint ensuite se placer vers la barre du fleuve avec les autres navires et une partie de ses troupes; mais il ne put y avoir aucun engagement entre les deux escadres. La basse mer ne permettait pas à Ribaut de franchir la barre; et il s'éleva bientôt une si violente tempête qu'elle emporta au loin les bâtiments français, sans leur permettre de se rallier, et de préparer une nouvelle attaque.

Cette séparation rendait momentanément disponibles les forces de Ménendez. Il se hâta de profiter de l'éloignement du capitaine Ribaut, pour aller attaquer le fort Caroline. Cinq cents soldats, arquebusiers ou piquiers, sont choisis pour cette entreprise : il veut se mettre lui-même à la tête de l'avant-garde, composée de vingt soldats de Biscaye et des Asturies, armés de haches, pour s'ouvrir un passage à travers les forêts; et il n'a pour se diriger qu'une boussole, et un prisonnier de guerre auquel il a fait lier les mains derrière le dos.

A la fin du quatrième jour, les troupes arrivèrent à une demi-lieue de la place : elles étaient fatiguées ; il avait plu constamment; on avait eu des marais à traverser ; et l'orage devint si violent dans la nuit, que l'officier de garde, chargé de préserver le fort de toute surprise, crut pouvoir se relâcher de sa surveillance, et permit aux soldats de son poste d'aller se reposer. Les Espagnols purent donc s'approcher, à la faveur des ténèbres et sans être entendus : la place fut surprise à la pointe du jour, et ils y entrèrent par trois brèches à la fois.

Laudonnière n'avait pas eu le temps de relever les fortifications ruinées de la Caroline : Ribaut lui avait laissé des femmes, des enfants, des malades ; et sur les deux cent quarante personnes qui se trouvaient alors avec lui, il n'en avait pas quarante en état de porter les armes. Il voulut se cantonner pour faire tête aux ennemis, et pour attendre les secours que pouvaient encore fournir trois navires mouillés dans la baie ; mais, quelle que fût sa valeur, il ne pouvait plus défendre la place, et il se borna à couvrir la retraite de quelques hommes ralliés autour de lui. Ménendez fit publier l'ordre d'épargner les femmes et les enfants ; on fut impitoyable envers tous les autres, et ceux qui avaient échappé à la fureur du glaive furent réservés au gibet. Laudonnière n'avait plus auprès de lui qu'un seul soldat, nommé Barthélemy, parvint à sortir par une brèche, et gagna les bois, où quelques autres Français s'étaient aussi réfugiés : de là ils se rendirent, à travers les marais, jusque vers l'embouchure de la rivière. On reçut à bord des navires ces hommes épuisés de fatigue ; on parvint à en recueillir vingt autres, en longeant la côte où ils étaient dispersés, et l'on mit à la voile le 25 septembre, pour revenir en France.

Une garnison espagnole fut laissée par Ménendez dans le fort dont il s'était emparé, et lui-même se hâta de revenir au fort Saint-Augustin, où il s'attendait à être prochainement attaqué. Il y fut reçu comme vainqueur des hérétiques, avec la croix et le clergé, et l'on chanta un *Te Deum*.

Cette sanglante expédition, où la fureur militaire et le fanatisme religieux étouffèrent tous les sentiments de l'humanité, eut lieu le 20 septembre. Alors l'escadre de Ribaut était battue par les tempêtes et dispersée sur l'Océan. Ce violent orage dura jusqu'au 23 : il avait jeté les navires français à plus de cinquante lieues des côtes; il les avait ensuite ramenés et brisés sur les écueils du rivage. Les bâtiments se perdirent, et les hommes parvinrent à se sauver ; mais ils étaient réservés à de plus grandes infortunes.

Quelques Indiens vinrent annoncer à Ménendez qu'un grand nombre de blancs avaient paru vers le sud, au delà d'une rivière qu'ils désiraient traverser. Ménendez prit avec lui un détachement pour aller les reconnaître; et lorsqu'il fut aux bords du fleuve, il vit s'avancer à la nage un Français qui lui apprit que tous ces hommes étaient des naufragés, et qu'ils avaient fait partie de l'escadre du capitaine Ribaut. Une barque fut alors envoyée sur l'autre rive, pour recevoir à bord un officier et quelques hommes chargés de la cause de ces malheureux ; ils dirent à Ménendez qu'ils avaient perdu dans la dernière tempête leurs vaisseaux et leurs chaloupes, et qu'ils le priaient de leur prêter quelque embarcation pour se rendre au fort Caroline, situé à vingt lieues vers le nord. Ménendez répondit qu'il s'était emparé du fort, et qu'il avait fait main basse sur la garnison, en n'épargnant que les catholiques, les femmes et les enfants. Alors l'officier lui demanda d'accorder à sa troupe un navire pour retourner en France, et il s'appuya pour l'obtenir sur les relations de paix établies entre les deux nations, et sur l'amitié qui unissait leurs souverains. « Il est vrai, répondit Ménendez, que les Français catholiques

« sont nos alliés et nos amis : il n'en
« est pas de même des hérétiques, à
« qui je fais ici la guerre à toute ou-
« trance; je le ferai aussi cruelle que
« je pourrai à tous ceux de cette
« secte que je rencontrerai sur terre et
« sur mer; et en cela je prétends ser-
« vir les deux rois. Je suis venu en
« Floride pour y établir la foi catho-
« lique et romaine. Si vous voulez
« vous abandonner à ma miséricorde
« et me livrer vos armes et vos en-
« seignes, je ferai de vous ce que
« Dieu m'inspirera : sinon, prenez
« le parti qu'il vous plaira; mais
« n'espérez de moi, ni amitié, ni
« trève. »

Cette réponse fut portée aux naufragés, qui firent offrir une rançon de vingt mille ducats, pour avoir la vie sauve : Ménendez refusa la rançon, et dit que s'il avait à faire grâce, il n'y consentirait que par générosité. Comme on lui renouvelait cette offre, il ajouta qu'on verrait plutôt le ciel se joindre à la terre que de le faire changer de résolution.

Ces envoyés prirent alors le parti de confier leur sort à Ménendez et de s'abandonner à sa merci. On leur lie les mains derrière le dos, et ils sont conduits, à deux portées d'arquebuse, sur un terrain où leurs compagnons doivent être successivement amenés. Ménendez envoie son bateau vers l'autre rive, avec vingt soldats chargés de ne prendre à bord qu'un détachement de dix hommes à la fois : on leur lie également les mains, lorsqu'ils sont au pouvoir de ceux dont ils venaient réclamer les secours ; on les amène au lieu désigné pour leur exécution, et tous ces convois de victimes y sont immolés tour à tour. Huit hommes déclarèrent qu'ils étaient catholiques, on leur laissa la vie; tous les autres dirent qu'ils étaient chrétiens et qu'ils suivaient la nouvelle réforme; ils furent mis à mort. Deux cents hommes furent sacrifiés.

Ménendez revint le jour suivant au fort Saint-Augustin. On lui annonça bientôt qu'une troupe plus nombreuse que la première était arrivée sur la même plage, et il se rendit au bord du fleuve avec cent cinquante soldats. Il apprit, par le message qui lui fut adressé, que cette troupe était composée de trois cent cinquante hommes, et commandée par Ribaut, vice-roi et capitaine général de la Nouvelle-France; qu'il désirait se rendre au fort Caroline, et qu'il le priait de lui prêter des chaloupes pour le passage des rivières qu'il avait à traverser. Ribaut vint bientôt lui-même, dans une pirogue, avec huit gentilshommes ; et lorsqu'il apprit le sort de la garnison et celui des premiers naufragés, il dit au général espagnol, « que les événements
« de la vie étaient si variés, que tout
« ce qui venait d'arriver aux Français
« pourrait lui arriver un jour à lui-
« même ; que leurs rois étaient frères
« et amis, et que, au nom de cette al-
« liance, il le conjurait de lui fournir
« un bâtiment pour retourner en
« France. »

Ribaut essuya le même refus que le chef du premier détachement; et lorsqu'il vint l'annoncer à sa troupe, deux cents hommes se retirèrent la nuit suivante, pour ne pas se mettre à la discrétion de Ménendez : les cent cinquante autres consentirent à se rendre à lui ; et Ribaut, qui lui avait promis de le revoir, revint pour acquitter sa parole et pour lui annoncer leurs dispositions. Ces infortunés étaient réservés au même sort : on leur fit passer la rivière par détachements de dix hommes, et Ménendez demanda s'ils étaient catholiques ou luthériens. Ribaut répondit qu'ils étaient de la religion réformée. Il récita ces paroles : *Domine, memento mei;* puis il dit : « Nous sommes sortis de la terre et
« nous devons tous y retourner : vingt
« ans plus tôt ou plus tard, c'est tout
« un. Qu'on fasse de moi ce que l'on
« voudra. » Le signal de leur exécution fut donné ; quatre hommes déclarèrent qu'ils étaient catholiques, et ce furent les seuls que l'on épargna.

Pour retracer des événements si déplorables, nous avons consulté les relations des Espagnols eux-mêmes, et surtout celle de Solis de las Meras, beau-frère de Ménendez. On ne peut leur supposer l'intention de calomnier sa mémoire, et nous le livrons, environné de toutes ses victimes, au sévère jugement de la postérité.

On apprit, trois semaines après cette sanglante journée, que des Français construisaient un fort et un navire sur la côte de Canaveral. Ménendez ne douta point que ce ne fussent les deux cents hommes échappés au désastre du capitaine Ribaut, et il se rendit avec des troupes plus nombreuses, sur ce rivage, qu'il atteignit le 1er novembre. Les Français, n'ayant pas terminé leurs retranchements, se retirèrent sur une hauteur, et Ménendez leur fit proposer de se joindre à lui, en leur assurant qu'il les traiterait comme ses propres soldats : la plupart y consentirent; mais vingt hommes déclarèrent à ses envoyés qu'ils aimeraient mieux être dévorés par les sauvages que de se remettre entre ses mains, et ils s'enfoncèrent dans les forêts.

Nous avons vu que les prisonniers faits par Ménendez, dans les premiers moments de son expédition, avaient été mis à bord d'un navire qui devait les transporter en Espagne; mais ils brisèrent leurs fers; ils s'emparèrent du vaisseau, et changeant ensuite de direction, ils se rendirent en Danemark, d'où ils regagnèrent la France. Ces hommes étaient les tristes débris des expéditions faites à trois reprises différentes, pour fonder au nord de la Floride un établissement.

La nouvelle de la destruction de cette colonie excita en France l'indignation publique; mais la guerre contre les huguenots s'y était rallumée. La cour les haïssait; elle regardait l'amiral de Coligny comme leur chef le plus redoutable. Tout ce qu'il avait fait en faveur des protestants était considéré comme une suite d'hostilités criminelles; et les hommes qui avaient joui de sa faveur n'étaient plus couverts de la protection royale. Ses projets de colonie furent abandonnés : on ne voulait pas rompre avec l'Espagne. On dissimula tous les ressentiments que devait inspirer un si sanglant outrage; et ce fut un guerrier dévoué qui se chargea de le punir.

Le capitaine Dominique de Gourgues, né à Mont-de-Marsan, avait été employé au service des rois de France, dans toutes les guerres qu'ils avaient eues depuis trente ans. Il s'y était signalé par de belles actions; et son dernier fait d'armes, en Italie, avait été de soutenir un siége avec trente soldats contre un corps de troupes espagnoles. La place fut prise d'assaut, et la garnison passée au fil de l'épée : on ne laissa la vie à de Gourgues que pour le faire servir comme forçat sur une galère. Ce navire fut ensuite capturé par les Turcs, près des côtes de Sicile, et on le conduisit à Rhodes et à Constantinople; mais ayant été remis en mer, il fut repris par Romegas, commandant les galères de Malte. De Gourgues recouvra la liberté et revint en France. Il fit ensuite un voyage sur la côte d'Afrique, au Brésil, dans la mer des Indes; et à son retour dans sa patrie, il apprit le massacre des Français établis au nord de la Floride, et il résolut d'en tirer vengeance.

De Gourgues fit des emprunts et vendit ses biens pour équiper trois navires, montés de cent cinquante soldats et de quatre-vingts mariniers, avec des provisions pour un an : il avait pour lieutenant le capitaine Casenove. L'expédition partit de Bordeaux le 2 août 1567; des vents contraires la retinrent près de Royan, et la portèrent ensuite vers l'embouchure de la Charente, d'où elle reprit la mer. Elle atteignit les rivages de Cuba, après une longue traversée, et gagna le cap St-Antoine, situé à l'extrémité occidentale de cette île. Alors de Gourgues assemble ses équipages et leur peint les cruautés exercées contre les Français. « Voilà, ajouta-t-il, le crime de nos « ennemis; et quel serait le nôtre, si « nous différions plus long-temps de « venger l'affront qui a été fait à la « nation française! C'est ce qui m'a « engagé à vendre tout mon bien; c'est « ce qui m'a ouvert la bourse de mes

« amis. J'ai compté sur vous ; je vous
« ai crus assez jaloux de la gloire de
« votre patrie, pour lui sacrifier jus-
« qu'à votre vie en une occasion de
« cette importance. Me suis-je trompé?
« J'espère vous donner l'exemple, être
« partout à votre tête; refuserez-vous
« de me suivre? » Les gens de guerre
déclarèrent qu'ils l'accompagneraient
partout.

La flottille cingle au nord de l'île
pour gagner le canal de Bahama ; elle
atteint les côtes de Floride, passe devant la rivière de Mai, où les Espagnols la saluent de deux caronades,
et continue sa navigation le long de la
plage, jusqu'à ce qu'on l'ait perdue de
vue. À l'entrée de la nuit, de Gourgues débarque, à quinze lieues au nord
de la forteresse, sur les bords de la
rivière que nous avions nommée la
Seine, et s'empresse d'ouvrir des relations amicales avec Saturiova et les
Indiens, irrités des mauvais traitements qu'on leur avait fait éprouver
depuis le départ des Français. Un jeune
homme, nommé Pierre de Bray, natif
du Hâvre, se trouvait alors dans cette
tribu ; il était du nombre de ceux qui
avaient pu sortir du fort Caroline, quand
Ménendez s'en était emparé, et il avait
été humainement recueilli par Saturiova. Son séjour au milieu des sauvages
l'avait mis à portée d'apprendre leur
langue ; il put servir de guide et d'interprète, et son intervention fut d'autant plus utile, que les Indiens s'unirent à l'entreprise formée par de Gourgues. Ils convinrent avec lui qu'ils se
rencontreraient au-delà d'une rivière
située à quatre lieues du fort, et le
capitaine envoya quelques hommes
pour connaître l'état des retranchements ennemis. Pédro Ménendez y
avait laissé quatre cents Espagnols,
sous le commandement de Villaréal :
ils étaient distribués dans trois forts.
Le plus grand était celui que les Français avaient occupé, et qu'on avait remis en état de défense : les deux autres avaient été construits par Villaréal, à deux lieues de distance, et vers
la partie inférieure du fleuve, dont le
lit les séparait. Chacun de ces postes
avancés était gardé par soixante hommes.

Les Français et les Indiens passèrent,
sans être aperçus, une petite rivière
voisine de l'un des derniers forts. De
Gourgues le fit attaquer par deux côtés
à la fois, et les ennemis, ne pouvant
résister à ce choc impétueux, voulurent prendre la fuite : ils étaient entre
deux feux, et il n'échappa aucun des
soixante hommes de la garnison. La
plupart furent tués dans le combat;
les autres étaient réservés à un genre
de mort plus funeste. Le second fort
fut attaqué avec la même ardeur : de
Gourgues avait passé sur l'autre rive
du fleuve avec vingt arquebusiers, et
les Indiens l'avaient rejoint à la nage.
L'ennemi, forcé dans ses retranchements, voulut se retirer et gagner,
à travers les bois, la forteresse principale; mais cette garnison eut le même
sort que la première.

Avant de marcher vers la place où
se trouvaient réunis plus de deux
cent soixante hommes, de Gourgues
fit partir de nuit les sauvages pour les
embusquer dans les forêts ; il laissa
un officier et quinze arquebusiers dans
un des forts avancés, remonta le cours
du fleuve avec son corps de troupes,
et chercha, en s'approchant de la forteresse, les moyens de l'attaquer sur
le point qui lui paraissait le plus accessible.

Au premier bruit de son approche,
Villaréal avait fait sortir un détachement de quatre-vingts hommes pour
reconnaître l'ennemi. Ce corps fut enveloppé : de Gourgues l'attaquait en
tête; Casenove lui coupait la retraite :
ils furent taillés en pièces. Ce malheureux combat porta l'épouvante dans
la place : les assiégés ne songèrent
plus à se défendre: ils s'échappèrent
précipitamment et s'enfuirent dans les
forêts ; mais ils y étaient attendus par
les sauvages, qui les perçaient à coups
de flèche. Le petit nombre de ceux
qui tombèrent vivants entre les mains
du vainqueur fut pendu aux mêmes
arbres où, trois ans auparavant, on
avait pendu les Français. On rapporte
que Ménendez avait fait attacher au

lieu de l'exécution l'écriteau suivant : « Je ne les traite point ainsi comme « Français, mais comme hérétiques. » De Gourgues fit écrire à la place : « Je ne les traite point ainsi comme « Espagnols, mais comme parjures et « meurtriers. »

Le commandant n'avait pas assez d'hommes pour garder les forts, et pour s'établir dans un pays où les Espagnols pouvaient aisément ramener des troupes beaucoup plus nombreuses : il prit le parti de faire détruire ces retranchements par les Indiens, après avoir fait porter dans ses barques les pièces d'artillerie qui s'y trouvaient. Casenove fut chargé de conduire ce convoi jusqu'à la rivière de Seine, où les grands navires avaient été laissés, et de Gourgues se rendit par terre vers le même point, avec quatre-vingts arquebusiers, armés sur l'épaule, mèche allumée, et avec quarante mariniers armés de piques. Les Indiens venaient de toutes parts au-devant de lui pour l'honorer comme un libérateur : il reçut d'eux de nombreux témoignages d'amitié, et pour répondre à leurs vœux il leur promit de revenir dans douze lunes. Ses vaisseaux étaient en bon état et prêts à mettre à la voile ; il s'embarqua le 3 mai 1568 ; sa navigation fut heureuse : il fit onze cents lieues en 17 jours, et continuant son voyage, il arriva à la Rochelle le 6 juin. Après avoir reçu dans cette ville l'accueil le plus distingué, il s'embarqua pour Bordeaux, et alla rendre compte du résultat de son expédition à Montluc qui l'avait favorisée, et qui se trouvait alors dans le midi de la France.

Le bruit de cette courageuse entreprise s'était promptement répandu, et les navires espagnols, qui croisaient alors dans ces parages, s'étaient rendus en toute hâte vers l'entrée du port de la Rochelle, afin d'arrêter de Gourgues à son passage ; mais ils arrivèrent un jour trop tard : cet officier venait de partir. On le suivit à la trace vers l'entrée de la Gironde, et l'on remonta ce fleuve jusqu'à Blaye sans pouvoir l'atteindre. De Gourgues se rendit ensuite à Paris : il offrit au roi ses services, et proposa les moyens de remettre sous son obéissance le pays qu'il avait reconnu ; mais le gouvernement espagnol s'était adressé à Charles IX pour obtenir justice de la sanglante expédition qui venait d'être accomplie : il la représenta comme une criminelle atteinte à l'alliance formée entre les deux cours, et de Gourgues fut forcé de se réfugier à Rouen, et de s'y tenir long-temps caché.

Cette expédition restera dans l'histoire comme un monument remarquable de patriotisme et d'intrépidité ; mais en l'honorant sous ce rapport, plaignons un siècle où de si terribles représailles étaient considérées comme un acte de justice. La représaille n'atteint pas les seuls coupables ; elle frappe à côté d'eux l'innocent, et mêle aveuglément l'injustice à la vengeance.

De Gourgues, persécuté et ensuite négligé par sa cour, trouva les étrangers plus bienveillants envers lui : son mérite le fit rechercher par Élisabeth, reine d'Angleterre ; et don Antoine, qui prétendait à la succession de Sébastien, roi de Portugal, le choisit, douze ans après, pour amiral de la flotte qu'il avait armée contre l'Espagne : mais de Gourgues était déjà affaibli par l'âge, il mourut avant d'occuper cet emploi.

Les contrées que cet homme intrépide avait voulu reconquérir étaient alors mises en oubli : elles avaient coûté d'inutiles sacrifices ; une imprévoyante politique les abandonnait ; et si nous voulons remonter aux causes qui firent échouer ces grandes entreprises, nous les trouvons surtout dans le peu de liaison qu'elles eurent entre elles. Les hommes de la première expédition ne se trouvaient plus en Amérique au moment où le gouvernement leur envoyait de tardifs secours. Les hommes de la seconde se préparaient à quitter leur forteresse, ils en avaient ruiné les retranchements et l'avaient mise hors d'état de soutenir un siège, lorsqu'ils furent brusquement assaillis par des ennemis supérieurs en forces.

Ces contrariétés n'auraient point eu lieu, si le projet de fonder un établissement avait été exécuté avec l'esprit de suite et d'ensemble qui seul pouvait en assurer le succès.

Mais le caractère de secte religieuse, imprimé à la colonie nouvelle, l'exposa dès son origine à toutes les persécutions dirigées alors en France contre le calvinisme. Cette colonie ne pouvait attendre aucun secours du souverain, quand les réformés étaient en guerre avec lui : elle ne fut protégée que dans les jours de trêve qui brillèrent par intervalle ; mais alors l'occasion était manquée, le fruit de tous les travaux antérieurs ne pouvait plus se recueillir à temps, et le mal devint irrémédiable quand le gouvernement lui-même ne considéra plus que comme de mortels ennemis ceux des Français qui ne partageaient pas sa croyance.

D'autres gouvernements d'Europe, sans se montrer plus tolérants envers les hommes qui n'avaient pas leurs opinions religieuses, eurent du moins une politique plus éclairée et plus heureuse dans ses résultats : ils exilèrent une partie des dissidents et ils encouragèrent les autres à s'éloigner ; mais ils les envoyaient de la métropole dans ses colonies ; ils les suivaient des yeux, et les protégeaient encore dans ces lieux de refuge ; ils ne voyaient dans ces établissements nouveaux qu'un accroissement de puissance pour la mère-patrie. C'était étendre au-delà des mers sa prépondérance, son commerce, son industrie, et ouvrir aux hommes inquiets et fatigués de leur situation, une autre carrière à parcourir et un nouveau champ d'espérance.

LIVRE PREMIER.

ÉTABLISSEMENTS DES ANGLAIS EN VIRGINIE.
LEURS RELATIONS AVEC LES INDIGÈNES.
MŒURS DES TRIBUS SAUVAGES.

Les premiers établissements formés par l'Angleterre sur la côte orientale d'Amérique ne furent point signalés par d'éclatantes conquêtes et par la destruction d'un empire : ils durent leur origine à quelques colonies dispersées sur des plages incultes, où se rendirent des hommes entreprenants, séduits par l'attrait des découvertes, zélés partisans de tous les projets qui avaient de l'utilité et de la grandeur. Il y vint des réfugiés fatigués de leur sort : la persécution leur faisait chercher une situation nouvelle, et ils ne voulaient s'expatrier que pour vivre en paix. Quand les dissensions de l'ancien monde eurent peuplé les rivages du nouveau ; quand les différents partis politiques ou religieux qui avaient tour à tour banni leurs adversaires, et qui se retrouvèrent encore aux prises dans cette terre d'exil, eurent perdu leurs animosités mutuelles ; lorsqu'ils eurent paisiblement fondé, dans le voisinage les uns des autres, des institutions analogues à la diversité de leurs croyances, et qu'ils se virent enfin rapprochés par de communs intérêts, leur association devint plus prospère, la liberté religieuse ramena l'esprit de tolérance, comme la liberté civile développa l'industrie ; de favorables institutions donnèrent un libre essor à la pensée ; une grande activité morale et intellectuelle devint la source de cette prospérité, de ces progrès qui devaient élever ces colonies au rang des nations, et qui constituent aujourd'hui la puissance des États-Unis.

Sans doute il est digne d'intérêt d'observer ces développements de la raison humaine, de s'attacher à d'autres victoires qu'à celles de la force, et de voir s'étendre sur une si belle contrée la culture, l'industrie, les arts et tous les éléments de l'ordre social. L'histoire de l'Europe ancienne ne nous offre point un pareil spectacle : l'enfance des nations y avait fait des progrès moins rapides ; et les peuples policés qui en devinrent les législateurs et les maîtres retombèrent plus d'une fois sous la domination des barbares.

En suivant le cours des événements qui vont nous occuper, nous remarquerons un empiétement continu des institutions sociales sur les contrées qui les ignoraient. Cependant faut-il considérer ce mouvement progressif comme une conquête faite par les principes de la civilisation sur ceux de la vie sauvage? Les peuplades américaines ne se replient-elles pas devant les Européens? se refuseraient-elles au mélange des deux nations, aux bienfaits des lois, à ceux du travail et de l'industrie? aiment-elles mieux s'affaiblir et s'éteindre que de changer de situation et d'accepter d'autres destinées? Ce sont là des problèmes que la théorie seule ne peut résoudre; elle a besoin de s'appuyer de l'autorité des faits. Nous observerons les différents systèmes qui furent quelquefois adoptés pour civiliser les Indiens, et l'on pourra juger si ces tentatives devinrent impuissantes par la faiblesse des moyens, par leur peu d'ensemble, ou par une résistance qui a lassé tous les efforts, mais qui peut-être n'était pas invincible.

Le littoral qu'occupaient les États-Unis d'Amérique lorsqu'ils proclamèrent leur indépendance se prolonge du nord-est au sud-ouest, depuis la baie de Passamaquody jusqu'à la Floride. Ce rivage reçut les Européens qui devaient y fonder leur puissance ; et les établissements qu'ils y formèrent s'étendirent, en remontant le cours des fleuves, jusqu'à la chaîne des monts Apalaches, également connus sous le nom d'Alleghanys. Ces montagnes sont séparées de l'océan Atlantique par de vastes plaines, dont la largeur varie de vingt à cinquante lieues, et un grand nombre de rivières navigables traversent en différents sens ces terres d'alluvion. La fécondité du pays est remarquable, et la variété de la température permet d'y cultiver les plantes de tous les climats. De profondes baies, dont les plus grandes sont celles de la Chésapeake et de la Delaware, font pénétrer dans l'intérieur les avantages de la navigation maritime, et reçoivent le tribut des fleuves, qui aident eux-mêmes à porter plus au loin les communications du commerce. Le cap Cod et le cap Hatteras sont les points les plus saillants de ce littoral, dont ils enveloppent les régions centrales; et ce fut vers le cap Hatteras que les colonies anglaises, destinées à former un jour la confédération américaine, essayèrent leurs premiers établissements.

Le goût des expéditions maritimes, excité en Europe par les découvertes de Christophe Colomb, avait promptement donné lieu à d'autres entreprises, dont le but était d'ouvrir une route nouvelle vers les Indes orientales. Sébastien Cabot avait reconnu, en cherchant cette communication, les rivages de Terre-Neuve et de quelques régions de l'Amérique : plusieurs navigateurs, partis d'Angleterre comme lui, avaient cherché les mêmes parages; et Henri VII, regrettant de ne pas avoir laissé découvrir le Nouveau-Monde sous son pavillon, désirait y pénétrer à son tour; mais les embarras des guerres civiles et étrangères vinrent lui imposer d'autres soins : il ne se fit, sous les règnes de Henri VIII, d'Édouard VI et de Marie, aucune expédition pour l'Amérique, et l'honneur d'y fonder un premier établissement était réservé à Élisabeth. Cette reine, dont les vues étaient grandes, reconnut l'avantage d'accroître la puissance et les ressources de l'état par des pêcheries, des comptoirs, des colonies : elle accueillit favorablement les projets qui lui furent proposés par sir Humphrie Gilbert, et l'autorisa par des lettres patentes à faire des découvertes dans tous les pays barbares qui n'étaient pas possédés par des princes ou des peuples chrétiens, à les occuper, à en disposer en faveur d'autres sujets anglais, et à les tenir de la reine d'Angleterre et de ses héritiers, en prêtant hommage à la couronne, et en s'engageant à la redevance d'un cinquième sur toutes les valeurs en or et en argent que l'on pourrait en extraire. Ces mêmes lettres permettaient à Gilbert de repousser tous ceux qui tenteraient de s'établir à moins de deux cents lieues des places qu'il aurait occupées lui-même ; elles lui accordaient le droit de publier, dans le même rayon de territoire, des lois et des ordonnances, pourvu qu'elles s'accordassent avec les lois et la politique de la métropole, qu'elles ne fussent pas contraires à la foi chrétienne professée dans l'église anglicane, et qu'elles ne tendissent pas à soustraire les sujets ou le peuple de ces pays à leur serment d'allégeance envers la reine et ses successeurs.

Ces lettres patentes nous donnent une idée précise des prétentions attachées alors au droit de découverte. On regardait comme légitime l'occupation de toute contrée comprise sous la dénomination de pays barbare; on étendait cette souveraineté idéale à des provinces entières où l'on ne possédait qu'une seule place, et l'on reconnaissait aux autres puissances chrétiennes une égale prérogative sur les pays où elles auraient des établissements. Ainsi les Européens se regardaient comme seuls intéressés dans ce partage; il leur semblait que ce continent, aussi vieux que le nôtre, fût récemment sorti des eaux; ses habitants n'étaient comptés pour rien; et c'était à la branche aînée de la race humaine que l'héritage de la terre paraissait réservé.

Les contrariétés que Gilbert éprouva dans son entreprise, par l'abandon d'une partie de ses associés et par les pertes d'une première expédition, ne lassèrent point sa constance; il engagea ses biens, recourut à des emprunts pour faire un nouvel armement, et partit de Plymouth pour Terre-Neuve, avec deux vaisseaux et trois petites embarcations. Il se trouvait dans les parages de cette île trente-six bâtiments pêcheurs de différentes nations : Gilbert, sans éprouver d'opposition de leur part, débarqua au port Saint-John, et proclama qu'il prenait possession du territoire jusqu'à deux cents lieues de distance : c'était donner à ses droits une latitude que l'île ne comportait point; mais il n'en connaissait pas alors l'étendue. Après quelques excursions dans le pays, où l'on chercha inutilement des mines d'or, Gilbert fit voile vers le sud-ouest pour reconnaître le continent d'Amérique; mais il rencontra des écueils, il éprouva de violentes tempêtes, et sa flottille revint en Angleterre sans le ramener lui-même. Il s'était mis en mer sur un simple canot, afin de ranger de plus près les côtes d'Amérique, et de pénétrer dans les anses et les criques du rivage, et il ne voulut pas quitter cette frêle embarcation. Les vagues l'emportèrent; la nuit survint; son fanal que l'on vit briller quelque temps s'éteignit tout à coup; le bateau était submergé.

Walter Ralegh, beau-frère de Gilbert, et vaste génie propre à toutes les nobles entreprises, avait pris part à ces premières expéditions, et avait équipé à ses frais le plus grand navire, auquel on donna le nom de Barque de Ralegh. Il obtint de la reine Élisabeth de nouvelles lettres patentes, conformes à celles qui avaient été accordées à Gilbert : quelques hommes généreux s'unirent à ses projets, et les deux navires qu'ils équipèrent furent commandés par Philippe Amidas et Arthur Barlow, qui mirent à la voile le 27 avril 1584. Ils prirent, selon l'usage suivi jusqu'alors, la route des Canaries et des Antilles, d'où ils s'élevèrent vers les côtes du continent.

Le lieu où ils abordèrent était l'île d'Occacock, située entre le cap Look-Out et le cap Hatteras, et faisant partie de ce long archipel qui borde le rivage, au midi de la baie de Pamtico; ils y virent des barques indiennes, eurent de premières relations avec les habitants, et reçurent d'eux un accueil hospitalier. L'été commençait, la terre jouissait de sa parure, et le luxe de la végétation frappait tous les yeux : les coteaux étaient couronnés de cèdres, de cyprès, de pins, de sassafras. La vigne sauvage embrassait la tige des arbres, se prolongeait à travers leurs rameaux, et y suspendait ses grappes de raisin. La plaine produisait du maïs, des melons, des concombres, une grande variété de racines bulbeuses et de fruits. Après cette première découverte, les deux vaisseaux revinrent en Angleterre. Les contrées qui venaient d'être reconnues reçurent le nom de Virginie, soit parce qu'il se rapprochait du nom de Virgina que lui donnaient les Indiens, soit par une exagération de flatterie envers la reine Élisabeth qui n'avait pas pris d'époux.

Le succès de cette expédition détermina le capitaine Richard Greenvil à en faire immédiatement une nouvelle; il partit de Plymouth, le 9 avril 1585, avec sept navires, se rendit dans l'île d'Occacock et dans celle de Roanoke, située plus au nord, passa sur le continent, où il eut quelques démêlés avec les Indiens, et revint en Angleterre, après avoir fait sur les Espagnols plusieurs prises maritimes pendant sa double traversée. Greenvil avait laissé en Amérique cent huit hommes pour y former un premier établissement, et ces nouveaux colons choisirent l'île de Roanoke pour leur résidence.

Quel que fût le riant aspect sous lequel les régions voisines s'étaient présentées, dans la saison de l'année la plus riche et la plus féconde, on eut bientôt à reconnaître combien il était difficile de s'y maintenir. Les plages maritimes de ces contrées étant généralement basses, sont exposées aux inondations des fleuves qui les traversent, et quelquefois aux irruptions de la haute mer. Ces eaux extravasées sont souvent retenues dans leurs nouveaux bassins par les dunes sablonneuses que le mouvement des vagues élève le long du rivage, et il s'est formé, entre ces digues naturelles et la terre ferme, de longs canaux, des lagunes, de vastes golfes intérieurs, tels que ceux de Pamtico et d'Albemarle, où plusieurs rivières versent leurs eaux, et qui communiquent eux-mêmes avec l'Océan, par différents passages à travers les dunes. Ces canaux, ces bassins pourraient servir d'abris à la navigation le long de ce vaste littoral, mais une partie du continent voisin est occupée par des marais. Ceux qui sont connus sous les noms de l'*Alligator* et du *Dismal-Swamp* sont les plus insalubres et les plus rebelles à la culture : ils continueraient de dévorer leurs habitants, si le travail et l'industrie des hommes ne parvenaient à dessécher la terre, et à rendre aux eaux stagnantes quelque circulation.

L'établissement commencé dans l'île de Roanoke ne pouvait tirer du continent que des ressources momentanées; mais les hommes engagés dans ces expéditions se laissaient aisément séduire par l'appât des richesses du Nouveau-Monde : ils croyaient n'avoir qu'à pénétrer dans l'intérieur pour les découvrir. On navigua vers l'occident jusqu'au fond de la baie où le Chowan et la rivière Roanoke apportent leurs eaux, et l'on remonta le cours de ce dernier fleuve, dans l'espérance de découvrir des mines d'or, et même de se rapprocher d'un autre parage maritime où la pêche des perles serait abondante. Ce voyage, où l'on éprouva les plus pénibles fatigues, n'eut aucun succès.

La colonie reçut des Indiens quelques subsistances; mais la vie des sauvages est si misérable, et leurs moyens de la soutenir sont si bornés, qu'on ne pouvait obtenir d'eux que des secours insuffisants. Accoutumés à une sobriété extrême par la difficulté de trouver des aliments, ils s'étonnaient de la voracité des Européens; ils leur voyaient consommer en quelques jours le peu de provisions qu'ils avaient péniblement amassées, et l'épuisement de leurs moyens de subsistance les irrita contre leurs hôtes, les mit dans la nécessité de s'éloigner pour chercher eux-mêmes leur nourriture, et laissa la colonie, seule et sans ressources, sur une côte déserte dont les dernières productions avaient disparu.

Le gouverneur envoya plusieurs détachements à la découverte, soit dans l'intérieur du pays, soit vers le littoral, afin de chercher les secours que la terre ou la mer pourraient offrir, et l'on aperçut enfin, au midi du cap Hatteras, une flotte de vingt-cinq voiles : c'était celle de Francis Drake qui retournait en Angleterre, après avoir accompli son expédition contre Santo-Domingo et Carthagène. Il s'était emparé de ces deux places, en avait détruit une partie avant de les rançonner, et avait ensuite brûlé, sur les côtes orientales du continent, les forteresses espagnoles de Saint-Augustin et de Sainte-Hélène. Élisabeth l'avait chargé de porter des secours à l'établissement de Virginie, et l'amiral offrit de pourvoir à tous ses besoins. On convint d'abord qu'il laisserait à la colonie un détachement de cent hommes, des provisions pour quatre mois et un navire; mais les colons avaient déjà éprouvé tant de misères, qu'ils prièrent Francis Drake de les recevoir à bord de sa flotte : ils y furent embarqués, et ils arrivèrent à Portsmouth à la fin du mois de juillet. John With avait été attaché comme peintre à cette expédition, et ses dessins peuvent aider à mieux connaître une partie des usages qu'il avait remarqués. Thomas Harriot, mathématicien, se trouvait aussi en Virginie. Il publia un traité sur les productions naturelles de cette contrée, sur ses poissons, ses animaux, ses plantes, sur les ressources qu'elle pouvait offrir par sa culture et son commerce, sur les opinions religieuses et sur les mœurs de ses habitants.

Quoique l'issue de l'entreprise formée par Richard Greenvil eût été malheureuse, l'image des fatigues et des privations que l'on avait souffertes s'était affaiblie pendant la traversée, et les récits des hommes qui revenaient d'Amérique tendaient à ranimer en Angleterre cet esprit aventureux qui avait dirigé ses spéculations vers le Nouveau-Monde. Un vague sentiment d'espérance encourageait à faire de nouvelles tentatives. La plus grande difficulté paraissait vaincue, puisqu'on avait reconnu le rivage et qu'on y avait débarqué sans opposition. Les peines et les sacrifices d'un premier établissement avaient été inévitables; mais les successeurs, trouvant la route tracée, pourraient s'y engager plus aisément : ils seraient éclairés par les fautes et les malheurs de leurs devanciers, et les leçons de l'expérience aplaniraient pour eux tous les obstacles.

Il fallait encore seconder cette pente de l'opinion publique, et Walter Ralegh, qui avait été le promoteur des premières expéditions, sut imprimer aux esprits ce mouvement salutaire. Son ambition, liée aux intérêts de son pays, avait eu pour but d'appeler l'Angleterre au partage du Nouveau-Monde. Il voyait deux puissances d'Europe établies, l'une en Floride, l'autre au Canada. L'intervalle qui les séparait sur la côte orientale d'Amérique n'avait été qu'imparfaitement aperçu : les points que l'on y avait occupés d'une manière passagère étaient abandonnés, et ce qu'on y avait reconnu, ce qu'il restait à découvrir offrait un champ libre aux plus vastes projets. Ralegh mit sa gloire à parcourir cette carrière. Il voulait l'affaiblissement de l'Espagne, cherchait la faveur d'Élisabeth en la rendant plus puissante, et croyait lui faire trouver en Amérique d'autres richesses que des métaux. Les pays où l'on abordait offraient une grande variété de productions : la plupart étaient inconnues à l'Europe. On pouvait en transplanter plusieurs : déjà quelques essais de ce genre avaient été faits par l'Espagne et le Portugal, et ces premières épreuves avaient été couronnées de succès.

Nous regardons comme une de nos plus précieuses acquisitions, celle du maïs, que les Européens trouvèrent dans toutes les parties du Nouveau-Monde (voyez pl. 25). Dès les premiers moments de la découverte, cette plante avait été importée dans les régions méridionales de l'Europe, d'où elle s'était répandue plus au nord. Aucune céréale n'est aussi productive; et comme sa culture exige peu de soins, qu'elle promet d'abondantes récoltes et un aliment sain et facile à préparer, on ne s'étonne point que l'usage en ait été généralement répandu chez les indigènes : il n'exigeait d'autre apprêt que d'écraser les grains et d'en faire cuire dans l'eau la farine, en donnant à cette bouillie plus ou moins de consistance. C'était là cette sagamité qui composait leur frugale nourriture, et qui suppléait aux produits de la chasse ou de la pêche lorsqu'ils venaient à manquer.

L'Angleterre ne connaissait point encore l'usage du tabac, quand l'exemple de Ralegh le fit adopter. Cette consommation fit promptement des progrès ; elle se répandit ensuite en Hollande, d'où elle gagna le reste de l'Europe. Les Espagnols, en arrivant au Mexique, avaient trouvé cette plante à Tabasco, d'où elle tira son nom ; et le docteur François Hernandez, de Tolède, l'avait envoyée le premier en Espagne ; mais on ne la cultivait dans les jardins royaux que comme une plante rare, dont les propriétés enivrantes et narcotiques avaient été remarquées. Elle était connue en Portugal, en 1560, lorsque Jean Nicot y était ambassadeur de François II près de Sébastien : il la transplanta en France, où elle fut long-temps désignée sous le nom de Nicotiane. Le cardinal de Sainte-Croix, nonce du saint-siége à Lisbonne, et Nicolas Tornabon, légat en France, la portèrent en Italie.

L'usage de cette plante était généralement répandu dans le Nouveau-Monde. Les Américains en brûlaient les feuilles dans leurs cérémonies publiques ou religieuses, et c'était une espèce d'encens qu'ils offraient à la tempête, au tonnerre, à la fureur des flots, au simulacre de toutes les puissances invisibles qu'ils redoutaient ou qu'ils adoraient. Leurs devins s'offusquaient la raison en fumant avec excès : ils allaient jusqu'à tomber dans un engourdissement léthargique ; et lorsqu'ils avaient repris leurs sens, ils rendaient leurs oracles, expliquaient leurs songes ou ceux des hommes crédules qui venaient les consulter, et y cherchaient une confuse image de l'avenir. Ceux qui exerçaient l'art de guérir recouraient au même moyen pour prédire l'issue des maladies. La propriété d'exalter les esprits, d'animer passagèrement les forces, d'émousser le sentiment de la douleur, faisait regarder cette plante comme un bienfaisant antidote contre une partie des maux de la vie sauvage. On en mâchait les feuilles, on en respirait la poudre ; on la faisait brûler et on humait son parfum. Les roseaux dont les Indiens se servaient pour ce dernier usage étaient terminés par un godet dans lequel le tabac brûlait lentement. Ces pipes étaient leurs calumets ; elles devenaient un de leurs meubles les plus précieux, un gage d'amitié lorsqu'on en faisait l'échange, un symbole de paix généralement usité dans les transactions que faisaient les différentes tribus.

La consommation introduite en Europe eut ses partisans et ses détracteurs : ceux-ci regardaient l'action du tabac sur les fibres du cerveau comme une cause d'altération intellectuelle ; d'autres y voyaient un nouveau principe d'imagination. Médecins, moralistes, physiciens, s'emparèrent également de la controverse. Au milieu de ces querelles animées, l'usage se propageait et devenait populaire. La multitude n'entrait pas dans l'examen de ces discussions, mais elle se procurait des sensations nouvelles ; et ce goût s'explique comme celui des liqueurs spiritueuses, de l'opium, des saveurs et des parfums excitants, dont l'usage et quelquefois l'abus sont recherchés des hommes civilisés comme des sauvages.

En empruntant des Indiens leur calumet, on propageait aussi leurs opinions sur les vertus de cette plante ; elle passait pour guérir les blessures de flèches empoisonnées, pour tenir lieu d'aliment pendant quelques jours, pour ôter même le sentiment du besoin ; et si elle jouissait de cette énergie sur le sol natal, on enviait à l'Amérique un si précieux spécifique : on se plaignait de ce que la Providence l'avait refusé pendant tant de siècles aux nations de son choix, pour en enrichir des peuplades ignorées auxquelles les bienfaits de la civilisation n'étaient pas parvenus. Les mêmes enthousiastes regardaient le tabac comme le plus riche trésor qu'on pût recueillir dans les pays de l'or et des perles, et ils ajoutaient que la nature y avait si bien empreint ses forces vitales, qu'étant même réduit en fumée il conservait encore tout son prix. Élisabeth s'entretenait un jour avec Ralegh des merveilleuses vertus de cette plante, et la conversation ayant pris un caractère moins grave, Ralegh dit à la reine qu'il en avait si bien analysé tous les principes, qu'il pourrait calculer jusqu'au poids de sa fumée. L'expérience paraissait difficile; il propose un pari, et la reine l'accepte : le courtisan pèse alors le tabac qu'il va consumer, il le fume, il en pèse ensuite les cendres, et la reine convient que ce qui manque au premier poids doit en effet s'être évaporé en fumée. En acquittant la gageure qu'elle venait de perdre, Élisabeth dit en riant qu'elle avait appris qu'un grand nombre d'alchimistes changeaient leur or en fumée, mais que Ralegh était le premier qui sût changer sa fumée en or. Nous nous serions abstenus de faire entrer cette anecdote dans nos récits, si elle n'était pas relevée par le caractère et le nom de deux personnages remarquables, et si l'adoption d'un usage qui gagna rapidement tous les autres pays ne faisait pas prendre quelque intérêt aux circonstances qui ont accompagné son origine.

Faire entrer dans les habitudes de la vie un nouveau genre de besoin, c'était aussi faire fleurir une branche importante de commerce; et l'on reconnut l'avantage d'encourager en Virginie la culture d'une plante qui en était une des principales productions.

On attribue également à Ralegh les premiers essais faits en Irlande, pour y naturaliser la pomme de terre, que Francis Drake avait apportée d'Amérique. Elle fut ensuite transplantée dans le comté de Lancastre, où elle se multiplia : on l'introduisit en Hollande, en Flandre, en Italie; et ce fut long-temps après qu'elle fut portée sur les bords du Rhin, d'où elle se propagea en France et en Allemagne.

Les contrées qui avaient un grand nombre de céréales et de légumineuses n'adoptèrent qu'avec lenteur cette nouvelle plante alimentaire; l'utilité de son usage était moins sentie; les places de la culture étaient marquées, et le pouvoir de la routine y mettait obstacle aux améliorations.

On sait que ce végétal, dont la tige est herbacée, a deux sortes de racines, les fibreuses et les tubéreuses : les premières se ramifient en pénétrant dans le sol, où elles vont puiser les sucs qui les nourrissent ; les secondes sont grosses, charnues, rampent entre deux couches de terre, et se renflent par intervalles en plusieurs tubercules que de minces ligaments enchaînent les uns aux autres. La substance savoureuse et nourricière que fournit ce solanum se trouve ainsi à l'abri des orages, des soleils brûlants, de la grêle, et de la plupart des intempéries qui appauvrissent nos récoltes. Cette plante, dont la culture réussit dans tous les climats et dans presque toutes les expositions, offre aussi par ses nombreuses variétés de plus fécondes ressources à l'économie domestique et rurale.

Ralegh, occupé du sort de la Virginie, et prévoyant toute l'importance d'un établissement qui devait incessamment s'agrandir, avait reconnu la nécessité de ne pas l'abandonner à lui-même et de lui porter des secours. Un vaisseau chargé d'approvisionnements fut expédié par ses soins; mais il n'arriva en Amérique que plusieurs jours après le départ de l'amiral Drake, qui avait emmené toute la colonie, et n'ayant plus à lui donner assistance, il revint en Angleterre, avec les provisions qu'il avait à bord.

Une seconde expédition, conduite par Richard Greenvil, venait apporter des renforts à ce même établissement; mais il ne put également aborder dans l'île de Roanoke qu'après le départ de ceux qu'il venait secourir, et il trouva leurs habitations abandonnées; cependant, pour conserver la possession du pays, il débarqua cinquante hommes dans cette île, et les pourvut de provisions pour deux ans avant de remettre à la voile.

Trois vaisseaux furent expédiés l'année suivante, sous le commandement de John White, qui était nommé gouverneur de Virginie : ils prirent le circuit des Antilles, gagnèrent le cap Hatteras, et arrivèrent dans l'île de Roanoke, où l'on espérait revoir les cinquante hommes que Richard Greenqu'il y avait laissés; mais le fort et les maisons étaient en ruine. On apprit sur la côte voisine que les blancs avaient été attaqués par trois mille Indiens ; qu'après avoir soutenu un premier combat, ils s'étaient embarqués pour Hatteras, d'où ils étaient ensuite partis, sans que l'on sût leur destinée ultérieure. White ne s'arrêta point à Roanoke; il passa dans une des îles Hatteras pour y former une plantation, et l'année suivante il fut désigné par cette colonie pour aller rendre compte en Angleterre de la triste situation où elle était réduite.

Le gouvernement britannique était alors très-occupé des moyens de résister à l'expédition espagnole connue sous le nom d'invincible Armada. Tous les vaisseaux étaient mis en réserve pour la défense du pays, et White ne put obtenir que l'envoi de deux navires, avec lesquels il mit à la voile le 22 avril 1588. Le désir de tenter une autre expédition plus aventureuse lui fit même négliger sa destination primitive; ses armements cherchèrent à faire des prises sur l'ennemi, et les incidents de la course les forcèrent à rentrer bientôt après dans les ports d'Angleterre. L'abandon où se trouva la colonie, par le retard des secours qui lui étaient nécessaires, augmenta sa détresse et prépara sa ruine.

Walter Ralegh avait épuisé d'immenses ressources pour soutenir les premiers établissements; il remit alors à d'autres mains la suite et l'accomplissement de ses grands projets. La guerre qui s'était engagée avec l'Espagne lui offrait de nouvelles chances d'élévation, de faveur et de gloire; il aimait mieux servir sous les yeux de l'Europe, et attirer par ses exploits les regards de sa souveraine. Ralegh céda les priviléges qui lui étaient accordés par sa charte, à une compagnie qui se chargea de continuer la colonisation de la Virginie; mais ces nouveaux associés différèrent d'une année entière l'envoi d'une première expédition, et le commandement en fut encore remis à John White, qui partit de Plymouth avec trois vaisseaux, au

mois de mars 1590. Au lieu de se rendre directement dans la colonie, où il devait aller reprendre ses fonctions de gouverneur, il voulut, comme dans sa campagne précédente, faire des prises sur les Espagnols; il prolongea ses croisières pendant plusieurs mois dans les parages des Antilles, et il n'arriva qu'au mois d'août sur la côte voisine du cap Hatteras. La colonie qu'il y avait laissée trois ans auparavant ne s'y trouvait plus : on fit divers signaux, mais on ne reçut aucune réponse; on accourut vers un feu allumé, mais le lieu était désert, et l'on ne vit que des débris d'arbres enflammés. Quelques indices firent présumer que ces hommes s'étaient retirés vers le cap Look-out, et la flottille se rendit dans ces parages; mais n'ayant pu s'y tenir sur ses ancres, ni aborder pendant quelques jours, elle abandonna cette recherche, gagna les Açores et revint en Angleterre. Si les malheureux colons existaient encore, ils devinrent la proie des sauvages; on ne les revit plus : d'autres tentatives pour les retrouver n'eurent aucun succès ; et pendant douze ans on perdit de vue tout projet d'établissement en Virginie.

L'interruption qu'avaient éprouvée à plusieurs reprises les expéditions de l'Angleterre, lui avait fait perdre le fruit de ses premiers efforts; il lui fallait des temps plus calmes pour reprendre avec ardeur cette grande entreprise : la tranquillité de l'Europe permit enfin de s'y livrer, et les éminents services de quelques hommes assurèrent à la Grande-Bretagne de plus durables établissements.

Bartholomé Gosnold entreprit, en 1602, un voyage en Amérique, avec un équipage de trente-deux hommes ; il voulait arriver en Virginie par une route plus directe, et le 1er mai il prit terre vers le 43e degré de latitude. La côte était basse et sablonneuse : ne trouvant pas un bon mouillage, il reprit la mer, cingla vers le midi, et se trouva porté le lendemain dans la baie de Cap-Cod, qu'il nomma ainsi à cause de l'abondance de morue (Cod-

fish) qu'il y découvrit. En faisant voile autour de la péninsule recourbée que termine ce cap, il reconnut plusieurs îles : la plus grande était couverte de vignes, et Gosnold la nomma Marthas Winevard ; il donna le nom d'Élisabeth à une autre île, où quelques graminées qu'il sema pour en essayer la culture, levèrent promptement ; et après avoir eu des communications amicales avec les Indiens, il revint en Angleterre.

Les récits que firent ces aventuriers de la beauté et de la fertilité du pays, attirèrent l'attention publique et firent renaître le goût des découvertes. Plusieurs expéditions particulières furent tentées sans résultats ; mais en 1606, il se forma deux sociétés, celle de Londres et celle de Plymouth, entre lesquelles Jacques Ier partagea le droit de créer des établissements sur la côte d'Amérique : la société de Londres put en former depuis le 34e degré de latitude nord jusqu'au fond de la baie de la Chésapeake ; celle de Plymouth eut les mêmes priviléges, le long du littoral de l'Atlantique, depuis le 38e degré jusqu'au 45e. La concession faite à chaque compagnie s'appliquait à toutes les îles situées à cent milles anglais du rivage : elle s'étendait également à cent milles dans l'intérieur des terres. Toute cette côte était alors connue en Angleterre sous le nom de Virginie : on la partageait en deux sections, celle du nord et celle du sud ; chacune d'elles avait un conseil établi en Amérique, et toutes deux relevaient d'un corps supérieur, résidant en Angleterre, et chargé de régler le gouvernement de ces colonies. Chaque conseil était tenu de pourvoir au maintien du service religieux et à la propagation de la foi chez les peuples sauvages, suivant les rits et la doctrine de l'église anglicane ; il devait empêcher qu'aucun habitant ne contrevînt à son serment d'allégeance ; on établissait un jury pour les causes criminelles qui emportaient la peine capitale ; le président et le conseil pouvaient prononcer sur les délits moins graves. Il serait ouvert pendant cinq ans un ou plusieurs magasins, où les marchands déposeraient tous les produits qu'ils auraient importés dans la colonie ; un trésorier ou capitaine marchand en aurait la surveillance, il en rendrait compte ; et chaque habitant recevrait de ces magasins tous les objets nécessaires à son usage.

Le but de cette dernière mesure était de pourvoir aux besoins de chaque colonie : on voulait mettre à sa portée tous les moyens de conservation ; et pour mieux assurer son entretien, on décida qu'elle devait avoir en Angleterre une ou plusieurs compagnies de correspondants, chargés de veiller aux intérêts de l'association, d'expédier les marchandises qui devraient être envoyées en Amérique, et de prendre en retour les produits que l'on pourrait en extraire. Le président et le conseil de chaque colonie avaient le pouvoir de publier les ordonnances qui leur paraîtraient convenables au maintien du bon ordre, pourvu qu'elles s'accordassent en substance avec les lois d'Angleterre et avec leurs principes d'équité.

Lorsqu'on eut tracé les bases des établissements qui devaient être formés en Virginie, le capitaine Christophe Newport fut chargé de commander la première expédition, qui se composait de trois navires ; elle partit de Blackwell, prit la route des Canaries, et aborda le 26 avril 1607, près du cap Henri, sur la côte méridionale de la Chésapeake. La boîte qui renfermait les ordres du gouvernement fut alors ouverte ; on y lut les noms de ceux qui devaient former le conseil de la colonie, et le nouveau gouvernement fut organisé. On chercha un emplacement favorable pour le premier établissement : il fut fondé sur la rive d'un fleuve qui reçut, en l'honneur du roi, le nom de James-river ; et la ville qu'on y bâtit, à quarante milles de son embouchure, fut nommée James-town.

Le capitaine John Smith était désigné comme membre du conseil ; cependant une fausse accusation de ses ennemis empêcha d'abord de l'admettre : on voulait même le renvoyer en Angleterre ; mais, confiant dans son innocence, il insista pour être jugé : les délateurs se rétractèrent, ceux qui les avaient subornés furent punis, et Smith fut admis dans le conseil. Son zèle pour le bien de la colonie prouva bientôt qu'en le privant de ses services on lui aurait enlevé le plus habile et le plus ferme défenseur.

Après avoir formé l'établissement de James-town, le capitaine Newport revint en Europe. Les cent personnes qu'il avait débarquées en Virginie furent promptement réduites à la moitié de ce nombre, par l'effet des maladies et par l'insalubrité des provisions avariées : le conseil perdit quelques membres, d'autres furent disgraciés, et tout se fit bientôt par l'autorité ou l'influence de Smith, dont le courage, l'habileté, la résolution, triomphaient de toutes les difficultés. Ses premiers soins furent d'obtenir des tribus indiennes les plus voisines des secours en vivres pour la colonie : il fut d'abord réduit à les exiger par la force ; il engagea ensuite un commerce d'échange avec les Indiens, et à l'approche de l'hiver les ressources de la chasse furent plus abondantes. Smith fit ensuite avec une faible escorte un voyage vers la source du Chickahomini, l'un des affluents septentrionaux du James-river : il s'avança plus loin que les hommes de sa suite, et fut surpris par un parti indien, contre lequel il se défendit vaillamment ; une chute l'ayant mis hors de combat, il fut enveloppé et forcé de se rendre. Le chef de tribu qui l'avait attaqué était un frère de Powhatan, dont l'autorité s'étendait sur la nation entière : il conduisit d'abord son prisonnier dans le village où il demeurait ; il le promena ensuite solennellement à travers les territoires occupés par d'autres tribus, et enfin il l'amena dans la résidence de Powhatan, sur la rive gauche du York-river, qui se jette dans la baie de la Chésapeake. Depuis ce golfe profond jusqu'à la première chaîne des Alleghanys, toute la contrée obéissait à Powhatan : elle s'étendait au nord jusqu'au Patuxent, qui coule vers le fond de cette baie ; elle comprenait au midi tout le bassin du James-river et de ses affluents.

Dans ses premières communications avec les sauvages, Smith eut souvent l'occasion de reconnaître leur crédule simplicité. En voyant entre ses mains une boussole, ils croyaient que l'aiguille en était animée par un mouvement et un pouvoir magique ; la poudre dont on faisait usage pour les armes à feu leur paraissait être une graine que l'on pouvait reproduire et multiplier en la semant dans la terre. Smith avait chargé d'une lettre un messager indien qui lui rapporta de James-town les objets qu'il avait demandés : les sauvages ne pouvaient comprendre comment ce papier avait parlé.

Le prisonnier fut accueilli et fêté dans tous les lieux de son passage, et Powhatan lui fit rendre les mêmes honneurs. On eut ensuite à délibérer sur son sort ; et après une longue consultation, sa mort fut résolue. Smith est conduit vers la pierre du sacrifice ; il y pose sa tête ; on allait l'écraser à coups de massue : Pocahontas, fille du cacique, intercède alors pour l'étranger, et n'obtenant rien par ses prières, elle se penche sur la tête de Smith, la couvre de la sienne, et s'expose la première aux coups du tomahac dont il est menacé. Les Indiens furent touchés de ce dévouement, et consentirent à lui laisser la vie. Sa libératrice n'avait que treize ans ; un premier mouvement de pitié l'avait entraînée, et la générosité de son cœur ne se démentit jamais. Tout venait d'être changé dans les dispositions des sauvages ; on veilla sur les jours de celui qu'on avait été près d'immoler ; il fut remis en liberté ; on lui donna des guides pour le reconduire à James-town, et des subsistances y furent ensuite envoyées plusieurs fois par Powhatan ou par sa fille. Il arrivait journellement au fort quelques Indiens, pour y voir leur nouvel ami ; ils l'avaient admiré en le tenant prisonnier, et ils croyaient le capitaine

Smith placé sous la protection de leur grand esprit.

De nouveaux approvisionnements et un renfort de cent vingt hommes furent bientôt amenés d'Angleterre par le capitaine Newport. Smith se rendit avec lui à la résidence de Powhatan, et ce chef indien, auquel ils offrirent quelques présents, accueillit ses hôtes avec toute la pompe guerrière qu'il pouvait déployer. Pocahontas voulut aussi leur donner une fête, et le caractère des jeux et des folâtres ébats de ses compagnes mérite d'être remarqué.

Un feu était allumé au milieu d'une plaine, où se trouvaient assemblés un grand nombre d'Indiens : Smith, Newport et leur cortége avaient été conduits à cette réunion, et les premiers rangs leur étaient réservés. D'horribles cris partent subitement d'une forêt voisine : les Anglais se persuadent qu'on veut les surprendre; ils mettent l'épée à la main, et se hâtent d'arrêter comme otages quelques vieillards indiens; mais Pocahontas accourt au milieu d'eux : elle est incapable de les trahir; elle se livre à leur vengeance s'ils ont pu la soupçonner d'une perfidie; et le gage qu'elle leur offre de sa sincérité fait renaître leur confiance. Tout à coup on voit sortir de la forêt trente de ses jeunes compagnes : leur corps est peint de diverses couleurs; elles n'ont pour vêtement ou pour ceinture qu'un réseau de légers feuillages; la peau et les ramures d'un cerf couvrent leur tête; leurs mains sont armées d'un arc, d'une flèche ou de quelques autres traits. Toutes ces jeunes filles s'assemblent en cercle autour du feu; elles commencent leurs chants sauvages et leurs danses, et dans les intervalles de repos elles poussent des cris perçants. Les mêmes exercices se renouvellent et sont suspendus à plusieurs reprises; puis elles regagnent la forêt d'où elles étaient sorties (voy. pl. 10).

L'année suivante, Smith fit un voyage de découvertes dans la baie de la Chésapeake. On en côtoya d'abord la rive orientale, depuis le cap Charles jusqu'à l'embouchure du Pocomoke. Les îles de la baie furent visitées : on passa vers sa rive occidentale, et après avoir reconnu le Patapsco, dont les bords étaient inhabités, on s'éleva plus au nord vers l'entrée de la Susquehana.

Ce capitaine découvrit à son retour la majestueuse embouchure du Potomac, dont il avait déjà vu les rives supérieures pendant sa captivité. Les Indiens voisins du fleuve étaient aussi sous la domination de Powhatan. Ils se présentèrent d'abord comme ennemis; mais la décharge de quelques armes à feu les dispersa. Smith n'eut ensuite avec eux que des relations de paix. Il remonta le Potomac; il s'avança jusqu'à ses premières chutes, et les Indiens lui apportèrent, dans leurs canots, une provision de gibier et de poisson. Après avoir regagné l'entrée du fleuve, Smith découvrit successivement celles du Rappahanock et du York-river, et il revint à Jamestown, le 21 juillet; mais il voulut reprendre immédiatement ses découvertes dans la Chésapeake. Il navigua de nouveau jusqu'au fond de la baie, remonta le cours de la Susquehana, reconnut quelques-unes des rivières qui s'y jettent, et ouvrit des communications avec les Indiens. Ceux des rives de la Susquehana étaient remarquables par leur haute stature; ils avaient six cents hommes de guerre, et ils se mettaient en défense contre une grande et puissante nation qui avait quitté les rives des grands lacs d'Amérique pour faire une irruption dans leur pays.

Ces sortes d'invasions étaient fréquentes. L'ambition des conquêtes a pris naissance dans l'état sauvage; et comme on ne pouvait acquérir et conserver de l'ascendant sur sa tribu que par des preuves éclatantes de force et de courage, souvent de hardis aventuriers allaient commettre des agressions individuelles, attirer des représailles, et engager une guerre dans laquelle leur nation entière se trouvait ensuite entraînée.

La reconnaissance de la baie de la

Chésapeake et des principaux fleuves qui y versent leurs eaux fut heureusement terminée par le capitaine Smith. Il avait pu apprécier toute l'importance de l'établissement commencé en Virginie ; il en calculait d'avance l'agrandissement, voyait de grandes et fertiles contrées ouvertes aux Européens, et préparait tous les moyens d'en assurer la possession à son pays. De si grands services le plaçaient au premier rang dans l'opinion. Aucun homme n'était plus digne que lui de diriger les affaires de la colonie, et il fut nommé président par le conseil. Le cercle de ses devoirs s'était agrandi ; mais Smith n'était inférieur à aucun emploi : il acheva les établissements publics de James-town, il exerça et disciplina les troupes, maintint l'ordre de la colonie et pourvut à ses besoins.

Un des premiers soins du capitaine Smith était d'entretenir des relations amicales avec les tribus dont il avait à ménager les dispositions. Powhatan semblait quelquefois regretter de l'avoir épargné : les périls des nations indiennes commençaient à l'émouvoir. Forcé de reconnaître la supériorité des Européens dans tous les moyens d'attaquer et de nuire, il le redoutait ; il leur croyait le dessein d'envahir son pays ; il ne voulait souvent échanger qu'avec des armes les provisions de maïs ou d'autres vivres qu'il leur fournissait, et profitait de ces rapports avec eux pour acquérir les moyens de se défendre. Powhatan fit inviter Smith à venir le voir ; mais il avait dressé une embuscade pour le surprendre, et Smith reçut en cette occasion un nouveau témoignage de l'affection de Pocahontas, qui vint, à travers les forêts et au milieu de la nuit, le prévenir du dessein qu'on avait formé d'attaquer incessamment son escorte. Smith voulut, par reconnaissance, lui offrir quelques présents ; elle les refusa : il lui suffisait de l'avoir sauvé, et la jeune Indienne s'enfuit précipitamment. D'autres dangers menacèrent le capitaine Smith dans le cours de ce voyage : il échappa aux piéges, repoussa les agressions, et revint à James-town, avec la provision de grains qu'il avait obtenue de différentes peuplades.

Un chef indien qui fut arrêté dans une de ces rencontres parvint ensuite à s'échapper ; et comme les Anglais cherchaient à se venger de sa fuite en poursuivant les hommes de sa tribu, un d'entre eux s'arrêta et leur dit : « Si notre chef s'est affranchi, considérez que les poissons nagent, que les oiseaux volent, que les bêtes sauvages s'échappent d'un piége pour conserver la vie. Un homme est-il coupable de suivre comme eux l'instinct de la nature? Si vous persistez dans la résolution de nous détruire, nous abandonnerons nos habitations et nous irons vivre loin de vous. Il nous en coûtera des peines, mais vous en souffrirez davantage : sans nos grains et nos fruits, vous ne pouvez subsister. Accordez-nous la paix et laissez-nous semer nos champs avec sécurité. » Smith accueillit leur demande, et la paix fut rétablie entre la colonie de James-town et les tribus indiennes, qui continuèrent de lui fournir des approvisionnements.

On profita de ces moments de sécurité pour mieux connaître l'intérieur du pays. Smith dressa la carte de tous les lieux qu'il avait découverts, soit en parcourant la Chésapeake, soit en remontant le cours des fleuves ; et cette carte, envoyée en Angleterre, fut souvent consultée dans les nouvelles expéditions qu'on eut à faire pour la Virginie. Le capitaine Newport, déjà connu par ses deux premiers voyages, en fit encore un troisième, pour chercher ces mines d'or, toujours promises par les indigènes ; et, dans l'espérance de les découvrir, il voulut explorer les hautes régions des Apalaches, où le James-river prend sa source.

On peut observer, en s'élevant dans cette contrée jusqu'au-delà des montagnes Bleues, qui forment la première chaîne des Apalaches, un pont naturel, jeté sur une vallée étroite et escarpée où coule le Cedars-creek, avant de se jeter dans le James-river. Ce pont est élevé de cent cinquante pieds au-dessus du courant : les flancs des deux montagnes sur lesquelles il s'appuie sont perpendiculaires, et la masse de rochers suspendue sur cet abîme unit les deux côtés du vallon par une voûte très-surbaissée, dont la largeur est de vingt-cinq pieds, et dont l'épaisseur est presque double. On suppose que ces rochers calcaires formaient autrefois une digue continue, qu'elle fut minée par l'action des eaux, et que sa base, incessamment creusée, leur ouvrit enfin un passage. Cette grande déchirure de la vallée, ce torrent qui la parcourt, ce vaste cintre qui la couronne, offrent un des plus imposants spectacles de la nature : ils la présentent dans sa beauté sauvage, avec son désordre, ses variétés et la parure de sa végétation (voyez *pl.* 7).

Mais l'intérêt d'une telle découverte ne pouvait satisfaire que l'imagination qui s'élève à la contemplation de la nature, et qui cherche à suivre dans leurs développements et leurs vicissitudes les œuvres de la création. La compagnie de Londres, qui avait fondé l'établissement de Virginie, en trouvait l'entretien trop onéreux : n'ayant aucune mine à faire exploiter, elle était frustrée dans son attente ; elle attribuait à des vices d'administration le peu de prospérité de la colonie, et sollicitait, de Jacques Ier, de nouvelles lettres-patentes qui lui furent accordées en 1609.

Un grand nombre d'associés, remarquables par leur rang et par leur fortune, entrèrent dans la nouvelle compagnie, qui fut organisée en corporation, sous le titre de trésorier et compagnie d'aventuriers et de planteurs de la ville de Londres pour la première colonie de Virginie. Le roi leur céda toutes les terres qui s'étendaient le long des côtes, dans un espace de deux cents milles au nord de l'embouchure du James-river, et de deux cents milles au midi du même fleuve : la concession d'orient en occident était beaucoup moins limitée ; elle devait se prolonger d'une mer à l'autre. Il était alors admis en principe, chez les Européens, que les droits acquis sur la côte orientale d'Amérique s'appliquaient aussi à toutes les terres situées sous les mêmes parallèles ; mais l'extension des établissements formés dans cette direction devait nécessairement rencontrer des obstacles, soit dans l'interposition des fleuves, des marais, des montagnes, et dans les divers accidents du sol, soit dans le nombre et l'opposition des indigènes ou des autres compétiteurs.

Le droit de découverte, sur lequel on fondait ses prétentions, est sans doute un de ceux dont il est le plus difficile de poser les limites. Le navigateur qui reconnaît un rivage peut également apercevoir les montagnes, souvent éloignées, qui bornent son horizon ; toutes les plaines intermédiaires échappent à ses regards, et il ne saisit que les points extrêmes d'un si vaste tableau. Cet aperçu incomplet et fugitif suffirait-il pour lui donner le droit d'occuper seul une immense contrée ? et si les voyageurs d'une autre nation, abordant ensuite sur différents points des régions que l'on avait vaguement reconnues avant eux, parviennent à s'y établir, et peuvent y jeter les fondements de leurs colonies, pourra-t-on revendiquer contre eux une priorité de découverte, dont on n'était pas même à portée de soupçonner l'étendue ? Car ces lignes de terre qui se dessinent à l'horizon et que nous apercevions à peine, ne font-elles point partie d'un continent plus vaste ? ne se trouve-t-il pas, au-delà des sommets que notre vue peut atteindre, d'autres plaines, d'autres vallons, des montagnes encore plus élevées ; et le domaine que nous nous sommes arrogé s'étendra-t-il de proche en proche à toutes les régions contiguës ? De si graves questions n'étaient point encore résolues à cette époque. On ne croyait plus, il est vrai, que l'autorité d'une bulle pontificale pût suffire pour partager entre deux nations européennes toutes les contrées du nouveau monde, et d'autres peuples avaient cherché à entrer aussi dans ce plan d'invasion ; mais chaque concurrent étendait à son gré l'application de ce droit de découverte, dont l'incertitude donna lieu à des guerres, à des prises de possession, à des traités entre les puissances qui se disputaient le territoire et les dépouilles des indigènes.

La compagnie chargée de mettre en valeur les richesses de la Virginie fut autorisée à la recherche et à l'exploitation des mines, non-seulement dans les terres qui lui avaient été cédées, mais dans toutes celles qui n'avaient pas d'autres possesseurs; elle devait jouir de tous leurs produits, à l'exception du cinquième, dont le paiement était réservé à la couronne. On accorda la liberté de se rendre dans la colonie, à tous les Anglais, à tous les étrangers qui voudraient s'y établir; l'exportation des marchandises que l'on y enverrait d'Angleterre devait être exempte de droits de toute nature pendant plusieurs années, et les produits que l'on en recevrait ne seraient soumis qu'à un droit de cinq pour cent. On accorda au conseil supérieur de la colonie, résidant en Angleterre, le pouvoir d'établir toutes les lois, tous les règlements qu'il jugerait utiles aux intérêts de la contrée; enfin, il fut déclaré que personne ne pourrait s'y rendre, sans être tenu de prêter le serment de suprématie.

La présidence de Smith allait expirer : il voulut rendre un dernier service à la colonie en lui donnant deux arrondissements nouveaux ; et tandis que l'on fondait vers l'embouchure du James-river l'établissement de Nansemond, il vint commencer, vers les premières chutes du fleuve, celui de Powhatan, dont l'emplacement avait été cédé par le chef indien qui lui donna son nom. Ces deux forteresses et celle de James-town couvraient les principaux points de la colonie. Mais dans un voyage qu'il faisait pour visiter les travaux, Smith fut grièvement blessé par l'explosion accidentelle d'un baril de poudre : le mal vint à s'aigrir, et la cure devenait plus incertaine, Smith se détermina à revenir en Angleterre. Il laissait dans la colonie des provisions de vivres pour deux mois et demi, vingt-quatre pièces d'artillerie, trois cents mousquets, trois vaisseaux, sept barques et plusieurs espèces d'animaux et d'oiseaux domestiques, dont la naturalisation réussissait. Des plantations de maïs avaient été formées par ses soins autour de James-town, et l'année 1608 fut la première où les colons anglais firent une récolte de cette graine, semée de leurs propres mains. Smith était convaincu que ce pays pouvait fournir tous les produits agricoles, qui sont la véritable richesse d'une contrée. Mais la colonie dont il était le bienfaiteur avait encore besoin de lui, et son départ fut une calamité pour elle. Il l'avait soutenue dans les temps les plus difficiles, et il avait assuré ses relations avec les Indiens. Ceux-ci révéraient sa justice ; ils s'étaient attachés à lui ; ils le regrettèrent, et n'espérant pas qu'il pût survivre à ses blessures, ils le pleurèrent, comme s'il allait mourir.

Trois nouveaux commissaires étaient alors partis de Londres pour la Virginie, où ils devaient se charger en commun des soins du gouvernement : c'étaient Thomas Gates, George Sommers et le capitaine Newport. Tous trois étaient à bord du vaisseau amiral, et, ils étaient suivis de neuf bâtiments de transport ; mais lorsqu'ils furent arrivés au nord-est du détroit de Bahama et dans les parages du Gulf-Stream, une violente tempête, survenue le 24 juillet, sépara du reste de l'escadre le premier vaisseau, le rejeta loin des plages du continent américain, et, après l'avoir battu pendant trois jours, le poussa vers les îles Bermudes et le fit naufrager sur la côte. Le navire y fut brisé, et les hommes parvinrent péniblement à se sauver. Les bâtiments de convoi furent moins maltraités ; ils purent continuer leur navigation jusqu'en Virginie, où ils arrivèrent successivement.

L'archipel des Bermudes, où se trouvaient alors retenus les nouveaux chefs destinés à la colonie, se compose d'un grand nombre d'îles, dont la plupart ne sont que des rochers entourés d'écueils et redoutés des navigateurs. On leur avait aussi donné le nom d'Îles du deuil ; elles n'étaient encore connues que par des naufrages ; il ne s'y trouvait aucun Indien, et aucune puissance d'Europe ne les avait occupées, quoiqu'elles eussent été découvertes, en 1527, par Juan Bermudez. Cependant les plus grandes îles de cet archipel sont fécondes : celle où l'on aborda était parée d'une partie des plantes de la Virginie ; elle pouvait recevoir celles d'Europe, et George Sommers y sema des graines qui levèrent promptement. La saison de l'année était favorable, il en profita ; il visita l'intérieur, étendit ses reconnaissances dans les îles voisines, et prévit les avantages de l'établissement que l'Angleterre pourrait bientôt y former. Mais dans leur situation actuelle, les trois commissaires avaient à s'occuper avant tout des moyens de gagner la Virginie avec les cent cinquante compagnons de leur naufrage. Ils n'avaient aucune espérance d'être recueillis par d'autres vaisseaux, dans un temps où tous les marins évitaient ces parages, et ils construisirent, en bois de cèdre, deux légers navires. On profita, pour les achever et pour les mettre en état de prendre la mer, de tous les agrès qu'on avait sauvés. Ce travail dura long-temps, et l'on fut retenu aux Bermudes près de neuf mois avant de remettre à la voile. Après une traversée de quatorze jours, les navigateurs arrivèrent en Virginie, où ils n'étaient plus attendus.

Pendant ce temps, la colonie avait été réduite à une extrême détresse. Les derniers établissements fondés par Smith étaient abandonnés, et celui de James-town était en proie à l'anarchie. Les hostilités contre les Indiens se renouvelaient fréquemment, et l'on ne prenait plus les mêmes soins pour cultiver leur amitié ou pour les contenir : on avait épuisé toutes les provisions ; et de cinq cents hommes que Smith avait laissés à son départ, il n'en restait plus que soixante, dont la misère augmentait de jour en jour. Ils prirent enfin le parti d'abandonner James-town, et déjà ils s'étaient embarqués pour retourner en Europe, lorsqu'ils furent rencontrés, en descendant le fleuve, par les vaisseaux de lord Delaware, qui arrivait dans la colonie et qui arrêta cette émigration. Il avait été nommé gouverneur lorsqu'on avait appris en Angleterre la situation critique de la Virginie, et ses deux navires lui apportaient de nouveaux secours. Les premiers soins de lord Delaware furent de rétablir la confiance et la sécurité des habitants, de renouer de paisibles relations avec les Indiens, et de se procurer auprès d'eux des subsistances. Son administration fut éclairée et bienfaisante ; mais il ne resta pas dix mois en Virginie : une maladie violente le réduisit à un tel état de faiblesse, qu'il ne pouvait plus s'occuper et se soutenir. Il s'embarqua pour les Antilles et revint ensuite en Europe. La compagnie de Virginie reconnut, par les conseils de lord Delaware et par l'expérience des hommes éclairés qui avaient séjourné aux Bermudes, que l'occupation de cet archipel serait utile aux intérêts de la colonie. Mais comme la charte de la société ne lui accordait le droit de s'établir que dans les îles situées à moins de cent milles du continent, elle sollicita et obtint une charte nouvelle qui lui accordait toutes les îles situées à trois cents lieues des côtes d'Amérique, depuis le 30° degré de latitude jusqu'au 41°. Richard More fut nommé gouverneur des Bermudes, et il partit avec soixante hommes pour y former un établissement.

Il serait sans intérêt pour l'histoire de suivre les relations habituelles des colons de Virginie avec les contrées voisines ; on n'y verrait que des trêves passagères, des ruptures imprévues, des pièges tendus de part et d'autre ; mais portons encore les yeux sur Pocahontas qui, dans une de ces rencontres où le capitaine Ratcliffe et trente soldats anglais furent tués, sauva la vie de Henri Spilman comme elle avait sauvé celle de Smith, et lui procura les moyens de se réfugier sur les rives du Potomack, où il passa plusieurs années. Elle-même s'y retira l'année suivante; elle vivait au milieu des Indiens de cette tribu, et le capitaine Argall, qui fit un voyage sur ce fleuve, parvint à l'attirer à son bord par un stratagème, et la conduisit à James-town. Pocahontas avait des droits à la reconnaissance de la colonie, elle y fut honorablement traitée; mais on la retenait comme un otage dont la présence paraissait utile au rétablissement de la paix avec les indigènes. S'étant bientôt accoutumée à sa nouvelle situation, elle ne songea plus à retourner chez les sauvages. Quinze mois s'étaient écoulés depuis ce changement; plusieurs Anglais recherchaient sa main, et son mariage avec John Rolfe fut célébré au mois d'avril 1613. Powhatan son père avait consenti à cette union, qui devint le gage d'une réconciliation sincère entre les deux peuples; et il fut ensuite invité par le gouverneur de la colonie à former avec elle un nouveau lien en donnant sa plus jeune fille en mariage à un autre Anglais; mais ce chef indien s'y refusa : « J'accepte volontiers « de mon frère les saluts de paix et « d'amitié; mais je ne peux me sépa-« rer de ma fille, et je mourrais si je « ne la voyais pas souvent; vous avez « déjà sa sœur : que ce gage vous suf-« fise! La hache est tombée de mes « mains : c'est assez de sang et de « guerre; je n'en veux plus : je suis « vieux, et je désire achever mes jours « en paix. »

Pocahontas fut instruite dans la religion chrétienne : elle en embrassa les maximes, et fut la première Indienne de ces contrées qui reçut le baptême : on lui donna dans cette cérémonie le nom de Rebecca. Lorsqu'elle épousa John Rolfe, elle conservait encore un tendre souvenir à Smith qui avait eu les premières affections de son cœur; mais elle n'espérait plus le revoir.

Cependant le capitaine Smith, revenu en Angleterre depuis cinq ans, s'était guéri de ses blessures, et songeait à faire de nouvelles expéditions vers les contrées plus septentrionales du Nouveau-Monde. On avait fait dans la baie de Massachusett quelques essais d'établissement qui n'avaient pas réussi, et les rivages de Casco-bay étaient regardés comme une contrée froide et stérile où l'on ne pouvait se fixer; mais l'entreprise de Smith attira bientôt l'attention des Européens. Ce capitaine partit de Londres en 1614, avec deux vaisseaux, pour découvrir des régions favorables à la pêche de la baleine, à l'exploitation des mines ou au commerce des fourrures; il arriva dans l'île de Monahigan et sur le continent voisin, visita toute la côte du Massachusett, eut de nombreuses relations avec les Indiens, et rapporta de son voyage une grande quantité de pelleteries, de morues et d'huile de baleine. Une carte du pays fut dressée par ce judicieux observateur : il y indiqua les noms donnés par les Indiens aux promontoires, aux baies, aux rivières, aux montagnes, aux habitations des différentes tribus. De nouveaux noms étaient proposés par Smith; une partie de ces changements fut agréée; et la contrée entière qu'il avait reconnue prit le nom de Nouvelle-Angleterre. Le compte qu'il rendit de ses découvertes en fit apprécier toute l'importance.

Smith était de retour à Londres, et il se préparait à faire un nouveau voyage dans l'Amérique du nord, lorsque Rebecca vint avec son mari en Angleterre, où elle fut affectueusement reçue par les premiers rangs de la société. Smith se présenta chez elle : il était accompagné de quelques amis; et Rebecca, après un salut froid et modeste, se détourna d'une manière passionnée, se couvrit le visage et ne put parler pendant long-temps. Enfin elle lui rappela les services qu'elle lui avait rendus, et l'amitié que lui-même avait jurée à son père. « Vous lui pro-« mettiez, dit-elle, que tout ce qui « était à vous serait à lui, et que vous « et lui ne feriez qu'un. Vous l'appe-« liez mon père quand vous étiez « étranger dans notre pays; et moi « qui suis étrangère dans le vôtre, je « veux vous donner le même nom. »

Le capitaine Smith hésitait d'accepter ce titre : il semblait craindre que, sous le gouvernement ombrageux de Jacques I*er*, on n'interprétât avec un sentiment de défiance cette espèce d'adoption ; car la fille d'un cacique était devenue l'objet d'une sorte de vénération ; on lui rendait hommage comme au noble sang d'un souverain. Mais elle reprit d'un ton ferme et sévère : « Vous n'avez pas craint de ve-
« nir dans le pays de nos ancêtres,
« et d'y frapper d'effroi tout le monde,
« excepté moi : craignez-vous aujour-
« d'hui que je ne vous appelle mon
« père ? Vous le devenez pour moi,
« et je veux que vous me nommiez
« votre fille. Ne vous suis-je plus rien,
« et n'avez-vous dans votre famille
« aucune place à me donner ? Pour-
« quoi m'ont-ils dit que vous étiez
« mort ? pourquoi ne m'ont-ils jamais
« détrompée ? »

Pocahontas cédait aux premières impressions de son cœur : elle avait grandi au milieu des sauvages, elle ne savait voiler aucune de ses émotions, et l'aspect inattendu de celui qu'elle avait aimé la plongeait dans un trouble et un attendrissement involontaire. Mais son changement de situation, ses derniers liens, les lois du monde qui l'avait adoptée, la rappelèrent à elle-même : elle n'eut plus pour Smith qu'une tendre amitié : elle était digne de ses respects ; et ce capitaine, qui lui devait la vie, lui rendit à son tour les services qui pouvaient lui être les plus chers, en intéressant le gouvernement britannique au sort des Indiens de sa tribu, et au maintien des relations d'amitié formées avec son père. Smith avait même prévenu le moment de son arrivée à Londres, pour disposer la reine à l'accueillir favorablement : il rappelait dans une supplique adressée à cette princesse, que Pocahontas avait exposé sa vie pour le sauver. « Nous
« lui devons aussi, disait-il, le salut
« de notre colonie, dans un temps
« où trente-huit hommes étaient char-
« gés de l'occupation de ce vaste ter-
« ritoire : elle venait elle-même nous
« apporter des secours ; elle pacifiait
« nos différends avec les Indiens, soit
« qu'elle fût l'organe des intentions
« de son père, soit qu'elle fût atta-
« chée à notre nation, ou que la Pro-
« vidence nous eût réservé son appui.
« Dieu se servit d'elle pour nous pré-
« server pendant trois ans de la fa-
« mine, des troubles, de la ruine dont
« nous étions menacés ; et quand la
« guerre eut ensuite éclaté entre son
« père et les colons que j'avais laissés
« en Virginie, ce fut encore à son
« intervention que l'on dut le retour
« de la paix. » La reine eut égard à des services rendus avec un si généreux dévouement : Pocahontas lui fut présentée ; elle parut à toutes les fêtes ; elle y fut même assez honorée pour exciter la jalousie, et l'on alla jusqu'à reprocher à John Rolfe d'avoir épousé une princesse royale sans le consentement du roi ; mais c'était un orage passager, et quelques explications le dissipèrent.

Cette jeune Indienne allait retourner en Virginie, où son influence aurait continué d'être utile au rapprochement des deux nations, lorsqu'elle mourut à Gravesende, en 1617, dans la vingt-deuxième année de son âge ; elle laissait un fils ; et la famille des anciens maîtres de la Virginie eut par lui de nombreux descendants.

Lorsque Pocahontas vint en Angleterre, un des premiers chefs indiens faisait partie de son cortége. Powhatan l'avait chargé de recueillir quelques informations sur le pays de ses nouveaux alliés, et sur les motifs qui les avaient déterminés à venir former un établissement si loin de leur pays. Il avait d'abord supposé que les Anglais manquaient de bois, de subsistances, de fourrures pour se garantir du froid, puisqu'ils traversaient les mers pour chercher des arbres, du maïs et des pelleteries : sans doute leur pays était stérile, et la population peu nombreuse. Mais à son arrivée à Plymouth, l'Indien fut étonné de l'affluence des habitants : il le fut bien plus à Londres ; et voulant un jour compter les passants dans un des quartiers les plus peuplés, il fut en un instant confondu dans ses calculs. Il disait dans la suite aux hommes de sa tribu : « Comptez les étoiles du ciel, les feuilles des arbres, le sable des rives de la mer : tel est en Angleterre le nombre des hommes. » Cet Indien priait un jour le capitaine Smith de lui montrer le Dieu des Anglais, leur roi et les princes de sa famille : Smith s'excusa de ne pouvoir lui montrer la Divinité ; ses autres vœux furent faciles à satisfaire.

Depuis que le capitaine Smith avait quitté la Virginie, on avait entrepris de l'administrer par d'autres principes, et l'on voulait surtout changer la manière d'assurer les subsistances. La terre avait été cultivée en commun pendant les cinq premières années de l'établissement ; on en déposait les récoltes dans un même magasin, et nous avons vu qu'on y plaçait aussi toutes les marchandises importées dans la colonie et nécessaires à ses besoins, ou destinées à un commerce d'échange avec les Indiens ; mais on reconnut bientôt que des terres, ainsi cultivées, ne rendaient que de faibles produits : les hommes laborieux portaient le poids entier d'un travail dont se dispensaient tous les autres ; la peine était pour le petit nombre, et le profit pour tous. Quand la durée de cinq ans, assignée par la charte à ce mode d'exploitation, fut expirée, on voulut, pour mieux assurer les subsistances de la colonie, s'appuyer sur le principe de la propriété individuelle. Des terres furent divisées entre les habitants ; et, pour en attirer de nouveaux, on promit d'égales concessions à tous ceux qui viendraient s'y établir : chacun d'eux reçut cent acres de terre ; mais quand le sol eut acquis plus de valeur, on réduisit à cinquante acres toutes les concessions nouvelles. Tout propriétaire cultiva son propre sol : on lui fournit d'abord les instruments aratoires, et l'on pourvut aux subsistances qui lui étaient nécessaires pour attendre une première récolte. Dès ce moment la colonie cessa d'être à la merci des Indiens pour ses approvisionnements journaliers ; l'Angleterre n'eut plus à y faire transporter des grains qui s'avariaient souvent dans la traversée, et le commerce avec les naturels du pays devint plus lucratif, à mesure que leurs secours en vivres étaient moins indispensables. Les Anglais varièrent les récoltes de la Virginie, pour les approprier à leurs différents goûts, et l'on reconnut que toutes les graines du midi de l'Europe pouvaient y prospérer. Mais la principale culture à laquelle on donna ses soins fut celle du tabac, dont nous avons déjà remarqué que la plante était indigène ; cette culture devint même si générale, elle fut tellement préférée à toute autre, qu'il fallut quelquefois la restreindre, afin de ne pas sacrifier à un goût de fantaisie l'obligation d'assurer à la colonie ses moyens de subsistance.

Walter Ralegh, celui qui avait créé et soutenu les premiers établissements formés en Virginie, était alors à la veille de terminer sa carrière sur un échafaud, après s'être illustré dans les négociations, dans les lettres, dans les armes, et dans les entreprises maritimes les plus mémorables. On vit, en 1618, Jacques Ier sacrifier aux ressentiments de l'Espagne ce grand capitaine, condamné à mort depuis douze ans, comme accusé d'un complot sans preuve contre le gouvernement. Sa longue captivité avait été pour lui une épreuve salutaire ; elle avait développé la force de son âme, ramené son esprit vers les études les plus graves, accru par un grand ouvrage historique sa renommée littéraire. Ralegh était ensuite sorti de la Tour de Londres, sans que sa condamnation eût été révoquée ; mais il se retrouvait dans une position bien supérieure à celle de l'homme qui attend et reçoit sa grâce : on le plaçait à la tête des armées navales ; il essayait en Amérique de nouvelles découvertes, et menaçait les possessions espagnoles de la Guyane. Cependant, par une étrange ingratitude, ces derniers services, tour à tour approuvés et désavoués par son gouvernement, lui furent imputés comme un crime. Sa vie portait ombrage à une puissance qu'on voulait alors ménager ; on condescendit par faiblesse à d'impérieuses exigences ; et comme on n'osait point le punir d'avoir voulu rendre son pays plus riche et plus grand, on fit revivre contre lui une sentence qui paraissait oubliée : sa tête, promise à ses ennemis, tomba sous les coups de l'exécuteur. S'il était vrai qu'une ambition, long-temps satisfaite, et trompée ensuite dans ses espérances, eût attaché Ralegh au parti des mécontents, à une époque où l'autorité de Jacques Ier paraissait ébranlée, les torts qu'il put avoir étaient expiés par les services qu'il avait si long-temps rendus à son pays, et la postérité ne remarque plus que sa gloire et ses malheurs.

On chercha bientôt à perfectionner par de nouveaux réglements l'administration de la colonie, dont on devait les premiers plans à ce grand homme d'état, et la Virginie eut, en 1620, sa première assemblée générale, à James-town : tous les bourgs formés en corporation eurent le droit d'y envoyer leurs représentants. Une cour suprême et des tribunaux inférieurs furent ensuite organisés : la forme du gouvernement anglais était introduite en Virginie, et les colons purent jouir des mêmes libertés que les habitants de la métropole. Un collége pour l'éducation des enfants indiens et pour leur instruction religieuse fut établi à Henrico ; les relations avec les chefs de tribus furent paisibles, et l'on continua d'encourager par l'exemption temporaire des impôts le système de la colonisation.

Mais le gouvernement britannique prit alors la dangereuse résolution de faire transporter en Amérique cent personnes des deux sexes, condamnées pour dissolution et vagabondage. En voulant faire de cette contrée un réceptacle de bannis, on fit craindre à un grand nombre d'hommes d'aller y former un établissement ; et une mesure que l'on avait regardée comme favorable à l'accroissement de la population lui devint nuisible, en écartant l'émigration d'un plus grand nombre. Les hommes qui désiraient se rendre dans les colonies préférèrent celles que l'on commençait à fonder dans la Nouvelle-Angleterre, et la Virginie perdit momentanément la faveur dont elle avait joui.

Pour ramener l'attention publique vers cette dernière contrée, le capitaine Smith fut chargé d'en écrire l'histoire. Aucun homme ne la connaissait mieux ; il avait bâti deux fois James-town, avait étendu la colonie par ses découvertes, s'était consacré à son bien-être, et avait épuisé pour elle toute la fortune que quelques campagnes de guerre lui avaient procurée.

La compagnie de Londres prit ensuite des arrangements avec quelques marchands aventuriers, pour subvenir d'une manière plus efficace aux travaux et à la conservation de la colonie. On y fit passer des cargaisons d'ustensiles, d'instruments aratoires et d'autres meubles ; et comme on avait ouvert les yeux sur le danger d'y transporter la lie de la population, on ne renouvela plus cette épreuve, et l'on envoya en Virginie plus de cent jeunes et belles filles, recommandées à la compagnie par leurs mœurs et leur éducation vertueuse. Leur bonne conduite, et la nature de leurs talents, de leurs qualités, de leur caractère, étaient attestées par des certificats individuels, afin d'éclairer le choix des acheteurs qui voudraient en faire leurs compagnes. Le prix de chacune était réglé à cent vingt livres de tabac : il le fut ensuite à cent cinquante ; et les ravages de la mortalité le firent même porter au-delà de cette valeur, afin que les aventuriers pussent rentrer dans les fonds qu'ils avaient avancés. Pour les encourager à faire de nouvelles importations, on leur accorda même des terres, d'une étendue proportionnée au nombre de jeunes filles qu'ils enverraient : ces terres devaient être contiguës et former le territoire d'une ville qui reçut le nom de Maids-town (ville des vierges). On organisa aussi à la même époque un commerce de fourrures avec les Indiens, parce qu'on apprit que les Français et les Hollandais tiraient un grand bénéfice de leurs relations avec les peuples chasseurs dispersés dans le voisinage de leurs colonies.

Toutes les mesures étaient prises pour assurer à la Virginie une situation plus prospère, quand tout à coup les Anglais y furent menacés d'une complète extermination. La mort d'un guerrier indien devint la cause ou le prétexte de cet impitoyable projet. Ce sauvage, auquel les Anglais avaient donné le nom de Jacques l'Emplumé, parce qu'il affectait de se parer de plumages, était remarquable par son adresse et son intrépidité. Les Indiens le regardaient comme leur premier chef de guerre. Il avait soutenu un grand nombre de combats; et n'ayant jamais été blessé, il passait, aux yeux de ces hommes simples, pour invulnérable et immortel. Enfin, les serviteurs d'un Anglais que ce guerrier avait tué parvinrent à se saisir de lui, et en voulant leur résister, il fut blessé mortellement. Il n'implora, pour toute grâce, que d'être enterré secrètement, et de ne laisser après lui aucune trace, aucun indice qui fît soupçonner sa mort : mais elle n'était que trop avérée par sa disparition ; elle fut pour les Indiens un sujet de deuil ; et Opechancanough, devenu chef de leur confédération, prit soin d'aigrir encore leurs ressentiments. Il était ennemi des Anglais, quoiqu'il vînt de leur renouveler solennellement ses promesses, et il forma, avec sa nation, le complot de les massacrer tous. Ce projet fut enveloppé d'une profonde dissimulation : on continua de commercer, de se mêler avec eux, de leur montrer les mêmes semblants d'amitié. Les sauvages entraient librement dans les habitations ; la plupart des colons étaient sans armes et n'avaient aucune défiance.

Le 22 mars 1622, jour de funeste mémoire, toutes les plantations dispersées furent envahies à la fois. Des meurtriers avaient été envoyés de toutes parts ; ils pénétrèrent subitement partout où l'on n'était point sur ses gardes ; et, en moins d'une heure, trois cent quarante-sept victimes tombèrent sous les coups des assassins. Le massacre aurait été plus général, si la pitié d'un Indien, nommé Chanco, pour Richard Pace, qui l'élevait chez lui, et qui le traitait comme un fils, ne l'eût porté à lui révéler ce complot, la veille du jour de l'exécution. Pace court en avertir le gouverneur de James-town : la ville est mise à l'abri d'une attaque, et l'on fait précipitamment parvenir le même avis aux plus voisines habitations.

Les malheurs de la colonie et la férocité des hommes qui venaient de la baigner de sang répandirent en Angleterre la consternation. Le capitaine Smith s'y trouvait alors : on délibéra sur les moyens de mettre les sauvages dans l'impuissance de nuire, et il offrit encore ses services. Il demandait un navire, trente matelots, un corps de cent soldats, des munitions de guerre, et les moyens de construire quelques chaloupes, à l'aide desquelles il pût rapidement changer de lieu et attaquer les peuplades indiennes, généralement placées vers la rive des fleuves. Il se proposait de les harceler tellement, qu'il les forcerait de quitter le pays, ou de les réduire à un tel état de crainte et de soumission, que la sécurité de la colonie ne pourrait plus être troublée. Ni les services, ni les propositions de Smith ne furent agréés, et la vengeance qu'on voulut exercer contre l'ennemi fut encore plus terrible. On fit passer de nouvelles forces dans la Virginie, et Francis Wiat, qui en était alors gouverneur, résolut une attaque générale contre les Indiens. Il partagea ses troupes en plusieurs détachements qui devaient agir au même instant contre différentes tribus. Toutes furent assaillies le 23 juillet 1623 : elles perdirent un grand nombre d'hommes, et leurs champs, leurs habitations, furent dévastés.

Ces terribles représailles, cet échange de mesures destructives, pouvaient rendre impuissante la haine du parti vaincu, mais elles ne l'éteignaient point : le péril n'avait fait que s'éloigner, et il fallait en prévenir le retour. On prit le parti de renoncer aux plantations trop isolées, de réunir en plusieurs groupes les habitations pour les défendre mieux, et d'ensemencer les campagnes voisines destinées à nourrir leurs cultivateurs.

Au moment où la colonie prend plus de consistance, où d'autres établissements anglais vont se former, où l'invasion progressive de tous les rivages peut faire prévoir une lutte prolongée entre les habitants de l'Ancien et du Nouveau-Monde, il nous paraît utile d'entrer dans quelques détails sur le caractère des indigènes, sur leurs mœurs, sur la situation où ils se trouvaient quand leur pays fut découvert par les Européens.

Les premiers hommes aperçus sur le continent étaient nus, à la réserve d'une ceinture formée de plumages ou de peau légère, ou de quelque tissu végétal ; leur couleur était d'un rouge brun ; et cette teinte, plus ou moins foncée, variait selon la différence des températures. L'opération du tatouage n'était pratiquée nulle part ; mais ils se peignaient une partie du visage, de la poitrine et des membres; ils y traçaient, en couleurs vives et brillantes, des figures grossières et sans art ; les unes, simples effets du caprice ; les autres, destinées à rappeler quelques exploits guerriers. Les vieillards ou les habitants des contrées plus froides se couvraient de la fourrure des animaux : rien n'était uniforme dans la manière de s'en revêtir. Si la nation à laquelle ils appartenaient portait le nom d'un animal sauvage, d'un ours, d'un castor, d'un serpent, d'un oiseau de proie, souvent ils se paraient de quelque partie de sa dépouille : on reconnaissait ainsi leur tribu, et quelquefois c'était le signe de leur force ou de leur adresse.

La chasse a toujours été leur occupation principale : ils la commencent aux approches de l'hiver. Alors plusieurs familles partent ensemble ; elles se dispersent, et chacune se répand dans un canton séparé. Les sauvages s'éloignent jusqu'à cinquante lieues de distance : plus ils s'isolent, plus ils espèrent une chasse abondante. Ils savent, au milieu de leurs forêts immenses, s'aider du moindre signe pour se diriger : le soleil est leur premier guide, et si le ciel se couvre, la couleur de l'écorce leur indique le côté du nord ; la nature des plantes les avertit des animaux qui s'en nourrissent. Ceux-ci fréquentent les vastes prairies, dont les joncs et les herbages s'élèvent à la hauteur des arbrisseaux d'Europe ; ceux-là se répandent dans les plaines découvertes, dont la terre imprégnée de sel ne se couvre que d'un faible gazon : ailleurs on peut attendre l'antilope près de la source où elle va se désaltérer ; on épie sa marche ; on est averti de son approche par le frémissement des feuilles ; et les sens de l'ouïe et de la vue sont si exercés dans l'état sauvage, qu'ils acquièrent une extrême subtilité. Souvent du haut d'une montagne on reconnaît au loin les divers accidents du sol, par les teintes de la végétation, par ses formes générales, par les zones de brouillards qui en voilent une partie, et l'on devine ainsi la direction des vallées, la situation des plaines, le cours des rivières. Les contrées que le sauvage aperçoit sont rapidement parcourues ; il suffit que la terre ne lui manque point, pour qu'il arrive au but qu'il a signalé. Son agilité lui fait gravir les hauteurs les plus escarpées ; il se laisse dévaler le long de leur rapide pente, s'ouvre un passage au travers des forêts, cherche le gué des rivières, ou les traverse à la nage, avec ses armes qu'il ne quitte jamais, et qui lui sont indispensables pour se nourrir ou pour se défendre (voy. pl. 18). Les animaux qu'il poursuit sont atteints à la course, ou pris dans des piéges, ou tués à coups de flèche. Pour s'approcher d'eux et les surprendre sans être aperçu, quelquefois il se couvre d'une dépouille semblable ; et l'animal trompé, croyant reconnaître son espèce, s'expose sans défiance au trait qui va le percer (voy. pl. 14). L'ours, le renard, le castor sont attirés dans des trappes ou des fosses profondes dont l'ouverture est masquée par un lit de gazon ou de feuillage qui manque tout à coup sous leurs pieds. Pour attaquer l'alligator, qui fréquente quelques grands fleuves, on vient l'attendre sur le rivage, et l'on plonge dans sa gueule béante un long épieu qui le déchire et le noie dans son sang (voy. pl. 13).

La pêche offre un plus facile moyen de subsistance aux sauvages placés près des eaux. Quelquefois on dispose dans le lit d'un fleuve deux rangs de palissades, opposés l'un à l'autre, et ouvrant un large défilé qui se rétrécit en se prolongeant. Plusieurs canots indiens parcourent la rivière; ils y font une battue, en se rapprochant de l'entrée du passage, et les poissons, qui s'enfuient vers l'autre extrémité, vont s'engager dans les rets qu'on leur a tendus, ou dans des clôtures dont ils ne peuvent plus s'échapper (voy. pl. 20).

La chasse et la pêche sont-elles abondantes, on met en réserve quelques approvisionnements. La gelée de l'hiver peut en conserver une partie; mais une température plus douce exige d'autres soins : on expose à la fumée du foyer les chairs que la chaleur du feu a légèrement saisies, et cette vapeur onctueuse les pénètre et les affermit (voy. pl. 15).

Si la chasse d'un pays venait à s'épuiser, les Indiens changeaient de station : ils avaient besoin de se régler sur les habitudes des animaux, dont la race nomade et indépendante allait chercher ailleurs sa subsistance. Alors ce n'étaient plus seulement les chasseurs qui se livraient à ces longues excursions; leurs familles changeaient aussi de résidence et les huttes étaient abandonnées. Si on avait l'espérance de les revoir, on n'emportait que les meubles les plus nécessaires : les autres restaient suspendus aux branches des arbres, comme un dépôt abandonné à la bonne foi des hommes qui pourraient les rencontrer.

Lorsqu'un changement d'habitation était regardé comme irrévocable, les mères, les sœurs, les femmes chargées de leurs enfants, s'attachaient à la destinée des chasseurs (voy. pl. 8); les vieillards même reprenaient l'arc et les flèches. Si quelque membre de la famille venait à périr dans ces pénibles voyages, loin du pays natal et de la nouvelle habitation qu'il allait chercher, on ne confiait pas toujours son corps à la terre, dans la crainte qu'il ne fût exhumé et dévoré par les bêtes féroces; on le plaçait sur un brancard que soutenaient des pieux plantés dans la terre, et sa dépouille était abandonnée aux oiseaux du ciel. S'il avait été distingué dans sa tribu, on se réservait de venir visiter encore la place où il avait succombé, et l'on s'attachait, pour la retrouver, à quelques signaux faciles à reconnaître. Ces signaux étaient toujours pris dans la nature : c'était un rocher, une cascade, un ruisseau, un arbre qui dominait la contrée, et dont l'aspect avait quelque chose de remarquable.

Les sauvages étaient d'autant plus exposés à ces migrations que les animaux les plus utiles à leur nourriture ou à leurs vêtements devenaient aussi les plus rares; la reproduction était inférieure aux pertes, et cette diminution fut encore plus sensible, quand la traite des fourrures recherchées par les Européens vint donner à ce genre de guerre une nouvelle activité. La traite fit dépeupler les forêts : elle y rendit la chasse moins productive et plus pénible; et les Indiens n'avaient pour suppléer à ce moyen de subsistance que les fruits spontanés de la terre, les graines, les racines que la nature avait mises à leur portée, en semant au hasard ses richesses. La culture du maïs paraissait être la seule qu'ils connussent : ils en avaient quelques champs autour de leurs habitations, et les femmes étaient chargées de ce travail. Les vases que l'on employait pour la préparation des aliments étaient souvent en bois; et comme ils n'auraient pas souffert l'action du feu, on y portait la chaleur de l'eau jusqu'à l'ébullition, en y jetant des cailloux brûlants. On attendrissait les mets par la cuisson; mais on n'avait pas toujours ce moyen à sa portée, et la famille prenant ses repas, assise sur la terre, se partageait les membres encore sanglants du cerf que le chasseur avait abattu (voy. *pl.* 16). Rien n'était réglé dans leur nourriture. Souvent ils en étaient privés pendant plusieurs jours, et s'ils étaient dans l'abondance ils mangeaient à l'excès. L'eau était leur breuvage; mais ils obtenaient aussi des liqueurs fermentées, par l'infusion ou la macération de quelques plantes, et les vapeurs du tabac fumé leur procuraient une sorte d'ivresse, pendant les jours de repos qui succédaient à leurs pénibles chasses.

Ce repos est absolu. Le sauvage, étendu sur sa natte de jonc ou sur la peau d'une bête fauve, passe souvent dans le silence des jours entiers; il fume, il cherche le sommeil; ses jours se succèdent dans une extrême incurie, jusqu'à ce que l'épuisement de ses provisions l'oblige d'en chercher de nouvelles, ou que la voix du chef de guerre se soit fait entendre.

Chaque nation a des espèces de cantonnements où l'exercice de sa chasse est circonscrit, et l'usage, qui tient lieu de droit, lui en conserve habituellement la possession. Cette propriété commune n'est jamais violée impunément par d'autres tribus, et l'usurpation des lieux destinés à la chasse ou à la pêche devient le signal d'une guerre entre les Indiens. Ils saisissent alors le tomahac, espèce de massue ou de casse-tête en bois dur, dont le manche est terminé par une boule pesante, qu'ils arment quelquefois de cailloux tranchants, et ils attendent en frémissant de joie le signal du départ.

Lorsque les anciens, assemblés sous les arbres du conseil, ont résolu d'attaquer une autre nation, on met sur le feu la chaudière de guerre, on envoie le calumet à toutes les tribus qui doivent se réunir : le temps et le lieu du rendez-vous sont fixés; le chant de guerre est entonné par celui qui doit conduire l'expédition, et il cherche à se rendre favorables les esprits qu'il invoque. « Vous tous qui êtes « dans le ciel, sur la terre ou sous « la terre! détruisez nos ennemis, « livrez-nous leurs dépouilles, ornez « nos cabanes de leurs sanglantes « chevelures. » A ces vœux succède la danse guerrière. Tous les hommes suivent leur chef, et s'engagent avec lui dans des expéditions où ils ont souvent à franchir des rochers, des déserts, de vastes forêts, avant d'arriver à l'ennemi qu'ils veulent surprendre. La vigilance, la patience, la ruse, la force, leur sont également nécessaires : les moindres indices leur font découvrir l'ennemi; ils aperçoivent la fumée de ses feux, distinguent ses traces dans les lieux où il a passé, marchent la nuit pour ne pas être reconnus, passent les rivières au gué ou à la nage, et profitent du temps où les hameaux ne sont pas gardés, pour en dévaster les plantations et pour enlever les femmes et les enfants. Ils attendent même, pour attaquer une troupe armée, qu'elle ne soit pas sur ses gardes, ou qu'ils aient sur elle l'avantage du nombre; et dans le fort du combat ils s'abandonnent à toute leur férocité : ils arrachent la chevelure des guerriers qu'ils ont tués, et entraînent dans leur pays ceux qu'ils ont faits prisonniers. Là le grand conseil décide quel doit être leur sort : l'usage est de remplacer par des hommes pris à la guerre les pertes que chaque famille a faites; mais ceux qui ne sont pas adoptés comme enfants de la tribu doivent s'attendre aux supplices les plus douloureux : on les déchire pièce à pièce, et pour prolonger leurs tourments on commence par les extrémités. Chacun veut concourir à cette torture : l'un arrache les ongles, l'autre brûle les doigts ou les écrase : les membres se couvrent de plaies; les dents, les yeux sont arrachés : la douleur est partout; mais le siège de la vie est encore épargné, et l'on cherche à multiplier les souffrances. Cependant aucune plainte, aucun gémissement n'échappe à la victime; elle supporte héroïquement toutes les angoisses de la mort ; elle l'attend sans pousser un soupir, et oppose une constance invincible à toute la rage de ses bourreaux. Souvent même elle la provoque par d'insultantes railleries et par un froid mépris de la mort, jusqu'à ce que sa vie vienne à s'écouler avec son sang, ou que la pitié d'un ennemi moins barbare la frappe d'un coup mortel, pour mettre un terme à son agonie.

Les femmes elles-mêmes sont complices de tant de fureur, et cherchent à venger, par leurs cruautés envers ces prisonniers, les pères, les époux, les fils qu'elles ont perdus. Elles célèbrent le nom des guerriers revenus vainqueurs, et ceux-ci reçoivent souvent de leur tribu des noms nouveaux, qui deviennent leurs titres d'honneur, et qui aident à rappeler leurs exploits. Ces récompenses leur sont chères; car il n'est aucun peuple qui n'attache de la gloire à la vaillance, et cette qualité devient pour un sauvage la première vertu.

Souvent des cérémonies funèbres succèdent à ces barbares spectacles. Le hameau qui a perdu ses guerriers est plongé dans le deuil ; on assiste à leur inhumation; on dépose à côté d'eux leur arc, leurs flèches, ce qu'ils ont le mieux aimé, et quelques provisions de vivres, pour les soutenir dans leur dernier voyage. Le grand conseil de la tribu désigne lui-même les époques où l'on doit célébrer d'une manière plus solennelle la fête des morts : on réunit alors dans une tombe commune les dépouilles qui étaient dispersées; de nouveaux honneurs leur sont rendus : ces fêtes sont un mélange de chants guerriers, de gémissements, de danses et de jeux barbares, et l'on y rappelle honorablement les noms des guerriers les plus braves.

De nombreux monuments de ces rits funéraires se sont retrouvés dans les différentes parties du Nouveau-Monde. La tombe est considérée partout comme un asile sacré, où les reliques des ancêtres attirent encore la vénération et doivent reposer en paix.

Dans une contrée où la force avait tant d'empire, les actes de violence étaient punis par des actes semblables, et la vengeance appartenait à l'offensé ou à sa famille. Si un homme en tuait un autre, le plus proche parent de la victime devait tuer le meurtrier; il était poursuivi et tué à son tour, et la mort d'un homme entraînait celle de plusieurs autres. Aussi lorsqu'un Indien était coupable d'homicide, il changeait souvent de tribu et se condamnait à un exil volontaire; mais si la haine que ses ennemis lui avaient jurée était implacable, ni le temps, ni l'éloignement ne le mettaient à l'abri de leurs poursuites : on bravait les fatigues, les périls et les plus pénibles privations, pour épier et surprendre ceux qu'on avait voués à la mort.

Cependant les parents de la victime faisaient quelquefois un arrangement avec l'agresseur, et consentaient à recevoir de lui divers présents, dont chacun était destiné à effacer une partie de l'offense. On offrait pièce à pièce cette espèce de rançon, en disant : « J'arrache par ce premier présent la hache de la plaie, et je la fais tomber des mains de celui qui était prêt à venger l'injure : le second présent doit essuyer le sang de cette plaie ; j'offre tous les autres pour la cicatriser, la faire oublier, et vaincre un dernier sentiment d'inimitié. »

Les Indiens portaient souvent jusqu'à la frénésie toutes leurs passions, excepté celle qui dans l'état social est devenue la plus impérieuse de toutes : les droits de l'hospitalité leur étaient sacrés; leur amitié s'élevait au plus héroïque dévouement; la pitié pour l'opprimé qu'ils voulaient secourir les conduisait jusqu'à la vengeance. Et pourtant la fougue de leurs penchants était souvent calmée par la voix des anciens. Ceux-ci étaient respectés : ils instruisaient les jeunes gens des faits qui intéressaient leur nation; ils animaient ou modéraient leur courage, leur apprenaient les chants de guerre, et conservaient la tradition des exploits de leurs ancêtres. On les accoutumait surtout à braver la cruauté de l'ennemi, et à ne témoigner aucune émotion au milieu des plus cruelles souffrances. Déjà préparés à cette constance par les peines habituelles de la vie sauvage, ils recueillaient encore leurs forces dans les moments d'épreuves; et l'exaltation de leur ame, devenue supérieure à l'infirmité des sens, les roidissait contre la douleur.

D'autres encouragements les soutenaient peut-être dans ce dernier passage. L'homme se refuse à l'idée de mourir tout entier : dans quelque situation que la nature l'ait placé, un secret sentiment d'espérance l'emporte vers l'avenir : il en a la perspective pendant la vie; il l'aperçoit même au-delà du tombeau; il y trouve la consolation du présent; il y transporte les biens qui lui échappent et que ses derniers vœux poursuivent encore.

Les Indiens avaient quelques notions d'une vie future : ils imaginaient un lieu de récompense, où se trouvaient des champs fertiles, de riantes prairies, de limpides ruisseaux, et des chasses et des pêches inépuisables. Un monstre défendait l'entrée de ce séjour; les braves seuls pouvaient y pénétrer; et ils s'ouvraient un libre passage, à l'aide des arcs et des flèches qu'on avait placés dans leur tombeau.

Mais à quelle idée plus grande se rattachaient les opinions sur une autre vie? Tout ce qui était trop supérieur à l'homme, tout ce qui paraissait inaccessible à sa conception, était plus abandonné à l'arbitraire. S'il se croyait soumis à une puissance supérieure, quelle était cette autorité souveraine qui disposait de sa destinée comme de celle des autres hommes, et qui avait commencé avant lui pour lui survivre encore? Pouvait-elle être aperçue et tomber sous nos sens? Ne la voyait-on pas se manifester dans les phénomènes de la nature, dans les bienfaits qu'elle nous accorde, dans les fléaux même dont nous sommes frappés? L'homme crédule divinisait tout : il adorait les astres, les éléments, les arbres qui lui donnaient l'ombrage et les fruits, les rochers qui laissaient échapper les sources d'eau vive, ou qui s'ouvraient au passage des torrents. Le monde se peuplait d'invisibles pouvoirs qui mêlaient leur action à celle des hommes. Les événements étaient quelquefois annoncés par des présages ou des songes : ils étaient prédits par la sagesse de quelques vieillards auxquels le grand esprit se communiquait; et ces ministres, accomplissant leurs rits sous la hutte sauvage qui lui était consacrée, établissaient sur les hommes leur empire.

LIVRE SECOND.

FONDATION DES COLONIES DE LA NOUVELLE-ANGLETERRE, DE NEW-YORK, DU MARYLAND, DE LA CAROLINE ET DE LA PENSYLVANIE. RELATIONS AVEC LES COLONIES FRANÇAISES DU CANADA ET DE L'ACADIE AVEC LES IROQUOIS ET D'AUTRES TRIBUS AMÉRICAINES.

Nous avons pu rapprocher et comprendre dans un même tableau les différentes tribus américaines que la similitude de leur situation dans l'ordre social unissait par un grand nombre de rapports; mais nous ne pourrions point ainsi caractériser par des traits généraux les colons européens qui se rendaient alors en Amérique. Si la nature semble imprimer un sceau uniforme sur l'enfance des nations, l'âge vient les modifier ensuite : elles se distinguent par leurs progrès intellectuels, et par des opinions, des croyances, des institutions qui leur sont propres. Les nombreux essaims qui se détachèrent de nos sociétés pour former des colonies dans le Nouveau-Monde, s'y divisaient en différents groupes, et chacun d'eux conserva la trace de son origine.

La compagnie de Plymouth, qui obtint de Jacques Ier, en 1620, la concession de toutes les terres situées au nord des établissements de Virginie, entre le 40e et le 48e degré, y transporta successivement un grand nombre d'hommes appartenant à tous les partis politiques ou religieux, et encore animés de cet esprit inquiet, indocile, intolérant, qui avait ébranlé en Europe jusqu'aux fondements de de la société. Il s'y trouvait des wighs et des toris, des anglicans, des puritains, des anabaptistes, d'autres religionnaires. On chercha d'abord à rassembler des hommes, quelles que fussent les nuances de leurs opinions; et comme l'Angleterre n'était point assez peuplée pour s'exposer à une émigration nombreuse, elle attirait les étrangers dans ses possessions nouvelles. Il s'y rendait des gens du Palatinat, du pays de Salzbourg, des autres contrées d'Allemagne et de Hollande, où les troubles publics et le malaise particulier relâchaient tous les liens qui attachent les hommes à leur sol natal et à leurs institutions.

Ces émigrants appartenaient aux différentes classes de la société: plusieurs transportaient leur fortune en Amérique, et allaient y fonder d'autres domaines; un plus grand nombre n'avaient pour bien que leur industrie, leur travail et leur courage: les uns, pour défrayer le prix de leur passage, s'étaient engagés envers la compagnie de Plymouth à un service de plusieurs années; les autres étaient des exilés qui allaient subir leur peine et chercher un avenir plus favorable.

On peut remarquer, au nombre des premiers dissidents, autorisés à s'établir dans la Nouvelle-Angleterre, les brownistes, qui s'étaient réfugiés en Hollande sous les derniers règnes, et que l'on regardait alors comme des sectaires enthousiastes, souvent ennemis de l'autorité. On avait continué de craindre l'exagération de leur zèle; ils n'étaient que tolérés dans leur exil, et ils y vivaient dans un état de nullité peu conforme à la fierté et à l'indépendance de leur caractère. L'Amérique leur ouvrit un autre refuge, et, après avoir obtenu de Jacques Ier la permission d'exercer librement leur culte dans la Nouvelle-Angleterre, ils firent un contrat avec la compagnie de Plymouth, pour aller y former un établissement. Une première colonie de cent personnes arriva au cap Cod, le 9 novembre 1620, prolongea sa navigation vers l'ouest, et fonda sur le continent la ville de New-Plymouth, au fond d'une baie qui a retenu le même nom. La moitié de ce nombre périt dans la première année: on divisa en plusieurs familles, ou messes, les habitants qui restaient, et quelques autres colons étant arrivés d'Angleterre, le nombre des messes fut porté à trente-deux. La ville où ils se fixèrent renfermait également trente-deux maisons: on lui donna un demi-mille de circuit; un fort fut construit au centre sur un terrain plus élevé, et l'on érigea une tour d'observation, d'où la sentinelle pouvait découvrir à plusieurs lieues en mer. Le nombre des colons s'accrut jusqu'à trois cents; et ils obtinrent, en 1630, une patente du conseil de Plymouth qui déterminait les limites de leur établissement.

Quelques tentatives avaient été faites, depuis 1621, pour fonder, plus au nord, d'autres colonies. Ces premiers essais ne réussirent pas; mais du moins ils firent reconnaître tous les rivages de la baie de Massachusett, et l'on put apprécier l'avantage de s'y établir. Des aventuriers du Lincolnshire, de Londres et du Dorsetshire, obtinrent du conseil de Plymouth la concession des terres qui s'étendent du nord au sud, entre le Mérimack et le Charles-river, dont l'embouchure est au fond de la baie. Les privilèges de cette compagnie furent confirmés par une patente royale: la communauté eut le droit de choisir son gouverneur, de faire les lois qui lui paraîtraient utiles à la colonie, et qui ne seraient pas contraires à celles d'Angleterre, et de jouir de la liberté de conscience. Le sceau de la colonie représentait un Indien portant une flèche de la main droite et un arc de la main gauche; cette devise sortait de sa bouche: *Venez et aidez-nous.*

L'expédition formée par la compagnie de Plymouth se composait de six navires qui avaient à bord trois cent cinquante passagers : ils firent voile en 1629, arrivèrent au cap Anne, et fondèrent un premier établissement auquel ils donnèrent le nom de Salem. La colonie perdit cent hommes dans les rigueurs du premier hiver; mais l'année suivante il en arriva quinze cents autres, et la plupart des colons voulurent choisir un emplacement plus favorable : ils se dirigèrent vers le Charles-river, et fondèrent sur ses bords la ville de Charlestown; d'autres allèrent vers le Mystic-river; et une partie des habitants de Charlestown se rendirent dans la presqu'île de Schawmut, située au fond de la baie de Massachusett : ils y fondèrent la ville de Boston, qui devint bientôt la principale ville de la Nouvelle-Angleterre, et qui donna un prompt essor à son commerce, à son industrie, à sa navigation.

Les colonies de cette partie de l'Amérique durent leurs rapides progrès aux principes de gouvernement qui leur furent appliqués dès l'origine. Elles cessèrent d'être dans la dépendance de la compagnie, sous les auspices de laquelle on les avait fondées; elles acquirent l'exercice du pouvoir législatif; et à mesure que d'autres villes se formèrent, chaque lieu put concourir par ses représentants à la formation de la loi.

Dans un siècle où les idées religieuses avaient tant de part à la fondation des colonies, ces mêmes opinions devaient y conserver un grand empire. On chercha d'abord à classer et à distinguer les croyances. Chaque homme qui arrivait dans la Nouvelle-Angleterre était tenu de s'attacher à une église : c'était à ce prix qu'il acquérait le droit de cité. Par là, on donnait une commune bannière aux hommes qui se rapprochaient les uns des autres, et l'on mettait en présence différents partis; mais ce dernier inconvénient parut moins grave que celui de la confusion des doctrines : on craignait que l'anarchie religieuse ne relâchât davantage tous les liens de l'ordre social; et les nouveaux essaims qui allaient se répandre dans cette contrée purent se reconnaître et se choisir, avant de se rassembler dans une même cité. Ce fut ainsi que d'autres établissements se formèrent autour de ces premières colonies : Cambridge, Water-town, Rocksbury, Dorchester doivent être cités au nombre de ces fondations.

La difficulté de se procurer des subsistances détermina les colons à s'appliquer davantage à l'agriculture : ils eurent une grande abondance de maïs. On publia des lois pour régler le prix de la main-d'œuvre, pour punir la fainéantise et encourager l'industrie. Comme on était entouré de nations sauvages beaucoup plus nombreuses, il fallait être habituellement sur ses gardes : chacun était tenu au service et aux exercices militaires, et l'on resserrait les limites de ses plantations pour être plus en état de les défendre. Le conseil de Boston résolut d'avoir quelques points fortifiés du côté de l'Acadie, qui était occupée par les Français : le fort d'Ipswik y fut achevé; et l'on adopta également un système de défense contre les Hollandais établis sur la rivière d'Hudson, en plaçant des colonies sur celle du Connecticut.

Ce dernier projet fut formé par Henri Vane, puritain exalté, qui revint ensuite en Angleterre embrasser avec ardeur la cause des indépendants, et il fut mis à exécution par Hooker, ministre du culte à Cambridge, qui, à la tête de cent aventuriers, vint fonder la ville de Hartfort. Un second essaim partit de Dorchester pour fonder Windsor; d'autres dissidents, encouragés par leur exemple, gagnèrent les vallées et les rivages du Connecticut : les villes de Litchfield, de Fairfield et de Newhaven devinrent les postes avancés de cette nouvelle colonie.

Dans le temps des querelles religieuses qui troublèrent l'état du Massachusett, les mécontents résolurent de se séparer : ils cherchèrent de nouveaux établissements dans les contrées du nord, et ils y commencèrent ceux du Newhampshire et du Maine, dont on fit deux gouvernements distincts.

Ces premiers démembrements eurent lieu dans l'espace de dix-sept ans ; il y eut bientôt après d'autres colonisations, et l'on se dispersa dans les contrées voisines, pour y suivre paisiblement ses doctrines.

Quelques remarques sur l'origine de toutes ces dissensions religieuses pourront en faire mieux saisir les rapports et les caractères distinctifs : elles tenaient à une même tige, d'où partirent différentes branches qui ont ensuite continué de se ramifier.

Deux partis religieux s'étaient formés en Angleterre dès le temps de la réformation. L'un, en se séparant de l'église romaine, avait conservé la pompe extérieure du culte et la hiérarchie du clergé ; l'autre s'était déclaré contre les cérémonies religieuses et l'épiscopat : il voulait à la fois la liberté du culte et le gouvernement républicain. Ce dernier parti avait été persécuté sous le règne de Marie, et ses principaux chefs avaient passé sur le continent : ils revinrent en Angleterre sous le règne d'Élisabeth.

Leur simplicité, la gravité de leurs mœurs, l'attachement qu'ils montraient pour le texte de l'Écriture, qui était souvent dans leur bouche, et dont ils cherchaient à faire passer les maximes dans la législation et dans la conduite de la vie, rendaient leur parti plus populaire : leur zèle était emporté ; ils s'élevèrent avec chaleur contre l'église anglicane ; et Jacques Ier ne sut point apaiser ces disputes, que les décisions du synode de Hamptoncourt aigrirent encore davantage. Il persécuta les puritains sans pouvoir les détruire, et ne fit qu'accroître leur haine contre l'église anglicane. Les puritains en condamnaient les cérémonies comme superstitieuses : ils désiraient un culte plus simple, cherchaient à remonter à l'origine de la religion, et s'attachaient à toutes les paroles de Dieu dans l'ancien et le nouveau Testament. Ils plaçaient au même rang tous les ministres chargés de la conservation de la doctrine ; et leurs assemblées, en presbytères ou consistoires, étaient la seule autorité ecclésiastique dont ils eussent à relever. Leurs magistrats exerçaient un pouvoir discrétionnaire, afin de suppléer à l'insuffisance des lois, et ils avaient le droit de punir les actions regardées comme blâmables sans être criminelles, les atteintes à l'autorité, les actes contraires au bien de la famille. C'était la nature respectable mais arbitraire du gouvernement patriarcal, où le pouvoir était remis aux mains des anciens.

Les brownistes, plus rigides encore que les puritains, pensaient que Dieu ne devait être honoré qu'en esprit, et qu'il fallait retrancher toute formule de prière, même l'oraison dominicale. Cependant ils s'assemblaient, et ils prêchaient dans leurs réunions ; mais le droit de prédication appartenait à tous, et ils n'avaient pas besoin de mission pastorale comme les puritains. Robert Brown, leur chef, avait pris le titre de Patriarche de la religion réformée. On les avait persécutés en Angleterre, et ils y avaient eu des martyrs ; en Amérique, on essaya de concilier leurs doctrines avec celles des autres églises protestantes, et le culte des Congréganistes fut établi par Cotton, en 1633, comme un moyen terme entre les brownistes et les presbytériens. Ils évitèrent de prendre le nom d'indépendants, qui aurait pu les discréditer ; mais leur doctrine était la même. Quoiqu'ils ne crussent pas qu'une église pût dépendre d'une autre, et lui être assujettie, cependant ils admettaient des relations de fraternité entre les églises unies par les mêmes règles, et celles qui voulaient s'en séparer cessaient d'être considérées comme appartenant à la même communion.

On cessa, par scrupule, de nommer le dimanche jour du soleil (sun day) ; ce nom avait une origine idolâtre, et celui des autres jours de la semaine fut changé par le même motif : on eut dès lors le jour du Seigneur, et l'on se borna à compter les jours suivants depuis le second jusqu'au septième. Quelques noms païens furent également changés dans les mois ; mais

4e *Livraison.* (ÉTATS-UNIS D'AMÉRIQUE.)

ces innovations furent passagères, et l'on en revint aux désignations généralement adoptées. Il est des noms sanctionnés par un ancien usage, par l'autorité de l'histoire, par les fastes de la chronologie : leur changement obscurcirait les dates qu'un système universellement reçu rend plus évidentes et fixe mieux dans la mémoire.

Comme on n'accordait point au pape le droit de canonisation, on dépouilla du titre de saints les apôtres et les pères de l'église. On ne crut pas que les saints pussent être invoqués comme intercesseurs auprès de Dieu. La vénération pour les images et les reliques fut abolie. Le célibat de l'église romaine fut regardé comme nuisible à l'ordre et aux intérêts de la société. Différents articles de croyance furent successivement proposés : ils étaient jugés par les synodes, et ces assemblées religieuses admettaient ou condamnaient les différents points de dogme ou de doctrine qui leur avaient été déférés. Cette diversité d'opinions donna lieu à l'établissement de plusieurs sectes : les unes devinrent des corporations distinctes et durables ; les autres n'eurent qu'une existence éphémère, et leur courte apparition fut signalée par de violents débats. On peut remarquer dans la foule de ces opinions, celles des antinomiens, dont la secte avait été fondée par Agricola, disciple de Luther, et devenu ensuite son ennemi. Ils pensaient que la foi suffit aux hommes pour se diriger, qu'elle justifie toutes leurs œuvres, et que les préceptes de la loi leur sont inutiles.

Toutes les questions religieuses étaient alors mises en discussion ; et l'on revenait même à celles qui avaient déjà été débattues dans les premiers siècles du christianisme. Aucune opinion sur le culte ou sur le dogme n'avait de stabilité, et chacun était réformateur, jusqu'à ce que des hommes plus influents, par la force du caractère ou par l'art de la persuasion, eussent fait sortir de ce chaos quelques associations religieuses qui dominèrent toutes les autres.

Un synode, composé des ministres de toutes les églises, fut assemblé à Cambridge, en 1637, et l'on y condamna les principes des antinomiens, comme contraires à la parole de Dieu et à l'autorité de la loi évangélique. Un grand nombre de partisans de cette doctrine furent bannis ou privés de leurs emplois ; d'autres s'exilèrent volontairement : ils obtinrent des sachems indiens l'occupation d'une île, qui reçut alors le nom de Rhode-Island, achetèrent de la compagnie de Plymouth d'autres terres sur le continent voisin, et y fondèrent les villes de Providence et de Warwick.

Un des systèmes religieux qui excitaient alors dans les colonies anglaises le plus de fermentation était celui des anabaptistes. Ils avaient paru en Allemagne vers le temps de la réformation : leur nom vient de la manière de conférer le baptême comme saint Jean-Baptiste, par immersion et non par aspersion (voy. pl. 12) ; ils ne le donnent qu'aux adultes, et ils le refusent aux enfants ; parce que, à leur âge, on n'est pas capable de former des actes de foi sur ce qu'il faut croire. Les anabaptistes soutenaient que le Christ n'était pas Dieu, mais prophète ; qu'il n'y a pas de péché originel, et que nous ne tenons nos droits que de nos propres mérites : ils rejetèrent la messe, le purgatoire, l'invocation des saints, la présence du Christ dans l'eucharistie, et n'eurent de cérémonie que la cène, qu'ils faisaient en commémoration de son dernier repas avec ses apôtres. Ils pensaient que les chrétiens ne devaient reconnaître comme magistrats que leurs chefs religieux, que tous les biens devaient être communs, que la conscience est libre dans toutes les questions qui tiennent à la croyance, que tout homme peut prêcher et annoncer la parole de Dieu.

Ces religionnaires, dont les principes étaient particulièrement propagés dans la classe des prolétaires, y cherchaient aussi leurs ministres ; car, outre leurs prédicateurs inspirés, ils avaient aussi des hommes chargés de la publication de la morale. Mais comme ils n'avaient à suivre, pour le dogme et pour la foi, que les avertissements de l'esprit saint, chaque homme qui croyait les avoir reçus pouvait s'arroger le droit de modifier la doctrine et d'introduire des règles nouvelles. Il en résulta différentes sectes dont les membres n'avaient pour principe commun que l'obligation de conférer de nouveau le baptême aux adultes : c'était le signe dont tout homme devait être marqué pour entrer dans l'église nouvelle. Les uns fêtaient le jour du sabbat en mémoire du septième jour de la création du monde ; d'autres fêtaient le dimanche, en souvenir de la résurrection : ceux-ci admettaient le chant dans leurs cérémonies religieuses ; ceux-là le rejetaient comme profane et comme contraire à la sincérité et au recueillement de la prière.

Les quakers, qui parurent, en 1654, dans les colonies anglaises, s'écartèrent encore davantage des opinions les plus accréditées. Ils ne faisaient usage ni du baptême, ni de la cène : l'un n'était qu'une figure du baptême d'esprit qui nous est donné par la purification du cœur et par le témoignage d'une bonne conscience ; l'autre n'est que l'image de la communion intérieure dont se nourrit l'homme qui a reçu dans son cœur l'esprit du Christ. Cet esprit se manifeste par des apparitions, des songes, des illuminations secrètes ; et tous ceux qui l'ont reçu peuvent prêcher sans avoir besoin du savoir des hommes. « Dieu « n'appelle pas, disent-ils, les sages « selon la chair, les nobles et les puis- « sants ; mais il a choisi les insensés « pour confondre les sages. » Les quakers, dans leurs lieux d'adoration, attendent en silence l'esprit de Dieu, et ils croient avoir au fond de leur cœur une voix divine qui les instruit. « La conscience, disent-ils, est un domaine qui n'appartient qu'à Dieu et ne peut être gouverné que par lui. Il n'est permis à aucune autorité du monde de prétendre y pénétrer. Vouloir forcer la conscience d'autrui, c'est agir contre Dieu, qui peut seul l'éclairer. On ne peut persécuter aucune opinion religieuse, et les délits contre la société doivent seuls être punis. Tout simulacre d'humilité envers un autre homme n'est propre qu'à l'entretenir dans un vain orgueil. Les jeux, les recréations ne font que distraire notre ame des pensées qui tendent à l'élever vers le Créateur. Il faut bannir toute superfluité dans les vêtements. C'est profaner le nom de Dieu que de le prendre à témoin de la sincérité des paroles de l'homme, et il n'est pas permis de prêter serment. Le chrétien doit se résigner aux souffrances ; il ne peut ni se venger, ni verser le sang : ses armes sont spirituelles. C'est en socs de charrue qu'il faut façonner le fer des épées. La morale du Christ doit seule nous conduire : il a voulu substituer un culte spirituel aux cérémonies extérieures ; il exige le sacrifice de nos passions ; tout autre doit être aboli. La liturgie, la pompe du culte, les grades du clergé ne constituent pas la religion ; il ne lui faut que la pureté du cœur et la pratique des bonnes œuvres : c'est là ce qui la constitue, et ce qui fait le véritable chrétien. »

Une autre religion, celle des unitaires, avait de nombreux partisans : elle n'était pas l'œuvre d'un enthousiasme exalté, qui s'abandonne en aveugle à toutes ses inspirations ; elle avait eu pour fondateurs des hommes qui se proposaient d'appliquer aux principes de la croyance les lumières de la raison. Les unitaires n'admettaient qu'un seul Dieu. On n'avait voulu distinguer que ses attributs, en le partageant en trois personnes. Le fils que Dieu avait envoyé sur la terre était un homme inspiré par lui, et destiné à apprendre aux autres hommes ce qu'il fallait croire pour honorer Dieu, et pour être récompensé dans une autre vie des vertus qu'on aurait pratiquées dans celle-ci. Jésus-Christ nous a donné l'exemple de ces vertus : chaque homme peut s'y conformer, car il a reçu du ciel la liberté et la raison. Il n'y a pas de prédestination ; nous sommes tous élus de Dieu, et nous

4.

avons pour guide les inspirations qu'il nous envoie. Le Nouveau-Testament renferme la doctrine entière de Jésus-Christ : c'est à notre raison à déduire toutes les conséquences des principes qui y sont exposés. L'autorité des hommes ne peut rien prescrire à notre croyance : aucun d'eux n'est juge infaillible en matière de foi.

Cette religion, dont les principes remontaient à l'arianisme, avait été réduite en corps de doctrine par Lélie et Fauste Socin, qui s'étaient élevés peu de temps après la réformation, et qui, ne la croyant pas encore assez complète, en avaient changé les fondements.

Des dogmes si contraires à la croyance des presbytériens, avec lesquels les brownistes étaient alors confondus, leur portèrent ombrage et les irritèrent. Ils avaient alors le pouvoir ; et loin de se borner à sévir contre les délits et les offenses, ils voulurent punir les opinions. Ils avaient fui l'Angleterre pour échapper aux persécutions, et, devenus intolérants à leur tour, ils publièrent de rigoureuses lois contre les non-conformistes. La première loi les priva du droit de concourir à l'élection des magistrats ; la seconde fut portée contre les anabaptistes ; elle condamna au bannissement tous ceux qui niaient la validité du baptême des enfants, et qui refusaient de reconnaître l'autorité des magistrats. Les quakers, également persécutés, furent bannis par la troisième loi : il leur était interdit de rentrer sous peine de mort. La même peine, la même interdiction furent prononcées par une quatrième loi, contre les juifs et contre les prêtres catholiques romains. Une cinquième loi prohiba, sous peine de mort, le culte des images.

Ces dispositions pénales furent exécutées avec une extrême rigueur. Plusieurs quakers furent mis aux fers, exposés au pilori, battus de verges, envoyés juridiquement en exil. Cette proscription les fit plaindre, et l'estime qu'inspirait leur constance augmenta le nombre de leurs prosélytes.

On crut vainement les intimider par le supplice de ceux qui avaient rompu leur ban ; ces cruautés ne firent que soulever l'indignation publique contre les hommes qui les poursuivaient.

Si nous cherchons à nous rendre compte des motifs d'une persécution si violemment déclarée à plusieurs religions à la fois, nous remarquons différentes causes d'inimitié. Les anabaptistes, dont l'existence avait plus d'un siècle, n'avaient été dans l'origine qu'une société religieuse fondée par Stork, un des disciples de Luther. Elle fut bientôt turbulente, et profita du fanatisme des premiers sectateurs pour abattre les images dans les temples, et pour détruire toute la pompe du culte. Ils regardaient le catholicisme comme chargé de pratiques idolâtres ; le luthéranisme comme une religion trop relâchée dans ses principes ; et sous prétexte de réformer la société civile, ils en attaquèrent les premières bases. Stork et Muncer, aigrissant la haine que les paysans portaient aux seigneurs et aux magistrats, parvinrent à les soulever contre les rangs et les lois, en publiant qu'ils avaient droit, comme hommes et comme chrétiens, à l'égalité de tous les avantages ; qu'on ne pouvait les en priver sans injustice ; qu'ils ne devaient aux princes aucun tribut, aucune soumission à ceux qui prétendaient enchaîner leur croyance, et que le Christ lui-même les avait affranchis de cette servitude.

Mulhausen fut le premier théâtre de ce soulèvement, qui se propagea bientôt dans l'Allemagne occidentale. Une armée de paysans s'était tumultuairement assemblée autour de Muncer ; elle livra au landgrave de Hesse un combat où elle perdit sept mille hommes ; et l'exécution sanglante de son chef, qui fut fait prisonnier dans cette bataille, ne fit qu'accroître la haine et l'esprit de vengeance de ses sectateurs. La ville de Munster devint le lieu de leur réunion : ils s'en rendirent bientôt maîtres, la firent évacuer par les habitants, pillèrent les maisons, les églises, et s'apprêtèrent à soutenir un siége. Ce fut dans cette ville que Jean Bokelson de Leyde s'annonça comme roi de Sion, se fit proclamer, établit des juges sur Israël, et envoya au loin ses apôtres pour étendre ses principes et sa monarchie. La prise de Munster par l'évêque qui l'assiégeait mit un terme à cette royauté, et Jean de Leyde fut livré aux plus cruels supplices.

Les anabaptistes avaient perdu leur nouveau chef; mais on continuait de les redouter. Leur fanatisme avait excité de tels désordres à Amsterdam, dans toute la Hollande et dans une grande partie de l'Allemagne, qu'ils essuyèrent partout une violente persécution. Cependant, si les principes religieux des anabaptistes étaient encore les mêmes, leur conduite politique vint à changer. Le pouvoir qu'ils avaient combattu s'était enfin relevé sur les ruines de leur parti, et il ne survivait à tous ces fanatiques qui avaient effrayé le monde que des hommes plus résignés, auxquels il ne restait que l'enthousiasme de la doctrine. La guerre avait prononcé contre eux; ils ne déployèrent plus que le courage du martyre. Ces hommes étaient redevenus une société chrétienne. La plupart d'entre eux se rassemblèrent dans une contrée inculte de la Moravie, et les disciples de leur fondateur cherchèrent alors à les diriger vers la perfection de la morale et vers l'amour du travail. Ils formaient entre eux une république particulière; mais leur prétention à l'indépendance leur attira de nouvelles persécutions, et ils furent réduits à se disperser ensuite sous différents noms dans les autres parties de l'Allemagne, en Hollande et en Angleterre. Là ils continuèrent de faire des prosélytes, autant par l'austérité de leurs mœurs que par la ferveur de leur zèle : ils attirèrent vers leur doctrine différents membres des sociétés chrétiennes, et ils prirent part, comme les autres dissidents, à la colonisation du nouveau monde. Ce changement de situation devait leur faire espérer de reprendre quelque ascendant; la liberté de conscience leur était promise comme aux autres habitants : l'égalité des droits politiques devait en être le résultat; et si l'église presbytérienne, qui dominait alors toutes les autres, eut assez de force pour abaisser et poursuivre momentanément ses rivales, elle fut ensuite contrainte à les recevoir pour alliées, et à partager avec elles l'empire de l'opinion. En 1651, on permit aux anabaptistes de former une église séparée. Le souvenir des troubles qu'ils avaient excités en naissant les avait fait regarder comme redoutables ; on ne vit plus en eux que des citoyens paisibles.

Aucun acte de violence semblable n'avait pu attirer sur les quakers la persécution qu'ils essuyèrent en Amérique. Ils n'avaient jamais pris les armes; ils ne voulaient se signaler que par des vertus chrétiennes ; mais ils s'étaient déclarés contre les rites, les sacrements, les liturgies. Fox, leur fondateur, prêchait partout ses doctrines avec un zèle, une véhémence qu'il attribuait à l'inspiration divine. Son imagination exaltée avait acquis sur les hommes simples un invincible ascendant. Il eut bientôt de nombreux disciples, enthousiastes comme lui, et se croyant comme lui animés de l'esprit saint. Éclairés par la lumière céleste au milieu de leurs méditations profondes, ils étaient avertis par un tremblement général du moment de l'inspiration. Alors ils pouvaient dévoiler ce que l'œil n'avait point vu, ce que l'oreille n'avait point entendu; ils exposaient surtout les plus hautes vérités de la morale. Toutes les vanités du monde disparaissaient à leurs yeux ; ils se regardaient comme les temples de l'esprit saint, comme ministres de sa parole, comme appelés à réformer la société chrétienne. C'était par cette tendance et cet enthousiasme qu'ils inspiraient de la défiance aux autorités établies.

Les autres classes de non-conformistes excitaient d'autres genres d'inquiétude, parce qu'elles mettaient en péril différents dogmes fondés sur la révélation. Les uns admettaient la résurrection, sans s'expliquer sur la forme que l'on revêtirait; ils croyaient qu'il y avait un corps pour la terre, un autre pour le ciel, et que celui-ci étant incorruptible pourrait seul hériter du royaume de Dieu. Les autres accusaient de polythéisme les doctrines du concile de Nicée; ils ne reconnaissaient point l'incarnation du Christ, l'union des deux natures dans sa personne, et ne croyaient pas que sa mort eût pu racheter les péchés des hommes. Ceux-ci ne reconnaissaient d'autre esprit que la lumière intérieure qui nous éclaire, parce que Dieu ne peut pas être divisé. Ceux-là excluaient toute révélation, et tout principe de foi; ils ne formaient aucun acte d'espérance, et bornaient leur religion à la charité; ils ne composaient qu'une seule famille : s'aimer mutuellement était la première règle de leur association, qui fut connue sous le nom de famille ou maison d'amour.

Quelque étendue que nous ayons donnée à nos observations sur les différentes sociétés religieuses qui s'étaient d'abord rendues en Amérique, nous aurons lieu de reconnaître dans la suite qu'elles ne comprennent pas encore toutes les nuances d'opinion dont ces nouvelles contrées devaient un jour offrir le spectacle, lorsque la tolérance y aurait ouvert une plus vaste carrière à l'activité de l'esprit humain, et aux différentes formes d'un culte qui, à travers toutes ses variations, ne cesse pas de se rapporter à un être suprême.

La persécution qui s'était élevée contre les Juifs n'était point une innovation. Il n'y avait jamais eu entre eux et les différentes branches du christianisme que des trèves passagères : les Israélites étaient repoussés de toutes les sociétés, et, citoyens du monde, ils ne trouvaient de patrie nulle part.

Le catholicisme, toujours invariable dans ses dogmes, et luttant avec constance contre tant d'opinions, nées dans son sein et dirigées contre lui, avait alors les premiers titres à la proscription. L'église anglicane, séparée de Rome depuis un siècle, n'était rentrée dans sa communion que sous le règne de Marie : elle s'était démembrée de nouveau sous celui d'Élisabeth, et sa confession de foi avait été fixée et proclamée dans un synode. L'Angleterre avait ainsi une église distincte, et les dissensions qu'elle éprouva et qui la partagèrent en plusieurs associations religieuses ne rapprochèrent cependant de la cour romaine aucun de ces nouveaux dissidents : ils restèrent ligués contre la suprématie du saint-siège; et comme ils portèrent en Amérique les préventions et les animosités qui leur avaient été inspirées, ils persécutèrent le catholicisme, avant de l'admettre à jouir des mêmes droits.

En déplorant les funestes effets des haines religieuses, ne soyons pas surpris de leur emportement, dans un siècle où l'enthousiasme exaltait tous les esprits, où l'on se perdait dans les théories d'un monde invisible, où ces opinions dirigeaient la politique et devenaient une puissance. Ce fut un torrent, il passa, et fit place à un cours d'événements plus tranquilles. On fut graduellement conduit à reconnaître que l'autorité civile et l'autorité religieuse sont essentiellement distinctes, quoique les lois sociales et les pieuses croyances puissent se prêter un mutuel appui : on aperçut une même morale sous l'enveloppe de ces différents dogmes entre lesquels la terre était divisée. La doctrine était divergente, mais les inspirations de la conscience étaient semblables. Tous les hommes pouvaient donc vivre ensemble; et l'on retrouvait partout ces communs éléments de la société, qui dérivent des affections du cœur humain : partout on reconnaissait l'amour de la famille, le besoin de se rapprocher des autres hommes, de s'entre-secourir, de se soumettre au frein des lois, de leur donner une sanction supérieure à la puissance humaine, et d'ériger au sommet de l'édifice social un autel à la Providence qui le protége et le perpétue. Mais un si favorable résultat ne fut obtenu qu'après de longues hésitations : il fallut acheter la prudence et le bien-être par de tristes épreuves d'erreurs et de calamités.

L'église presbytérienne, plus nombreuse alors que toutes les autres dans les colonies anglaises d'Amérique, avait encore reçu de nouveaux auxiliaires pendant le règne de Charles Ier. Ce prince avait continué de persécuter en Angleterre les puritains : il s'abandonna aux chefs de l'église anglicane, et remit le soin des affaires civiles et religieuses au docteur Lawd, qui ne voulait qu'augmenter l'ascendant de l'église dominante. Le culte fut chargé de cérémonies nouvelles, qui lui enlevèrent un plus grand nombre de partisans; on crut pouvoir soutenir ces pratiques religieuses par des persécutions; et ce dernier moyen ne fit que susciter à l'église anglicane et au pouvoir civil de puissants et redoutables adversaires. Les nouvelles doctrines avaient trouvé des prosélytes dans la classe inférieure; de grandes familles y adhérèrent ensuite, soit par principes, soit par esprit de popularité : on mit un certain courage à soutenir des opinions qui étaient proscrites par le pouvoir; et, pour ne pas fléchir, on prit le parti de s'exiler.

Cet esprit d'indépendance religieuse devint favorable aux colonies de la Nouvelle-Angleterre : on y cherchait une sécurité dont les dissidents ne jouissaient plus dans la métropole; le nombre des réfugiés augmentait; et dès l'année 1640 on comptait dans cette contrée quatre mille propriétaires et vingt et un mille passagers, dont un tiers était en état de porter les armes. Les colons avaient fondé plusieurs villes, des temples pour différentes communions, des forteresses, des hospices, des prisons, un collège. Ils avaient des ports, des navires, des magasins, et avaient ouvert des routes publiques entre leurs établissements. La colonie de Massachusett était la plus florissante; elle fut divisée en quatre comtés, ceux d'Essex, de Middlesex, de Suffolk et de Norfolk.

Mais la guerre civile qui éclata en Angleterre, vers la fin du règne de Charles Ier, vint arrêter le cours de ces progrès. On fut ensuite exposé au fléau d'une guerre étrangère; et les dangers communs aux différentes colonies de la Nouvelle-Angleterre leur firent sentir l'avantage de se confédérer, à peu près sur le modèle des sept Provinces-Unies. Ces colonies étaient le Massachusett, le Connecticut, le Newhampshire et le Maine. Rhode-Island ne fut pas admis dans cette première confédération, dont les principes étaient qu'il y aurait entre les quatre contractants une ligue d'amitié offensive et défensive; que les charges en seraient proportionnées au nombre des habitants mâles; qu'à la nouvelle de l'invasion d'une colonie, les trois autres lui porteraient assistance; que les affaires de la paix et de la guerre seraient examinées par des commissaires, et que ceux-ci s'assembleraient tour à tour à Boston, Harfort, New-Haven et Plymouth.

Cette confédération fut reconnue et autorisée par l'Angleterre. Elle avait à la fois pour but de se défendre et de chercher à s'agrandir en occupant les régions plus occidentales.

A cette époque toutes les colonies de la Grande-Bretagne dans cette partie de l'Amérique n'étaient pas contiguës, et d'autres établissements européens s'étaient formés entre ceux de la Virginie et du Connecticut : un célèbre navigateur anglais les avait commencés; mais il était alors au service d'une autre puissance.

Henri Hudson s'était déjà signalé par une première expédition le long des côtes orientales du Groënland; il avait visité d'autres parties de la mer Boréale, et avait reconnu les îles du Spitzberg. Dans un second voyage entrepris en 1608, Hudson s'éleva encore vers cet archipel : il voulait parcourir d'occident en orient la mer Boréale, pour chercher dans cette direction un passage entre l'Atlantique et le Grand-Océan; mais les vents contraires l'empêchèrent de pénétrer entre le Spitzberg et la Nouvelle-Zemble : il ne put pas même entrer dans le détroit de Waigatz; et la compagnie de Londres, qui avait fait les frais de ces deux premières expéditions, suspendit le cours de ses recherches dans les mers glaciales. Hudson se rendit alors en Hollande ; il y entra au service de la compagnie des Indes orientales, et lui proposa de renouveler ses recherches pour trouver un nouveau passage vers les Indes. La compagnie ayant accepté ses offres, il partit d'Amsterdam le 4 avril 1609, sur le navire *le Croissant*, monté par vingt hommes d'équipage. D'abord il navigua le long des côtes de Norvège jusqu'au cap Nord ; il visita ensuite la mer Blanche, les côtes de la Nouvelle-Zemble, l'entrée du détroit de Waigatz ; et la présence des glaces lui ayant fermé le passage, il alla faire d'autres tentatives vers l'ouest : il gagna les côtes du Groënland, se porta sur celles de Terre-Neuve, reconnut l'Acadie, arriva dans la baie de Penobscot, doubla le cap Cod, que Gosnold avait découvert en 1602, et se dirigeant au sud-ouest, atteignit l'entrée de la Chesapeake : ce fut le point extrême de sa navigation vers le midi. Hudson remonta ensuite le long du rivage sans y débarquer, visita l'entrée de la Delaware, et fit sur la côte voisine du cap Mai son premier acte de prise de possession au nom de la Hollande. En continuant sa navigation le long du littoral, il atteignit les parages de Sandy-hook, d'où il pénétra dans la baie de Manhattan, et dans le grand fleuve qui a pris ensuite le nom de ce navigateur.

L'aspect majestueux de la rivière d'Hudson, la beauté, la variété de ses rivages et le développement de son cours lui firent reconnaître l'importance et l'étendue de sa découverte. Sa vue se prolongeait à l'orient sur les terres légèrement ondulées de l'île de Manhattan, où résidait une tribu d'Indiens ; à l'occident il voyait s'élever une longue barrière de roches trappéennes, dont les colonnes irrégulières avaient la forme d'une palissade, et en ont même retenu le nom (voy. *pl.* 26). Le fleuve, qu'il remonta pendant trente milles anglais, le long de cette puissante digue, s'élargissait ensuite, et formait un vaste bassin, connu sous le nom de mer de Tappan. Plus au nord, on pénétra entre une double chaîne de montagnes, dont les contre-forts projetaient sur le lit du fleuve plusieurs caps avancés, qui variaient la direction de son cours : au-delà de cette contrée des montagnes, où la nature est sauvage et pittoresque, où la navigation s'ouvre un passage entre deux boulevards de rochers, dont la pente rapide est dépouillée de végétation, les eaux agrandissaient leur lit, et coulaient à travers des campagnes que la nature avait couvertes de forêts immenses. Nous avons déjà remarqué le luxe et le désordre de ses richesses dans toutes les terres fécondes qui n'ont pas été soumises à la culture : le même spectacle devait souvent se reproduire dans une contrée où les peuples ne tenaient point encore au sol, et où la puissance du travail était ignorée. La ville d'Hudson fut fondée dans la suite, au milieu des plaines fertiles qui avaient attiré l'attention de ce navigateur. Il continua la reconnaissance du fleuve, à travers une belle contrée que l'industrie humaine devait vivifier un jour, et il signala l'emplacement où le fort Orange devait être érigé. Il avait parcouru du sud au nord cent soixante milles, et il remarqua que le flux de la mer y élevait encore de quelques pieds le volume des eaux. Ce mouvement se prolonge même au-delà : il n'expire que vers l'embouchure du Mohawks, principal affluent de l'Hudson ; et la rencontre des deux courants réunis lui oppose un dernier obstacle.

Lorsque l'illustre voyageur eut terminé son importante découverte, qu'il eut ouvert des relations amicales avec les Indiens du rivage, qu'il eut choisi les différents points où l'on pouvait former d'utiles établissements, il quitta cette contrée et reprit la route d'Europe. Son intention était de retourner en Hollande pour y rendre compte de son expédition ; mais la mutinerie de son équipage, lorsqu'il approchait des côtes d'Angleterre, le força de débarquer à Darmouth, d'où il envoya son rapport au directeur de la compagnie d'Amsterdam. Ce fut à la suite de ce voyage, et en vertu des droits qui en résultaient, que le gouvernement de Hollande fonda ses premiers établissements dans les territoires qui venaient d'être découverts, depuis l'entrée de la baie de la Delaware jusque vers l'embouchure du Mohawks.

Hudson ne fit que cette campagne au service de la compagnie hollandaise; il fut ensuite employé de nouveau par celle de Londres, et il entreprit pour elle, en 1610, une dernière expédition. Le navire *la Découverte* avait été mis sous ses ordres avec vingt-trois hommes d'équipage : on voulait tenter encore la recherche d'un passage entre les deux Océans, recherche déjà si féconde en grandes découvertes. Le navigateur se dirigea vers les Orcades, les îles Féroë, l'Islande, d'où il gagna successivement la pointe méridionale du Groënland, le détroit de Davis, et celui qui porte aujourd'hui son nom. En cinglant encore vers l'ouest, il pénétra dans une vaste baie, dont il explora les rivages, et il hiverna dans une anse de la côte occidentale où il fut retenu par les glaces. Sa périlleuse et pénible expédition durait depuis quatorze mois, quand son équipage se révolta et résolut de l'abandonner : on le jeta dans une barque avec son fils et quelques hommes enveloppés dans sa disgrace, et ils errèrent à la merci des vagues. La compagnie de Londres, aussitôt qu'elle fut instruite de son infortune, envoya un navire à sa recherche; mais on ne put le découvrir. Il ne restait plus que d'honorer sa mémoire : la baie qu'Hudson avait découverte fut consacrée par son nom; elle devint pour lui un monument impérissable, et jamais homme sensible à la renommée, et victime de son noble zèle, n'eut un plus magnifique tombeau.

Les États-Généraux de Hollande accordèrent d'abord à une compagnie de négociants le commerce exclusif des contrées que ce navigateur avait découvertes en 1609. Le fort d'Amsterdam y fut élevé vers l'embouchure de la rivière d'Hudson : il allait être le point central des établissements hollandais. On construisit le fort Orange vers la région supérieure du même fleuve, le fort de Bonne-Espérance sur la rivière de Connecticut, et le fort Nassau sur celle de la Delaware. Un gouverneur fut envoyé, en 1629, dans la Nouvelle-Belgique, par la compagnie des Indes orientales, à laquelle les premières concessions se trouvaient alors transférées.

Une autre nation européenne s'était établie depuis quelques années au midi de la Nouvelle-Belgique. Gustave-Adolphe, ce roi qui se montra digne de l'illustre auteur de sa dynastie, et qui fit pencher la balance politique de l'Europe en faveur des alliés que servirent ses victoires, forma, en 1626, le projet de fonder une colonie en Amérique; et une expédition de Suédois et de Finlandais traversa l'Océan et se rendit dans la baie de la Delaware. Ils y fondèrent la ville de Christina, ainsi nommée en l'honneur de la fille de Gustave-Adolphe, parcoururent la baie, remontèrent le fleuve jusqu'à ses premières chutes, et commencèrent sur ses bords les villes de Hoarkill, Gothenbourg, Hupland, Elsenbourg. La Hollande avait aussi des établissements dans cette contrée. Les Suédois étaient attachés à la culture, comme les Hollandais l'étaient au commerce; et tant que les établissements furent peu nombreux de part et d'autre, les deux nations vécurent paisiblement; mais dès que leurs colonies se multiplièrent et se rapprochèrent, les rivalités survinrent. Le fort Casimir, l'un de ceux que les Hollandais avaient érigés sur les rives de la Delaware, leur fut enlevé par les Suédois, en 1655; mais bientôt après, Stuyvesand, gouverneur de la Nouvelle-Belgique, arma une flottille, montée de sept cents hommes, et se porta à l'improviste dans la baie occupée par l'ennemi. Les Suédois, qui n'avaient pas assez de forces pour résister, furent réduits à se rendre par capitulation. Les forts qu'ils avaient construits leur furent enlevés, et l'on reprit ceux dont ils s'étaient momentanément emparés. Stuyvesand laissa la faculté de résider dans la colonie aux Suédois qui voudraient y rester, en prêtant serment de fidélité aux États-Généraux : les autres furent renvoyés dans leur pays, ou retenus comme prisonniers de guerre s'ils faisaient partie de l'armée. La concorde s'établit dans les colonies de la Delaware entre les habitants des deux nations : ils mêlèrent leurs intérêts, ils concoururent dans l'occasion à la commune défense, et s'unirent plusieurs fois pour repousser quelques partis anglais qui cherchaient à s'établir dans la même contrée. Ce pays, quoiqu'il fût annexé à la Nouvelle-Belgique, avait néanmoins une organisation séparée : on distinguait les états des rivières du nord et du sud, car l'Hudson et la Delaware étaient aussi connus sous ces deux désignations ; et l'une et l'autre contrée ayant des intérêts très-divers, il en résulta bientôt un démembrement territorial encore plus complet.

Tandis que les Hollandais et les Suédois occupaient les deux rives de la Delaware, les Anglais fondaient sur celles de la Chésapeake la belle colonie du Maryland, séparée de la Virginie par le cours du Potomac. Charles I*er* avait fait, en 1632, la concession de ce territoire à Cécilius lord Baltimore ; et l'expédition que Léonard Calvert, son frère, y conduisit, arriva l'année suivante à l'embouchure du fleuve qui servait de limite. Elle était composée de deux cents hommes ; ils s'établirent, avec le consentement des Indiens, à Yamaco, qui reçut le nom de Sainte-Marie.

Tous les premiers habitants étaient catholiques : leur religion, persécutée en Angleterre, allait régner dans cette nouvelle colonie, et un grand nombre de familles, appartenant à la même église, vinrent y chercher un refuge. Les sages principes de tolérance professés par lord Calvert firent aussi arriver dans le Maryland différentes classes de religionnaires qu'on avait exilés des autres colonies, ou qui les avaient volontairement quittées pour échapper aux persécutions. Cette politique éclairée accrut rapidement la population du pays. La baie de la Chésapeake, le cours du Potomac, l'entrée de la Susquehana, lui ouvraient de grandes lignes de navigation. Le commerce allait trouver dans le Patapsco un nouvel abri, et la cité de Baltimore commença bientôt à s'élever sur les rives de ce fleuve, et au pied des collines qu'elle devait couvrir un jour de ses édifices et de ses glorieux monuments.

En rappelant l'origine des colonies européennes formées le long des côtes d'Amérique, nous les avons vues s'établir dans le voisinage les unes des autres sous plusieurs pavillons différents. Les colonies anglaises étaient les plus nombreuses, et celles de Hollande étaient menacées par leur voisinage et leurs forces ; mais il s'était formé vers le nord d'autres grands établissements européens. La France et l'Angleterre, si long-temps rivales, allaient se retrouver aux prises dans le Nouveau-Monde.

Quoique nous n'ayons à nous occuper du Canada et de l'Acadie qu'autant que leur histoire se lie à celle des possessions voisines, quelques développements sur l'origine et la situation de ces deux colonies françaises sont nécessaires à l'intelligence des événements.

Les titres de la France sur une partie du continent d'Amérique remontaient à l'expédition de Verazzani, qui, en 1524, fut chargé par François I*er* de faire un voyage de découvertes. Les vicissitudes du règne de ce prince, et les guerres qui l'occupèrent en Europe, suspendirent l'exécution de ses projets en Amérique ; mais ils furent repris en 1534. Jacques Cartier, de Saint-Malo, aborda au cap de Bonavista, dans l'île de Terre-Neuve ; il en reconnut les côtes septentrionales, se rendit dans le golfe de Saint-Laurent, et prit possession de ses rivages au nom de la France. L'année suivante, il visita l'île d'Anticosti, qui partage en deux bras l'immense embouchure du fleuve ; il poursuivit vers l'ouest sa navigation, entra dans la rivière de Saguenay, où des tribus d'Algonquins eurent avec lui des relations, et remonta le fleuve Saint-Laurent jusqu'à l'île de Hochelaga. Les Hurons y avaient un grand village, dont l'enceinte circulaire était fortifiée par un rang de palissades, formées de longues solives plantées profondément en terre et liées les unes aux autres. Leurs cabanes étaient construites de la même manière. On y employait des tiges plus faibles, dont les extrémités amincies se rapprochaient vers le haut en forme de ruche, ou se courbaient en berceau, pour couvrir l'habitation (voy. pl. 21). Une montagne située au milieu de l'île dominait toute la contrée. Cartier lui donna le nom de Mont-Royal, nom qui fut légèrement altéré dans le siècle suivant.

Ce voyage n'était encore qu'une reconnaissance; mais il prépara la colonie qu'on devait fonder dans la suite. Roberval de Picardie obtint de François Iᵉʳ une commission qui l'autorisait à s'établir, avec le titre de lieutenant-général et de vice-roi, dans toutes les contrées qui environnaient le golfe Saint-Laurent. Il y fit un voyage en 1541. Les côtes orientales du Labrador furent reconnues, dans la même année, par Alphonse, un de ses pilotes; et Roberval, qui fit encore en Canada d'autres expéditions, périt dans celle de 1549 avec son frere, qui avait pris part comme lui aux guerres d'Italie, et que François Iᵉʳ avait surnommé le gendarme d'Annibal.

On arrivait au règne de Henri II, et la France eut à soutenir sur toutes ses frontières de sanglantes guerres, qui firent renoncer à d'autres entreprises. François II, successeur de ce prince, ne fit que passer sur le trône, et Charles IX ne l'occupa que trop long-temps. Nous avons suivi, dans l'introduction de notre ouvrage, la série des entreprises qui furent tentées en Amérique sous ce funeste règne. Henri III, qui hérita des troubles et des malheurs du royaume, accorda, en 1588, le commerce exclusif du golfe Saint-Laurent à Chaton et à Noël, neveux de Jacques Cartier; mais cette commission fut bientôt révoquée. Les grandes expéditions pour le Canada étaient suspendues depuis long-temps, lorsque Ravillon s'y rendit en 1591, moins pour s'y occuper de découvertes que pour exploiter la pêche des phoques, qui abondaient alors dans ces parages.

Quand la France, fatiguée de discordes, se reposa enfin sous l'autorité paternelle de Henri IV, ce prince reprit des projets de colonisation si souvent abandonnés. Il nomma le marquis de la Roche son lieutenant-général dans les pays de Canada, Hochelaga, Labrador, Norimbègue et Terre-Neuve; l'autorisa à équiper des navires, à lever des troupes, à emmener toutes les personnes utiles à l'établissement d'une colonie, à bâtir des forts et des villes, à concéder des terres, des fiefs, d'autres seigneuries sous différents titres, et à faire pour le gouvernement de ces contrées tous les règlements qui lui paraîtraient utiles. Mais l'entreprise de la Roche ne réussit point. En cherchant à gagner le continent d'Amérique, il atteignit d'abord l'île de Sable, où il laissa quarante hommes pour y essayer un établissement; il alla ensuite reconnaître les côtes d'Acadie, et après y avoir recueilli les notions qu'il désirait, il revint en France pour achever les préparatifs d'une seconde expédition. Là, il fut retenu prisonnier de guerre par le duc de Bretagne, qui s'était soulevé contre l'autorité du roi, et il mourut avant d'avoir pu reprendre l'exécution de ses desseins. Lorsque Henri IV, informé de la triste situation où se trouvait la colonie de l'île de Sable, voulut la faire ramener en France, la famine en avait enlevé le plus grand nombre : douze hommes seulement avaient survécu.

Après la mort de la Roche, la concession qu'il avait obtenue fut successivement accordée à Chauvin, capitaine de vaisseau; au commandeur de Chatte, gouverneur de Dieppe; et enfin, à Pierre de Monts, qui obtint, comme ses prédécesseurs, le droit exclusif de la traite des pelleteries. Ce commerce paraissait être alors le but le plus important des expéditions dirigées vers l'Acadie et le Canada. Pontgravé, négociant de Saint-Malo, avait fait dans cette vue différents voyages à Tadoussac, lieu situé vers l'embouchure du Saguenay. Les Indiens venaient y faire leurs échanges; et ce commerce, dont une seule compagnie avait le privilége, lui procurait de grands bénéfices.

Toutes les côtes de l'Acadie furent reconnues en 1594, depuis le cap Canceau jusqu'à l'extrémité sud-ouest, et de là jusque dans la baie de Fundy, où le Port-Royal est situé. De Monts commandait cette expédition, et Champlain et Poutrincourt en faisaient partie. Poutrincourt obtint même la concession du Port-Royal, où l'on pouvait former un bel établissement; mais on ne prit soin ni de le fortifier, ni de cultiver les terres voisines, et ce pays resta ouvert à toutes les agressions.

Le Canada fut organisé avec plus de prévoyance. Champlain y poursuivit sans relâche ses utiles travaux; et cet homme, dont l'âme était élevée, consacra le reste de sa vie aux intérêts d'une colonie si importante Il jeta, en 1608, les fondements de Québec, fit commencer le défrichement des terres voisines, envoya de nombreuses reconnaissances dans l'intérieur, et prolongea, sur la rive septentrionale du fleuve et des grands lacs, ses établissements. Deux grandes nations indiennes entrèrent alors en relations habituelles avec les Français; elles étaient sur la même rive, et l'on était à portée de cultiver leur amitié. Les Algonquins occupaient, sous différents noms de tribus, les parties inférieures du Canada; les Hurons s'étendaient vers l'ouest jusqu'au lac qui porte leur nom. L'une et l'autre nation étaient séparées par le fleuve Saint-Laurent de la confédération des Iroquois, devenus leurs irréconciliables ennemis; et cette grande limite n'empêchait pas qu'il ne se commît de fréquentes agressions entre les Indiens des rives opposées. Ils traversaient le fleuve dans leurs longues pirogues, dont les flancs étaient revêtus d'écorce de bouleau: souvent même un tronc d'arbre, creusé par l'action du feu, et dont une hache de pierre achevait péniblement la forme, devenait leur seule embarcation (voy. pl. 19).

Ils abordaient inopinément et à l'ombre de la nuit sur le point du rivage qu'ils désiraient surprendre, portaient la dévastation dans les hameaux, et couraient à leurs pirogues pour regagner l'autre rive du fleuve. On disait des Algonquins qu'ils venaient en renards, attaquaient en lions et fuyaient en oiseaux.

Champlain ne chercha point à se porter médiateur entre ces nations ennemies : il regardait comme d'utiles auxiliaires pour lui-même les peuplades indiennes voisines des établissements français, et il se joignit à une expédition des Algonquins, pour pénétrer, au midi du Saint-Laurent, dans la contrée qu'occupaient les Iroquois. Ce fut dans ce voyage que Champlain découvrit le lac qui a retenu son nom; et cette découverte se fit dans la même année que celle de la rivière d'Hudson, dont nous nous sommes occupés précédemment.

Le combat meurtrier que les Indiens allaient se livrer fut engagé d'une manière remarquable. La nuit survenait lorsque les Algonquins rencontrèrent l'ennemi : ils lui demandèrent s'il voulait combattre au moment même, et les Iroquois proposèrent que l'attaque fût remise au lendemain : « La nuit « serait obscure; on ne se reconnaî- « trait point : il fallait que les actions « des braves fussent éclairées du so- « leil. » On fut aux prises au point du jour : la mêlée fut sanglante, et les Iroquois se défendirent avec vaillance; mais ils n'avaient point encore éprouvé l'effet des armes à feu, et ils ne purent résister à Champlain et à quelques arquebusiers français qui occupaient le centre des troupes ennemies. Les Algonquins rapportèrent dans leur pays un grand nombre de chevelures, dont leurs femmes se couvrirent le sein, comme d'un ornement et d'une glorieuse dépouille.

La défaite des Iroquois leur fit reconnaître qu'ils avaient au-delà du fleuve un ennemi de plus, et ce combat devint le principe de l'animosité qu'ils conçurent contre les Français. Leur confédération, réduite à des armes trop inégales, était forcée d'attendre l'occasion de se venger; mais les rivalités des puissances européennes qui avaient formé en Amérique des établissements, devaient bientôt procurer à cette nation sauvage des auxiliaires et de zélés protecteurs.

Nous avons déjà vu que les Européens cherchaient à se supplanter mutuellement dans leurs nouvelles acquisitions. Le capitaine anglais Samuel Argall avait donné, en 1613, cet exemple d'hostilité, en envahissant l'Acadie, d'où il prétendait exclure toute autre nation. La flottille qu'il commandait avait été expédiée de Virginie pour faire, vers le nord, un voyage de découvertes. Argall apprit que les Français avaient formé dans la baie de Fundy l'établissement de Saint-Sauveur, placé sur sa rive occidentale; il s'y porta rapidement, et s'empara sans coup férir d'une station où il ne se trouvait encore que vingt-cinq habitants. Le Port-Royal, situé sur la rive orientale de la même baie, était le chef-lieu de la colonie; un fort y avait été commencé : il s'y trouvait un gouverneur dont l'autorité devait s'étendre sur tous les établissements de l'Acadie; mais il était sans garnison, sans munitions de guerre : il n'avait autour de lui qu'un petit nombre d'hommes; et les différents points de la côte soumis à sa juridiction n'étaient occupés que par des cabanes, élevées pour la commodité des pêcheurs ou pour la traite des fourrures. Argall ne put éprouver aucune résistance lorsqu'il se présenta devant le port : son invasion était d'autant plus inattendue, que la France et l'Angleterre étaient alors en paix. On s'était borné en Acadie à se mettre à l'abri des incursions des sauvages, et l'on n'avait pris aucune mesure contre celles des Européens.

Cette agression n'eut qu'un effet passager, et les Français rentrèrent bientôt dans leurs établissements; mais les dangers de l'Acadie devinrent plus graves et plus habituels, lorsque les colonies de la Nouvelle-Angleterre eurent été commencées en 1620, et surtout quand elles se furent étendues vers le nord, jusqu'au voisinage de la baie de Fundy. Alors les établissements de deux puissances rivales se trouvèrent rapprochés, les discussions devinrent plus vives, les invasions plus faciles, et, dans cette lutte d'ambition et d'intérêts, l'avantage devait enfin rester aux colonies qui avaient le plus de forces et de ressources à leur disposition.

Le gouvernement français ne s'occupait point assez de l'Acadie, et l'on éprouva souvent les tristes effets de cette insouciance pour une possession qui aurait pu protéger les établissements formés à Terre-Neuve, les pêcheries du golfe Saint-Laurent et les libres relations du Canada avec la métropole. L'Acadie était livrée aux invasions de l'Angleterre ou de ses colonies, dès qu'une rupture éclatait entre la Grande-Bretagne et la France. L'occasion de ces hostilités ne se renouvelait alors que trop fréquemment. Les deux gouvernements n'avaient que des trêves passagères : les guerres qu'ils se firent pendant deux siècles n'étaient interrompues que par l'épuisement et par le besoin de repos. L'habitude de se combattre rendait les inimitiés plus profondes; et il suffisait d'une étincelle pour rallumer un incendie mal éteint. Au milieu de ces vicissitudes, l'Acadie voyait encore dépérir ses faibles moyens de défense; prise et reprise tour à tour, elle recevait successivement de chaque nation quelques nouveaux habitants, pendant la durée de ces occupations passagères. Ce mélange de population fit naître des prétentions opposées entre les propriétaires anglais et français : chacun des deux gouvernements trouvait dans le pays même un parti prêt à le favoriser; et ce conflit d'intérêts, cette diversité d'inclinations rendait la situation de l'Acadie plus incertaine, et l'exposait à de nouveaux changements de souverains.

Cette contrée fut envahie, pendant la guerre de 1627, par le capitaine David Kercht, né à Dieppe, et réfugié en Angleterre, où les calvinistes de France trouvaient alors des secours. L'escadre qu'il commandait se porta ensuite vers le Canada, remonta le fleuve Saint-Laurent et vint faire le siége de Québec, où Champlain commandait. Il échoua dans son entreprise; mais, le 29 juillet 1629, il reparut devant la place, avec une flotte plus nombreuse qui venait d'intercepter, vers l'embouchure du fleuve, un convoi de subsistances et de munitions de guerre. Ces secours étaient impatiemment attendus dans la place, où l'on était réduit aux dernières nécessités, et Champlain, ne pouvant plus y compter, dut accepter une honorable capitulation. Québec n'avait encore que cent habitants : c'était cependant le poste le plus important de la colonie; et l'on peut juger par sa faiblesse de l'abandon où le gouvernement français l'avait habituellement laissée. Quelques efforts isolés et instantanés étaient infructueux; il eût fallu de l'ensemble et de la constance dans les moyens de défense et de colonisation : le zèle des gouverneurs que l'on envoyait ne suffisait pas, quand de véritables ressources leur manquaient.

Mais les guerres de religion qui s'étaient ranimées en France sous le règne de Louis XIII, avaient affaibli les forces du royaume; la France se déchirait de ses propres mains; tout le midi était en proie aux discordes civiles. La Rochelle, principal boulevard des protestants, avait long-temps résisté aux armées royales. Quand cette place forte eut enfin succombé, et eut entraîné dans sa ruine le parti qu'elle avait défendu, la guerre conduisit les Français vers les Alpes, et ils se rendirent maîtres de l'entrée du Piémont, en forçant le Pas-de-Suze. La conclusion de la paix devint le fruit de leurs premières victoires en Italie : elle fut signée à Suze entre la France et l'Angleterre, le 24 avril 1629, plus de trois mois avant la seconde entreprise contre Québec. Ce temps aurait pu suffire pour faire arriver en Amérique la nouvelle d'une réconciliation, et pour y prévenir une prolongation d'hostilités que la paix ne permettait plus. Le Canada et l'Acadie furent rendus à la France, en 1632, par le traité de Saint-Germain-en-Laye.

Après le rétablissement de la paix, les colonies européennes formées dans le Nouveau-Monde purent s'occuper avec plus de sécurité de leur culture et de leur commerce; mais il éclata des dissensions entre la Nouvelle-Angleterre et la Nouvelle-Belgique, et l'on s'observait de part et d'autre avec jalousie. La Grande-Bretagne n'avait jamais reconnu positivement les droits des Hollandais sur les contrées que baignent la rivière d'Hudson et la Delaware; elle ne voyait dans leurs établissements qu'une usurpation des territoires qu'elle avait elle-même cédés à la compagnie de Plymouth; et après avoir impatiemment souffert une prise de possession qu'elle regardait comme contraire à ses propres droits, elle n'attendait pour les faire revivre qu'une circonstance favorable. La guerre qui survint, en 1652, entre la Grande-Bretagne et la Hollande offrit cette occasion; et l'incendie allumé en Europe se propagea bientôt dans les colonies d'Amérique. Les Anglais accusaient le gouverneur de la Nouvelle-Belgique d'avoir excité les nations indiennes à leur faire la guerre. Le Connecticut se plaignait d'un empiétement sur ses domaines : il réclama les secours de la métropole; et Cromwell, devenu protecteur de la Grande-Bretagne, autorisa la Nouvelle-Angleterre à faire une levée de cinq cents hommes, et à tenter une expédition contre la Nouvelle-Belgique; cependant les préparatifs se firent avec lenteur, et le rétablissement de la paix, qui fut signée le 4 avril 1654, entre l'Angleterre et la Hollande, prévint l'invasion projetée.

Les colonies anglaises pouvaient compter sur l'intérêt du protecteur. Long-temps avant son élévation, Cromwell avait voulu s'associer à leur destinée. Ardent sectateur des puritains, il allait suivre ses amis dans le Nouveau-Monde; mais l'émigration des dissidents fut tout à coup interdite, et le roi, invisiblement poussé vers sa perte, retint en Angleterre l'homme qui le fit ensuite monter à l'échafaud. Cromwell regardait les progrès des colonies comme essentiels à la puissance maritime de l'Angleterre, à cette puissance dont la base reposa si long-temps sur l'acte de navigation publié en 1652 par le long-parlement. Trois ans après, il fit attaquer les colonies espagnoles; et la flotte qu'il avait chargée d'une expédition contre l'île de Saint-Domingue, ayant échoué dans cette entreprise, envahit subitement la Jamaïque, où l'Angleterre se hâta d'envoyer des forces plus nombreuses, afin d'en faire le centre et le point d'appui de ses opérations.

Cromwell attachait tant d'importance à la possession de la Jamaïque, qu'il désira y faire passer une colonie de puritains du Massachusett, afin que la domination de l'Angleterre y fût mieux affermie par une population et une religion nouvelle. Il voulut aussi attirer une colonie semblable dans les déserts de l'Irlande, où il n'avait éteint la guerre civile que dans des flots de sang; mais les puritains d'Amérique préférèrent aux chances incertaines de deux nouveaux établissements les avantages positifs dont ils jouissaient; et l'on peut juger, par leur attachement au sol de la Nouvelle-Angleterre, que cette contrée se trouvait alors dans une situation prospère.

Cependant les discussions de limites, qu'on avait assoupies entre les colonies anglaises et celles de Hollande, commençaient à se ranimer, et prenaient chaque jour un caractère plus grave. Il n'y eut pas de rupture pendant le protectorat, ni dans les premières années du règne de Charles II; mais, en 1664, ce monarque, embrassant les vues d'agrandissement formées avant lui et favorisées par l'opinion publique, voulut faire valoir les anciennes prétentions de l'Angleterre sur la Nouvelle-Belgique, et en céda le territoire au duc d'York et d'Albany, son frère. Une escadre, commandée par sir Robert Carr, fut chargée d'attaquer les possessions hollandaises; elle parut le 19 août à l'entrée de la rivière d'Hudson, et la place de New-Amsterdam fut attaquée et sommée de se rendre. Stuyvesand était gouverneur de la colonie hollandaise; il l'avait fait prospérer pendant dix-huit ans d'administration; il l'avait agrandie par la conquête des possessions suédoises situées sur la Delaware, et il désirait défendre la place; mais, n'étant pas secondé par les dispositions des habitants, qui craignaient qu'une résistance inutile n'empirât leur situation, il fut réduit à capituler.

Un détachement, commandé par Carteret, remonta le fleuve et s'empara du fort Orange, où les Anglais eurent bientôt une entrevue amicale avec les députés des nations indiennes les plus voisines de leurs nouvelles possessions. Robert Carr conduisait en même temps un autre corps de troupes sur les rives de la Delaware, et les forts occupés par les Hollandais et par quelques familles de cultivateurs suédois se rendirent par capitulation. New-Amsterdam et toute la contrée qu'arrose l'Hudson reçurent le nom de New-York, en l'honneur du prince auquel la concession du pays avait été faite; le fort Orange reçut le nom d'Albany; et la région située à l'orient de la Delaware, celui de New-Jersey.

La Grande-Bretagne, qui faisait de si importantes acquisitions dans cette partie de l'Amérique, était elle-même dépossédée de la colonie de Surinam par les Hollandais; et lorsque le traité de Breda vint terminer, en 1667, la guerre des deux puissances, chacune d'elles garda les conquêtes qu'elle avait faites. La Hollande conserva Surinam, et l'Angleterre retint les précieuses possessions dont elle s'était emparée.

Une nouvelle rupture éclata quelques années après. New-York fut repris par la flotte hollandaise, le 30 juillet 1673, et les autres places des rives de l'Hudson, de Long-Island et de New-Jersey se rendirent également. Ces colonies se détachaient alors sans peine d'une souveraineté nouvelle qui n'avait pu encore changer ni leurs affections, ni leurs habitudes; mais cette réintégration de la Hollande dans les établissements qu'elle avait perdus ne fut pas de longue durée : la paix signée en 1674, entre elle et l'Angleterre, confirma les clauses du traité de Breda, et remit la Grande-Bretagne en possession des territoires qui venaient de lui être enlevés momentanément.

Par là se trouvait anéantie la concurrence commerciale de la Hollande dans cette partie de l'Amérique ; l'Angleterre acquérait une belle contrée dont la richesse est inépuisable, et un port vaste et sûr, destiné à devenir l'entrepôt du commerce du monde. La population, les édifices n'avaient encore rien de remarquable, et nous ne voyons en ce moment que le berceau d'une cité nouvelle; mais le choix de sa situation nous avertit du sort qui l'attend. La navigation d'un grand fleuve fait descendre et circuler vers ses murs toutes les productions de l'intérieur; l'Océan lui apporte le tribut des autres pays; et ces échanges entre la terre et la mer se font dans un bassin spacieux, toujours ouvert, et dont les approches sont faciles à défendre. Si les habitants qu'attire l'heureuse situation de cette ville naissante, y sont retenus par des lois sages, par les bienfaits de la tolérance, par les progrès d'un commerce sans entraves, on s'intéresse au cours de ses prospérités, et l'on prévoit l'influence sur celles d'une nation entière.

L'Angleterre, au moment où elle donnait à ses colonies du nord un tel accroissement, prolongeait aussi ses acquisitions au midi de la Virginie ; elle commençait ses établissements dans les vastes régions de la Caroline, et se rapprochait des lieux que les Français y avaient occupés. On conservait encore parmi les nations indiennes le souvenir de leurs expéditions; nous avons même vu qu'il était resté dans le pays quelques familles échappées à leur désastre. Plusieurs Anglais vinrent s'y réfugier à leur tour, en 1622, quand leurs plantations de Virginie furent attaquées avec fureur par les sauvages, et ils s'avancèrent jusqu'aux bords de la rivière de Mai. S'ils rencontrèrent dans les lieux où les Français les avaient devancés quelques-uns de ces Bretons dont l'idiome était le même que celui du pays de Galles, on s'explique aisément comment ils crurent retrouver en eux les restes d'une ancienne colonie galloise.

Sous le règne de Charles Ier, sir Robert Heat obtint dans cette contrée une concession de territoire qui ne fut suivie d'aucun établissement; et le projet d'y fonder une colonie ne fut repris qu'en 1662, par le comte de Clarendon, grand-chancelier d'Angleterre. Charles II, désirant récompenser ses services et ceux de plusieurs familles puissantes qui avaient favorisé son avènement au trône, leur accorda toutes les terres qui s'étendaient entre la rivière de Mai et la Virginie ; et huit seigneurs anglais furent déclarés propriétaires de la Caroline, par une charte qui ne réservait à la couronne que le droit de souverain domaine. Le premier soin des lords-propriétaires fut de poser les bases du gouvernement qu'ils allaient donner à la colonie, et ils eurent recours aux lumières de Locke pour en combiner tous les éléments. Nous allons offrir l'analyse de ces plans de constitution, qu'il fallut bientôt modifier, quand l'abstraction des théories eut été soumise à l'expérience. Le législateur avait craint les écarts de la démocratie ; il se rejeta dans d'autres périls, en faisant émaner de quelques familles seulement le principe de tous les pouvoirs.

Le chef du gouvernement avait le titre de palatin : ce rang appartenait au plus âgé des huit seigneurs propriétaires de la Caroline, et après sa mort il devait passer au plus âgé de ceux qui lui survivraient. On créa pour les autres propriétaires sept grandes dignités : celles d'amiral, de chambellan, de chancelier, de connétable, de chef de justice, de contrôleur général et de trésorier. Toute la province devait être divisée en comtés, et chaque comté comprenait huit seigneuries, huit baronnies et quatre arrondissements, dont chacun se partageait en six colonies. Chaque seigneurie, baronie et colonnie, comprenait douze mille acres de terre. Les huit seigneuries de chaque comté appartenaient aux lords-propriétaires, les huit baronnies à la noblesse, et les vingt-quatre colonies aux simples habitants. La noblesse était héréditaire, et se composait de landgraves et de caciques : il y avait un landgrave et deux caciques par comté ; chaque landgrave y possédait quatre baronnies, et chaque cacique en avait deux. Les uns et les autres étaient nommés par les lords-propriétaires ; leur titre passait à l'aîné de leurs enfants ; et si la lignée venait à s'éteindre, on nommait un nouveau titulaire, afin que le nombre fixé par la loi fût toujours maintenu. Le gouvernement pouvait constituer en manoir une propriété territoriale de trois mille acres au moins, et de douze mille acres au plus. C'était une espèce de fief, et l'on formait ainsi une troisième classe privilégiée. Dans chaque seigneurie, baronnie et manoir, le titulaire avait le droit de tenir un lit de justice, où l'on jugeait toutes les causes civiles et criminelles qui concernaient ses habitants, vassaux ou hommes liges. Le seigneur d'un manoir pouvait l'aliéner avec tous ses droits, mais il ne pouvait pas le diviser. Tous les hommes liges d'une seigneurie, baronnie ou manoir, étaient sous la juridiction exclusive de leur seigneur, et ils ne pouvaient pas quitter sa terre sans en avoir reçu de lui l'autorisation. On pouvait se rendre homme lige d'un seigneur, en se faisant inscrire volontairement comme tel dans les registres du comté. Chaque homme lige recevait du seigneur en se mariant, dix acres de terre en viager, et il lui payait, pour redevance annuelle, un huitième du produit. La constitution établissait huit cours suprêmes : l'une était présidée par le palatin, et chacune des autres l'était par un des sept grands dignitaires. La cour palatine, composée des lords-propriétaires, avait le droit de convoquer les parlements, de faire grace, de nommer à une partie des emplois, d'opposer son *veto* aux actes du grand conseil et du parlement ; et le palatin, lorsqu'il était présent à l'armée, y exerçait l'autorité de général. La cour du chancelier se composait du dignitaire de ce nom et de six conseillers. La cour du chef de justice, celles du connétable, de l'amiral, du trésorier, du contrôleur général, du chambellan, étaient formées d'une manière semblable. Le grand conseil se composait du palatin, des sept grands dignitaires, des quarante-deux conseillers attachés aux cours suprêmes : il préparait toutes les propositions à présenter au parlement. Il y avait dans chaque comté une cour de justice, composée d'un shérif et de quatre juges ; et dans chaque circuit, une cour composée d'un contrôleur et de quatre juges. On pouvait, dans les causes majeures, en appeler de la cour du circuit à celle du comté. Un ou plusieurs membres du grand conseil se rendaient deux fois par an dans les divers comtés, pour y tenir des cours d'assises avec le shérif et les quatre juges. Un jury de douze membres était établi près des cours de circuit, de comté, d'assises et des lords-propriétaires. Il était défendu de plaider pour de l'argent ou pour d'autres récompenses.

Le parlement se composait des lords-propriétaires ou de leurs députés, des landgraves, des caciques et d'un franc-tenancier pour chaque arrondissement. Ils siégeaient tous ensemble dans une même chambre, et chaque membre était nommé pour deux ans. Les actes de cette assemblée n'avaient le caractère de lois qu'après la ratification du palatin, assisté des membres de sa cour. Pour éviter la multiplicité des lois, on convenait qu'au bout d'un siècle toutes celles d'un parlement seraient abolies, à l'exception de celles qu'on aurait remises formellement en vigueur ; et pour ne pas obscurcir les lois et les constitutions, on en prohibait les commentaires.

Il devait y avoir dans chaque seigneurie, baronnie et colonie, des registres pour les actes de naissance, les mariages et les décès. Chaque ville devait être gouvernée par un maire, douze aldermans et vingt-quatre membres du conseil. L'emplacement des ports était fixé par une loi; et les chargements, les déchargements des navires ne pouvaient pas s'effectuer sur d'autres points du rivage.

Il n'était permis à aucun homme de jouir du droit de cité dans la Caroline, et d'y avoir des biens et une habitation, s'il ne reconnaissait qu'il y a un Dieu, et que ce Dieu doit être publiquement et solennellement honoré. Le parlement veillait à la construction des églises et à l'entretien des ministres de la religion anglicane; mais toute autre religion pouvait être également pratiquée. Chaque habitant devait inscrire dans un registre à quelle église ou profession de foi il appartenait. Il n'était admissible aux charges, et il ne jouissait du bienfait et de la protection des lois qu'en devenant membre d'une communion. Aucun homme, à quelque église qu'il appartînt, ne pouvait troubler une assemblée religieuse, ni se servir d'expressions offensantes contre une autre croyance. Les esclaves étaient admis, comme les hommes libres, dans les églises qu'ils voulaient choisir, sans que leur condition fût changée; et tout homme libre avait une autorité absolue sur ses esclaves noirs.

Aucun homme libre n'était jugé, soit au civil, soit au criminel, sans un jury composé de ses pairs. Aucun ne pouvait réclamer la possession d'une terre qu'il aurait acquise des indigènes par achat, donation ou autrement : il fallait qu'il tînt ses droits des lords-propriétaires, ou des contrats faits sous leur autorité; et celui qui violait cette règle était exposé à la saisie de tous ses biens et au bannissement perpétuel. Chaque franc-tenancier devait payer annuellement aux lords-propriétaires une redevance d'un penning par acre de terre. Le droit de naufrage, l'exploitation des mines, celle des principales pêcheries, appartenaient aux lords-propriétaires. Tous les habitants et hommes libres, au-dessus de dix-sept ans, étaient tenus de prendre les armes, quand le grand conseil le jugeait nécessaire à la sûreté de la colonie.

Tels étaient les principes que Locke avait consacrés dans son plan de constitution; mais la plupart de ces règles se rapprochaient trop de celles du gouvernement féodal pour qu'elles pussent convenir aux hommes qui se rendaient en Amérique dans l'espérance d'y trouver plus de liberté, et d'échapper à l'empire des priviléges. Les formes du gouvernement n'étaient pas assez représentatives; elles n'admettaient à participer à la formation des lois qu'un trop petit nombre de possesseurs coloniaux; et la prééminence des lords-propriétaires, des landgraves et des caciques, était trop absolue dans ces assemblées. Ce titre de caciques, emprunté des nations américaines, ne supposait cependant pas qu'elles fussent admises au partage des mêmes droits. L'usurpation du nom de leurs chefs était une dernière dépouille qui leur était arrachée. On s'arrogeait jusqu'à la dignité qui rappelait leur ancienne indépendance; et les chefs indiens, les derniers, les véritables caciques, étaient réduits à se réfugier, avec les débris de leurs tribus, dans les profondes forêts et dans les vallées des montagnes, obscures retraites où ils seraient un jour poursuivis.

On a pu remarquer, en parcourant l'analyse de la constitution donnée à cette colonie, que le commerce des noirs et la plaie de l'esclavage y furent introduits dès le moment de sa formation. L'emploi des esclaves était déjà admis dans la Virginie; et la Caroline, qui était un démembrement de cette contrée, reçut d'elle le funeste héritage d'un système qui devait peser pendant plusieurs siècles sur une partie de la race humaine.

Si le gouvernement tracé par Locke

consacra plusieurs principes qui devaient être ruinés par le temps, il admit d'autres institutions moins périssables et dignes du suffrage de tous les hommes. Les tribunaux étaient rapprochés des justiciables ; l'établissement du jury protégeait les accusés ; l'administration municipale était établie. On remarquait surtout les principes de tolérance professés envers les différents cultes ; il suffisait de croire à la Divinité et de lui rendre hommage. Chaque homme pouvait l'honorer de la manière qui lui paraissait la plus conforme aux lumières de sa raison et aux inspirations de sa conscience. Locke avait pris l'Écriture sainte pour règle de sa vie : il disait qu'au jour du jugement on ne lui demanderait point s'il avait suivi Luther ou Calvin, mais s'il avait aimé et cherché la vérité.

Cette tolérance fit passer dans la Caroline un grand nombre d'hommes de toutes les opinions religieuses. Ceux qui avaient perdu leur fortune pendant les guerres civiles d'Angleterre vinrent chercher les moyens de la rétablir. D'anciens serviteurs du roi, s'étant montrés fidèles à sa disgrâce, obtinrent des concessions de terre dans la nouvelle colonie, et l'on y facilita l'établissement des hommes inquiets et mécontents de leur sort, qui pouvaient être à charge à la métropole.

L'acquisition des îles de Bahama suivit de près l'occupation de la Caroline, et fut, comme l'avait été celle des Bermudes, le résultat d'un naufrage. Le capitaine Sayle y fut jeté par une tempête, en 1667 ; il visita cet archipel et reconnut l'utilité d'une possession qui protégeait les communications de l'Amérique du nord avec les Antilles. Charles II consentit à comprendre ces îles dans les concessions qu'il avait déjà faites aux propriétaires de la Caroline.

L'Angleterre n'avait eu jusqu'à cette époque aucun traité avec l'Espagne sur les limites de ses colonies d'Amérique ; mais alors il fut convenu que le roi de la Grande-Bretagne posséderait en toute propriété et souveraineté les pays, îles et colonies, actuellement occupés par lui et par ses sujets dans les Indes occidentales et dans toutes les parties de l'Amérique. Ce traité, qui devait mettre la Caroline à l'abri des agressions de l'Espagne, donnait plus de sécurité aux possesseurs, et encourageait à faire de nouveaux établissements.

Jusqu'ici nous n'avons vu régler qu'entre les nations européennes les intérêts de leurs colonies, et nous avons d'abord remarqué que l'ancienne population américaine se repliait devant les nouveaux habitants. Mais à mesure que les Indiens perdaient les rivages de la mer et les faciles moyens de subsistance qu'une pêche abondante pouvait leur offrir, leur condition devenait moins favorable et leur vie était plus pénible. Ce changement de situation donna lieu à différentes guerres, soit entre les peuplades indiennes, soit entre elles et les Européens.

Les principales nations américaines dont les hostilités pouvaient alors inspirer de vives inquiétudes aux colonies étrangères, étaient les Abénaquis et les Iroquois. Les Abénaquis, situés à l'orient de la rivière d'Hudson et du lac Champlain, étendaient leur territoire jusqu'à la baie de Fundy : ils touchaient aux possessions de la Nouvelle-Angleterre ; et lorsque ses colonies commençaient à se former, les divisions qui se manifestèrent entre les différentes tribus comprises sous ce nom générique, facilitèrent les progrès des Européens. Les Massasoits et les Naraghansets étaient alors en guerre : les premiers se hâtèrent d'accueillir les étrangers qui abordaient sur leurs rivages, et ils favorisèrent les fondateurs de New-Plymouth, de Boston, et des autres colonies voisines, dans l'espérance de trouver en eux des auxiliaires contre leurs ennemis.

Quelque soin que missent les Européens à observer une neutralité favorable à leur établissement, la guerre que se faisaient les tribus exposa bientôt la sécurité des colonies. Les Indiens, en se cherchant, en se poursuivant, commettaient de fréquentes violations de territoire, et des sauvages armés ne respectaient aucune limite dans leurs dévastations. Les Péquods se faisaient remarquer dans ces expéditions désastreuses ; ils étaient redoutables par l'audace, la fureur et le nombre ; accoutumés à vaincre des tribus sauvages, et mortels ennemis des Naraghansets, qui s'étaient enfin rapprochés des colonies anglaises, et avaient eu recours à leur protection, ils attaquèrent, en 1632, ces colonies elles-mêmes, et se souillèrent de meurtres et de rapines dans tous les lieux qu'ils purent envahir. La vengeance fut prompte et terrible : deux détachements anglais furent envoyés contre eux ; ils taillèrent en pièces les Indiens et détruisirent leurs habitations ; les femmes furent dispersées dans plusieurs villes ; les enfants furent transportés aux Bermudes et vendus comme esclaves : ceux que la fuite sauva abandonnèrent la contrée et se dispersèrent ; la nation des Péquods n'exista plus.

L'intérêt de la Nouvelle-Angleterre, lorsqu'elle était exposée aux agressions des tribus voisines, était de se concilier l'amitié des nations sauvages plus éloignées : elle rechercha celle des Iroquois, qui pouvaient, en cas de guerre, opérer une diversion contre les Abénaquis, dont ils touchaient le territoire, et contre les possessions françaises du Canada.

Les Iroquois, voisins de l'Hudson et du lac Ontario, se partageaient en cinq nations, celles des Mohawks, des Onéidas, des Onondagas, des Cayugas et des Sénécas. Leur union, leur force, la position centrale qu'ils occupaient, et les progrès qu'ils avaient faits vers la culture, les rendaient supérieurs aux autres tribus : leur ligue était fortifiée par la communauté du langage ; et leur ascendant sur leurs ennemis avait déjà pu être remarqué par les Européens, à l'époque où l'on découvrit la baie de la Chésapeake. Nous avons vu que les Indiens des rives de la Susquehana étaient alors menacés par les Iroquois ; et quand ces Indiens furent réduits, par les invasions maritimes des étrangers, à se réfugier dans les contrées intérieures, les Iroquois les leur disputèrent ; ces fugitifs furent sans asile ; la guerre en moissonna le plus grand nombre ; ceux que le vainqueur épargna furent incorporés dans la confédération.

Les Iroquois, souvent en guerre avec les Abénaquis, saisirent avec empressement l'occasion d'avoir des alliés contre eux : ils acceptèrent les propositions d'amitié qui leur étaient faites par les colonies anglaises, et ouvrirent avec elles un commerce d'échange qui pouvait les rendre plus forts et plus redoutables : ils recherchaient surtout les instruments de fer, les haches, tous les moyens d'attaque et de défense, et ils parvinrent à se procurer des armes à feu. Les lois des colonies avaient cependant interdit l'importation de ces armes chez les Indiens : c'était un genre de supériorité dont les Européens avaient voulu se réserver l'avantage ; mais l'appât du gain faisait entreindre ces règlements, et suggérait tous les moyens d'éluder la surveillance. Les Iroquois, se trouvant à portée de plusieurs comptoirs européens, étaient à la fois recherchés par tous les spéculateurs, et ils profitèrent de tous les moyens de destruction qu'ils avaient acquis, pour faire éclater leur vengeance contre les Hurons, dont ils avaient juré la ruine.

Prévenus par de confuses rumeurs des préparatifs que l'on faisait contre eux, les Hurons demandèrent des secours à la colonie française du Canada ; et d'Aillebout, qui en était alors gouverneur, conçut, en 1648, le projet de prévenir l'attaque des Iroquois, et de les affaiblir en portant la guerre sur leur propre territoire. Il regardait l'accroissement de cette nation comme également périlleux pour toutes les possessions européennes ; et croyant faire entrer dans ses vues les colonies de la Nouvelle-Angleterre, il accepta d'elles la proposition d'établir de libres relations de commerce entre elles et le Canada, et d'observer mutuellement la neutralité, même en cas de rupture entre les deux métropoles ; mais il demandait que les colonies anglaises se joignissent à lui pour faire la guerre aux Iroquois. Cette négociation ne réussit point, et les Anglais se refusèrent à la demande du gouverneur du Canada ; ils cherchèrent même à détourner ses plans d'invasion. D'Aillebout temporisa ; l'expédition qu'il projetait contre les Iroquois fut différée ; et ceux-ci, rassemblant tous leurs guerriers pendant ces moments d'hésitation, traversèrent le fleuve Saint-Laurent, vers l'embouchure du lac Ontario, pénétrèrent chez les Hurons, dévastèrent leur territoire, et détruisirent une grande partie de leur nation, dont les débris se réfugièrent vers les rives orientales du lac auquel ils ont donné leur nom. Les Iroquois profitèrent de leurs avantages contre d'autres tribus voisines pour les soumettre et pour acquérir de nouvelles forces : ils étendirent leurs incursions vers l'ouest, attaquèrent, en 1655, la nation des Ériés, établie au midi du lac de ce nom, la détruisirent, héritèrent de ses forêts, et portèrent sur les rives de tous les grands lacs la terreur et la désolation. Cette barrière n'arrêta même pas leurs hostilités vers le nord, et les Iroquois firent plusieurs invasions dans les contrées du Haut-Canada, qui étaient occupées par les Ottoways.

Le résultat des guerres qui se renouvelaient fréquemment entre les Indiens devait influer sur la situation et la destinée des colonies européennes : les unes voyaient périr leurs alliés naturels, et les autres acquéraient de nouvelles ressources, en multipliant leurs relations de commerce avec les naturels du pays, et en recourant à leurs services et à leur coopération en cas d'hostilités.

La colonie française du Canada, n'ayant plus à opposer aux Iroquois une nation indienne qui pût les contenir, voulut par d'autres moyens mettre à l'abri de leurs incursions les postes avancés qu'elle avait dans leur voisinage. La ville de Mont-Réal, fondée en 1640, dans l'île de Hochelaga, pouvait être menacée, et les familles indiennes, rassemblées dans la même île par les missionnaires français qui les avaient recueillies après la ruine de leurs tribus, étaient encore poursuivies par les Iroquois. Le gouverneur du Canada, cherchant à les amener à des dispositions moins hostiles, essaya de se rapprocher d'une des cinq nations : celle des Onondagas, établie près des rives du lac et du fleuve de ce nom, paraissait répondre aux vues amicales du gouverneur ; elle reçut les missionnaires chargés de lui porter des paroles de paix, et permit qu'une petite colonie française vînt, en 1656, se fixer à l'extrémité du lac. Mais les autres nations iroquoises parvinrent à détruire ces premières impressions : elles firent craindre aux Onondagas le danger d'avoir au milieu d'eux un établissement étranger ; elles l'excitèrent à le détruire ; et les Français, menacés d'un soulèvement général, abandonnèrent, pour rentrer dans le Canada, le poste qu'ils avaient occupé.

Les incursions des Iroquois au nord du fleuve Saint-Laurent devinrent alors plus fréquentes. Les environs de Mont-Réal et des Trois-Rivières, ceux même de Québec étaient exposés à leurs ravages ; ils pillaient les habitations isolées, dévastaient les champs, ôtaient aux cultivateurs toute espérance de récolte ; il fallait être toujours sur ses gardes ; et lorsqu'on parvenait à les éloigner par la force des armes ou par des propositions de paix, on n'obtenait que des trêves incertaines et de courte durée.

Il était difficile de fixer les penchants et les dispositions des sauvages, et cette instabilité était commune à toutes leurs nations. Mobiles dans leurs amitiés, dans leurs alliances, elles changeaient souvent de parti, au gré des chefs de guerre qui, par leur éloquence et par leurs exploits, acquéraient de l'influence sur l'esprit et les délibérations de leurs tribus. Les colonies anglaises éprouvèrent elles-mêmes l'effet de cette inconstance, et le traité qu'elles avaient conclu en 1620 avec le chef des Massachusets, fut rompu après sa mort. Ses deux fils,

Wamsutta et Métacomet, s'étaient d'abord montrés fidèles aux sentiments de leur père : ils paraissaient désirer l'amitié des Anglais ; ils cherchèrent même à se rapprocher d'eux plus étroitement, en les priant de leur donner des noms européens, et en recevant d'eux les noms d'Alexandre et de Philip, sous lesquels ils furent ensuite habituellement désignés ; mais lorsqu'ils affectaient ces dehors d'amitié, ils se préparaient à soulever toutes les nations indiennes voisines de la Nouvelle-Angleterre. Alexandre fut arrêté au milieu de ses projets ; les Anglais s'emparèrent de sa personne, et il mourut prisonnier.

Philip, devenu l'héritier du pouvoir et des desseins de son frère, pensa qu'il fallait prolonger encore la dissimulation, et on le crut d'abord disposé au maintien de la paix ; il s'engagea même à se reconnaître sujet du roi d'Angleterre, et à ne faire sans son aveu aucune guerre aux tribus indiennes, ni aucune concession de terre aux Européens. Mais sa fierté s'indignait de toute espèce de sujétion ; ses émissaires parcoururent les différentes peuplades, et les plans qu'il avait préparés dans un profond secret, pendant plusieurs années, ayant été divulgués par un transfuge, il fut forcé de se déclarer avant d'avoir rallié toutes les tribus sur lesquelles il avait compté. Les Naranghansets avaient promis des secours ; on prévint leur rassemblement : un corps de troupes anglaises marcha contre eux, les détacha de cette ligue, les obligea même à prendre les armes contre Philip, et se porta ensuite vers le Mont-Hope et les marais de Taunton, au milieu desquels ce chef indien s'était retranché : on ne put le forcer dans cette position ; et Philip, réduit à la quitter par le manque de vivres, gagna un autre poste situé près de Brookfield. Des îles situées au milieu des marais étaient ses principales retraites ; les Indiens en sortaient subitement pour étendre au loin leurs dévastations, et ils se retiraient tout aussi précipitamment avec les dépouilles qu'ils avaient enlevées à l'ennemi. Quarante guerriers, leurs femmes, leurs enfants étaient alors autour de Philip ; d'autres réunions se formaient sur d'autres points, dans les vallées, au bord des torrents, et sous le profond abri des forêts. Toutes les tribus indiennes s'étaient soulevées depuis les rives du Mérimac jusqu'à celles du Connecticut ; elles avaient entre elles des intelligences ; elles devaient agir au même signal, et Philip était l'âme de cette puissante ligue qui menaçait à la fois toutes les colonies. « Guerre à nos ennemis ! disait-il ; « vengeance aux hommes rouges qu'ils « ont immolés ! C'est ici la terre de nos « pères ; elle fut indépendante : puisse- « t-elle s'ouvrir et dévorer nos ravis- « seurs ! » Ce vœu était répété par les familles indiennes réunies autour du commun foyer (voy. *pl.* 24) ; il l'était par la jeunesse, qui s'accoutumait de bonne heure aux travaux et aux exercices de la guerre, en développant au milieu de ses jeux sa force et son agilité (voy. *pl.* 11) ; il l'était par les guerriers qui allaient attendre en embuscade leurs ennemis, enlever de nouvelles chevelures, et mettre le feu aux habitations avec leurs flèches incendiaires (voy. *pl.* 23). Il y eut durant cette campagne de nombreuses escarmouches, dans lesquelles les Indiens eurent quelquefois l'avantage. Les Européens n'étaient plus alors soutenus par les mêmes prestiges qu'au moment de la découverte ; on ne croyait plus à leur céleste origine ; ils avaient cessé de paraître invincibles, et leurs armes à feu n'étaient plus regardées comme les flèches de la foudre : mais la supériorité des arts et de la civilisation leur assurait encore l'empire ; et quoique l'usage de leurs armes eût commencé à s'introduire chez les Indiens, ceux-ci ne pouvaient tenter contre eux que des efforts impuissants. Les colonies anglaises concertèrent leurs mouvements : on fit partir de Boston, le 8 décembre 1675, les troupes du Massachusett ; celles de New-Plymouth et du Connecticut se joignirent à elles et marchèrent à l'ennemi, qui s'était fortifié au milieu d'un marais où il avait rassemblé cinq mille hommes. Les retranchements des Indiens furent forcés : on mit le feu à leur village, composé de six cents cabanes; un grand nombre de femmes et d'enfants périrent dans les flammes. Ceux des guerriers qui survécurent au combat se réfugièrent dans un autre marais, et les Anglais se retirèrent eux-mêmes à Boston, après cette expédition péniblement entreprise au milieu des rigueurs de l'hiver.

D'autres détachements indiens commirent des dévastations à Lancastre, à Meadfield, à Weymouth, et sur d'autres points, où ils brûlèrent des habitations et surprirent quelques postes isolés; mais ils éprouvèrent eux-mêmes tant de pertes que leurs forces diminuaient de jour en jour. La même audace ne les animait plus : leur chef commençait à se défier de sa fortune, et comme sa tête avait été mise à prix, il cachait son asile avec soin. On apprit enfin qu'il s'était retiré dans son ancien quartier du Mont-Hope; il y fut poursuivi, parvint à s'échapper encore, erra d'un marais à l'autre, et fut abandonné de tous ses amis. Son oncle, sa sœur, sa femme, son fils furent faits prisonniers; il resta seul, et toute espérance de salut s'évanouit : son heure était venue; et Philip, sortant d'un marais où il s'était réfugié, fut tué par un Indien. Sa mort eût illustré un légitime adversaire, elle couvrit d'opprobre celui qui assassinait le défenseur de son pays.

La perte d'un chef si fécond en ressources, si redoutable à ses ennemis, si puissant par son caractère et son courage, accéléra la fin de cette guerre. Ceux des Indiens qui n'étaient pas soumis furent poursuivis d'une retraite à l'autre : il en périt un grand nombre; d'autres s'enfoncèrent dans l'épaisseur des forêts. Cette guerre avait donné le signal d'un soulèvement général aux tribus indiennes voisines du New-Hampshire et du Maine; ces peuplades avaient pris les armes, et avaient dévasté les plantations qui se trouvaient à leur portée; mais le gouvernement de Massachusett envoya des troupes qui surprirent un corps de quatre cents Indiens ; quelques-uns furent tués, et la plupart de ceux que l'on fit prisonniers furent ensuite vendus comme esclaves.

La paix fut conclue avec les Pénobscots, et ensuite avec les autres peuplades. La guerre avait duré dix-huit mois, et de part et d'autre elle s'était faite avec tant d'animosité, qu'elle laissa subsister entre les colonies anglaises et les Abénaquis de profonds ressentiments.

D'autres relations plus intimes et moins chèrement achetées se formaient à la même époque entre les tribus indiennes et les colonies dont Guillaume Penn commençait l'établissement. Guillaume Penn, né à Londres en 1644, avait été élevé au collège ecclésiastique d'Oxford, et avait embrassé de bonne heure les opinions des quakers. S'étant lié avec George Fox, qui était leur principal apôtre, il l'accompagna en Hollande pour y prêcher leur doctrine, et fit, dans la même vue, plusieurs voyages en Allemagne; à son retour en Angleterre, il fit un grand nombre de prosélytes; et ce fut pour offrir un asile aux quakers persécutés qu'il acquit, en 1676, la propriété d'une partie du New-Jersey, où l'on vit bientôt s'élever la ville de Burlington et d'autres établissements situés sur la rive orientale de la Delaware.

Guillaume Penn forma ensuite un plan de colonisation plus vaste, dans une contrée voisine qui n'était pas encore occupée par les Européens. Son père, l'amiral Penn, avait rendu à la Grande-Bretagne d'éminents services : il commandait, en 1655, l'escadre qui s'empara de la Jamaïque; il remporta dix ans après une victoire signalée sur la flotte hollandaise, commandée par Van Opdam ; et Charles II, désirant reconnaître ses mérites et honorer sa mémoire, accorda à Guillaume Penn, par des lettres patentes du 4 mars 1681, la pleine et absolue propriété de tous les territoires qui s'étendaient entre les colonies du Maryland, de New-York et de New-Jersey. Cette contrée reçut alors le nom de Pensylvanie. Il se présenta un grand nombre d'hommes qui acceptèrent les offres de Penn; trois navires furent promptement expédiés avec des passagers et toutes les provisions nécessaires à un premier établissement; ils entrèrent dans la Delaware, et l'on jeta les fondements de la ville de Chester, sur la rive où ils débarquèrent.

Les commissaires que Guillaume Penn envoya dans cette contrée étaient chargés de remettre aux chefs indiens la lettre suivante, qui leur fut expliquée par des interprètes :

« Mes Amis,

« Il est un Dieu grand et puis-
« sant qui a fait le monde et tout ce
« qu'il renferme. Nous lui devons la
« vie, et nous lui rendrons compte de
« tout ce que nous ferons sur la terre.
« Ce Dieu a écrit sa loi dans nos
« cœurs; elle nous apprend, elle nous
« invite à nous aimer les uns les au-
« tres, à nous assister, à nous faire
« mutuellement du bien. Maintenant
« il plaît à ce Dieu de m'attacher à la
« partie du monde où vous êtes, et le
« roi du pays que j'habite m'y a donné
« une grande province; mais je désire
« en jouir avec votre affection et vo-
« tre consentement, afin que nous
« puissions toujours vivre ensemble
« comme voisins et amis. Dieu ne
« nous a pas faits pour nous dévorer
« et nous détruire, mais pour nous
« montrer des égards et de la bien-
« veillance. Je suis touché des duretés
« et des injustices trop souvent com-
« mises envers vous par des hommes
« qui sont venus vous chercher plutôt
« pour vous sacrifier à leurs avantages
« que pour vous donner des exemples
« de patience et de bonté. J'apprends
« qu'il en est résulté des troubles, des
« murmures, des animosités, et quel-
« quefois une effusion de sang; le
« grand Dieu s'en est irrité; mais je ne
« suis pas un homme semblable, on le
« sait bien dans mon pays. J'ai pour
« vous de l'affection et de l'estime, et
« je désire gagner et obtenir la vôtre
« par une conduite amicale, juste et

« paisible. Les hommes que j'envoie
« sont animés du même esprit; ils agi-
« ront en conséquence; et si quelqu'un
« d'entre eux vous offensait vous ou
« votre peuple, il vous en sera donné
« prompte et entière satisfaction, par
« des hommes justes, pris en nombre
« égal des deux côtés, afin que vous
« n'ayez aucun motif pour en être
« blessés.

« Bientôt je viendrai moi-même au-
« près de vous, et nous pourrons alors
« conférer et discourir à ce sujet plus
« amplement et plus librement. En at-
« tendant, j'ai envoyé mes commis-
« saires pour traiter avec vous du ter-
« ritoire et d'une solide convention de
« paix. Je désire que vous soyez bien-
« veillants envers eux et envers notre
« nation, et que vous receviez les pré-
« sents et les dons que je vous adresse
« comme un témoignage de mon bon
« vouloir envers vous, et de la réso-
« lution où je suis de vivre avec vous
« suivant les règles de la justice, de la
« paix et de l'amitié.

« Je suis votre affectionné

« William Penn. »

L'année suivante Penn s'embarqua pour ses nouveaux établissements. Il visita les deux rives de la baie de la Delaware, fut reçu avec joie par les Anglais, les Hollandais et les Suédois, assura aux habitants leurs droits spirituels et temporels, la liberté de conscience et la liberté civile, leur recommanda le bon accord, la modération, et renouvela les commissions des magistrats. Penn avait obtenu du duc d'York, par un acte du 21 août 1682, la cession de ses droits et de tous ses intérêts, non-seulement sur les terres du New-Jersey, mais sur les arrondissements de New-Castle, de Kent et de Sussex, connus sous le nom des trois comtés de la Delaware. Après avoir réglé à New-Castle l'organisation de ces comtés, qui reçurent une législation commune, il se rendit à Chester, où les franchises et les institutions des habitants de la rive orientale furent également proclamées. Remontant ensuite le cours de la Delaware pour chercher le lieu le plus favorable au premier établissement qu'il allait former en Pensylvanie, il s'arrêta au confluent du Schuilkill. De paisibles relations furent ouvertes avec les naturels du pays. Penn voulut acheter d'eux les terres où il se proposait de se fixer; il leur en remit le prix, et dans toutes ses communications avec eux il se montra juste et bienveillant. Une paix solide fut conclue, et les Indiens lui promirent « que cette amitié « serait sans nuages, aussi pure, aussi « éclatante que le soleil brillant de « toute sa splendeur; ils déclarèrent « que la chaîne qui venait de les unir « ne serait jamais brisée tant que les « astres seraient dans le ciel. » (Voy. pl. 22.) Le vieux chêne sous lequel ils avaient eu avec Penn leur première entrevue, resta en vénération dans la contrée; il couvrit long-temps de son ombrage les réunions où l'on renouvela les mêmes promesses. Penn avait fait prévaloir dans sa colonie des principes de modération et de justice que les Indiens imitèrent envers lui, et qui leur ont toujours fait chérir sa mémoire.

Avant de fonder une colonie, Penn avait tracé, en 1681, le plan de sa constitution. Le gouvernement, disait-il dans le préambule de cet acte, me paraît faire partie de la religion même : c'est une chose sacrée dans son institution et dans son but; il ne doit pas se borner à corriger le mal, mais il doit le prévenir par de sages règlements. Il est difficile de tracer un bon gouvernement, mais l'expérience peut le rendre tel; il a besoin d'un principe d'action; les hommes le lui impriment, et s'ils sont bons, ils lui donnent ce caractère. Faire respecter le pouvoir par le peuple, et rassurer le peuple contre les abus du pouvoir, voilà le but qu'il faut se proposer. La liberté sans obéissance serait confusion; l'obéissance sans liberté serait esclavage.

Ces remarques nous font connaître dans quel esprit fut tracée la première constitution donnée à la Pensylvanie. Un gouverneur, un grand conseil et une assemblée générale concouraient à la formation des lois. Le conseil, présidé par le gouverneur, était composé de soixante-dix membres choisis par les citoyens, et il se renouvelait par tiers tous les ans : l'assemblée générale devait d'abord comprendre tous les citoyens; mais on ne pourrait dans la suite y envoyer que leurs députés, et l'assemblée ne serait jamais portée au-delà de cinq cents membres. Ce système représentatif, devenu la base des institutions de Guillaume Penn, donnait la garantie des libertés qu'il désirait assurer aux habitants, et offrait le plus sûr moyen d'améliorer le gouvernement et la législation, lorsqu'on serait mieux éclairé par le temps sur les véritables intérêts de la colonie.

Il arriva en Pensylvanie, dès les premières années, un grand nombre d'*amis et de frères* venus d'Angleterre, d'Allemagne et de Hollande, et l'on jeta les fondements de Philadelphie dans la presqu'île que forment, avant de se réunir, le Schuilkill et la Delaware. Onze rues, distinguées par leur ordre numérique, étaient tracées en ligne droite d'une rivière à l'autre; elles étaient coupées à angles droits par des rues transversales, auxquelles on avait donné les noms de quelques plantes indigènes, de la vigne, du sassafras, du mûrier, du châtaignier, du noyer, du chêne, du pin et du cèdre. Quatre-vingts maisons furent bâties la première année, et ce nombre fut rapidement accru. Philadelphie était un lieu d'asile pour tous les hommes paisibles que Penn cherchait à réunir. Il n'avait reconnu dans tous ses voyages aucun emplacement si favorable; il se félicitait de la fondation de sa colonie, il en prévoyait la prospérité future, et lorsqu'il fit un voyage en Angleterre en 1684, il adressait à cette ville les adieux suivants : « Et « toi, Philadelphie, établissement sans « tache, dont le nom fut choisi avant « ta naissance, quel amour, quels soins, « quels travaux il a fallu pour t'élever « et te préserver de ceux qui voulaient « abuser de toi! Puisses-tu échapper

« aux maux qui entraîneraient ta ruine !
« puisses-tu, fidèle au Dieu qui te pro-
« tége, persévérer dans la voie de la
« justice ! Mon ame prie pour toi, afin
« que tu restes debout dans les jours
« d'épreuve, que tes enfants soient bé-
« nis par le Seigneur, et que ton peu-
« ple soit sauvé par sa puissance. Mon
« amour pour toi a été grand, et ton
« souvenir attendrit mon cœur et
« mouille mes yeux de larmes. Que le
« Dieu éternellement fort te main-
« tienne et te conserve dans la paix et
« pour sa gloire ! »

Le voyage de Penn en Angleterre n'avait pour but que d'assurer l'accroissement et la prospérité de la colonie : ce projet fut celui de toute sa vie. Tantôt envié, tantôt favorisé, Penn fut exposé à de fausses accusations qui firent mieux éclater sa vertu ; il perdit et recouvra tour à tour son gouvernement, et lorsque après plusieurs années d'absence il revint en Pensylvanie, il y fut reçu comme un père.

LIVRE TROISIÈME.

PROGRÈS DES COLONIES DU CANADA ; VOYAGES DES MISSIONNAIRES ; EXPÉDITIONS DE LA SALE DANS LA LOUISIANE ; ASPECT GÉNÉRAL DE CETTE CONTRÉE ; INFLUENCE DE SA DÉCOUVERTE SUR LA SITUATION DES INDIENS ; ÉVÉNEMENTS JUSQU'A LA PAIX DE RYSWICK ; EXPÉDITION D'IBERVILLE ; SUITE DES ÉVÉNEMENTS JUSQU'A LA RUINE DES NATCHEZ.

Les colonies anglaises, dont nous nous sommes attachés à développer l'origine et les premiers accroissements, se prolongeaient sur le littoral de l'Atlantique ; et les possessions de la France, situées plus au nord, n'avaient de contact avec elles que vers l'Acadie et vers le bassin du fleuve Saint-Laurent. Le théâtre de leurs rivalités se trouvait borné à cette frontière. Mais bientôt les discussions des deux puissances eurent de nouveaux aliments, et l'attention de l'Angleterre s'éveilla sur l'agrandissement progressif des colonies françaises, lorsque, ne s'arrêtant plus au côté septentrional des grands lacs, elles s'avancèrent vers le midi, et vinrent à s'étendre jusqu'au golfe du Mexique.

Après avoir fondé la ville Mont-Réal dans une grande île du fleuve Saint-Laurent, vers laquelle on trouve les premiers rapides, connus sous le nom de Saut-de-Saint-Louis, les Français firent ériger, sur la rive méridionale du fleuve, le fort de Richelieu, situé à l'embouchure de la rivière des Iroquois : on avait en vue de contenir plus aisément cette nation sauvage ; et deux autres forts furent ensuite élevés, l'un près du lac Chambly, l'autre près du lac Champlain, pour en protéger les communications avec le Saint-Laurent. On avait surtout cherché à prolonger vers l'ouest les établissements français ; les cultivateurs, les négociants, les missionnaires se rendaient au nord des grands lacs, soit qu'ils y fussent plus favorablement accueillis par les Indiens, soit que la traite des pelleteries fût plus abondante sur ces rivages ; et l'on y avait établi des plantations, des factoreries, des habitations pour les naturels du pays, que l'on cherchait à attirer vers la vie sociale.

Afin de suivre paisiblement ces projets de colonisation, Courcelles, devenu gouverneur du Canada, s'était attaché à maintenir des relations amicales avec les Algonquins et les Ottowavs, qui, depuis la ruine des Hurons, étaient les nations canadiennes les plus nombreuses et les plus renommées ; il voulut profiter de leurs bonnes dispositions et de leur influence sur les autres Indiens, pour étendre, avec leur adhésion, la souveraineté de la France sur les contrées occidentales. Nicolas Perrot, voyageur instruit, qui connaissait les principales langues du Canada, parcourut les cantonnements des différentes tribus, pour les déterminer à envoyer des députés au Saut-de-Sainte-Marie, où un représentant du roi de France devait se trouver également. La chute d'eau d'où ce lieu emprunte son nom se rencontre au milieu du détroit qui sépare le lac Huron du lac

Supérieur, et cette situation fait juger de l'étendue qu'avait alors la ligne des établissements français.

Les députés de toutes les nations du nord se rendirent à cette réunion : ils étaient disposés à déférer aux vœux du gouverneur du Canada ; et lorsque son envoyé leur demanda qu'ils reconnussent le roi de France pour leur grand-chef, et qu'ils se missent sous sa protection, cette demande, qui leur fut interprétée en algonquin, fut reçue avec acclamation. On confirma, suivant les usages de ces nations et par des présents faits de part et d'autre, l'engagement que venaient de contracter les différentes tribus, et une croix, surmontée des armes de France, fut érigée au même lieu. C'était une prise de possession, faite au nom de la religion chrétienne et de la couronne.

La facilité avec laquelle les nations canadiennes adhérèrent à l'invitation de se mettre sous la protection des rois de France, prouve qu'elles avaient été habituellement satisfaites de leurs relations avec les Français. Les gouverneurs du Canada, Champlain, Montmagny, Courcelles, avaient ménagé ces peuplades, les avaient assistées par de bons offices, et s'étaient souvent portés médiateurs dans leurs démêlés : le Français se pliait à leurs mœurs ; et peut-être la vivacité de son caractère, le libre essor qu'il donne à ses sentiments, la flexibilité avec laquelle il se prête aux différentes situations de la vie, contribuaient à faire naître entre les deux nations plus d'intimité : mais d'autres causes de rapprochement eurent une influence encore plus sensible.

Pour attirer les tribus sauvages, pour mieux connaître leurs habitudes, et pour les préparer à la civilisation, on employa, dès l'époque de la découverte, le secours des missionnaires, et l'on en joignit plusieurs aux premières expéditions qui furent faites dans les régions de l'ouest. Les PP. Allouez, Dablon, Mesnard, Marquette, Hennepin, se signalèrent par leurs travaux et par leur zèle apostolique, dans une carrière hérissée de tant d'écueils. Fénelon fit chez les sauvages du lac Ontario les premiers essais de cette éloquence persuasive que les nations policées devaient admirer un jour.

Les missionnaires étaient des ecclésiastiques ou des religieux désignés par leurs évêques ou par les chefs de leur ordre. Souvent ils ne se seraient pas décidés volontairement à des fonctions si pénibles ; mais ils les accomplissaient par piété, par dévouement, et comme un soldat obéit avec courage à l'ordre qu'il a reçu.

D'abord ils cherchèrent à connaître les hommes simples qu'ils voulaient éclairer ; ils s'efforcèrent d'apprendre leur langue, et allèrent habiter au milieu d'eux. L'ascendant que donne la supériorité de la raison, entre des hommes qui se rapprochent et qui peuvent commencer à se comprendre, était le seul moyen dont ils pussent faire usage : ils surent l'employer avec succès. Les plus habiles d'entre eux évitaient les questions de dogme afin d'être mieux compris. En s'adressant plutôt au cœur qu'à l'intelligence, ils avaient moins d'intervalle à franchir ; et pour mieux persuader l'homme simple, tel que la nature l'a fait, ils se tenaient plus à sa portée. Leurs soins paternels, la sagesse de leurs conseils et l'autorité de leurs exemples leur faisaient acquérir un puissant empire sur ces peuples sauvages ; ils cherchaient à les éloigner des pratiques cruelles et superstitieuses ; ils fortifiaient au milieu d'eux les liens de famille que la nature avait déjà formés, et ils leur inspiraient le goût du travail et celui d'une vie plus sédentaire, sans laquelle il ne peut pas y avoir de société durable.

La religion catholique fut la première que l'on prêcha aux Indiens du Canada. Leurs tribus ont conservé long-temps, avec un sentiment de respect, le souvenir des missionnaires qui vinrent s'établir dans leur contrée. Ils les appelaient les hommes de la prière ; ils les croyaient en communication avec le grand Esprit, et leur attribuaient le pouvoir de faire des enchantements. Leur célibat était regardé comme une difficile vertu : il les faisait paraître plus détachés du monde, et comme supérieurs aux autres hommes.

Dans ces missions religieuses et sociales, on ne pouvait réussir que par une piété douce et par la pureté de la morale. Rien n'était préparé pour ces premiers apôtres ; il fallait chercher les sauvages dans les forêts, suivre leurs pénibles chasses, parcourir les rivières dans leurs canots, vivre sous les mêmes huttes, et s'exposer comme eux à toutes les rigueurs de la misère. Les missionnaires, en s'avançant au milieu des Indiens, y faisaient pénétrer de proche en proche les principes de la morale. S'ils quittaient une tribu, ils lui prescrivaient quelques devoirs à suivre, jusqu'au temps où ils pourraient revenir auprès d'elle, pour observer ses progrès naissants et pour l'instruire davantage. Ils voyageaient d'une station à l'autre, et semaient de bonnes œuvres, afin de remplir dignement les fonctions dont ils étaient revêtus.

Quelle récompense ces hommes pieux obtenaient-ils pour tant de privations et de fatigues ? Ils ne pouvaient la chercher dans le monde, et ce prix était d'un ordre plus élevé ; ils le trouvaient dans leur conscience, dans l'accomplissement des devoirs qu'ils s'étaient imposés, et dans l'idée d'un Dieu rémunérateur. Ils vivaient dans l'humilité, passaient sur la terre sans être aperçus, faisaient modestement le bien, et préparaient au sauvage un meilleur avenir. Un missionnaire, accompagnant quelques familles indiennes qui abandonnaient leur pays ravagé par les Iroquois et qui allaient chercher un autre établissement, écrivait à son supérieur : « Notre convoi « est composé de soixante personnes, « hommes, femmes ou enfants ; tous « sont d'une langueur extrême. Quant « aux provisions, elles sont entre les « mains de celui qui nourrit les oi- « seaux du ciel. Je pars chargé de mes « péchés et de ma misère, et j'ai grand « besoin qu'on prie pour moi. »

Quels que fussent les efforts et la constance du zèle des missionnaires, ils avaient de grandes difficultés à vaincre. Si leurs discours entraînaient quelques Indiens, cette conversion était souvent passagère, et les néophytes leur étaient enlevés par l'empire des habitudes et par l'emportement des passions qui n'ont aucun frein dans l'état sauvage. « Puisque nous habi- « tons, disaient-ils, un monde diffé- « rent du vôtre, nous devons avoir un « autre paradis, et un autre chemin « pour y parvenir. » La hutte d'un vieillard indien avait pris feu, et il répondit au missionnaire qui cherchait inutilement à le convertir et qui voulait le retirer des flammes : « Si je suis « condamné au feu éternel après ma « mort, il ne vaut pas la peine de l'é- « teindre aujourd'hui. » Changer les croyances et les traditions des sauvages était difficile ; ils devenaient rarement chrétiens, mais on avait du moins l'espoir d'en faire des hommes.

L'entrevue que les Français venaient d'avoir au Saut-de-Sainte-Marie avec les députés des nations canadiennes donna lieu à l'établissement de plusieurs autres missions. Il s'en forma dans l'île et sur la côte de Michilimackinac, situées entre les lacs Huron et Michigan ; on parcourut les eaux de ce dernier lac et de la Baie-Verte, et des missionnaires furent envoyés sur leurs rivages, où les Miamis avaient plusieurs tribus.

En s'étendant ainsi vers l'ouest, on acquérait des notions sur des pays plus éloignés, et l'on apprit, par les rapports des Indiens, l'existence d'un grand fleuve, auquel ils donnaient le nom de Méchassebé. Deux hommes courageux et éclairés entreprirent d'aller reconnaître cette rivière et les contrées qu'elle arrose ; l'un était le P. Marquette, récollet missionnaire, l'autre était Joliet, de Picardie, négociant établi au Canada. Tous deux connaissaient les mœurs des Indiens et avaient appris la langue de quelques tribus. Ils s'embarquèrent sur le lac Michigan, gagnèrent la Baie-Verte et remontèrent la rivière des Outagamis ou des Renards, près de laquelle était une peuplade du même nom. Après avoir franchi une chaîne de hauteurs qui sépare les versants de l'est et de l'ouest, ils arrivèrent au Wisconsin dont ils suivirent le cours, et ils atteignirent le Mississipi, le 17 juin 1673. Quatre Indiens qui les accompagnaient dans ce voyage saluèrent alors le *Père des eaux*, en lui offrant, à titre d'hommage, des flèches, des calumets, de brillantes fleurs et des épis de maïs. Ce fleuve est en vénération chez les sauvages. Il baigne le pied de leurs forêts, il fertilise les champs qu'il inonde; et quand il s'irrite, quand il enfle ses eaux et qu'il heurte avec impétuosité ses rivages, les Indiens lui rendent encore un culte mêlé de crainte; ils le révèrent comme une puissance invincible, devant laquelle toute force humaine doit s'abaisser.

Les deux voyageurs français entraient alors dans une glorieuse carrière de découvertes : l'un, tout animé d'un zèle religieux, voyait des âmes à conquérir pour le ciel; l'autre se représentait les avantages que la France pourrait obtenir de l'acquisition d'une contrée nouvelle qui s'offrait à lui dans toute sa magnificence, et qui variait et multipliait ses richesses à mesure que l'on s'avançait vers le midi. On n'apercevait plus, comme dans le Canada, ces forêts immenses et continues qui n'ont de limites qu'à l'horizon : elles étaient coupées par de vastes prairies, les unes couvertes de hauts herbages, les autres formant d'humides vallons, au milieu desquels croissaient des joncs, des peupliers, des sycomores, tantôt dispersés, tantôt réunis en différents groupes. En descendant le fleuve, les voyageurs reconnurent l'entrée du Missouri, celle de l'Ohio, celle de l'Arkansas, où ils terminèrent leurs découvertes. Les provisions commençaient à leur manquer. Ils regagnèrent l'embouchure de l'Illinois, et remontèrent le cours de cette rivière jusqu'au pied des hauteurs qui la séparent du lac Michigan. Le P. Marquette alla reprendre chez les Miamis ses travaux apostoliques, et Joliet vint rendre compte au gouverneur du Canada des résultats de ce voyage.

Cavelier de la Sale, né à Rouen, se trouvait alors à Mont-Réal, où il avait formé un établissement de culture et de commerce. Il avait fait plusieurs excursions chez les sauvages, était doué de courage et de constance, avait un génie actif, exercé, fécond en expédients, et désirait attacher son nom à d'importantes découvertes. Son zèle lui fit entreprendre celle des bouches du Mississipi; et après avoir fait part de son projet au comte de Frontenac, alors gouverneur du Canada, il se rendit en France pour en préparer l'exécution. La sage politique de Colbert protégeait d'une manière éclairée le commerce et la navigation; elle avait donné à l'administration publique une impulsion salutaire, et il était facile d'intéresser Louis XIV à toutes les entreprises qui avaient de la grandeur. Ce monarque fit mettre à la disposition de la Sale le navire, les hommes, les approvisionnements qu'il désirait. Le chevalier de Tonti, brave officier, qui avait honorablement servi en Sicile, lui fut associé, et tous deux partirent de la Rochelle le 14 juillet 1678. Ils arrivèrent à Québec et remontèrent jusqu'au lac Ontario, où la Sale fit mettre en état le fort de Frontenac dont le roi lui avait accordé le commandement. C'était un poste avancé, destiné à couvrir ses opérations ultérieures, et un lieu d'entrepôt pour le commerce à établir avec les nouvelles régions qu'il allait reconnaître. Il fit construire sur l'Ontario un léger navire, parcourut ce lac dans toute sa longueur, érigea un second fort à l'autre extrémité, et multiplia ses relations avec les peuplades voisines, surtout avec les Sénécas, tandis que l'on construisait sur le lac Érié un autre navire, destiné à prolonger vers l'ouest la ligne de navigation qu'il venait d'ouvrir. Au mois d'août 1679, la Sale s'embarqua sur l'Érié avec quarante hommes, au nombre desquels se trouvait le P. Hennepin; il gagna le détroit qui le séparait du lac Huron, parcourut ce nouveau bassin, et se rendit sur la côte de Michillimackinac, d'où il pénétra dans le lac Michigan. Après avoir reconnu la Baie-Verte, on poursuivit la navigation vers le sud, jusqu'à l'entrée de la rivière de Saint-Joseph. La Sale y fit ériger un fort; et lorsque Tonti l'eut rejoint avec le reste des hommes de son expédition, il remonta le cours de cette rivière et traversa les hauteurs qui le séparaient de l'une des deux branches de l'Illinois. Cette route, différente de celle que le P. Marquette avait suivie, ouvrait aux voyageurs les contrées les plus fertiles. La Sale pénétra dans les belles vallées que l'Illinois parcourt; il é eva sur ses rives le fort Crèvecœur, établit des communications amicales avec les Indiens, commença la traite des pelleteries dont le privilége exclusif lui était accordé, et fit entreprendre un voyage vers le Haut-Mississipi, avant d'en parcourir lui-même les vallées inférieures. Son but était de bien connaître les régions voisines des grands lacs, d'en multiplier les relations avec le Canada, d'organiser entre les deux pays un commerce facile et régulier. La conservation de ses découvertes devenait plus assurée, si on pouvait les lier ainsi par un grand nombre de points aux contrées déjà connues.

Ces projets furent secondés avec zèle par le P. Hennepin, et le 18 février 1680, ce missionnaire s'embarqua dans un canot d'écorce avec deux autres Français; il gagna l'entrée de l'Illinois, remonta le Mississipi, et reconnut successivement l'embouchure de ses principaux affluents: ceux de l'est sont le Wisconsin, le Chippeway et la rivière de Sainte-Croix; ceux de l'ouest sont la rivière Moingona et celle de Saint-Pierre. Un peu plus loin, sa navigation fut interrompue par une cataracte de dix-sept pieds de hauteur, qui occupe toute la largeur du fleuve: elle reçut le nom de Saut de Saint-Antoine. Il fallut alors transporter le canot d'écorce dans le lit supérieur du Mississipi; et en naviguant plus au nord on rencontra la rivière Saint-François, que l'on remonta jusqu'au lac Issati où elle prend sa source. Ces contrées étaient alors occupées par les Sioux, et les trois voyageurs devinrent leurs prisonniers; mais ils n'en éprouvèrent aucun mauvais traitement; ils furent même adoptés par trois chefs de guerre qui avaient perdu leurs fils; et pendant plusieurs mois ils les suivirent dans leurs chasses et leurs navigations. Remis enfin en liberté, ils descendirent le Mississipi jusqu'au Wisconsin, remontèrent cette rivière, gagnèrent par un portage celle d'Outagamis qui les conduisit jusqu'à la Baie-Verte, et se rendirent à Michillimackinac, d'où ils revinrent à Montréal.

L'établissement que La Sale avait commencé chez les Illinois se trouvait encore contrarié par la guerre qui avait éclaté entre eux et les Iroquois. Les deux nations n'étaient plus séparées l'une de l'autre par celle des Ériés que les Iroquois avaient détruite, et ceux-ci étaient devenus plus redoutables et plus orgueilleux depuis cette victoire: ils ravagèrent le pays des Illinois, leur enlevèrent huit cents prisonniers, et détachèrent de leur alliance les Miamis, déjà prêts à leur porter des secours. Ces hostilités menaçaient les Français eux-mêmes, qui avaient habituellement à se défier des dispositions des Iroquois; et pour se mettre à l'abri de leurs incursions, La Sale fit ériger le fort Saint-Louis, sur un rocher de deux cents pieds de hauteur, qui dominait le cours de l'Illinois. Ces travaux, et les voyages qu'il fallut faire en Canada pour obtenir des levées d'hommes et des moyens de défense, l'occupèrent une année entière: il s'embarqua ensuite avec une escorte sur un bâtiment qu'il avait fait construire, et arriva sur le Mississipi le 2 février 1682. En descendant le fleuve il parvint à l'embouchure de l'Arkansas, où il fit un acte solennel de prise de possession; il poursuivit jusqu'au golfe du Mexique le cours de sa navigation, et le nom de Louisiane fut donné aux vastes contrées qu'arrose le Mississipi.

Les lacs Itasca et Ossowa, principales sources de ce grand fleuve, sont situés dans cette chaîne de hauteurs qui se prolonge entre le lac Supérieur et les montagnes rocheuses, et qui sépare les versants du nord et ceux du midi. Ces sources ne sont élevées que de quinze cents pieds au-dessus des eaux de la mer, et cette différence de niveau, répartie sur toute la longueur du fleuve, ne donne pas une pente moyenne de six pouces par mille. Aussi les eaux ne parcourent que deux milles par heure depuis le Saut-Saint-Antoine jusqu'à l'entrée du Missouri ; mais l'impétuosité du courant de ce dernier fleuve imprime à celui du Mississipi un mouvement plus rapide. Les vastes plaines qu'il parcourt, en continuant son cours, sont coupées de distance en distance par des hauteurs coniques qui paraissent isolées pour le voyageur placé sur le fleuve, mais qui ne sont que les extrémités d'autant de contreforts, prolongés jusqu'aux chaînes de montagnes plus éloignées. Ces hauteurs, désignées sous le nom de *blufs*, semblent érigées de chaque côté du fleuve comme de grandes bornes milliaires entre lesquelles il décrit ses sinuosités : le courant se porte obliquement de l'une à l'autre limite, et en serpentant dans cette large vallée, il accumule sur ses bords une grande quantité de limon.

Le Mississipi reçoit, par ses nombreux affluents, toutes les eaux des deux grandes chaînes de montagnes qui bornent de part et d'autre cette immense vallée, à l'orient sous le nom d'Alléghanis, à l'occident sous celui de Cordillières. Le Missouri est le plus grand des fleuves qui lui portent leur tribut : ses sources dérivent des montagnes rocheuses, beaucoup plus élevées que les plateaux originaires du Mississipi. On est frappé de la stérilité du sol dans ces hautes régions ; mais à mesure qu'on s'en éloigne les forêts occupent les deux rives ; de vastes prairies s'étendent dans l'intérieur : elles sont émaillées de fleurs ; et le Missouri parcourt rapidement ces terres inclinées, à l'extrémité desquelles il rencontre le Mississipi.

La rivière Blanche, l'Arkansas, la rivière Rouge, beaucoup moins longues que le Missouri, mais prenant leurs sources dans de hautes montagnes qui tiennent à la grande chaîne des Cordillières, précipitent également leurs eaux à travers de longues vallées, et les terres qu'elles tiennent en dissolution et qui en changent la couleur, sont portées au Mississipi et vont se déposer sur ses bords. Toute la basse Louisiane est formée de ces terres d'alluvion : en creusant légèrement le sol on rencontre l'eau, et l'on trouve, en le creusant davantage, des couches d'arbres entiers qui paraissent avoir été anciennement roulés par les ondes. Le lit du fleuve est souvent chargé de ce genre de dépouilles : d'immenses forêts bordaient une grande partie de son cours, dans le temps où on le découvrit ; des arbres nombreux y avaient été renversés par les vents ; d'autres tombaient de vétusté ou étaient entraînés avec leurs racines par les eaux qui rongeaient le rivage. Ces débris flottants parcouraient le fleuve, dont ils suivaient la pente, et s'ils rencontraient quelque obstacle ils s'arrêtaient ; les uns pénétraient dans la vase, où ils s'enfonçaient comme des pilotis, les autres s'y engageaient par l'extrémité de leurs rameaux renversés, et découvraient leurs racines dressées vers la surface. Les tiges retenues dans la terre par ces branches chevelues et flexibles, conservaient leur mobilité, et formaient autant d'écueils qui se balançaient sur les eaux ; la navigation était embarrassée par ces débris, généralement connus sous le nom de *snags*, de *planters*; et ceux qui arrivaient jusqu'à l'embouchure du Mississipi déposaient sur ses bords de longs amas de bois entrelacés, qui aidaient à retenir le limon du fleuve, et prolongeaient vers la mer la pointe de ses rivages.

Cette action continue des eaux est encore plus sensible dans la rivière Rouge. Les arbres des forêts voisines, déracinés et entraînés dans son lit, s'y sont tellement amoncelés qu'ils en ont occupé toute la largeur ; ils se sont même liés les uns aux autres, ils se sont rattachés aux deux rivages, et après avoir formé sur ce fleuve une espèce de radeau, ils ont intercepté et retenu les autres arbres successivement amenés par les eaux supérieures. Cette digue flottante, qui porte le nom de *raft*, et dont les dimensions se sont agrandies chaque année, pendant le cours des siècles, a usurpé et recouvert la surface de la rivière Rouge, dans une longueur de plusieurs milles : elle ne tient à la terre que par les deux côtés qui touchent le rivage, et le fleuve, sur les eaux duquel elle est suspendue, poursuit obscurément son cours, comme s'il était emprisonné dans un immense aqueduc. La plateforme qui le recouvre semble même avoir changé de nature; tous ces arbres renversés, confondus entre eux, et décomposés par le temps, ont produit une couche de terre végétale et féconde, où les vents ont semé des graines, où d'autres arbres ont pris naissance, où les principes de la vie sont encore développés par l'humidité.

De tels phénomènes nous ont paru dignes d'être rappelés; ils caractérisent l'état sauvage où ces régions ont été plongées; l'industrie humaine doit y passer encore; et quand le travail aura défriché ces rivages et les aura protégés par des digues propres à prévenir de nouvelles dévastations, ces arbres flottants, leurs débris, leurs écueils cesseront d'entraver la navigation de différents fleuves où doivent un jour affluer tant de richesses.

En remontant le Mississipi et l'Illinois pour revenir dans le Canada, les Français purent se rendre compte des ressources que la Louisiane devait offrir au commerce, à la culture, à la navigation. L'étendue et la beauté des forêts les avaient frappés; ils trouvaient, depuis l'embouchure du grand fleuve jusqu'à l'Arkansas, de nombreuses cyprières dont les arbres, s'élevant en colonnes droites de plus de quatre-vingts pieds, projetaient horizontalement leurs branches; les pins de la même région étaient fermes, élastiques, favorables à la mâture; les chênes verts de la basse Louisiane étaient propres à toutes les constructions. On découvrait d'autres variétés de chênes inconnues en Europe; l'érable à sucre prospérait dans les régions moyennes; le sycomore était le plus grand arbre des forêts de l'ouest; il y atteint quelquefois des proportions gigantesques, et son tronc a jusqu'à douze pieds de diamètre : il aime une terre humide, et s'élève le long des courants d'eau, où il abreuve ses racines. Souvent le cœur de l'arbre se décompose et se creuse, mais la vie qui lui reste se développe encore sous son écorce et dans les couches du liber; la sève y circule avec abondance; et cette énorme tige, mutilée par le temps, ne se dépouille pas de ses rameaux étendus et de son vert feuillage.

On put reconnaître que la Louisiane produisait beaucoup d'arbres fruitiers, à pepins, à pulpe, à noyaux; qu'elle avait dans ses contrées méridionales des orangers, des oliviers, des palmiers, des bananiers; que toutes les plantes d'Europe pouvaient trouver dans ses régions plus élevées des températures et des expositions convenables. La folle-avoine, que les voyageurs remarquèrent dans toutes les prairies supérieures, était recherchée par les troupeaux sauvages; les chasseurs indiens y trouvaient eux-mêmes un supplément de subsistances; et le nom de cette plante devint celui d'une nation chez laquelle on en avait observé l'usage : cette nation est celle des Ménoménies, qui a continué d'occuper une partie des territoires situés entre le lac Supérieur et le Michigan.

La connaissance des principales espèces d'animaux intéressait La Sale d'autant plus vivement, qu'il s'était particulièrement occupé de la traite des pelleteries; il avait fait de nombreux envois de fourrures dans le Canada; et ce genre de commerce assurait d'importants bénéfices, dans un temps où les colonies européennes n'occupaient encore que quelques lignes de territoire, et où les immenses forêts du Nouveau-Monde offraient à leurs hôtes d'innombrables abris.

Le wapiti, les différentes races de cerfs, à cornes branchues ou palmées, parcouraient les vallées et les plaines de la Louisiane; l'orignal, espèce d'élan dont la ramure est très-développée, se trouvait surtout dans les contrées du nord; de nombreuses peuplades de castors y construisaient aux bords des lacs et des rivières leurs habitations, ayant une double issue sur l'eau et sur la terre; l'ours, le renard, le chevreuil, habitants nomades des mêmes vallées, s'y égaraient, s'y mêlaient confusément; l'ocelot, le cougouar, moins forts que la panthère et le lion, avec lesquels ils ont de l'analogie, cherchaient les antres les plus sauvages (voy. pl. 27).

L'animal le plus remarquable et le plus généralement connu était le buffalo, qui fut d'abord désigné sous le nom de bœuf illinois. Sa tête est forte et son regard sauvage; il a de larges naseaux, des cornes solides, courtes, légèrement arquées; son cou, sa poitrine sont revêtus d'une épaisse crinière; ses habitudes sont frugivores; il est farouche, mais inoffensif. De nombreuses troupes de buffalos étaient répandues dans les pays que l'on traversait; partout ils étaient restés libres, et l'homme n'avait pas essayé de les plier sous le joug. Ces animaux vivent en société; ils s'assemblent quelquefois jusqu'au nombre de trois à quatre cents, changent de contrée suivant la saison, et se rapprochent en hiver des régions du sud. Leurs pâturages sont ces vastes prairies dont les herbages ont cinq à six pieds de hauteur; ils y passent la plus grande partie de l'année, et se retirent, pendant les ardeurs du jour, dans les forêts dont ces prairies sont entrecoupées. Comme ils voyagent ensemble, les sentiers qu'ils suivent à la file les uns des autres sont bien frayés; la rencontre des eaux ne les arrête point: ils traversent à la nage les rivières et les lacs (voy. pl. 28).

C'est surtout en automne que se fait la chasse des buffalos. Les sauvages s'assemblent en grand nombre autour du pâturage qu'occupe un troupeau : on met le feu aux herbes les plus voisines de l'enceinte; mais quelques passages restent libres, et des hommes armés d'arcs et de flèches s'y tiennent en embuscade pour surprendre les bêtes fauves qui, en voulant éviter la flamme, s'exposent à ce nouveau péril.

L'habitude d'incendier les prairies a fait reconnaître aux Indiens que cet usage, pratiqué tous les ans, était propre à favoriser la pousse d'une herbe plus tendre et plus substantielle, en nettoyant la terre et en la couvrant d'une légère couche de cendre. Aussi la même coutume s'est généralement répandue dans toutes les plaines : elle conserve aux animaux des pâturages toujours abondants; et l'art de brûler ces plantes annuelles, en limitant à son gré l'étendue de cette dévastation, est bien connu des sauvages. Ils attachent le feu à l'extrémité d'une prairie, et sur un grand nombre de points à la fois, de manière à y former une longue traînée de flamme, qui s'avance plus ou moins rapidement en brûlant de proche en proche tous les herbages; ses progrès s'étendent aussi long-temps qu'elle trouve un aliment; et si l'on craint qu'elle n'atteigne d'autres pâturages qu'on voudrait tenir encore en réserve, on lui oppose une force semblable en allumant à l'autre extrémité un nouvel incendie. Les deux lignes de feu se rapprochent en s'avançant; tout ce qui les séparait se consume, et ce double embrasement s'éteint à la fois sur les derniers herbages qu'il a dévorés.

Les observations que La Sale fut à portée de recueillir sur les régions qu'il avait découvertes et sur la direction générale de leurs fleuves, lui firent reconnaître qu'il fallait faire de l'embouchure du Mississipi la principale entrée de la Louisiane, et qu'en arrivant dans cette colonie par le golfe du Mexique, on lui assurerait des communications plus directes avec la métropole. Le projet de tenter cette expédition maritime fut suivi avec activité. La Sale, revenu à Québec, fit un voyage en France, où ses propositions furent accueillies, et il obtint du roi l'équipement de quatre vaisseaux, sur lesquels on embarqua deux cent quatre-vingts personnes destinées à former un premier établissement. Ce nombre se composait de soldats, de cultivateurs, d'ouvriers, et de quelques jeunes femmes, première espérance de durée pour la colonie. L'escadre était commandée par Beaujeu, comme l'expédition de terre devait l'être par La Sale, et la mésintelligence qui éclata entre les deux chefs devint funeste à cette entreprise. On était arrivé, le 28 décembre 1684, dans les parages qu'il fallait explorer; mais on croyait que les courants du golfe avaient fait dériver vers l'est, et que l'on n'était parvenu qu'à la baie d'Apalache. Dans cette persuasion, on cingla long-temps vers le sud-ouest, pour chercher l'embouchure du Mississipi, sans s'arrêter à quelques indices qui auraient pu la faire reconnaître si on ne s'en était pas cru encore éloigné et si l'on eût rangé la côte de plus près. Lorsque La Sale, soupçonnant enfin son erreur, voulut rétrograder, le commandant de l'escadre ne partagea point son opinion, et il s'obstina à poursuivre sa navigation vers l'occident, jusqu'à l'entrée de la baie de Saint-Bernard, où l'on débarqua les hommes de l'expédition et une partie des munitions de guerre qui leur étaient destinées.

Dans ses premières communications avec les sauvages, La Sale reconnut les habitudes, les traits, les armes, la forme des canots qu'il avait remarqués plusieurs années auparavant lorsqu'il descendait le Mississipi. Ces analogies lui firent présumer qu'il n'en était pas très-loin; mais il ne lui restait aucun moyen de s'y rendre par mer, car le seul bâtiment qu'on lui eût laissé avant de ramener les autres en France, avait été brisé sur la côte par une tempête: il ne put donc diriger ses recherches que dans l'intérieur de la contrée, et il songea d'abord à s'y établir. Deux forts furent construits successivement, l'un à l'entrée de la baie, l'autre à deux lieues dans les terres, près de la Rivière-aux-Bœufs, sur un coteau d'où l'on découvrait de vastes prairies, et où les ressources de la chasse et de la pêche étaient abondantes. Le premier fort ne fut occupé que pendant quelques mois, et La Sale réunit dans le second tous les hommes qui lui restaient : il en avait déjà perdu un grand nombre par l'effet des maladies ou de la désertion, et dans quelques engagements avec les sauvages.

Une autre expédition avait été concertée avec celle de La Sale, et tandis qu'il pénétrait dans la Louisiane par les côtes du golfe du Mexique, Tonti quittait la contrée des Illinois et descendait le Mississipi jusqu'à son embouchure, dans l'espérance de se réunir à lui. Il l'attendit pendant quelques mois, et après avoir fait côtoyer les rivages du golfe par deux canots qui le visitèrent jusqu'à trente lieues de distance, il remonta le fleuve et revint au fort Crèvecœur, d'où il était parti. Quelques-uns des hommes qui l'accompagnaient se séparèrent de lui; les uns se rendirent chez les Cenis, les autres chez les Arkansas, et les différents lieux où ils se fixèrent devinrent le berceau de plusieurs établissements français.

La Sale, abandonné à ses seules ressources, se maintint pendant deux ans sur la côte inhospitalière où il avait abordé. Les Indiens y étaient plus farouches que dans l'intérieur ; il fut souvent exposé à leurs agressions. Il tenta quelques essais de culture que la sécheresse fit avorter, et d'autres plantations furent ravagées par les bêtes fauves. Il fallut vivre de chasse ou des fruits spontanés de la terre. Les besoins de la colonie s'accrurent; la misère y excita le mécontentement, et La Sale, au lieu de ramener les esprits, ne songea qu'à se faire craindre.

Supérieur à toutes les fatigues, il fit de pénibles voyages pour reconnaître les contrées voisines, visiter tous les rivages de la baie de Saint-Bernard, et chercher le cours du Mississipi. Sa première expédition, dans laquelle il découvrit la rivière aux Cannes, le Rio-Colorado, la Sablonnière, la Maligne, dura plus de cinq mois. Il en fit une seconde dans l'espérance de prolonger ses découvertes, et il perdit dans chacun de ces voyages plus de la moitié des hommes qui l'avaient suivi. Tant de périls et de peines augmentaient les murmures d'une colonie qui décroissait de jour en jour : elle n'était plus composée que de trente-sept personnes, au commencement de 1687, lorsque La Sale partit avec une suite de seize hommes pour se rendre dans le pays des Cenis. On ne voyageait pas en un seul corps : l'obligation de chasser pour se nourrir forçait de se partager en différents groupes, et les liens de la discipline et du devoir ne pouvaient plus être maintenus par le chef de l'expédition. L'un de ses neveux s'étant emporté avec violence contre quelques hommes qui l'accompagnaient, ceux-ci attendirent le moment de son sommeil pour l'assassiner; deux hommes attachés à son service dormaient à ses côtés, ils éprouvèrent le même sort, et les meurtriers n'espérèrent l'impunité qu'en commettant un crime de plus. La Sale, inquiet de l'absence de son neveu, qui l'avait quitté depuis deux jours, allait à la découverte, et se portant dans la même direction que lui : les coupables s'embusquèrent pour l'attendre; un d'entre eux le tua d'un coup d'arquebuse, et un missionnaire et un sauvage qui le suivaient reçurent son dernier soupir. Cet événement funeste eut lieu le 20 mars 1687, et tout espoir d'établissement fut détruit. Les amis de La Sale étaient frappés de douleur et d'indignation : ils voulaient venger sa mort; mais l'abbé Cavelier, son frère, les conjura de laisser à Dieu la vengeance. Elle ne se fit pas attendre long-temps : deux assassins furent tués dans une querelle avec leurs complices; deux autres se séparèrent volontairement d'un cortège où ils étaient vus avec horreur; et sept personnes, échappées à cette catastrophe, continuèrent leur voyage chez les Cenis, les Natchitoches et les autres tribus indiennes. Ils obtinrent de chaque nation le calumet de paix avec lequel ils pouvaient passer avec sécurité; et quatre mois après la mort de La Sale, ils arrivèrent vers l'embouchure de l'Arkansas. Une croix et une habitation européenne frappèrent alors leurs regards : deux Français de l'expédition de Tonti y étaient restés; et leur présence et l'aspect d'un fleuve déjà fréquenté ranimèrent la confiance des voyageurs. On remonta le cours du Mississipi et celui de l'Illinois, jusqu'au fort Saint-Louis, où l'on passa l'hiver, et gagnant ensuite les grands lacs, on vint terminer à Mont-Réal et à Québec cette désastreuse expédition.

Le fort érigé par La Sale au nord de la baie Saint-Bernard avait été attaqué par les sauvages peu de temps après son départ, et les Français qui s'y trouvaient avaient été inhumainement massacrés, à l'exception de cinq enfants que leur âge fit prendre en pitié. Ceux-ci passèrent ensuite entre les mains des Espagnols; ils se trouvaient, neuf ans après, sur un vaisseau de cette nation qui fut capturé par le chevalier Désaugiers, et ce fut à leur retour en France que l'on apprit les détails de leurs malheurs.

Pendant plusieurs années, la France cessa de s'occuper de la Louisiane. On ne prit aucune mesure pour se maintenir dans l'établissement que La Sale avait commencé, ni pour fortifier les naissantes colonies qui s'étaient formées près de l'Arkansas, du Missouri et de l'Illinois. La guerre retenait en Europe les principales forces du gouvernement, et l'on négligeait tellement ces possessions éloignées, qu'elles étaient habituellement réduites à leurs seules ressources. Aussi, elles n'étaient défendues que sur un petit nombre de points, trop éloignés les uns des autres pour s'entre-secourir; la culture avait d'étroites limites, et l'on ne mettait en valeur que quelques territoires. La traite des pelleteries éprouvait moins d'entraves, et de si vastes contrées paraissaient inépuisables; mais cette espèce de chasseurs européens connus sous le nom de Coureurs de bois devint le fléau d'un commerce qu'il était utile d'abandonner aux sauvages : une émulation désastreuse hâta la dépopulation des fo-

G.

rêts ; elle ravit promptement aux Indiens une partie de leurs moyens d'existence, et des objets d'échange qu'ils pouvaient offrir aux étrangers.

La découverte des rives du Mississipi vint aussi changer la situation de toutes les tribus sauvages placées à l'orient de ce fleuve. Bientôt elles se trouvèrent entourées d'une ligne de colonies étrangères, et chacune de ces tribus perdit une partie de son territoire par l'effet d'une première invasion. Ce sacrifice leur fut moins sensible dans l'origine, et lorsque les étrangers n'occupaient qu'un petit nombre de postes épars ; mais dès qu'il leur fallut des provinces, les Indiens, condamnés à perdre les contrées qui les nourrissaient, n'eurent d'autre ressource que de se faire conquérants à leur tour et de déposséder les nations plus faibles. L'inévitable effet des guerres que se firent entre eux les sauvages, fut de diminuer partout leur population. Différentes tribus s'affaiblirent, et leurs débris s'incorporèrent à la nation victorieuse ; d'autres disparurent et ne laissèrent de traces que dans le nom même de la contrée qu'elles avaient habitée. Nous n'avons point à suivre la marche, les vicissitudes, la filiation de toutes ces peuplades, sur l'origine desquelles nous ne pourrions rappeler que de vagues et d'obscures traditions ; mais quand ces tribus touchent à leur déclin, leurs annales, devenues contemporaines de notre histoire, ne peuvent être passées sous silence : elles nous montrent par quels degrés se sont affaiblies les nations que les Européens trouvèrent dans le Nouveau-Monde. Nous avons remarqué précédemment celles qui eurent avec eux de premières relations de paix ou de guerre, parce qu'elles étaient plus rapprochées de l'Atlantique, du fleuve Saint-Laurent ou des grands lacs. D'autres nations plus méridionales furent ensuite enveloppées entre la Louisiane, les Florides et les possessions anglaises : c'étaient les Natchez, les Chikasaws, les Choctaws, les Creeks et les Cherokees.

Les Natchez et les Chikasaws avaient d'abord occupé les rives occidentales du Mississipi ; mais avant l'époque de l'expédition de Ferdinand de Soto, ils avaient déjà traversé ce fleuve, et ils s'étendaient entre l'embouchure de l'Ohio et le golfe du Mexique. A l'orient de ces deux nations étaient placés les Choctaws, dont le territoire se prolongeait jusqu'aux rives du Coosa ; et au-delà de ce fleuve habitaient les Muscogulges, plus connus sous le nom de Creeks, qu'ils avaient emprunté du grand nombre de lacs, de ruisseaux, de rivières, dont leur pays était arrosé : leur nation s'était formée de différentes tribus que la communauté d'intérêts avait réunies, ou qui s'étaient incorporées à eux après leurs victoires. Les Creeks occupaient les versants méridionaux des Apalaches, et les Cherokees étaient établis dans les plus hautes régions de ces montagnes et sur leurs versants orientaux.

Les guerres que ces nations se faisaient entre elles ne pouvaient opérer aucun changement dans leur situation sociale ; la barbarie était partout la même, et le vainqueur n'imposait pas des lois et des mœurs nouvelles : les noms de peuples pouvaient changer, mais les hommes gardaient un caractère invariable. On ne put s'attendre à quelques modifications dans leurs habitudes qu'à l'époque où les Européens furent en contact avec eux et voulurent les associer à leurs propres querelles. Les Anglais, les Espagnols, les Français se montrèrent également disposés à rechercher l'alliance des nations indiennes : il en résulta de communes opérations pendant la guerre et de plus fréquentes relations de commerce pendant la paix. Ce dernier état, qui était le plus habituel, était aussi celui dont on pouvait profiter pour améliorer le sort des Indiens, adoucir leurs mœurs, les attacher à l'agriculture, et rendre leur secours plus utile. Mais, il faut le dire, la sainteté d'une si haute mission ne fut point comprise, et le commerce avec les sauvages devint la source des spéculations les plus criminelles. On ne craignit pas de dégrader ces hommes simples en abusant de leur penchant pour les liqueurs fortes : par là on abrutissait leur raison; l'ivresse allait jusqu'à la fureur; elle exaltait encore l'esprit de vengeance et la férocité; les causes de guerre et de ruine devinrent plus fréquentes, et la contagion de nos sociétés ne fit que développer les vices qu'elles auraient dû réprimer.

Aussi, quoique les Européens cherchassent des auxiliaires parmi les sauvages, dans les guerres qu'ils se faisaient entre eux, ils durent bientôt reconnaître que ce n'était point par un tel secours qu'ils pouvaient obtenir une véritable force : il fallait la chercher dans la constitution même des colonies; et l'avantage de ces luttes rivales devait enfin rester aux pays les plus peuplés, les mieux administrés, les plus constamment secourus par leur métropole. Les établissements que la Grande-Bretagne avait formés en Amérique jouirent de bonne heure d'une grande supériorité d'organisation; et quoique le gouvernement ne les eût pas fondés lui-même, il les protégea constamment de la manière la plus efficace. La différence de leur origine politique, religieuse ou commerciale, avait amené une grande variété dans les formes de leurs constitutions; mais nous avons vu qu'après s'être séparé en plusieurs corps, on avait oublié ses animosités personnelles. Et en effet la situation de tous les partis n'était plus, comme en Europe, une cause de guerre civile : ils n'avaient plus à se disputer le pouvoir; chacun d'eux constituait une société distincte; et les colonies s'étaient élevées les unes près des autres, égales en droits et en dignité. Après s'être rapprochées pour s'entre-secourir, elles reconnurent le besoin de modifier leur organisation première, et en cherchant un nouveau centre d'union, elles se mirent d'une manière plus immédiate sous la protection de la couronne, qui saisit avec empressement l'occasion d'exercer ses droits de souveraineté dans toute leur plénitude.

L'intention de supprimer les chartes des colonies entrait depuis plusieurs années dans les vues du gouvernement britannique. Il n'avait pas eu à se charger des dépenses de leur établissement; mais ce qui n'avait été dans l'origine qu'un objet de spéculation privée fut mis au premier rang des intérêts publics, lorsqu'on vit s'accroître la prospérité de ces colonies. Celles de Massachuset, de Connecticut, de Rhode-Island consentirent, en 1683, à remettre à Charles II les chartes qu'elles avaient obtenues de la compagnie de Plymouth : le New-Hampshire et le Maine firent également la cession de leurs priviléges; et l'administration de New-York se trouva dévolue à la couronne, lorsque le duc d'York, auquel elle appartenait, parvint au trône sous le nom de Jacques II. Les colonies plus méridionales éprouvèrent aussi les mêmes changements : celle de Virginie dépendait du roi depuis la dissolution de la compagnie de Londres en 1626; et les propriétaires du New-Jersey, de la Delaware, du Maryland renoncèrent successivement à des droits qu'ils n'étaient plus en état de défendre eux-mêmes. Leur nombre s'était accru par l'effet des divisions d'héritage ou de quelques cessions volontaires : ces partages avaient multiplié entre eux les sujets de litige, et ils étaient intéressés à laisser au gouvernement les pénibles charges de la souveraineté.

Toutes ces renonciations particulières forment dans l'histoire des colonies anglaises une époque remarquable : elles permirent à la métropole de suivre un système plus uniforme dans leur haute administration, sans toucher néanmoins aux institutions locales qui paraissaient convenir à leur situation. Chaque colonie continua de s'administrer à son gré; mais toutes relevèrent également de l'autorité suprême qui les avait prises sous sa garde : il y eut ainsi des juridictions particulières et des lois communes qui purent s'accorder entre elles : les unes régissaient chaque état considéré séparément; les autres déterminaient les rapports que tous les membres de l'association devaient avoir, soit entre eux, soit avec la métropole.

Pour développer avec plus de liberté les progrès de ses colonies, le gouvernement britannique conçut le projet de les faire jouir des bienfaits de la neutralité; la France y était également intéressée; les deux puissances voulaient assurer aux habitants des îles et du continent d'Amérique les moyens de faire le commerce et de cultiver les terres sans interruption; et cet arrangement fut signé à Londres le 16 novembre 1686, par Barillon, ambassadeur de France; mais il ne fut point observé. Les Iroquois, souvent en guerre avec le Canada, continuaient d'être protégés par les colonies anglaises qui leur fournissaient des armes et des munitions; et ce grief fut au nombre de ceux qui, en 1689, déterminèrent une nouvelle rupture. Tout projet de neutralité coloniale fut alors abandonné : le gouverneur du Canada voulut même tenter une invasion dans la colonie de New-York; mais une irruption des Iroquois dans l'île de Montréal, où ils commirent de sanglants ravages, fit abandonner cette entreprise. Le gouverneur fit ensuite attaquer sur trois points différents les établissements anglais. Un premier corps partit de Montréal, au mois de février 1690, et alla détruire le fort de Corlar, près d'Albany; deux autres détachements partirent, l'un des Trois-Rivières, l'autre de Québec: le premier s'avança jusqu'à Sementel sur le Mérimack, le second suivit le cours du Kinibéqui et vint s'emparer de Casco-Bay. Ces incursions momentanées, dans des pays où l'on ne cherchait pas même à se maintenir, ne pouvaient avoir aucun important résultat. William Phibs, qui commandait une escadre anglaise dans les parages de la Nouvelle-Angleterre, n'ayant pu secourir Casco-Bay, se hâta de diriger ses forces vers l'Acadie, qui était entièrement dégarnie de troupes et de munitions; il occupa successivement Port-Royal, la baie de la Hève, celle de Chedabouctou; et ces premiers succès déterminèrent les colonies anglaises à entreprendre contre le Canada une expédition par terre et par mer. Un corps de trois mille hommes, Anglais ou Iroquois, devait s'avancer vers le nord entre les lacs Champlain et Ontario, pour aller attaquer Montréal, tandis qu'une flotte de trente-quatre voiles, sous les ordres de William Phibs, remonterait le fleuve Saint-Laurent, et arriverait devant Québec. Le premier corps se mit en marche; mais les ravages que fit la petite vérole au milieu des Indiens les découragèrent, et tout ce qui put échapper à ce fléau se dispersa. L'escadre anglaise parut devant Québec le 16 octobre; elle débarqua près de la place, fut harcelée par de fréquentes sorties, eut pendant plusieurs jours des engagements désavantageux, et fut forcée, le 22 octobre, de lever le siège. William Phibs regagna l'entrée du golfe Saint-Laurent, où il éprouva une violente tempête, qui acheva la ruine de cette expédition.

La proposition d'observer la neutralité, malgré la guerre qui troublait l'Europe, fut alors renouvelée par le gouverneur général de la Nouvelle-Angleterre; mais Frontenac y mit des conditions qu'on ne voulut point accepter. L'Acadie continua d'être le théâtre des hostilités, et ses principaux forts furent attaqués en 1691, par le chevalier de Villebon, qui en reprit possession au nom de la France.

Il serait superflu de rappeler les expéditions particulières qui furent tentées de part et d'autre sur différents points des colonies : ce serait charger sa mémoire d'événements qui ne peuvent pas y rester; mais nous devons citer quelques faits d'armes auxquels Iberville et ses frères prirent une glorieuse part. Cet officier se signala tour à tour dans les guerres de l'Acadie, de Terre-Neuve et de la baie d'Hudson, pendant les dernières campagnes qui précédèrent la paix de Ryswick. Après avoir repris, en 1695, quelques-uns des forts de la baie de Fundy, il fut chargé d'une expédition sur la côte orientale de Terre-Neuve, concourut à la prise du port Saint-John et de la plupart des autres postes que les Anglais occupaient dans cette île, et partit ensuite pour la baie d'Hudson, où il accrut sa renommée comme officier de terre et de mer. Le vaisseau qu'il montait ayant été séparé de l'escadre dont il faisait partie, rencontra trois vaisseaux ennemis: il coula le premier, s'empara du second, et poursuivit long-temps le troisième. Lui-même fit naufrage le lendemain au milieu d'une tempête; mais il put gagner la terre avec son équipage: il fut rejoint par ses autres navires, et s'empara du fort Nelson, qui était le premier établissement de ces parages.

Le retour de la paix, qui fut signée à Riswick, le 20 septembre 1697, offrait au zèle et au génie d'Iberville d'autres occasions de servir son pays. Il restait à poursuivre les découvertes commencées dans la Louisiane, et à reconnaître par mer l'embouchure du Mississipi. Iberville, revenu en France, proposa au gouvernement cette expédition, et il en fut chargé. Deux vaisseaux partirent de Rochefort pour Saint-Domingue, le 17 octobre 1698; ils mouillèrent au Cap français, remirent à la voile le 1ᵉʳ janvier suivant, et se portèrent vers la baie de Pensacola, où un établissement espagnol venait de se former depuis quelques mois. Iberville reconnut ensuite la baie de la Mobile, l'île Dauphine, la rivière de Pascagoula, la baie de Biloxi, et se dirigeant vers le sud-ouest, il arriva le 2 mars 1698 à l'embouchure du Mississipi, dont il remonta le cours. Cet officier acquit bientôt la preuve qu'il avait atteint le but de ses recherches. Une lettre que Tonti avait adressée treize ans auparavant à La Sale, gouverneur de la Louisiane, était tombée entre les mains d'un chef indien, et Iberville en eut connaissance: elle rappelait les circonstances de ce voyage, les relations paisibles qu'on avait eues avec les naturels du pays, et les signaux successivement érigés par La Sale et par Tonti, pour constater le terme de leurs découvertes.

Après une longue navigation dans le lit inférieur du Mississipi, on entra dans un canal naturel de dérivation qui reçut alors le nom d'Iberville: cet officier en suivit le cours; il gagna successivement les lacs de Maurepas et de Pontchartrain, et revint dans la baie de Biloxi, où il érigea un fort qui fut pendant quelques années le centre des établissements français de la Louisiane.

L'époque à laquelle nous sommes parvenus est celle où les possessions de la France en Amérique avaient le plus d'étendue. L'acquisition de la Louisiane ouvrait de nouvelles ressources: des rivières navigables y circulaient de toutes parts, et le grand fleuve auquel elles se réunissaient devenait le centre de mouvement qui animait toute la colonie. Mais, pour mettre en valeur ce territoire, il fallait d'abord lui donner des habitants. Un grand nombre de religionnaires français, qui s'étaient expatriés à la suite de la révocation de l'édit de Nantes, demandèrent l'autorisation de se rendre dans la Louisiane, pourvu qu'ils pussent y jouir de la liberté de conscience. L'occasion d'expier un grand acte d'intolérance était favorable; mais on eut l'impolitique rigueur de s'y refuser, quoiqu'on pût s'éclairer de l'exemple de l'Angleterre, qui devait aux dissidents les premiers progrès de ses établissements dans le Nouveau-Monde.

D'autres causes ralentirent la prospérité de la Louisiane: on se trompa sur l'emplacement à donner à sa capitale, et l'on en changea plusieurs fois, avant de s'arrêter à la situation la meilleure. En choisissant une position centrale entre la baie de la Mobile et le Mississipi, on avait en vue de donner deux grandes issues au commerce maritime de la Louisiane, de se tenir à portée de l'une et de l'autre, et d'établir entre elles des communications habituelles, par la rivière d'Iberville, et par les détroits qu'une suite d'îles basses et sablonneuses fait régner le long du littoral, depuis le lac Pontchartrain jusqu'à la Mobile. Mais les rives de la baie du Biloxi, sur lesquelles on forma un premier établissement, n'étaient favorables ni à la culture ni au commerce: elles sont couvertes d'un sable fin et mouvant, où il ne croit que des pins et des cèdres; on y essaya quelques semis de graines, que les vents mirent à nu, et qui furent desséchées par l'ardeur du ciel. Aucun grand fleuve n'aboutissait à cette baie, et n'en facilitait les communications avec l'intérieur de la contrée. Les premières familles qu'on amena sur ces plages stériles eurent bientôt consommé les approvisionnements apportés par les mêmes navires; il fallait les renouveler sans cesse : cette terre dévorait tout sans rien reproduire, et l'on ne pouvait obtenir des tribus indiennes que des ressources insuffisantes et momentanées. On n'avait pour moyens de subsistance que la chasse et la pêche; les arrivages par mer étaient quelquefois difficiles; la baie du Biloxi s'ouvrait aux vents du sud; l'ancrage de la rade était mauvais, et les navires n'avaient d'abri assuré que dans la rade de l'île Surgère, qui reçut aussi le nom d'île aux Vaisseaux; mais on n'y trouvait qu'un mouillage de quinze pieds. Toute cette côte est généralement basse; elle a une si faible pente que les grands navires ne peuvent en approcher que de plusieurs milles, à l'exception de quelques passes où il faut s'engager avec précaution.

Iberville reconnut bientôt que l'emplacement de la Mobile était préférable; il y construisit un fort, et celui du Biloxi fut abandonné. C'était un nouvel essai d'établissement, mais la baie avait peu de fond; on ne pouvait y naviguer qu'avec de petits bâtiments, et l'on préféra, en 1702, la situation de l'île Dauphine, placée au midi de cette baie; des magasins, des casernes y furent construits, et ce lieu devint le quartier général de la colonie. Cette île était moins sablonneuse que la plage du continent; le maïs, le riz, quelques arbres fruitiers, le figuier surtout, pouvaient y réussir; on y trouvait, comme dans l'île Surgère, des chênes, des pins, des sapins, propres à la construction ou à la mâture.

En rapprochant des limites orientales le premier établissement maritime de la Louisiane, Iberville n'avait cependant pas négligé les rivages du Mississipi : il avait fait construire le fort de la Balise près de son embouchure; il avait reconnu le fleuve, et avait marqué dans le pays des Natchez la place du fort Rosalie qu'on y érigea dans la suite. Cet officier fit plusieurs voyages en France, pour intéresser le gouvernement au sort de la colonie : elle était son ouvrage, il lui consacra tous ses soins; et son nom sera toujours honorablement cité dans les premiers fastes de cette histoire.

D'autres hommes secondaient de si nobles vues : Juchereau de Saint-Denys et le Sueur firent plusieurs reconnaissances le long du grand fleuve et de ses principaux affluents; l'un remonta la rivière Rouge jusqu'aux Natchi'oches, où il forma un établissement; l'autre s'éleva vers le nord jusqu'aux vallées de la rivière Saint-Pierre, où le voyageur Nicolas Perrot avait précédemment découvert une mine de cuivre. Des relations amicales furent formées avec les habitants des pays nouvellement découverts, et l'on s'attacha particulièrement à cultiver l'amitié des Illinois qui, se trouvant placés entre le Canada et la Louisiane, étaient utiles aux relations des deux contrées. Tonti commandait dans ce pays intermédiaire; et son habileté, qu'éclairait une longue expérience, maintint les bonnes dispositions des Indiens envers les Français.

Callières, devenu gouverneur du Canada, était animé du même esprit de conciliation. Il ne s'en tint point à établir des relations amicales avec les nations indigènes, il voulut aussi rapprocher les unes des autres celles qui avaient été alliées de la France ou de la Grande-Bretagne pendant la dernière guerre. Les députés des Ottowais, des Abénaquis, des Iroquois, et du petit nombre des tribus huronnes échappées aux désastres de leur nation, se rendirent à Montréal, et conclurent la paix, sous la médiation du gouverneur. Callières avait le projet de rendre plus général ce plan de pacification : il envoya des officiers ou des missionnaires aux autres nations sauvages pour prévenir les hostilités qui allaient éclater sur plusieurs points, et leurs députés se réunirent à Montréal le 1ᵉʳ août 1701. Ceux de l'assemblée précédente y revinrent. Il s'y trouva également des Algonquins, des Miamis, des Sacks, des Illinois, des Outagamis, et d'autres guerriers des nombreuses peuplades dispersées, sous différents noms, au nord et au midi des grands lacs.

L'Indien qui avait le plus contribué à ce rapprochement de toutes les tribus était *Le-Rat*, orateur et chef des Hurons, homme remarquable par sa valeur, sa prudence, et par éloquence vive, naturelle, persuasive, qui s'adresse tour à tour à l'imagination et à la raison. Ce sauvage s'était fait chrétien ; il était attaché à la France ; mais il n'abandonna jamais les intérêts de sa nation et ceux de tous les hommes rouges : il mettait alors ses soins à les réconcilier, et cet acte devait couronner sa vie, qu'un grand nombre d'exploits militaires avaient signalée. Les efforts qu'il fit pour rapprocher toutes les opinions épuisèrent enfin ses forces ; il s'évanouit au milieu d'une harangue ; et lorsqu'il eut repris connaissance, il exhorta de nouveau toutes les nations indiennes à vivre dans la concorde : il semblait se ranimer pour peindre les malheurs de leurs divisions ; et son émotion l'ayant fatigué davantage, il retomba en défaillance, et fut transporté à l'Hôtel-Dieu, où il expira dans la nuit. Sa mort causa une affliction générale ; on lui rendit tous les honneurs militaires dus à son rang et à ses services : six chefs de guerre portèrent son cercueil, sur lequel on déposa ses armes et ses insignes militaires. Les Indiens, les Français et le gouverneur du Canada assistèrent à ses funérailles.

Une nouvelle réunion eut lieu quelques jours après : il s'y trouva treize cents sauvages. Callières leur déclara qu'il avait désiré les réunir, pour leur ôter la hache des mains, et pour les inviter à lui remettre le soin de leurs intérêts et l'arbitrage de toutes leurs querelles. Son discours leur fut interprété dans chacune de leurs langues, et un traité de paix fut conclu le même jour par trente-huit députés indiens. Cet acte fut revêtu, en témoignage d'authenticité, des différents signes qui caractérisaient toutes ces nations, et qui étaient pour elles des espèces de symboles, tels qu'un ours, un castor, un renard, un lièvre, un buffalo. On apporta le calumet de paix, où le gouverneur et tous les députés fumèrent à leur tour ; l'épée et le tomahac furent ensevelis dans la terre ; on chanta le *Te Deum* ; les présents du roi de France furent distribués, et toutes les tribus se promirent les unes aux autres de rendre la liberté aux prisonniers qu'elles avaient faits.

Mais le Canada perdit bientôt le gouverneur qui avait eu la gloire de pacifier les Indiens. Son administration n'avait duré que quatre ans : une si sage politique doit la rendre à jamais recommandable. C'était faire remplir à la France un rôle généreux que de désarmer la fureur des sauvages ; la multiplicité, la cruauté de leurs guerres accéléraient la destruction de leurs tribus ; en devenant conciliateur de leurs démêlés, on pouvait espérer d'adoucir leurs mœurs. Les Indiens regardaient le gouverneur du Canada comme leur père ; ils lui donnaient ce titre, toujours respecté au milieu d'eux, et ils consacraient ainsi sa prééminence et son autorité sur toutes leurs tribus.

Pour assurer une longue durée à la paix que l'on venait de rétablir entre les indigènes, il eût fallu ne pas les employer comme auxiliaires dans les guerres que les Européens se faisaient entre eux : prendre quelques tribus pour alliées, c'était les remettre aux prises avec celles qui servaient dans le parti contraire. Cette réserve ne fut point assez observée durant la guerre de la succession ; l'Angleterre était au nombre des ennemis de la France, et les hostilités des deux puissances en Europe éclatèrent bientôt entre leurs colonies d'Amérique.

Le premier signal en fut donné, vers la fin de 1702, par James Moore, gouverneur de la Caroline du sud, qui tenta une expédition en Floride contre l'établissement espagnol de Saint-Augustin. Six cents hommes de milice et six cents Indiens furent chargés de cette entreprise. Le Broad-River, où l'on avait autrefois voulu fonder une colonie française, était le point de leur rendez-vous, et une partie des troupes se dirigea ensuite par terre vers Saint-Augustin, tandis que le gouverneur devait arriver par mer et bloquer l'entrée du port.

La ville qui était ouverte fut occupée sans obstacle; mais la garnison espagnole se retira dans le fort qu'on avait mis en état de défense. Les Anglais durent attendre, pour battre en brèche, les pièces d'artillerie qu'ils avaient demandées à la Jamaïque ; et, avant qu'ils pussent les recevoir, l'arrivée inattendue de deux vaisseaux espagnols, qui apportaient de nouveaux secours à la place, en fit précipitamment lever le siège.

Charleston, d'où l'expédition anglaise était partie, fut à son tour exposée à une invasion dont le plan avait été concerté à la Havane en 1703. Les signaux de l'île de Sulivan annoncèrent l'approche de cinq navires français commandés par Lefebvre. Cette flottille naviguait avec précaution vers l'entrée de la baie ; il fallait en franchir la barre; on voulut prendre le temps de la sonder, et le débarquement fut différé jusqu'au lendemain. Nathaniel Johnson, qui était alors gouverneur de la Caroline, profita de ce délai; il fit arriver dans la nuit toutes les troupes de milice et tous les Indiens dont il pouvait disposer, et l'occasion de surprendre la place se trouva perdue. Le siège n'en fut pas même commencé : il n'y eut que quelques engagements sur le rivage ; les fourrageurs y commirent des dégâts, et une force supérieure les ayant rejetés à bord de l'escadre, ils regagnèrent la haute mer.

Ces entreprises partielles et sans résultat n'étaient que le prélude d'hostilités plus graves. Le feu de la guerre passa rapidement du midi au nord des colonies anglaises. C'était là que la France et l'Angleterre, dont les possessions étaient rapprochées les unes des autres, pouvaient trouver, sur un grand nombre de points, la malheureuse facilité de se nuire ; c'était aussi là que leurs relations avec les Indiens devaient avoir le plus d'influence sur les événements.

Les Iroquois témoignèrent en 1703 à Vaudreuil, nouveau gouverneur du Canada, l'intention où ils étaient de rester neutres : ils le furent effectivement ; et pour ne pas troubler la paix de leur territoire, Vaudreuil évita de faire du côté de leurs cantons aucune démonstration militaire. Mais il n'encouragea point les Abénaquis à rester également neutres ; il leur envoya même quelques secours, lorsqu'ils firent des incursions dans les colonies anglaises ; et l'on peut regarder la part qu'ils prirent à cette guerre comme une nouvelle cause d'irritation, dont les résultats furent funestes aux colonies de la France. L'Angleterre, voyant ses possessions constamment attaquées par la nation indienne qui était la plus fidèle alliée de ses ennemis, s'attacha avec plus de persistance au projet de subjuguer les Abénaquis, et de conquérir l'Acadie, qui était trop séparée du Canada pour en être habituellement secourue.

Le 2 juillet 1704, une escadre anglaise de dix vaisseaux, venus de Boston, parut dans le bassin de Port-Royal; les troupes débarquèrent, sommèrent la place de se rendre, et firent dans la campagne plusieurs incursions, tandis qu'une escadre, pénétrant davantage dans la baie de Fundy, se rendait à Beau-Bassin pour opérer une diversion et faire quelque butin dans le quartier des Mines. Il y eut dans cette invasion plusieurs engagements où les Français eurent l'avantage, et l'ennemi se rembarqua le 21 du même mois.

Deux expéditions plus redoutables furent formées, en 1707, par Dudley, gouverneur général de la Nouvelle-Angleterre. Une flotte de vingt-quatre bâtiments, commandée par le colonel Mark, parut le 6 juin à la vue de Port-

Royal. Elle avait à bord trois mille hommes qui investirent la forteresse. La tranchée fut ouverte le 10, et l'on se disposait, quelques jours après, à donner l'assaut; mais la brèche n'était pas praticable, et les pertes que l'ennemi éprouva dans quelques rencontres le décidèrent à remettre à la voile, après avoir enlevé des bestiaux et avoir brûlé les habitations hors de la place. Après cette tentative infructueuse, la flotte se retira à Casco-Bay, où elle fut promptement accrue de trois vaisseaux et de six cents hommes. Le gouvernement de la Nouvelle-Angleterre se faisait un point d'honneur de réparer cet échec, et son escadre reparut, le 20 août de la même année, dans le bassin de Port-Royal. Subercase, gouverneur d'Acadie, avait déjà fait lever le premier siege. Il redoubla d'activité et de vigilance, fit décamper trois fois l'ennemi de ses positions autour de la place, le surprit dans ses marches, harcela ses détachements, et le força à se rembarquer douze jours après.

On ressentit profondément à Boston un revers auquel on ne s'était point attendu. Les forces qu'avait employées la Nouvelle-Angleterre étaient bien supérieures à celles de l'Acadie. On s'était cru assuré du succès : on savait d'ailleurs que la reine Anne attachait une haute importance à cette conquête, qu'elle la regardait comme nécessaire à la sécurité de ses colonies, et qu'elle désirait s'emparer, à tout prix, d'une si importante possession. Aussi les Acadiens s'attendaient à une nouvelle attaque, et Subercase en prévint son gouvernement; mais telles étaient alors en France les calamités publiques, qu'on ne put faire passer en Acadie aucun secours. Cependant, quoique cette colonie fût réduite à ses seules ressources, elle espérait faire tête à l'orage, et relevait ses habitations. Subercase, avant d'en être gouverneur, avait rempli les mêmes fonctions dans l'île de Terre-Neuve, où le port de Plaisance était le chef-lieu des établissements français; il s'y était signalé, en 1705, par une heureuse expédition, et il n'avait laissé aux Anglais que le fort Saint-John. Une nouvelle entreprise, faite durant l'hiver de 1709, eut encore plus de succès. Un détachement parti de Plaisance s'avança avec autant d'audace que de rapidité jusqu'à cette forteresse, qui fut emportée par escalade. On aurait pu s'y maintenir; mais il y avait si peu de troupes françaises dans l'île de Terre-Neuve, que le gouverneur craignit de les affaiblir en les disséminant. Il aima mieux détruire le fort Saint-John que de l'occuper; et ce qui pouvait être une conquête ne devint qu'un fait d'armes courageux et sans résultat. L'Angleterre put reprendre aisément et sans coup férir les positions qu'elle avait perdues. Elle avait même alors formé le projet d'envahir le Canada, et les troupes de terre, parties des colonies anglaises, devaient être secondées par une armée navale équipée, soit en Amérique, soit en Angleterre. Mais Vaudreuil, gouverneur du Canada, avait pris toutes les mesures nécessaires pour couvrir les points menacés. L'expédition de terre échoua, et l'escadre qui devait être envoyée dans le fleuve Saint-Laurent, reçut en Europe une autre destination.

Chaque année amenait de nouvelles entreprises. Les colonies anglaises continuaient d'être puissamment secondées par leur métropole; celles de la France ne recevaient pas d'elle les mêmes secours; et Subercase étant prévenu des nouveaux projets d'invasion formés contre l'Acadie, cherchait autour de lui des auxiliaires : il les trouvait dans les Abénaquis, toujours disposés à renouveler leurs incursions contre les Anglais; il les trouvait dans les flibustiers, dont il encourageait la course; mais en attirant ces aventuriers maritimes, et en leur ouvrant un asile dans les ports de la colonie, il l'exposait à des périls encore plus grands. Le gouvernement britannique voulut enlever aux flibustiers leurs repaires; il voulut mettre un terme aux hostilités dont la Nouvelle-Angleterre était si souvent menacée; et une armée navale fut chargée en 1710 d'une expédition contre l'Acadie :

elle était sous les ordres de Nicolson, et cinquante et un bâtiments de toutes grandeurs entrèrent, le 5 octobre, dans le bassin de Port-Royal. Ils avaient à bord trois mille quatre cents hommes de troupes de terre, et Subercase n'en avait que trois cents : il soutint néanmoins les premières attaques, répondit avec vivacité au feu des assiégeants, et leur fit éprouver des pertes; mais les siennes étaient irréparables; la disproportion du nombre le réduisit à capituler, et il sortit du fort le 16 octobre, avec cent cinquante-six hommes qui lui restaient.

Ce succès encourageait l'ennemi, et un nouvel armement fut résolu contre le Canada. Nicolson était chargé de conduire les troupes de terre qui s'avançaient vers Montréal, tandis qu'une escadre anglaise devait remonter le Saint-Laurent, pour venir assiéger Québec; mais la flotte fit naufrage vers les Sept-Isles, situées à l'embouchure du fleuve; la plupart des grands vaisseaux y périrent avec leurs équipages, et cette perte fit précipitamment rappeler les troupes de terre. Leur expédition eut lieu dix mois après l'invasion de l'Acadie.

Cependant les habitants de cette contrée restaient attachés à la France; ceux qui étaient éloignés de Port-Royal différaient de se soumettre au gouverneur que l'Angleterre y avait établi; et Pontchartrain, ministre de la marine en France, encourageait les armateurs de Saint-Malo, de Nantes, de Bayonne, de la Rochelle, à unir leurs efforts pour former un établissement nouveau sur les côtes méridionales de l'Acadie, et pour déloger l'ennemi des positions dont il s'était rendu maître; mais le malheur des temps et l'épuisement du commerce ne permirent pas de trouver des fonds pour les dépenses de cette entreprise. Il ne suffisait pas d'ailleurs de reprendre la colonie, il fallait des troupes pour la garder; et les périls du royaume exigeaient alors la présence et l'emploi de ses dernières forces.

Le pavillon de France, long-temps florissant sur toutes les mers, n'y était plus arboré par Hocquincourt, Beaufort, d'Estrées, Vivonne, Duquesne, dignes émules de Ruyter, de Tromp, d'Éverzen, de Russel, de Herbert; il ne l'était plus par Tourville, qui, en 1690, avait gagné la bataille de Bévésière, et dont la gloire ne fut pas affaiblie, deux ans après, par le malheureux combat de la Hogue, engagé contre des forces très-supérieures. Le comte de Toulouse avait ensuite dignement soutenu l'honneur de la marine française, et l'on avait vu, dans les temps même de sa décadence, d'autres hommes s'illustrer par l'habileté et l'audace de leurs entreprises : c'était le temps où Jean-Bart, Duguay-Trouin, Ducasse, Forbin, Iberville, se faisaient redouter avec de faibles escadres; d'autres armateurs se formèrent sur leur exemple, et se signalèrent contre les ennemis de la France. Il est des temps pénibles où les forces de l'état se trouvant épuisées, et ne pouvant se réparer qu'avec peine, le gouvernement a recours au dévouement et au courage des citoyens; mais la destinée d'une campagne peut rarement dépendre de leurs expéditions particulières, et c'est en vain qu'ils réussissent dans quelques entreprises individuelles, si le gouvernement ennemi, rassemblant ses forces, et pouvant donner à ses opérations plus d'ensemble et d'étendue, fait servir à une attaque générale et décisive toutes les ressources dont il peut disposer.

Deux systèmes de guerre maritime se trouvaient alors en présence l'un de l'autre : l'un s'appuyait sur des armements particuliers, l'autre sur des expéditions formées par le gouvernement lui-même; la balance n'était point égale, et le second genre d'attaque était le plus formidable. Mais la lutte que la France soutenait contre toutes les grandes puissances de l'Europe ne lui permettait plus le même déploiement de forces : une longue suite de malheurs l'avait affaiblie; la bataille de Hochstedt, en 1704, lui avait enlevé toutes ses positions en Allemagne; la Flandre était ouverte à ses ennemis depuis la journée de Ramillies; l'Italie avait été évacuée après la bataille de Turin, et l'archiduc Charles, compétiteur de Philippe V, avait été proclamé roi à Madrid.

A travers des temps si orageux, il y eut quelques éclairs de gloire. L'armée française, commandée par Berwick, gagna, en 1707, la bataille d'Almanza ; Villars força, au-delà du Rhin, les lignes de Stolhoffen, et la Provence fut délivrée d'une invasion que le prince Eugène y avait tentée. On vit même, l'année suivante, une armée navale partir de Dunkerque, pour tenter une descente en Écosse, en faveur du fils de Jacques II. Mais d'autres revers suivirent ces derniers efforts : la défaite d'Oudenarde amena les ennemis sous les murs de Lille, qui ne put être secourue, et les malheurs de la France furent bientôt accrus par la famine qu'amena le rigoureux hiver de 1709. Ce dénûment rendait plus pénible la charge des impôts ; ils étaient devenus exorbitants : une longue guerre en avait aggravé le poids ; et lorsque Desmarets fut nommé, en 1708, contrôleur général des finances, il fallait, pour couvrir les dépenses publiques, recourir à des emprunts, à des surtaxes qui atteignaient toutes les formes la propriété, l'industrie, le luxe et jusqu'aux plus simples nécessités de la vie ; il fallait anticiper par des crédits sur les revenus des années suivantes, et l'on rendait le mal plus durable en consumant les ressources de l'avenir. Une telle pénurie nuisait à la regularité de tous les services ; et comme les besoins de l'armée relâchaient sa discipline, faisaient languir ses opérations, énervaient ses forces, ils devinrent la première calamité de toutes, dans un temps où les frontières étaient envahies par les étrangers.

Louis XIV, profondément ému des malheurs de son peuple, fit de nombreuses démarches pour obtenir la paix, et Torcy, son ministre, se rendit à La Haye, près du grand-pensionnaire Heinsius. Il s'adressa ensuite au prince Eugène, à Marlborough ; mais les ennemis de la France n'étaient pas encore satisfaits : on voulait imposer au roi l'humiliante condition de joindre ses troupes à celles qui continueraient la guerre pour détrôner son petit-fils. Ce fut alors que Louis XIV répondit noblement « qu'il aimait « mieux faire la guerre à ses ennemis « qu'à ses enfants. » Ce monarque, ranimant ses efforts pour sauver l'honneur et la majesté de la France, était aussi soutenu par cette grande pensée : que l'avénement de son petit-fils au trône d'Espagne établissait une alliance naturelle entre les deux puissances ; principe qui eut d'importants et de féconds résultats pendant plus d'un siècle. Ce système était alors jugé salutaire ; on regardait les liens héréditaires des deux couronnes comme utiles à leur ascendant politique, et la longue opposition que les autres gouvernements y apportèrent montre qu'ils en avaient la même opinion.

Pour soutenir une lutte devenue trop inégale, un généreux élan d'honneur et de patriotisme réunit encore sous les drapeaux du roi, et sous le commandement du maréchal de Boufflers, une armée de soixante-dix mille hommes ; mais ces troupes de nouvelle levée furent défaites à Malplaquet, et la prise de plusieurs villes de Flandre suivit de près ce nouveau désastre. Eugène, portant en Espagne le bonheur de ses armes, gagna, en 1710, la bataille de Saragosse contre les troupes de Philippe V, et ce monarque était réduit à l'extrémité, quand Louis XIV lui envoya le duc de Vendôme. La fortune alors changea de parti : Vendôme vainquit à Villa-Viciosa l'armée ennemie, commandée par Staremberg ; et le résultat d'une victoire si favorable à la cause du roi fut bientôt secondé par un événement imprévu. L'archiduc Charles, qui était compétiteur de ce prince, étant appelé au trône impérial par la mort de Joseph Ier, l'Angleterre aperçut le danger de réunir sur une même tête les couronnes d'Espagne et d'Autriche ; elle parut disposée à se retirer de la lutte engagée depuis si long-temps contre Philippe V ; et tandis que Marlborough désirait la continuation d'une guerre qui augmentait sa gloire, un parti contraire, plus attaché aux grands intérêts de l'état, cherchait secrètement les moyens de rendre la paix à l'Angleterre, en lui conservant les avantages que la guerre lui avait procurés dans ses possessions d'Amérique. Ses principaux efforts tendaient à ce dernier résultat, et l'on reconnut dans tout le cours des hostilités combien le sort des colonies dépendait de la situation de leurs métropoles. La France, ayant à résister à toutes les grandes puissances de l'Europe, ne pouvait plus envoyer de secours à ses domaines d'outre-mer. Louis XIV avait usé sa puissance : ce cortège de grands généraux, d'hommes habiles qui avaient illustré son règne, ne l'environnait plus ; la plupart étaient entrés dans la tombe ; les autres étaient affaiblis, comme le monarque, par la vieillesse ; et ce grand pouvoir militaire, trop souvent agresseur, mais si long-temps favorisé par la fortune, était tombé d'épuisement au milieu de ses triomphes.

Il fallut subir en Amérique les conséquences des calamités que l'on éprouvait en Europe ; et lorsqu'il parut possible de dissoudre la ligue générale qui s'était formée contre la France, Louis XIV, s'attachant à cette espérance, consentit à de grands sacrifices, pour décider l'Angleterre à se séparer de la coalition. Il promit l'abandon de l'Acadie, de l'île de Terre-Neuve et des rivages de la baie d'Hudson. La Grande-Bretagne ne pouvait rien souhaiter de plus : elle ne sortait de la lice qu'en devenant plus puissante. Remarquons néanmoins qu'en paraissant incliner depuis 1711 vers une paix séparée, afin de porter la France à faire suspendre en Amérique les hostilités, l'Angleterre ne cessait pas de seconder en Europe les opérations de ses alliés : elle ne rappelait point encore Marlborough ; et ce général, quoique disgracié à la cour de la reine Anne, continuait de servir et de vaincre pour elle. L'Angleterre négociait ainsi, à main armée, un arrangement particulier dont on lui assurait le prix, et qui amena d'abord la signature d'une suspension d'armes le 19 août 1712. Plus d'un mois avant la signature de cette trève, le maréchal de Villars forçant les lignes de Denain, avait ramené la victoire sous les drapeaux de la France. L'issue de cette journée rendait la paix plus désirable de part et d'autre, et les négociations commencées avec l'Angleterre se terminèrent enfin à Utrecht par un traité définitif. Ce traité cédait à l'Angleterre l'Acadie avec ses anciennes limites ; il lui cédait la forteresse de Plaisance et les autres établissements que les Français possédaient dans l'île de Terre-Neuve, en leur réservant néanmoins le long des rivages du nord et de l'ouest, depuis le cap Bonavista jusqu'à la pointe Riche, le droit de préparer et de sécher les produits de leurs pêcheries. L'île de Cap-Breton et les autres îles situées dans le golfe et à l'embouchure du Saint-Laurent étaient également réservées à la France.

Malgré les concessions que cette puissance venait de faire, elle pouvait encore se promettre une grande prospérité coloniale : elle trouvait dans la récente acquisition de la Louisiane une compensation de ses pertes ; mais le gouvernement français, au milieu des derniers embarras de la guerre de la succession, avait renoncé à faire valoir lui-même les ressources de cette colonie, et il avait cédé à Crozat, en 1712, le privilège exclusif de son commerce, en retenant la souveraineté et la haute administration du pays. Ce privilège fut préjudiciable aux colons : un commerce sans concurrence fit renchérir les marchandises qui leur étaient envoyées de la métropole, et diminua les profits qu'ils auraient pu faire sur leurs propres exportations. Les progrès de la population n'étaient pas encouragés par ceux de la culture, et Crozat n'envoyait dans la colonie qu'un petit nombre de nouveaux habitants ; cette pénurie d'hommes était une cause inévitable de ruine. La Louisiane, réduite à quelques comptoirs de commerce, ne pouvait pas être mise en valeur : il lui fallait des établissements agricoles, et pour en développer la prospérité elle avait besoin d'un accroissement sensible dans sa population.

Crozat reconnut bientôt l'insuffisance de ses ressources : il ne parvint point à faire fleurir la colonie par les relations de commerce que l'on s'efforça d'établir, d'un côté avec la Floride, de l'autre avec le Nouveau-Mexique; et, après plusieurs années d'épreuves et de pertes, il fit, en 1717, l'abandon de son privilège.

Alors se forma une compagnie d'Occident, à laquelle le roi accorda le droit de faire, pendant vingt-cinq ans, le commerce de la Louisiane, et de recevoir du Canada toutes les peaux de castors qui proviendraient de la traite des pelleteries. Les terres, les ports, les îles de la Louisiane étaient cédés à la compagnie : elle pouvait faire la paix ou la guerre avec les nations indiennes; elle avait la propriété des mines; elle pouvait aliéner les terres de sa concession, construire des forts, y placer des garnisons de troupes levées en France, équiper des vaisseaux, établir des juges. Le roi, en se réservant la souveraineté, s'engageait à protéger la colonie contre les agressions étrangères. La compagnie avait ses navires de commerce : elle devait effectuer ses retours dans le royaume; elle était exempte de droits de douane pour les marchandises qu'elle envoyait dans la Louisiane, et on lui accordait une réduction de droits sur les produits qu'elle importait en France.

La concession de ces avantages ne suffisait pas encore aux intérêts de la colonie; et pour donner un premier mouvement à ses opérations, il lui fallait un crédit et des ressources effectives. On créa, pour former les fonds de la compagnie, des actions de cinq cents livres chacune, dont la valeur était fournie en billets d'état : ces billets étaient payables au porteur; les étrangers pouvaient en acquérir; on avait la faculté de les acheter, de les vendre, de les négocier.

La compagnie s'engageait à transporter dans la Louisiane six mille blancs et trois mille noirs pendant la durée de son privilège; mais elle ne pouvait prendre les noirs dans les autres colonies françaises, ni envoyer ses vaisseaux sur les côtes de Guinée, où le monopole de la traite avait été réglé par d'autres dispositions.

La fondation de cette compagnie d'Occident était une création de Law, qui, après avoir inutilement proposé ses plans de finances à plusieurs cours d'Allemagne et d'Italie, parvint à les faire adopter en France. Le crédit de la compagnie et la perspective des richesses de la Louisiane furent les premiers mobiles que Law mit en usage pour étendre ses opérations de banque, qui n'avaient commencé, l'année précédente, que par l'émission de douze cents billets dont le capital était de six millions. Les actions de la compagnie furent bientôt portées à cent millions, et le nombre en fut rapidement accru dans une proportion bien supérieure à leur gage : la valeur en était hypothéquée sur les terres de la Louisiane, et le bas prix de leur vente mit les spéculateurs, qui voulurent faire des acquisitions dans cette colonie, en possession de domaines immenses, où ils purent transporter des cultivateurs et des ouvriers.

L'activité des premières opérations de la compagnie d'Occident fut favorable à la colonie : de grands concessionnaires s'y rendirent, et l'on y commença de nombreux défrichements. Des espérances sans bornes encourageaient ces entreprises; le Mississipi devait réaliser les fables de l'Eldorado, et l'on espérait centupler en Amérique la fortune qu'on abandonnait en Europe : l'or se changeait en papier, le papier en territoire. Mais ceux qui négligèrent d'entrer en possession n'acquéraient qu'un titre illusoire sur des déserts incultes, où ils ne transportaient aucun habitant et où ils ne commençaient aucune exploitation. Ce titre, dont ils ne firent point usage, tomba en désuétude; et la propriété ne resta d'une manière incontestable qu'à ceux qui l'occupèrent et qui formèrent un véritable établissement.

La compagnie d'Occident s'attacha d'abord à fortifier l'île Dauphine où étaient placés les magasins et le quartier-général de la colonie. Cette île avait été ravagée en 1710 par un corsaire anglais, et il fallait la mettre à l'abri d'une nouvelle insulte; on y construisit un fort et l'on y plaça une garnison; mais au mois d'août 1717, l'entrée du port fut subitement fermée par un barrage de sable qu'un ouragan y avait amoncelé : alors il fallut chercher un autre mouillage pour les vaisseaux qui ne pouvaient pas remonter jusqu'à celui de la Mobile, et l'on revint dans la rade foraine de l'île Surgère, qu'on avait déjà fréquentée et qui n'est exposée qu'aux vents du nord, très-peu violents dans ces parages : on y construisit un fort pour la sûreté des vaisseaux, et l'on transféra, pour la seconde fois, sur la plage de la baie de Biloxi, qui en est voisine, les magasins et le quartier-général que l'île Dauphine ne pouvait plus conserver.

Huit cents colons furent envoyés en 1718 par la compagnie d'Occident : ils arrivèrent tous ensemble au Biloxi, rivage stérile où ils ne trouvèrent ni assez de provisions pour subsister, ni assez de moyens de transport pour gagner les différents points de la colonie : il en périt un grand nombre peu de temps après le débarquement. Les terres où devaient s'établir ceux qui survécurent aux premières victimes étaient très-dispersées : les unes étaient situées dans les cantons de Pascagoula, de Bâton-Rouge, des Natchez; les autres dans ceux de la Rivière-Rouge, de l'Arkansas, de l'Ohio, de l'Illinois. Il fallut s'y rendre péniblement; mais on n'éprouva de la part des Indiens aucune opposition. Les Natchez offrirent même des provisions de vivres aux familles qui vinrent se fixer au milieu d'eux; et l'on construisit sur un plateau qui dominait cette contrée, le fort Rosalie, destiné à protéger les établissements français.

Le poste le plus occidental de la colonie était celui des Natchitoches : les Espagnols du Nouveau-Mexique avaient cherché à s'en rapprocher, et depuis quelques années ils avaient fondé dans le pays des Cenis une mission religieuse qui devint bientôt un établissement militaire, et qui porta ensuite jusqu'aux Adayes ses postes avancés. Le gouverneur de la Louisiane avait lui-même favorisé cette mission, dans la vue d'ouvrir ainsi de plus faciles relations de commerce avec le Nouveau-Mexique.

Le Mississipi étant devenu la ligne centrale de la colonie, on conçut le projet de fonder sur les rivages de ce fleuve la Nouvelle-Orléans, glorieux et noble établissement que sa situation destinait à devenir l'un des plus florissants entrepôts du commerce. Les plans en furent tracés en 1717 par Bienville, frère d'Iberville; et cette cité naissante, favorisée de tous les avantages que peuvent assurer la richesse d'un pays immense et l'activité de la navigation la plus étendue, reçut l'année suivante ses premiers habitants.

Cependant les progrès de la colonisation allaient être interrompus par une nouvelle guerre entre la France et l'Espagne; et quoique l'avénement de Philippe V eût dû rapprocher les deux puissances, la turbulente inquiétude d'Albéroni, son ministre, faisait rompre une alliance achetée par tant de sacrifices. Cette rupture éclata en 1719 : la guerre allumée en Europe gagna promptement l'Amérique, et Sérigny, qui commandait les forces navales de la Louisiane, fut chargé d'une expédition contre Pensacola. Ce fort espagnol, situé sur une hauteur qui domine l'entrée de la rade, fut brusquement attaqué et se rendit par capitulation le 14 mai; mais on n'y laissa qu'une garnison de deux cents hommes, et la place fut reprise, le 7 août, par un armement de dix-huit cents hommes, partis du port de la Havane. Les Espagnols croyaient leurs troupes suffisantes pour s'emparer successivement de l'île Dauphine, de la Mobile et de la Nouvelle-Orléans : ils essayèrent sur les deux premiers points plusieurs attaques inutiles, et virent bientôt paraître à l'entrée de la baie de Pensacola une escadre française, commandée par Champmeslin : elle s'empara d'un fort que les Espagnols venaient d'ériger vers la pointe de l'île de Sainte-Rose ; elle captura ensuite leurs vaisseaux après un vif combat ; et Pensacola, investi par les Français et par les sauvages qui s'étaient réservé l'attaque de terre, fut contraint de capituler le 17 septembre. Ainsi dans la même année cette forteresse fut assiégée trois fois. Ces expéditions consécutives font juger de l'intérêt que l'on attachait de part et d'autre à la possession d'un port si avantageusement situé sur une côte qui n'offre qu'un petit nombre d'abris. Le sort de cette place dont on se disputait la conquête allait être fixé par des négociations : on conclut bientôt une suspension d'armes, et, en 1721, Pensacola fut rendu à l'Espagne, après la signature de la paix.

La compagnie d'Occident avait été réorganisée dans l'intervalle : elle fit de puissants efforts pour améliorer la situation de la Louisiane. La Nouvelle-Orléans reçut des habitants plus nombreux, et l'on y transféra le quartier-général de la colonie; Juchereau de Saint-Denis alla commander le poste des Natchitoches, où il avait longtemps résidé : ceux de l'Arkansas, du Missouri, de l'Illinois, protégèrent les communications avec le nord, et celui de la Mobile continua de défendre la limite orientale. Deux autres forts furent élevés, l'un sur les bords du Tombegbe pour surveiller les Choctaws, l'autre sur la rive de l'Alabama près du territoire des Creeks. Ces précautions étaient d'autant plus nécessaires, qu'on ne pouvait jamais compter sur une paix durable avec les sauvages, et que leurs hostilités, toujours imprévues, étaient signalées par les plus barbares fureurs. On avait vu, en 1713, la nation des Tuscaroras attaquer les établissements de la Caroline, et faire main basse au même instant sur tous les Anglais voisins de cette frontière. Ce complot fut promptement vengé par le gouverneur de la colonie : les Tuscaroras furent attaqués à leur tour; on ne leur fit aucune grace, et ceux qui échappèrent à ce désastre se réfugièrent chez les Iroquois et furent admis dans leur confédération.

Un attentat semblable, exécuté deux ans après par la tribu sauvage des Yamassees, offrit les mêmes exemples de cruauté, et il eut les mêmes résultats. Un grand nombre d'Anglais de la Caroline étant tombés à la fois sous les coups de ces barbares, ceux-ci furent vivement poursuivis ; on immola tout ce qu'on put atteindre, et les restes de leur nation se retirèrent sur le territoire de la Floride.

Quoique les fureurs des Indiens eussent été punies par les plus terribles représailles, cependant elles répandaient l'effroi dans les établissements européens voisins des nations sauvages. On avait à chercher une garantie contre leurs féroces hostilités, et les opinions variaient sur le système à suivre. Les uns pensaient que pour maintenir la sécurité des Européens, il fallait attiser la guerre entre les tribus indigènes ; les autres, attribuant leur haine à la crainte qu'elles avaient d'être expulsées de leur territoire, croyaient qu'il fallait recourir à des traités de limites avec elles, afin de sanctionner par leur propre consentement la possession des terres qu'on occupait dans leur pays, et de leur assurer, par un acte solennel, le libre usage et le domaine des campagnes, des forêts, des fleuves, et de tous les lieux de chasse et de pêche qui leur étaient réservés. Ce dernier parti, le plus conforme aux règles de l'humanité, fut adopté, en 1721, par Francis Nicolson, gouverneur de la Caroline : il convint avec les Chérokees et avec les Creeks, de la ligne de démarcation qui devait les séparer des colonies anglaises.

Sans borner de la même manière le territoire de la Louisiane, le gouverneur de cette colonie parvint à entretenir de paisibles relations avec les Indiens, et les mésintelligences qui survinrent, en 1722, entre les Français et les Natchez furent promptement conciliées. Le rétablissement de la bonne harmonie permettait de faire explorer avec plus de sécurité l'intérieur de la Louisiane : Le Page-Dupratz, agent et concessionnaire de la compagnie d'Occident, y fit différents voyages ; il en examina le sol, les animaux et les plantes ; il recueillit de nombreuses notions sur plusieurs peuplades de ces contrées, et prépara les relations qu'on eut ensuite avec elles.

Quand la guerre eut éclaté entre les Padoucas et d'autres nations américaines, voisines de l'Arkansas et du Missouri, Bienville, qui était alors gouverneur de la Louisiane, résolut de se porter médiateur entre les belligérants, et de rapprocher, par un arrangement qui serait conclu sous la protection de la France, les tribus indiennes situées à l'occident du Mississipi. Le gouverneur du Canada avait donné, en 1701, ce salutaire exemple, en pacifiant toutes les contrées voisines des grands lacs ; et Bienville, imitant cette généreuse conduite, fit partir du fort de l'Arkansas une députation qui se rendit, au mois de juillet 1724, dans la tribu des Kansez, près de la rivière qui porte leur nom. Il y vint différents chefs des Missouris, des Osages, des Ottoways, des Panis, des Padoucas ; leurs intérêts, leurs griefs furent discutés dans plusieurs assemblées ; l'envoyé français en devint l'arbitre ; il régla leurs différends, et les Padoucas, anciens ennemis des Kansez, déposèrent leur haine. « Depuis long-
« temps, dit leur chef, le soleil est
« rouge ou couvert de nuages, les eaux
« sont troubles et sanglantes, la terre
« est dévastée, et les champs qui nous
« séparent sont hérissés d'épines. Enfin le jour devient plus brillant, l'eau
« plus claire et plus pure, la terre re-
« prend ses fleurs, et la paix aplanit
« les chemins. Suivons la volonté de
« notre père, et que le tomahac, jeté
« dans le fleuve, roule avec ses eaux
« jusqu'à la grande rivière qui doit l'en-
« sevelir sans retour. »

Lorsqu'on eut pris ces résolutions solennelles, l'envoyé français se rendit chez les Padoucas avec les députés indiens : il y reçut de la nation entière les mêmes assurances de paix : les présents qu'il destinait à tous les chefs furent distribués, et il revint au fort de l'Arkansas, après une absence de quatre mois, heureusement employés à cette pacification.

Durant plusieurs années aucun événement ne troubla la tranquillité de la Louisiane. Cependant il y avait moins à compter sur les dispositions des tribus placées entre le cours du Mississipi et les Apalaches : un commun sentiment d'inquiétude et de défiance les animait contre les Européens qui les environnaient de toutes parts, et qui ne pouvaient s'agrandir sans leur nuire. Les Indiens voisins de la Caroline y commettaient de fréquentes violations de territoire, et la Floride était exposée aux incursions des Choctaws ; tandis que les Creeks, mieux convaincus des avantages de la paix, cherchaient à rester neutres au milieu des guerres qui éclataient autour d'eux. La nation des Chikasaws était la plus nombreuse de celles qui touchaient la Louisiane ; elle était aussi la plus inquiète et la plus hostile ; constamment occupée à susciter des ennemis à la colonie française, elle réussit enfin à inspirer aux Natchez ses préventions et sa haine ; et ceux-ci commencèrent à voir avec ombrage l'établissement du fort Rosalie, érigé sur leur territoire. Lorsque Périer remplaça Bienville dans le gouvernement de la Louisiane, il reconnut bientôt la nécessité d'y entretenir un plus grand nombre de troupes, et il en fit inutilement la demande à la compagnie d'Occident. Les périls augmentèrent, et en 1729 une grande injustice, commise envers les Natchez par le commandant du fort Rosalie, faillit entraîner la destruction de la colonie entière.

Les Natchez étaient plus policés que les peuplades voisines, au milieu desquelles ils étaient transplantés depuis plus de deux siècles. La tradition, qu'ils nommaient l'ancienne parole, leur apprenait que leurs ancêtres, établis vers le coucher du soleil, s'étaient alliés aux hommes blancs, aux guerriers du feu, quand ceux-ci vinrent sur leurs villages flottants envahir les régions d'Anahuac. La tradition ajoutait que le vieil empire, que l'héritage des Caciques fut alors subjugué, que les Natchez furent attaqués à leur tour, et qu'ils ne purent sauver leur indépendance qu'en s'expatriant et en se retirant loin des vainqueurs : ils gagnèrent ainsi de proche en proche les contrées qu'arrose le Mississipi ; ils voulurent même prendre ce fleuve pour barrière, et ils s'établirent enfin sur la rive orientale. Entourés de nations plus sauvages dans le lieu de leur retraite, ils eurent bientôt dégénéré de leurs premières institutions, et ils contractèrent, au milieu de leurs guerres avec les autres Indiens, les mêmes habitudes de férocité envers leurs ennemis et leurs prisonniers. Néanmoins on retrouvait encore dans quelques-uns de leurs usages domestiques, de leurs principes religieux et des procédés de leur industrie, plusieurs traces d'une civilisation qui fut autrefois plus avancée. Ils avaient une langue particulière ; ils croyaient au grand esprit, et à des esprits inférieurs, chargés d'accomplir ses ordres et d'être les ministres de sa colère ou de ses bienfaits : ils commençaient leur année vers l'équinoxe du printemps, donnaient aux mois les noms des animaux ou des plantes utiles à leur subsistance, avaient des villages mieux bâtis, des champs mieux cultivés, des règles de société civile moins imparfaites que celles des autres Indiens. Le temps avait réduit leur nombre, mais ils avaient gardé cette fierté et cet esprit d'indépendance qui s'irrite contre la force et qu'on ne peut blesser impunément.

Le commandant du fort Rosalie, après avoir cherché dans les campagnes voisines le lieu où il pourrait former un grand établissement agricole, avait jeté les yeux sur le village de la Pomme, occupé par une tribu de Natchez : il en fit venir le chef, lui déclara que ce village devait être évacué par les habitants, et qu'il l'avait choisi pour y fixer lui-même sa résidence. Le chef indien chercha vainement à le toucher, en lui rappelant l'accueil que les Natchez avaient fait à sa nation. « Quand vous êtes venus nous demander de la terre, nous vous en avons accordé : nous en avions assez pour vous et pour nous. Le même soleil nous éclairait ; la même terre pouvait nous nourrir, recevoir nos tombeaux et passer à nos enfants. Pourquoi nous ravir les forêts, les prairies que nous partageons avec vous, les cabanes où nous vous avons reçus, la natte où nous fumâmes ensemble le calumet de paix ? »

Mais le chef indien ne put fléchir cet insensé, et il obtint, pour toute grâce, que le départ des habitants du village serait différé jusqu'après la moisson ; il fallut même acheter par un tribut en grains le délai qui leur était accordé. Alors le chef médite une sanglante vengeance : les anciens sont rassemblés ; la perte des Français est résolue dans leur conseil. Mais ce n'est point assez de détruire les habitants du fort Rosalie, c'est la ruine de la colonie entière qu'il faut obtenir : une attaque partielle n'attirerait que de funestes représailles. Suffirait-elle d'ailleurs au ressentiment des Indiens ? Leurs oppresseurs ne sont-ils pas partout les mêmes, et n'ont-ils pas conspiré la destruction de toutes leurs tribus ?

Ce projet d'un seul homme devient bientôt celui de tous les autres. Le grand chef ou grand soleil des Natchez approuve cette conjuration ; tous les chefs particuliers y prennent part ; les autres nations voisines sont invitées à s'y joindre ; le jour de la destruction est fixé, et ce complot est encore enveloppé d'un profond mystère. Mais la mère du grand chef des Natchez étant parvenue à le découvrir, ne put soutenir l'idée d'un si barbare attentat. Elle aimait la nation proscrite, elle avait eu d'intimes liaisons avec un Français ; et cette femme, retenue par de contraires affections, n'osa pas divulguer complètement le fatal secret ; mais elle en dit assez à quelques jeunes Indiennes qui aimaient les Français, pour que ceux-ci fussent prévenus qu'il se tramait contre eux une conju-

7.

ration. Ils en avertirent le commandant du fort; et tel était l'aveuglement de cet officier qu'il les traita de lâches, les fit arrêter et méprisa leurs avis.

Enfin le jour de l'exécution était arrivé. Les Indiens vinrent de toutes parts, le 28 novembre 1729, dans la résidence du commandant, sous prétexte de lui remettre leur redevance en grains; et, tandis qu'ils affluaient dans la forteresse avec leurs nombreuses charges, d'autres se répandaient, sous divers prétextes, dans les habitations isolées qui avaient été élevées aux environs sous la protection du chef-lieu de la colonie. Le signal fut donné aux conjurés par quelques coups de fusil tirés dans le fort. Aussitôt le commandant est égorgé; les soldats sont assaillis avant d'avoir pu se réunir : des assassins, apostés auprès des victimes qui leur sont désignées, les frappent à la fois. Le même massacre s'accomplit dans les campagnes, et toutes les habitations sont baignées de sang. La colonie française des Natchez se composait de sept cents personnes, il en périt le plus grand nombre : on n'épargna que les noirs attachés aux plantations, cent cinquante enfants et quatre-vingts jeunes femmes qui furent réservés comme esclaves. Ceux des blancs qui s'échappèrent ne durent leur salut qu'à l'obscurité des asiles où ils se réfugièrent, ou aux sentiments de pitié de quelques Indiens dont ils avaient été les bienfaiteurs, et dont le cœur s'attendrit au moment du crime. Après le massacre on pilla les habitations; le fort fut détruit, et les armes et les provisions de guerre en furent transportées dans un autre emplacement, que les Natchez environnèrent de plusieurs enceintes de fortes palissades. Tous les établissements dispersés dans le voisinage furent également dévastés. Les Français avaient élevé un fort dans la contrée des Yasous, ils y furent égorgés : ils eurent le même sort aux environs; et les meurtres se seraient étendus plus au loin, si quelques incidents n'avaient fait rapprocher le moment de l'exécution. Plusieurs alliés des Natchez se voyant devancés crurent avoir été trahis, et n'espérant plus surprendre sans défense les Français établis au milieu d'eux, ils n'attentèrent pas à leurs jours. Une conspiration formée par quelques noirs fut en même temps découverte à la Nouvelle-Orléans; les auteurs en furent arrêtés, et l'on ne douta pas que leur plan ne fût lié au complot qu'avaient si cruellement exécute les Natchez.

A la nouvelle d'un si tragique événement, la Louisiane se couvrit de deuil. Périer, qui en était gouverneur, résolut de venger tant de sang répandu; mais ses forces étaient insuffisantes : il eut recours à l'alliance des Choctaws, il l'obtint; et tandis que leurs guerriers marchaient vers le territoire des Natchez, un corps de deux cents Français, commandés par le major de Loubois, prit la même direction. Il fallait d'abord sauver les femmes et les enfants que les Indiens retenaient en esclavage, et tel était le premier but de l'expédition. Les Choctaws, qui arrivèrent, le 27 février 1730, au pied de la forteresse où s'étaient retranchés les Natchez, y restèrent longtemps dans l'inaction; et quand les troupes françaises arrivèrent, elles investirent et assiégèrent le fort, qui se défendit jusqu'au 25 mars. Enfin l'ennemi demanda à capituler, et il offrit de rendre tous ses esclaves; mais il menaçait de les brûler si les assiégeants ne se retiraient pas vers le bord du fleuve : Loubois, pour leur sauver la vie, consentit à cette condition, et les femmes, les enfants et les noirs lui furent remis. Il voulait ensuite renouveler l'attaque de la place, mais pendant la nuit tous les Natchez l'évacuèrent, et Loubois n'y trouva que des habitations désertes. Il détruisit les retranchements indiens, fit relever dans le voisinage le fort Rosalie où il laissa une garnison, et ramena à la Nouvelle-Orléans, pour glorieux trophée de son expédition, le cortége délivré par ses soins, les femmes qui avaient échappé au massacre de leurs époux, et ces faibles enfants que leur âge avait fait épargner.

Mais la guerre était encore engagée avec les Natchez : ils avaient fui, en restant animés du même esprit de haine ; c'étaient des ennemis irréconciliables, et leurs barbares hostilités mirent entre eux et la colonie une barrière insurmontable. Ils surprirent et massacrèrent dans les forêts une partie des soldats et des ouvriers qui allaient y chercher des matériaux pour la construction du nouveau fort ; ils attaquèrent des voyageurs, ils pillèrent des habitations isolées ; et n'espérant plus se maintenir sur leur territoire, lorsqu'ils eurent appris que l'on faisait contre eux de nouveaux préparatifs, ils abandonnèrent la contrée qu'ils occupaient près du fort Rosalie, et se retirèrent sur la rive occidentale du Mississipi, vers les hauteurs qui séparent les bassins de la Rivière-Rouge et de l'Arkansas.

Les désastres que la fureur des Natchez avait fait éprouver à la Louisiane augmentèrent les pertes de la compagnie d'Occident. Il devenait plus difficile de les réparer : les illusions, les espérances qui avaient séduit les premiers colons s'étaient évanouies ; le prestige ne pouvait plus renaître ; et pour remettre en valeur cette possession, il fallait lutter contre de nombreux obstacles. La compagnie n'étant plus en état de les surmonter, abandonna au roi en 1730 toutes les concessions qu'elle avait obtenues, et lui fit la remise de la colonie. Périer en conserva le gouvernement. Il projetait une nouvelle expédition contre les Natchez. On lui envoya de France un léger renfort de troupes, et ses préparatifs ayant été terminés au milieu de l'hiver, il remonta le Mississipi, la Rivière-Rouge, la Rivière-Noire, le Bajouc-d'Argent, pour aller à la recherche de l'ennemi, dont il était encore séparé par de vastes forêts. Un jeune Indien que les Français surprirent à la pêche leur indiqua, en voulant leur échapper, le sentier qui conduisait au principal établissement des Natchez, et le nouveau poste qu'ils avaient fortifié fut investi le 20 janvier 1731. Les Indiens étaient résolus à se défendre ; ils firent avec audace plusieurs sorties pour arrêter les progrès de la tranchée ; mais l'explosion d'une bombe qui tomba au milieu du fort, dans le quartier occupé par les femmes et les enfants, fit tout à coup éclater des cris lamentables ; et les Natchez, n'espérant plus pouvoir se défendre, firent des signaux pour obtenir une suspension d'armes et une capitulation. Ils espéraient prolonger la négociation jusqu'à la nuit, afin de s'évader au milieu des ténèbres ; mais on surveillait les approches de la place, et la plupart de ceux qui en sortaient y furent rejetés. Un petit nombre s'enfuit, les autres se rendirent à discrétion, et ils furent emmenés comme esclaves à la Nouvelle-Orléans ; les femmes furent dispersées dans les habitations de la colonie, et l'on transféra les hommes à Saint-Domingue. Ainsi vint à s'éteindre une nation ennemie qu'une première offense avait révoltée : l'imprudent orgueil d'un homme avait amené cette longue série de crimes et de calamités. Déplorable exemple de l'abus du pouvoir et de l'aveugle irritation de tout un peuple qui, en conjurant la perte de ses ennemis, prépare sa propre ruine !

Le grand chef des Natchez était au nombre des prisonniers qu'on avait faits, et les Indiens qui avaient pu s'échapper de la place étaient trop faibles pour chercher à se réunir sous un nouveau chef ; ils se réfugièrent chez les Chikasaws et leur demandèrent de les adopter. Ce droit d'asile était connu dans toutes les contrées sauvages de l'Amérique. Lorsqu'une nation, ravagée par la guerre ou par d'autres fléaux, était près de s'anéantir, ses débris pouvaient être recueillis par un nouveau peuple : elle lui envoyait les orateurs chargés de lui peindre ses désastres et de lui adresser ses supplications. « La terre de « nos pères est envahie ; l'incendie a « dévoré nos forêts, nos habitations, « nos récoltes ; il ne nous reste que « des armes. Accordez-nous de vivre « avec vous, de partager vos fatigues, « de combattre vos ennemis. »

Cette hospitalité, que l'on refusait rarement au malheur et à la prière, prescrivait de mutuels devoirs, et quand des familles fugitives avaient été adoptées par une nation, elles partageaient toutes ses destinées; elles étaient placées sous sa protection immédiate; leurs anciens ennemis ne pouvaient les poursuivre sans entrer en guerre avec le peuple qui les avait reçues.

LIVRE QUATRIÈME.

FONDATION DE LA GÉORGIE, ET COMPLÉMENT DE L'OCCUPATION COLONIALE DES RIVAGES DE L'ATLANTIQUE. CONSIDÉRATIONS SUR LES RAPPORTS DES COLONIES ANGLAISES AVEC LEUR MÉTROPOLE; COMPARAISON DE CE SYSTÈME ET DE CEUX DES PEUPLES ANCIENS. ACCROISSEMENTS DE LA NAVIGATION, DES PÊCHERIES, DU COMMERCE, DE L'AGRICULTURE, DE L'INDUSTRIE, DE LA POPULATION.

Nous avons suivi les premiers progrès des colonies européennes fondées sur la côte orientale et dans les régions intérieures de l'Amérique du nord. Il restait encore à occuper, sur les rivages de l'Atlantique, un vaste territoire, également revendiqué par les possesseurs de la Floride et par ceux de la Caroline. Les Espagnols n'y avaient aucun établissement, et les Anglais y avaient déjà exercé des actes de juridiction et d'occupation temporaire, qui les conduisirent par degrés à une prise de possession. Lorsqu'ils attaquèrent, en 1701, les Indiens Apalaches, qui avaient commis des incursions dans la Caroline, ils les poursuivirent, et portèrent le théâtre de la guerre entre le cours du Savannah et celui de l'Alatamaha; ils érigèrent ensuite un fort sur la rive de ce dernier fleuve, soit pour contenir les Indiens, soit pour empêcher l'évasion des esclaves noirs qui se réfugiaient en Floride : le gouvernement espagnol se plaignit de la création de ce poste militaire; et quoique l'incendie accidentel du fort eût bientôt mis un terme à cette contestation, les Anglais se pré-

valurent ensuite d'un premier établissement, pour étendre leurs prétentions sur tous les territoires situés au nord de la rivière Sainte-Marie. On y avait projeté la fondation d'une nouvelle colonie, dans la vue d'ouvrir un asile aux indigents de la Grande-Bretagne et de l'Irlande, et afin de mieux assurer la défense de la Caroline; on offrait aussi une retraite aux pauvres protestants des autres pays, et les bienfaiteurs qui s'occupèrent de cette colonie la mirent sous la protection de Georges 1er. Le sceau qu'ils adoptèrent représentait les deux grands fleuves de cette contrée, sous la forme de deux nymphes penchées sur leurs urnes; un génie s'élevait entre elles : il portait une lance et une corne d'abondance; sa tête était ornée d'un bonnet phrygien.

Au mois de novembre 1732, cent quinze colons s'embarquèrent à Gravesend pour la Géorgie : James Oglethorpe, principal promoteur de l'entreprise, était avec eux, et il se signala par son zèle pour cet établissement, qui fut d'abord fixé à Savannah, près de la rivière de ce nom. Tout le territoire situé au midi du fleuve appartenait aux Creeks : Oglethorpe désira en acquérir d'eux une partie; il leur fit des présents et conclut la paix avec eux. Une députation de Creeks l'accompagna ensuite à Londres, et le bon accueil qu'elle y obtint du roi contribua à l'affermissement de la paix. Une colonie de cent soixante-dix Suisses partit de Neuchâtel et vint s'établir à Purisbourg, au nord de Savannah; une autre colonie de cent trente montagnards écossais vint fonder Inverness sur l'Alatamaha, et cent soixante Irlandais s'établirent dans un autre canton.

Dans le premier plan d'organisation de la Géorgie, on considérait chaque planteur comme un soldat; il devait être pourvu d'armes et de munitions. Chaque terre était regardée comme fief militaire, et se transmettait par héritage en ligne masculine. Aucun homme ne pouvait sortir de la province sans congé. Tout domaine qui n'était pas cultivé pendant dix-huit ans retournait aux actionnaires. Il fallait une licence pour commercer avec les Indiens. L'emploi des nègres et l'importation des liqueurs fortes étaient prohibés ; mais on révoqua bientôt ces dernières restrictions.

Quelques forts furent érigés vers les territoires des Creeks et des Cherokees, et Oglethorpe fit aussi construire les forteresses d'Augusta et de Frederica. Le gouverneur de la Floride en prit ombrage ; il demanda que les Anglais évacuassent tout le territoire situé au midi de la baie de Sainte-Hélène ; mais il n'insista pas sur cette plainte ; sa protestation n'amena aucune hostilité, et les forts que l'on avait construits furent maintenus.

La fondation de la Géorgie étant venue compléter l'occupation des côtes de l'Atlantique par les Européens, nous pouvons maintenant embrasser l'ensemble des possessions anglaises dans l'Amérique du nord, et nous nous trouvons naturellement conduits à quelques considérations sur les causes et les effets des changements qu'éprouva la forme de leur administration, et sur la tendance de chaque colonie vers un mode de prospérité et d'industrie, analogue à sa situation particulière.

Le principal but des fondateurs avait été de faire fleurir les colonies par de bonnes lois : on avait aussi reconnu la nécessité de leur assurer constamment la protection de la métropole, et l'on eut enfin à déterminer les rapports qui devaient les unir à elle, de manière à concilier leurs intérêts respectifs, et à développer sans collision leurs communes ressources. Un tel problème était difficile à résoudre, et, pour se guider dans l'examen de cette question, on voulut s'instruire des leçons du passé. Les anciens avaient eu des colonies : quel système observaient-ils dans leur établissement et pour leur conservation ? Une si imposante autorité devait être d'un grand poids, et les peuples par lesquels la civilisation de l'Europe avait commencé conservaient sans doute le droit de l'éclairer par leur exemple.

On eut autrefois deux espèces de colonies : celles que de simples citoyens, réduits à leurs seules ressources, allaient fonder volontairement et sans mission sur un sol étranger, et celles qu'un gouvernement faisait établir par ses généraux ou par d'autres délégués. Les colonies de la première classe étaient indépendantes ; elles existaient par elles-mêmes, et jouissaient de leurs propres droits : elles créaient leurs magistrats et leurs juges ; elles décrétaient leurs lois, n'étaient soumises à aucun tribut étranger, et faisaient à leur gré la paix ou la guerre. Les autres colonies, dont un gouvernement était le fondateur et le soutien, ne jouissaient pas d'une semblable immunité : elles avaient les mêmes amis et les mêmes ennemis que la métropole ; elles devaient prendre les armes pour sa défense ; elles reconnaissaient son droit de suprématie, et souvent elles ne pouvaient pas changer leurs lois sans son autorisation.

On peut citer à la tête des colonies indépendantes Carthage qui fut fondée par les Phéniciens, et qui ne fut jamais considérée comme tributaire de Tyr, soit dans la paix, soit dans la guerre ; et l'on doit ranger dans la classe des autres colonies restées soumises à la métropole, celles que fonda Carthage dans plusieurs îles de la Méditerranée, sur les côtes d'Afrique, sur celles d'Espagne et au-delà des colonnes d'Hercule. Les Carthaginois songeaient à l'agrandissement de leur commerce ; ils cherchaient à attirer dans les colonies qu'ils établissaient les productions des contrées voisines ; ils y propageaient leur industrie, leur navigation, et en favorisant les échanges entre les différents peuples ils multipliaient les richesses de tous. Les nombreux comptoirs qu'ils formèrent tendirent à répandre de toutes parts la connaissance des arts utiles qui contribuent au bien-être des nations ; ils rapprochèrent des peuples qui s'évitaient, et firent servir les relations du commerce aux progrès de l'industrie.

L'établissement des colonies grecques eut un but moins commercial. On regardait leur fondation comme un moyen nécessaire pour subvenir aux besoins d'une population toujours croissante. Des états si limités dans leur territoire auraient été surchargés par un surcroît d'habitants : on envoyait successivement au dehors différents essaims de cultivateurs; et ceux-ci portaient avec eux sur d'autres rivages leurs institutions, leur langue et leurs dieux. Si les colonies étaient attaquées, elles recouraient aux secours de la métropole : elles prenaient part à sa défense lorsqu'elles en étaient requises; elles déféraient à ses conseils, et lui reconnaissaient l'autorité que la mère-patrie a sur ses enfants. Souvent elles envoyaient leurs théories aux jeux olympiques de la Grèce et à ses fêtes les plus solennelles; elles avaient un culte semblable; elles observaient les mêmes rites dans leurs funérailles, et gardaient une religieuse affection pour les lieux de leur origine. Les colons ne voulaient pas que la métropole fût menacée et qu'on insultât les monuments de leurs ancêtres. Toutes les colonies grecques n'étaient pas restées dans la dépendance politique de la mère-patrie, mais elles se croyaient encore liées à ses intérêts, à sa destinée, par des devoirs de reconnaissance, de piété filiale et d'humanité; et ce genre d'obligation morale et naturelle entraînait sans peine une nation douée d'une si vive sensibilité.

Rome avait formé d'autres liens entre elle et ses colonies : elle les fondait pour affermir ses conquêtes et pour étendre sa puissance, soit qu'elle les envoyât dans les terres vacantes qui avaient été dévolues au domaine public, soit qu'elle les plaçât comme un boulevard sur les limites de son territoire. Les soldats, les vétérans de ses légions étaient souvent les premiers possesseurs de ses colonies, et c'était au milieu d'un camp que l'on jetait les fondations d'une nouvelle cité. Aussi les règles du devoir et de la discipline militaire devenaient la base des rapports d'une colonie romaine avec sa métropole. La frontière où on l'avait établie était particulièrement confiée à sa garde; et quelles que fussent les régions et les distances, elle se trouvait toujours placée sous la domination commune. Rome établissait ses lois et ses magistrats dans les colonies qu'elle avait fondées : elle y envoyait des préteurs, des décurions, des édiles; elle y percevait des tributs; elle y faisait des levées militaires; et si les colons prenaient les armes contre elle, ils n'étaient pas seulement traités en ennemis, on les poursuivait comme rebelles.

Tels étaient les différents systèmes que pouvaient avoir à consulter les hommes qui cherchaient l'autorité de l'exemple, pour fonder les rapports des colonies anglaises avec leur métropole; mais la différence des temps et des situations ne permettait pas d'imiter d'anciennes formes sans les modifier; et celles qu'on adopta participèrent de l'esprit du siècle dans lequel elles furent établies.

La variété des institutions politiques et religieuses entre lesquelles chaque colonie fit un choix, fut le premier résultat de cette liberté d'opinions que l'on s'attacha dès l'origine à ménager et à favoriser. Les vues de tous les hommes qui se rendaient en Amérique purent être satisfaites, et ils réglèrent eux-mêmes leur destinée et les formes de gouvernement sous lesquelles ils désiraient vivre. Cet accord de principes avec des concitoyens dont on s'était volontairement rapproché devint pour tous une première cause de bien-être et d'union. Ils restaient d'ailleurs attachés à la métropole par plusieurs institutions fondamentales, dont ils eurent habituellement à reconnaître les avantages.

Ces institutions étaient celle du jury, qui dans les procédures criminelles donnait une garantie de plus à l'innocence; celle de l'*habeas corpus*, qui allégeait la condition des accusés en leur laissant la liberté sous caution;

celle du système représentatif, appliqué à la discussion des lois et à l'administration des revenus et des dépenses publiques. Il ne pouvait être adopté aucun réglement contraire aux institutions de la métropole : chaque Anglais, en se rendant dans les colonies, y conservait des droits naturels, imprescriptibles, inhérents à sa qualité de sujet de la Grande-Bretagne, et il continuait de jouir, comme citoyen, des sûretés que lui donnaient les lois de la mère-patrie. Ces priviléges judiciaires, ces formes représentatives, cette habitude de discuter les intérêts de son pays, de comparer les ressources aux besoins, et de s'identifier au bien-être d'un état qui devient ainsi la chose publique, donnaient aux hommes plus de patriotisme et les faisaient concourir à la prospérité commune.

Lorsque les colonies anglaises commencèrent à se former, ce fut en vertu des concessions faites par le roi, qui regardait comme son domaine propre les terres nouvellement découvertes, et qui établissait entre les colonies et la couronne des rapports fondés sur les institutions féodales. On en trouvait un exemple dans les droits de suzeraineté que le roi exerçait sur le comté palatin de Durham, situé au nord du duché d'York; et le même genre de lien fut appliqué aux premières concessions de territoire. Les compagnies ou les propriétaires qui les obtinrent furent autorisés à distribuer les terres, à les faire occuper à leur gré, même à les ériger en fiefs; ils en perçurent des redevances, et ils y jouirent des droits seigneuriaux. Ainsi les domaines avaient leurs charges, et l'on pouvait les retirer s'il ne s'y faisait pas d'établissement dans un délai déterminé. Cette obligation de les occuper, de les défricher, et d'en payer le cens annuel, avait pour résultat d'en accélérer la culture et de borner chaque concession particulière à l'étendue de terres qui pouvait effectivement être exploitée et mise en valeur par le concessionnaire. Quant à la forme du gouvernement intérieur, on assimila plusieurs colonies à d'autres provinces que la couronne possédait hors du royaume, et on leur appliqua les institutions de l'île de Jersey, où l'on suivait encore les coutumes du duché de Normandie, parce que cette île en avait autrefois dépendu. Ces coutumes consacraient, comme celles d'Angleterre, l'obligation d'assembler périodiquement les états, et de ne lever aucun impôt sans leur participation.

Le système représentatif fut ainsi attaché à l'institution des colonies, et le droit de souveraineté du roi s'y trouvait en même temps introduit. Les modifications que subirent ces deux principes, dans leur application et dans leur degré d'étendue, tinrent aux variations que le gouvernement de la métropole eut à éprouver lui-même. L'autorité du parlement britannique fut agrandie à la fin du règne orageux de Charles Ier et pendant la durée du protectorat; les mêmes prérogatives lui furent conservées après le rétablissement de Charles II. Les droits personnels du roi se trouvaient alors limités, et les colonies ne furent plus considérées comme son domaine propre; elles étaient devenues parties intégrantes de la monarchie : les habitants conservaient le caractère et les priviléges de sujets britanniques, et ils étaient régis et protégés par les institutions mêmes de la métropole, dans la jouissance de leurs principaux droits politiques et civils.

Nous avons remarqué qu'à différentes époques les colonies fondées sur des chartres, ou cédées à des propriétaires, passèrent sous le gouvernement royal, et se trouvèrent ainsi assimilées les unes aux autres dans leurs rapports avec la couronne. Ces transactions successivement faites eurent des résultats analogues; et comme le Massachusett avait reconnu le premier cette forme de gouvernement, on put se régler sur son exemple, pour déterminer les liens qui allaient unir au royaume les autres colonies.

Dans le Massachusett, le gouverneur était créé par le roi. Il était assisté dans ses principaux actes par un conseil dont il devait avoir l'assentiment. Les intérêts des habitants étaient représentés dans une assemblée générale, qui se composait du gouverneur, du conseil, et d'un certain nombre de députés élus par les citoyens. L'assemblée générale nommait aux places vacantes dans le conseil; elle établissait des tribunaux, elle faisait des lois, en se conformant, autant qu'il était possible, à celles d'Angleterre; elle imposait des taxes personnelles et réelles : l'emploi en était fait par les ordres du gouverneur, avec l'avis et le consentement du conseil, pour le service du roi et la défense du pays. Le gouverneur exerçait un droit de *veto* sur les actes de l'assemblée générale, qui devaient aussi être envoyés au roi, pour être confirmés ou rejetés. Il pouvait assembler les milices, les armer, les discipliner, les conduire contre l'ennemi. Tous les pouvoirs constitutionnels du roi, son autorité civile et militaire et la portion d'autorité législative qui lui appartenait avaient été délégués au gouverneur; mais le monarque s'était réservé l'exercice des prérogatives souveraines les plus importantes, le droit de faire la guerre, d'ériger des places fortes, d'y envoyer des troupes, d'autoriser les armements en course, de conclure la paix, de régler les rapports de neutralité, d'alliance, de commerce avec d'autres états. Tous les actes d'administration où se trouvaient mêlés les intérêts de la mère-patrie n'avaient de caractère légal qu'après avoir été approuvés par le roi.

En faisant passer sous le gouvernement royal toutes ces possessions éloignées, on déterminait aussi d'une manière uniforme leurs rapports commerciaux avec la métropole et avec les autres pays; et les modifications ultérieures qu'éprouva ce genre de relations devinrent également applicables à toutes les colonies. Elles avaient eu d'abord la faculté d'exporter leurs productions dans les pays amis ou alliés de la Grande-Bretagne, et cette autorisation fut spécialement accordée au Maryland, sous le règne de Charles Ier; mais sous celui de Charles II elle fut refusée aux fondateurs de la Pensylvanie. L'acte de navigation qui changea tous les rapports du commerce maritime avait paru dans l'intervalle, et cet acte, publié en 1651, sous le gouvernement de Cromwell, restreignit toutes les relations des colonies avec l'étranger. Cet acte portait en substance que les produits agricoles ou manufacturés des colonies britanniques ne pourraient être importés en Angleterre que sur des navires anglais; qu'il en serait de même des produits de toutes les autres contrées d'Asie, d'Afrique et d'Amérique; que les vaisseaux des puissances européennes se borneraient à importer en Angleterre les provenances de leur pays; que les étrangers qui introduiraient dans le royaume les produits de leurs pêches, y paieraient le double des droits de douane imposés aux nationaux; qu'aucun vaisseau étranger ne pourrait charger des marchandises en Angleterre pour les transporter dans d'autres ports, à moins que les trois quarts de son équipage ne fussent composés d'Anglais.

Les principes de l'acte de navigation furent souvent confirmés et renforcés par d'autres lois, qui concouraient toutes à rendre exclusif le commerce des colons avec la métropole. Les étrangers pouvaient être aisément admis dans les colonies, lorsqu'ils venaient s'y établir et s'y incorporer: alors ils devenaient membres de l'association et ils y acquéraient les droits civils; mais ils ne pouvaient pas s'y introduire comme négociants étrangers pour exercer leur trafic, ou pour y servir de facteurs. Toutes ces opérations de commerce ne devaient être suivies que par les Anglais qui venaient y résider, ou par les colons eux-mêmes. Les uns et les autres jouissaient également du droit de naviguer et de commercer entre les deux pays. Aucune compagnie n'avait le privilége exclusif de ce commerce; tout sujet anglais pouvait librement s'y livrer; et cette franchise individuelle donna rapidement aux relations de l'Angleterre avec ses colonies une activité d'autant plus grande que ses possessions d'Amérique étaient très-étendues, qu'on y arrivait par un grand nombre de ports et que la population y faisait journellement des progrès.

Les échanges habituels de ce commerce étaient ceux des produits du sol contre les articles manufacturés. L'industrie de l'Angleterre fournissait à ses colonies les étoffes, les meubles, les ustensiles, tous les objets fabriqués, nécessaires aux usages de la vie. L'accroissement du bien-être des habitants augmentait ce genre de consommation ; les nécessités du luxe venaient se joindre aux véritables besoins, et pour acquérir les moyens de se procurer ces jouissances, on mettait en valeur toutes les ressources territoriales que pouvaient offrir les colonies. Leur prospérité première dépendit de leur fécondité. On commençait par demander au sol toutes ses richesses. On avait des bois pour la construction et la navigation, de la résine, des cuirs, de nombreuses pelleteries, des charbons fossiles, des métaux, une abondante variété de plantes indigènes ; et si l'on joignait aux produits de la chasse, et à ceux que la terre offrait spontanément, tous les trésors de la culture, on y trouvait la base d'une prospérité commerciale, propre à développer encore l'activité du travail.

Le génie colonial est essentiellement agricole ; il s'attache avant tout à exploiter la terre : ce sont là ses premières conquêtes ; il les prolonge, il les multiplie ; et quand les Européens qui ont franchi l'immensité de l'Océan pour chercher une nouvelle patrie ont défriché le rivage qui les avait reçus, cet esprit aventureux qui les avait dirigés vers des contrées inconnues les porte à poursuivre leurs entreprises. Un vaste territoire leur est ouvert ; une autre perspective attire leurs regards ; et ce qu'il y a de vague et d'incertain dans la destinée qui les attend aiguillonne leur espérance. Cet élan vers l'avenir animait les fondateurs des colonies, et le même esprit se propagea de race en race chez leurs descendants.

A mesure que se développèrent les ressources de l'agriculture, et que les colonies anglaises acquirent plus de richesses, de population et d'étendue, il parut nécessaire de leur assurer d'autres avantages ; et l'Angleterre, modifiant envers elles la première rigueur de ses réglements, leur permit un commerce limité avec d'autres pays situés hors d'Europe, soit qu'ils lui appartinssent, soit qu'ils dépendissent d'une autre puissance. Cette autorisation étendit la navigation des colonies anglaises, et leur ouvrit les parages d'Amérique, d'Afrique et d'Asie. On voulut pénétrer dans tous les ports que les autorités locales ne rendaient pas inaccessibles par leurs prohibitions. Le génie du commerce s'empara d'un si vaste champ : on construisit de nombreux navires ; on multiplia les défrichements ; de nouveaux produits furent demandés à la terre ; des fabriques furent successivement établies ; les colonies reconnurent qu'elles avaient un principe d'existence et de bien-être qui leur était propre et que le cours du temps devait fortifier.

Boston offrait l'exemple de ce mouvement progressif : aucune ville n'était plus remarquable par l'activité de son commerce et par l'impulsion donnée à l'industrie ; c'était alors sur ce point que se dirigeaient les principaux arrivages : Boston était devenu le premier entrepôt du continent américain, Philadelphie au centre des colonies anglaises, et Charleston vers le midi, étaient alors les autres places les plus importantes. Baltimore s'agrandissait plus lentement, et New-York ne s'élevait point encore au rang que devaient lui assigner un jour l'étendue et l'éclat de son commerce.

Nous devons attribuer en grande partie les premiers développements de cette navigation à une branche d'économie maritime qui, depuis la pacification générale de 1713, fit dans les colonies anglaises de rapides progrès. Leurs pêcheries occupaient de plus grands parages : celles des côtes et des bancs de l'Acadie leur appartenaient exclusivement. L'Angleterre, devenue maîtresse de l'île entière de Terre-Neuve, pouvait avec plus de facilité multiplier ses bâtiments pêcheurs dans les mers voisines et sur les bancs avancés ; elle étendait ses pêcheries le long des côtes orientales du Labrador, et les colonies prenaient une grande part à ces exploitations maritimes.

Lorsqu'une nombreuse et intéressante population cherche sur les mers une partie des éléments de son bien-être et de sa puissance, quand la pêche et la navigation l'enrichissent, développent son énergie, et l'accoutument aux plus grands périls, le devoir d'un historien est de la montrer aussi sur le nouveau théâtre où elle va se déployer : il doit, pour la faire mieux connaître, tracer ses habitudes maritimes, indiquer les ressources que lui fournit l'Océan, suivre même quelques-unes de ces aventureuses expéditions qui attestent son industrie, son courage, et qui étendent au loin son influence politique et commerciale. La part que cette nation est appelée à prendre aux affaires du monde la signale d'une manière trop remarquable, pour que nous ne cherchions pas à développer une des principales causes de sa grandeur.

Un tel motif peut suffisamment expliquer les développements où nous devons entrer sur quelques pêcheries dont les colonies anglaises eurent à s'occuper vers les côtes du continent américain et dans d'autres parages de l'Atlantique. Le droit des exploiter était commun à tous les sujets anglais : la métropole et les colonies jouissaient, sous ce rapport, des mêmes avantages; et les opérations de la pêche, se trouvant ainsi soutenues par un plus grand nombre d'armateurs, pouvaient devenir plus variées, plus importantes, et embrasser de plus grands espaces sur l'Océan.

Depuis le commencement du seizième siècle, la pêche de la morue était exploitée par les Européens, et leur fournissait une pépinière de matelots accoutumés à toutes les fatigues d'une pénible navigation. Elle ne s'était d'abord exercée que sur quelques bancs de l'Atlantique, voisins de l'Irlande, des Orcades, des îles Shettland, de l'Islande, des côtes de Norwége, et sur le Doggers-Bank dans la mer du Nord; mais la pêche sur le grand banc de Terre-Neuve fut bientôt préférée à toutes les autres : elle s'étendit ensuite aux autres plages de cette île, aux côtes du golfe Saint-Laurent, à celles de Labrador; et l'on reconnut que ce n'était point aux mêmes époques que la morue arrivait dans les différentes régions de l'Atlantique. Elle se montre, dans les mois de février et de mars, sur les côtes de Loffoden, au mois d'avril sur le banc qui se prolonge entre les îles Shettland et Faröer, et ce poisson paraît ensuite vers les côtes d'Islande. L'exploitation des parages de Terre-Neuve commence dans les premiers jours de mai ; la morue abonde alors sur la côte occidentale de cette île, depuis le Cap-Riche ou Cod-Roi jusqu'à la baie des Trois-Iles, et c'est là que l'on peut faire la première pêche. Cette famille innombrable remonte ensuite lentement vers le nord jusqu'à la fin du mois de juillet, et le côté nord-est de l'île devient alors le plus poissonneux. Les bâtiments qui fréquentent les côtes de Labrador se rendent à leur destination vers les premiers jours de juin. Ils commencent par la pêche du capelan, qui sert d'amorce pour la morue et qui abonde dans ces parages, et ils choisissent et se répartissent entre eux les stations qu'ils ont à occuper, depuis le golfe Saint-Laurent jusqu'à l'île de Cumberland, située à l'entrée de la baie d'Hudson. La morue des côtes de Labrador est plus petite que celle du grand banc de Terre-Neuve, où la pêche est plus productive, et où il arrive, chaque année, un plus grand nombre de bâtiments.

Le grand banc occupe, du nord au sud, un espace de huit degrés ; il se compose d'une suite de montagnes et de plateaux sous-marins, dont on trouve les sommets à trente ou quarante brasses de profondeur. Ces plateaux sont couverts de coquillages et de différentes espèces de poissons dont les morues font leur nourriture. La pêche y est toujours aussi abondante, quoiqu'elle soit annuellement exploitée depuis plus de trois siècles : elle l'est également vers les côtes de l'île de Terre-Neuve et vers celles de Cap-Breton et de l'Acadie ; elle l'est encore dans le golfe Saint-Laurent, et dans toute la partie inférieure du fleuve.

Après la pêche de la morue, celle du hareng est la plus abondante : elle occupe sur les côtes d'Europe et sur celles de l'Amérique du nord différentes stations, qui correspondent toutes à des bancs et à des battures maritimes dont les hauts-fonds sont généralement favorables à la population des mers. Les harengs sortent, tous les ans, en troupes innombrables, de la région des glaces polaires, et ils se partagent en deux bancs principaux : l'un se dirige vers les parages orientaux de l'Atlantique, l'autre vers les côtes de Labrador, de Terre-Neuve et du continent américain.

Cette classe, la plus nombreuse de toutes les espèces nomades qui parcourent cet espace de l'Océan, est aussi celle que l'on a le plus habituellement poursuivie. La première pêche du hareng qui soit connue en Europe a été faite par les Écossais, et cette exploitation remonte au neuvième siècle. Les pêcheurs prenaient le hareng sur leurs côtes, et les Hollandais venaient l'acheter d'eux. Une guerre survenue entre les deux nations fit suspendre ce trafic. Les Hollandais allèrent eux-mêmes à la pêche du hareng, apprirent à le préparer, et en firent un objet de commerce et d'exploitation dès le commencement du quatorzième siècle. Les procédés de la salaison et de la conservation furent perfectionnés en 1416, par Guillaume Boëkels, et cette branche d'industrie devint si avantageuse à ses compatriotes qu'après sa mort ils lui érigèrent un monument à Birvliet, où il avait reçu le jour.

Le hareng était alors le moyen de subsistance le plus habituellement employé pour l'approvisionnement des navires, des places fortes, des troupes en campagne. Les communautés religieuses en faisaient une grande consommation : l'usage en avait été répandu dans toutes les classes par la loi du jeûne ; et comme la pêche en est simple, productive et sans dépense, elle occupait un grand nombre de navigateurs européens, depuis les îles Helgeland, en Norwége, jusque dans le centre de la Baltique, depuis le Jutland jusqu'aux côtes de la Manche, et enfin sur le littoral britannique, sur celui des Orcades, des Hébrides, et des îles du canal d'Irlande. On allait successivement attendre sur différents points l'arrivée de cette multitude infinie, en se réglant sur ses habitudes connues et sur ses émigrations périodiques ; mais elle trompait quelquefois, par un changement de direction, l'attente des navigateurs, et semblait même renoncer à plusieurs de ses anciens parages : elle abondait alors sur les côtes d'Acadie, et cette pêche employait un grand nombre de navires.

La pêche de la baleine se fait annuellement dans la baie de Baffin, et dans les autres régions de la mer Glaciale, où les bâtiments se rendent vers la fin de mai, et où ils restent mouillés près de quelque abri, jusqu'à ce que la débâcle des glaces leur permette de s'ouvrir un passage, et de s'avancer plus au nord. On exerce aussi cette pêche dans les parages de Terre-Neuve. Les cétacés y arrivent des mers du Groënland, vers le milieu d'octobre, et ils y trouvent une nourriture abondante. Lorsque l'hiver est devenu rigoureux, ils cherchent des contrées méridionales et s'avancent vers le tropique du Cancer : ils voyagent jusqu'au printemps sous les mêmes latitudes, et regagnent ensuite les parages de la Nouvelle-Angleterre, de l'Acadie, de Terre-Neuve, de Labrador et des régions polaires. Mais toutes les espèces de cétacés ne participent point aux mêmes migrations ; plusieurs sont moins errantes et occupent habituellement les mêmes espaces : les unes fréquentent les parages du Groënland, de l'Islande et de Terre-Neuve; d'autres, comme les souffleurs, parcourent la mer des Antilles, celle des Açores, ou le golfe de Guinée, ou les parages de Sainte-Hélène et de l'Ascension. Les cachalots abondent vers les côtes Magellaniques et vers les îles méridionales de Shettland ; et les plages de ces contrées sont couvertes quelquefois d'éléphants de mer et de différents phoques, dont les huiles, les fanons et les autres produits peuvent être appliqués à nos usages domestiques.

Les cétacés et les phoques s'éloignent insensiblement des contrées où on leur donne habituellement la chasse; et l'on peut citer pour exemple de ce changement de stations, celui des baleines qui ont successivement occupé plusieurs régions de l'Atlantique. Les Basques en faisaient autrefois la pêche dans le golfe de Gascogne, depuis la baie de Sant-Ander jusqu'à la Charente, et une tour de l'île de Ré porte encore le nom de tour des Baleines : mais elles avaient disparu de cette côte dès le commencement du quinzième siècle. Alors on les poursuivit vers le nord, et l'on parcourut successivement les parages d'Amérique et du Groënland où cette pêche devint plus abondante; elle occupa long-temps les marins de Bayonne, ceux de Guyenne, d'Aunis, de Normandie, et fut ensuite partagée avec les Anglais, les Hollandais et d'autres navigateurs.

Ces émigrations que l'on a remarquées dans plusieurs familles de poissons et de phoques, lorsqu'elles cherchent à fuir les régions où elles sont troublées, ont également lieu quand les espèces dont elles se nourrissent ont elles-mêmes changé de stations. Ainsi se tiennent et sont liées l'une à l'autre les différentes classes de la population des mers ; l'Océan a des régions où ces familles étaient nombreuses au moment de la découverte : on ne les y trouve plus aujourd'hui ; mais quelquefois d'autres espèces en ont pris la place ; et plusieurs parages ont successivement reçu différentes colonies maritimes.

L'obligation de faire de longues excursions, pour obtenir une pêche abondante, mettait constamment à l'épreuve les navigateurs des colonies anglaises; et nous devons citer, au nombre de leurs marins les plus intrépides, ceux de l'île de Nantucket, située au sud-est du Massachusett. Élevés au milieu du tumulte des vagues, et accoutumés à se jeter en aventuriers sur l'Océan, ils étendirent au loin leurs pêcheries, et lancèrent les filets ou le harpon dans tous les parages que les poissons et les cétacés fréquentaient. Cette active industrie enrichit à la fois leur île et les contrées voisines, et l'on y trouva constamment des matelots pour les plus pénibles expéditions. Alors les colonies anglaises multipliaient leurs entreprises : on ne craignait pas de braver avec quelques hommes d'équipage les mers les plus tourmentées par les tempêtes. Ce pavillon, flottant le long des côtes du Nouveau-Monde, cinglait vers le cap Horn, et cherchait les mers australes; bientôt même il devait parcourir le Grand-Océan, gagner ses nombreux archipels et ses régions arctiques, atteindre, en se dirigeant vers l'ouest, les ports de Canton et de Macao, et pénétrer jusqu'aux colonies anglaises des Indes orientales : grande et favorable circulation commerciale, dont les bénéfices devaient s'étendre successivement sur les diverses contrées du globe. Si nous aimons à signaler ce genre d'accroissement et d'amélioration, ce n'est pas seulement parce qu'il concourt au bien-être d'un pays, c'est aussi parce que les liens du commerce rapprochent les peuples, donnent un plus libre cours à l'industrie, aux arts utiles, aux vérités, et tendent à perfectionner la race humaine. Heureuses les époques paisibles où de telles relations peuvent se former ! elles méritent d'entrer dans l'histoire des nations; car elles nous les représentent dans les plus brillantes phases de leurs révolutions politiques. L'histoire a souvent rappelé, d'une manière trop exclusive, leurs sanglantes guerres et leurs malheurs; les tableaux de leur marche sociale et de leurs prospérités ne méritent-ils pas aussi d'être proposés en exemple aux hommes?

Tandis que l'Angleterre et ses colonies d'Amérique étendaient le domaine de leurs pêcheries, celles du golfe Saint-Laurent étaient exploitées par les Français, qui continuaient aussi de prendre part à celles du grand banc de Terre-Neuve. L'île de Cap-Breton, située à l'entrée du golfe, avait été laissée à la France par le traité d'Utrecht : la pêche de la morue était abondante sur les bancs de ses parages; les vaisseaux trouvaient des abris sûrs et commodes dans les ports de cette île, et celui de Louisbourg devint le principal entrepôt de la colonie. Les Français qui avaient abandonné Terre-Neuve se retirèrent à Cap-Breton; il y vint quelques réfugiés d'Acadie : d'autres établissements se formèrent ou s'accrurent dans l'île Saint-Jean, dans l'archipel de la Madeleine, dans l'île Miscou, située à l'entrée de la baie des Chaleurs; et ces différents postes, avantageusement placés pour la pêche du golfe Saint-Laurent, donnèrent à cette industrie une nouvelle activité.

La pêche de la morue n'était pas la seule que l'on fît dans le golfe; celle de la baleine y était abondante vers le nord, et le long des côtes du Labrador : elle l'était aussi dans la vaste embouchure du fleuve, et jusqu'au confluent du Saguenay. Cette pêche y est beaucoup moins pénible que dans les mers boréales, et l'on peut y joindre celle des phoques et des morses, qui se faisait alors sur les différents rivages du golfe et de l'entrée du fleuve Saint-Laurent. L'utilité de ces différentes exploitations fit attacher plus d'importance à la possession de l'île de Cap-Breton, et la France y trouva un point de relâche habituel dans ses communications avec le Canada.

Les Indiens n'avaient jamais pratiqué la pêche de la morue; il leur eût fallu chercher, à quelques lieues des côtes, les bancs maritimes qu'elle fréquente, et la faiblesse de leurs pirogues, la timide enfance de leur navigation ne l'eût pas permis; mais la pêche des loutres, des chiens de mer et des autres phoques leur était familière, et ils y signalaient leur adresse. Placés en embuscade sur le rivage, ils les attaquaient avec leurs flèches ou leurs épieus, quand ces amphibies s'élevaient à la surface des eaux pour respirer l'air, et surtout quand ils avaient gagné la plage pour y déposer leurs petits. Les Indiens exerçaient aussi la pêche à l'entrée des fleuves et dans les plus étroites baies du littoral : ils y trouvaient une grande variété d'espèces; plusieurs d'entre elles n'apparaissaient qu'à des époques déterminées, et leur arrivée, comme celle des oiseaux de passage, se réglait sur l'ordre des saisons. Le retour de ces périodes annuelles était même plus régulier que le cours de la végétation et que le développement plus ou moins précoce des feuilles, des fleurs et des fruits. Les sauvages du golfe Saint-Laurent et de l'Acadie faisaient, dans les mois de décembre et de janvier, la chasse de différentes espèces de phoques qui abondaient sur leurs plages, et celle des ours, des lièvres, des canards, des sarcelles, des outardes; dans les mois de février et de mars ils chassaient les caribous; ils pêchaient au commencement d'avril les poissons qui venaient frayer à l'entrée des rivières, les éperlans, les harengs ensuite, puis l'esturgeon, le saumon, la plie, la sèche, les truites saumonées. L'été, qui multipliait ces populations nomades, rendait aussi les pêches des Indiens plus abondantes. Au mois de septembre, ils allaient chasser les oies sauvages, qui volaient alors vers le sud pour revenir avec le printemps; on commençait dans les mois d'octobre et de novembre la chasse des castors et des orignals, qui abondaient au nord de la baie de Fundy, et l'on chassait à la même époque les autres antilopes et les nombreux troupeaux de buffalos, errants dans les forêts et dans les prairies de l'intérieur du continent. Ce que les sauvages avaient fait fut ensuite imité par les Européens : ceux-ci durent également se régler, dans leurs chasses et dans leurs pêches, sur les habitudes connues des espèces attachées au sol ou aux parages de leurs colonies; et comme ils étaient pourvus d'armes d'une plus longue portée, et d'instruments de pêche plus parfaits, ils pouvaient obtenir une plus riche proie. Ils avaient joint à la pêche du littoral celle des hautes mers, et les bénéfices de l'une et de l'autre exploitation leur offrirent un dédommagement des pertes qu'éprouvait la traite des pelleteries. Ce dernier genre de commerce devenait en effet plus pénible et moins productif. La chasse, encouragée par l'appât du gain, avait été si destructive, que plusieurs cantons où avaient abondé les bêtes fauves se trouvaient déjà dépeuplés. Les forêts leur offraient d'ailleurs de moins profondes retraites; la culture avait empiété sur leurs domaines; elle avait abattu une partie de leurs forêts; elle ne cessait pas de les poursuivre, de les effrayer, et les animaux s'éloignaient avec timidité de tous les lieux que venaient occuper les Européens. L'isolement convient à leurs sauvages habitudes; leur instinct, leur force s'y développent en liberté, et ceux dont nous admirons l'industrie, tels que les familles de castors, aiment à nous dérober leurs travaux. Mais ils s'éloignent aussi de l'homme comme d'un mortel ennemi. Leur nombre diminue de jour en jour; quelques races viennent même à disparaître; et ce système d'hostilité contre toutes les espèces dont les peuples chasseurs peuvent se nourrir, ou dont ils recherchent les dépouilles, entre dans l'histoire des sauvages, comme les guerres et les conquêtes entrent dans celle des peuples civilisés.

Toutes les colonies européennes ne pouvaient pas exploiter avec le même avantage la traite des pelleteries : elle était plus bornée dans les provinces où les colons étaient plus nombreux, et où la rapide extension des défrichements avait usurpé les retraites des sauvages et des animaux. La Nouvelle-Angleterre, dont le territoire était restreint, offrait ainsi moins d'avantages à ce commerce que les autres colonies anglaises, dont les bornes occidentales n'étaient pas encore tracées, et qui pouvaient trouver dans les forêts de l'intérieur des ressources plus faciles à renouveler. New-York, la Pensylvanie, la Virginie, les états plus méridionaux prolongeaient de proche en proche leurs acquisitions vers les monts Alléghanys : ils ne regardaient pas même ces boulevards comme une frontière; ils les croyaient compris dans les premières concessions de terre qui leur avaient été faites; et fondant leurs titres sur des chartes royales qui leur attribuaient, d'une mer à l'autre, la possession du continent américain, ils aspiraient à faire valoir leurs prétentions de souveraineté sur toutes les terres qu'ils pourraient atteindre.

Mais si les colonies qui se trouvaient circonscrites par d'autres possessions européennes n'avaient pas la perspective d'un agrandissement ultérieur et des nombreuses ressources qui pouvaient en résulter, ces provinces, animées d'une louable ambition, s'approprièrent de bonne heure un nouveau genre d'exploitation qui devait leur assurer une prospérité plus durable; et lorsque leur économie agricole eut fait des progrès, il s'éleva différentes branches d'industrie, destinées à donner aux productions de la terre une plus grande valeur. L'équarissage et la mise en œuvre des bois occupaient plusieurs classes d'artisans : on eut des scieries pour les débiter en planches; on les façonna en mâts, en vergues, en courbes, pour la construction des navires, et Boston se signala dans ce genre de fabrication, qui comprenait aussi celle des agrès de toute nature. L'art de la navigation exige de nombreux auxiliaires, et aucune industrie n'est plus propre à développer rapidement toutes les autres. Une activité nouvelle fut dès lors imprimée à d'utiles travaux qui exerçaient les uns sur les autres une réaction salutaire; et la culture fit des progrès plus marqués, quand les arts s'emparèrent de ses produits. Le chanvre et le lin avaient été transplantés et acclimatés dans la Nouvelle-Angleterre : on les cultiva avec plus de soin; on fabriqua des câbles, on eut des tisserands pour les voiles; les arts se dégrossirent, se multiplièrent; et l'on en vint par degrés à avoir de plus délicates filatures, et de plus légers tissus pour les usages domestiques. Les arbres fruitiers et les céréales d'Europe, qu'on avait également naturalisés dans le Nouveau-Monde, commençaient à donner de si abondantes récoltes qu'elles dépassaient les bornes de la consommation. L'excédant que l'on avait à réexporter fut soumis à plusieurs manipulations qui augmentèrent les bénéfices de ce commerce. La mouture des froments, l'émondage de quelques graines, la conservation des farines employèrent un grand nombre de machines et de bras : on eut des pressoirs pour le cidre, des brasseries pour la bière, des distilleries pour extraire des graines et des fruits à noyau différentes liqueurs spiritueuses. La culture des pommes de terre et celle du maïs, qui toutes deux étaient indigènes, firent prospérer d'autres branches d'économie rurale, et les ressources qu'elles procurèrent pour la nourriture des animaux et des oiseaux domestiques en firent multiplier les races et en facilitèrent l'éducation. La bonté des pâturages permettait d'avoir de nombreux troupeaux, et partout on substitua aux espèces indépendantes avec lesquelles on était en guerre, celles que l'on avait assujetties, fidèles et précieuses familles, compagnes inséparables de l'homme, et destinées à suivre les peuples civilisés dans toutes leurs conquêtes.

Souvent, pour accoutumer les animaux d'Europe au nouveau sol qu'ils devaient habiter, on transporta et l'on sema pour eux les graines des herbes, des racines, ou des fruits dont ils s'étaient nourris avant leur exil : ils retrouvèrent des campagnes ornées de la même parure; ils eurent des plantes aussi savoureuses, et jouirent de toute la fécondité de la terre natale. L'émigration n'en fit dégénérer que quelques races, et la plupart se multiplièrent à un tel point qu'elles offrirent d'abondants moyens de subsistance pour l'approvisionnement des navires, soit par l'embarquement des espèces vivantes, soit par les salaisons. On prépara de diverses manières le laitage des bestiaux, et l'on y trouva la source d'un nouveau commerce : la qualité et les variétés de leurs dépouilles donnèrent lieu à d'autres fabrications. Des tanneries, des mégisseries s'établirent pour la fabrication des cuirs; la laine des troupeaux fut employée dans des manufactures de drap commun ; aucun principe de travail ne fut négligé, et l'on chercha de toutes parts à donner une première main-d'œuvre aux productions naturelles qui en étaient susceptibles.

Placé sur une terre si féconde, on ne se borna point aux richesses répandues à sa surface, et les mines furent explorées. On avait d'abord été à la recherche de l'or; mais le fer, le cuivre, les charbons fossiles eurent bientôt plus de prix pour un peuple actif et laborieux : la métallurgie fit des progrès; des usines furent établies pour les instruments les plus usuels, et d'industrieuses colonies cherchèrent à pourvoir par leurs propres ressources à une partie de leurs besoins.

Parmi ce grand nombre d'Européens qui venaient chercher en Amérique une autre existence, il se trouvait des hommes qui, par leur génie ou leur dextérité dans les arts, pouvaient en propager les progrès. Ils apportaient à leur nouvelle patrie le tribut de leurs connaissances ; et, comme la plupart de ces émigrants avaient été élevés au milieu de la civilisation, les pays qui les recevaient étaient appelés à jouir promptement de tous les perfectionnements de l'industrie et de l'ordre social. On peut s'expliquer ainsi les rapides progrès des colonies anglaises dans les différents arts qui convenaient à leur situation. Ces colonies ne ressemblaient point à des sociétés informes qui s'ébauchent à peine, et où l'on est d'abord réduit aux plus simples éléments de l'industrie; elles pouvaient recevoir les arts tout formés : les premières épreuves étaient déjà faites, et un nouveau peuple se trouvait enrichi de l'expérience des anciennes nations.

Dans chaque hameau qui vient à s'établir, les professions les plus nécessaires sont bientôt exercées : le besoin est un puissant moteur, il donne l'impulsion et enseigne les premières règles ; toutes les parties de la construction, la maçonnerie, la charpente, les forges trouvent promptement des ouvriers. D'abord imitateurs imparfaits de ce qu'ils ont vu dans une société plus avancée, ils deviennent maîtres à leur tour ; le génie des arts utiles se développe ; le travail se divise, l'homme perfectionne l'art spécial auquel il s'applique ; et le souvenir des travaux et des progrès industriels dont il a été témoin dans sa première patrie, vient aiguillonner ses efforts et lui retrace les modèles qu'il peut imiter. Néanmoins on peut remarquer dans l'adoption et l'exercice des arts une marche progressive, à laquelle les colonies anglaises eurent le bon esprit de se conformer. Leurs fabriques furent d'abord appliquées aux besoins de la classe d'habitants la moins riche et la plus nombreuse. En satisfaisant d'une manière simple à ses demandes, on lui donnait des habitudes de bien-être, on l'amenait à étendre par degrés le cercle de ses jouissances ; les produits d'un travail plus raffiné paraissaient alors nécessaires, et c'était à la métropole à les fournir ; elle envoyait dans ses colonies tous les articles manufacturés qui leur manquaient, et le nombre des demandes augmentait de jour en jour ; car il se proportionnait à la richesse des habitants et à l'accroissement des moyens d'échange qu'ils pouvaient offrir. Nous avons indiqué une partie de leurs exportations, afin de faire connaître les principales bases de leur commerce, soit avec la métropole, soit avec d'autres états. Les papiers monétaires, émis par leurs banques, et abandonnés au cours et aux chances du crédit, étaient leurs moyens habituels de paiement et de circulation.

Ce mélange et ce mouvement progressif de l'économie rurale et de l'industrie manufacturière nous peignent la situation des colonies de la Nouvelle-Angleterre, qui s'étaient accoutumées de bonne heure à suivre avec activité ce double genre de travail. L'exemple donné par le Massachusett était imité dans le Rhode-Island, le Connecticut, le Maine, le New-Hampshire ; et, moins le climat paraissait favorable à la culture, plus on appréciait l'avantage de suppléer à la fertilité de la terre par l'industrie des hommes. Chaque pays réglait sur ses ressources, comme sur ses besoins, ses différents rapports de commerce.

La colonie de New-York avait le même genre de productions que la Nouvelle-Angleterre ; mais elle jouissait d'un sol plus fertile, et son commerce avec les nations indiennes avait plus d'étendue : l'exploitation des pêcheries l'occupait moins, et la construction des navires, et tous les arts qui en dépendent, ne donnaient pas alors aux travaux de ses chantiers une si grande activité. Le port de New-York, où venaient affluer les richesses de cette grande colonie, était aussi le principal entrepôt du commerce du New-Jersey, et l'une et l'autre province, qui avaient été long-temps réunies, conservaient encore l'habitude de leurs anciennes relations.

La Pensylvanie avait, sur toutes les autres colonies anglaises, l'avantage de vivre en paix avec les nations indigènes. La religion apportée par son fondateur lui faisait éviter la guerre : les habitants étaient restés fidèles à de si humaines maximes ; ils y trouvèrent la source d'une sécurité profonde et d'un bien-être toujours progressif. L'heureuse situation de Philadelphie lui permettait un commerce étendu, et les habitants le développèrent encore par leur industrie ; mais ceux de l'intérieur du pays furent spécialement voués à l'agriculture. La simplicité des mœurs s'adaptait mieux au caractère des premiers colons, et leurs successeurs héritèrent de leurs penchants.

Le goût pour l'agriculture était également sensible dans les colonies plus méridionales ; et cette prédilection pour un même genre de vie tenait à des circonstances locales : elle tenait à la différence des productions et à celle des climats. Le Maryland et la Virginie avaient, comme nous en avons déjà fait la remarque, une plante indigène dont on avait constamment favorisé la culture : l'usage du tabac, rapidement propagé par l'exemple des marins dans tous les lieux où ils abordaient, s'était généralement répandu ; il assurait à l'une et à l'autre province une branche de commerce florissante, et l'on s'attachait à développer dans chaque colonie le genre d'exploitation qui pouvait lui assurer le plus d'avantages, et où elle avait à craindre le moins de concurrence.

On peut remarquer, au nombre des productions qui appartiennent aux colonies anglaises du midi, le riz, le coton, l'indigo, et quelques autres récoltes qu'il est à propos d'indiquer pour mieux faire connaître leurs ressources. Les premiers grains de riz que l'on sema dans la Caroline y furent apportés en 1690, par un capitaine de navire qui arrivait de Madagascar, et qui jeta l'ancre près de Charleston : il fit présent d'un sac de riz au gouverneur, et lui dit que cette denrée était regardée, en Orient, comme une excellente nourriture. Le gouverneur partagea ce présent avec quelques agriculteurs : chacun d'eux sema les graines qu'il avait reçues, et la récolte dépassa leurs espérances. L'introduction de cette plante fut l'origine d'une grande prospérité pour la colonie ; on reconnut que les terres les plus riches et les plus basses étaient les plus propres à sa culture ; et les rizières de la Caroline furent placées au milieu de ces plages marécageuses qui bordent les rivages de l'Océan, dont elles ne sont séparées que par des dunes. Quelquefois elles étaient exposées à l'invasion des eaux de la mer, qui frappaient la plante de stérilité : il fallut élever des digues pour se préserver de ce fléau, et il en fallut d'autres pour contenir les eaux douces, qui ne devaient être introduites dans les rizières qu'à l'époque annuellement marquée pour leur irrigation. Le riz devint la principale marchandise d'étape de la Caroline, comme le sucre était celle de la Jamaïque, comme le tabac était celle de la Virginie et du Maryland. On en faisait d'abondantes exportations pour les pays du midi, où l'usage de cet aliment est plus généralement répandu que dans ceux du nord ; et il fallait d'abord l'envoyer en Angleterre, d'où il était réexpédié vers les côtes d'Espagne et de Portugal ; mais on permit ensuite aux colons de le porter directement dans les contrées d'Europe situées au midi du cap Finistère, et la culture fut encouragée par cette concession.

La même colonie s'est occupée de l'exploitation de trois espèces d'indigo, celui des Antilles, celui de Bahama, et l'indigo sauvage de la Caroline. On en sème la graine vers la fin de mars ; la plante s'élève de quatre à cinq pieds, et l'on commence la récolte trois mois après, pour la continuer à plusieurs reprises. Les plantes, que l'on coupe dès qu'elles sont en fleur, sont déposées ensuite dans une cuve, où l'on verse de l'eau pour les faire rouir : l'indigo entre bientôt en fermentation ; il monte, il s'échauffe ; et dès qu'il vient à s'affaisser, on en fait écouler l'eau dans une autre cuve. Cette eau, que l'on agite, fermente à son tour : les parties colorantes qu'elle tient en dissolution commencent à se réunir, et le sédiment se précipite. Lorsque l'eau est reposée, on en verse la partie la plus claire dans d'autres vaisseaux ; et le limon est enfin exposé au soleil qui en accélère la dessiccation. Ces procédés entraînent peu de fatigue et de dépense, et ils n'exigent que des soins. L'indigo devint une branche importante du commerce des habitants ; mais ils en négligèrent insensiblement la culture.

Le coton fut toujours une des principales productions de la Caroline et de la Géorgie. La meilleure qualité

8.

croît dans cette chaîne d'îles sablonneuses qui bordent le littoral maritime: elle est particulièrement recherchée dans le commerce ; et l'on en attribue la finesse aux avantages du climat et de l'exposition.

Nathaniel Johnson essaya, en 1703, l'éducation des vers à soie dans la Caroline : les mûriers y croissaient spontanément dans les forêts ; la température était favorable à cette industrie, et les demandes de soie se multiplièrent en Angleterre : mais ces essais ne furent pas suivis avec persévérance.

On ne cultivait pas encore la canne à sucre dans les colonies anglaises du continent ; mais on avait commencé à obtenir d'une espèce d'érable cette précieuse substance, et le hasard en avait procuré la découverte vers la fin du dix-septième siècle. Quelques Anglais, partis des rives inférieures du Potomac, allaient visiter les frontières occidentales de la Virginie ; ils aperçurent des arbres qui distillaient par les fissures de leur écorce une espèce de mélasse : l'air et la chaleur en avaient cristallisé une partie ; ils en goûtèrent ; ils y trouvèrent une saveur douce, et ce procédé de la nature leur apprit à extraire le sucre de l'érable. Cependant on ne pratiqua pas en grand cette exploitation : le sucre des Antilles offrait une ressource plus abondante.

C'est par des moyens analogues que l'on tire des sapins de la Caroline et de la plupart des autres colonies une grande quantité de résine. Pour l'obtenir, on fait des incisions dans l'écorce de l'arbre, à la hauteur de six à sept pieds, et on les prolonge jusqu'au bas de la tige, en les faisant aboutir à un seul point, où l'on reçoit ces sucs résineux.

La vigne sauvage croît dans toutes les forêts ; mais l'art de la culture et celui de la greffe n'ont pu adoucir encore l'amertume de son fruit ; et le jus de sa grappe, qui entre en fermentation comme celui des raisins d'Europe, n'a pas donné jusqu'à présent une liqueur aussi généreuse et aussi réparatrice des forces.

On croit que les abeilles furent pour le Nouveau-Monde un présent de l'ancien, et que leurs essaims y passèrent avec ceux des premiers émigrants européens. Le transport en était facile dans la saison où les travaux des ruches sont interrompus, et où ces familles deviennent casanières : elles habitèrent d'abord vers le littoral, et la flore d'Amérique est si variée qu'elles y trouvèrent de faciles récoltes : elles gagnèrent ensuite les plaines et les forêts de l'intérieur, pour pénétrer jusqu'aux montagnes, dont les fleurs savoureuses et les plantes parfumées donnent un miel plus aromatique et plus doux.

Les indications que nous venons d'offrir sur différentes productions particulières aux colonies anglaises, sur celles qu'elles empruntèrent d'Europe et sur les premières branches d'industrie qu'elles encouragèrent, nous font aussi connaître quels furent les progrès et la direction de leur commerce. Les principales relations de chaque colonie étaient celles qu'elle entretenait avec la métropole : elles consistaient en échanges de productions territoriales contre des objets manufacturés ; et ces relations étaient plus avantageuses pour les pays qui avaient plus d'industrie, et où l'on avait pu donner aux matières brutes une première main-d'œuvre. Comme les colonies anglaises étaient à portée d'entretenir les unes avec les autres des communications habituelles, elles pouvaient mutuellement subvenir à une partie de leurs besoins : les contrées du nord recevaient de celles du midi quelques-unes des productions qu'elles n'avaient pas ; elles y portaient différents articles de leurs fabriques ou de celles d'Angleterre. Cette diversité de ressources et d'industrie établissait de nouveaux liens entre les colonies agricoles et manufacturières, et procurait de part et d'autre un accroissement de bien-être qui faisait attacher un grand prix au maintien de ces relations. La différence de latitude, et celle des produits territoriaux qui en dépendent, suffisaient pour assurer ces rapports et pour en main-

ÉTATS-UNIS D'AMÉRIQUE.

tenir la durée : il avait fallu se plier aux différentes zones de température, pour régler, par l'influence de chacune, le genre d'exploitation qui pouvait leur convenir le mieux.

Mais ces échanges entre les colonies anglaises du continent ne suffisaient pas encore à tous les besoins. Les productions des Antilles leur devenaient nécessaires, depuis que l'usage du sucre et du café était universellement répandu; et la Grande-Bretagne avait autorisé des relations mutuelles entre ses colonies continentales et celles du golfe du Mexique. Par là elle multipliait l'exportation de ses denrées tropicales : le sucre, le café, le cacao, le rhum, les bois de teinture furent les articles les plus importants que le continent reçut de cet archipel.

Les relations de commerce que les colonies entretenaient avec d'autres états éprouvèrent des variations successives, soit par l'effet de la guerre et par les embarras de la navigation, soit par l'instabilité des lois de la métropole qui restreignirent quelquefois leurs communications; mais celles que l'on avait avec les Indiens furent constamment favorisées. On continuait de recevoir d'eux des pelleteries, et on leur fournissait des armes, des étoffes grossières, et tous les ustensiles nécessaires à un commencement d'agriculture. Ce genre de commerce avait plus d'étendue et de variété avec les peuplades qui se rapprochaient davantage de la vie sédentaire; mais toutes recherchaient avec une égale avidité les liqueurs spiritueuses, et l'Européen abusa souvent de ce goût effréné pour tromper les sauvages par des échanges usuraires. Que de fois ils cédèrent les produits d'une chasse entière, leurs plus belles pelleteries, leurs armes, une partie de leurs forêts et de leur territoire, et jusqu'à leur liberté personnelle, pour jouir sans réserve de quelques moments d'ivresse !

Néanmoins, quoiqu'on s'abaissât trop souvent à spéculer sur leur intempérance et leurs vices, nous ne pouvons méconnaître les divers avantages que leur procurait le contact de la civilisation. Il est dans la nature de l'homme de tendre constamment vers l'état social. Quelque sauvage que soit sa condition, il marche involontairement vers ce but : s'il s'en écarte, une force invincible l'y ramène. La raison, ce céleste flambeau qui luit pour l'humanité entière, et qui en éclaire toutes les races, toutes les couleurs, est un guide pour l'enfance des nations, comme pour leur âge plus avancé; elle pénètre dans leurs forêts; elle y conduit quelques hommes civilisés, qui regardent comme une sainte obligation de faire participer les sauvages aux bienfaits de l'ordre social, et qui, se mettant à leur portée dans les conseils qu'ils leur font entendre, les attirent insensiblement vers un autre mode d'existence.

L'époque historique dont nous nous occupons en ce moment nous offre un frappant exemple de cette marche progressive de la raison humaine, et de cet entraînement spontané d'une nation sauvage vers les institutions des peuples civilisés. En 1736, un Français était venu s'établir au milieu des Chérokees, dont le territoire s'étendait sur les doubles versants de la chaîne des Alléghanys, d'un côté vers les sources du Savannah, de l'autre vers celles du Tenessée. Ce Français se mêla avec eux, il apprit leur langue, leur donna une forme de gouvernement, fit couronner empereur leur vieillard le plus révéré, devint son ministre, et créa un empire qui dura cinq ans. La ruine du fondateur entraîna celle d'une institution trop récente et trop faible encore pour se perpétuer sans lui. Il avait ouvert des relations entre les Chérokees et les établissements français; et en se rendant à la Mobile avec quelques Indiens de cette nation, il fut arrêté à Talahassé par les Creeks, qui le livrèrent aux habitants de la Géorgie : on le conduisit en prison à Frederica, et il y mourut. Le temps réservait aux Chérokees d'autres essais de civilisation, et cette grande tribu mérite d'être citée dans l'histoire, comme un vivant témoignage des progrès intellectuels dont les aborigènes nous ont paru susceptibles.

Si, au lieu d'étouffer dans leur germe ces institutions naissantes, les colonies anglaises avaient eu la volonté et le soin de les développer, de les propager chez d'autres tribus, et d'ériger ainsi en corps de nations différentes peuplades qui étaient déjà affaiblies par les misères de la vie sauvage, les Indiens, qu'on avait pris à tâche d'expatrier et de retenir dans l'enfance de l'état social, auraient gardé quelques débris de l'héritage paternel. Mais, quoiqu'on n'osât point les exclure de la grande classe de l'humanité, on semblait ne les considérer que comme des êtres dont l'intelligence était inférieure. Une longue prévention sur la faiblesse de leurs facultés physiques et morales s'était accréditée chez la plupart des Européens: ils y conformaient leur conduite envers les Indiens; il les tenaient en tutelle, et proportionnaient à cet état d'abaissement les faibles moyens d'instruction qu'ils mettaient à leur portée.

Plus la population des colonies recevait d'accroissements, plus elle appesantissait son autorité sur les peuplades indiennes: celles-ci n'étaient plus considérées comme des nations indépendantes; elles devaient se soumettre au sceptre des Européens: leurs terres étaient regardées comme légitimement acquises en vertu du droit de découverte, et l'on prenait ses propres actes pour titres de sa souveraineté. En offrant aux Indiens de les protéger, on les acceptait pour sujets; mais déjà on les repoussait comme alliés: c'eût été reconnaître leur nationalité et les droits qui en dérivaient.

Entre des peuples que distingue une si grande inégalité civile, où d'un côté l'on conserve les habitudes de la vie errante et d'une société qui commence à peine, où d'une autre part les progrès de l'industrie et des institutions humaines vont toujours en s'agrandissant, l'équilibre des forces est bientôt rompu, et l'ascendant appartient à la nation la plus cultivée. Les anciens maîtres du territoire n'espéraient plus reconquérir leurs domaines: partout ils étaient sur la défensive, et les contrées sauvages étaient les seules qui leur restaient. Mais l'Europe les y poursuit encore: elle prend part tout entière à cette invasion; on accourt de tous les rivages occidentaux de l'ancien monde, et les émigrants de divers pays viennent se ranger sous la bannière d'un seul. Là, un nouvel esprit s'empare d'eux: et quels que soient les lieux d'origine de tous ces hommes qui se sont réunis, ils s'attachent bientôt, par de semblables liens, aux intérêts de la commune patrie qu'ils ont adoptée: ils développent ensemble leurs habitudes, leur industrie, leur commerce, et il se forme pour eux un même système de bien-être et de jouissances.

Pour juger de leurs opinions sur ce qui constitue les douceurs et le confort de la vie, observons quelle était leur situation dans le Nouveau-Monde. Le goût du luxe n'avait pas encore fait connaître tous ses besoins à une société dont les mœurs étaient simples: ne pas souffrir était le premier but; le superflu commençait au delà, et l'on mettait moins de prix à l'atteindre. Cependant on y parvint par une tendance naturelle, et ce penchant conduisit à plusieurs perfectionnements dans les arts; il en résulta une louable émulation entre les hommes qui les cultivaient, et qui tendaient, par de communs efforts, aux progrès de la prospérité publique.

Les colons avaient pris en Europe leur premier goût pour les arts, et nous remarquons dans leurs plus anciennes productions en Amérique un caractère d'imitation qui en fait reconnaître aisément l'origine. Les populations qui venaient d'Angleterre, de France, d'Allemagne, de Hollande, conservaient les formes de construction usitées dans leur pays, soit qu'elles y fussent entraînées par la pente des habitudes, soit qu'elles le fussent par ce désir de retrouver quelque image de la patrie absente. L'aspect de chaque cité, de chaque hameau naissant rappelait le berceau de ses fondateurs ; et cette empreinte nationale resta long-temps attachée à quelques colonies qui avaient changé de maîtres. Ainsi la Nouvelle-Belgique conservait, après avoir été réunie aux possessions anglaises, le type de son ancienne métropole, et l'on en retrouvait les traces dans les villes de New-York, d'Albany, de Shenectady (voy. pl. 34). La plupart des cités sont des monuments du vieil âge, et plusieurs générations s'y succèdent avant que les édifices aient changé.

Les maisons étaient construites en brique ou en bois ; ce dernier genre de bâtisse était le plus en usage, dans les hameaux surtout : la proximité des forêts mettait les matériaux sous la main, et l'on pouvait établir partout des tuileries et des briqueteries pour façonner et cuire l'argile. Il fallut recourir à ce moyen, pour les premières habitations qu'on éleva sur le littoral où l'on n'avait pas de carrières de pierre ; et quoiqu'on tirât de la brique moins de parti, pour la beauté des formes et pour le détail des ornements, elle put du moins suffire pour des habitations simples où l'on cherchait avant tout la solidité.

Mais déja l'on commençait, dans les principales villes des colonies, à ériger des édifices plus somptueux, et les plus nobles de tous furent élevés à l'Être suprême. Quelles que fussent les croyances entre lesquelles les habitants se trouvaient partagés, ils étaient tous animés d'un esprit religieux, que l'épreuve de la persécution avait encore fortifié. En venant former loin de leur patrie de périlleux et pénibles établissements, ils voulurent leur assurer un autre appui que la force humaine ; ils les mirent sous la protection de la Divinité, et le maître de leur destinée, le roi qu'ils s'étaient choisi avant tous les autres, dut avoir ses palais. Quelles proportions leur assigner ? elles ne pouvaient être trop grandes : mais si l'art et le pouvoir de l'homme ont des bornes, on s'éleva du moins à tout ce qu'il leur était permis d'atteindre ; on se régla sur les plus grands modèles, et dans chaque ville où le nombre et la fortune des habitants pouvaient subvenir aux frais de ces édifices, on leur donna le caractère de la magnificence et de la plus haute majesté. On avait eu recours à la construction la plus simple pour le premier temple des quakers à Philadelphie (voy. pl. 29) ; celui des anabaptistes à Providence dans le Rhode-Island fut plus somptueux (voy. pl. 30), et l'on déploya ensuite toute la grandeur de l'art dans l'église épiscopale de Richmont en Virginie (voy. pl. 32), et dans la cathédrale de Baltimore (voy. pl. 33), basilique auguste et majestueuse, digne ornement d'une grande cité. Ces monuments religieux, dont nous nous bornons à citer quelques modèles, consacrèrent en Amérique les premiers progrès de l'architecture : souvent la construction d'un pieux édifice occupa plusieurs générations ; un même zèle les excitait à poursuivre et à terminer leur entreprise.

D'autres monuments publics s'élevèrent dans les différentes villes, et l'on doit mettre au premier rang l'hôpital de Penn à Philadelphie (voy. pl. 41) : un établissement si beau, et formé dans des vues si charitables, perpétuera dans un long avenir la mémoire de cet ami des hommes. L'université de Cambridge près de Boston, le collège de Williamsbourg en Virginie, furent d'autres monuments de la bienfaisance la plus active et la plus éclairée. Les peuples eurent aussi leurs palais pour les assemblées générales, et on éleva aux gouverneurs de somptueuses résidences, dans la persuasion que tous les entourages du pouvoir devaient participer de sa grandeur. Ces édifices, dont les dépenses étaient à la charge publique, étaient quelquefois érigés dans des villes peu considérables, et ils paraissaient excéder les ressources de leurs habitants ; mais des provinces entières avaient concouru à cette dépense ; un grand monument devenait une commune propriété, et, soit par dignité nationale, soit par intérêt public, on s'enorgueillissait d'un établissement qui embellissait, qui honorait la patrie, et que les étrangers venaient admirer.

A mesure que les édifices publics devinrent plus somptueux et plus grands, les habitations particulières furent elles-mêmes bâties avec plus de soin, et le goût des arts utiles, qui va sans cesse en se perfectionnant, se fit remarquer davantage dans les constructions plus modernes; mais il y eut entre elles quelque uniformité. L'usage d'occuper seul avec sa famille une maison entière faisait restreindre à ses besoins personnels l'étendue de chaque habitation, et empêchait ces développements d'édifices où l'art peut s'exercer avec plus de grandeur et de liberté. Cet usage était emprunté des mœurs de la mère patrie, et une égale tendance à l'imitation se retrouvait dans les autres habitudes des colonies anglaises.

Remarquons d'abord cette vie de famille qui fait attacher tant de prix à toutes les affections dont elle est la source, et qui rend si cher le foyer domestique. La sainteté du mariage y est consacrée; les mères s'y vouent tout entières à l'éducation première de leurs enfants : recueillies dans leur intérieur, absorbées par des soins si touchants et si doux, elles croient remplir le premier de leurs devoirs envers la société, en préparant les qualités et les vertus de ceux qui doivent un jour en faire partie. Ces enfants, nourris de leur lait, bercés par leurs mains, grandissant sous l'aile maternelle, prennent dès l'enfance ces premières impressions auxquelles ils obéiront un jour d'une manière involontaire. L'âge de la jeunesse vient ensuite les livrer à d'autres inspirations : les conseils des pères ont aussi germé dans leur esprit; les soins de la fortune et de l'avenir les occupent, et ils aspirent à former des établissements plus étendus : souvent ils s'abandonnent seuls et avec confiance à de nouvelles destinées, et ce principe d'indépendance, ce sentiment de force devient un précieux mobile de prospérité pour la colonie. Suivez dans les contrées encore incultes ces jeunes hommes, animés d'une si vive émulation : la terre se défriche et se fertilise autour d'eux ; les eaux captives de ces marais reçoivent un écoulement; ces rivières sont contenues dans leur lit, et des communications s'établissent entre des habitations éparses, autour desquelles viendront se grouper un jour de plus nombreuses populations.

Cette jeunesse, dont le courage persévérant n'est point affaibli par les longues et difficiles entreprises, prend de nouvelles années. Le droit d'entrer dans les assemblées générales lui appartient; les intérêts publics deviennent les siens propres, et le mouvement des générations qui se succèdent l'appelle à son tour sur la scène. Ne nous étonnons point que ces hommes examinent avec calme et avec maturité les affaires de leur pays : ils les étudièrent de bonne heure, et les leçons de l'expérience purent éclairer la théorie. N'ont-ils pas eux-mêmes agrandi la colonie? n'en ont-ils pas reconnu les besoins? et s'ils reçurent de leurs pères un génie méditatif, s'il est des traits nationaux que le pouvoir de l'exemple transmet de génération en génération, cette tendance vers la réflexion et le calcul n'a-t-elle pas encore été favorisée par leur situation particulière, lorsqu'ils ont été conduits dans des contrées nouvelles où ils avaient à faire usage de toute leur puissance intellectuelle comme de toutes leurs forces, et où leur destinée devait être leur propre ouvrage?

Les nombreuses familles devenaient pour eux une source de bien-être, et ce genre de bonheur domestique fut toujours remarqué dans les colonies anglaises. Elles ne pouvaient, en effet, concevoir aucune inquiétude sur un rapide accroissement de population : d'immenses acquisitions leur étaient promises, et les tribus indigènes n'opposaient à leur ambition que d'impuissants obstacles.

Il est utile d'observer, à différentes époques, l'augmentation du nombre des habitants, afin de juger à quel point les institutions civiles influèrent sur cette progression, qui devint encore plus sensible lorsque le commerce et le bien-être des colonies purent se développer avec plus de liberté.

Un siècle et demi s'était écoulé depuis les premiers essais de colonisation que l'Angleterre avait tentés sur le continent d'Amérique, et la population de ces divers établissements s'élevait à quinze cent mille ames. Elle n'était pas répartie d'une manière égale sur ce vaste territoire : celle du Massachusett, du Connecticut, du Rhode-Island, du New-Hampshire et du Maine, était la plus nombreuse ; on l'évaluait à cinq cent mille habitants : on en comptait quatre cent mille dans le New-York, le New-Jersey, la Pensylvanie et la Delaware ; et on portait la population du Maryland, de la Virginie, des deux Carolines et de la Géorgie, à deux cent mille Européens, et à un plus grand nombre d'esclaves, que la traite des côtes d'Afrique allait encore augmenter de jour en jour.

L'Europe avait d'abord fourni aux colonies anglaises tous leurs cultivateurs. Les trois royaumes britanniques et les diverses régions du continent y envoyaient, chaque année, de nouveaux essaims d'hommes entreprenants et laborieux. Les querelles religieuses et les dissensions politiques n'étaient pas la seule cause de ces nombreuses émigrations ; on les devait surtout aux malheurs de la guerre, à cette source de misères publiques, que les passions des peuples ou des gouvernements rendent intarissables. Les habitants des villes et des campagnes dévastées fuyaient pour retrouver la paix, et ils allaient chercher au delà des mers le bien-être qu'ils avaient perdu. Chaque contrée de l'Europe, ravagée tour à tour par le fléau de la guerre, avait des hommes disposés à s'expatrier : l'Allemagne était devenue un champ de bataille, où la succession au trône impérial était disputée entre l'électeur de Bavière et Marie-Thérèse, où les Français, les Anglais, les Suédois, les Russes, les Prussiens, tantôt auxiliaires, tantôt ennemis de l'un des compétiteurs, rendaient cette lutte plus longue et plus animée. Depuis la Silésie et la Bohême jusqu'au voisinage du Rhin et des Alpes, de vastes provinces avaient été successivement envahies, et nos pères ont long-temps conservé la mémoire de ces calamités. La guerre ne se bornait point aux combats des troupes armées : le saccagement des villes succédait souvent aux malheurs du siège ; les villages, ouverts et sans défense, étaient livrés aux flammes, et les habitants en fuite, qui s'étaient cachés dans les forêts, revenant avec effroi dans les champs paternels que l'ennemi avait dévastés et qu'il pouvait visiter encore, désiraient trouver un plus sûr asile.

Dans quelque partie de l'Europe que le théâtre de la guerre fût placé, un grand nombre d'hommes tournaient les yeux vers le Nouveau-Monde ; ils s'en faisaient de séduisantes peintures, et le sentiment de leurs maux les portait à changer de situation. Ces exils volontaires étaient plus fréquents dans les petits états, qui, n'ayant pas assez de forces pour faire respecter leur territoire, étaient plus habituellement exposés aux invasions, et avaient à subir toutes les vicissitudes de la guerre avant de passer enfin sous le sceptre d'une autre puissance. On émigrait aussi plus souvent des frontières que du centre des grands états, parce que les opérations militaires y étaient plus sanglantes et plus oppressives. Ces places fortes, ces lignes de boulevards, destinées à protéger l'intérieur d'un vaste pays, attiraient la foudre sur elles : l'obstination de l'attaque, l'art de prolonger la défense, l'orgueil du triomphe, l'irritation de la défaite, multipliaient les périls de ces contrées ; et le désir d'y soustraire un grand nombre de familles suscitait quelques hommes courageux et dévoués, autour desquels d'autres se réunissaient, pour chercher ailleurs du travail, et pour semer des champs qu'ils pussent récolter. Souvent on rencontrait, sur les routes qui mènent vers l'Océan, ces troupes d'artisans et de cultivateurs pèlerins, suivis de leurs femmes et de leurs enfants, et voyageant sous les ordres du vieillard, du patriarche qu'ils avaient pris pour chef. La plupart marchaient nu-pieds et portaient les livrées de la misère : on leur donnait en passant l'obole du pauvre ; on louait leur courage ; d'autres malheureux enviaient leur sort ; et lorsqu'ils arrivaient au lieu d'embarquement, lorsqu'ils engageaient leurs services pour quelques années, afin d'acquitter le prix de leur traversée, un sentiment d'attendrissement, une espèce de vénération pour l'exilé environnaient leur départ : on recommandait ces colons à la Providence, qui, heureusement pour l'homme, s'attache à tous ses pas et lui prête une nouvelle force dans l'adversité.

Aucune épreuve n'est peut-être plus propre qu'une longue navigation à développer notre énergie et à nous façonner à tous les périls. Les fatigues qu'elle impose, les secousses de la tempête, l'immensité de l'abîme sur lequel on est suspendu, n'ont bientôt plus rien qui frappe l'âme de terreur : elle se retrempe, elle s'élève ; et parce qu'elle lutte avec constance contre la douleur, elle en triomphe. Ces hommes qui avaient fui la peine en Europe allaient à présent la chercher sous un autre ciel : ils y trouveraient d'autres langues, d'autres nations, et pourtant ils n'y seraient pas reçus en étrangers ; d'autres misères semblables y avaient été accueillies : tout Européen était regardé comme un compatriote par ceux qui l'avaient précédé. Les émigrants d'une même contrée s'étaient d'ailleurs unis pour s'expatrier ensemble : ils étaient partis sous l'influence d'une même infortune, et ils aspiraient à fonder un commun établissement. Des hameaux allemands, suisses, hollandais, ou tenant à d'autres origines, allaient être transportés dans le Nouveau-Monde ; et néanmoins des éléments si divers constitueraient bientôt une seule et même nation ; les différences locales s'effaceraient, à mesure que l'on verrait les générations se succéder l'une à l'autre ; et la communauté des intérêts et des besoins imprimerait enfin à tous les habitants ce caractère national, en vertu duquel un peuple ne ressemble plus qu'à lui-même.

Cette espèce de transformation sociale ne pouvait être néanmoins que l'ouvrage du temps. Les émigrants qui passaient en Amérique restaient fidèles à leurs premières impressions ; mais leurs enfants qui naissaient, qui grandissaient dans un autre climat, alliaient bientôt aux traditions qu'ils avaient reçues de leurs pères, les sentiments qui leur étaient inspirés par une nature et une situation nouvelle. La langue maternelle n'était plus celle de la patrie adoptive ; il leur fallait apprendre l'une et l'autre. La génération naissante servait ainsi d'interprète aux vieillards, restés fidèles à leur ancien idiome comme à leurs autres habitudes : en conservant le langage usité dans la famille, elle étudiait aussi celui des lois et des affaires, celui qui devait servir de lien commun aux différentes parties de cette association.

Ces transitions d'une langue à l'autre deviennent plus faciles, quand elles sont favorisées par le gouvernement et par la direction qu'il cherche à donner à l'esprit public. Créez un peuple qui ait des intérêts communs, qui soit appelé à s'en entretenir, à les discuter, à les défendre dans les conseils, une émulation générale animera bientôt les citoyens ; ils éprouveront le besoin de s'exprimer d'une manière semblable, et la fusion des intérêts amènera celle du langage.

La première garantie à donner à tous ces nouveaux habitants était celle de leur sécurité : il fallait les convaincre de la protection du gouvernement, et les mettre aussi par leurs propres forces en état de résister aux agressions des Indiens : le plus sûr moyen pour y parvenir était de rapprocher leurs habitations.

Quoique les terres à défricher fussent très-étendues, et que les colons pussent jouir d'une grande liberté sur le choix des lieux où ils désiraient s'établir, cependant on faisait en sorte qu'ils ne pénétrassent que d'une manière progressive dans l'intérieur de ces vastes contrées, afin que les arrondissements cultivés fussent contigus et à portée de s'entre-secourir. Ces cantons se partageaient en *townships*, espèces de districts, dont chacun renfermait vingt mille acres de terre : ceux-ci se subdivisaient en portions de cinquante acres chacune, et le plus grand nombre des familles bornaient à cette dernière quotité leurs acquisitions et leur culture. Lorsqu'un *township* avait été distribué, on en mesurait un autre au delà, pour y placer d'autres habitants. Ces concessions de terre se faisaient d'abord le long des fleuves ; elles se trouvaient rapprochées d'une ligne de communication qui facilitait les relations d'un territoire à l'autre. Mais après qu'on eut établi toutes ces possessions riveraines, il se forma successivement des districts plus éloignés ; les intervalles qui séparaient ces divers rayons vinrent à se remplir, et des colonies plus nombreuses et plus compactes se lièrent à celles qui n'avaient d'abord suivi que ces lignes isolées : les routes de terre se joignirent alors à celles qui avaient été ouvertes par la navigation des fleuves, et la population des côtes maritimes s'étendit progressivement dans l'intérieur. Ce littoral, tourné vers l'Europe, restait ouvert à ses émigrations : les ports, les anses multipliées qui coupent le rivage en rendaient les abords plus faciles ; on y trouvait du nord au sud tous les climats, toutes les productions qui en dépendent, et chaque Européen pouvait choisir la contrée la plus analogue à son pays natal.

On avait vu se former en Amérique, et surtout dans les Antilles, d'autres colonies dont les habitants conservaient le désir de retourner un jour dans la métropole ; ils regardaient leur voyage et leur établissement temporaire comme un moyen de s'enrichir ; et si leurs spéculations avaient été favorables, ils partaient, après quelques années de séjour, pour venir se reposer en Europe. Ces colonies recevaient ainsi tour à tour différentes successions d'habitants, sans que l'esprit de famille et d'hérédité territoriale se développât au milieu d'eux : on créait son domaine ; on le vendait ensuite à d'autres spéculateurs ; on venait en employer le prix dans sa patrie ; et ce système d'exploitation ne procurait aux colonies qu'une espèce de population flottante, dont les progrès étaient lents, incertains et souvent interrompus.

Les circonstances n'étaient pas les mêmes pour ces nombreux émigrants qui se rendaient de différents points de l'Europe dans les colonies anglaises. Ils n'avaient conservé ni terres ni habitations dans les lieux de leur origine ; et s'ils n'avaient pas renoncé à ces patriotiques souvenirs qui ne cessent qu'avec la vie, du moins ils n'espéraient plus revoir la terre natale : leur famille était transportée dans le Nouveau-Monde ; ils avaient franchi sans retour la barrière de l'Océan, et tout leur avenir, tous leurs vœux s'attachaient à leur nouvelle patrie. L'Amérique s'enrichissait ainsi des pertes de l'ancien continent, et les commotions de l'Europe étaient trop fréquentes pour ne pas augmenter le nombre de ces exilés.

Si la guerre, qui fait tant de pauvres, multipliait le nombre des émigrants, la paix a aussi ses populations indigentes, que l'inégalité de force, de capacité, d'industrie, a placées partout à côté des classes plus laborieuses ou mieux traitées par la fortune. L'oisiveté est souvent la source de leur malheur ; quelquefois il faut l'imputer à des accidents involontaires. Leur situation, quelle qu'en soit la cause, doit être adoucie ; et quand cette misère est invétérée dans les familles, quand les pères en ont transmis à leurs enfants le triste héritage, la société, que menaceraient leurs besoins et leur désespoir, est intéressée à venir à leur secours et à prévenir leurs hostilités. L'Angleterre ouvrit souvent aux pauvres ses colonies ; elle leur créa une propriété, et les prolétaires qui désiraient du travail virent tout à coup changer et s'améliorer leur situation.

On trouva même, dans la classe des hommes condamnés à différentes peines afflictives, de nombreuses recrues pour les colonies anglaises. Une partie de ces délinquants n'avaient pas perdu tout sentiment d'honneur, de moralité et de devoir : les exiler des lieux où ils avaient failli, et où l'opinion publique était soulevée contre eux, c'était les soustraire à l'avilissement, au malheur d'avoir à rougir devant les témoins de leur faute, et peut-être à la tentation d'y retomber encore. Si la dégradation où l'on est plongé tend à faire évanouir un reste de vertu, l'homme qu'elle cesse de flétrir peut redevenir juste : cette conversion devient un des résultats de l'exil ; les colonies anglaises en offrirent de frappants exemples ; et bientôt on ne vit plus que des hommes paisibles, dans ceux qui eurent intérêt à respecter la propriété individuelle et l'ordre public. Leur départ avait délivré d'un fardeau la mère patrie ; d'autres contrées d'Europe éprouvèrent le même avantage ; et l'on ne craignit pas de faire passer dans ces possessions éloignées un certain nombre d'hommes poursuivis dans leur pays natal pour des délits de diverse nature, et surtout pour des délits politiques : leur turbulence n'était plus redoutable ; ils perdaient, en changeant de lieux, toute l'influence, tous les moyens d'action dont leur gouvernement s'était alarmé.

Les hommes dont on avait commué la peine en les envoyant dans les colonies, ceux dont il fallait guider la conduite et corriger les penchants, étaient d'abord soumis à une surveillance et à une discipline sévère : ils étaient temporairement employés à divers travaux d'utilité publique, jusqu'à ce que leur expiation légale fût accomplie. Un léger pécule était attaché à leurs labeurs : il leur était remis après ces moments d'épreuve, et ils commençaient ensuite pour eux-mêmes quelques défrichements.

La culture eut bientôt pris de tels accroissements dans les colonies anglaises que les ouvriers européens cessaient de suffire aux exploitations. Ces hommes ne refusaient aucune fatigue ; ils ne craignaient pas le travail, pourvu qu'ils pussent compter sur la récompense, et un régime approprié à leur situation pouvait les façonner à la différence des climats. Mais à mesure qu'on s'approcha du midi, et qu'on éprouva l'effet d'une chaleur plus accablante, on fut conduit, par l'exemple des colonies des Antilles, à recourir à d'autres bras, et l'on fit venir des esclaves africains. L'insalubrité des rizières fit adopter les mêmes moyens pour leur exploitation ; et comme elle entraînait une grande consommation d'hommes, on donna à la traite des noirs une telle activité, que leur population dans les provinces méridionales fut bientôt plus nombreuse que celle des Européens. Ce trafic n'avait d'abord été dirigé que vers les colonies espagnoles et portugaises ; mais, dans l'année 1620, un bâtiment de guerre hollandais débarqua vingt nègres à James-Town, pour les y mettre en vente. Ce furent les premiers Africains que l'on transporta en Virginie, et ce contagieux exemple eut de nombreux imitateurs. Chaque puissance coloniale fut occupée des moyens d'étendre la traite : l'Angleterre obtint en 1713, par le traité de l'*Assiento*, le privilège de l'importation des noirs, non seulement dans ses colonies, mais dans celles de l'Amérique espagnole ; et cette transaction, d'abord conclue pour trente ans, fut ensuite prolongée au delà de ce terme, parce qu'une guerre de quelques années en avait interrompu l'exercice.

Le résultat d'un monopole abandonné à l'Angleterre se fit promptement ressentir dans ses colonies : la population des hommes de couleur y fut rapidement accrue ; et si l'on y trouva de nouveaux secours pour la culture, on fut aussi plus exposé aux séditions. Une révolte éclata en 1734, dans un canton de la Caroline : elle commença à Stono ; et les noirs ayant tué quelques hommes, pillèrent les armes d'un magasin, marchèrent vers le sud, sous les ordres d'un chef qu'ils choisirent entre eux, et dévastèrent les hameaux et les plantations. Le bruit de leur soulèvement parvint à l'église presbytérienne de Wiltown, où se trouvait alors assemblé un nombre considérable de colons : ils prirent subitement les armes qui, d'après une loi de la province, se trouvaient déposées dans cet édifice, et ils marchèrent à la rencontre des révoltés, tandis que les femmes, restées seules sous la protection du sanctuaire, attendaient dans la prière l'issue de cet engagement. Les noirs, après avoir pillé des habitations, et s'être enivrés de liqueurs fortes, jouissaient alors de leur sanglant triomphe au milieu des danses et des chants : ils furent aisément défaits par la milice. Les uns furent tués, les autres s'enfuirent dans les bois, et ils y furent poursuivis par une compagnie de chasseurs, qui en ramena un grand nombre et les livra aux tribunaux.

Quoique la traite des noirs eût été liée, dans l'origine, au projet de ne pas soumettre à l'esclavage les anciens peuples d'Amérique, nous avons remarqué néanmoins que ceux-ci n'en furent pas toujours préservés, et que les prisonniers de guerre faits sur eux par les Européens furent quelquefois transférés comme esclaves dans les Antilles ; ils y eurent le même sort que les Caraïbes, et leur génération y fut bientôt ensevelie. On les traitait même avec plus de rigueur que les Africains : les hommes, séparés de leurs compagnes, étaient conduits seuls au lieu de leur servitude ; les plus doux liens de la nature leur étaient ravis, et ils n'avaient, en succombant à leur misère, que la consolation de ne pas en laisser le fardeau à leurs enfants. Un grand nombre d'Américains s'affranchissaient par une mort volontaire, et ne concevaient pas qu'on pût rester esclave, puisqu'on avait la faculté de mourir. Et pourtant ces Indiens qui préféraient l'indépendance à la vie retenaient souvent pour esclaves les noirs dont ils s'étaient emparés ; ils se croyaient d'une classe supérieure, et se montraient plus hautains et plus durs envers eux que les Européens : leur propre insensibilité à la plupart des maux et des privations les rendait impitoyables envers les hommes condamnés à les servir ;

ils leur imposaient toutes les misères de la vie sauvage. Cet orgueil, cette dédaigneuse aversion des Indiens pour les noirs se signalèrent constamment : ce désaccord devint souvent un motif de sécurité pour les colons européens, et il leur permit de contenir plus aisément chacune des deux classes dont ils avaient à craindre l'inimitié. S'il se formait quelque tentative partielle, soit au milieu des plantations, soit dans le voisinage des Indiens, elle pouvait être aisément réprimée ; et les plus graves commotions qu'éprouvaient alors les colonies ne résultaient que de l'état de guerre où se trouvaient quelquefois engagées leurs métropoles.

La coupe du bois de campêche occasionna souvent des discussions entre l'Angleterre et l'Espagne. Cette exploitation, généralement pratiquée par des hommes venus des colonies anglaises, s'était d'abord faite au nord de la presqu'île de Yucatan : l'Espagne s'y étant opposée à main armée, et ayant érigé des forts sur la côte pour en éloigner les Anglais, ceux-ci transportèrent leurs établissements au midi de la même péninsule ; ils y construisirent un fort, et ils fondèrent dans la baie de Honduras une colonie qui eut la Balise pour chef-lieu, et qui fut bientôt portée à quinze cents habitants.

Quelques années après la paix d'Utrecht, des querelles se renouvelèrent entre les deux gouvernements, sur l'exercice et sur les limites de ce privilège, dont les Anglais cherchaient à se prévaloir pour s'étendre au loin dans les forêts de l'intérieur, où cette qualité de bois se mêle à toutes les autres essences. On attachait un grand intérêt à cette exploitation qui occupait de nombreux ouvriers et qui développait une branche importante de commerce. Le bois de campêche était en effet recherché pour la teinture dans tous les pays où l'on établissait des fabriques ; la consommation en augmentait de jour en jour, et le désir d'y pourvoir occasionnait sans cesse de nouveaux empiétements sur le territoire de cette partie du Mexique.

Cet arbre se trouve et se multiplie

dans des terres basses et marécageuses : l'air et les eaux y sont insalubres; mais la crainte des maladies était moins forte que l'attrait du gain, et des hommes accoutumés aux chances aventureuses comptaient aisément sur les faveurs de la fortune. On coupe le bois de campêche dans les temps de sécheresse; on l'ébranche, on l'équarrit, on le laisse couché sur le sol jusqu'au temps où on doit l'embarquer : il y reste submergé quand l'inondation des terres arrive; mais on a planté des signaux pour reconnaître les lieux où il est déposé ; et quoique sa pesanteur spécifique ne le fasse pas flotter, des plongeurs l'enlèvent sans peine, parce que le moindre appui le fait arriver à fleur d'eau. Plusieurs bateaux qui parcourent ces chantiers, convertis en vastes bassins, le reçoivent et le transportent à bord des navires qui attendent ce chargement.

L'Angleterre a cherché à naturaliser cette espèce d'arbre dans plusieurs colonies : on en sema la graine dans quelques terrains humides de l'archipel de Bahama, et l'on crut qu'elle pourrait également réussir dans les marais du littoral de Géorgie et de Caroline; mais ce végétal paraît être du nombre de ceux qui restent cantonnés dans un étroit espace, et l'on cherche en vain à leur rendre au delà de ces limites un climat, un sol, une exposition qui leur conviennent. D'infructueux essais firent connaître qu'il fallait continuer l'exploitation du bois de campêche dans son pays originaire. L'Angleterre y trouvait d'ailleurs l'avantage d'avoir un poste militaire au fond du golfe du Mexique et de s'ouvrir un accès plus facile au centre même des colonies espagnoles. Cette situation pouvait favoriser ses opérations pendant la guerre, et elle lui permettait d'étendre, pendant la paix, les relations de son commerce, qui, malgré les restrictions des lois et des autorités locales, s'introduisait clandestinement dans ces contrées.

Le commerce de l'Angleterre avec les colonies espagnoles était aussi dirigé sur Porto-Belo; mais il s'était d'abord fait avec plus de régularité. La compagnie anglaise qui s'était chargée de conduire annuellement dans les colonies espagnoles quatre mille huit cents nègres, avait obtenu, en 1716, l'autorisation d'envoyer en même temps à Porto-Belo un bâtiment de huit cents tonneaux. Ce navire y importait des marchandises anglaises; mais bientôt on excéda les limites de ce privilége : la station du vaisseau se prolongeait; il était ravitaillé par d'autres voiles, venues de la Jamaïque : on en faisait, sous ce prétexte, un entrepôt inépuisable; la cargaison en était renouvelée à plusieurs reprises, à l'aide des versements clandestins que faisaient d'autres embarcations; et ce commerce prenait une étendue que le gouvernement espagnol n'avait pas eu l'intention d'autoriser. Les moyens que les gardes-côtes employèrent pour le réprimer furent accompagnés d'actes de violence qui occasionnèrent une rupture entre les deux couronnes : l'Angleterre déclara la guerre à l'Espagne le 23 octobre 1739, et des hostilités éclatèrent promptement entre leurs colonies d'Amérique.

Le projet d'envahir la Floride avait été formé, et l'exécution en fut remise au général Oglethorpe, gouverneur de Géorgie. Un corps de milices et de volontaires, auquel se joignit un parti considérable d'Indiens, fut bientôt sous ses ordres : ses troupes s'élevaient à deux mille hommes. Il entra en Floride, le 9 mai 1740, s'empara du fort Diego, situé sur la frontière, et se dirigea ensuite sur Saint-Augustin. Cette place, la seule que les Espagnols eussent élevée dans la Floride orientale, avait été mise en état de défense : les murs de son château étaient flanqués de quatre bastions, armés d'une artillerie nombreuse; la garnison en était considérable, bien pourvue de vivres, et logée dans des casemates voûtées et à l'abri de la bombe.

Oglethorpe, n'espérant pas enlever la place par un coup de main, résolut d'en faire le blocus; mais n'ayant pu empêcher un nouvel arrivage de troupes et de munitions qui étaient envoyées de la Havane, et qui pénétrèrent dans le détroit de Matanzas, pour gagner plus sûrement les murs de Saint-Augustin, il leva le siége et revint en Géorgie.

Deux ans après, l'Espagne voulut user de représailles : une expédition, formée dans l'île de Cuba, se dirigea en 1742 vers les côtes de Géorgie. L'escadre jeta l'ancre près de l'île Simon, sur laquelle est bâtie Frédérica, et la marée l'aida ensuite à remonter la rivière d'Alatamaha. Les Espagnols avaient trois mille hommes de troupes, Oglethorpe n'en avait que sept cents, mais un stratagème le sauva. Il fit mystérieusement sortir de la place un homme affidé, qu'il chargea de quelques dépêches : ses lettres annonçaient qu'il attendait incessamment des secours de la Caroline, et que Saint-Augustin était menacé d'une prochaine attaque par l'escadre de l'amiral Vernon. Oglethorpe avait chargé son agent de se faire arrêter, et il avait prévu que ses lettres seraient remises au général espagnol : celui-ci conçut de vives inquiétudes sur le sort de la Floride qui était alors dégarnie de troupes, et il abandonna précipitamment le siége de Frédérica, pour se porter au secours de Saint-Augustin. L'occasion du succès était manquée ; la tentative faite contre la Géorgie ne se renouvela point, et l'amiral Vernon n'essaya pas l'invasion dont Oglethorpe avait répandu la nouvelle.

La flotte de cet amiral était arrivée dans le golfe du Mexique, plusieurs mois après la déclaration de guerre entre l'Angleterre et l'Espagne : elle s'était emparée, en 1740, de Porto-Belo, et avait détruit les fortifications de cette place. Vernon se rendit ensuite devant Carthagène ; mais sa nouvelle expédition fut malheureuse, et il fut forcé de lever le siége, tandis qu'on répandait à Londres le bruit de sa victoire. Sur ces entrefaites, une autre division navale, commandée par Anson, et partie des ports d'Angleterre, au mois de septembre 1740, allait attaquer les possessions espagnoles dans la mer du Sud : elle y pénétra en 1741,

s'empara de Païta, sur les rivages du Pérou, longea les côtes occidentales d'Amérique jusqu'au port d'Acapulco, et, traversant ensuite le grand Océan, vint attaquer et capturer près de Manille le galion qui se rendait annuellement du Mexique aux Philippines.

L'Angleterre, en obtenant ces succès maritimes, se proposait un but plus durable que la victoire. Ses forces navales étaient les auxiliaires de son commerce, et cette puissance cherchait à étendre ses relations avec de nouvelles contrées, pour y verser les produits de son industrie. Les dépenses de sa marine étaient considérables ; mais les bénéfices de son commerce l'étaient davantage.

L'activité des chantiers de la métropole influa d'une manière favorable sur la prospérité des colonies. L'Angleterre, constamment occupée des progrès de sa navigation, voulait assembler dans ses ports une grande quantité de munitions navales, et pendant long-temps elle les avait tirées du nord de l'Europe. La Suède, la Russie lui fournissaient des bois de mâture et de construction, du goudron pour le calfatage, des chanvres pour la fabrication des voiles et des câbles : ce commerce était le but des premières relations que la Grande-Bretagne avait ouvertes avec les différents ports de la Baltique : elle leur portait, en échange des productions de leur territoire, celles de ses manufactures dont l'activité allait toujours en croissant ; et les développements de sa marine militaire et marchande étaient le résultat de ses nombreuses importations. L'Angleterre s'aperçut bientôt que ses colonies d'Amérique étaient en état de pourvoir aux besoins de ses chantiers, et qu'il lui serait utile d'en extraire une partie des approvisionnements qu'elle avait jusqu'alors reçus de l'étranger. C'était retenir dans les possessions britanniques le numéraire qui servait de solde aux échanges ; et si le commerce est mutuellement profitable aux vendeurs et aux acheteurs, s'il anime de part et d'autre le travail et l'industrie, s'il devient un des principaux éléments du bien-être des nations, l'Angleterre était, sans doute, intéressée à enrichir les uns par les autres les habitants de ses propres domaines, et à préférer leurs relations à celles du dehors.

L'exportation des munitions navales reçut alors de nouveaux encouragements dans les colonies anglaises, et surtout dans celles du Nord où la qualité des bois était meilleure. L'extraction de la résine, la culture du chanvre, les travaux des mines de fer et des usines y devinrent plus actifs; il s'y rendit un plus grand nombre d'ouvriers accoutumés à ces exploitations, et l'on profita de leur main-d'œuvre, non seulement pour augmenter la masse des exportations destinées à la métropole, mais pour imprimer un nouveau mouvement à l'industrie coloniale. Boston et les autres ports multipliaient le nombre de leurs navires, en même temps qu'ils livraient au commerce de l'Angleterre une grande quantité de bois de construction qui ne devaient être employés qu'en Europe. La pépinière des matelots s'accroissait dans la même proportion, par un effet de ce mouvement naturel qui fait accourir les hommes laborieux partout où ils peuvent compter sur quelques ressources; et bientôt il résulta de cette direction donnée à l'industrie une plus grande variété de spéculations et d'expéditions maritimes. La pêche sédentaire que les habitants pouvaient faire le long des côtes recevait une nouvelle activité : le cabotage exercé dans les parages des colonies, et destiné à pourvoir par des échanges mutuels à une partie de leurs besoins, faisait de rapides progrès ; et les vaisseaux qui n'étaient pas employés au commerce de la place où on les avait construits, étaient souvent achetés ou commissionnés par l'étranger. Les bénéfices de leur vente ou de leur fret tournaient à l'avantage de la colonie; et quel que fût l'emploi définitif des bâtiments qu'elle avait équipés, ou dont elle avait fourni les matériaux, soit à la métropole, soit à d'autres pays, elle avait recueilli le prix de son travail.

La guerre entre l'Angleterre et l'Espagne n'avait pas ralenti dans les colonies anglaises l'activité d'une industrie qui s'exerçait surtout vers le Nord et loin des frontières de Géorgie et de Floride, les seules qui fussent alors exposées à de mutuelles invasions. Les provinces du Nord avaient continué de jouir d'une entière sécurité; elles pouvaient librement faire usage de toutes leurs ressources; et la paix qui s'était maintenue pendant trente ans entre la France et la Grande-Bretagne, depuis la signature du traité d'Utrecht, n'avait été troublée dans leurs possessions d'Amérique que par quelques altercations locales et passagères, que l'autorité des métropoles avait promptement calmées.

Dès les premières années de la paix, l'Angleterre avait cherché à s'affermir dans l'occupation de l'Acadie. Une garnison et une colonie anglaise avaient été placées à Port-Royal, qui prit alors le nom d'Annapolis en l'honneur de la reine : ce port était sûr et spacieux ; l'entrée en était facile à défendre; mais les glaces et les courants la rendaient quelquefois moins accessible que les ports de la côte orientale. Quand l'Angleterre s'y fut établie, deux mille Français ne voulant pas renoncer à leur patrie, se retirèrent dans l'île de Cap-Breton, qui avait été laissée à la France, et où l'on avait fondé la ville de Louisbourg. Cette nouvelle situation changeait peu leur destinée : le climat était le même que celui de l'Acadie; la pêche était abondante dans les parages de cette île; et si le territoire était moins vaste, il suffisait du moins à tous les réfugiés qui s'y rendaient.

D'autres familles françaises, qui se trouvaient dispersées dans l'intérieur ou vers les limites septentrionales de l'Acadie, essayèrent de garder leur indépendance. D'abord elles attendaient quelques secours de la métropole; elles aspiraient à lui conserver la colonie, et défendaient pied à pied leur territoire. Lorsqu'il fallut enfin céder à la force, elles cherchèrent à obtenir par capitulation le privilége de ne pas porter les armes contre leur ancienne patrie. A ce prix elles consentaient à rester dans les cantons qu'elles avaient défrichés ; et le gouvernement britannique aima mieux garder dans la colonie ces cultivateurs paisibles et inoffensifs, que de la priver de leur industrie et de leur travail. Un grand nombre de Français continuèrent ainsi de résider en Acadie : ils y étaient regardés comme une population neutre, et ils n'abusèrent point de la prérogative qui leur avait été laissée. On avait alors quelque intérêt à les ménager. Les établissements anglais étaient encore peu nombreux dans cette province ; mais pendant la durée de la paix, ils se multiplièrent, et les différentes parties du littoral furent successivement occupées : on y érigea des forts, on y envoya des troupes, et Halifax fut fondée en 1743 près de la baie de Chibouctou. Cette ville, devenue capitale de l'Acadie, que l'on désigna dès lors sous le nom de Nouvelle-Écosse, fut regardée comme un nouveau centre de colonisation : il s'y rendit incessamment quatre mille passagers, venus d'Angleterre ou du continent européen ; et la ville de Lunebourg fut bientôt fondée par sept cents Allemands, qui s'étaient d'abord dirigés sur Halifax et qui cherchèrent ensuite un territoire plus fertile.

Le parlement britannique regardait comme une entreprise nationale le prompt accroissement de cette colonie : il accordait à chaque militaire qui désirait s'y établir, un passage gratuit, quelques meubles indispensables, une terre à défricher, des instruments d'agriculture, et des provisions de vivres pour un an, afin qu'on pût attendre les premières récoltes. Les familles qui n'appartenaient pas à l'armée furent assimilées aux militaires, et obtinrent, selon leurs rangs civils, des concessions analogues. Halifax fut entourée de palissades et de retranchements propres à la mettre à l'abri de toute surprise ; mais la contrée voisine ne se défrichait que lentement, on n'y élevait qu'un petit nombre d'habitations ; elle était ouverte aux incursions des sauvages, et l'on osait à peine s'éloigner de la place. L'imminence d'un péril sans cesse renaissant nuisit pendant long-temps aux progrès de la population anglaise et de la culture.

LIVRE CINQUIÈME.

Événements de la guerre de 1745 ; traité d'Aix-la-Chapelle. Soulèvement des Creeks contre les colonies anglaises. Hostilités qui précèdent en Amérique la déclaration de guerre de 1756. Suite des opérations militaires. Rupture entre les Anglais et les Cherokees. Invasion du Canada. Traités de paix de 1763. Cession de la Louisiane à l'Espagne.

L'acquisition de l'Acadie, dont l'Angleterre avait joui paisiblement depuis la pacification d'Utrecht, ne remplissait pas encore toutes ses vues d'agrandissement colonial. Les avantages de cette cession se trouvaient limités, d'un côté, par les établissements que la France avait conservés au nord de la baie de Fundi, de l'autre, par la possession de l'île de Cap-Breton, qui semble n'être qu'un poste avancé de cette colonie, dont elle est séparée par un faible détroit.

La France avait long-temps négligé l'île de Cap-Breton ; mais elle reconnut ensuite l'importance de ce territoire, qui a cinquante lieues de longueur sur trente de largeur. L'intérieur en est coupé par de grands lacs qui favorisent les communications : les plages orientales et méridionales sont accessibles sur un grand nombre de points ; elles offrent de bons mouillages, et l'une des baies les plus grandes et les plus sûres est celle de Louisbourg.

La position de cette île à l'entrée du golfe Saint-Laurent la fit regarder comme un entrepôt commode, où les Canadiens pouvaient apporter leurs pelleteries et les produits de leur sol ; ils y prenaient une partie des marchandises qu'ils attendaient de France, et le fret de la navigation se trouvait ainsi partagé entre eux et la métropole. Cet entrepôt paraissait d'autant plus utile, que la navigation de l'Océan et celle du golfe et du fleuve Saint-

9ᵉ *Livraison.* (ÉTATS-UNIS D'AMÉRIQUE.) 9

Laurent exigent des vaisseaux de différente portée : les uns prennent trop d'eau pour pouvoir remonter le fleuve, les autres sont trop faibles pour une longue traversée maritime : une station intermédiaire permet de transborder d'un navire à l'autre les chargements de Québec et des ports de France.

Une exploitation particulière au Cap-Breton était celle de la pêche : on pouvait également l'exercer dans les parages de l'Océan, dans ceux du golfe, et dans toute la partie inférieure du fleuve. La préparation du poisson, celle des huiles devenaient l'objet d'un commerce important, auquel on avait à joindre celui des bois de construction, des résines, des charbons de terre, des autres productions territoriales qu'un système de culture bien dirigé pouvait multiplier davantage. Les excellents ports de cette île étaient aussi des lieux de relâche commodes et bien situés pour les escadres qui, en temps de guerre, avaient à protéger les pêcheries de la France et les avenues du Canada.

La réunion des avantages commerciaux, des ressources maritimes, et des moyens d'agression que la France pouvait trouver dans l'île de Cap-Breton, n'échappa point à la vigilance du gouvernement britannique, et lorsque la guerre eut enfin éclaté entre les deux puissances, la Nouvelle-Angleterre fit en 1745 des préparatifs pour attaquer cette colonie : elle leva un corps de quatre mille hommes qui furent armés et entretenus par les habitants : le commerce fournit les bâtiments de transport, et le gouvernement britannique, approuvant cette entreprise, envoya pour la soutenir quatre vaisseaux de guerre, sous les ordres de l'amiral Waren.

La place de Louisbourg, attaquée par terre et par mer, soutint un long siége : elle avait, aussitôt après la déclaration de guerre, demandé des secours au gouvernement français ; mais le vaisseau qui les lui apportait n'arriva que pendant le siége ; il fut capturé par l'escadre anglaise, et Louisbourg, se trouvant réduite à l'extrémité, après une résistance de cinquante jours, qui avait épuisé ses vivres, ses munitions, et qui avait mis en ruine ses retranchements, fut contrainte à capituler. La population de la colonie était de deux mille ames ; on la déporta tout entière, et les habitants furent embarqués sur la flotte, qui les conduisit à Brest, où le gouvernement français pourvut à leurs besoins. Les usages de la guerre, et le droit des gens, que les hostilités ne doivent pas interrompre, ont toujours prescrit de laisser aux habitants des villes dont on s'est emparé, la liberté d'y rester, en se soumettant aux lois : expatrier la population c'était excéder toutes les prérogatives de la victoire.

Les Anglais, alors maîtres de la mer, étaient moins heureux sur le continent d'Europe, et dans la même année où ils s'emparaient d'une place d'Amérique, bornée à de si faibles moyens de défense, la France remportait sur eux à Fontenoy, le 12 mai 1745, une de ces victoires décisives qui fixent le sort d'une campagne et qui la terminent. Les deux années suivantes furent également favorables à ses armes : elles furent signalées par la bataille de Rocoux, par celle de Laufeld, par la prise mémorable de Berg-op-Zoom ; et Louis XV, arrivant aux négociations par une brillante suite de triomphes, conclut en 1748 le traité de paix d'Aix-la-Chapelle, qui, parmi un grand nombre de clauses honorables pour la France, stipula la restitution de l'île de Cap-Breton et ordonna que les possessions coloniales fussent rétablies sur le même pied qu'avant la guerre. L'Angleterre laissa en France deux otages jusqu'à la restitution de cette île ; des commissaires furent ensuite nommés de part et d'autre pour fixer les limites de l'Acadie et prévenir de nouvelles contestations. Ces commissaires ne s'accordèrent point : on soutint de part et d'autre toutes ses prétentions anciennes, et les mêmes sujets de litige furent réservés pour la première occasion où l'on aurait à reprendre les armes.

Pendant la durée de ses sanglants débats avec la France, l'Angleterre avait aussi éprouvé les malheurs d'une guerre civile : le prince Charles-Édouard, petit-fils de Jacques II, avait fait une dernière tentative pour remonter au trône de ses pères. Il s'était embarqué à Nantes, le 12 juin 1745, et son apparition subite au nord de l'Écosse y ranima le zèle des anciens serviteurs de sa famille. Les chefs des clans écossais, ces intrépides montagnards, si souvent armés pour défendre ou pour recouvrer l'indépendance nationale, vinrent se dévouer à la cause du jeune prince. Il n'avait que des armes à leur offrir et un drapeau pour les rallier : bientôt trois mille hommes s'assemblèrent autour de lui ; il s'empara de Perth, d'Édimbourg et de quelques autres places, obtint, le 2 octobre, une victoire à Preston, passa les frontières d'Écosse, et pénétra dans le comté de Lancastre, où il remporta près de Falkirk une seconde victoire le 8 janvier 1746 ; mais ce fut le terme de ses avantages, et il fut complétement battu à Culloden, près d'Inverness, le 27 avril suivant. Le prince avait alors neuf mille hommes sous les armes : il en périt la dixième partie, et le reste se dispersa dans les montagnes après la défaite. Charles-Édouard avait été blessé ; deux serviteurs, qui ne le quittèrent point, Shéridan et Sullivan, lui aidèrent à chercher un asile. Poursuivi jusqu'aux extrémités de l'Écosse, errant ensuite d'une île à l'autre dans les archipels voisins, il fut enfin sauvé, après cinq mois d'infortunes et de périls ; deux bâtiments français, qui vinrent le joindre, le 29 septembre, sur la côte occidentale d'Écosse, le ramenèrent en France avec un petit nombre de ses partisans.

La défaite du Prétendant fut suivie en Angleterre des mesures les plus rigoureuses. Les officiers étaient punis comme coupables de haute trahison, et l'on condamna plusieurs pairs d'Écosse à d'ignominieux supplices. Les principaux artisans de la rébellion, car on nommait ainsi l'attachement aux Stuarts, furent exécutés à Londres, à Carlile, et dans les autres villes où ce parti s'était déclaré. Après avoir frappé les plus hauts rangs des rebelles, on mit au sort la peine ou la grace des soldats qui avaient combattu : la vingtième partie fut destinée au gibet ; tous les autres furent embarqués pour les colonies anglaises d'Amérique : on les répartit sur différents points du continent ; et ces fiers Calédoniens, accoutumés aux fatigues et à tous les genres de périls, devinrent des cultivateurs laborieux. L'Angleterre, qui avait puni leur fidélité à d'anciens maîtres, eut du moins, en les expatriant, la prudente politique de profiter encore de leurs services : elle ne les exila que dans les possessions coloniales qui lui appartenaient. Ce système, dont elle avait tant de fois reconnu les avantages, ne faisait que déplacer la population de ses domaines ; il n'affaiblissait pas le nombre de leurs habitants.

Le gouvernement britannique voulut aussi accroître dans ses colonies le concours des hommes sur lesquels il pouvait compter ; et, après la réduction de l'Écosse et la conclusion de la paix continentale, il offrit un établissement et des récompenses en Amérique à un grand nombre de militaires qui l'avaient servi en Europe, et que le licenciement d'une partie de ses armées allait laisser sans emploi. L'étendue des concessions qu'on leur faisait était proportionnée à leurs grades : on accordait cinquante acres de terre à chaque soldat et à chaque matelot ; la proportion augmentait pour les enseignes, pour les lieutenants, pour les capitaines, et l'on donnait six cents acres à chaque officier supérieur.

Parmi les troupes que la Grande-Bretagne avait employées pendant la guerre, et qui eurent ensuite part à ses concessions, on remarquait plusieurs régiments hessois. Ces corps n'avaient servi qu'en Europe, et la plupart des hommes rentrèrent dans leurs foyers après le retour de la paix ; mais un certain nombre acceptèrent des terres en Acadie. L'Allemagne

9.

continuait ainsi à contribuer à la population des colonies anglaises, et de toutes parts on les regardait comme une terre promise, où la fortune appelait indistinctement tous les peuples.

Cependant les Européens qui se rendaient dans les colonies anglaises continuaient de préférer des régions plus méridionales : le sol y était plus fertile, le climat moins rigoureux : et comme on encourageait à la même époque, et par des moyens semblables, de nouveaux établissements dans les Carolines et la Géorgie, ces pays, plus favorisés de la nature, attiraient un plus grand nombre de cultivateurs. Les premiers temps de la population de ces contrées avaient été difficiles ; on avait alors à vaincre de puissants obstacles : il fallait triompher d'une nature sauvage, de l'intempérie des lieux marécageux, des agressions souvent tentées par les indigènes. Mais un premier établissement rendait plus faciles tous les autres : le travail avait assaini la terre; la sécurité des habitants s'était augmentée avec le nombre; les Indiens se trouvaient déjà rejetés loin des habitations européennes ; les colonies s'étaient développées, et la possession de quelques points du littoral avait conduit à l'occupation de plusieurs vastes provinces. L'exemple de quelques rapides fortunes attirait d'autres habitants, et la population, favorisée par un bien-être toujours croissant, se maintenait dans un état progressif. La sécurité dont elle jouissait était due aux arrangements que les fondateurs des colonies avaient faits avec les Indiens, et cette prudente conduite avait été imitée en Géorgie, lorsque Oglethorpe était venu y former un établissement. Tomochichi était alors le principal chef de guerre de la nation des Creeks; il accueillit les Anglais, il traita avec eux, et leur offrit, en signe de paix, une peau de buffalo, sur laquelle on avait figuré avec les plumes d'un aigle sa tête, son corps, et ses ailes éployées.

« L'aigle, dit ce guerrier, est l'emblème de la vitesse ; le buffalo est celui de la force. Légers comme l'un, « vous avez franchi les grandes eaux « pour venir aux extrémités de la « terre ; forts comme l'autre, vous « briseriez tous les obstacles : soyez « doux envers nous comme le duvet « de l'aigle ; soyez notre abri, notre « vêtement, comme la dépouille du « buffalo. »

Après la conclusion de ce traité, Oglethorpe continua des relations amicales avec les Creeks. Il se servait pour interprète d'une femme indienne, qui avait épousé John Musgrove, négociant de la Caroline, et qui entendait également les deux langues. Mais les fonctions qu'elle remplissait lui firent insensiblement acquérir au milieu des tribus sauvages une influence dont elle fit ensuite un usage funeste à la colonie. Cette femme, étant devenue veuve, épousa en secondes noces Thomas Bosomworth, aumônier d'un régiment anglais, homme qui avait d'abord servi avec zèle, mais qui s'était bientôt livré à de ruineuses spéculations, et que le délabrement de sa fortune et le désir de la réparer jetèrent dans des intrigues. Son épouse, connue sous le nom de Marie, se prêta à ses vues ambitieuses, et fut portée par ses instigations à prétendre qu'elle descendait en ligne maternelle d'un roi indien auquel appartenait tout le territoire des Creeks. Les chefs de cette nation s'assemblèrent, et Marie sut les intéresser à son projet en flattant leur esprit d'indépendance ; elle leur exposa ses droits, leur représenta l'injustice que l'on avait commise en s'emparant de leur ancien territoire, et les excita à courir aux armes pour défendre leur propriété. Ces chefs, enflammés par ses discours, lui promirent leur assistance. Un grand nombre de sauvages la suivirent vers Savannah, et Marie, s'arrêtant à quelque distance de la place, envoya un messager au gouverneur, pour le prévenir qu'elle avait repris ses droits de souveraineté sur tous les territoires appartenant aux Creeks, et pour demander que les colons anglais s'éloignassent incessamment.

La ville fut mise en état de défense,

et la milice prit les armes : elle n'était alors composée que de cent cinquante hommes. On voulait éviter une lutte qui paraissait disproportionnée, et l'on essaya d'amener les Indiens à de paisibles explications. Le capitaine John, qui les reçut aux portes de la ville, leur demanda s'ils arrivaient comme amis ou comme ennemis; sa fermeté leur imposa, et il obtint d'eux qu'ils se présenteraient sans armes. Bosomworth et la prétendue reine exposèrent devant le gouverneur et son conseil les droits qu'ils venaient défendre. La conjoncture était difficile; on essaya de temporiser, et, pour dissoudre cette ligue, on s'efforça de discréditer Marie dans l'esprit des sauvages, en leur rappelant l'obscurité de son origine et de tous les hommes de sa famille, où aucun chef de guerre ne s'était signalé. Enfin, après avoir inutilement tenté tous les moyens de calmer la sédition, on fit arrêter Bosomworth, qui en était le principal artisan. Marie ne put alors contenir sa fureur : elle menaça de sa vengeance toute la colonie; elle maudit Oglethorpe et ses frauduleux traités, et jura, en frappant du pied la terre, qu'elle en était seule la souveraine. Oglethorpe la fit arrêter à son tour, et il parvint ensuite à ramener, par la persuasion et par des présents, les dispositions des principaux Indiens. Ces événements se passaient en 1751, près de vingt ans après les premiers établissements de la Géorgie.

Malatchée, vaillant chef de guerre, que les sauvages comparaient au vent, à cause de la mobilité et de l'incertitude de ses affections, cherchait encore à relever un parti en faveur de Marie. « Elle avait permis, disait-il, « que les Anglais missent le pied sur « son territoire, mais elle n'avait pas « voulu s'imposer des maîtres. La terre « lui appartenait; et lorsqu'elle réclamait son bien, sa voix était celle « de toute une nation, qui pouvait « armer trois mille guerriers, et qui « était prête à combattre pour sa défense. » Les discours de Malatchée produisaient une vive impression sur l'esprit des Indiens; mais comme il est facile de mettre en mouvement ces hommes passionnés, on les ramène comme on les égare, en s'adressant à leurs cœurs, et en excitant des émotions contraires. Oglethorpe leur fit entendre que les droits usurpés par Marie devenaient pour eux une injure. « Ce n'est pas d'elle, mais c'est de vos « sages vieillards et de vos guerriers « que les Européens ont acquis leurs « terres. Vous les avez admis au par« tage d'une vaste contrée, dont l'oc« cupation entière vous était inutile : « ils sont venus comme amis, ils vous « ont offert leur alliance, et vous l'avez « acceptée. Continuez de les traiter « en frères, puisqu'ils pourvoient à « vos besoins, et qu'ils vous offrent « des moyens de défense contre vos « ennemis. »

Ces paroles furent accueillies par un grand nombre; les moments de péril étaient passés, et l'ascendant de Marie sur les sauvages commençait à s'affaiblir. Quelques chefs s'éloignèrent : cet exemple fut imité; la foule se dispersa, et le calme revint dans la colonie. Bosomworth se repentit lui-même d'avoir excité cet orage; on eut égard à ses remords, à ses anciens services, et cet homme que l'ambition avait égaré redevint paisible et fidèle.

Cette sédition, qui fut apaisée par un prudent mélange de sagesse et de fermeté, montra néanmoins que les hommes turbulents et disposés à exciter des soulèvements dans les colonies pouvaient aisément trouver des auxiliaires parmi les Indiens. L'inquiétude de toutes ces tribus sauvages était sans cesse excitée par l'accroissement du nombre des Européens, et quand la séduction ou la force les avaient dépossédées d'une partie de leur territoire, elles regrettaient ce sacrifice, et n'attendaient qu'une occasion favorable pour réparer leurs pertes. Mais le temps trompait toutes leurs espérances; car il diminuait de jour en jour l'étendue de leurs domaines, et en rejetant les unes sur les autres ces différentes tribus, il les faisait conspirer mutuellement à leur commune ruine.

La guerre se ralluma en 1752 entre quelques nations indiennes, voisines des colonies anglaises, et il en résulta des invasions de territoire et des actes de violence dont la Caroline eut à se plaindre. Les Creeks avaient tué plusieurs Chérokées, aux portes mêmes de Charleston : ils avaient aussi tué dans leurs montagnes un négociant anglais qui se rendait chez les Chikasaws, et le gouvernement de la Caroline s'adressa à leurs chefs pour obtenir satisfaction de ces griefs. Malatchée vint à Charleston avec plus de cent guerriers, et il donna au gouverneur des explications qui le satisfirent. « Une « nation entière n'est pas coupable des « excès de quelques hommes. Les « Chérokées méritaient notre ressen- « timent, puisqu'ils ont donné passage « à une tribu qui venait nous attaquer; « mais leur sang ne devait pas couler « sur votre territoire, et nous avons « puni ceux qui l'ont versé. Vous nous « accusez du meurtre d'un Anglais; « nous avions prévenu vos plaintes : « le coupable a été condamné à mort « par tous nos anciens; il l'a été par « sa famille elle-même, et la hache « allait se lever sur lui; mais sa vie a « été rachetée par son oncle, qui a « offert de se sacrifier à sa place, et « qui s'est donné volontairement la « mort. »

Sans doute, un tel échange de victime n'était point un acte de justice; mais cette forme d'expiation entrait dans les mœurs des sauvages, et un dévouement si généreux était digne d'admiration. Le traité d'amitié précédemment conclu avec les Creeks fut renouvelé dans cette entrevue, et la médiation du gouverneur de la Caroline amena le rétablissement de la paix entre les tribus indiennes qui étaient alors en guerre. Cette pacification était utile au commerce des colonies; elle l'était à leur sécurité; elle augmentait leur ascendant et leur influence au milieu des peuplades qui s'étaient réconciliées sous leurs auspices. Cependant ce dernier résultat ne fut pas de longue durée : il y eut, en 1755, une commotion générale parmi les nations indiennes établies dans les vallées des Apalaches, et dans celles qu'arrose le cours de l'Ohio et de ses affluents.

On peut trouver l'origine de ces mouvements dans les discussions qui s'élevèrent entre la France et la Grande-Bretagne, sur la ligne de démarcation de leurs colonies. Tandis que les Anglais, établis sur le littoral de l'Atlantique, prolongeaient d'une manière illimitée leurs prétentions vers l'ouest, les Français, qui habitaient les rives du Mississipi, voulaient s'étendre vers l'orient jusqu'à la chaîne des monts Apalaches : ils regardaient comme leur domaine toutes les vallées qui portent à ce grand fleuve le tribut de leurs eaux; et les entreprises contraires de ces deux nations amenèrent bientôt le fléau de la guerre dans les vastes régions dont elles se disputaient la souveraineté.

Nous avons fait remarquer précédemment que les Français, en formant dans la Louisiane leurs premiers établissements, avaient cherché à les lier à ceux du Canada par une chaîne de postes intermédiaires. Le fort de Niagara avait été construit entre les lacs Érié et Ontario, et celui de Frédéric ou de la Couronne l'avait été en 1731 au sud-ouest du lac Champlain. Cet état de choses fut conservé en 1748 par le traité d'Aix-la-Chapelle; et les Français, voulant assurer davantage les communications des grands lacs avec le Mississipi, érigèrent promptement de nouveaux forts sur le cours de l'Ohio, afin de prévenir les entreprises que d'autres colonies européennes pourraient y former. Les planteurs de Virginie commençaient à jeter les yeux sur ces contrées; et comme la culture du tabac épuisait promptement la terre, ils avaient contracté l'habitude d'étendre de proche en proche leurs défrichements, pour avoir à exploiter un sol plus neuf et plus fertile. La richesse de leurs nouvelles récoltes les encourageait à poursuivre leurs travaux; et lorsque plusieurs d'entre eux furent arrivés au pied des Apalaches, ils essayèrent de les franchir, et de s'étendre sur leur versant occidental. Il se forma à Londres, en 1749, une association qui fut instituée par une charte sous le nom de compagnie de l'Ohio : le gouvernement britannique lui accorda six cent mille acres de terre, et un intendant fut envoyé, en 1751, pour choisir l'emplacement de cette concession, et pour y organiser des relations de commerce avec les Indiens. Mais lorsque le gouverneur du Canada en fut informé, il invita ceux des colonies anglaises à rappeler les marchands et les planteurs qui s'étaient introduits sur ce territoire, et il déclara que l'on se saisirait de la personne de ceux qui refuseraient de se retirer.

Les Anglais n'accédèrent point à la demande qui leur était faite, et le gouverneur de Virginie adressa même en 1753 un message au commandant français des forts de l'Ohio, pour le sommer de se retirer, et pour se plaindre vivement de quelques arrestations; mais le commandant répondit qu'il n'avait d'ordre à recevoir que de Sa Majsté très-chrétienne ou du gouverneur du Canada, que ce pays appartenait à la France, et qu'aucun Anglais n'avait le droit de s'y établir. Une déclaration si positive faisait prévoir qu'on la soutiendrait avec énergie, et le fort du Quesne fut incessamment construit, au confluent de l'Alléghany et du Monongahela, dont les eaux réunies forment le cours de l'Ohio. L'aigreur s'accrut bientôt de part et d'autre; les plaintes se multiplièrent, et l'on en vint à des hostilités qui devaient enfin changer la situation politique de cette partie du Nouveau-Monde.

La population des colonies anglaises leur donnait dans cette lutte une très-grande supériorité : elle était vingt fois plus nombreuse que celle du Canada et de la Louisiane. Pour suppléer à cet avantage, la France avait recours aux nations indiennes ; son influence sur leurs esprits était habilement entretenue par le zèle de ses missionnaires ; elle avait acquis sur quelques tribus de la Louisiane le même ascendant que sur celles du Canada, et elle s'en était fait d'utiles auxiliaires : mais avec des nations si mobiles dans leurs penchants, si faibles par leurs ressources, et si souvent divisées d'intérêts, on ne devait pas compter sur une longue et vigoureuse assistance. Les Indiens pouvaient faire de sanglantes incursions et multiplier les maux de la guerre, mais ils ne donnaient pas les moyens de la terminer, et c'était entre les Européens que le sort des armes devait être fixé.

Aussitôt après les premières hostilités, les colonies anglaises s'adressèrent au gouvernement britannique pour obtenir des secours. Il régnait alors peu d'intelligence entre elles : toutes étaient indépendantes les unes des autres ; et comme la métropole ne s'était pas réservé les mêmes droits sur toutes, elle ne pouvait pas jouir d'une égale influence dans leurs délibérations, ni les obliger à répartir entre elles, d'une manière proportionnée à leurs ressources, toutes les charges de la défense commune. Les colonies les plus rapprochées des territoires dont on se disputait la possession, furent engagées les premières dans une querelle qui devait bientôt devenir générale.

Une expédition était préparée contre le fort du Quesne, et les Anglais, remontant les vallées supérieures du Potomack, pour traverser les Apalaches et gagner le cours du Monongahela, voulurent d'abord établir un poste retranché à quelques lieues de cette forteresse ; mais au mois d'avril 1754, le commandant français vint, à la tête d'un détachement, les sommer de se retirer, et comme ils étaient très-inférieurs en nombre, ils cédèrent à cette sommation, et abandonnèrent leurs travaux qui furent incessamment détruits.

Cette retraite ne fut que momentanée, et les Anglais se replièrent sur les nouvelles troupes qu'ils attendaient. Un régiment levé en Virginie, et placé sous les ordres du colonel Frye, se portait, à la même époque, vers les rives du Monongahela : Georges Washington, alors âgé de vingt-deux ans, était lieutenant-colonel de ce régiment, auquel s'étaient jointes quelques troupes d'Indiens. Il n'attendit pas la formation complète de ce corps pour se rendre sur le théâtre des opérations militaires : il conduisit les premières levées jusque dans les *grandes prairies*, où l'on commença la construction du fort *Necessity*; et, continuant de servir à l'avant-garde, il se rapprocha du fort du Quesne avec deux compagnies anglaises et une troupe de sauvages, afin d'éclairer, par une plus exacte connaissance du pays, la marche du corps qui devait le suivre. Arrivé à quelques lieues du fort du Quesne, il rencontra dans la nuit un détachement français de vingt à trente hommes, qui essuyèrent d'abord de la part des Anglais deux décharges de mousqueterie. Jumonville commandait ce détachement : il chercha à faire entendre qu'il était chargé d'une sommation pour le commandant anglais; mais il n'eut pas le temps de la faire connaître en entier, et il fut tué d'un coup de feu dans cette funeste rencontre, dont les ténèbres devaient encore augmenter la confusion. La troupe française, enveloppée de toutes parts, fut faite prisonnière de guerre : un seul homme parvint à s'échapper, et il regagna le fort du Quesne, où le récit de la perte qu'on venait de faire excita la plus vive irritation.

Cet événement fut diversement jugé par les deux partis. Les Français le regardèrent comme une flagrante violation du droit des gens : ils voyaient dans Jumonville un officier envoyé en parlementaire, et dont le caractère et la mission devaient être respectés. Les Anglais pensaient, au contraire, que la mission d'un officier cesse d'être pacifique lorsqu'il s'avance à la tête d'une troupe armée; ils ne virent dans cette escorte qu'un détachement militaire envoyé en reconnaissance, et la collision fortuite de deux forces opposées l'une à l'autre leur parut être un de ces engagements qui se décident par le sort des armes. Néanmoins, si Jumonville était déjà entre les mains de ses ennemis lorsqu'il fut frappé à mort, leur commandant avait un cœur trop noble, trop généreux, pour ne pas s'affliger de sa destinée. Il ramena au fort Necessity ses prisonniers de guerre, qui furent ensuite dirigés vers la Virginie ; et tandis que l'on continuait les travaux de ce poste retranché, où les Anglais recevaient de nouvelles troupes, la garnison du fort du Quesne a tendit elle-même des renforts pour aller les attaquer. Un corps de cinq cents hommes de troupes réglées, et d'une nombreuse escorte de guerriers sauvages, fut chargé de cette expédition, et partit le 28 juin, sous les ordres du capitaine de Villiers, frère de Jumonville.

Les Français n'étaient séparés que par quelques jours de marche du fort Necessity; ils arrivèrent le 3 juillet au pied de ses retranchements, et ils les attaquèrent avec vigueur. Un feu très-vif fut engagé de part et d'autre ; il dura jusqu'au soir : les Anglais avaient déjà perdu cent cinquante hommes ; et Villiers, voulant épargner une plus longue effusion de sang, fit proposer aux assiégés de prévenir l'attaque qu'il devait renouveler le lendemain, et de rendre la place par capitulation, afin de ne pas l'exposer à être emportée de vive force. Les conditions furent signées dans la nuit, et Washington, devenu commandant de la forteresse, après la mort du colonel Frye, obtint de se retirer dans son pays, avec la garnison, une pièce d'artillerie et les honneurs de la guerre. Les Anglais s'engagèrent de leur côté à renvoyer incessamment au fort du Quesne les prisonniers qu'ils avaient faits précédemment.

Ces premières actions faisaient pressentir que les rives de l'Ohio seraient bientôt exposées à d'autres hostilités. La Grande-Bretagne allait y porter des forces plus nombreuses ; elle fit passer en Virginie plusieurs régiments anglais auxquels on devait joindre les troupes de la colonie, et le général Braddock y arriva le 1er février 1755 pour en prendre le commandement. Il établit son quartier général à Alexandrie, où il assembla ses troupes, et il y convoqua pour le 18 avril un congrès des différentes colonies, afin de concerter avec leurs envoyés le système d'opérations qui serait suivi pendant la campagne. Alors on convint qu'il serait formé vers le nord trois expéditions, une sur les limites de l'Acadie, une autre vers le lac Champlain, et la troisième près du lac Ontario, tandis que le général Braddock marcherait lui-même vers l'Ohio pour s'emparer du fort du Quesne. Il avait sous ses ordres trois mille hommes de troupes régulières et de milices, ainsi qu'un petit nombre d'Indiens, et il s'avança d'abord jusqu'aux grandes prairies, où l'on établit un camp retranché. Braddock y laissa un détachement de huit cents hommes sous les ordres du colonel Dunbar, et il se porta lui-même avec ses principales forces jusqu'à sept milles de distance du fort du Quesne. Cet officier, accoutumé aux guerres d'Europe, s'y était signalé par son habileté et son courage ; mais il n'avait pas servi en Amérique, et les Indiens ont une manière de combattre qu'il ne connaissait pas.

Le capitaine Contrecœur, commandant du fort du Quesne, apprit le 8 juillet que l'ennemi s'approchait de la place ; il ne garda qu'une faible garnison, fit sortir toutes les troupes dont il pouvait disposer, et les mit sous les ordres du capitaine Beaujeu. Les Français quittèrent la forteresse à huit heures du matin ; ils rencontrèrent l'ennemi vers le milieu du jour, et ils l'attaquèrent avec vivacité, tandis que les Indiens leurs auxiliaires cherchaient à l'envelopper, en se répandant à droite et à gauche dans de profondes forêts qui les abritaient. Braddock, au lieu d'y envoyer des éclaireurs, se porta avec toutes ses forces contre les troupes qu'il avait devant lui, et les fit d'abord plier. Beaujeu fut tué à la troisième décharge ; et le capitaine Dumas prit alors le commandement : il était secondé par Ligneris, et ces officiers chargèrent avec tant d'impétuosité qu'ils enfoncèrent l'avant-garde ennemie, et la rejetèrent sur le corps de bataille, où l'action fut bientôt engagée. Les Indiens cachés dans les bois harcelaient en tirailleurs les flancs de l'armée anglaise qui, après une mêlée sanglante, cessa de résister : ses rangs se débandèrent ; la plupart de ses officiers furent tués ou blessés en cherchant à rétablir le combat. Braddock fut lui-même blessé à mort, et on l'emporta du champ de bataille, où il venait de laisser son artillerie, ses équipages et le tiers de ses soldats. Ceux qui survécurent à ce désastre, et qui auraient pu se rallier aux troupes de réserve placées sous les ordres du colonel Dunbar, ne les rejoignirent que pour y porter la confusion et les entraîner dans leur fuite. La déroute devint générale, et les hommes échappés à cette expédition se retirèrent précipitamment en Virginie ; ils gagnèrent les villes du littoral, et laissèrent les établissements intérieurs à la merci des Indiens qui purent y continuer leurs incursions.

Un mois avant cette époque, d'autres hostilités avaient été commises sur l'Océan, et deux vaisseaux français, l'*Alcide* et le *Lys*, avaient été attaqués dans les parages de Terre-Neuve, à dix lieues au sud-est du cap Raze. Ces bâtiments formaient l'arrière-garde d'une flotte partie de Brest sous les ordres de Dubois de la Mothe, et ils s'en trouvaient alors séparés par les chances de la navigation. Le capitaine Hocquart, commandant de l'*Alcide*, ayant aperçu, le 8 juin, un groupe de vaisseaux vers l'horizon, crut avoir retrouvé l'escadre française, et il chercha à s'en rapprocher ; mais la flotte qu'il avait signalée était celle de l'amiral anglais Boscaven, qui, l'ayant également aperçu, arrivait sur lui à toutes voiles. Un engagement devenait inévitable, et le capitaine français s'y prépara résolument, quelle que fût la disproportion de ses forces. Après avoir soutenu le combat contre plusieurs vaisseaux anglais, il fut bientôt enveloppé par tous les autres : ses manœuvres étaient coupées, ses mâts près de tomber, et la plupart de ses canons démontés ; il se rendit enfin à l'amiral. *Le Lys*, qui était alors trop éloigné pour concerter sa défense avec *l'Alcide*, fut attaqué à son tour par plusieurs vaisseaux ennemis : il se trouva entre deux feux, essuya plusieurs bordées d'artillerie, et combattit à la portée du mousquet, jusqu'au moment où il dut céder à des forces trop supérieures.

La guerre prenait alors en Amérique de nouveaux développements, et le colonel anglais Monckton avait été chargé d'étendre vers le nord les limites de l'Acadie, qui était encore bornée à la presqu'île de ce nom. L'isthme qui sépare du continent cette péninsule n'a que sept lieues de largeur : il se trouve resserré d'un côté par la baie Verte, de l'autre par celle de Chinecto, et les Français y avaient construit, pour en défendre l'entrée, les forts de Gasparaux et de Beauséjour. Ces forteresses, érigées en 1750, deux ans après le traité d'Aix-la-Chapelle, étaient devenues les avant-postes des possessions occupées par la France entre le golfe Saint-Laurent et la baie de Fundy ; et d'autres établissements français étaient situés au nord de cette baie, sur le cours de la rivière Saint-Jean qui y verse ses eaux.

Mais la Grande-Bretagne désirait s'emparer de toute la région située entre l'Acadie et la Nouvelle-Angleterre : elle demandait à la France la cession d'un territoire de vingt lieues de largeur sur toute la rive septentrionale de la baie de Fundi ; et n'ayant pu l'obtenir par les négociations de ses commissaires, chargés de la fixation des limites, elle fit enfin attaquer le fort Beauséjour par trois mille hommes que commandait le colonel Monckton. Cette forteresse soutint un siége de quatorze jours, et elle ne capitula le 16 juin qu'après avoir essuyé les désastres d'un bombardement. Sa reddition entraîna celle du fort Gasparaux, qui n'avait qu'une garnison de quarante hommes ; et les Anglais se répandant ensuite au nord de la baie, allèrent attaquer le fort Saint-Jean, près de la rivière de ce nom. Le commandant n'avait que quelques soldats, et ses retranchements n'étaient formés que de palissades ; il prit le parti de les brûler, et se retira dans l'intérieur de la contrée où les Abénaquis avaient pris les armes, et d'où ils faisaient de fréquentes incursions en Acadie.

La colonie des Français neutres qui étaient restés dans cette péninsule sous la protection de la foi publique, éprouva bientôt de la part des Anglais les traitements les plus rigoureux. Elle avait formé ses principaux établissements sur la rivière d'Annapolis : elle s'était ensuite étendue vers le nord-est ; et cette peuplade, descendue des anciennes familles normandes que de Monts y avait conduites en 1604, se composait, un siècle et demi après, de douze mille personnes, qui avaient conservé, depuis la paix d'Utrecht, leurs églises, leurs prêtres, le libre exercice de leur religion. Ces hommes vivaient au milieu de leurs troupeaux, dans toute la simplicité des anciens patriarches : ils ignoraient les lettres ; un très-petit nombre savait écrire, et leur naissante industrie se bornait au tissage des toiles et des étoffes de laine destinées à leur usage ; ils avaient quelques pêcheries, et entretenaient avec la Nouvelle-Angleterre un faible commerce.

La cession de leur territoire à la Grande-Bretagne n'avait pas changé leurs sentiments envers la France ; ils avaient obtenu le privilége de ne pas porter les armes contre leurs compatriotes, et, persistant dans cette vertueuse résolution, ils se bornèrent à prêter un serment de fidélité et de soumission au gouvernement auquel ils se trouvaient assujettis par les traités. Cependant ceux qui étaient le plus rapprochés de la frontière étaient quelquefois inquiétés dans la jouissance des territoires restés en litige : on n'en avait fixé l'étendue, ni par la paix d'Utrecht, ni par celle d'Aix-la-Chapelle ; et tandis que les commissaires nommés en vertu de ce dernier traité discutaient les bases de cette démarcation, les terres situées à l'extrémité de la baie de Fundy étaient devenues entre les Anglais et les Français le sujet d'une contestation à main armée. Les Français, qui possédaient un village au midi de la baie de Chinecto, où les Anglais avaient eux-mêmes érigé le fort Beau Bassin, furent attaqués en 1749 par le major Lawrence; et se voyant réduits à abandonner leurs habitations, qui n'avaient aucun moyen de défense, ils aimèrent mieux les brûler que de les laisser à l'ennemi, et ils se retirèrent dans le fort Beauséjour, placé au nord de la même baie. Cette destruction, ce départ furent considérés comme une défection : on y vit un témoignage de haine, parce que l'on s'attribuait la souveraineté du territoire; on supposa que cette mesure était liée à un plus vaste plan, et l'on étendit sa défiance et son animadversion sur tous les Français dont les établissements étaient dispersés dans l'intérieur de l'Acadie.

La persécution qui les menaçait n'était pas encore ouvertement déclarée ; mais quand les hostilités eurent éclaté en Amérique, on ne garda aucun ménagement envers les Français neutres, et l'on s'arrêta au projet de déporter leur peuplade tout entière. L'impartialité de l'histoire oblige à déclarer que quelques hommes avaient encouru la forfaiture, en cherchant à soulever les Micmacs, qui occupaient une contrée de l'Acadie, et en les excitant à commettre des dévastations sur le territoire britannique, quoique ces Indiens eussent fait la paix en 1752 avec les colonies anglaises; mais il eût été équitable de ne poursuivre que les provocateurs. Au lieu de se borner à une si juste répression, on eut la cruauté d'envelopper dans le même exil toute la population, et douze mille hommes furent condamnés à chercher un refuge hors de l'Acadie; la plupart furent même réduits à se procurer à leurs frais des moyens de transport pour s'expatrier et se disperser dans d'autres colonies. Il s'en rendit un grand nombre sur différents points de l'Amérique anglaise, sans que les gouverneurs eussent été prévenus de leur arrivée, et eussent reçu l'ordre de pourvoir à leur subsistance. Quinze cents Acadiens débarquèrent en Virginie ; on les traita comme des prisonniers de guerre, et ils furent transférés en Angleterre, où on les enferma dans les prisons de Bristol et d'Exeter. Il en périt un grand nombre; les autres furent détenus pendant quelques années, avant d'être renvoyés en France. Douze cents hommes arrivèrent dans le Maryland; les plus jeunes vécurent du travail de leurs mains; les vieillards et les infirmes furent abandonnés aux secours de la charité. D'autres détachements abordèrent sur le littoral de la Caroline; les uns furent repoussés comme pirates et comme ennemis ; d'autres furent regardés comme des hôtes incommodes, et l'on refusa de s'en charger. Un navire qui portait des réfugiés en Pensylvanie fut brisé par la tempête; et les autres Acadiens dont les bâtiments furent épargnés, envièrent le sort de l'équipage qui avait péri.

Cependant il y eut quelques émigrations plus favorisées; la cause de l'infortune trouva des défenseurs, et ceux-ci reçurent avec humanité des hommes qui avaient tout perdu. La bienveillante pitié des citoyens cherchait ainsi à réparer les rigueurs des gouvernements, et les vertus privées donnèrent à la politique une leçon : toute prévention nationale avait disparu ; c'étaient des hommes à secourir.

Plusieurs navires, après avoir inutilement cherché des lieux d'asile dans les différentes colonies étrangères, ramenèrent leurs voiles vers la baie de Fundy, et ils abordèrent aux territoires que la France occupait encore. Chassés de leurs possessions d'Acadie, ils se trouvaient entièrement affranchis de leurs devoirs de neutralité: ils armèrent en course quelques bâtiments, et pendant la durée de la guerre ils causèrent au commerce maritime des colonies anglaises de nombreux dommages. Tous ceux qui gagnèrent les possessions françaises y reçurent les secours que l'on devait à leur infortune ; l'île de Cap-Breton et le Canada se trouvaient à leur portée;

on accorda à ceux qui s'y rendirent, des terres, des instruments d'agriculture et quelques bestiaux. Tous ces hommes étaient pasteurs ou cultivateurs; ils étaient accoutumés au travail, et ils recommencèrent des établissements, où ils devaient être troublés, après quelques années d'épreuve, par de nouveaux changements de domination.

Les Anglais, qui avaient regardé comme nécessaire à leur sûreté en Acadie le départ de ces anciens colons, étaient d'autant moins disposés à les ménager qu'ils s'attendaient à être prochainement attaqués dans cette presqu'île par l'escadre de Dubois de la Mothe, qui se trouvait dans le port de Louisbourg. Une flotte anglaise de vingt-deux vaisseaux de guerre et de sept frégates sous les ordres de l'amiral Holburne, avait paru le 19 août devant la même rade; mais au lieu de chercher à engager le combat, elle s'était retirée vers Halifax, et le 25 septembre, elle avait éprouvé dans ces parages une violente tempête qui avait détruit quatorze navires : les autres étaient trop maltraités pour qu'on pût en attendre quelque service; ils avaient perdu leurs mâts et leurs agrès, et la plupart des naufragés qui parvinrent à gagner les côtes de la péninsule y furent massacrés par les sauvages.

Tandis que ces événements se passaient en Acadie, un corps de troupes anglaises sous les ordres du général Johnson s'avançait vers le lac Champlain, et devait attaquer le fort de la Couronne; mais le gouverneur du Canada avait pourvu à sa défense, et les Français voulurent prévenir les desseins de l'ennemi en se portant à sa rencontre. Ils défirent d'abord un détachement de mille hommes de troupes, et, le 8 septembre 1755, ils attaquèrent dans son camp le général Johnson; mais dans cette seconde affaire, le baron de Dieskau qui les commandait fut blessé et fait prisonnier, ils perdirent sept cents hommes, et ils se replièrent sur le fort de Ticonderoga (voy. pl. 35). Le général Johnson venait d'être également blessé, et les pertes qu'il avait faites dans ces deux journées ne lui permettaient pas de suivre son expédition. La saison était d'ailleurs avancée, et les opérations militaires furent bientôt suspendues. Les Français gardaient toutes leurs positions sur cette partie des frontières : ils occupaient les forts de Frontenac et de Niagara aux deux extrémités du lac Ontario; ils conservaient la liberté des communications entre le Canada et la Louisiane, et les avantages qu'ils avaient obtenus vers l'Ohio étaient bien supérieurs aux pertes qu'ils avaient éprouvées sur quelques autres points.

Leur victoire près du fort du Quesne avait accru chez les Indiens leur ascendant et leur renommée; et cette disposition en faveur des Français était commune à la plupart des tribus placées entre les Apalaches et le Mississipi. Quelques-unes de ces peuplades n'étaient que les débris d'anciennes nations qui furent autrefois plus puissantes : on distinguait au milieu d'elles les Shawanèses, les Mingoes, les Lennilénapes qui, depuis l'arrivée des Européens, étaient plus connus sous le nom de Delawares, parce qu'on les avait rencontrés sur les rivages de la baie à laquelle on avait donné ce nom. Ces diverses tribus, successivement réduites à un petit nombre, s'étaient rapprochées les unes des autres pour se prêter un appui mutuel; mais elles ne formaient point un corps de nation aussi compacte que la confédération des Iroquois : des jalousies mutuelles les divisaient encore; et leur ligue eût été facile à dissoudre, si ces tribus indiennes n'avaient pas été persuadées que leur intérêt était alors le même, et qu'elles avaient à défendre contre les Anglais la cause de leur indépendance. En effet, c'était par eux qu'elles se voyaient graduellement dépossédées de leur territoire : celles qui s'étaient repliées à l'ouest des Apalaches n'y étaient point inquiétées au milieu de leurs forêts; et la France, en formant quelques établissements dans leur voisinage, ne leur avait annoncé jusqu'alors que des vues protectrices.

Les Chérokées profitèrent, pour se soulever contre les colonies anglaises, du moment où ils les croyaient affaiblies par une défaite. Ils étaient d'ailleurs excités à cette défection par les émissaires des Indiens de l'Ohio, et ils voyaient avec ombrage les préparatifs que faisait le gouverneur de la Caroline pour ériger deux forteresses sur les frontières de leur territoire. Les Chérokées ne sont pas errants comme plusieurs autres tribus : ils croient que leur premier père descendit des nuages sur les contrées qu'ils occupent encore; les lieux où reposent leurs ancêtres sont en vénération; tout homme est tenu de les défendre, et ils regarderaient comme honteux de les abandonner.

Pour faire cesser leur défiance et pour assurer le maintien de la paix, Gleen, gouverneur de la Caroline, se rendit au milieu d'eux en 1755; il eut avec leur chef une entrevue, et il parvint, non seulement à ramener leurs dispositions, mais à obtenir d'eux la cession d'un immense territoire, où les établissements de la colonie s'étendirent bientôt, et où l'on fit construire trois forteresses sur l'un et l'autre versant des Apalaches; celles du Prince-Georges et de Moore s'élevaient près du Savannah, et le fort de Loudown fut érigé au delà des montagnes, sur les bords du Tenessée.

Les opérations hostiles qui s'étaient succédé depuis deux ans en Amérique n'avaient pas encore amené une rupture en Europe; mais la France répondit enfin aux agressions de ses ennemis, en s'emparant de l'île de Minorque; la Grande-Bretagne déclara la guerre le 17 mai 1756, et l'ame ardente de William Pitt, qui fit embrasser à son pays cette determination, lui fit aussi adopter toutes les mesures propres à la soutenir avec vigueur. Il fallait du temps pour les preparer; et le comte de Loudown, chargé du commandement des troupes en Amérique, eut d'abord à se tenir sur la défensive; il établit son quartier-général à Albany, d'où il se borna à couvrir les frontières menacées. La Nouvelle-Angleterre leva un corps de trois mille hommes; New-York fit un armement semblable; et ces troupes, jointes à celles du général Johnson, furent de nouveau chargées de faire le siége du fort de la Couronne. Mais pendant ces préparatifs les Français s'approchèrent du fort Oswego que leurs ennemis avaient fait construire depuis quelques années sur la rive méridionale du lac Ontario. Les Anglais avaient fait de cette place leur principal entrepôt militaire, et ils y avaient réuni quinze cents hommes pour en assurer la défense, lorsque le marquis de Montcalm, chargé de cette expédition, vint attaquer par terre et par eau les retranchements de la forteresse, qui se rendit le 14 août 1756, après quelques jours de siége : elle avait perdu un dixième de sa garnison dans les premières sorties; le reste des troupes fut fait prisonnier de guerre; et cette perte ayant déconcerté les desseins de l'ennemi, il ne put, pendant la durée de cette campagne, effectuer aucune entreprise. Les troupes qu'il avait envoyées vers le lac Champlain éprouvèrent elles-mêmes un échec considérable, et il ne fut pas plus heureux sur les frontières de Pensylvanie, où les Français lui enlevèrent le fort Granville.

Après la saison des opérations militaires, on fit de part et d'autre des preparatifs pour la campagne suivante. Les Anglais se disposèrent en 1757 à faire une invasion dans le Canada, et ils avaient rassemblé au fort Saint-Georges, près du lac qui reçut ensuite le même nom, un corps de troupes et des approvisionnements de vivres et de munitions; mais le marquis de Vaudreuil, gouverneur du Canada, chercha à ruiner leurs préparatifs, en s'emparant de cette forteresse, et il fit marcher vers le lac un corps de huit mille hommes, composé de troupes régulières, de milices et de sauvages: le marquis de Montcalm était à leur tête. Il alla d'abord occuper la position de Ticonderoga, et il envoya en reconnaissance plusieurs détachements pour tenter les approches de la place. Les communications du fort Saint-Georges avec le fort Édouard furent ensuite interceptées; la tranchée fut ouverte à cent cinquante toises des remparts; Montcalm la fit conduire jusqu'aux bords du fossé; et les Anglais, prévenant une attaque décisive, se rendirent par capitulation le 9 août 1757. La garnison s'engageait à ne pas porter les armes pendant dix-huit mois contre les Français et leurs alliés.

Jusqu'à ce moment les opérations de la guerre en Amérique avaient été favorables à la France; et quoiqu'elle n'eût fait passer que de faibles secours dans le Canada, le zèle et l'habileté de quelques hommes parvinrent à y multiplier leurs ressources. Le marquis de Vaudreuil, arrivé à Québec depuis le commencement des hostilités, avait su retenir dans les intérêts de la France les tribus indiennes; et ce gouverneur avait cherché, par leur coopération, à suppléer aux forces que le ministère ne lui faisait pas parvenir. Le général de Montcalm, placé à la tête des troupes, leur inspirait une confiance sans réserve; il était aimé des sauvages, et en montrant des égards à leurs chefs de guerre, il les entraînait dans ses résolutions. Avant d'accorder à la garnison anglaise du fort Saint-Georges une capitulation, il avait assemblé le conseil des Indiens pour leur en communiquer les articles. « Vous avez pris « part aux périls, et vous nous avez « secondés avec courage; le sort de « l'ennemi est dans nos mains; je ne « veux pas en disposer sans vous. » Les Indiens furent sensibles à ce procédé, ils laissèrent à Montcalm le soin de régler les conditions de la prise, et ils lui promirent de ne pas inquiéter la garnison dans sa retraite. Ce général eut souvent à employer son ascendant sur l'esprit des sauvages, soit pour trouver en eux d'utiles auxiliaires, soit pour contenir leur esprit de vengeance, et adoucir les fureurs de la guerre.

Mais tandis que les Canadiens luttaient avec tant d'énergie et de succès contre des forces supérieures, l'Angleterre s'attachait à les priver de tous les secours de leur métropole. Le désir d'assurer un puissant défenseur à ses possessions de Hanovre, qui pouvaient être attaquées par la France, lui faisait chercher des secours sur le continent; et après s'être inutilement adressée à la Hollande, elle avait contracté une étroite alliance avec le roi de Prusse Frédéric II, que l'étendue et la fécondité de son génie militaire avaient placé au rang des plus grands capitaines. L'Angleterre espérait ainsi attirer en Allemagne les principales opérations de la guerre : l'extension que les hostilités allaient recevoir devenait utile au projet qu'elle avait formé, de porter sur l'Océan et en Amérique une grande partie de ses forces, et de profiter dans les deux Indes des embarras que la France pourrait éprouver en Europe.

Louis XV chercha de son côté à opposer d'autres alliances à celle que les Anglais venaient de conclure. On vit alors cesser les longues jalousies des maisons de France et d'Autriche, et les deux cours se lièrent pour s'opposer aux entreprises de la Prusse qui n'avait pris les armes que pour s'agrandir.

La première opération de la France fut l'occupation militaire du Hanovre. Le maréchal d'Estrées, qui commandait l'armée française, ouvrit glorieusement la campagne, et après avoir défait le duc de Cumberland en plusieurs rencontres, il gagna contre lui le 15 juillet 1757, la bataille de Hastenbeck. Le maréchal de Richelieu vint prendre alors le commandement: l'expédition de Minorque l'avait honorablement signalé, et il soutint sa renommée par de nouveaux succès. Les troupes anglaises et hanovriennes s'étaient repliées sur le Weser; il les poursuivit jusqu'à Stade, et les réduisit à conclure, le 8 septembre, la capitulation de Closter-Seven, en vertu de laquelle ce corps d'armée devait être dissous.

Il serait étranger à notre sujet de suivre en Allemagne les opérations d'une guerre à laquelle toutes les puissances de l'Europe furent successivement appelées à prendre part. Celles qui n'avaient d'abord paru que comme alliées de la France et de l'Angleterre, n'eurent bientôt à combattre que pour des intérêts qui leur étaient propres : elles se disputèrent entre elles des champs de bataille et des conquêtes. Les lambeaux des états plus faibles furent déchirés par la Prusse et par l'Autriche; la Russie, la Suède, vinrent prendre part à cette sanglante proie; et tandis que l'Angleterre épargnait au moins ses hommes, en achetant des troupes sur le continent, où elle n'envoyait plus que des subsides, les Français continuaient d'y verser leur sang pour une cause qui leur devenait étrangère. Les sacrifices qu'ils avaient à faire en Allemagne les privaient des moyens de secourir leurs possessions d'Amérique; la guerre continentale faisait languir tous les autres services : on ne construisait pas dans les ports; la défense des colonies était négligée; les communications maritimes n'étaient pas libres; et l'insuffisance des forces navales exposait même les côtes de France à de plus faciles incursions de la part de l'ennemi.

L'amiral Hawk se rendit avec une escadre anglaise dans les parages de la Saintonge, après avoir longé les côtes de la Normandie et de la Bretagne, où il feignait de vouloir débarquer. Le maréchal de Sennetère veillait à la sûreté de cette province; le régiment de Rouergue, les milices de Figeac gardaient l'île d'Oléron, et d'autres troupes occupaient l'île de Ré; Rochefort était bien fortifié; les habitants de la Rochelle se hâtèrent de mettre leur ville en état de défense; les enfants même voulurent y concourir, et un ouvrage en terre, dont ils avaient apporté les fascines et les matériaux dans leurs faibles mains, reçut le nom de batterie des Enfants.

L'escadre anglaise s'engagea dans le Pertuis d'Antioche le 21 septembre 1757; elle alla faire une descente dans l'île d'Aix, passa le grand canal entre cette île et celle d'Oléron, et parut vouloir débarquer sur les rives de la Charente; mais les préparatifs qu'on avait faits sur la plage lui firent abandonner ce projet, et le 1er octobre elle regagna la haute mer.

Une nouvelle expédition fut formée en 1758 contre les côtes de France; elle était commandée par lord Anson, et les troupes débarquèrent à Cancale, d'où elles se portèrent à Saint-Servan : elles y brûlèrent plusieurs magasins, et détruisirent les navires marchands ou armés en course qui se trouvaient dans le port. La ville de Saint-Malo fut menacée, et les Anglais étaient à ses portes; mais le duc d'Aiguillon, qui commandait en Bretagne, avait jeté quelques secours dans cette place; il avait pris poste à Dinan, et il y attendait des troupes qui arrivaient à marches forcées, lorsque l'ennemi, craignant d'être coupé dans sa retraite, se hâta de se replier sur la baie de Cancale où il se rembarqua.

L'intention des Anglais était de porter l'alarme sur plusieurs points du littoral : ils se présentèrent deux fois devant le Havre, et se dirigèrent ensuite vers Cherbourg; mais ils se bornèrent à en reconnaître les côtes; et après avoir échangé quelques volées d'artillerie avec les différents postes du rivage, ils regagnèrent les ports d'Angleterre pour y prendre de nouveaux renforts. Leur flotte reparut le 7 août dans les mêmes eaux; elle effectua son débarquement à quelques milles de Cherbourg, et les troupes vinrent attaquer cette place, dont la garnison crut devoir se retirer vers Valogne. Les Anglais, devenus maîtres de Cherbourg, garnirent de retranchements et d'artillerie les hauteurs voisines, et ils essayèrent de se maintenir dans ces positions; mais le duc de Luxembourg faisait arriver à Valogne, en toute hâte, les troupes qui se trouvaient à Coutances, à Saint-Lô, à Granville, et il allait marcher aux ennemis, quand ils prirent le parti de se retirer, après avoir ruiné une partie du port et des retranchements.

Les Anglais, en quittant Cherbourg, se portèrent sur les côtes de Bretagne, firent une descente dans l'anse de Saint-Brieux, et vinrent camper entre cette ville et Dinan. Le duc d'Aiguillon se dirigea aussitôt sur Lamballe, où il fit arriver des troupes de Tréguier et des autres villes : de là il suivit et observa tous les mouvements de l'ennemi qui s'était avancé jusqu'à Matignon; et les Anglais commencèrent alors à se replier sur Saint-Cast, où ils avaient le projet de se rembarquer; mais ils étaient si vivement pressés par les troupes du duc d'Aiguillon, et toutes les manœuvres de ses différents corps avaient été si bien concertées, que l'ennemi eut bientôt à soutenir sur la plage un combat général, dans lequel il perdit un grand nombre d'hommes : la plupart tombèrent sur le champ de bataille; d'autres se noyèrent en voulant regagner leurs navires.

Les tentatives que les Anglais venaient de faire à plusieurs reprises pour harceler les côtes de France, avaient pour but de rendre nécessaires à la défense de ce royaume les troupes qu'on aurait pu envoyer dans ses colonies d'Amérique. L'ennemi espérait y reprendre avec plus de succès le cours de ses opérations militaires, et l'attaque de l'île de Cap-Breton était la principale entreprise qu'il s'était proposée. Tandis que ses croisières observaient les ports de France où l'on faisait des armements, une flotte commandée par l'amiral Boscaven cingla vers cette île, et arriva le 2 juin 1758 dans la baie de Gabori. Les troupes de terre étaient conduites par le général Amherst, qui avait sous ses ordres les brigadiers-généraux Lawrence, Wolf et Whitmore ; et le débarquement commença, dans la nuit du 8 juin, entre le Cap-Blanc et l'anse du Cormoran. Un détachement placé sur la côte opposa aux Anglais une vive résistance : mais le major Scott s'étant emparé, avec une extrême bravoure, du sommet d'un rocher qui dominait cette position et qu'on avait regardé comme inaccessible, le corps de troupes qui défendait le rivage fut pris en flanc, et se replia sur Louisbourg, après avoir essuyé quelques pertes. La garnison de cette place était composée de deux mille huit cents hommes ; on évaluait à seize mille hommes les forces de l'ennemi, et quelle que fût la disproportion du nombre, un conseil de guerre résolut de tenir jusqu'à l'extrémité, afin d'opérer une diversion dont le Canada pût tirer avantage pour sa propre défense.

Les Anglais établirent à quelque distance de la ville deux camps retranchés, et en avançant les travaux du siège, ils eurent souvent à se défendre contre les sorties de la garnison. Le capitaine Desherbiers, qui tenait encore la campagne avec un faible détachement, parvint, le 11 juillet, à jeter quelques secours dans la place ; cependant elle était toujours serrée de plus près, et la perte de cinq bâtiments de guerre qui mouillaient dans le port, rendit encore sa situation plus difficile. L'artillerie anglaise mit le feu à un vaisseau, et l'explosion de ce navire causa la perte de ceux auxquels se communiqua l'incendie. Deux autres vaisseaux avaient échappé à ce premier désastre ; mais ils furent entourés et assaillis par la flotte anglaise : l'un des bâtiments fut mis en feu, l'autre fut emporté à l'abordage.

Le port n'offrait plus qu'un bassin désolé et couvert de débris flottants ; les batteries étaient ruinées, et n'avaient plus que douze pièces en état de servir ; les brèches, ouvertes par le canon ennemi, étaient déjà praticables ; la garnison affaiblie n'avait aucun moyen de réparer ses pertes ; et dans cette triste situation il ne lui restait plus que d'obtenir une capitulation honorable. Drucourt, commandant de la place, fit demander une trêve pour régler les articles de la reddition, et il fut convenu que la garnison sortirait avec les honneurs de la guerre, que l'île de Cap-Breton serait rendue, et que l'île Saint-Jean, où l'on n'avait qu'un détachement de quarante hommes, serait également abandonnée. La

ÉTATS-UNIS D'AMÉRIQUE.

capitulation fut signée le 26 juillet ; et cette conquête, qui livrait aux flottes ennemies les libres avenues du golfe Saint-Laurent, priva la France de ses communications avec le Canada, contre lequel allaient se diriger les nombreux armements de la Grande-Bretagne.

Il était arrivé à New-York un renfort considérable de troupes anglaises. Abercrombie avait remplacé lord Loudown dans le commandement de l'armée : il résolut d'attaquer les Français sur différents points, et il dirigea ses premières opérations contre le général Montcalm, campé près de Ticonderoga avec trois mille hommes de troupes réglées et avec douze cents Canadiens ou sauvages. Un long abatis d'arbres servait de retranchement à cette position, et les Français y furent vivement attaqués le 8 juillet 1758 : cependant, quoique l'ennemi revînt plusieurs fois à la charge, il ne put forcer leur ligne de défense. Eux-mêmes sortirent de leur camp, prirent l'offensive contre Abercrombie, tournèrent ses positions, et défirent ce corps d'armée, qui se retira en désordre, et perdit dans le combat ou la retraite quatre mille hommes, tués ou faits prisonniers.

Malgré la perte que les Anglais venaient d'éprouver, ils conservaient cependant l'avantage du nombre et pouvaient former d'autres entreprises. Le colonel Bradstreet fut détaché vers le lac Ontario ; il en gagna l'extrémité orientale, et vint attaquer le fort de Frontenac, dont il se rendit maître le 27 août. Cette prise coupait les communications du Canada inférieur avec les grands lacs ; et les Anglais trouvèrent dans l'arsenal une grande quantité d'armes et de munitions destinées aux troupes françaises qui occupaient les bords de l'Ohio. Une autre expédition fut alors dirigée contre le fort du Quesne, qui ne pouvait plus recevoir du Canada les mêmes secours. Mais avant d'aller attaquer cette place, les Anglais avaient cherché à détacher de la France les Delawares, les Shawanèses, les Mingoes et les autres nations indiennes voisines du fleuve. Dès l'année précédente, un traité de paix avait été conclu à Easton entre les Pensylvaniens et les Delawares ; ce bon accord prépara un rapprochement avec les autres tribus.

Un frère morave, Frédéric Post, Allemand d'origine, homme simple, honnête et religieux, fut chargé de cette importante mission. Il avait vécu dix-sept ans au milieu des Indiens Mohicans, dans la vue de les convertir au christianisme ; et, quoiqu'il fût illettré, sa raison forte, son langage persuasif, et l'exacte connaissance qu'il avait des mœurs et des affaires des Indiens, lui donnaient de l'ascendant sur leurs esprits. Il partit de Philadelphie le 15 juillet 1758, prit des guides et une escorte à Bethleem, qui était le chef-lieu des établissements moraves, et se dirigeant vers l'ouest, arriva enfin sur les rives du Monongahela. Le chef de la nation delaware était avec lui : il voulait que tous les Indiens, depuis le soleil levant jusqu'au couchant, ne formassent qu'un seul corps ; il désirait leur inspirer l'amour de la paix ; et il envoya des messagers à toutes les tribus voisines, pour inviter leurs chefs à se réunir avec lui autour du feu du conseil, et à fumer ensemble le calumet (voy. pl. 36).

Une députation de Shawanèses et de Mingoes se joignit bientôt au cortége des Delawares ; ils se rendirent tous près du fort du Quesne, dont ils ne se trouvèrent plus séparés que par le lit du fleuve, et ils parvinrent à attirer à une conférence les chefs indiens qui étaient dans la place. Le commandant français ne pouvait empêcher cette entrevue, quoiqu'il en craignît les résultats ; quelques officiers y assistèrent de sa part ; et Frédéric Post expliqua ainsi l'objet de sa mission : « Frères des Alléghanys, les routes qui nous « séparaient étaient fermées, mais « nous les avons rouvertes pour venir « à vous, et nous vous saluons cordia- « lement. Le mauvais esprit avait soufflé « entre nous la jalousie et la crainte ; « demandons au bon esprit son assis- « tance, pour qu'il ranime dans nos « cœurs l'amour qui unissait nos an- « cêtres. Douze mois se sont écoulés « depuis la paix que nous avons faite

10ᵉ *Livraison.* (ÉTATS-UNIS D'AMÉRIQUE.)

« à Easton avec les Delawares et avec
« dix autres nations : alors nous avons
« demandé à Dieu d'avoir pitié de nous,
« et de cacher si bien les ossements des
« hommes qui avaient péri dans la
« guerre, qu'on ne pût jamais les re-
« trouver, et que le souvenir de nos
« discordes fût effacé de notre mémoire
« et de celle de nos enfants et de nos
« derniers neveux. La hache est ense-
« velie, ne cherchons plus à la relever
« et à rouvrir nos cicatrices. Un grand
« nombre de guerriers anglais vont
« venir dans cette contrée ; mais ce
« n'est point pour vous combattre :
« ils marchent contre les Français ; et
« je vous prends par la main pour
« vous séparer d'eux. Nous vous re-
« gardons comme appartenant au même
« pays que nous ; notre devoir est de
« veiller à votre sûreté : nous vous
« invitons à vous retirer, et à vivre
« paisiblement et loin du péril, avec
« vos femmes et vos enfants. »

Après avoir écouté les propositions qui venaient de leur être faites, les Mingoes et les Shawanèses promirent d'en délibérer, et ils déclarèrent, quelques jours après, qu'ils accédaient aux conditions de la paix précédemment conclue avec les Delawares. Frédéric Post, ayant accompli sa mission, quitta les bords de l'Ohio le 27 août, et il revint en Pensylvanie, rendre compte du succès qu'il avait obtenu.

Cet envoyé se remit en route le 25 octobre pour regagner les mêmes rivages ; mais ses nouvelles négociations allaient être soutenues par le voisinage d'une armée, et le général Forbes, chargé d'une expédition contre le fort du Quesne, avait déjà franchi les Apalaches, et avait établi son camp près du *Laurelhill*, quand Frédéric Post y parvint. On lui donna une escorte de cent hommes ; il suivit la route qui conduisait vers l'Ohio, et s'avança ensuite dans la vallée du *Beaver-Creek*, pour arriver au milieu des Shawanèses, dont le territoire s'étendait jusqu'au Scioto. Les Indiens de cette contrée venaient de recevoir un message du commandant du fort du Quesne, qui les invitait à se joindre à lui en toute hâte, pour marcher ensemble contre les Anglais ; mais l'opinion de leurs guerriers était changée : ils refusèrent de se rendre auprès de lui ; et l'abandon successif des différentes tribus lui ôtant alors tout espoir de défendre la place, il prit la résolution de l'évacuer et d'aller attendre des renforts sur un autre point.

On apprit le 25 novembre que les Français étaient partis du fort du Quesne après en avoir détruit les retranchements ; que le commandant s'était dirigé avec deux cents hommes sur Vénango, situé entre cette forteresse et le lac Érié ; que les autres avaient descendu l'Ohio pour chercher encore à se fortifier sur ses bords, et que le général Forbes était entré, sans coup férir, dans cette place ruinée et abandonnée, où il laissa une garnison chargée de la remettre en état de défense.

Les Anglais demandèrent alors aux chefs indiens de ne pas souffrir que les Français formassent ailleurs un autre établissement, et les Indiens parurent disposés à les éloigner ; mais ils voulaient que les Anglais se retirassent également, et un de leurs anciens s'exprima ainsi : « Toutes nos
« nations sont unies pour défendre
« leurs lieux de chasse dans les Allé-
« ghanys, et pour ne pas souffrir que
« des étrangers viennent s'y établir.
« Si vous vous retirez au delà des
« montagnes, vous attirerez tous les
« Indiens dans votre parti ; mais si
« vous persistez à vous établir ici, tous
« s'élèveront contre vous : je crains
« que la guerre ne se rallume et que la
« paix ne revienne plus. » Les Anglais, mécontents de cette disposition, essayèrent de la changer ; mais elle était invariable.

Nous avons décrit avec quelque étendue l'expédition dirigée contre le fort du Quesne, parce qu'elle fut favorisée par la défection de toutes les tribus indiennes que les Français avaient eues jusqu'à ce moment pour auxiliaires. La perte de cette place, qui prit alors le nom de Pittsbourg, entraîna celle des autres établissements français formés sur les rives de l'Ohio et de ses affluents.

On vit en cette occasion combien les Indiens étaient versatiles dans leurs alliances : ils cédaient à la fortune, et suivaient le parti qu'elle commençait à favoriser. Les Anglais profitèrent habilement de l'influence de quelques tribus pour changer les dispositions de toutes les autres, et pour les détacher des intérêts de la France; mais on put en même temps reconnaître que tous ces Indiens, si variables dans leurs affections, étaient du moins unanimes dans leurs vœux pour l'indépendance, et qu'en cherchant l'amitié d'une nation européenne, ils désiraient s'affranchir de sa tutelle, et n'avoir au milieu de leur territoire aucun de ses établissements. Nous aurons plusieurs fois à signaler le généreux esprit qui les animait, et les efforts qu'ils tentèrent pour ne pas être asservis.

La campagne de l'année 1759 s'ouvrit par une expédition maritime de l'Angleterre contre les possessions françaises dans les Antilles. Huit mille Anglais débarquèrent le 16 février à la Martinique; mais le général de Beauharnais, qui venait d'y arriver comme gouverneur, marcha contre eux à la tête des troupes et des colons, et il força l'ennemi à se rembarquer, après lui avoir fait éprouver une perte de huit cents hommes. Alors la flotte anglaise, commandée par Moore, se dirigea vers la Guadeloupe. Le bourg de Basse-Terre, qui en était la capitale, fut abandonné par les habitants; et ceux-ci se retirèrent dans d'autres positions fortifiées, où ils ne capitulèrent qu'après trois mois de résistance. Une escadre française, commandée par Bompart, leur amenait quelques secours; mais elle ne put arriver qu'après la reddition de cette île, qui entraîna celle de Désirade et de Marie-Galande.

La France, ayant à soutenir en Europe une guerre difficile, continuait de borner ses expéditions maritimes à quelques armements incomplets; mais en cherchant à ménager et à tenir en réserve une partie de ses forces navales, elle se présentait au combat avec plus de désavantage, et sa marine, venant à se ruiner en détail, n'offrait plus les mêmes moyens de protection à ses colonies.

De nouveaux efforts furent faits par les habitants, pour nuire au moins au commerce britannique, et les armements en course se multiplièrent; mais les pertes qu'ils causaient à l'ennemi n'arrêtaient point ses entreprises militaires. Les préparatifs de l'invasion du Canada se poursuivaient sans relâche; et comme les principales forces destinées à la défense de cette colonie se trouvaient alors au midi du Saint-Laurent et vers le lac Champlain, les Anglais cherchèrent d'abord à s'emparer des positions que le marquis de Montcalm y occupait encore. Ce général ne voulut point affaiblir dans un premier engagement les troupes qui lui restaient; et sachant qu'une flotte anglaise avait pénétré dans le golfe de Saint-Laurent, pour remonter le fleuve et venir assiéger Québec, il quitta, pour voler au secours de la capitale, les retranchements de Ticonderoga; il fit évacuer le fort de la Couronne, et se borna à laisser, au midi du lac Chambly, un détachement, qui se fortifia dans l'île *Aux-Noix*, et qui était chargé d'intercepter entre le lac Champlain et le Saint-Laurent la ligne de la navigation.

Pour éclaircir les événements militaires qui allaient décider du sort de Québec, il convient de se rendre compte de sa situation, et de celle des autres lieux où le théâtre de la guerre allait être porté. Québec est placée sur la rive septentrionale du Saint-Laurent, au point où ce fleuve se rétrécit tout à coup et n'a plus qu'un mille de largeur. La ville haute occupe une plateforme qui va se rejoindre à la chaîne des collines d'Abraham, et les flancs du rocher où elle est bâtie sont escarpés sur tous les autres points : la ville basse s'étend au pied de ce rocher, sur un terrain d'alluvion déposé par les eaux du fleuve. A l'orient de Québec, on voit la plage de Beauport, séparée de la ville par la rivière Saint-Charles, et bornée à l'autre extrémité par la rivière et le saut de Montmorency. On rencontre à l'occident de la place et en remontant le fleuve, le cap au Diamant, l'anse des Mers, l'anse aux Foulons, le village de Sillery, le cap Rouge, où les hauteurs d'Abraham vont se terminer; et l'on arrive ensuite à la pointe aux Trembles, et de là au fort de *Jacques-Cartier* : cette dernière position est à sept lieues de distance de la capitale.

Les navigateurs qui remontent le Saint-Laurent pour arriver à Québec, passent entre l'île d'Orléans et la rive méridionale du fleuve; ils doublent ensuite la pointe Lévis, qui se projette sur la même rive, et qui forme l'extrémité de la côte de Lauson, où l'on peut établir des batteries contre la ville basse.

Les principales opérations de la campagne s'exécutèrent dans les différentes positions que nous venons d'indiquer. La flotte anglaise chargée d'une expédition contre le Canada était commandée par l'amiral Saunders, et dix mille hommes étaient sous les ordres du général Wolf. Une partie de l'armée débarqua, le 29 juin 1759, à l'extrémité occidentale de l'île d'Orléans : deux autres divisions abordèrent ensuite, l'une vers la pointe de Lévis, l'autre près du saut de Montmorency. L'armée anglaise se trouvait ainsi partagée en trois corps, placés à quelques milles de distance les uns des autres; et l'on fut d'abord indécis sur le point où ses principales attaques seraient dirigées.

Le camp français, chargé de couvrir la capitale, fut établi dans la plaine de Beauport : Montcalm commandait l'armée; mais il avait à concerter ses opérations avec le marquis de Vaudreuil, gouverneur du Canada, dont le quartier général était aussi placé dans le camp.

Les batteries anglaises établies sur les hauteurs de Lauson commencèrent le 12 juillet un feu meurtrier, et les bombes qu'elles lancèrent sur la ville basse en eurent bientôt ruiné une grande partie. Le 31 du même mois, les Anglais attaquèrent l'aile gauche du camp français, voisine du saut de Montmorency; mais ils furent repoussés avec une perte de sept cents hommes : alors leurs projets d'attaque sur ce point furent abandonnés; ils renforcèrent le corps de troupes qu'ils avaient établi sur les hauteurs de Lauson, et plaçant d'autres détachements sur de légers navires propres à remonter le lit du fleuve, ils firent successivement et sur différents points des débarquements partiels, dans la vue de fourrager les campagnes voisines, d'attirer de ce côté l'attention des troupes françaises, et de les fatiguer par une longue suite de marches et de contre-marches. Il fallut, en effet, détacher un corps de deux mille hommes pour couvrir cette partie du rivage : Bougainville était chargé de le commander; et comme ce poste paraissait alors le plus exposé à l'ennemi, on lui donna l'élite des soldats de l'armée. Cet officier établit son quartier-général au village de Sillery, situé à trois lieues de distance : il plaça une ligne de redoutes et de sentinelles sur les points intermédiaires qui pouvaient être menacés; et tous les mouvements de l'ennemi furent long-temps observés et suivis avec assez de vigilance pour qu'il ne pût tenter aucun débarquement.

Mais les Anglais, ayant enfin rassemblé vers la pointe de Lévis toutes leurs embarcations et toutes leurs troupes, tentèrent, dans la nuit du 12 au 13 septembre, une descente sur la rive gauche du fleuve. Les abords de la côte où ils débarquèrent étaient si escarpés qu'on ne s'y attendait point à une agression, et qu'ils étaient plus faiblement gardés. Un premier poste fut surpris : l'ennemi fit main basse sur plusieurs sentinelles; les positions voisines furent tournées; et quelques grenadiers anglais, ouvrant la marche à des troupes qui débarquaient successivement et qui se formaient sans opposition sur le rivage, parvinrent à conduire un corps de quatre mille hommes vers les hauteurs d'Abraham.

Ce mouvement s'était exécuté dans la nuit : quelques coups de fusil, tirés vers la pointe du jour, donnèrent l'alerte à la place. On aperçut bientôt l'armée anglaise rangée en ordre de bataille ; et les troupes du camp de Beauport, les plus voisines de la rivière Saint-Charles, se hâtèrent de venir prendre position entre les remparts et l'ennemi. D'autres corps suivirent ce mouvement ; mais il ne fut pas général, et le marquis de Vaudreuil retint dans le camp un corps de quinze cents hommes, destiné à mettre cette position à l'abri d'un débarquement.

Montcalm se trouvait à huit heures du matin en présence de l'ennemi, avec une armée de trois mille hommes, rangés en bataille : les troupes réglées étaient au centre ; la droite et la gauche étaient occupées par les Canadiens ; et quelques pelotons de tirailleurs, placés en avant de la ligne, engagèrent l'action par une fusillade avant que les masses vinssent à s'ébranler.

Dans cet intervalle de temps, Montcalm faisait venir de la place quelques pièces d'artillerie et des munitions ; et croyant que Bougainville allait arriver du cap Rouge avec son corps d'armée, il désirait recevoir ce renfort avant d'en venir à une action générale. Mais ne le voyant point paraître, et s'apercevant que l'armée anglaise recevait d'un moment à l'autre de nouvelles troupes de débarquement, il assembla à neuf heures un conseil, formé des principaux officiers, et l'on résolut d'attaquer immédiatement l'ennemi, afin qu'il ne se renforçât pas davantage. On était à portée de pistolet : il y eut plusieurs charges successives, et l'engagement fut assez meurtrier pour porter de part et d'autre quelque désordre dans les rangs. Les Anglais, qui avaient l'avantage du nombre, s'étaient formés sur deux lignes ; et si la première était rompue, elle pouvait se rallier derrière la seconde en se pliant dans ses intervalles ; mais les Français avaient eu besoin de se ranger sur une seule ligne pour opposer un front égal aux troupes ennemies : un mouvement de confusion devenait pour eux plus irréparable.

Les difficultés d'un terrain embarrassé par des taillis et des broussailles empêchèrent que les deux ailes de l'armée française ne s'avançassent d'un pas égal aux troupes du centre, qui bientôt se trouvèrent seules engagées. Montcalm, commandant en chef, et Sennezergue, commandant en second, guidaient et encourageaient la charge ; mais le premier fut blessé à mort d'un coup de feu qui pénétra dans les reins, le second fut tué sur place ; et ce malheur entraîna la retraite des troupes qu'ils conduisaient. Les Anglais, profitant de ce premier avantage et du désordre d'une armée qui n'avait plus de point de ralliement et ne reconnaissait encore aucun nouveau chef, la harcelèrent dans sa marche et en augmentèrent les difficultés. Montcalm, transporté dans la ville sur un brancard formé de quelques armes, n'avait plus que douze heures à vivre : il prévit et il attendit la mort sans se troubler, au milieu de ses amis dont il cherchait à consoler l'affliction ; il ne regrettait que les malheurs de son armée. Le général Wolf ne jouit pas de sa victoire ; il venait lui-même d'être tué, et les commandants des deux armées partagèrent le même sort.

La nouvelle du débarquement des Anglais était parvenue de poste en poste jusqu'au cap Rouge, et Bougainville avait quitté en toute hâte sa position pour accourir sur les hauteurs d'Abraham ; mais lorsqu'il approchait du champ de bataille, l'action était déjà décidée, et il fut réduit à se replier avec les troupes qui l'avaient suivi. Le marquis de Vaudreuil, n'espérant plus pouvoir secourir Québec avec les faibles ressources qui lui restaient dans le camp de Beauport, prit alors le parti de se retirer, et d'aller rejoindre près du cap Rouge le corps de Bougainville. Les troupes réunies remontèrent la rive gauche du fleuve Saint-Laurent, jusqu'aux défilés de Jacques-Cartier, dont la position et les lignes de défense pouvaient couvrir les approches des Trois-Rivières et de Montréal.

Avant de quitter le camp de Beauport, Vaudreuil avait envoyé à Ramsay, commandant de Québec, l'autorisation de capituler, aux meilleures conditions qu'il pourrait obtenir, et un conseil de guerre convoqué par Ramsay, le 15 septembre, avait partagé cette opinion. La garnison était alors réduite à trois cents hommes de troupes réglées et à cinq cents matelots; la plupart des habitations étaient en ruine, et les vivres allaient manquer dans quelques jours.

Cependant les troupes qui s'étaient retirées à Jacques-Cartier gardaient encore quelque lueur d'espérance. Le chevalier de Lévis, leur nouveau commandant, était arrivé de Montréal le 16 septembre; il voulut tenter la délivrance de Québec, et il ramena immédiatement son armée au cap Rouge, d'où il allait se porter vers la capitale. Mais, quoique Ramsay eût reçu de lui l'ordre de suspendre les négociations qu'il avait entamées pour obtenir une capitulation honorable, il ne crut pas devoir les interrompre. Cette reddition fut signée le 18 septembre. La garnison obtint les honneurs de la guerre : elle sortit avec armes et bagages, tambour battant, mèche allumée, deux pièces de canon, douze charges, et fut embarquée, pour être conduite et mise à terre dans le premier port de France. George Towsend, devenu commandant de l'armée anglaise, depuis la mort du général Wolf, prit possession de la place.

Cette importante conquête n'entraînait cependant pas la soumission immédiate du Haut-Canada, où les Français occupaient la place de Montréal et quelques positions fortifiées; mais ils avaient perdu, dans les premiers moments du siége de Québec, le fort de Niagara, qui se rendit le 23 juillet, après vingt jours de siége. Cette perte et celle du fort Frontenac livraient aux Anglais la navigation du lac Ontario, et leur permettaient de diriger par cette voie un nouveau corps de troupes vers Montréal et vers les contrées voisines.

La plupart des nations indiennes situées au nord du fleuve Saint-Laurent restaient encore fidèles à leur ancienne affection pour la France; mais dans les régions plus méridionales, leurs liens avec elle étaient plus récents et plus faibles : ils furent aisément rompus. Ce changement de dispositions accrut la force des colonies anglaises : des peuplades abandonnées à elles-mêmes ne pouvaient pas leur opposer une longue résistance; et les Chérokées furent alors les seuls Indiens qui osèrent prendre les armes contre elles, pour venger la mort ou l'arrestation de plusieurs hommes de leur tribu.

Un grand nombre de chevaux appartenant, soit aux Anglais, soit aux Chérokées, erraient en liberté sur la commune frontière, où ils vivaient dans un état sauvage; on ne cherchait à s'en emparer, au moment du besoin, que pour les plier aux usages domestiques, et les Chérokées en arrêtèrent plusieurs, afin de remplacer ceux qu'ils avaient perdus dans une guerre précédente où ils avaient suivi les Anglais comme alliés. Les chevaux enlevés appartenaient à des Virginiens; et ceux-ci, au lieu d'en réclamer la restitution d'une manière légale, coururent aux armes, et tuèrent ou firent prisonniers plusieurs Indiens. Cette injure fut vivement ressentie par la nation entière : les Chérokées usèrent de représailles, et les Anglais établis au fort Loudowny furent exposés les premiers, parce que la situation de ce poste, à l'ouest des Apalaches, ne lui laissait aucune communication libre avec les autres colonies. Les soldats qui s'égaraient dans les bois pour y chasser, et pour renouveler les vivres de la garnison, tombaient entre les mains des sauvages : on ne pouvait s'écarter impunément. On se trouva bientôt réduit à un faible rayon de territoire, et la place était menacée de toutes les horreurs de la famine : elle parvint, à l'aide de quelques émissaires, à faire connaître sa situation à Littleton, gouverneur de la Caroline; et ce général ordonna sur-le-champ des préparatifs de guerre contre les Chérokées.

Les Indiens, voyant s'approcher l'orage, conçurent des inquiétudes, et trente-deux chefs vinrent à Charleston pour négocier un arrangement. Occonostota, grand guerrier des Chérokées, était à leur tête; mais Littleton refusa de l'entendre, et partit bientôt avec quatre cents hommes de troupes pour le fort Prince-George, situé près des Apalaches. Il emmenait avec lui cette députation indienne, qui croyait voyager sous la sauvegarde de l'armée, et qui fut bientôt arrêtée comme prisonnière.

Lorsqu'on fut arrivé sur les frontières du pays des Chérokées, Littleton consentit à une conférence avec Attakulla, qui passait pour l'homme le plus sage de cette nation. Ces explications eurent lieu le 19 décembre 1759. Littleton rappela les anciens traités de paix conclus avec les Chérokées, et les nombreuses infractions que ceux-ci avaient commises. Il demanda que, pour expier le meurtre de vingt-deux Anglais, on remît à sa disposition le même nombre de coupables. Il fit entendre que les Indiens ne devaient plus compter sur les secours de la France; qu'elle avait perdu Québec, et tous les forts situés au midi du Saint-Laurent et des grands lacs; que les Delawares, les Shawanèses et tous les Indiens des vallées de l'Ohio avaient fait la paix avec l'Angleterre; que les Choctaws demandaient à vivre sous sa protection, et que si les Chérokées s'obstinaient dans leurs refus, ils attireraient contre eux les forces, non-seulement de la Caroline, mais de toutes les colonies anglaises qui faisaient cause commune avec elle.

Après quelques représentations, la paix fut conclue avec l'orateur des Chérokées, et il fut convenu que les Anglais garderaient comme otages vingt-deux chefs de guerre, jusqu'à ce qu'on leur eût livré les meurtriers qu'ils réclamaient. Les autres chefs qu'ils retenaient encore furent mis en liberté; mais ceux-ci profitèrent de leur affranchissement pour irriter davantage leur nation entière, en lui peignant la perfidie des Anglais, qui s'étaient emparés d'eux à Charleston lorsqu'ils étaient allés y porter des paroles de paix. Les plaintes d'Occonostota, et l'ascendant dont il jouissait, rendirent le soulèvement général; et tandis que le gouverneur de la Caroline se retirait à Charleston avec les débris de son corps de troupes, où la petite vérole venait de faire des ravages, la garnison anglaise de Prince-George fut bientôt étroitement bloquée. Son commandant, attiré dans une embuscade, est tué par des Indiens cachés dans les bois. La garnison, instruite de sa mort, veut mettre aux fers les vingt-deux otages qu'elle retenait prisonniers, et ceux-ci, ayant essayé de se défendre, sont inhumainement massacrés. Leur mort enflamma d'une vive indignation toutes les tribus des Chérokées : chaque famille avait un parent ou un ami à venger : le chant de guerre retentit partout : on brûlait de baigner ses mains dans le sang ennemi. Les habitations des frontières furent ravagées, et les cultivateurs, en fuite, allèrent porter l'effroi au milieu des villes.

William Bull, nouveau gouverneur de Charleston, requit alors l'assistance de la Caroline du nord, de la Virginie et de la Georgie. On envoya des députés et des présents aux Creeks, aux Catawbas, aux Chikasaws, pour les exciter à marcher contre les Chérokées, et l'on attendit de New-York de nombreux renforts de troupes régulières, qui débarquèrent en Caroline, au mois d'avril 1760, sous les ordres du colonel Montgomery. Cet officier avait ordre de presser ses opérations contre les Indiens, et de revenir promptement à Albany, pour se joindre au corps d'armée qui devait, sous les ordres du général Amherst, faire une invasion dans le Haut-Canada. Montgomery se rendit avec ses troupes à Congarées, où il fut rejoint par les volontaires et les milices des colonies voisines, et il s'avança si rapidement dans le pays des Chérokées, qu'il s'y empara par surprise de leurs villages de Keowée, d'Estatoe, de Sugar-Town, qui furent livrés aux flammes : soixante Indiens furent tués; on fit quarante prisonniers; les autres cherchèrent un refuge dans les montagnes. Montgomery alla ensuite porter des secours au fort Prince-George, et il parvint à dégager cette place, dont les Chérokées levèrent alors le siége.

L'échec qu'avaient éprouvé les Indiens ne les disposait pas néanmoins à demander la paix; et les troupes anglaises, continuant leur marche, pénétrèrent dans cette contrée sauvage jusqu'à cinq milles d'Etchoe, qui en était le lieu principal. Elles eurent à franchir de profondes forêts, d'étroits défilés, où elles furent vivement harcelées dans leur marche. L'ennemi qu'elles avaient à combattre disputait le terrain pied à pied : chassé d'une position, il se reformait dans une autre; et quoiqu'il fît de nombreuses pertes dans ces fréquentes escarmouches, il empêcha les troupes anglaises de poursuivre leur marche jusqu'au fort Loudown, qu'il continuait de tenir investi. Montgomery crut qu'il serait imprudent de prolonger ses incursions dans cette contrée : il ne garda que les vivres nécessaires pour regagner le fort Prince-George, fit servir au transport des blessés les chevaux qui lui restaient, et ramena à Charleston son corps de troupes, qui avait éprouvé d'extrêmes fatigues durant cette expédition.

Le fort Loudown perdait, par cette retraite, toute espérance d'être secouru : sa garnison, bornée à deux cents hommes, était vivement pressée par l'ennemi; elle avait épuisé toutes ses provisions, et se trouvait réduite à l'extrémité. Cette triste situation la détermina à se rendre, et la capitulation fut conclue entre le commandant du fort et deux chefs de la nation Chérokée. Il fut convenu que la garnison sortirait avec armes et bagages, qu'elle pourrait se rendre au fort Prince-George ou en Virginie, qu'une escorte veillerait à sa sûreté, qu'on lui fournirait des provisions durant sa marche, que les malades et les blessés seraient reçus et humainement traités dans les habitations des Indiens, que l'artillerie, la poudre et toutes les armes et munitions du fort seraient immédiatement remises à la disposition des assiégeants.

Cette capitulation était la première que les Chérokées eussent conclue avec une garnison européenne. Ils se plièrent en cette occasion aux usages des nations civilisées qui, pour mettre un terme aux malheurs d'un siége, laissent ce dernier recours à un ennemi trop faible pour prolonger sa résistance; mais l'esprit de haine et de vengeance l'emporta bientôt, et la garantie donnée aux vaincus devint illusoire. La garnison sortie de la place fut abandonnée, dès la première nuit, par les Indiens qui devaient lui servir de sauvegarde; elle fut assaillie le lendemain par d'autres sauvages qui faisaient feu sur elle de toutes parts. Trente hommes tombèrent dans cette première attaque, d'autres s'enfuirent dans les bois, et tous ceux que l'on put retenir furent faits prisonniers. Le capitaine Stuart était du nombre : il fut racheté par un Indien, son ancien ami, qui lui prodigua tous les soins de l'hospitalité, lui offrit même les moyens de s'échapper, et l'accompagna jusqu'aux frontières de Virginie. Cet ami était ce même Attakulla, fidèle partisan de la paix, qu'il avait déjà conclue une première fois, et qu'il désirait rendre encore à son pays. Jamais ses bons offices n'avaient été plus nécessaires : les hostilités allaient se ranimer avec une fureur nouvelle; la division régnait parmi les Indiens; un grand nombre de Chikasaws et de Catawbas étaient prêts à marcher contre les Chérokées. Le colonel Grant ramenait de New-York à Charleston le régiment de montagnards écossais qui avait déjà servi dans les campagnes précédentes; et les forces destinées à agir contre les Indiens arrivèrent au fort Prince-George le 27 mai 1761. On y prit quelques jours de repos; et les troupes s'étant ensuite engagées dans l'intérieur du pays, furent attaquées dans les mêmes lieux où celles de Montgomery l'avaient été un an auparavant. Après avoir disputé le terrain, les Indiens se dispersèrent; le colonel Grant poursuivit sa marche; il s'empara d'Etchoe, qu'il réduisit en cendres, et quatorze autres villages des Chérokées subirent tour à tour le même sort. Cette expédition dura un mois, et les dévastations commises dans le territoire des Indiens, dont on ruina les habitations et les faibles récoltes, rendirent leur condition plus déplorable, et leur firent enfin désirer la paix. Attakulla en devint encore l'intermédiaire. Il conclut un arrangement avec le colonel Grant; il se rendit ensuite à Charleston avec plusieurs chefs indiens, pour régler les conditions d'une paix définitive; et dans la conférence qu'il eut avec le gouverneur et le conseil, il présenta, en témoignage de sa mission, les wampums, ou colliers de coquillages, qui lui avaient été remis par les différentes tribus de Chérokées. « Je viens, dit-il, comme envoyé de « toute ma nation, pour vous voir, « pour fumer avec vous, et pour re- « trouver ici des frères. Tout ce qui « est arrivé avait sans doute été or- « donné par notre père d'en haut. Nous « sommes de différentes couleurs; mais « le Grand Esprit est notre commun « père : il a fait tous les hommes ; c'est « lui qui leur donne et leur retire la vie; « il ne se passe pas un jour où les uns « n'entrent dans le monde, et où les « autres ne le quittent. Unissons-nous « ensemble pour jamais; et puisque « nous vivons sur un même territoire, « vivons aussi comme un même peu- « ple. »

Le vieillard qui parlait ainsi obtint la ratification du traité. Un grand feu fut allumé au milieu du cercle que formaient les Anglais et les Chérokées : chacun fuma en silence et solennellement le calumet de paix, et l'on se promit mutuellement « que cette ami- « tié durerait aussi long-temps que les « fleuves poursuivraient leur cours, et « que les astres garderaient leurs clar- « tés. »

Avant que cette guerre fût terminée, les Chérokées avaient déjà perdu la dernière espérance d'une diversion : aucune autre nation indienne n'était alors en guerre avec les colonies anglaises, et l'armée britannique établie en Canada avait occupé tous les postes fortifiés de cette colonie.

Le chevalier de Lévis qui, depuis la mort de Montcalm, commandait les troupes françaises, avait formé, pour la seconde fois, le projet de reprendre Québec ; mais il avait besoin de recevoir de France des canons et des munitions. Il avait invité le gouvernement à lui en faire parvenir, et il se proposait d'aller attendre ce secours, vers la fin d'avril 1760, jusque sous les murs de la place dont il irait entreprendre le siège. Ce général partit en effet de Montréal pour le cap Rouge, avec les troupes dont il pouvait disposer : il n'était plus qu'à trois lieues de Québec; et lorsque le général Murray, commandant de l'armée anglaise, fut informé de son approche, il fit sur-le-champ replier tous ses avant-postes le long des hauteurs d'Abraham, et vint occuper près de la place les positions où s'était déjà livré le combat du 13 septembre de l'année précédente. Les troupes françaises s'avançaient vers le même point; et le 28 avril, les deux armées se trouvèrent en présence. Celle de Murray avait l'avantage du terrain ; son front était couvert de vingt-deux pièces d'artillerie, et les premiers moments du combat lui furent favorables. Le général français, voulant rendre les positions plus égales, fit porter, le long de toute sa ligne, l'ordre de se replier un peu en arrière, pour gagner un cordon de hauteurs parallèle à celui de l'ennemi ; et ce mouvement rétrograde fut exécuté avec quelque désordre vers le centre de l'armée : mais le brave Darquier, qui commandait sur la gauche un bataillon du régiment de Béarn, s'adresse vivement à ses soldats. « Mes « enfants, leur dit-il, ce n'est pas le « moment de nous retirer : nous som- « mes à vingt pas de l'ennemi ; jetons- « nous sur lui, tête baissée et la baïon- « nette en avant : c'est le meilleur « parti. » Ses troupes s'élancent aussitôt sur l'ennemi, le culbutent, et s'emparent comme l'éclair d'une partie de ses canons. Darquier reçoit à travers le corps une blessure; mais il se fait soutenir par ses soldats, et il continue de donner des ordres.

Un bataillon de Royal-Roussillon se trouvait à l'aile droite; il attaque avec la même impétuosité, déborde l'ennemi, et tourne son flanc gauche où il jette la confusion; le centre, qui avait d'abord fléchi, revient à la charge, et fait plier à son tour les troupes qu'il avait devant lui. Toute l'armée anglaise se retire en désordre vers les remparts de la place, et son désastre est égal à celui que les Français avaient éprouvé en 1759 sur le même champ de bataille. Mais les vaincus avaient un asile; l'enceinte des murs les mit à couvert; et le général de Lévis, n'ayant pu s'emparer de Québec dans ce moment de confusion, fut réduit à en faire le siège avec des moyens d'attaque insuffisants. Ses troupes ouvrirent la tranchée, firent leurs approches, préparèrent leurs affûts, et attendirent, pour battre en brèche, l'arrivée de l'artillerie et des munitions que le général avait demandées au gouvernement français. Cet envoi ne leur parvint point, et les assiégés furent resserrés dans la place pendant trente-huit jours, sans pouvoir être forcés. On pouvait encore espérer de les réduire par famine; mais ils furent rassurés, le 7 juin, par l'approche inattendue de trois vaisseaux de guerre anglais, chargés de troupes et d'approvisionnements envoyés au secours de la place. De petits bâtiments français, destinés à la navigation du fleuve et au ravitaillement des troupes de siége, se trouvaient alors dans ces parages : les uns furent pris, les autres furent brûlés ou coulés à fond, après avoir opposé une vaine résistance. Nous choisissons, parmi quelques exemples de la bravoure avec laquelle ils combattirent, la conduite de Vauclin, qui commandait un brick de seize canons. Il se défendit contre un vaisseau de guerre anglais, jusqu'à ce qu'il ne lui restât ni boulet ni poudre. Alors il envoie à terre et met sous les ordres du général français les hommes de son équipage qui pouvaient encore servir; il reste à son bord avec les blessés, et continue, sans demander à se rendre, d'essuyer tout le feu de l'ennemi. Les Anglais, voyant que le brick ne leur répond plus, envoient à l'abordage leurs canots armés; ils trouvent Vauclin seul au milieu des mourants, et lui demandent pourquoi, en cessant de tirer, il n'a pas amené son pavillon. « J'ai cessé, leur dit-il, quand la pou-« dre m'a manqué, et j'ai attendu mon « sort sans abandonner mon pavillon « et sans l'abaisser. » Les Anglais, désirant honorer sa valeur, qu'ils avaient déjà éprouvée pendant le siége de Louisbourg, traitèrent ce prisonnier avec distinction, et le renvoyèrent en France.

L'arrivée d'une escadre anglaise, devenue maîtresse de l'entrée du fleuve Saint-Laurent, ne permettait plus à Lévis de recevoir les munitions qu'il attendait d'Europe : il leva le siége de Québec, et il ramena ses troupes vers le Haut-Canada. Le même événement allait permettre aux Anglais de reprendre l'offensive entre Québec et Montréal; et trois expéditions contre cette dernière place furent concertées entre les troupes du général Murray, établies dans le Bas-Canada, les troupes du général Amherst, qui devait s'avancer par le lac Ontario, et un troisième corps stationné vers le lac Champlain.

Les communications de ce corps avec le fleuve Saint-Laurent étaient interceptées, comme nous en avons fait la remarque, par la garnison française qui occupait l'île Aux-Noix dans la rivière Chambly. Il fallait d'abord s'emparer de cette position qui avait été bien fortifiée; et Bougainville, alors chargé de la défendre, y soutint un siége et un bombardement de seize jours. Mais ayant reçu du marquis de Vaudreuil l'ordre de l'abandonner, et de se replier sur Montréal avec les mille hommes qu'il avait sous ses ordres, et au nombre desquels se trouvaient les bataillons de Guyenne et de Berry, dont chacun avait été réduit à deux cents hommes, il fit ses préparatifs de retraite vers le côté de la rivière qui n'était pas occupé par l'ennemi; et afin de mieux lui dérober la connaissance de ses mouvements, il laissa dans l'île un détachement de quarante hommes, chargé de continuer son feu sur les assiégeants jusqu'au moment où il aurait épuisé le peu de munitions qui lui restaient. La retraite se fit dans le plus grand ordre; et lorsque la forteresse, ne pouvant plus se défendre, arbora pavillon blanc, les Anglais lui accordèrent une honorable capitulation.

Vaudreuil avait envoyé un corps de troupes à la rencontre de Bougainville, afin de protéger sa retraite; et cet officier arriva à Montréal le lendemain de son départ.

Cette place, dernier refuge des autorités et des troupes de la colonie, était au moment d'être investie par les différentes divisions de l'armée anglaise. Amherst arriva, le 7 septembre 1760, à la porte de la Chine, avec les troupes qui avaient descendu le Saint-Laurent depuis le lac Ontario. Murray, dont l'armée avait remonté le fleuve, se présenta, le même jour, à la porte opposée; le corps qui venait de s'emparer de l'île Aux-Noix était incessamment attendu; et la ville de Montréal n'ayant qu'un mur d'enceinte propre à la mettre à l'abri des sauvages, n'était pas en état de résister à des forces européennes. On négocia, dans la nuit du 7 au 8 septembre, une capitulation qui fut signée le lendemain. La garnison sortit avec les honneurs de la guerre, et elle dut être ramenée en France. La même capitulation comprit les forts et les garnisons de Jacques-Cartier, des Trois-Rivières, et des différents postes qui pouvaient être encore occupés dans toute la longueur du Canada, depuis les frontières de l'Acadie jusqu'à la pointe de Michillimakinac et aux rives du lac Supérieur.

Malgré les louables efforts des hommes chargés de sa défense, le Canada fut alors perdu sans retour. Les forces maritimes de l'Angleterre pouvaient, dès ce moment, prendre une autre direction : elles se portèrent vers les Antilles, et conquirent successivement la Martinique, la Dominique, les Barbades, les îles de Saint-Vincent et de Tabago. L'Espagne s'étant unie à la France, le 15 août 1761, par le traité connu sous le nom de pacte de famille, fut attaquée à son tour. George Pocock et le comte d'Albemarle s'emparèrent de la Havane l'année suivante. Une autre flotte anglaise se dirigea vers les Philippines, et Manille fut occupée par l'amiral Cornish et le général Draper.

Nous venons de parcourir l'époque historique la plus désastreuse pour la France et pour ses colonies, et nous avons signalé sans réticence les principaux faits qui se trouvaient liés à cette guerre d'Amérique. Les amis de la patrie et les zélateurs de sa gloire voudraient en vain jeter un voile sur ses malheurs : la renommée, qui proclame tous les événements, fait également retentir les défaites et les victoires.

La paix du 10 février 1763 vint confirmer ce qui avait été décidé par les chances de la guerre. La France renonça à toutes ses prétentions sur la Nouvelle-Écosse ou l'Acadie; elle céda et garantit à l'Angleterre le Canada avec toutes ses dépendances, ainsi que l'île de cap Breton, et toutes les îles et les côtes du golfe et du fleuve Saint-Laurent. Les Français conservèrent, sur une partie du rivage de Terre-Neuve, le droit de pêche et de sécherie qui leur avait été assuré par le traité d'Utrecht, depuis le cap Bonavista jusqu'au cap Raie, et ils eurent la liberté de pêcher dans le golfe, en se tenant à trois lieues de distance des côtes nouvellement occupées par l'Angleterre. Les îles de Saint-Pierre et de Miquelon, situées au midi de Terre-Neuve, furent cédées à la France pour servir d'abri à ses bâtiments pêcheurs.

On fixa vers le centre du continent d'Amérique la ligne de démarcation des colonies anglaises et françaises, et il fut convenu que cette ligne suivrait le milieu du cours du Mississipi, depuis sa source jusqu'à la rivière d'Iberville, et qu'elle se prolongerait jusqu'à la mer, par le milieu de cette rivière et des lacs Maurepas et Pontchartrain; qu'ainsi la France cédait tout ce qu'elle avait possédé sur la rive orientale du Mississipi, à l'exception de la Nouvelle-Orléans et de l'île où elle était située. La navigation du fleuve, dans toute sa longueur et sa largeur, était librement ouverte aux deux nations, sans que leurs bâtiments pussent être arrêtés, visités, ni assujettis au paiement d'aucun droit. Les acquisitions que l'Angleterre faisait à l'orient du Mississipi furent complétées par celle des Florides, dont les principaux établissements étaient alors les villes de Saint-Augustin et de Pensacola; et l'Espagne abandonna tous ses droits de souveraineté et de possession sur cette colonie. Ce fut à ce prix qu'elle acheta la restitution de la Havane et celle de Manille : elle aimait mieux renoncer aux Florides qu'aux principaux postes de l'île de Cuba et des Philippines.

La cour de Madrid fut amplement dédommagée de ses pertes, par la cession que lui fit la France de tous les territoires de la Louisiane situés à l'occident du Mississipi et de la rivière d'Iberville. Ce traité fut signé le jour même de la conclusion de la paix : l'opinion publique ne le ratifia point ; et l'on fut généralement affligé que le gouvernement français, après avoir fait en Amérique de si grandes concessions qui lui avaient été arrachées par la fortune des armes, se résignât encore à d'autres sacrifices en faveur de ses alliés. La France, en les engageant dans cette lutte, ne s'était pas rendue garante de l'intégrité de leurs domaines ; et l'on ne conçut point comment sa libéralité politique envers ses associés lui faisait abandonner une vaste et précieuse colonie que la guerre lui avait laissée, et où les habitants de ses autres possessions d'Amérique auraient pu trouver un refuge. Ce n'était pas que cette colonie eût alors de grands développements agricoles : quelques points étaient occupés sur le bord des fleuves, tout le reste était encore désert, et la population presque entière se trouvait concentrée sur la rive inférieure du Mississipi. Mais la navigation d'un si grand fleuve, et celle des rivières dont il reçoit les eaux, la fertilité du pays, l'espérance d'y recevoir de nombreux émigrants d'Europe et des autres parties de l'Amérique, promettaient de rapides développements à la culture, au commerce et à la population de cette colonie, si la France avait cherché à la mettre en valeur, et si elle avait profité du retour de la paix pour y trouver un dédommagement de ses pertes.

Un grand nombre de citoyens éclairés se demandaient d'ailleurs si un gouvernement peut disposer à son gré du sort des peuples confiés à sa protection paternelle, quand la dure loi de la guerre et de la nécessité ne lui impose pas un si douloureux sacrifice : ces ames généreuses plaignirent le sort d'une colonie dont les liens les plus chers se trouvaient tout à coup brisés : chaque famille croyait perdre un frère ; et l'on fut également touché du malheur de ces séparations individuelles et de l'affaiblissement colonial de la France.

LIVRE SIXIÈME.

GUERRE AVEC LES INDIENS DE L'OUEST. EXPLORATION DES VALLÉES DE L'OHIO. ANTIQUITÉS ET MONUMENTS AMÉRICAINS. AUTRES CONSIDÉRATIONS SUR LES CONTRÉES NOUVELLEMENT ACQUISES. CHANGEMENT DANS LES DISPOSITIONS DES COLONIES. PREMIERS SYMPTÔMES DE LEUR ESPRIT D'INDÉPENDANCE.

La renonciation de la France à ses possessions du Canada et à tous les pays placés à l'orient du Mississipi, changeait entièrement la situation des Indiens : ceux qui habitaient au midi des grands lacs éprouvèrent surtout les effets de cette cession. Les Français n'y avaient occupé qu'un petit nombre d'établissements, et ils avaient formé, autour de ces postes et sous leur abri, quelques plantations dont les accroissements étaient peu sensibles ; ces positions offraient, en temps de guerre, des moyens de défense et des points de ralliement ; elles assuraient pendant la paix les communications du commerce, et il régnait une confiance mutuelle dans les relations de la France avec un grand nombre de tribus.

Les peuplades indiennes placées entre les colonies de France et d'Angleterre jouissaient d'ailleurs d'une grande influence dans les démêlés des deux gouvernements : on était de part et d'autre intéressé à les ménager, à les entraîner dans son alliance, et à les avoir pour auxiliaires.

Cette importance politique des Indiens ne fut plus la même quand ils n'eurent pour voisins qu'une seule puissance européenne, et qu'ils se virent environnés et comme assiégés par ses possessions. La chaîne des postes fortifiés que les Anglais occupaient alors autour d'eux, se composait des forts de Frontenac et de Niagara, près du lac Ontario; de ceux de Buffalo, de Presqu'île, de Sandusky, au midi du lac Érié; des forts de Miamis et de Détroit, vers son extrémité occidentale; de ceux de Saint-Joseph, de la Baie-Verte et de Michillimakinac, autour du lac Michigan : les postes de l'ouest étaient ceux de l'Illinois, de Chartres et de Kaskaskia, et l'on trouvait dans l'intérieur les forts de Vincennes, sur le Wabash; de Massiac, près de l'embouchure du Tennessée; de William, vers celle du Kentucky, et de Pittsbourg, sur l'Ohio.

Les Indiens sur le territoire desquels ces différents postes étaient dispersés, se voyant tout à coup privés des secours d'une puissance qui les avait habituellement protégés, conçurent de vives alarmes pour leur existence. Ils regardaient ces forteresses comme les berceaux d'autant de colonies nouvelles; et en voyant les rapides accroissements de l'Angleterre dans toutes les régions qu'elle avait déjà soumises, ils craignaient que chacun de ces nouveaux établissements ne vînt également à s'étendre, et que toutes les nations américaines, refoulées enfin les unes sur les autres, ne perdissent progressivement leurs territoires. Frappés de cette opinion, que tant de pertes successives avaient puissamment accréditée, les Indiens cherchèrent à s'unir entre eux, et à prévenir par une attaque imprévue les périls dont ils se croyaient menacés. Les Shawanèses, les Delawares et les Indiens de l'Ohio se mirent à la tête de cette confédération, qui fut formée en 1763 : les opérations de la guerre furent distribuées entre toutes les tribus, et les forteresses que les Anglais venaient d'occuper sur les frontières de leur nouveau territoire furent simultanément assaillies par les peuplades indiennes les plus voisines. La plupart de ces postes n'avaient que de faibles garnisons; la récente conclusion de la paix augmentait leur sécurité, et comme ils n'étaient pas sur leurs gardes, le succès des ennemis était plus facile. Les forts de Niagara, de Détroit et de Pittsbourg furent les seuls dont ils ne s'emparèrent point : les garnisons en étaient plus nombreuses, et ces places étaient mieux approvisionnées. La première ne fut pas même attaquée; le major Gladwin défendit vaillamment la seconde contre les Ottowais; et le fort Pittsbourg, commandé par le capitaine Écuyer, résista aux premiers efforts des Indiens de l'Ohio. Un corps de troupes, placé sous les ordres du colonel Bouquet, était envoyé au secours de cette place; il se dirigea sur le fort Ligonier, et gagna ensuite à marches forcées la vallée de Bushy-Run : les défilés en paraissaient encore libres; mais, le 5 août 1765, les Anglais y furent soudainement environnés par une nuée d'ennemis, qui accouraient des hauteurs voisines, et qui les assaillirent de toutes parts dans cet étroit passage. Les Indiens ont une manière de combattre qui les rend toujours redoutables dans les pays couverts et montueux. Leurs escarmouches sont fréquentes; ils savent dresser des embuscades : immobiles pendant des jours entiers, ils attendent en silence l'arrivée de l'ennemi; s'ils sont trop faibles pour vaincre, ils ne s'enfuient que pour revenir à la charge sur un autre point; leur retraite est encore un stratagème; on ne peut les atteindre à la course, et il faut les envelopper de toutes parts pour les accabler.

Dans cette suite d'engagements, qui commencèrent vers le milieu du jour, et qui ne cessèrent qu'à la nuit, les troupes anglaises chassèrent enfin les Indiens de toutes leurs positions ; mais le lendemain, à la pointe du jour, elles furent enveloppées de nouveau par des forces plus nombreuses. Le colonel Bouquet résolut d'en venir à un combat décisif; et quand l'action fut engagée, il fit replier le centre de sa ligne, dans la vue d'attirer sur ce point les principales attaques des Indiens. Ceux-ci se jetèrent en effet dans le passage qu'on venait de leur ouvrir; mais les troupes qui se retiraient devant eux allaient rapidement se porter en embuscade sur une hauteur boisée où leurs mouvements n'étaient pas aperçus : tout à coup elles en sortent, et fondent avec impétuosité sur les flancs de l'ennemi, qui, surpris et accablé par cette attaque inattendue, ne peut, ni soutenir le choc, ni regagner librement ses profondes retraites. Il en périt un grand nombre dans les deux journées du 5 et du 6 août : ce fut la dernière tentative des sauvages ; et le colonel Bouquet, poursuivant sa route vers Pittsbourg, y arriva quatre jours après avec son convoi, dont il avait été obligé de détruire une partie, parce qu'un grand nombre de chevaux avaient succombé à la fatigue et aux périls de la marche. L'objet de son expédition était rempli, Pittsbourg était ravitaillé; les Indiens, découragés par deux défaites successives, avaient abandonné le siége de la place, et le colonel Bouquet, n'ayant pas de troupes assez nombreuses pour les poursuivre dans leurs forêts, revint prendre ses quartiers d'hiver en Pensylvanie.

Les sauvages, descendant les vallées de l'Ohio, ne s'étaient crus en sûreté qu'après être arrivés au Muskinghum. Là, ils recueillirent leurs forces, ils cherchèrent d'autres alliés, et attendirent le printemps suivant pour renouveler leurs hostilités, et ravager encore les frontières. Mais le général Gage, devenu commandant des troupes britanniques, fit préparer contre eux deux expéditions. Un corps de troupes, mis sous les ordres du colonel Bradstreet, allait agir contre les Wiandots, les Ottowais, les Chipewais et les autres nations voisines des grands lacs : un autre corps, commandé par le colonel Bouquet, devait, comme dans la campagne précédente, attaquer les peuplades situées entre les lacs et l'Ohio. Bradstreet se porta rapidement à Sanduski, rentra en possession de tous les forts du nord-ouest, parvint à contenir les Indiens de ces contrées, et les réduisit à demander la paix; mais les préparatifs de l'expédition du midi exigeaient beaucoup plus de temps, et les troupes qui en faisaient partie ne purent arriver à Pittsbourg que le 17 septembre 1764. Les Indiens de l'Ohio furent alors déconcertés par l'imminence du péril, et ils envoyèrent au colonel Bouquet plusieurs députations pour négocier la paix : cependant, comme leurs propositions étaient encore ambiguës, le colonel, voulant mettre un terme à leurs irrésolutions, pénétra plus avant dans l'intérieur de leur contrée; il gagna les vallées du Beaver-Creek et du Muskinghum, et les Indiens, ne pouvant arrêter sa marche, lui firent demander, le 17 octobre, une conférence pour le lendemain. Cet officier s'y rendit avec un corps de troupes réglées, de volontaires virginiens et de cavalerie légère : les chefs des Delawares, des Shawanèses et des Sénécas y vinrent eux-mêmes avec leurs principaux guerriers; et le colonel, après leur avoir rappelé les infractions qu'ils avaient faites à leurs précédentes promesses d'amitié, ne consentit à leur accorder la paix que lorsqu'ils auraient remis entre ses mains tous les prisonniers qu'ils gardaient encore. « J'ai avec moi, leur dit-il, les pa- « rents, les amis de ceux que vous « avez enlevés : ils brûlent de se ven- « ger, et ils demandent satisfaction. « Les Ottowais, les Chipewais, les « Wiandots, ont déjà fait la paix; nous « sommes maîtres du cours de l'Ohio, « du Mississipi, du Miamis et des lacs;

« nous vous environnons de toutes « parts, et nous pourrions extirper « votre nation entière; mais nous ne « vous traiterons pas avec rigueur, si « vous nous ramenez dans douze jours, « et sans exception, tous vos prison-« niers, anglais et français, hommes, « femmes et enfants, et tous les noirs « que vous avez également arrêtés. »

Dès le premier jour, les Delawares rendirent dix-huit Européens, et ils remirent, comme gage et comme symbole des autres restitutions qu'ils devaient faire, un faisceau de quatre-vingt-trois tiges de jeunes plantes, exprimant le nombre des prisonniers qui étaient encore absents. Les Shawanèses hésitaient à prendre un engagement semblable; et pour les y forcer, le colonel Bouquet s'avança dans leur pays jusqu'aux rives du Scioto : alors ils se soumirent à rendre également leurs prisonniers. Le 9 novembre il en était arrivé deux cent six dans le camp; on eut, le même jour, une nouvelle conférence pour la paix : les Sénécas et les Delawares la conclurent les premiers, et leur orateur Kiyashuta offrit les colliers ou présents accoutumés (voyez *pl.* 42). « J'offre ce wampum pour « essuyer les larmes de vos yeux, et je « vous rends les derniers hommes de « votre chair et de votre sang qui « soient restés entre les mains des Sé-« nécas et des Delawares. Nous inhu-« mons avec cet autre wampum tous « les hommes qui ont péri durant la « guerre que le mauvais esprit avait « suscitée, et nous recouvrons leur dé-« pouille de terre et de feuilles, afin « qu'elle ne soit plus aperçue, et que la « trace de nos haines soit ensevelie. » Les mêmes conditions furent ensuite stipulées avec les Shawanèses; et ceux-ci, gardant encore dans leur défaite un caractère noble et fier, déclarèrent qu'ils ne renonçaient point à la guerre par sentiment de faiblesse et d'impuissance, mais par commisération pour les femmes et les enfants.

L'arrivée de tous les prisonniers au milieu du camp offrit un attendrissant spectacle. Les pères, les maris, les frères reconnaissaient leurs fils, leurs épouses, leurs sœurs, dont ils avaient été séparés : d'autres, cherchant en vain ceux qu'ils avaient perdus, n'osaient s'informer de leur sort et tremblaient de recevoir une réponse. Les Indiens eux-mêmes ne délivraient qu'avec un extrême regret leurs captifs, auxquels ils s'étaient attachés, et qu'ils avaient admis dans leurs familles; ils les quittaient en pleurant et les recommandaient aux soins du commandant anglais. Ces prisonniers n'avaient jamais été traités comme esclaves, et les Indiens, en leur laissant la vie, les avaient adoptés et les avaient nourris comme leurs frères, leurs sœurs, leurs enfants : plusieurs avaient grandi au milieu des sauvages; ils avaient appris leur langue et contracté leurs habitudes, et il fallut user de contrainte pour les ramener parmi les Européens : quelques-uns même parvinrent à s'échapper, et ils regagnèrent les établissements des Indiens.

L'armée ayant atteint l'honorable but de son expédition, décampa le 18 novembre; elle se rendit le 28 à Pittsbourg; des garnisons furent envoyées dans les différents postes. Les prisonniers se dirigèrent vers leur pays natal; et le colonel Bouquet revint, dans les premiers jours de l'année 1765, à Philadelphie, où les représentants de la Pensylvanie adressèrent des actions de grâce à cet officier et à ses soldats. Le même hommage leur fut rendu par les représentants de la Virginie; et le roi d'Angleterre, George III, honora les mérites du colonel, en le nommant brigadier général de ses armées, et en lui confiant en Amérique un commandement dans les provinces du midi.

Lorsqu'on eut rétabli la paix dans les régions situées à l'ouest des Apalaches, les gouverneurs des colonies anglaises, accrues par de si vastes territoires, cherchèrent à connaître l'étendue et les ressources de leurs nouveaux domaines. Chaque colonie, dont les limites avaient d'abord été fixées par la chaîne des montagnes, allait étendre ses droits vers l'occident, jusqu'aux bords du Mississipi. C'étaient d'autres régions ouvertes aux essaims de sa population et aux émigrants que l'Europe lui fournirait encore : des terres fécondes allaient être exploitées, et de nouvelles issues étaient promises au commerce. Ces contrées n'étaient acquises, il est vrai, que d'une puissance européenne ; mais ce titre de possession suffisait aux nouveaux occupants, et les droits des indigènes n'étaient pas comptés. On regardait ces nations comme des tribus sauvages ; on les croyait sans propriété, parce qu'elles étaient errantes dans les bois, et l'on semblait les assimiler à des voyageurs qui traversent un territoire sans l'occuper et sans en être souverains. C'était borner à nos sociétés civiles l'application du droit des gens, qui doit embrasser l'humanité entière.

En parcourant différentes parties de ces contrées, on découvrit les premiers vestiges de quelques anciens monuments, qui semblaient appartenir à une nation plus avancée vers l'état social. Les uns avaient la forme de tertres pyramidaux ; d'autres se prolongeaient dans les plaines comme des retranchements ; d'autres suivaient les contours du sommet d'une montagne, et embrassaient des espaces plus ou moins étendus. La plupart de ces lignes de circonvallation n'étaient que des ouvrages en terre, accompagnés d'un fossé parallèle, qui avait fourni les matériaux de leur construction: quelquefois on y avait employé des pierres informes dont on avait cherché à assortir l'une à l'autre les inégalités.

Ces digues ou ces enceintes étaient souvent élevées vers le confluent des rivières, et l'on a pu juger par leur situation, qu'elles étaient destinées, soit à contenir les fleuves dans leur lit et à prévenir l'inondation des plaines voisines, soit à protéger contre les invasions de l'ennemi les habitants d'une ville ou ceux d'une vaste contrée. La crainte du péril et le désir de l'écarter ont suggéré dans plusieurs pays des moyens de défense analogues, sans que les peuples aient été conduits à les emprunter les uns des autres par esprit d'imitation. Il suffit, pour expliquer ces ressemblances, de se rappeler que la marche naturelle de la race humaine est un état progressif, et que les arts qui naissent du besoin ont quelquefois recours aux mêmes procédés. On a pu en faire l'observation dans plusieurs contrées de l'ancien et du nouveau monde, où les peuples étaient sortis de l'état sauvage et avaient fait de premiers pas vers la civilisation (voy. *pl.* 37, 38 et 39).

Nous ne chercherons point ici à pénétrer dans les mystérieuses annales d'un ancien peuple sur lequel il ne nous est resté aucune tradition historique : un grand nombre de générations plus nouvelles ont passé sur sa tombe ; on en peut juger ainsi par les vieilles forêts qui couronnent aujourd'hui ses monuments. La verdure des mêmes arbres s'y renouvelle depuis huit à dix siècles, et leur âge se reconnaît par le nombre et le développement successif de leurs couches concentriques. Mais cet indice d'une haute antiquité est le seul que nous ait laissé la nature ; et lorsque nous voulons découvrir quelle fut cette nation, de quelle contrée elle était originaire et à quel progrès social elle parvint, le doute, les conjectures, les systèmes naissent en foule. Comme la chaîne des événements s'est rompue, on cherche à substituer aux faits les probabilités ; on remonte aux siècles fabuleux, car chaque pays a les siens, et l'on pense que l'examen critique de quelques traditions merveilleuses peut souvent conduire à la vérité.

Il était facile de constater si ces monuments ne renfermaient aucun vestige de leurs fondateurs ; et l'on reconnut, en fouillant la terre de ces informes pyramides, élevées par la main des hommes, qu'elle recouvrait les ossements et la poussière de leurs ancêtres. Les cônes les plus élevés renferment un plus grand nombre de dépouilles ; ils ont été exhaussés annuellement par de nouvelles couches de terre que l'on trouve parsemées des mêmes débris : quelquefois un lit de pierre les recouvre ; il reçoit à son tour les cendres d'une autre génération, et chaque couche successive s'enrichit de ces funèbres débris.

Les proportions de ces monuments tumulaires sont beaucoup plus élevées dans les régions du midi que dans celles du nord; et l'on peut juger par la quantité de ces dépouilles mortelles que la population fut en effet plus nombreuse dans des pays où le sol était plus fertile, où le climat était plus doux. Il paraît, d'ailleurs, qu'après avoir inhumé séparément et sur les lieux mêmes, tous ceux qui avaient péri, on rassemblait ensuite dans un même monument tous ces débris dispersés. Ce transport était accompagné de quelques rites solennels, et nous avons déjà remarqué que les nations américaines en ont conservé l'usage : le respect qu'elles ont pour les tombeaux est fondé sur les sentiments de la nature, sur le regret d'avoir perdu ceux qui nous furent chers, et sur le désir d'honorer leur mémoire.

Ces lieux de sépulture devaient être placés près des habitations; aussi on les trouve fréquemment dans le voisinage des enceintes fortifiées. Mais plusieurs s'élèvent isolément dans la plaine, comme les derniers indices d'une ancienne population, dont tous les autres vestiges ont disparu. En fouillant dans ces tombes antiques, on y a trouvé quelques débris de vases d'argile, d'armes ou d'autres instruments de pierre grossièrement taillée, ou de cuivre rongé par le temps; mais on n'y a reconnu aucun meuble en fer, qui fût antérieur à l'arrivée des Européens.

Les principaux monuments de ces antiquités américaines ont été découverts sur les bords de l'Ohio et de ses affluents, dans les territoires où se sont élevées dans la suite les villes de Marietta, de Circleville, de Newark (voy. *pl.* 38); d'autres ont été trouvés sur les bords du Miamis (voy. *pl.* 37 et 39); d'autres dans le pays des Illinois. Le genre de structure est semblable; mais les plans et les proportions diffèrent, et tous ces travaux paraissent remonter à une nation qui n'existe plus.

La tradition la plus accréditée et la plus générale est que cette nation à demi civilisée fut détruite et remplacée par d'autres peuples plus barbares. Ceux-ci, après s'être emparés du sol, dégradèrent les monuments, en foulèrent aux pieds les ruines, et les laissèrent usurper par l'invasion graduelle des forêts qui s'y enracinèrent. Les vainqueurs comme les vaincus semblaient être venus du nord-ouest : tous les récits des sachems et des vieillards indiens s'accordent à faire suivre cette marche aux différentes nations d'Amérique. Dès le temps même de la découverte, les naturels du pays exprimèrent cette opinion aux Européens : elle leur avait été transmise de père en fils par leurs ancêtres; et les documents que l'on a recueillis depuis sur les migrations des peuples et sur les analogies de leurs traits, de leurs langues, des monuments qu'ils ont laissés, font présumer que les extrémités nord-est de l'Asie purent envoyer en Amérique plusieurs essaims d'habitants, et que parmi les hommes qui passèrent d'un pays à l'autre, soit en parcourant d'île en île les archipels intermédiaires, soit par les chances fortuites des vents et des naufrages, les uns furent sédentaires et cultivateurs, les autres restèrent chasseurs et nomades. Ces différences de condition n'excluent pas une commune origine; mais elles semblent indiquer plusieurs migrations successives, dont chacune a eu son caractère, et dont le temps n'a pas effacé toutes les traces.

Dans les pays civilisés, les annales des peuples sont souvent attestées par des inscriptions qui deviennent les premiers monuments de leur histoire; mais quels éclaircissements avons-nous pu obtenir jusqu'ici de quelques caractères informes, tracés autrefois par des peuplades américaines ? Le plus remarquable des tableaux symboliques qu'elles ont laissés est une suite de figures et de lignes irrégulières, gravées sur un rocher, près de la rivière de Taunton, dans la colonie de Massachusett (voy. *pl.* 40.). On n'est frappé, au premier aspect, que d'un mélange de signes bizarres et confus ; mais au milieu de ce chaos on distingue plusieurs têtes humaines ; c'est évidemment à des hommes et à leurs actions que se rapporte l'ensemble de ces images ; et on pourrait les regarder comme un monument laissé aux bords de la mer par quelque peuple qui avait prolongé ses conquêtes jusqu'au point où la terre vint à lui manquer.

Quelquefois, en parcourant les forêts des Indiens, on aperçoit encore sur la tige des arbres de semblables signes, taillés dans l'écorce ou grossièrement peints d'une couleur vive et brillante : tantôt ils indiquent par un emblème le nom d'une tribu sauvage, tantôt les lunes et les jours où les guerriers ont combattu, les victoires qu'ils ont signalés et le nombre de chevelures qu'ils ont levées sur l'ennemi. L'examen de ces figures commémoratives que les Indiens emploient encore, conduirait peut-être à expliquer celles qu'un ancien peuple avait gravées sur les rochers, et dont la forme était aussi barbare.

Le travail des vases d'argile que l'on a exhumés des tombeaux semblerait annoncer une nation plus avancée dans les arts ; mais ce genre d'ustensiles se perfectionne plus aisément : la forme en est souvent donnée par la nature : on en trouve le modèle dans l'enveloppe fibreuse ou compacte de quelques fruits. La noix du cocotier, les calebasses, d'autres écorces semblables étaient de premiers vases ; la figure en fut imitée ; et le besoin fit varier la fabrication.

On a pu reconnaître, dans les fouilles qui ont fait retrouver quelques-uns de ces débris, les vestiges de plusieurs populations d'animaux dont les familles n'existent plus. Une de ces espèces gigantesques tient à la forme de l'éléphant ; mais elle en excède les proportions : la différence de sa denture en suppose une dans la manière de se nourrir : on lui donne en Amérique le nom de Mammouth, et les naturalistes l'ont rangée dans la classe des mastodontes.

D'anciennes races humaines ne sont donc pas les seules qui aient disparu du nouveau monde : le temps, les révolutions physiques y ont détruit d'autres générations : leurs ossements, ensevelis dans les profondeurs de la terre, mêlés à ses différentes couches, et convertis à l'état fossile, attestent leur haute antiquité, et chacune de ces espèces a eu sa place et son règne. Tant de couches de terre et de rochers, tant de débris d'animaux terrestres ou maritimes, tant de minéraux mis en fusion dans les arsenaux des volcans et rejetés par leurs éruptions, ont été entassés pêle-mêle, ou régulièrement déposés sur la face du continent américain, qu'on peut juger, en comparant entre elles les deux grandes parties du monde, que l'un et l'autre hémisphère, soumis à de communes lois, ont également reçu leurs productions et leurs espèces vivantes, analogues dans les contrées qui ont pu correspondre entre elles, dissemblables dans celles qui n'ont eu les unes avec les autres aucune communication.

L'intérêt du sujet nous a conduits à cette digression ; mais le genre d'ouvrage dont nous avons à nous occuper, ne nous permettrait pas de lui donner plus d'étendue, et d'entrer dans des recherches de philologie, d'archéologie, d'histoire naturelle, qui feraient perdre de vue la série des événements et les considérations liées à leur examen.

Après la paix de 1763, on s'occupait moins en Amérique de recherches spéculatives sur l'origine et les antiquités des habitants que du désir de bien connaître leur situation actuelle. On ne se borna plus à visiter les régions situées au delà des Alléghanys, et après avoir pénétré vers l'occident, on voulut tenter au nord-ouest d'autres découvertes. Le capitaine Carver entreprit en 1766 un voyage dans cette direction : il parcourut le lac Michigan et la baie Verte, passa de la rivière des Renards au Wisconsin, navigua sur le haut Mississipi, où il reconnut l'entrée de la rivière Sainte-Croix, et revint à celle de Saint-Pierre, qu'il remonta jusqu'au milieu du pays des Nadouessis. Carver fit ensuite sur la rive gauche du Mississipi une semblable exploration; il entra dans la rivière des Chipewais, et il parcourut toute la contrée qui le séparait du lac Supérieur. Ce voyage au milieu des tribus indiennes du nord-ouest montra qu'elles appartenaient toutes à des peuples chasseurs et pêcheurs : leur genre de vie n'était modifié que par leur situation au milieu des forêts, ou des prairies, ou sur les bords des lacs et des fleuves.

De telles excursions étaient accompagnées de fatigues et de périls; mais elles offraient aux voyageurs un sujet bien digne de leurs méditations; et c'est sans doute un grand spectacle que celui où l'on peut embrasser et comparer entre elles les deux extrémités de la vie sociale, le point où commence l'origine des peuples et celui où l'on recueille les fruits de la civilisation. De semblables comparaisons conduisaient à plaindre la situation des sauvages; mais on faisait peu d'efforts pour la changer; et si quelques voix s'élevaient par intervalles, pour proclamer les devoirs des sociétés policées envers les nations dans l'enfance, c'était un stérile hommage rendu aux droits de l'humanité.

Un autre intérêt que celui des aborigènes occupait alors les colonies anglaises; elles cherchaient avant tout à améliorer leurs relations avec la métropole, à se défendre des empiétements de son autorité, à se dégager enfin des entraves et des charges qu'elles commençaient à souffrir avec plus d'impatience.

En étudiant l'histoire des colonies, on pouvait remarquer que l'Europe les avait entraînées dans toutes ses guerres. La part qu'elles avaient à prendre aux hostilités était le résultat inévitable de leur dépendance : il y avait des combats à livrer partout où l'on rencontrait les sujets d'une puissance ennemie; et dans quelque partie du monde que la querelle eût pris son origine, elle s'étendait bientôt d'un continent à l'autre. Cette sujétion avait exposé les colonies à de nombreuses agressions, et leur avait si souvent fait acheter par des sacrifices les secours nécessaires à leur sûreté, que les habitants désiraient ne plus s'engager dans des guerres européennes, et n'avoir désormais à combattre que pour la défense de leurs propres intérêts et de leur territoire.

La situation des colonies pendant la paix leur faisait encore plus habituellement sentir le besoin de maintenir l'intégrité de leurs priviléges politiques et commerciaux; elles discutaient leurs droits; et la liberté d'opinion dont elles avaient constamment joui leur avait fait contracter l'habitude d'analyser les principes de la richesse publique : on ne se bornait point à des évaluations vagues; on réduisait en chiffres tous les calculs; et cette règle, propre à frapper tous les esprits, donnait plus de précision et de force aux réclamations.

Plus le commerce des colonies avait alors d'activité, plus il était intéressé à se soustraire à des règlements rigoureux, dont l'application devenait plus fréquente. Différentes causes avaient concouru au développement de ses relations, et l'on était à portée de reconnaître que l'accroissement du commerce d'un peuple ne se proportionne pas seulement aux progrès de sa population; il se règle aussi sur ceux de son industrie et de son bien-être. Une société qui commence se borne à satisfaire à d'indispensables besoins; mais éveillez dans son sein l'amour du travail, l'émulation, et tous les sentiments qui la portent à étendre la sphère de ses facultés et de ses jouissances, son industrie suit la même progression : les arts entrent dans la cité; ils s'entr'aident mutuellement; ils affermissent les bases de la prospérité et de l'ordre public, et concourent à ce développement des facultés humaines, qui est le plus noble but auquel les sociétés puissent atteindre.

On put se convaincre, en observant cet essor de l'industrie dans les colonies anglaises, qu'il ne s'était jamais

11.

ralenti depuis plus d'un siècle, et qu'il avait été beaucoup plus rapide depuis l'année 1748, époque du traité d'Aix-la-Chapelle. Le relevé que l'on fit des différentes opérations de ce commerce pendant les vingt années suivantes montre que, durant cette période, il avait mis annuellement en circulation une somme moyenne de soixante-cinq millions de francs, soit pour les ventes, soit pour les achats, et que la valeur des exportations de l'Angleterre pour l'Amérique dépassait de seize millions par an la valeur des produits qu'elle en recevait. Cette balance était favorable à la métropole; mais les colonies profitaient, pour acquitter le solde de compte qu'elles avaient à lui remettre, des bénéfices de leur commerce avec les Antilles, les côtes d'Afrique et le midi de l'Europe. Les exportations qu'elles avaient faites pour ces contrées dans l'année 1769 avaient excédé de sept millions de francs la valeur de leurs importations; la plupart des marchandises qu'elles y vendaient étaient acquittées en numéraire, et il en refluait en Angleterre une grande partie. Cependant il leur restait encore à combler un *déficit* annuel de neuf millions, et cet embarras venant à se renouveler chaque année faisait prévoir l'accroissement graduel et rapide d'une dette, sous le poids de laquelle on pourrait un jour être écrasé, à moins que le commerce des colonies avec d'autres États n'acquît de nouveaux développements. Cette extension devenait nécessaire à leur prospérité; et lorsqu'elle était entravée par les lois prohibitives de la métropole, il s'ouvrait entre les colonies anglaises et les possessions du dehors un commerce interlope, d'autant plus lucratif qu'il échappait aux tarifs onéreux imposés par l'Angleterre, et qu'il pouvait aisément tromper la surveillance de l'administration des douanes, parce qu'il faisait ses versements sur un littoral immense et facilement abordable. Cependant la base d'un trafic prohibé est toujours si fragile, que les colonies desiraient obtenir d'une manière légale de libres relations avec le dehors.

Les restrictions imposées à leur commerce étaient particulièrement nuisibles à celui de Boston, qui était alors la ville la plus riche et la plus peuplée; mais elles se faisaient aussi ressentir dans les autres colonies dont les intérêts se trouvaient liés avec les siens. La cause de toutes les provinces devenait la même; le Massachusett, en soutenant ses propres droits, pouvait compter sur l'appui de l'opinion générale, et les résolutions dont il prenait l'initiative recevaient bientôt l'approbation de tout un peuple; car on commençait à donner ce nom aux habitants des colonies; et cette dénomination, qui semblait déjà ériger en corps de nation plusieurs pays dont les intérêts étaient les mêmes et dont les vœux étaient unanimes, allait imprimer à leurs démarches un nouveau caractère de grandeur.

Les colonies anglaises s'étaient accoutumées pendant la guerre à entretenir les unes avec les autres de nombreuses relations. Le besoin de se défendre était le même pour toutes; il exigeait que leurs mesures fussent concertées, et que leurs contingents militaires se rendissent ensemble sur les frontières menacées, pour prendre part aux mêmes expéditions. L'exemple de ces associations avait été donné par les colonies de la Nouvelle-Angleterre, dès les premiers temps de leur formation : toutes les guerres que ces provinces avaient eues, soit avec le Canada et l'Acadie, soit avec la Nouvelle-Belgique, soit avec les différentes nations sauvages, voisines de leurs possessions, les avaient disposées à unir leurs intérêts, leurs conseils, et tous leurs moyens d'attaque ou de résistance.

A mesure que les domaines de la Grande-Bretagne en Amérique vinrent à s'étendre le long des côtes de l'Océan, et qu'une plus grande ligne de frontières occidentales fut elle-même exposée au fléau de la guerre, toutes les colonies intéressées à suivre en commun leurs opérations militaires se rapprochèrent les unes des autres. Une partie des troupes préposées à leur défense était envoyée par la métropole; les autres étaient levées dans le pays même : chaque gouvernement local avait ses milices, d'abord chargées de veiller à la sûreté de leurs foyers, et destinées ensuite à porter secours à tous les points menacés. Ces troupes américaines, moins régulières et moins exercées que celles d'Europe, avaient cependant sur elles l'avantage de mieux connaître le pays, d'être plus accoutumées à la manière de combattre les Indiens, de savoir éviter leurs pièges, et de leur opposer des stratagèmes semblables. Les milices, levées en Amérique sous différents noms, devinrent bientôt la principale force des colonies : leur nombre suivit l'accroissement de la population, et cette contrée put commencer à compter sur elle-même pour assurer sa propre défense, quand l'Angleterre eut acquis toutes les colonies françaises situées au nord de ses possessions, et toutes celles qui s'étendaient entre la chaîne des Apalaches et le Mississipi. On n'avait plus de combats à y livrer à des troupes européennes : les nations indiennes étaient les seules auxquelles on eût à disputer ces territoires, et leurs ressources étaient déjà tellement réduites que les colonies n'avaient besoin pour les contenir d'aucun secours de la métropole. Les tribus sauvages pouvaient commettre des déprédations sur les frontières, et porter le ravage dans des habitations isolées; mais elles étaient bientôt punies de ces violations, et chacune des guerres où elles se trouvaient engagées ne faisait qu'augmenter leur faiblesse.

Les colonies anglaises, qui s'étaient agrandies au milieu de cette longue suite d'épreuves, reconnurent qu'elles avaient en elles-mêmes un principe d'existence. Elles étaient animées de ce sentiment de confiance et de fierté qui tient à la force : elles comptaient les priviléges qui leur devaient appartenir, ceux qu'on leur avait accordés, ceux qu'on leur refusait encore, et désiraient profiter du retour de la paix pour améliorer leur situation, et donner de plus solides bases à leur prospérité.

La métropole, qui avait remarqué leurs accroissements progressifs, voulait du moins les diriger à son gré, et cherchait à conserver assez d'ascendant sur les colonies pour continuer de les retenir dans la dépendance. Elle était parvenue depuis longtemps à modifier la plupart des chartes anciennes qui leur avaient été accordées, et à faire prévaloir l'autorité royale sur celle des propriétaires ou des compagnies qui avaient obtenu les premières concessions; mais en cherchant à simplifier et à renforcer son pouvoir, elle n'avait pas touché aux droits des citoyens, à ceux qu'ils tenaient de leur patrie originaire et qui étaient inhérents à la qualité d'Anglais : ainsi la procédure par jurés était un de leurs priviléges; ainsi le système représentatif était la base de leurs constitutions coloniales. Les habitants votaient dans leurs assemblées les impôts, les lois, les règlements d'administration locale; et la sanction royale, nécessaire à la plupart de ces actes, était généralement accordée à tous ceux qui n'avaient rien de contraire aux droits et à la législation de la métropole; mais quand ses intérêts et ceux des colonies se trouvaient en collision, chacune des deux autorités cherchait à étendre sa prérogative, et la ligne de démarcation était trop vaguement tracée pour ne pas être souvent en litige.

Les restrictions mises par le gouvernement britannique au commerce de ces possessions éloignées avaient été d'abord regardées comme une compensation des dépenses qu'il avait à faire pour les protéger; et les colonies pouvaient s'en tenir à leurs relations avec la métropole, et à un système d'échanges entre leurs productions territoriales et ses articles manufacturés, aussi longtemps qu'elles ne furent pas en état de pourvoir par leur propre industrie à une partie de leurs besoins; mais dès qu'elles purent avoir des fabriques, et qu'elles furent intéressées à ouvrir des communications directes avec d'autres pays, il fallut que les règlements exclusifs fussent enfin modifiés par des exceptions, après avoir été souvent enfreints par des violations clandestines, qui avaient pour résultat de décréditer la loi avant de la faire abolir.

Les nouvelles facilités que l'Angleterre dut accorder aux colonies lui laissaient néanmoins l'avantage de tarifer ce commerce, de déterminer ses droits d'importation ou d'exportation, et de limiter la nature des productions et des marchandises dont il pourrait se composer. Ces conditions n'avaient pas empêché qu'il ne prît un grand développement; et la quotité des droits perçus par la métropole s'accrut dans la même proportion.

Quoique les colonies anglaises ne se fussent point refusées au payement de cet impôt, cependant elles n'en avaient jamais reconnu formellement la légitimité. Leurs hommes d'État commençaient même à soutenir en principe qu'elles ne pouvaient être soumises qu'aux impôts votés par elles : ce privilége leur paraissait étroitement attaché au système représentatif ; les charges du pays devaient se régler sur ses besoins; ses propres assemblées en étaient juges; et s'il avait à subvenir aux frais de sa défense, c'était à lui-même d'asseoir les contributions destinées à y pourvoir. Ce droit d'impôt réclamé par les colonies et contesté par la métropole, devint la première cause de leurs dissensions, et l'animosité de leurs débats conduisit enfin à une rupture et à des hostilités déclarées.

La guerre précédente avait entraîné l'Angleterre dans une longue suite d'expéditions dispendieuses qui avaient accru la dette de l'État. On avait envoyé dans les colonies toutes les troupes, tous les approvisionnements de guerre dont elles avaient besoin ; et le gouvernement, qui avait fait les avances de tous ces armements, n'avait pas alors réclamé le remboursement de leur valeur : il ne voulait pas accroître les embarras des colonies, au moment où la guerre leur imposait d'autres charges. Mais après le retour de la paix, il espéra obtenir ce recouvrement par la voie des impôts, et il fit présenter au parlement la proposition d'établir un droit de timbre dans les colonies d'Amérique. Ce droit devait s'appliquer à tous les actes que l'on aurait à produire devant les cours de justice et de chancellerie, soit civile, soit ecclésiastique, ainsi que devant les universités et les cours d'amirauté : il s'appliquait aux sentences des tribunaux, aux licences de commerce, aux assurances, aux lettres de marque, aux obligations de payement, à tous les contrats relatifs à la transmission des biens par héritage, par vente, par concession; il s'étendait même aux pamphlets, aux almanachs, à toutes les publications quotidiennes. Le produit de ces taxes devait être versé en Angleterre dans la caisse de l'échiquier; on l'y tiendrait en réserve, et le parlement en ferait ensuite l'emploi, pour subvenir aux frais que la protection et la défense des colonies pourraient exiger.

Ce projet de bill, qui fut proposé le 10 mars 1764, n'était encore qu'une mesure comminatoire, sur laquelle on désirait sonder l'opinion publique. Mais, en la soumettant à ce tribunal, on fit revivre avec plus d'aigreur toutes les discussions qui s'étaient élevées précédemment sur les droits respectifs de la métropole et des colonies. Les partisans du bill soutenaient que le parlement d'Angleterre avait le droit d'étendre ses actes à toutes les possessions britanniques, que son privilége de représentation ne se bornait point aux domaines de l'Europe, que les intérêts des différentes parties de l'État ne pouvaient pas être divisés, et que le gouvernement, chargé de veiller à la sûreté des colonies, joignait à cette obligation le droit de les y faire concourir dans une égale proportion et par des moyens semblables. L'impôt du timbre qu'il se proposait de leur appliquer n'était-il pas établi en Angleterre? N'y avait-on pas soumis toutes les transactions sociales? N'avait-il pas pour but d'en constater la notoriété et de les mettre sous la sauvegarde de la foi publique? N'était-ce pas une légère perception sur des contrats plus ou moins profitables? Ne tenait-elle pas enfin à des actes habituellement volontaires, ou à des époques qui se représentaient rarement dans le cours de la vie? On cherchait ainsi en Angleterre à justifier l'emploi de cette mesure, et l'on regardait le droit de l'imposer aux colonies comme aussi légitime que celui d'assujettir leur commerce à quelques restrictions. Si l'Angleterre, disait-on, a pu leur appliquer les principes de son acte de navigation, si elle a été fondée à croire qu'en échange de la protection qu'elle leur assurait elle pouvait limiter à son gré leurs relations commerciales; si, enfin, en leur imposant quelques prohibitions, elle n'a fait que suivre la règle observée par les autres puissances européennes envers leurs colonies, le droit qu'elle a d'établir une taxe nouvelle ne dérive-t-il pas de la même source que celui d'imposer et de régler leur commerce?

Ces théories financières, et les inductions qu'on voulut en tirer pour assimiler l'une à l'autre deux contributions de diverse nature, donnèrent bientôt un champ plus étendu à la discussion. Les adversaires du bill proposé sur l'établissement d'un droit de timbre, avaient d'abord représenté que cette mesure fiscale enveloppait tous les actes de la vie, et qu'elle imposait à la gestion des affaires d'inutiles entraves et des conditions onéreuses. Les colonies y avaient longtemps échappé, sans que les intérêts particuliers en souffrissent, et sans que les actes du pouvoir et les règles de la loi fussent moins respectés. Pourquoi prescrire aux habitants un nouveau sacrifice, aggraver leurs charges, méconnaître leurs droits, et ne pas même écouter leurs représentants? C'était abolir le plus précieux de leurs priviléges, que de transférer au parlement britannique le droit de voter leurs impôts. Quand la discussion eut été conduite à ce point, les prétentions législatives de la métropole furent examinées avec plus de sévérité; et le principe, qu'aucun impôt ne pouvait être établi sur les colonies par un autre pouvoir que par leurs représentants, fut hautement proclamé : il ne l'était pas seulement par les autorités publiques; la même opinion s'était répandue, s'était accréditée dans toutes les classes de citoyens : partout on se plaignait des exigences de la métropole et du joug qu'elle voulait appesantir sur les colonies. Cependant, c'était par leur établissement et leur concours que l'Angleterre avait agrandi sa puissance; c'était pour s'enrichir elle-même qu'elle s'était approprié une partie de leur commerce. Le moment était venu où les colonies devaient jouir d'une condition meilleure : elles aspiraient à se dégager des entraves qui avaient ralenti leurs progrès; leurs lois avaient besoin d'être modifiées; et un peuple qui s'était accru jusqu'à trois millions d'âmes, ne ressemblait plus à ces essaims de fugitifs et de proscrits qui étaient venus, deux siècles auparavant, chercher un refuge dans ces contrées sauvages.

Et, d'ailleurs, le droit d'imposer des taxes intérieures n'avait-il pas été attribué aux colonies par leurs premières constitutions, et par les autres chartes qu'elles avaient obtenues depuis? Ce droit avait été solennellement invoqué, en 1692, par les représentants du Massachusett; il l'avait ensuite été par ceux de New-York et des autres colonies du centre et du midi. On se rappelait que, en 1739, le projet de faire imposer les colonies par le parlement britannique avait été mis en discussion; mais que Robert Walpole, alors premier ministre, regardant cette mesure comme dangereuse, avait mieux aimé en laisser la charge et la responsabilité à ses successeurs. Le même système fut reproduit en 1754; mais la guerre allait se rallumer dans les colonies, et, pour ne pas s'exposer à leur mécontentement, on ajourna l'exécution de ce projet.

Si le droit de soumettre à des restrictions le commerce des colonies anglaises était moins contesté à la métropole que celui d'y établir d'autres impôts, néanmoins il faisait naître un secret mécontentement, et il affaiblissait l'affection de ces contrées envers la mère patrie. Le gouvernement britannique ne sut pas faire usage avec ménagement d'un privilége dangereux qui pouvait ébranler les bases de la prospérité des colonies. Les règlements qu'il voulait y faire exécuter, dans la vue de restreindre aux productions de la terre les exportations du pays, rencontrèrent une vive opposition, et les intérêts des colonies parurent encore plus sacrifiés lorsqu'on mit de nouvelles entraves à leurs communications directes avec l'étranger.

Quoiqu'il eût été admis en principe que leur commerce devait être exclusivement dirigé vers la métropole, cependant on avait ensuite permis que la plupart de leurs productions fussent expédiées vers d'autres pays, tantôt à condition qu'elles seraient d'abord envoyées dans les ports d'Angleterre, et que les négociants britanniques se trouveraient admis au partage de ce bénéfice; tantôt sous la réserve qu'elles acquitteraient un droit de sortie ou de transit. Les relations de commerce habituellement suivies entre les colonies du continent et les Antilles étaient également soumises à des droits que leur modicité fit d'abord tolérer sans murmure; mais les tarifs s'élevèrent, on fit de nouveaux règlements prohibitifs, et le mode employé pour leur exécution les fit paraître plus vexatoires. Tous les négociants des colonies se répandirent en plaintes amères, en voyant la marine royale établir ses croisières à l'entrée de leurs ports, visiter avec sévérité leurs navires, faire un grand nombre de saisies, et joindre, à la rigueur d'une loi ruineuse, toutes les formes absolues d'une exécution militaire.

Chacun de ces griefs, considéré séparément, n'eût pas fait éclater une insurrection; mais il fomentait le mécontentement, il était mis au nombre des sujets de plainte, et le sentiment du malaise actuel était accru de jour en jour par les inquiétudes de l'avenir: on se croyait incessamment menacé de mesures plus oppressives; et les colonies, perdant toute espérance d'être favorisées par la métropole, considérèrent le projet de les assujettir à une taxe nouvelle comme le fatal principe d'un système d'impôts qui allait progressivement s'étendre, et faire disparaître leurs dernières franchises.

L'Angleterre voulut enfin convertir en loi la proposition d'établir un droit de timbre; et quand le bill en fut reproduit, en 1765, à la chambre des communes, par Greenville, qui était alors premier ministre, le général Conway fut le seul qui osât protester contre cette mesure, et déclarer qu'elle excédait les droits du parlement, puisque les colonies n'y étaient pas représentées. De si sages observations ne changèrent point l'opinion de l'assemblée. Le gouvernement tenait à son autorité: il l'avait exercée jusqu'alors dans des questions de commerce et de législation, et il ne considéra les mécontentements qui se manifestaient dans les colonies que comme des mouvements partiels et faciles à réprimer, tant il comptait sur l'ascendant de force et de puissance dont il jouissait depuis les derniers traités de paix. Cette méprise lui devint funeste; sa loi aliéna tous les esprits, et la fermentation fit de si rapides progrès dans les colonies, qu'elles ne balancèrent plus à faire éclater leur ressentiment. Voyant que l'on voulait arrêter l'essor de leur industrie, elles résolurent de ne faire usage que des articles de leurs propres manufactures, et de ne plus recourir à celles de la métropole. Boston donna cet exemple, et les autres colonies l'imitèrent: l'exportation des laines ne fut plus permise; les habitants se vêtirent de tissus grossiers, ouvrages de leurs propres mains, ou fabriqués dans leurs ateliers, encore peu perfectionnés; ils aimèrent mieux se priver de ce qui constituait les recherches du luxe et les agréments de la vie, que de sacrifier leurs franchises coloniales. Des réunions populaires s'étaient formées dans les principales villes pour exalter encore cet esprit d'irritation: ces assemblées étaient tumultueuses; on s'y animait à l'envi les uns des autres; on commençait à regarder comme ennemis du bien public tous ceux qui ne partageaient pas cette effervescence, et il se forma tout à coup, sous le nom d'*Enfants de la liberté*, une association d'hommes résolus à se porter sur tous les points où les institutions et les droits des colonies seraient menacés, et où l'on voudrait mettre la loi du timbre à exécution. Les autorités publiques, plus retenues dans leurs plaintes et plus graves dans leurs démarches, n'autorisaient point par une approbation formelle ces assemblées irrégulières, mais elles en toléraient les clameurs ; elles y voyaient le libre essor de l'opinion générale et d'un mécontentement qu'elles étaient elles-mêmes intéressées à entretenir. Aussitôt qu'on eut appris en Amérique que le bill du timbre, voté par la chambre des communes, le 7 février 1765, avait été ensuite approuvé par la chambre haute, et avait reçu la sanction du roi, l'assemblée législative de Virginie déclara que cette colonie n'était point tenue d'obéir à une loi qui lui imposait une taxe quelconque, à moins que cette loi n'eût été votée par ses autorités mêmes. Pendant les débats qui précédèrent cette déclaration, le gouverneur essaya de changer l'opinion de la législature, en dissolvant cette assemblée et en ordonnant d'autres élections ; mais tous les membres qui s'étaient prononcés contre la loi du timbre furent réélus, tous ceux qui lui étaient favorables furent remplacés, et la déclaration qu'on voulait empêcher devint unanime. La même résolution fut adoptée dans la province de Massachusett, et ses représentants convoquèrent, pour le 1ᵉʳ octobre 1765, un congrès où seraient admis des députés de toutes les colonies, afin de pourvoir aux mesures d'intérêt public qu'exigerait la gravité des circonstances. Cette assemblée, qui se tint à New-York, proclama le droit qu'avaient les colonies de n'être imposées que par elles-mêmes ; elle résolut d'adresser à la fois des réclamations au roi et aux deux chambres du parlement, pour revendiquer ce droit et pour obtenir le libre exercice de la législation intérieure. Les autorités locales n'étaient-elles pas seules à portée de juger des lois et des règlements convenables à leur situation ? Était-ce à quinze cents lieues de distance qu'on pouvait apprécier leurs besoins et régler leurs intérêts ? Les colonies n'avaient aucun député, aucun organe dans le parlement : elles n'y trouvaient de bienveillants défenseurs que dans quelques hommes assez généreux pour ne pas les sacrifier à la métropole ; mais une protection si impuissante n'empêchait pas les usurpations de l'autorité. Les atteintes aux priviléges des colonies se multipliaient de jour en jour : on ne se bornait plus à charger leur commerce de taxes exorbitantes, on attirait en Angleterre une grande partie de leur numéraire, en y faisant verser le produit de ces droits de douane ; on s'efforçait d'affranchir du contrôle de leurs assemblées tous les actes des officiers civils ou militaires que le roi chargeait de leur administration ; et pour tenir plus aisément dans la sujétion ces provinces éloignées, on voulait y entretenir à leur charge un corps de troupes britanniques, sous prétexte d'en assurer la défense, quoique les habitants pussent aisément y pourvoir eux-mêmes, depuis qu'ils n'avaient plus à se préserver que des agressions des sauvages.

Ces représentations et cette unanimité de résistance produisirent en Angleterre une profonde impression. Un nouveau ministère, plus favorable aux intérêts des colonies, fut placé à la tête des affaires : William Pitt en faisait partie ; il se prononça dans le parlement, avec toute la force de sa raison et de son éloquence, contre l'établissement du droit de timbre, et il en obtint la révocation. Cependant la plupart des membres qui consentirent à le supprimer s'y déterminèrent plutôt parce qu'ils regardaient cette taxe comme impopulaire et dangereuse, que parce qu'ils la croyaient illégale. L'autorité législative du parlement sur les colonies leur paraissait incontestable ; mais ils admettaient qu'on devait l'exercer avec réserve ; et comme le droit d'établir des tarifs commerciaux n'avait pas été aussi vivement contesté, ils se rejetèrent sur ce genre de taxes, dans l'espérance d'y trouver un équivalent des autres contributions auxquelles les colonies se refusaient.

Un nouveau bill fut alors présenté au parlement pour établir des droits d'entrée sur le thé, sur le verre, le papier et les couleurs, qui seraient portés d'Angleterre dans les colonies. On se proposait d'en appliquer les produits aux appointements et aux pensions que le gouvernement aurait à payer en Amérique, soit pour l'administration des colonies, soit pour leur défense, et de laisser le surplus à la disposition du parlement. C'était lui conférer une extension d'autorité dont il n'avait pas encore joui; c'était mettre tous les délégués du pouvoir hors de la surveillance des assemblées coloniales, qui jusqu'alors avaient voté elles-mêmes les fonds de leurs traitements, et avaient pu, par des témoignages de faveur ou de mécontentement, influer sur le caractère et la tendance de leur gestion.

Cette loi de douanes devait être mise en vigueur à dater du 20 novembre 1767, et pour en surveiller l'exécution, le gouvernement britannique créa une administration permanente, dont le siège était fixé à Boston, et dont les agents étaient répandus dans les autres ports. Mais aussitôt que les colonies eurent connaissance de cette nouvelle entreprise contre leurs priviléges, elles firent éclater la plus vive opposition. Les associations contre le commerce anglais reparurent et se multiplièrent: on résolut de se priver de la consommation du thé, quoiqu'elle fût déjà entrée dans les habitudes journalières des Américains : on renforça les règlements somptuaires, essayés depuis plusieurs années, et l'on chercha à s'affranchir de toutes les importations qui ne s'appliquaient pas aux premiers besoins, soit afin de stimuler l'industrie coloniale, soit afin de priver la métropole des droits qu'elle imposait au commerce. C'était renoncer à des jouissances; mais l'amour du bien public affermissait ce sentiment d'abnégation; il ôtait aux privations toute espèce d'amertume, et la fermeté du caractère américain se prêtait aisément à de tels sacrifices. La plupart de ces hommes avaient grandi au milieu des épreuves les plus difficiles : ils avaient reçu en héritage de leurs pères la constance, l'amour du travail, l'habitude de se roidir contre les obstacles. Voudraient-ils dégénérer des vertus premières qui avaient eu leur source dans la proscription, et qu'une longue suite de fatigues et de dangers avaient maintenues de race en race? Lorsqu'une résolution ferme est favorisée par l'opinion publique, elle entraîne enfin les plus indécis, et nul homme n'ose s'y soustraire. Aussi la même impulsion devint bientôt générale: on se récria de toutes parts contre les impérieuses exigences de la métropole, et contre ce système d'usurpations graduelles, qui, sous prétexte de régulariser le commerce, avait tour à tour établi plusieurs formes d'impôts, dans la vue d'assurer à l'Angleterre un fonds de revenu dans ses colonies.

Depuis l'origine de ces contestations, il avait paru en Amérique plusieurs pamphlets, où l'on examinait les droits respectifs des colonies et de la métropole : ces observations, reproduites et commentées par la presse périodique, circulaient dans toutes les classes de citoyens. La balance n'était point égale dans cette discussion d'intérêts ; et les opinions les plus favorables aux colonies étaient aussi les plus répandues : elles devenaient populaires; on y voyait l'expression de la volonté commune. Les réunions particulières où l'on agitait ces graves questions, se multipliaient dans toutes les villes, et les assemblées politiques secondaient ce mouvement. La législature du Massachusett, convoquée au commencement de 1768, adressa des représentations sur le nouvel impôt au roi, aux deux chambres du parlement, aux principaux personnages qui avaient fait révoquer la loi du timbre, et au milieu desquels s'était signalé William Pitt, créé ensuite comte de Chatam. Ce vénérable vieillard, que le roi avait conservé dans ses conseils, était retenu chez lui par ses infirmités lorsqu'on avait voté les nouvelles taxes imposées sur le commerce; et les Américains, le regardant comme un de leurs plus bienveillants défenseurs, recouraient à lui pour obtenir le redressement de leurs nouveaux griefs.

Les colonies avaient l'habitude d'entretenir en Angleterre des agents chargés de défendre leurs intérêts et d'appuyer leurs remontrances : ces députés étaient généralement choisis parmi les hommes les plus habiles, les plus éclairés; et Benjamin Franklin était du nombre. Il joignait aux vertus publiques toutes celles qui honorent l'homme privé; et la considération due à la beauté de son caractère lui était aussi méritée par l'élévation de son génie. Il avait puisé dans la profession de l'imprimerie son premier goût pour l'étude; et la réflexion venant à seconder ses lectures, lui avait révélé ses découvertes dans le monde physique, et ses grandes pensées dans l'ordre social. Ses observations sur l'électricité atmosphérique et sur les moyens de diriger et de maîtriser la foudre remontent à l'année 1752 : c'était la plus grande découverte qui eût illustré le milieu du siècle; elle attira sur son auteur l'admiration générale. Franklin montra que les sciences spéculatives et l'habileté de l'homme d'État peuvent se concilier; et s'il rendit son nom impérissable dans le monde savant, il mit sa principale gloire à servir honorablement son pays, et à se dévouer à la sainte cause qu'il avait embrassée.

Les agents américains défendaient avec chaleur les intérêts qui leur étaient confiés; et la force de leurs représentations faisait prévoir qu'ils ne fléchiraient point. « Les colonies, disaient-ils, étaient filles de l'Angleterre, et jamais elles n'avaient manqué d'égards envers la mère patrie; mais elles n'étaient pas ses sujettes : elles avaient leurs priviléges à maintenir. Si leurs citoyens étaient animés d'une noble fierté, ils l'avaient puisée dans le sang de leurs ancêtres, ils la devaient aux mêmes institutions. Les colonies seraient fidèles à leur serment d'allégeance; mais elles avaient le droit d'obtenir que la métropole les protégerait sans les opprimer : vouloir les abaisser, c'était s'exposer à leur résistance. Vous voyez, ajoutaient-ils, les premiers effets de vos lois désastreuses : si elles rencontrent tant d'opposition, si elles irritent à ce point l'opinion publique, c'est que les colonies sont déjà accablées de charges, et qu'elles ne peuvent en soutenir de nouvelles. Vous entendez le cri du besoin; faites qu'il ne dégénère pas en clameurs séditieuses : accueillez les vœux de trois millions d'hommes qui sont vos frères et qui désirent ne pas rompre avec vous. »

C'est en ce sens que s'exprimaient les hommes les plus attachés aux intérêts des colonies; mais l'autorité de ces discours ne frappait point assez l'attention du gouvernement anglais : il accusait de partialité ou de jactance les agents et les défenseurs de l'Amérique : on était incrédule à leurs prédictions, souvent même on les soupçonnait de mauvaise foi; et Benjamin Franklin écrivait à ses commettants que sa franchise avec les ministres était souvent prise pour un artifice, et qu'il les trompait en leur disant la vérité.

L'Angleterre, n'apercevant encore dans les mouvements des colonies qu'une insubordination sans consistance, et sans danger pour elle, espéra l'arrêter dans son foyer même, en envoyant des troupes à Boston; et le général Gage, qui était alors à New-York, y fit passer quelques régiments dont le débarquement commença le 1er octobre 1768. Tous les esprits furent vivement exaspérés par cette occupation militaire : ils le furent encore plus, lorsque le parlement britannique, approuvant les mesures que le gouvernement avait prises pour faire exécuter la loi à main armée, déclara que les infracteurs pourraient être traduits en Angleterre pour y être jugés. C'était les arracher à leurs juges naturels, leur ôter la procédure par jury, qu'on avait toujours regardée comme la première sauve garde de l'innocence, et les livrer à des tribunaux prévenus contre eux, et trop éloignés des lieux du délit pour apprécier la valeur des charges de l'accusation.

L'assemblée de Virginie se hâta d'adresser au gouvernement britannique des remontrances contre cette résolution; et sa démarche n'ayant eu aucun succès, les citoyens s'engagèrent de nouveau, par des associations qui se formèrent de proche en proche dans toutes les colonies, à interrompre leurs relations de commerce avec l'Angleterre, et à ne recevoir aucune de ses importations. L'assemblée de Massachusett déclara qu'elle ne pouvait plus délibérer librement tant que la ville serait occupée par une garnison anglaise: elle se refusa aux subsides qui lui étaient demandés pour l'entretien de ces troupes; et les mêmes opinions furent exprimées par les assemblées de New-York, du Maryland, de la Delaware. Aucune colonie ne voulut consentir qu'on lui appliquât les lois rendues en Angleterre pour la répression de la révolte; car elles se croyaient toutes dans un légitime état de défense, puisqu'elles se bornaient à réclamer la jouissance de leurs droits.

Enfin le gouvernement britannique, renonçant à une partie de ses demandes, consentit à révoquer les droits imposés sur le verre, le papier, les couleurs, et il ne laissa subsister que les droits sur le thé; mais les colonies, sans lui savoir gré d'une demi-concession, qui paraissait ne lui avoir été arrachée que par leur résistance, se plaignirent avec la même amertume de la taxe qui n'était point révoquée. La fermentation était plus vive à Boston que dans toute autre ville; plusieurs rixes avaient éclaté, au mois de mars 1770, entre les soldats de la garnison et les citoyens: un poste de huit hommes de garde, commandés par Preston, avait été assailli par la multitude; il avait fait usage de ses armes à feu, et plusieurs hommes avaient péri dans ce sanglant démêlé. L'effervescence populaire en fut accrue; on demanda la sortie de la garnison, et, pour éviter des rixes nouvelles, le commandant la fit retirer au fort William.

Deux années se passèrent en demi-mesures et en inutiles essais de rapprochement entre les deux partis. Le commerce de la métropole avec les colonies se trouvait arrêté par les associations qui en refusaient les produits; l'administration des douanes anglaises entravait à son tour les relations des colonies avec les autres pays, et cet état de gêne, qui interceptait tout commerce légal, ne laissait subsister qu'un trafic de contrebande, toujours funeste à la bonne foi, à la morale et à la richesse publique. Sur ces entrefaites, d'autres symptômes d'irritation allaient se manifester. Les associations formées dans les différentes villes avaient établi entre elles des correspondances habituelles : l'effet de ces affiliations était de les animer toutes du même esprit, et de propager rapidement leurs vœux et leurs résolutions. Un comité central établi à Boston correspondait avec plusieurs comités principaux : ceux-ci dirigeaient d'autres réunions qui imprimaient le même mouvement à la province entière. Cette organisation fut imitée dans les colonies : partout on augmentait l'ascendant du peuple; et il devint bientôt impossible de modérer ce nouveau pouvoir, que la résistance irrite et qui aime à briser toutes les entraves.

Quand la classe la plus nombreuse et la plus turbulente eut été mise en mouvement, les désordres particuliers se multiplièrent : on s'accoutumait au mépris de l'autorité, et, dans les atteintes qu'on lui portait, la dérision se mêlait souvent à l'outrage. L'administration des douanes y était particulièrement exposée. Un de ses agents, à Boston, ayant voulu faire exécuter avec rigueur un règlement sur la contrebande, fut enduit de goudron, couvert ensuite de plumes, et promené sur un tombereau, où il était exposé aux bruyantes huées de la populace (voy. pl. 43). D'autres fois on ne se borna point à l'insulte : on chargeait du titre odieux d'ennemis publics les hommes qu'on voulait poursuivre; leurs maisons furent livrées au pillage; eux-mêmes ne durent leur salut qu'à la fuite. Souvent il se mêle, au milieu des émotions populaires, des hommes intéressés à couvrir d'un voile leurs rapines ou leurs vengeances : ils tournent en licence leur prétendu zèle pour la patrie, et profanent par leurs excès la cause qu'ils affectent de servir. Les citoyens éclairés, et sincèrement amis de leur pays, voyaient ces désordres avec regret; et néanmoins ils craignaient de trop comprimer un mouvement irrégulier qui intimidait leurs adversaires. On était résolu à résister aux injonctions du gouvernement britannique, et ce n'était pas au moment où la lutte pouvait s'engager qu'il eût été prudent d'enchaîner l'audace des plus séditieux et de repousser d'ardents auxiliaires.

L'arrivée de plusieurs cargaisons de thé, que la compagnie anglaise des Indes orientales avait expédiées de Londres à Boston, offrit bientôt l'occasion d'éclater. Le peuple ne voulut point en permettre le débarquement : il demanda au gouverneur de Boston le prompt éloignement des trois navires qui étaient chargés de cette importation; et sa demande ayant été refusée, on vit tout à coup une vingtaine de matelots, travestis en guerriers indiens, monter à bord des bâtiments, briser les caisses de thé, et jeter à la mer toutes les pacotilles. D'autres envois avaient été faits à New-York, à Philadelphie, à Charleston : on les refusa dans les deux premières villes; et les thés qui arrivèrent à Charleston furent renfermés dans des magasins où ils s'avarièrent.

Le gouvernement, plutôt aigri qu'intimidé par cette longue suite d'actes de résistance, dont le signal était habituellement donné par la ville de Boston, crut qu'en la traitant avec rigueur il découragerait les autres colonies, et leur ferait sentir la nécessité de la soumission. Lord North était alors premier ministre : il présenta aux chambres, le 14 mars 1774, un projet de loi qui fermait au commerce le port de Boston, et en transportait les priviléges au port de Salem : un second bill ôtait à la colonie du Massachusett la nomination de ses juges et de ses magistrats, et transférait à la couronne ce droit d'élection. Il fut proposé, par un troisième bill, de faire juger dans d'autres colonies, ou même en Angleterre, les individus accusés d'actes de violence contre les officiers publics. Toute l'éloquence d'Edmond Burke et du colonel Baré ne put empêcher l'adoption de ces mesures violentes : on sentit néanmoins qu'elles ne pouvaient pas être exécutées sans obstacle, et ce secret pressentiment les frappait déjà de réprobation. Le gouvernement résolut de les faire soutenir par les forces militaires qu'il devait rassembler dans le Canada; et afin de ne pas avoir à craindre de défection dans cette dernière colonie, dont l'acquisition était récente et dont les habitants pouvaient encore regretter la domination de la France, il accrut leurs priviléges, il ménagea leurs opinions religieuses, et ne négligea rien pour se concilier leurs affections.

A peine on eut appris en Amérique les nouvelles lois qui allaient priver Boston de son commerce et le Massachusett d'une partie de ses libertés, qu'un même sentiment de douleur se manifesta dans toutes les colonies. Les lois devaient être mises à exécution le 1er juin 1774 : l'assemblée de Virginie déclara que ce jour serait consacré au deuil, au jeûne et à la prière. On demandait au ciel qu'il détournât les maux dont les colonies étaient menacées, ou qu'il bénît les armes qu'elles prendraient pour leur commune défense. Les mêmes dispositions à la résistance furent exprimées dans les autres colonies. L'assemblée du Massachusett demanda la formation d'un congrès général : toutes les autres provinces émirent le même vœu; toutes nommèrent leurs députés au congrès, et il fut résolu que sa session s'ouvrirait le 4 septembre à Philadelphie (voy. pl. 44).

Le général Gage, envoyé comme gouverneur à Boston dans des circonstances si difficiles, était chargé d'exécuter les rigoureuses lois qui ordonnaient la clôture de ce port. Plusieurs régiments, venus d'Europe, du Canada et de l'Acadie, avaient été mis à sa disposition : on voulait comprimer le mécontentement par la force, et le port fut en effet fermé le 1er juin, sans que l'on éprouvât d'opposition. Il n'y eut dès ce moment aucun arrivage, et bientôt même on s'opposa à la sortie des bâtiments qui se trouvaient dans le port. Cette rupture de toute relation de commerce et de navigation avec le dehors réduisit promptement à l'indigence une nombreuse classe d'hommes que ces branches d'industrie nourrissaient; mais elle fit éclater le vif et noble intérêt que prenaient les autres colonies au sort de cette malheureuse ville. Aucune rivalité de commerce ne leur fit désirer de s'enrichir de ses pertes : Philadelphie, New-York, Charleston ouvrirent des souscriptions en sa faveur; Salem, où l'on voulait transporter son commerce, offrit aux négociants et aux armateurs de Boston l'usage libre et franc de son port et de ses magasins, aussi longtemps que durerait cet orage.

Quelques peuplades sauvages témoignèrent elles-mêmes à cette ville qu'elles étaient touchées de son infortune; et leurs orateurs, ayant fait la collecte de tout l'argent qui se trouvait dans leurs tribus, vinrent apporter quelques dollars. « Voilà, dirent-ils, « tout ce que nous possédons; mais « nous allons chasser dans le haut « pays, et nous vendrons aux hommes « blancs nos pelleteries, pour vous en « apporter le prix. »

De tels exemples animaient le zèle des autres colonies; et cette affection, cette sympathie générale étaient constamment entretenues par les comités populaires qui s'étaient ligués pour la défense commune. Les Bostoniens, se voyant assurés du puissant appui de l'opinion, préparaient plus ouvertement leur résistance aux nouveaux magistrats qu'on voulait leur imposer : ils refusaient de les reconnaître, troublaient par des clameurs leurs délibérations, cherchaient à se pourvoir d'armes, et s'exerçaient à leur maniement, comme s'ils eussent été menacés d'une nouvelle guerre. La levée et l'entretien de leurs milices, autorisés et même prescrits par leurs anciennes lois, étaient le spécieux prétexte de ces armements.

Le gouverneur de Boston, voyant s'accroître le mécontentement public, voulut priver cette ville des secours qu'elle pouvait recevoir du dehors : il fit fortifier et occuper par des troupes l'isthme qui la sépare du continent, et on enleva, par son ordre, les poudres d'un arsenal placé dans le voisinage. Ces mesures firent éclater de toutes parts un soulèvement, qui jusqu'alors s'était borné à quelques scènes tumultueuses. Trente mille hommes se levèrent dans la province de Massachusett, à la nouvelle des périls dont Boston était menacé. On courut également aux armes dans le New-Hampshire et le Rhode-Island; on exerça les milices; on exigea que tous les magistrats, tous les agents publics, nommés contrairement aux anciennes coutumes, renonçassent à leurs fonctions; et les autres colonies appuyèrent de leur assentiment toutes les mesures prises par les Bostoniens pour le recouvrement de leurs privilèges.

Il est à remarquer que le mouvement d'insurrection, qui se communiqua rapidement à travers toutes les colonies anglaises, ne gagna point les possessions plus récemment acquises par le gouvernement britannique. Le Canada, la Louisiane, les Florides ne prirent aucune part à cette commotion; leurs habitants n'avaient pas joui des mêmes prérogatives; ils n'avaient à revendiquer ni l'institution du jury, ni le droit de s'imposer eux-mêmes, ni ces assemblées représentatives, souvent orageuses, mais toujours chères aux peuples, et regardées par eux comme les plus sûrs abris de leurs libertés. Le gouvernement des colonies françaises avait d'abord appartenu aux compagnies auxquelles on avait fait la cession de ces territoires : alors les associés en distribuaient les domaines à leur gré; ils en réglaient les droits et les charges, et ils en exploitaient le commerce; mais les vicissitudes que ces compagnies éprouvèrent dans leurs opérations, dans leur crédit et leurs ressources, ayant mis en péril le sort des colonies, le roi les réunit à la couronne, et toutes les lois émanèrent de lui. Cette forme de gouvernement, qui fut appliquée au Canada en 1674, s'étendit aussi à la Louisiane en 1730, et on la conserva aussi longtemps que ces pays restèrent sous la domination de la France. Lorsque l'Angleterre eut fait l'acquisition du Canada, elle ne changea point les règlements civils et politiques qu'elle y trouvait établis; elle laissa au gouvernement toute son autorité, et l'action du pouvoir royal n'avait pas à craindre le contre-poids et la résistance d'une population qui était alors très-peu nombreuse. Le Canada n'avait que deux villes, celles de Québec et de Montréal; tous les autres lieux habités n'étaient que des bourgs, des hameaux, des postes militaires, placés de loin en loin dans une immense région; quelques villages, quelques forts étaient également dispersés entre les grands lacs, le Mississipi et les Apalaches, et ces pays, qui devaient un jour se couvrir d'Européens, n'avaient encore que quelques établissements.

Dans une telle situation, ni le Canada, ni surtout les régions situées au midi des lacs et baignées par l'Illinois, le Wabash, l'Ohio et leurs affluents, ne pouvaient être entraînés dans les mouvements des colonies anglaises. Les révolutions ont besoin du contact des hommes, de leur réunion dans les cités, et de cette fermentation que produisent alors le mélange et le choc des intérêts : c'est là qu'elles trouvent à mettre en action le pouvoir des masses, le courage, l'ambition, l'ascendant du caractère, du génie, de l'audace, toutes les passions enfin qui se développent au milieu des crises de l'ordre social. Les habitations disséminées ressentent peu ces ébranlements de la multitude. Il n'y avait d'ailleurs aucune similitude de vues et d'intérêts entre les colonies anglaises et les possessions nouvellement acquises : leur origine n'était pas la même, et leurs rapports mutuels n'étaient point encore assez intimes pour qu'elles pussent obéir aux mêmes impulsions.

Ce que nous avons dit du Canada et des contrées situées à l'orient du Mississipi s'applique également aux Florides, que l'Angleterrre avait acquises par les traités de 1763. Rien n'avait été changé dans la forme de leur administration; le nom seul du souverain était différent. Il s'était établi peu de rapports entre ce pays et les colonies voisines, et la différence des mœurs et des opinions politiques et religieuses maintenait cette espèce d'isolement.

L'Acadie elle-même, quoiqu'elle fît partie des possessions britanniques depuis 1713, avait toujours été trop séparée des autres colonies anglaises par la forme de son administration, pour s'unir à leur cause et entrer dans leurs démêlés avec la métropole.

Les colonies, en se préparant à la résistance, n'eurent donc point à compter sur le concours des autres provinces de la domination britannique; mais elles avaient assez de résolution, de dévouement et de force pour s'engager dans cette lutte avec confiance. L'Angleterre était séparée d'elles par l'immensité de l'Océan; il lui fallait du temps pour armer; elle avait à courir toutes les chances de la navigation; une guerre imprévue pouvait retenir en Europe une partie de ses troupes et de ses escadres, et pendant ce temps les colonies unissaient leurs forces et poursuivaient leurs préparatifs. Néanmoins, elles paraissaient encore vouloir éviter une rupture, et même, en adressant au gouvernement anglais leurs représentations les plus énergiques, elles renouvelaient les protestations de leur attachement et de leur fidélité envers la mère patrie; mais la fierté du langage témoignait assez qu'elles ne seraient fidèles qu'au gouvernement qui reconnaîtrait leurs droits. De telles déclarations d'obéissance furent regardées en Angleterre comme d'audacieuses menaces, et les hommes qui présidaient aux conseils crurent que des mesures vigoureuses pourraient seules sauver la dignité et le pouvoir du gouvernement.

Cependant il se formait autour d'eux une opinion plus favorable aux intérêts et à la cause des colonies. La voix de leurs assemblées s'était fait entendre; elle avait ému tous ceux qui aiment la franchise, le courage et les résolutions généreuses. Les vœux exprimés par des hommes qui réclamaient leurs droits, au nom des chartes qu'ils avaient obtenues, au nom même du pays d'où ils étaient originaires, perdaient le caractère de la sédition. Ils avaient partout de nombreux partisans; et tous ceux qui ne voyaient dans les habitants de l'Angleterre et de ses possessions éloignées que les membres d'une même nation, désiraient que l'une et l'autre contrée jouissent de tout le bien-être dont elles pouvaient être susceptibles. Ce but leur semblait être celui de toute association : chacun des deux pays devait être admis à y concourir de tous ses moyens. Ils s'enrichissaient mutuellement par un échange de bons offices, et si les colonies étaient florissantes, la métropole pouvait obtenir d'elles des services plus habituels et plus importants. Fallait-il que, pour maintenir son ascendant sur de si belles provinces, elle prît la funeste mesure de les affaiblir? N'était-il pas plus juste de chercher à les retenir dans le devoir par le sentiment de leur bien-être, et de leur ôter, en les rendant heureuses, le désir de changer de situation? Si enfin il fallait prévoir que toute colonie tend à s'émanciper à mesure qu'elle devient plus forte et plus grande, ce motif ne suffisait point pour en prolonger la faiblesse. Les gouvernements auxquels fut confié le destin des peuples ont une plus haute mission à remplir que celle de veiller aux intérêts du pouvoir : il leur appartient d'en proportionner l'action et l'étendue aux différents âges de la société, d'élever l'enfance des colonies, de seconder leurs progrès, et de régler sur leurs besoins les bienfaits qu'ils ont à répandre sur elles.

Lorsque la commotion produite dans les colonies anglaises conduisit à discuter en Europe de si graves questions d'ordre social et d'économie politique, ces études étaient favorisées par l'opinion générale. On les croyait d'autant plus dignes d'exercer tous les bons esprits, qu'elles avaient pour but d'améliorer le sort des hommes, celui des nations comme celui des individus, et de résoudre le difficile problème du gouvernement le plus heureux, le plus paternel, le plus favorable au développement de l'intelligence humaine et de la prospérité publique

LIVRE SEPTIÈME.

ACTES DU PREMIER CONGRÈS. COMBAT DE LEXINGTON. SUCCÈS VERS LE LAC CHAMPLAIN. COMBAT DE BUNKER'S-HILL. WASHINGTON NOMMÉ GÉNÉRALISSIME. DÉLIBÉRATIONS DU CONGRÈS DE 1775. SITUATION DES DIVERSES PROVINCES. EXPÉDITIONS DE MONTGOMERY ET D'ARNOLD CONTRE LE CANADA. ÉVACUATION DE BOSTON PAR LES TROUPES ANGLAISES. AFFAIBLISSEMENT DE L'AUTORITÉ ROYALE. DÉCLARATION D'INDÉPENDANCE.

La faveur publique dont fut environné le premier congrès lui donna dès l'origine une autorité et une force d'opinion propres à vaincre toutes les résistances particulières. Les choix avaient été faits parmi les hommes les plus dévoués à leur pays : leurs sentiments étaient connus et leurs caractères éprouvés : la plupart des membres tendaient vers l'indépendance; les autres essayaient encore de renouer les liens des colonies avec la métropole; mais, quelle que fût la diversité des opinions, l'amour du bien public était le même : les plus graves questions qui pussent intéresser la patrie allaient être débattues; et comme elles devaient l'être dans une assemblée qui attirait sur elle les regards du monde, la solennité de ses discussions élevait encore ses vues, l'avertissait constamment du sentiment de sa dignité, et imprimait à sa mission un caractère plus auguste.

Ce premier congrès, qui choisit pour président Payton-Randolf, de Virginie, se composait de cinquante-cinq membres : toutes les provinces avaient concouru à sa formation, à l'exception de la Géorgie qui n'envoya ses députés que l'année suivante. L'assemblée crut devoir tenir secrètes ses délibérations pour mieux en assurer la liberté, et deux commissions furent nommées, l'une pour examiner les droits des colonies, l'autre pour constater leurs griefs; mais avant qu'elles eussent pris une résolution, le congrès reçut du Massachusett un message qui l'informait des mesures adoptées par les délégués de cette province, réunis alors à Suffolk. Ils rappelaient dans cet écrit que leurs ancêtres, expulsés d'Angleterre par l'injustice et la violence, avaient péniblement acquis par leurs travaux et leur sang les terres où ils s'étaient réfugiés; que leurs fils, en recevant d'eux cet héritage, avaient contracté l'obligation de le transmettre libre et sans dommage à leur postérité; que le sort de l'avenir allait aujourd'hui dépendre de leurs résolutions, et que s'ils se pliaient à une servitude volontaire, leur mémoire serait à jamais flétrie; mais que s'ils résistaient à une usurpation de pouvoir, qui livrait Boston aux exécuteurs militaires, privait cette ville de ses moyens d'existence, détruisait son commerce, anéantissait les chartes de la colonie, la chargeait d'impôts, abolissait ses franchises et ses constitutions, la postérité bénirait le courage de ses défenseurs.

Après avoir exprimé avec énergie les sentiments dont ils étaient animés, les représentants du Massachusett énonçaient dans une longue série d'articles leurs griefs contre le gouvernement britannique, et la ferme résolution de résister à tous ses actes illégaux.

L'approbation que donna le congrès de Philadelphie aux décisions de cette assemblée les fit regarder comme l'expression de la volonté générale. Ce qu'une colonie avait résolu devint alors la règle de toutes, et le congrès déclara unanimement qu'il approuvait la sagesse et la fermeté avec lesquelles le Massachusett s'opposait aux mesures de l'Angleterre, et qu'il lui recommandait d'une manière expresse de persévérer dans la même conduite. Les résolutions du congrès furent ensuite développées dans plusieurs actes, dont il importe de rappeler les principales dispositions.

Les droits des habitants furent solennellement proclamés, et les premiers de tous étaient la vie, la liberté, la propriété. Les colons devaient jouir de toutes les franchises et immunités des Anglais eux-mêmes; ils n'en avaient perdu aucune par leur migration : ils avaient le droit de concourir dans leurs propres assemblées à la formation des lois, à l'établissement des impôts; ils ne pouvaient être jugés que par leurs pairs et avec l'institution du jury; tous les priviléges accordés aux colonies par leurs premiers statuts ou par des chartes subséquentes devaient leur être conservés : leurs représentants pouvaient adresser au roi leurs plaintes, et s'opposer par des proclamations à toute mesure illégitime. Des corps de troupes ne pouvaient être maintenus en temps de paix dans une colonie sans le consentement de son assemblée; on ne pouvait y confier à un conseil nommé par la couronne le pouvoir de faire des lois.

Cette déclaration de droits devint le principe des résolutions qui furent ensuite adoptées par le congrès : elle avait d'autant plus de force qu'elle ne s'étendait point d'une manière vague aux théories à suivre dans l'organisation des sociétés, théories dont l'application, diversement modifiée, aurait pu amener de nouveaux débats. En rappelant les priviléges inhérents à la qualité d'Anglais, consacrés par les chartes, réclamés par les intérêts des colonies, on n'exprimait encore aucun dessein de se séparer de la métropole : toutes les voies restaient ouvertes à une réconciliation. On avait eu égard, sur ce point, aux opinions du parti modéré, qui craignait d'engager une lutte trop inégale, et de précipiter les colonies dans tous les maux de la guerre civile.

Les mêmes sentiments se retrouvent dans l'acte qui suspendit les relations de commerce des Américains avec l'Angleterre, jusqu'à ce qu'on eût réparé les infractions faites à leurs libertés. Le congrès exprima dans cette seconde déclaration que, touché des malheurs des colonies, il avait dû en rechercher la cause, et qu'il la trouvait dans le système d'administration adopté depuis 1763, système dont le but lui paraissait être d'asservir les colonies et l'empire britannique avec elles. Il se plaignait des actes publiés par le parlement pour soumettre à de nouvelles charges les Américains, pour leur enlever le privilége du jury, pour les priver de leurs juges naturels en évoquant en Angleterre une partie de leurs causes; il regardait les règles adoptées pour l'administration du Canada comme hostiles envers les autres colonies anglaises, et comme propres à semer la division entre les habitants des deux pays; il s'élevait avec force contre les mesures oppressives auxquelles les habitants du Massachusett se trouvaient assujettis, et, pour obtenir le redressement de ces griefs, il prenait au nom des colonies l'engagement suivant:

Nous n'importerons dans l'Amérique anglaise, à dater du 1er décembre 1774, aucun article provenant de la Grande-Bretagne ou de l'Irlande, aucun thé des Indes orientales, de quelque partie du monde qu'il soit expédié, aucune denrée coloniale venant des plantations britanniques. Nous n'importerons aucun esclave et nous n'en achèterons aucun; nous ne prendrons aucune part à ce commerce; nous ne louerons point nos vaisseaux à ceux qui s'en occupent, et nous ne leur vendrons ni approvisionnements ni objets manufacturés.

Toute exportation pour la Grande-Bretagne, l'Irlande et les îles anglaises des Antilles doit cesser à compter du 10 septembre 1775, si à cette époque les actes du gouvernement britannique ne sont pas révoqués.

A la suite de ces premières déclarations, le congrès prescrivait aux habitants de perfectionner l'éducation des bêtes à laine, d'en accroître le nombre, d'en épargner la consommation, de n'en exporter aucune. Le but d'un autre article fut d'encourager la frugalité, l'économie, le travail, d'étendre l'agriculture, les arts, les manufactures, surtout celles de laine, de détourner du luxe, des jeux, des spectacles, de tout amusement dispendieux, et de réduire également les frais du deuil et des funérailles.

Il fut convenu que l'on n'aurait ni commerce ni relations avec les colonies ou provinces de l'Amérique du nord qui n'accéderaient pas à cette association ou qui la violeraient ensuite, et qu'on les regarderait comme ennemies des libertés de leur pays.

Les contractants s'engagèrent, pour eux et leurs constituants, à adhérer à cette association jusqu'à ce qu'on eût révoqué les actes du parlement, passés depuis la dernière guerre, qui imposaient ou conservaient des droits sur le thé, les vins, le sucre, le café, et d'autres articles admis jusqu'alors en pleine franchise, les actes qui étendaient les pouvoirs des cours d'amirauté au delà de leurs anciennes limites, et ceux qui privaient les Américains de la procédure par jurés. Les autres mesures dont on demandait aussi la révocation étaient celles qui ordonnaient de traduire devant les tribunaux d'Angleterre les hommes accusés de quelques délits en Amérique, celles qui fermaient le port de Boston, qui altéraient les chartes et le gouvernement du Massachusett, qui changeaient l'organisation du Canada, et qui en prolongeaient vers le midi les limites territoriales, de manière à resserrer les autres colonies anglaises et à les menacer.

La colonie du Massachusett avait, par ses résolutions énergiques, donné l'impulsion à toutes les autres provinces : elle continuait d'exercer une grande influence sur leurs délibérations, et ses représentants adressèrent au congrès un nouveau message pour se plaindre des entreprises du général Gage, qui était alors gouverneur de Boston. La manière dont on faisait fortifier cette place annonçait, disaient-ils, que les troupes allaient traiter en ennemis tous ses habitants; les remparts qui en couvraient les approches étaient presque achevés, on les avait armés de batteries; les hauteurs voisines allaient être occupées, et toutes les avenues de Boston, par mer et par terre, seraient commandées par la flotte du port ou par des retranchements. Tout portait à croire qu'on voulait en faire une place de guerre, que le gouvernement britannique avait résolu de forcer les habitants à la soumission et d'exiger d'eux des otages pour la garantir. Les derniers actes du parlement avaient rendu impossible l'administration de la justice, et toutes les lois allaient être suspendues. Il devenait urgent de sortir d'une situation si pénible: les habitants avaient recours aux conseils du congrès, et ils déclarèrent qu'ils étaient prêts à quitter la ville où l'on voulait les enchaîner, et à se soumettre à toutes les fatigues, à tous les périls que pouvait entraîner la défense de la cause commune.

Cette courageuse résolution des Bostoniens fut louée et soutenue par le congrès, et cette assemblée adressa au général Gage des représentations contre l'illégalité de ses mesures; mais comme il ne s'agissait point d'une infraction partielle, et comme les dangers d'une seule colonie devenaient communs à toutes les autres, ce fut à l'Angleterre elle-même que le congrès fit parvenir ses plus vives remontrances, et il s'adressa également au monarque et à la nation.

Le congrès, dans sa supplique au roi, cherchait d'abord à émouvoir les sentiments généreux de ce prince, et l'on y remarquait les passages suivants: « S'il avait plu au Créateur de l'espèce humaine de nous faire naître dans une terre d'esclavage, l'ignorance et l'habitude auraient pu adoucir en nous le sentiment de notre condition; mais, grâce à sa bonté, nous sommes nés libres, et nous avons joui de nos droits sous les auspices de vos ancêtres. La crainte d'être dégradés du rang glorieux de citoyens anglais émeut profondément nos cœurs. Les titres de Votre Majesté à la couronne et ceux de ses peuples à la conservation de leurs immunités dérivent d'une même source; et comme elle jouit, par-dessus tous les autres souverains, de l'avantage de régner sur des citoyens libres, nous pensons que la franchise de notre langage ne saurait lui déplaire. » Le congrès exposait ensuite les atteintes portées aux priviléges des colonies, et il en rejetait tout le blâme, tout l'odieux sur les hommes qui s'étaient placés entre le monarque et ses fidèles sujets, pour les calomnier, et pour abuser, en les opprimant, de l'autorité dont ils étaient revêtus.

L'adresse des Américains au peuple de la Grande-Bretagne respirait les sentiments les plus propres à toucher une nation jalouse de ses libertés. Les colons rappelaient aux Anglais la communauté de leur origine, la similitude de leurs droits, la glorieuse lutte qu'avaient soutenue leurs ancêtres pour défendre et maintenir les franchises nationales. Toutes les libertés que la constitution anglaise a garanties leur appartiennent: ils doivent avoir les mêmes prérogatives judiciaires; ils sont maîtres de leurs propriétés; aucun parlement, aucune assemblée étrangère aux colonies et choisie sans elles ne peut les imposer à son gré; le peuple des îles britanniques est intéressé lui-même à ne pas laisser étendre sur ces provinces éloignées un pouvoir absolu, qu'on ferait ensuite peser sur lui. C'est depuis la dernière guerre qu'ont eu lieu tous ces empiétements d'autorité: les colonies demandent à être rétablies dans leur état antérieur. Si elles ne l'obtiennent point, si, après avoir chargé leur commerce de droits onéreux, on veut détruire celui de Boston et appesantir sur d'autres villes les mêmes rigueurs, les habitants vivront des produits du sol natal; ils chercheront dans leur industrie les moyens

12.

de se passer de celle du dehors; ils suspendront toute relation de commerce avec l'Angleterre, aussi longtemps que les mesures dont ils ont à se plaindre ne seront pas révoquées.

Le congrès adressa ensuite une proclamation aux colonies, pour leur peindre, sous de vives couleurs, les infractions faites à leurs priviléges; pour les encourager à la résistance; pour les prémunir contre les démarches insidieuses qui pourraient être faites, dans la vue de les désunir et de les amener à la soumission.

Les habitants du Canada, ceux de la Nouvelle-Écosse, ceux des Florides, furent enfin invités par d'autres proclamations à s'unir à la confédération américaine. S'ils n'avaient pas les mêmes chartes, les mêmes priviléges à revendiquer, ils avaient à conquérir pour eux-mêmes des institutions qui avaient assuré pendant longtemps la prospérité des colonies britanniques: leur cause devenait commune; et la différence de religion ne mettait aucun obstacle à cette fusion d'intérêts. On en avait un exemple dans la confédération helvétique, dont les liens et le bon accord n'avaient pas été affaiblis par la diversité des croyances.

Il fallut attendre pendant plusieurs mois le résultat de ces premières délibérations du congrès. Elles avaient pour but d'attacher à la cause des colonies un grand nombre de partisans, non-seulement dans les contrées où on les faisait parvenir, mais dans toutes celles où la voie de la presse pouvait les répandre: c'était un appel fait à toutes les nations, où les droits et les questions qui intéressent l'ordre social commençaient à être discutés. Si les Américains y obtenaient l'appui de l'opinion publique, ils espéraient que cette première force leur procurerait un jour des secours plus efficaces, et qu'elle entraînerait les gouvernements eux-mêmes à favoriser leur cause.

Les travaux du congrès et les démarches que lui avait suggérées sa prévoyance se trouvant alors accomplis, il termina, le 26 octobre, sa première session, et ajourna au 10 mai 1775 celle du congrès suivant. Toutes les assemblées coloniales approuvèrent les résolutions qu'il avait prises. La Pensylvanie, le Maryland, la Delaware, la Virginie, levèrent des milices, amassèrent des munitions de guerre, et se montrèrent prêtes à résister aux ordres du gouvernement britannique. Dans les colonies plus méridionales, les partisans de la cause populaire se prononcèrent avec la même ardeur; et quelques oppositions partielles ne les arrêtèrent point. Le zèle des provinces de la Nouvelle-Angleterre parut encore plus exalté: il s'y mêlait un enthousiasme religieux que les exhortations des ministres sacrés animaient chaque jour davantage: la cause du peuple était prêchée au nom du Ciel; et le Ciel n'abandonnerait pas ceux qu'il avait pris sous sa garde.

La situation de New-York y avait fait naître d'autres opinions: cette ville, déjà favorisée par un commerce étendu, ne voulait pas se priver de toute communication avec l'Angleterre: elle conservait un vif désir de se rapprocher de la métropole, et craignait que la guerre ne nuisît au développement de sa prospérité.

Lorsqu'on fut informé en Angleterre des différentes résolutions du congrès, le gouvernement britannique se flattait encore de calmer, par quelques concessions, les troubles des colonies: il ne croyait pas à l'unanimité de leur résistance; et les nouvelles qu'il reçut de New-York l'ayant bientôt confirmé dans cette opinion, il s'attacha au projet de diriger toutes ses rigueurs contre le Massachusett. Lord North proposa au parlement de déclarer que la rébellion avait éclaté dans cette colonie: on espérait isoler ainsi sa cause, et faire abandonner aux autres provinces le désir de la défendre, en leur montrant pour elles-mêmes de plus conciliantes dispositions. Ce fut en vain que lord Chatam chercha par son éloquence à prévenir une déclaration si funeste, et que Benjamin Franklin, Lee et Bollan, qui étaient envoyés des colonies, se présentèrent à la chambre des communes, pour faire prendre en considération les remontrances adressées au roi par le congrès : ils ne furent point écoutés.

Faire déclarer rebelle le Massachusett, c'était annoncer d'autres mesures répressives : elles s'étendirent au Rhode-Island, au Connecticut, au New-Hampshire, qui formaient avec cette colonie les provinces de la Nouvelle-Angleterre, et qui s'étaient prêté une mutuelle assistance. Une loi du parlement restreignit leur commerce : elle ne leur permit de relations qu'avec les possessions britanniques en Europe et dans les Antilles ; elle leur interdit les pêcheries du banc de Terre-Neuve, si longtemps utiles à leur prospérité. Bientôt même on appliqua de semblables restrictions commerciales aux autres colonies, à l'exception de celles de New-York et de la Caroline du Nord, qui s'étaient moins ouvertement prononcées contre la juridiction du gouvernement britannique.

En introduisant quelques exceptions dans ses mesures de rigueur, le gouvernement espérait ramener à lui une partie de ces provinces. Il consentait à laisser aux assemblées coloniales le droit de proposer elles-mêmes la levée de leurs contributions pour l'entretien des autorités civiles et militaires, et pour tous les frais de l'administration et de la défense, pourvu que ces propositions d'impôts et la répartition des recettes qui en proviendraient fussent approuvées par le roi dans son parlement. Mais ces demi-concessions ne pouvaient satisfaire les colonies, qui ne voulaient admettre l'intervention du parlement britannique ni dans la levée de leurs taxes, ni dans la distribution de leurs revenus : elles ne considérèrent les préférences accordées à quelques-unes d'entre elles que comme un leurre pour les détacher de la confédération.

La résolution de faire passer un corps de dix mille hommes dans les colonies insurgées avait été prise par le gouvernement : il regardait cette mesure comme suffisante pour comprimer la sédition ; et, lorsque Edmond Burke, l'un des membres les plus éclairés du parlement, voulut lui faire reconnaître tout le danger de recourir à la force, et l'invita à se borner aux subsides que les assemblées pourraient accorder de leur propre mouvement, le parlement repoussa cette proposition : il la crut contraire à son autorité ; et, pour ne pas fléchir, il se jeta dans un péril plus imminent. Des remontrances lui furent adressées par les principales villes du royaume, par Londres, par Bristol, par Liverpool : on lui représentait les pertes du commerce, les malheurs d'une guerre prochaine, et tous les risques d'une émancipation ; mais il jugea que les plaintes étaient exagérées, que les alarmes étaient chimériques : de si vives oppositions lui paraissaient inspirées par la malveillance ; et les défenseurs de la cause américaine étaient regardés comme les ennemis secrets des institutions de leur pays.

Tandis que le ministère et le parlement britannique s'attendaient à la prompte réduction des colonies, celles qui paraissaient les plus menacées préparaient avec ardeur leurs moyens de résistance. Le peuple s'emparait dans le Rhode-Island de l'artillerie et des munitions de guerre déposées dans les arsenaux : l'assemblée du New-Hampshire fit occuper le fort de *Guillaume et Marie*, où l'on trouva de la poudre et des canons : des manufactures d'armes furent établies dans le Massachusett ; la Pensylvanie, le Maryland eurent des magasins et des fabriques semblables : de toutes parts on leva des milices, on les organisa ; tout se préparait à la guerre, et les environs de Boston allaient devenir le théâtre des hostilités.

Le général Gage, ayant appris qu'on avait formé un dépôt d'armes à Salem, envoya, le 26 février 1775, un détachement pour s'en emparer. On avait eu le temps de les soustraire à ses recherches ; l'expédition n'eut aucun résultat ; et une rixe violente qui s'engagea en cette occasion entre les soldats et le peuple, fut heureusement calmée par l'éloquente et généreuse intervention d'un ecclésiastique, nommé Bernard; mais une autre entreprise de même nature devint plus grave, et fit évanouir toute espérance de conciliation.

Les émissaires du gouverneur de Boston l'avertirent qu'un magasin d'armes avait été établi à Concord, situé à dix-huit milles de cette place; et il fit partir, pour l'enlever, un détachement de troupes, commandé par le colonel Smith et le major Pitcairn. Ce détachement, arrivé à Lexington, y rencontra un corps de cent hommes de milice, qui ayant refusé de mettre bas les armes, essuyèrent un premier feu, se replièrent, et revinrent plusieurs fois à la charge. Les troupes anglaises poursuivirent leur marche jusqu'à Concord, où, après avoir éprouvé quelque résistance de la part des habitants, elles enclouèrent plusieurs pièces d'artillerie, et détruisirent les munitions qu'on avait rassemblées.

Mais le bruit de leur marche avait promptement soulevé la population des environs : les miliciens se dirigeaient de toutes parts vers Concord, et ils harcelèrent dans sa retraite le détachement anglais qui avait repris la route de Lexington. Le colonel Smith perdit beaucoup de monde dans ces continuelles escarmouches, où les Américains profitaient de la connaissance des lieux pour l'attaquer avec plus d'avantage. Lorsqu'il eut gagné Lexington, il eut à s'y défendre contre un corps de milices beaucoup plus nombreux : le combat devint acharné, et les Anglais allaient être complétement détruits; mais le général Gage, prévoyant la résistance que ses premières troupes pouvaient rencontrer, avait envoyé à leur secours deux mille hommes d'infanterie: lord Percy qui les commandait s'avança jusqu'à Lexington, et sauva les débris de ce corps dont il protégea la retraite. Les soldats de cette expédition avaient eu à faire dans la journée une marche de trente-six milles : ils avaient été, pendant leur retraite, constamment harcelés par les Américains, et ils rentrèrent dans la place excédés de fatigue et couverts de blessures : un grand nombre d'hommes avaient péri.

Le combat de Lexington eut lieu le 18 avril 1775, et il devint le signal de la guerre. Comme il avait été favorable aux insurgés, il leur inspira une nouvelle confiance, et l'on était partout disposé à courir aux armes. L'assemblée provinciale du Massachusett, qui tenait alors ses séances à Water-Town, secondait cet élan de l'opinion publique : elle ordonna la levée de treize mille six cents hommes de milices. Les colonies du Connecticut, du New-Hampshire, du Rhode-Island, fournirent avec la même promptitude leurs contingents; et une armée de trente mille hommes vint se réunir près de Boston, pour y bloquer la garnison anglaise, et couper toutes les communications de cette ville avec le continent.

Boston est située dans une presqu'île dont elle occupe toute l'étendue, et qui ne tient à la terre que par un isthme, réduit à la largeur d'une simple chaussée. Deux autres presqu'îles, celle de Charles-Town au nord, celle de Dorchester au sud, sont si rapprochées de la ville qu'on pourrait la battre aisément par les pièces d'artillerie qu'on y aurait placées sur les hauteurs de Breeds-Hill et de Nooks-Hill. Cette situation entre deux péninsules qui la dominent rend plus difficile la défense de la place, si l'on n'est pas maître en même temps de l'un et de l'autre point (voy. *pl.* 45).

Le général Gage n'avait pas assez de troupes pour occuper ces deux positions latérales; et il se concentra dans la ville de Boston, tandis que l'armée américaine se développa sur le continent, depuis l'isthme de Charles-Town jusqu'à celui de Dorchester. Elle occupait le bourg de Cambridge et celui de Roxbury : son aile gauche s'étendait entre le Mystic-River et le Charles-River; son aile droite fermait l'isthme de Boston, et l'on ne s'attacha pendant longtemps qu'à resserrer le blocus de la place.

Mais, sur ces entrefaites, la colonie du Connecticut tentait une audacieuse expédition vers le lac Champlain, qui forme, avec la rivière Sorel ou des Iroquois, une ligne de communication entre la colonie de New-York et le Canada. Le but de cette entreprise, dirigée par les colonels Easton et Allen, était de s'emparer des forts de Ticonderoga et de Crown-Point, qui couvraient cette communication, et où les Anglais avaient formé des magasins d'armes et de munitions. Ces deux officiers furent rejoints par le colonel Arnold, homme intrépide, inquiet, aimant les difficiles entreprises, puissant sur l'esprit des soldats, et sachant les entraîner par son ardeur et sa bravoure. Ils assemblèrent si secrètement leurs troupes à Castel-Town, et ils les portèrent si rapidement vers Ticonderoga, que les Anglais, surpris d'une attaque inattendue, rendirent la place sans résistance : une partie des troupes marcha ensuite sur Crown-Point qui fut également occupé. On trouva dans les deux forteresses plus de deux cents pièces d'artillerie, et une quantité considérable de munitions.

L'armée américaine, vers laquelle on dirigea ces approvisionnements, continuait le blocus de Boston; mais il devenait difficile de le maintenir contre une garnison devenue beaucoup plus nombreuse. Les généraux Howe, Clinton et Burgoyne y avaient amené d'Angleterre de nouveaux renforts, et le général Gage, ayant alors douze mille hommes de bonnes troupes sous ses ordres, se disposait à reprendre l'offensive, et à forcer la ligne des retranchements américains, soit à Roxbury, soit en avant de la presqu'île de Charles-Town. Le premier projet d'attaque fut abandonné, et le général Putnam, qui commandait l'armée américaine, ayant pénétré les vues de l'ennemi, voulut en prévenir l'exécution, en faisant occuper avant lui la presqu'île de Charles-Town, et en fortifiant les hauteurs de Bunker's-Hill, qui en commandent l'entrée. Le colonel Prescott était chargé de cette expédition avec un corps de mille hommes; mais il y eut sans doute quelque méprise dans la transmission des ordres, et Prescott, au lieu de s'établir dans cette position, gagna celle de Breed's-Hill, beaucoup plus avancée dans la péninsule, et se hâta de s'y retrancher dans la nuit du 16 au 17 juin. Cette dernière hauteur dominait Boston, et l'artillerie que les Américains pouvaient y placer aurait écrasé la place. Le général Gage forma aussitôt le projet de les déloger : il mit un corps de deux mille hommes sous les ordres du général Howe; et ces troupes, qui débarquèrent à la Pointe-Morton, marchèrent en trois colonnes sur les Américains : celle de gauche les força d'évacuer Charles-Town, où elle mit ensuite le feu; celle du centre attaqua leurs redoutes élevées sur les hauteurs de Breed's-Hill, et l'aile droite se porta sur les tranchées que Prescott avait fait creuser entre cette position et le Mystic-River, et qu'il avait fait garnir d'un double rang de palissades. Pendant la durée de l'action on avait reçu des renforts de part et d'autre : Clinton était venu soutenir les Anglais avec des troupes nouvelles, et les généraux Warren et Pomeroi étaient arrivés au secours des Américains avec quelques milices du Massachusett et du Connecticut. L'engagement devint meurtrier, et tous les fléaux de la guerre se trouvèrent réunis : la presqu'île était à la fois livrée aux fureurs d'un sanglant combat, aux ravages de l'incendie qui dévorait Charles-Town; et ces scènes d'horreur et de pitié avaient pour spectateurs les habitants d'une grande ville qui attendaient avec anxiété l'issue de cette journée. On défendit les redoutes avec intrépidité : les Anglais furent repoussés deux fois, et jetés dans un extrême désordre; enfin ils emportèrent, dans un troisième assaut, les retranchements qu'ils faisaient attaquer en même temps sur plusieurs points; et les troupes américaines, forcées dans leurs positions, après une courageuse et longue résistance, qui avait épuisé leurs munitions, se replièrent en bon ordre vers l'isthme par où elles avaient pénétré.

Warren fut tué dans cette retraite en résistant avec fermeté à la poursuite des ennemis. Sa mort devint un sujet de deuil, et sa mémoire resta en vénération; il laissa plusieurs orphelins : l'État les prit sous sa garde, et leur tint lieu de père. Warren avait passé des conseils aux armées, et après avoir été un des plus éloquents soutiens des droits de son pays, il en avait embrassé avec ardeur la défense. L'éloge de son dévouement et de ses vertus retentit dans les camps, à la tribune et sous la voûte des temples. « Il est tombé le héros américain; « mais il n'est pas mort tout entier : « son esprit lui survit; il anime en- « core le courage de nos braves. Enne- « mis de nos libertés, voilà votre « ouvrage; défenseurs de la patrie, « venez admirer votre modèle, aiguisez « vos épées, ne les quittez qu'après « l'affranchissement de votre pays. « Vieillards, faites des vœux pour « nous; jeunes hommes, accourez aux « armées : Warren vous convie aux « périls, aux pompes de la gloire. »

Quoique le champ de bataille fût resté aux troupes britanniques, la valeur que les Américains déployèrent dans cette journée rendit plus circonspects les projets ultérieurs de l'ennemi : il ne chercha pas à poursuivre au delà de l'isthme cet engagement, et il fit seulement occuper et retrancher les hauteurs de Bunker's-Hill, pour empêcher une nouvelle invasion dans la presqu'île, où Charles-Town n'était plus qu'un monceau de cendres. Le blocus de Boston devint plus étroit et plus rigoureux : on commençait à y souffrir de la disette, et un grand nombre d'habitants sollicitèrent du gouverneur anglais la permission de sortir de la place. C'était pour eux une faveur; on la leur fit acheter par les plus dures conditions, quoique la nécessité de renvoyer les bouches inutiles devînt plus urgente de jour en jour.

Telle était la situation des affaires dont la nouvelle session du congrès avait à s'occuper. Les événements lui imposaient de plus grandes obligations : la guerre se trouvait engagée, de nombreuses levées devenaient nécessaires; il fallait en assurer l'armement et l'équipement, prévenir les jalousies mutuelles des provinces, et substituer à leurs intérêts particuliers celui de la commune patrie, s'assurer des dispositions des Indiens, centraliser les opérations militaires, en choisissant un général en chef, qui, par ses qualités guerrières, ses vertus civiques, la modération de ses principes et l'énergie de son caractère, pût inspirer une confiance absolue, plaire à l'armée, à la nation, être respecté de tous les partis. Les opinions se réunirent sur Georges Washington de Virginie, membre du congrès; et le général, acceptant avec reconnaissance et avec une modeste dignité la haute et difficile mission qui lui était imposée au nom de la patrie, se voua sans réserve à son glorieux service. On lui donna pour majors généraux Arthème Ward, Charles Lee, Israël Putnam et Philippe Schuyler; l'adjudant général fut Horace Gates, et huit brigadiers généraux furent choisis parmi les hommes les plus distingués par leur mérite militaire.

L'armée devant Boston était réduite à quatre mille cinq cents hommes quand Washington vint en prendre le commandement. Il établit son quartier général à Cambridge, donna ses premiers soins à l'organisation régulière des différentes troupes, à leur discipline, à leur instruction, et fut puissamment assisté par le congrès, dans toutes les mesures qui pouvaient en augmenter la force et pourvoir à ses besoins. Les différentes colonies rivalisaient de zèle, et le dévouement était général : tout ce qui était en âge de porter les armes s'enrôlait volontairement; on vit même se former à Philadelphie une compagnie de vieillards, composée de quatre-vingts hommes qui avaient autrefois servi dans les guerres d'Europe. Un long repos n'avait pas éteint leur ardeur martiale; et quand il fallut secourir la contrée qui les avait reçus, et qui était devenue leur patrie, le vieil honneur militaire les porta à relever leur drapeau et à servir d'exemple à la génération nouvelle.

Un grand nombre de quakers, qui s'étaient engagés à ne jamais prendre les armes, crurent que le devoir sacré de défendre son pays les relevait de leur serment. Les femmes encourageaient le zèle de la nouvelle armée : elles excitaient le dévouement, les vertus militaires, l'amour de la gloire; il fallait être vaillant pour leur plaire. Tout concourait à favoriser ce mouvement d'enthousiasme : on consacrait, on bénissait, au nom même de la religion, la valeur des hommes qui avaient combattu dans les journées de Lexington et de Bunker's-Hill.

La Géorgie ne s'était pas prononcée jusqu'au moment du péril; elle voulut y prendre une noble part en s'unissant à la cause commune ; elle envoya ses députés au congrès, et l'union fédérale fut alors composée de treize provinces.

On veilla sur les mouvements des pays où l'opinion pouvait être encore flottante. On émit, pour subvenir aux frais des approvisionnements de l'armée, un papier-monnaie, qui fut placé sous la garantie de la loyauté des colonies. On continua les levées de milices et de volontaires, et l'on pourvut à la défense des points les plus menacés. La situation du Massachusett était particulièrement digne de sollicitude : c'était là que la guerre s'était engagée, que l'Angleterre réunissait toutes ses forces, que les opérations militaires allaient se développer; on accrut de cinq mille hommes le corps de troupes américaines chargé du blocus de Boston. Un manifeste fut ensuite publié par le congrès, pour proclamer d'une manière solennelle tout ce que les colonies avaient souffert, les atteintes portées à leurs priviléges, la nécessité où on les avait mises de prendre les armes pour se défendre, et la ferme résolution où elles étaient de ne les déposer que lorsque les périls de la patrie auraient cessé. Les principaux passages d'un écrit si remarquable peuvent seuls faire bien connaître les dispositions énergiques de cette assemblée.

« Nos ancêtres, habitants des îles britanniques, quittèrent leur pays natal pour chercher sur ce rivage une résidence qui les fît jouir de la liberté civile et religieuse : ce fut à leurs propres périls, et sans aucune charge pour le pays d'où ils s'éloignaient, qu'ils élevèrent, par un travail sans relâche et avec un courage indompté, leurs établissements dans des contrées lointaines et inhospitalières, alors occupées par un grand nombre de nations sauvages et belliqueuses. Des sociétés, investies du droit complet de législature, furent formées et garanties par les chartes de la couronne, et des relations de bonne harmonie s'établirent entre les colonies et le royaume d'où elles tiraient leur origine. Les bienfaits mutuels de cette union excitèrent l'étonnement; il fut reconnu que le prodigieux accroissement de la richesse, de la force, de la navigation du royaume dérivait de cette source; et le ministre qui dirigea les affaires avec tant de sagesse et de bonheur pendant la dernière guerre, a déclaré hautement que les colonies de la Grande-Bretagne l'avaient mise en état de triompher de ses ennemis. Mais il plut ensuite à notre souverain d'opérer un changement dans ses conseils; et depuis ce moment fatal, on a vu l'empire britannique déchoir par degré de cette prospérité glorieuse où les vertus et l'habileté d'un homme l'avaient élevé.

« Ni la respectueuse conduite des colonies depuis leur fondation, ni l'utilité de leurs services pendant la guerre n'ont pu les sauver des innovations qu'on méditait. Des lois ont été rendues pour étendre la juridiction des cours d'amirauté, pour nous dépouiller du privilége inestimable des jugements par jury, dans les cas qui intéressent la vie et la propriété; pour suspendre la législature d'une colonie, pour frapper d'interdiction son commerce, pour altérer la forme de gouvernement établie par la charte, et solennellement confirmée par la couronne; pour soustraire à un jugement légal de grands coupables; pour établir dans une province voisine, acquise par les armes réunies de la Grande-Bretagne et de l'Amérique, un despotisme dangereux pour notre existence même ; pour mettre des soldats en quartier chez les habitants, lorsqu'on est dans une profonde paix.

« Mais pourquoi voudrions-nous énumérer en détail nos injures? Il a été déclaré par un statut que le parlement avait sur nous un droit absolu de législature. Qui nous défendra contre ce pouvoir énorme et illimité? Aucun des hommes qui se l'arrogent n'a été choisi par nous, et n'est soumis à notre contrôle et à notre influence : tous, au contraire, sont exempts de l'effet des lois qu'ils nous imposent, et ils ne veulent qu'alléger leurs propres charges, dans la proportion où ils appesantissent les nôtres. Nous voyons la misère à laquelle un tel despotisme voudrait nous réduire. Pendant dix années, nous avons inutilement assiégé le trône comme suppliants ; nous avons adressé nos remontrances au parlement, dans le langage le plus mesuré : on n'y a fait aucun droit, et l'administration, prévoyant bien que nous regarderions ces mesures oppressives comme des hommes libres doivent le faire, a envoyé des flottes et des armées pour les mettre à exécution. Quelle que dût être l'indignation d'un peuple vertueux, loyal et affectionné, nous avons encore résolu d'offrir au roi une humble et respectueuse pétition : nous nous sommes également adressés à la nation britannique, et enfin nous avons rompu nos relations de commerce avec nos concitoyens, afin de témoigner, par un dernier et paisible avertissement, que notre attachement à aucune nation sur la terre ne prévaudrait sur notre attachement à la liberté. C'était, nous nous en flattions nous-mêmes, un moyen de terminer la discussion ; mais les événements nous ont appris combien était vaine l'espérance de trouver de la modération chez nos ennemis.

« Plusieurs expressions menaçantes contre les colonies ont été insérées dans le discours de Sa Majesté : notre pétition, quoiqu'on nous eût dit qu'elle était convenable, que le roi avait daigné la recevoir gracieusement, et qu'elle serait mise sous les yeux du parlement britannique, a été négligée, et reçue sans égards dans les deux chambres : les membres des communes ont déclaré qu'il existait une rébellion dans la province de Massachusett, que les hommes qui y prenaient part étaient encouragés par des ligues où d'autres colonies étaient entrées, et que le roi était prié de prendre des mesures efficaces, pour assurer par la force l'obéissance aux lois et l'autorité de la suprême législature. Bientôt, après une déclaration si hostile, toutes les relations commerciales des colonies, soit entre elles, soit avec les pays étrangers, ont été prohibées par un acte du parlement : plusieurs provinces ont été privées, par un autre acte, de la pêche maritime qui avoisine leurs côtes, et qui a toujours été nécessaire à leur subsistance ; et de grands renforts de vaisseaux et de troupes ont été envoyés au général Gage.

« Tous les efforts, les raisonnements, l'éloquence des pairs et des députés les plus distingués, qui ont courageusement soutenu la justice de notre cause, n'ont pu arrêter ni affaiblir la fureur sans bornes avec laquelle on a accumulé ces outrages : l'intervention des cités de Londres, de Bristol, de plusieurs autres grandes villes, a été également sans fruit. Le parlement a eu recours à une manœuvre insidieuse qu'il a jugée propre à nous diviser : il nous a offert de nous racheter nous-mêmes par des offres de subsides, en nous laissant, par une misérable indulgence, le soin de lever, à notre propre manière, les tributs qu'il exige de nous. Quels termes plus durs et plus humiliants pourraient être dictés par un vainqueur à des ennemis subjugués? Accepter aujourd'hui de telles conditions, ce serait les mériter. »

Le manifeste américain rappelait ensuite les hostilités commises par le général Gage contre les habitants de Lexington et de Concord, et la rigueur exercée envers les Bostoniens depuis le commencement du blocus. Un grand nombre d'entre eux étaient entrés en arrangement pour obtenir de s'éloigner, et l'on avait stipulé qu'après avoir déposé leurs armes entre les mains de leurs propres magistrats, ils auraient la liberté de partir en emportant avec eux leurs autres effets; mais, par une violation ouverte des règles et des engagements de la bonne foi, le gouverneur s'empara, pour ses propres soldats, des armes qu'on avait déposées, afin qu'elles ne pussent jamais être recouvrées par leurs propriétaires : il retint dans la ville la plus grande partie des habitants qui devaient partir, et obligea le petit nombre de ceux auxquels il permit de se retirer, de laisser en arrière tout ce qu'ils avaient de plus précieux. Par cette perfidie, les femmes furent séparées de leurs époux, les enfants de leurs pères, les vieillards et les malades de leurs familles et de leurs amis qui désiraient les assister : ceux qui étaient accoutumés à l'aisance et aux douceurs de la vie furent réduits à une déplorable misère.

« Ce général a rassemblé, dans une proclamation du 12 juin, des calomnies absurdes contre les habitants des colonies : il va jusqu'à les déclarer tous rebelles et traîtres, à surseoir au cours de la loi commune, et à publier la loi martiale dont il ordonne l'exécution. Ses troupes ont massacré nos compatriotes : elles ont brûlé sans nécessité Charles-Town et beaucoup d'autres habitations : nos navires sont saisis, nos approvisionnements sont interceptés : on étend autour de nous la ruine et la dévastation.

« Nous savons que le gouverneur du Canada excite à nous attaquer le peuple de cette province et les nations indiennes; et nous n'avons que trop de motifs pour craindre que l'on n'ait formé le plan de soulever contre nous des ennemis domestiques. Enfin, une partie des colonies éprouve aujourd'hui, et toutes les autres sont menacées d'éprouver à leur tour, tous les fléaux que la vengeance de l'administration peut leur infliger.

« Réduits à l'alternative, ou de nous soumettre sans condition à la tyrannie d'un gouvernement irrité, ou de résister par la force, nous choisissons le dernier parti. Nous avons pesé les charges qui pouvaient en résulter, et nous avons trouvé qu'aucune ne serait aussi accablante que celle d'un esclavage volontaire. L'honneur, la justice, l'humanité nous défendent d'abandonner lâchement cette liberté que nous avons reçue de nos vaillants ancêtres, et que notre postérité a le droit d'attendre de nous ; nous ne pouvons subir la coupable infamie de réduire les générations à la misère qui leur est inévitablement réservée, si nous les soumettons bassement à un joug héréditaire.

« Notre cause est juste, notre union est parfaite, nos ressources sont grandes, et si l'assistance étrangère est nécessaire, on peut sans doute l'obtenir. Nous reconnaissons avec gratitude, comme une preuve signalée de la faveur divine envers nous, l'avantage inappréciable de ne pas nous trouver engagés dans cette pénible lutte, avant que nous ayons acquis nos forces actuelles, que nous les ayons exercées dans des expéditions guerrières, et que nous possédions les moyens de nous défendre nous-mêmes. Le cœur fortifié par ces réflexions encourageantes, nous déclarons solennellement devant Dieu et devant les hommes que, faisant usage de toute l'énergie de ces pouvoirs dont la bienfaisance du Créateur nous a gracieusement pourvus, et recourant aux armes que nos ennemis nous ont forcés de prendre, nous les emploierons, au défi de tous les hasards, et avec une fermeté et une persévérance inébranlables, pour la conservation de nos libertés ; étant unanimement résolus à mourir libres, plutôt que de vivre esclaves.

« Dans la crainte que cette déclaration n'inquiète nos amis et nos concitoyens, dans quelque partie de l'empire que ce soit, nous leur assurons que notre intention n'est pas de dissoudre cette union qui a si longtemps et si heureusement subsisté entre nous, et que nous désirons sincèrement de voir rétablie. La nécessité ne nous jette point dans ce parti désespéré ; elle ne nous a pas induits à exciter d'autres nations à leur faire la guerre, et nous n'avons pas levé des armées dans l'ambitieux dessein de nous séparer de la métropole et de former des États indépendants : ce n'est pas enfin pour la gloire ou pour des conquêtes que nous combattons : nous offrons au monde le spectacle remarquable d'un peuple attaqué par des ennemis qu'il n'avait point provoqués, et qu'il n'est ni accusé ni même soupçonné d'avoir offensés. Ils se vantent de leurs priviléges et de leur civilisation ; et cependant ils ne nous offrent pas de conditions plus douces que la servitude ou la mort.

« C'est dans notre pays natal, c'est pour la défense de la liberté qui est notre droit de naissance, et dont nous avons toujours joui jusqu'à ces dernières infractions ; c'est pour protéger contre la violence actuelle nos propriétés, honorablement acquises par l'industrie de nos ancêtres et par la nôtre, que nous avons pris les armes : nous les déposerons quand les hostilités cesseront de la part de nos agresseurs, et lorsqu'on n'aura plus à craindre qu'elles se renouvellent.

« Pleins d'une humble confiance dans la miséricorde du juge suprême et impartial et du régulateur de l'univers, nous implorons avec ferveur sa divine bonté, pour qu'elle nous conduise heureusement au milieu de cette grande lutte, qu'elle dispose nos adversaires à une réconciliation fondée sur des termes raisonnables, et qu'elle arrache ainsi l'empire aux calamités de la guerre civile. »

Le congrès, après avoir exposé dans cette déclaration les motifs qui portaient les colonies à s'unir entre elles, voulut établir d'une manière formelle les clauses de leur association. Le nom de colonies unies de l'Amérique du nord devint celui de cette confédération, dont le but était d'assurer leur commune défense et le maintien de leurs libertés. Chaque colonie conservait le droit de faire ses lois particulières et de les modifier à son gré. Un congrès général aurait le pouvoir de déterminer la guerre ou la paix, de négocier une réconciliation avec la Grande-Bretagne, de s'occuper de tous les intérêts généraux. Les charges de la guerre et toute autre dépense de la confédération seraient acquittées par un trésor commun. Un conseil de douze membres exécuterait les mesures ordonnées par le congrès, et serait chargé, dans l'intervalle des sessions, de tous les soins du gouvernement.

Les articles de ce pacte fédéral, qui se rapportent aux relations des colonies avec les Indiens, méritent d'être remarqués : ils prouvent avec quel soin on cherchait à se concilier l'amitié des sauvages, à prévenir les fraudes, les injustices, les empiétements de territoire auxquels ils pouvaient être exposés, et à les mettre sous la sauvegarde de la confédération entière contre l'ambition et les vues hostiles de quelques provinces. Il fut arrêté qu'aucune colonie ne pourrait s'engager dans une guerre avec les Indiens sans le consentement du congrès ; que leurs limites seraient reconnues et garanties ; qu'une alliance perpétuelle, offensive et défensive, serait conclue, aussitôt qu'il serait possible, avec les six nations iroquoises ; qu'aucune aliénation de leurs terres ne serait valide, à moins que le contrat n'en eût été fait entre leur grand conseil et le congrès général des colonies ; que des agents résideraient auprès d'eux pour les mettre à l'abri de toute surprise dans leurs relations de commerce, et pour leur donner, aux frais de la confédération, les soulagements et les secours que pourrait exiger leur misère.

Le congrès décida ensuite que les autres colonies anglaises qui demanderaient à faire partie de cette association pourraient y être admises, et il désigna particulièrement les colonies du Canada, de l'Acadie, des Florides et des Bermudes. L'union dont il venait de soumettre le projet à la discussion des assemblées provinciales, afin que le congrès suivant pût formellement l'adopter si elles y donnaient leur approbation, devait durer jusqu'à ce que les bases de réconciliation proposées à l'Angleterre eussent été consenties, que les mesures prises pour restreindre le commerce et les pêcheries des Américains fussent révoquées, qu'on eût accordé réparation pour les dommages que Boston avait soufferts, pour l'incendie de Charles-Town, pour les frais de cette injuste guerre, et qu'on eût retiré d'Amérique les troupes anglaises. Les colonies rentreraient dans leurs relations avec la Grande-Bretagne si toutes ces satisfactions étaient accordées; mais si elles ne l'étaient point, la confédération deviendrait perpétuelle.

Lorsque les bases de cette union eurent été tracées, le congrès prit d'autres mesures pour affranchir le commerce des colonies de toutes les entraves qui lui avaient été imposées par les derniers actes du parlement britannique. Il résolut qu'au bout de six mois tous les bureaux de douanes seraient fermés en Amérique, si ces actes n'étaient pas alors révoqués; que les colonies seraient ouvertes aux vaisseaux de toutes les puissances qui admettraient et protégeraient leur commerce; que les États pourraient y apporter et y mettre en vente, libres de tous droits, leurs productions, leurs articles manufacturés, et toute espèce de marchandises, à l'exception du thé, ainsi que des divers produits de l'Angleterre, de l'Irlande et des autres possessions britanniques.

Jusqu'à ce moment les résolutions prises par le congrès pour défendre les priviléges des colonies et pour en obtenir le rétablissement n'avaient rencontré dans les provinces aucune opposition; mais l'acte d'union fédérale qui venait de leur être proposé apportait tant d'obstacles à une réconciliation, quoiqu'il annonçât l'intention où l'on était de s'y prêter, qu'un grand nombre d'hommes qui la désiraient sincèrement craignirent qu'une semblable ligue n'entraînât une rupture certaine avec la métropole. Ces hésitations, ces inquiétudes étaient habilement entretenues par les gouverneurs et par tous les agents qui tenaient de l'Angleterre leurs missions. Ils faisaient servir au maintien de la cause royale tout ce qu'il leur restait d'influence et d'autorité. Mais l'un et l'autre pouvoir s'affaiblissaient de jour en jour; leurs conseils éveillaient la défiance; les mesures de conciliation qu'ils proposaient au nom du gouvernement britannique paraissaient insuffisantes et n'offraient aucune garantie; l'effervescence populaire était accrue par les moyens mêmes qu'ils employaient pour la réprimer; et lorsqu'ils cherchaient à mettre les magasins d'armes en sûreté, à faire réparer des fortifications, à réunir autour d'eux le petit nombre de troupes régulières dont ils pouvaient disposer, chacune de leurs mesures soulevait davantage l'opinion publique. Comme ils ne paraissaient dévoués qu'aux intérêts et à l'autorité de la métropole, les hommes modérés qui auraient voulu se rapprocher d'elle, mais qui ne consentaient point à lui laisser un pouvoir absolu, se rangèrent par nécessité dans le parti contraire : exemple souvent donné au milieu des révolutions, où les moyens termes sont difficiles, et où le désir d'éviter un mal extrême rejette vers un autre danger.

Les funestes effets de cette mésintelligence entre le gouverneur et les habitants éclatèrent bientôt en Virginie. Lord Dunmore s'y était opposé à la levée des milices; il avait fait saisir la poudre d'un magasin; il avait rassemblé dans l'habitation qu'il occupait des armes et des moyens de défense; et lorsque, après avoir convoqué l'assemblée coloniale pour le 1er juin 1775, il espéra lui faire accueillir les conditions d'arrangement proposées par le gouvernement britannique, sa voix fut couverte par de violents murmures. Lord Dunmore, voyant s'accroître le mécontentement public, ne se crut pas en sûreté : il partit précipitamment de Williamsbourg pour se retirer à bord d'un vaisseau de guerre mouillé près de York-Town, et rassemblant autour de lui une flottille sur laquelle il embarqua quelques troupes réglées et un corps de volontaires, il se tint dans ces parages, et aborda successivement sur différents points de la côte, pour chercher à exciter des soulèvements par ses proclamations. Des hommes sans propriété et sans patrie le secondèrent dans ses tentatives ; et comme il avait promis la liberté aux noirs qui serviraient sa cause, un certain nombre d'esclaves furent prêts à lui livrer leurs maîtres. Cependant les milices de la province commençaient à s'assembler ; elles se portaient sur les rivages menacés, et particulièrement vers l'embouchure du James-River ; les troupes ennemies y avaient brûlé le bourg de Hampton ; elles s'étaient emparées de Norfolk : un engagement contre elles eut lieu près de cette ville, et les milices américaines y obtinrent l'avantage.

Sur ces entrefaites, un émissaire envoyé par Dunmore dans les contrées occidentales de la Virginie s'efforçait d'y allumer le feu de la guerre. Cet homme, nommé Conelly, étendit ses intelligences parmi les Indiens, depuis les rives de l'Ohio jusqu'au voisinage du lac Érié : il espérait, en faisant prendre les armes à ces peuplades, les faire soutenir par quelques troupes anglaises venues du Canada. L'expédition devait se diriger contre les colonies du centre, et tandis qu'on y pénétrerait du côté des montagnes, Dunmore entreprendrait avec l'escadre anglaise un débarquement vers l'entrée de la Chesapeake : cette double attaque couperait les communications entre les provinces du nord et du sud, et l'on comptait, pour les réduire, sur le succès de l'une et de l'autre invasion. Mais quelques soupçons s'éveillèrent contre Conelly, on épia ses démarches mystérieuses ; il fut arrêté à son passage dans le Maryland, lorsqu'il se rendait vers l'ouest pour y terminer ses préparatifs, et les papiers que l'on trouva sur lui et qui dévoilèrent sa trame accrurent l'indignation du peuple contre le gouverneur. On maudissait l'instigateur d'un si cruel dessein ; et Dunmore, n'espérant plus se maintenir dans une province où il était chargé de la haine publique, se vit forcé d'abandonner Norfolk : il se retira de nouveau à bord de son escadre, ne garda plus de ménagements pour une ville qui allait retomber au pouvoir de ses ennemis, fit sommer les habitants de se retirer, et commença contre elle un bombardement qui en réduisit en cendres une partie.

La découverte du complot de Conelly en fit avorter l'exécution. Les Indiens, dont il avait séduit quelques chefs, ne tentèrent aucune invasion dans la haute Virginie, et la voix de ceux qui s'étaient opposés à cette guerre put encore se faire entendre. Le congrès avait lui-même cherché à sonder les dispositions des Indiens et à s'assurer de leur neutralité. On se rappelait que la dernière guerre entre la Virginie et quelques-unes des nations de l'Ohio avait été terminée par l'intervention d'un guerrier shawanèse ; et les mots qu'il avait prononcés en apportant au gouverneur le calumet de paix avaient été recueillis et gardés dans la mémoire, comme un sincère témoignage de réconciliation. « Je de-
« mande à tout homme blanc si, pressé
« par la faim, il est jamais entré dans
« ma cabane sans y recevoir de nour-
« riture ; si, venant nu ou transi de
« froid, il n'y a pas trouvé une peau
« pour se couvrir. Pendant le cours de
« cette guerre, si longue et si san-
« glante, j'étais resté sur ma natte ;
« je n'avais pas levé la hache ; je ten-
« dais la main aux blancs pour les rap-
« procher de nous, et cependant ils
« sont venus massacrer tous les miens !
« on n'a épargné ni ma femme ni mes
« enfants ; il ne coule plus aucune goutte
« de mon sang dans les veines d'au-
« cune créature humaine. Qui reste-t-il
« pour me pleurer quand je ne serai
« plus ? Personne. Tant de barbarie a
« excité ma vengeance ; je l'ai cherchée ;
« j'ai tué beaucoup des vôtres ; mon
« tomahac s'est abreuvé de leur sang ;
« j'ai suspendu leur chevelure à l'arbre
« qui couvre la large tombe de ma fa-

« mille. Mais c'est assez de victimes :
« déposons nos haines, et que le soleil
« de la paix luise enfin sur nous. »

Le gouverneur, auquel les Shawanèses exprimaient alors des dispositions si pacifiques, était ce même Dunmore qui cherchait aujourd'hui à leur faire prendre les armes ; mais ils ne voulurent point s'engager dans une querelle entre les habitants et lui, et ils conservèrent aux Virginiens la paix qu'ils lui avaient promise.

Dans la Caroline du sud les esprits étaient très-divisés, et le gouverneur Campbell crut pouvoir profiter de ces dissensions en opposant le corps des milices à celui des troupes volontaires que cette colonie avait levées pour sa défense ; mais les milices, prises dans tous les rangs des citoyens, n'étaient pas disposées à se séparer de la cause publique. Campbell essaya de se former un autre parti parmi les hommes assez nombreux qui, tenant leurs terres de la couronne, étaient portés par reconnaissance et par dévouement à soutenir l'autorité royale. Une telle ressource était faible ; ces hommes étaient disséminés, et le parti contraire, celui de la nation même, avait sur eux l'avantage de concentrer ses forces et d'occuper Charleston, qui était la capitale de la province, le plus important boulevard des colonies du sud, et leur place de commerce la plus florissante.

La Caroline du nord offrait aux deux partis des chances plus égales ; les amis de la cause royale étaient nombreux dans la région des montagnes ; le gouverneur Martin entretenait avec eux d'actives intelligences : il cherchait en même temps à se fortifier sur le littoral, et, pour échapper aux périls d'une insurrection populaire, il s'était retiré au fort Johnson, peu éloigné du cap Fear ; mais un corps de milices, promptement rassemblé à Wilmington, l'une des principales villes de la province, se présenta pour l'attaquer, et le gouverneur se réfugia sur un vaisseau de guerre. On l'accusait, de même que celui de Virginie, d'avoir voulu faire soulever les noirs, toujours prêts à se déclarer pour le parti qui promettait de les affranchir.

Les escadres britanniques recueillaient ainsi les membres du parti royaliste qui s'étaient trop ouvertement déclarés dans les provinces méridionales pour y rester avec sécurité : c'étaient autant de forces mises à leur disposition ; elles pouvaient harceler le littoral et se porter successivement sur différents points.

L'Angleterre avait de nombreux partisans sur les côtes de Géorgie : ils s'étaient emparés du fort de Savanah, place d'autant mieux située qu'elle assurait leurs communications avec la flotte ; mais le parti populaire, plus nombreux dans les contrées intérieures, était aussi mieux pourvu d'armes et de munitions, et il assemblait ses forces pour la lutte qui était près de s'engager.

Le Maryland, la Delaware, la Pensylvanie, le New-Jersey, qui formaient les provinces du centre, ne furent pas exposés aux mêmes dissensions que celles du midi : le parti du gouverneur y était plus faible, le congrès y jouissait de toute son influence, et les mesures qu'il prescrivait étaient exécutées avec zèle.

Mais dans la colonie de New-York les difficultés devenaient plus grandes. La capitale de cette province était le lieu où débarquaient ordinairement les troupes royales qui arrivaient d'Europe : on y attendait incessamment quelques nouveaux corps, et le congrès avait prescrit aux habitants de les recevoir sans opposition, mais de veiller sur ces hôtes dangereux, et de se tenir en état de leur résister s'ils agissaient en ennemis. Ces précautions étaient superflues : les régiments anglais qui devaient se rendre à New-York s'arrêtèrent à l'entrée de cette baie, d'où ils remirent à la voile pour Boston ; et lorsque Tryon, nouveau gouverneur de la colonie, arriva dans sa résidence, il n'avait aucunes troupes à sa disposition, et se trouvant réduit à son influence personnelle et à l'intervention secrète de ses partisans, il eut recours à de sourdes manœuvres pour diviser les opinions, contrarier la levée des milices, égarer l'opinion des hommes encore indécis.

Les provinces du Connecticut et du Rhode-Island, habituellement exposées aux croisières et aux agressions des escadres anglaises qui se rendaient de Boston à New-York, étaient dans la nécessité de se défendre, et le ressentiment des dommages qu'elles avaient eu à souffrir les attachait plus fortement à la cause nationale. Un détachement de l'armée du Massachusett fut envoyé, sous les ordres du général Lee, pour veiller à leur sûreté; les assemblées de ces colonies le secondèrent par leurs propres armements, et par la plus active surveillance contre les hommes qui entretenaient des intelligences avec l'ennemi.

Le gouverneur et les agents britanniques perdirent également toute autorité dans le New-Hampshire; et comme le parti colonial n'y rencontra qu'une faible opposition, la tranquillité publique y fut aisément maintenue.

Ce résumé des dispositions des colonies montre que, dans le voisinage du congrès, la cause populaire fut généralement embrassée : elle était éclairée par les discussions de cette assemblée; elle avait pour appui cette éloquence qui sait mettre en mouvement toutes les passions fortes et généreuses. Les mêmes opinions se retrouvaient dans le Massachusett qui, s'étant exposé le premier aux rigueurs de la métropole, voyait les malheurs de Boston s'aggraver journellement; mais les dispositions des habitants étaient moins unanimes dans les provinces plus éloignées du théâtre des grands événements politiques ou militaires : deux partis s'y prononçaient, et l'on apercevait dans l'intervalle une classe d'hommes qui, voyant l'orage se former, attendaient en silence qu'il se dissipât, et croyaient échapper par l'indifférence aux malheurs de la guerre civile.

Les tentatives faites par le congrès pour attacher à sa cause les Canadiens eurent du moins pour résultat de leur faire désirer la neutralité. Ils n'avaient pas l'intention de s'associer aux colonies insurgées, mais ils ne voulaient pas marcher contre elles; et le général Carleton, gouverneur de cette vaste province, ne put pas déterminer les habitants à prendre part aux opérations d'une guerre offensive; l'évêque de Québec, qu'il avait essayé de faire entrer dans ses vues, refusa d'y coopérer, et ne voulut point faire servir à propager les maux de la guerre un ministère de religion et de charité.

Carleton, ne pouvant ébranler l'opinion générale qui inclinait vers la paix, se réduisit à proposer une levée de volontaires, auxquels il offrait les conditions les plus favorables : on accordait à chaque soldat deux cents acres de terre, cinquante de plus s'il était marié, et cinquante pour chacun de ses enfants; son engagement ne devait durer que jusqu'à la fin de la guerre, et les concessions qu'on lui faisait étaient exemptes de toutes charges pendant vingt ans. Le premier corps que l'on parvint à former était peu considérable; mais l'exemple et l'appât des récompenses faisaient espérer à Carleton de nouveaux succès.

Ce gouverneur envoya des émissaires chez les Indiens pour les exciter à prendre les armes, et il s'adressa particulièrement aux nations iroquoises; ligue longtemps redoutable, dont les secours avaient fait quelquefois pencher la balance entre les colonies européennes. Douze années de paix avaient fortifié cette confédération et lui avaient fait acquérir plus d'ascendant sur les autres peuplades indiennes, moins nombreuses et plus divisées : son exemple pouvait les entraîner, et procurer à la Grande-Bretagne d'autres auxiliaires. Mais il fallut sans doute beaucoup d'adresse et de moyens de séduction pour déterminer les Iroquois à prendre part à une guerre qui cessait de les intéresser directement, et dont l'unique objet était de soumettre à l'Angleterre ses colonies révoltées. Les Indiens n'avaient, dans cette contestation, aucun motif de préférence pour l'un ou l'autre parti; et les vieillards de leurs vallées et de leurs plaines regardaient ces sanglants débats comme une expiation des maux que l'étranger leur avait faits. « Voilà, disaient-ils, la « guerre allumée entre les hommes de « leur nation : ils se disputent les « champs qu'ils nous ont ravis. Pour-« quoi embrasserions-nous leurs que-« relles? et quel ami, quel ennemi au-« rions-nous à choisir? Quand les « hommes rouges se font mutuellement « la guerre, les blancs viennent-ils se « joindre à l'un des partis? Non : ils « laissent nos tribus s'affaiblir et se « détruire l'une par l'autre; ils atten-« dent que la terre humectée de notre « sang ait perdu son peuple et devienne « leur héritage. Laissons-les à leur « tour épuiser leurs forces et s'anéan-« tir : nous recouvrerons, quand ils ne « seront plus, les forêts, les lacs, les « montagnes qui appartinrent à nos « ancêtres. »

Mais ces conseils des vieillards n'étaient point écoutés : ils ôtaient à l'audace et à la vaillance l'occasion de se signaler; la jeunesse désirait combattre; elle fit adopter son opinion, et la plupart des chefs de guerre furent déterminés par le colonel Johnson à se rendre à Montréal pour s'engager à servir. Son père avait longtemps été surintendant du gouvernement britannique pour les affaires des Indiens : il avait établi sa résidence au milieu d'eux ; et l'on voit encore aujourd'hui dans la contrée qu'habitait la nation des Mohawks et que traverse une rivière du même nom la maison qu'il fit bâtir (voy. pl. 45). Cet édifice, grand et simple, frappe les yeux du voyageur qui se rend de Shenectady à Utica: c'est la première habitation européenne qui ait été érigée dans ces terres incultes et sauvages. Des défrichements furent entrepris aux environs par les hommes laborieux que Johnson avait amenés avec lui ; et ces champs, fécondés par l'industrie, nourrirent de leurs récoltes une génération sédentaire et civilisée; tandis que les Indiens, fidèles à la vie errante des peuples chasseurs, parcouraient au loin les immenses forêts situées entre la rivière d'Hudson et le lac Ontario.

Lorsque, au retour de leurs chasses, ils se réunissaient, pour délibérer sur les intérêts de leurs tribus, les plus importantes assemblées de leurs chefs se tenaient au milieu du pays des Onéidas, dans une enceinte ombragée d'arbres élevés, que l'on désigne encore sous le nom de Bocage du conseil (voy pl. 46).

C'était là que la confédération iroquoise décidait les grandes questions de la paix ou de la guerre, qu'elle prononçait la neutralité, ou qu'elle accordait son alliance à d'autres peuples. Si elle leur promettait des secours, les engagements qu'elle contractait étaient souvent consacrés d'une manière solennelle et avec toute la pompe d'une fête militaire. Chaque guerrier prend alors ses armes; on se réunit par tribu et sous un même chef de guerre, et les Indiens, qui vont offrir l'image d'un combat simulé, se divisent en deux partis. Bientôt ils marchent l'un à l'autre, en faisant retentir les airs de leurs clameurs confuses ; ils se lancent des flèches dont la pointe est émoussée, et forment diverses évolutions, pour se chercher, se dresser des embuscades, envelopper et surprendre les guerriers qui se sont imprudemment écartés. Enfin on se rapproche pour se livrer un combat corps à corps; on n'est plus armé que du tomahac : la mêlée s'engage, les armes s'entre-choquent ; mais dans ces jeux d'adresse le sang ne coule point, et l'homme qui aurait blessé un adversaire serait rigoureusement puni. A l'image de la guerre succèdent les fêtes de la paix ; des cris de joie se font entendre; les chefs des deux partis échangent entre eux le calumet; un tomahac est enseveli dans la terre en signe de réconciliation; un repas commun rassemble les guerriers, et de jeunes Indiens se livrent à des exercices de force et d'agilité : ils franchissent des fossés, des palissades, soulèvent des quartiers de rocher, engagent la lutte, atteignent de leurs flèches un but éloigné, gravissent au sommet des arbres, poursuivent à la course les animaux sauvages, et franchissent après eux le

13ᵉ *Livraison.* (ÉTATS-UNIS D'AMÉRIQUE.)

lit d'un fleuve, ou le précipice escarpé que se sont ouvert les eaux du torrent.

Ces exercices, où l'on cherchait à développer l'énergie, l'audace et le mépris du danger, étaient le prélude des travaux et des fatigues auxquels chaque guerrier était prêt à s'exposer. Le colonel Johnson avait décidé les Iroquois à prendre les armes; et les chefs indiens, qui l'accompagnèrent à Montréal pour y confirmer leurs promesses, s'engagèrent à entrer en campagne aux premières feuilles de l'année suivante et lorsque les Anglais auraient terminé les préparatifs de guerre qu'ils avaient commencés dans le Canada. Le général Carleton s'en occupait avec activité : on devait lui envoyer d'Europe des renforts de troupes, des convois d'armes et de munitions; il regrettait les délais, inséparables de ces armements; et l'invasion qu'il désirait faire au midi du Saint-Laurent et vers les bords de la rivière d'Hudson lui paraissait d'autant plus urgente, que la garnison britannique de Boston était étroitement bloquée par les troupes américaines, et qu'elle ne pouvait être dégagée que par une diversion assez puissante pour attirer sur d'autres points une grande partie des forces qui l'assiégeaient.

Le congrès, informé de ses desseins, résolut de les prévenir en ordonnant lui-même une expédition contre le Canada. Le major-général Schuyler et les brigadiers-généraux Montgomery et Wooster furent chargés de se porter avec trois mille hommes vers les forts de Ticonderoga et de la Couronne ou *Crown-Point*, dont les Américains s'étaient emparés depuis plusieurs mois; de là, ils avaient ordre de descendre par le lac Champlain dans la rivière Sorel, qui coule du midi au nord jusqu'au Saint-Laurent. Le poste de l'Ile-aux-Noix, situé entre ce lac et celui de Chambly, fut bientôt occupé par Montgomery, qui vint attendre sur ce point l'arrivée des autres corps destinés à la même expédition. Bientôt les majors Brown et Livingston s'emparèrent du fort Chambly, et l'on s'attacha ensuite avec vigueur au siège du fort Saint-Jean. Cette place, voisine du Sorel, dont elle pouvait intercepter la navigation, était devenue la plus importante position de l'ennemi, et le gouverneur du Canada voulut envoyer à son secours un corps de troupes qui se trouvait à Montréal; mais les détachements américains, déjà répandus sur la rive méridionale du Saint-Laurent, s'opposèrent au passage des Anglais, et le fort Saint-Jean, réduit à ses seules ressources, fut forcé de capituler le 3 novembre, après avoir soutenu un siége de six semaines. Une division américaine s'embarqua sur la rivière Sorel et se porta rapidement jusqu'à son embouchure, afin de couper les communications entre le haut et le bas Canada; une autre division, conduite par Montgomery, qui, depuis l'absence et la maladie du général Schuyler, était devenu commandant de l'armée, traversa péniblement la région marécageuse qui s'étendait entre le fort Saint-Jean et la ville de Montréal : on débarqua sans obstacle dans l'île où cette place est située, et comme elle n'était pas en état de se défendre, le général la prit à discrétion et régla lui-même, de la manière la plus généreuse, les sauvegardes qu'il accordait aux habitants pour le maintien de leur sûreté personnelle et de leurs propriétés. Cette conduite bienveillante lui valut l'estime de ses ennemis : elle porta les habitants des campagnes à continuer paisiblement leurs travaux, sans entraver la suite de ses opérations militaires, et lui permit de pourvoir avec plus de facilité à la subsistance du corps qu'il commandait.

Montgomery, devenu maître de Montréal, y établit une garnison destinée à contenir les troupes anglaises qui pourraient arriver du voisinage des grands lacs; il renforça les détachements qu'il avait laissés dans les forts de Saint-Jean, de Chambly et de l'Ile-aux-Noix, afin de conserver ses communications avec les colonies; et il se remit en marche pour descendre les bords du Saint-Laurent, rejoindre les troupes arrivées par la rivière Sorel, et poursuivre vers le bas Canada son expédition. Mais il lui devenait difficile de retenir tous ses hommes sous les drapeaux : c'étaient des corps de volontaires, accoutumés à s'enrôler pour une campagne, et à se retirer dans leurs foyers aux approches de l'hiver. On était au milieu du mois de novembre, et la plupart regardaient comme un projet téméraire et sans fruit celui d'aller entreprendre un siége avec de si faibles moyens, et dans une saison déjà si rigoureuse, contre une place que la force de sa situation pouvait aisément défendre.

Ces obstacles n'arrêtaient point le courage de Montgomery; mais il lui fallait des troupes plus nombreuses pour avoir quelques chances de réussite. La prévoyance de Washington vint seconder son entreprise. Occupé du siége de Boston, il veillait aussi, du milieu de son camp, sur l'ensemble des opérations militaires qu'il fallait combiner entre elles; et tandis que Montgomery se portait sur Montréal avec un corps d'armée, Washington organisa et fit partir une autre expédition qui devait se diriger vers Québec. Le colonel Arnold était chargé de la commander. Son courage impétueux, que les difficultés et les périls animaient encore, le rendait propre à cette grande et pénible entreprise : il avait à traverser dans les pays sauvages, couverts de forêts, coupés par des ravins et par l'escarpement des rochers; le transport des vivres, de l'artillerie, des munitions, exigeait de nouveaux efforts; mais les troupes étaient pleines d'ardeur : on espérait surprendre l'ennemi et l'attaquer à l'improviste, en se portant jusqu'à lui par des passages regardés longtemps comme impraticables. Ce corps se composait de onze cents hommes d'élite; le colonel Burr était du nombre, et l'on y remarquait les capitaines Morgan, Lamb et d'autres officiers également braves.

Ces troupes, détachées de l'armée qui assiégeait Boston, se rendirent par terre à Newbury, vers l'embouchure du Mérimac, s'y embarquèrent pour gagner l'entrée du Kennebec, qui traverse du nord au midi l'état actuel du Maine, et remontèrent le cours de ce fleuve jusqu'à sa source. On arriva par de hautes vallées, et après une longue marche, jusqu'à cette chaîne de hauteurs qui sépare les versants de l'Atlantique et du Saint-Laurent. Les difficultés du passage s'étaient accrues de jour en jour : les vivres manquaient, la fatigue était extrême; les maladies ravageaient l'armée; elle éprouvait de fréquentes désertions, occasionnées par l'excès de la misère. Mais Arnold opposait à tous les obstacle un courage inébranlable. Les plus dévoués, les plus forts imitaient son exemple : l'espoir d'arriver au terme et de rencontrer enfin l'ennemi soutenait leur constance. On atteignit, au delà des montagnes, les sources de *la Chaudière*, dont les eaux vont se jeter dans le Saint-Laurent, à quelques milles de Québec; et après avoir longtemps suivi le cours de cette rivière, on se porta vers la pointe de Lévis, qui n'est séparée de la capitale du Canada que par le lit du grand fleuve. La navigation et la marche des troupes, depuis leur départ du camp, avaient duré près de deux mois; elles arrivèrent le 9 novembre sur les bords du Saint-Laurent; mais la contrariété des vents ne leur permit de le traverser que dans la nuit du 13, à la même époque où le général Montgomery faisait son entrée dans la ville de Montréal. Leur descente eut lieu à l'ouest du Cap-au-Diamant; Arnold gravit avec ses troupes les mêmes escarpements que le général Wolf avait surmontés dans la guerre précédente, et il se porta, comme lui, sur le plateau des hauteurs d'Abraham. Les contrariétés et le délai de son débarquement lui avaient fait perdre l'occasion de surprendre la place, et il n'avait point assez de forces pour attaquer seul une garnison plus nombreuse que son corps d'armée. Au bout de quelques jours, il se détermina à remonter la rive gauche du fleuve, jusqu'à la pointe aux Trembles, située à vingt milles de distance, pour y attendre les troupes

13.

de Montgomery, et ce général y arriva lui-même le 1er décembre avec un corps de trois cents hommes. On n'en comptait que douze cents dans les deux troupes réunies; mais le courage avec lequel ils avaient bravé tant d'obstacles augmentait leur ardeur, et cette petite armée se porta vers Québec pour en faire le siège. Cependant Carleton, gouverneur du Canada, avait eu le temps de rentrer dans la place et d'en organiser la défense. Retenu d'abord dans la partie supérieure du fleuve, entre Montréal, qu'il n'avait pu secourir, et la flottille américaine, arrivée à l'embouchure du Sorel, il était parvenu à échapper à la surveillance des navires ennemis, en s'aventurant, au milieu de la nuit, dans une légère embarcation qui traversa leur ligne sans être aperçue. Les autres bâtiments anglais que Carleton laissait en arrière tombèrent bientôt au pouvoir des Américains avec les équipages et les détachements qu'ils avaient à bord; mais Québec allait être secouru par la présence du général, et les Anglais rendirent grâce à la fortune qui l'avait sauvé.

Montgomery, après avoir inutilement adressé au gouverneur la sommation de rendre la place, essaya d'en fatiguer la garnison par de fréquentes attaques, et d'en arrêter les approvisionnements en la privant de toute communication avec le dehors; mais la faiblesse de son artillerie ne lui permettait pas d'ouvrir des brèches praticables, et il avait trop peu de troupes pour fermer tous les passages. Ses soldats, exposés à toutes les rigueurs de l'hiver, éprouvèrent aussi les ravages de la petite vérole; et le général, prévoyant l'impossibilité de continuer le siége, voulut décider le sort de la campagne par un dernier effort. Deux fausses attaques devaient être dirigées contre la ville haute par les majors Brown et Livingston, tandis que Montgomery et Arnold pénétreraient dans la ville basse par deux routes opposées, dont l'une se prolonge le long du fleuve Saint-Laurent, et dont l'autre suit les bords de la rivière Saint-Charles.

Toutes ces attaques devaient commencer le 31 décembre 1775, quelques heures avant la pointe du jour : la neige tombait en abondance; la rigueur du temps pouvait favoriser une surprise, en rendant moins active la vigilance de l'ennemi; et Montgomery, à la tête de sa colonne, s'avança le long du fleuve, en suivant l'Anse-des-Mers et le Cap-au-Diamant. Il s'empara sans résistance d'un fort qui couvrait les approches de la ville basse; mais une barrière et une batterie avaient été dressées au delà : on n'avançait que péniblement dans un chemin encombré par la neige; et lorsque le général, bravant tous les obstacles, excitait par son exemple l'ardeur de ses soldats, il fut tué d'un coup de canon chargé à mitraille, au moment où la barrière et la batterie allaient être emportées par sa valeur (voy. pl. 49).

La mort de Montgomery entraîna la ruine de cette expédition : la troupe qui le suivait en fut consternée; elle se replia en désordre : le colonel Campbell fit de vains efforts pour la ramener; et les assiégés purent réunir toutes leurs forces contre le colonel Arnold, qui s'avançait par la route Saint-Roch. Ce passage était également couvert par une barrière et une batterie; et Arnold, au moment où il était près de le forcer, fut blessé à la jambe d'un coup de feu, et dut être emporté malgré lui loin de la sanglante mêlée qu'il venait d'engager. Le capitaine Morgan se mit alors à la tête des troupes, qui s'emparèrent de la batterie avec une extrême bravoure : il pénétra dans la ville, avec l'avant-garde, et sans même attendre le corps principal; il repoussa l'ennemi, lui fit des prisonniers, et poursuivit ses avantages. Mais à mesure qu'il avançait, ses périls étaient plus grands et sa marche devait se ralentir : quelques renforts l'ayant rejoint, il voulut attaquer une seconde batterie; mais ses troupes ne purent forcer ce nouvel obstacle; et lorsque épuisées de fatigue, ayant consommé leurs munitions, et ne pouvant plus résister à un feu continu de mousqueterie, elles voulurent se replier, les passages leur étaient fermés : l'ennemi avait tourné leur position, et recouvré les quartiers de la place momentanément envahis. Le bruit de la mort de Montgomery, celui de la retraite des troupes qu'il conduisait, s'étaient rapidement répandus. Le jour était venu éclairer tous ces revers; et l'intrépide Morgan et son avant-garde, affaiblie par un long combat, furent réduits à se rendre prisonniers. Les colonnes qui s'étaient repliées ou qui n'étaient pas engagées, n'avaient aucun moyen de se maintenir devant la place; mais Arnold, devenu leur chef, se montra supérieur à la mauvaise fortune, et, gardant encore l'espérance de réparer un tel désastre, il ordonna la retraite des troupes qui lui restaient, s'oublia pour veiller sur elles, pourvut à leurs besoins et ranima leur confiance. Ayant choisi, à trois milles de distance, une nouvelle position qu'il fit retrancher, il continua d'embarrasser, par de fréquentes battues dans la plaine, les communications de Québec avec l'intérieur des terres, jusqu'au moment où l'arrivée des renforts qu'il demandait au congrès d'Amérique lui permettrait de se rapprocher de la place et de reprendre les travaux du siège.

Le gouverneur de Québec se bornait lui-même à attendre d'Angleterre les nombreux secours qui lui avaient été promis : l'extrême rigueur de l'hiver força de part et d'autre à suspendre les hostilités, qui allaient se ranimer au retour du printemps.

L'Angleterre faisait en effet de nouveaux préparatifs pour amener la réduction de ses colonies. Le gouvernement britannique avait déclaré aux délégués du congrès qu'il ne serait fait aucune réponse à leurs représentations; il avait poursuivi ses enrôlements pour la guerre d'Amérique; et après s'être inutilement adressé à la Russie, à la Hollande, pour en obtenir des troupes auxiliaires, il avait déterminé la maison de Hesse à lui fournir un corps de treize mille hommes, et celle de Brunswick à lui en fournir quatre mille trois cents. Une armée anglaise de vingt-cinq mille hommes devait se joindre aux troupes étrangères que le gouvernement prenait à sa solde; et une flotte considérable et chargée de munitions de toute espèce allait transporter dans les colonies cet armement formidable.

Mais on éprouva souvent dans le cours de cette guerre les contrariétés que la distance et le temps apportent aux opérations militaires. La ville de Boston, où l'Angleterre allait diriger une partie de ses forces, continuait d'être étroitement bloquée par les Américains : toutes ses communications avec la terre étaient fermées; les secours qu'elle pouvait attendre par mer étaient habituellement interceptés par les croisières américaines, et une attaque plus décisive allait enfin être dirigée contre la place.

Aussitôt que le congrès fut informé des envois de troupes qu'allait faire le gouvernement britannique, il désira que les opérations du siège de Boston fussent pressées avec une nouvelle vigueur, et que l'on fît tous ses efforts pour s'en emparer, soit afin d'ôter à l'ennemi une place d'armes où de nouvelles troupes pouvaient aborder sans coup férir, soit afin de disposer de l'armée américaine, qui allait devenir nécessaire sur d'autres points. Le projet de Washington était d'attaquer la place de vive force, en traversant la partie de la baie qui la sépare de Cambridge et de Roxbury; mais le conseil de guerre, où différents plans furent discutés, s'arrêta à celui de faire d'abord occuper et retrancher les hauteurs de la presqu'île de Dorchester qui commandent Boston, et d'où l'on pouvait écraser la garnison et la forcer à capituler. Pour couvrir ce dessein, et attirer ailleurs l'attention du général Howe, qui avait remplacé Gage dans le commandement de la place, on ouvrit un feu très-vif sur tous les points du littoral où l'on avait établi des batteries; et dans la nuit du 4 mars 1776 une avant-garde américaine de huit cents hommes, suivie de douze cents travailleurs, et favorisée par une obscurité profonde, traversa l'isthme de Dorchester, et se porta rapidement sur les hauteurs, sans être découverte par l'ennemi. Un convoi d'artillerie, de gabions, de munitions de guerre, et de tous les ustensiles et matériaux nécessaires à cette expédition, suivait le même mouvement, et les travaux furent poussés avec une telle ardeur, que les hauteurs principales étaient déjà fortifiées avant la pointe du jour.

Le général anglais n'avait pas fait occuper jusqu'alors la presqu'île de Dorchester. Les troupes qu'il avait dans Boston étaient trop peu nombreuses pour qu'il voulût dégarnir la place, et cette insuffisance de forces était encore plus sensible depuis qu'il avait été obligé, après le combat de Bunker's-Hill, de laisser un corps de troupes dans la presqu'île de Charles-Town : mais voyant les Américains maîtres de plusieurs positions, d'où ils pouvaient détruire ses vaisseaux, ruiner les fortifications de la place, et couper les communications de son enceinte avec ses ouvrages avancés, il sentit la nécessité de les déloger, et chargea lord Percy de débarquer dans la presqu'île de Dorchester avec un corps de troupes qui devait commencer l'attaque vers la pointe orientale. La contrariété des vents et de la marée l'empêcha d'exécuter son projet dans la nuit suivante, et ce délai permit aux Américains de compléter leurs travaux et de rendre leurs positions inexpugnables.

Washington assemblait en même temps vers l'embouchure du Charles-River l'élite de son armée et tous ses moyens d'embarcation, afin de tenter un assaut contre la place, au moment où une partie des troupes anglaises serait aux prises avec celles qui s'étaient emparées des hauteurs. Le général Howe reconnut alors tous les périls de sa situation : il vit qu'une garnison, fatiguée d'un si long blocus, privée d'approvisionnements, ravagée par les maladies qui naissent de la fatigue, du besoin, et de tous les fléaux attachés à la guerre, ne pouvait plus défendre la place contre des forces qui s'accroissaient journellement. L'évacuation de Boston fut résolue, et le gouverneur en prévint les principaux habitants : il était prêt à se retirer paisiblement si les Américains ne s'opposaient point à son départ; mais si l'on voulait inquiéter sa retraite, lui-même traiterait la ville sans ménagement avant de la quitter. La députation qui se rendit près de Washington le trouva disposé à laisser partir sans obstacle les troupes britanniques : le général était trop vivement touché de la déplorable situation de cette place pour l'exposer à une calamité nouvelle; il désirait la recouvrer et la sauver, et il consentit aux demandes du gouverneur. Le départ de la garnison anglaise eut lieu le 17 mars; elle était au nombre de dix mille hommes : il se joignit à eux quinze cents habitants, qui craignaient d'être persécutés pour le zèle avec lequel ils avaient servi la cause royale; et les vaisseaux chargés de ce convoi se dirigèrent vers Halifax. Le départ des troupes fut précédé des plus graves désordres, malgré les promesses de leur chef et sans doute contre ses intentions. On ne put arrêter les excès de ces hommes aigris par la haine et par leurs revers; ils cherchaient une dernière occasion de se venger : des magasins furent abandonnés au pillage, et les fugitifs enlevèrent à la hâte les dépouilles de la ville qu'ils abandonnaient (voy. *pl.* 50).

Lorsque Washington, à la tête de son armée, fit son entrée dans la place, il y fut reçu comme un libérateur. Les maux qu'avaient éprouvés les habitants sous la domination anglaise et pendant un blocus de treize mois avaient accru leur ardeur pour la cause nationale: ils avaient vu toutes les autres colonies embrasser leurs intérêts, et ils désiraient leur rendre les services qu'ils en avaient reçus. La nouvelle de la reprise de Boston fut accueillie partout avec des transports de joie : elle inspira aux Américains une nouvelle confiance dans le courage de leurs milices, dans l'habileté de leurs généraux, et les disposa à poursuivre avec la même constance la lutte où ils s'étaient engagés.

La périlleuse expédition qu'ils avaient dirigée contre le Canada rencontrait de nouveaux obstacles. Les renforts attendus par Arnold n'arrivaient qu'en petit nombre et avec lenteur; les privations que ses troupes éprouvaient les avaient rendues turbulentes et indisciplinées, et les Canadiens se plaignaient vivement de cet état de licence. Arnold, luttant avec énergie contre les difficultés, avait néanmoins rouvert la campagne et repris l'offensive : il avait appelé à lui une grande partie de la garnison de Montréal pour réparer les pertes de son corps d'armée, et il se rapprocha de Québec lorsqu'il eut porté ses troupes à dix-sept cents hommes. Son activité semblait multiplier ses forces : il fatigua les assiégés par de fausses attaques sur différents points; il soutint avec valeur leurs sorties, saisit plusieurs convois qui leur étaient destinés, et causa par le feu de son artillerie de nombreux ravages. Il espérait que les dommages et les maux du siège pourraient déterminer les habitants à demander une capitulation.

Mais le gouverneur de Québec veillait lui-même avec un zèle infatigable à la défense de la place : il n'ignorait pas les nombreuses privations des assiégeants, et cherchait à combiner ses opérations avec celles des troupes qui occupaient d'autres parties de la province, afin d'intercepter les secours en hommes et en munitions qu'Arnold attendait des colonies insurgées. Un détachement que ce gouverneur fit passer sur la rive droite du Saint-Laurent se joignit à quelques compagnies de volontaires canadiens, commandés par Beaujeu, et leur active vigilance surprit en effet plusieurs convois américains. Quoique Arnold parvînt ensuite à défaire et à disperser ce corps de troupes, sa situation ne s'améliorait point : il consumait ses ressources sans pouvoir les renouveler dans le pays même; et les combats qu'il avait à livrer entraînaient, quelle qu'en fût l'issue, des pertes d'hommes et de munitions qui devenaient irréparables.

Le général Wooster vint, le 1er avril, prendre le commandement des troupes américaines, et Arnold, dont les blessures avaient empiré, fut transporté à Montréal. Il renonçait à regret à une expédition mêlée de tant de périls, et les travaux qu'il avait commencés furent encore poursuivis après son départ, soit par Wooster, soit par le général Thomas qui vint le remplacer un mois après. Celui-ci venait de se distinguer au siége de Boston : c'était lui qui, à la tête d'un corps de troupes américaines, avait enlevé les hauteurs de Dorchester, et cet exploit honorait son habileté et son courage. Ayant reconnu dès les premiers moments qu'il était impossible de prolonger avec si peu de forces le siège d'une ville où se rendaient de nouveaux convois maritimes dont on avait déjà signalé l'apparition dans le lit inférieur du fleuve, il voulut du moins prévenir leur arrivée et faire une nouvelle tentative pour s'emparer de la place, avant que les chances devinssent encore plus contraires. Le projet d'incendier les vaisseaux du port et de donner aussitôt l'escalade, en profitant du désordre et de la confusion qu'un premier désastre aurait occasionnés, devait s'exécuter dans la nuit du 3 mai; mais le brûlot dirigé contre les vaisseaux anglais ayant été lui-même mis en feu et consumé avant d'avoir pu les atteindre, la flotte fut préservée, l'assaut et la surprise de la place ne purent avoir lieu, et les troupes américaines se retirèrent dans leur camp; elles furent même forcées de l'abandonner deux jours après. On voyait arriver l'escadre britannique, prête à jeter des troupes dans la ville basse; elle allait devenir maîtresse de la navigation du Saint-Laurent; déjà elle en remontait le cours, et les débarquements qu'elle pouvait faire sur la rive gauche du fleuve auraient coupé les communications des Américains avec le haut Canada : alors ils évacuèrent leur position; et une sortie que le général Carleton fit le 5 mai, avec l'élite de sa garnison, les surprit au milieu de ce mouvement et précipita leur retraite. Ils laissaient en arrière leurs munitions et leurs bagages : ce dénûment rendait leur marche plus pénible;

on se dispersait pour trouver des subsistances, et parmi les hommes qui s'étaient égarés les uns restèrent prisonniers de guerre, les autres furent secourus par l'humanité des Canadiens.

Le lieu de ralliement des troupes était situé vis-à-vis du confluent de la rivière Sorel : on y parvint après une marche pénible; les maladies firent éprouver de nouvelles pertes, et le général Thomas fut du nombre de ceux qui succombèrent. La fortune parut alors vouloir réparer les disgrâces de ce corps d'armée, et le général Sullivan, destiné à en devenir le chef, arriva avec un renfort de quatre mille hommes, dont la levée avait été faite dans les provinces de Pensylvanie, de New-Jersey, de New-York, de Connecticut; mais la difficulté de pourvoir à toutes les parties de cet armement avait entraîné des délais : ces troupes arrivaient trop tard pour qu'on pût aller reprendre devant Québec les opérations du siège, et leur nombre était très-inférieur à celui que les Anglais venaient eux-mêmes de recevoir.

Les troupes britanniques, redevenues entièrement maîtresses du bas Canada, occupaient aussi dans ses régions supérieures plusieurs forts, voisins des grands lacs. Ces positions leur permettaient d'entretenir des relations nombreuses avec les peuplades indiennes qu'elles avaient attirées dans leur parti, et les sauvages concoururent à quelques-unes de leurs expéditions contre les troupes coloniales qui s'étaient emparées de différents postes dans le haut Canada. Ils aidèrent les Anglais à reprendre le fort de la Pointe-aux-Cèdres, dont ils firent la garnison prisonnière; ils investirent un autre détachement américain qui eut le même sort; ils firent inhumainement périr quelques-uns de ces malheureux, et désirant ensuite échapper à la vengeance du général Arnold, qui avait quitté Montréal pour s'avancer contre eux avec des forces très-supérieures, ils lui déclarèrent que, si un seul Indien était tué, tous les prisonniers de guerre qu'ils avaient faits auparavant seraient massacrés. Arnold, pour ne pas exposer à leur fureur tant de victimes, n'attaqua point les sauvages, et consentit à un échange de prisonniers.

D'autres événements plus décisifs allaient se passer vers la partie du fleuve Saint-Laurent, connue sous le nom de lac de Saint-Pierre, vaste réservoir où vont se rendre les eaux de la rivière Sorel et des lacs qu'elle a traversés. L'armée anglaise, partie de Québec avec le général Carleton, n'avait pas encore remonté jusque-là : elle était échelonnée sur les bords inférieurs du fleuve, et son corps le plus avancé était parvenu au poste des Trois-Rivières. Comme il était séparé des autres divisions, les Américains espérèrent l'attaquer avec avantage, et Sullivan, dont les positions étaient voisines de l'embouchure du Sorel, fit subitement embarquer sur le lac Saint-Pierre un détachement chargé de cette expédition; mais les forces britanniques étaient plus nombreuses, et les Américains, après avoir soutenu un combat meurtrier, se retirèrent péniblement à travers les plaines marécageuses situées au nord de ce lac : ils avaient été séparés de leurs navires, et les troupes anglaises harcelèrent vivement leur retraite; bientôt même il fallut abandonner toutes ses positions à une armée qui concentrait ses forces en accélérant la marche de tous les corps moins avancés : elle se composait de treize mille hommes, et Sullivan n'en avait pas alors cinq mille qui fussent en état de porter les armes. Ce général remonta la rivière Sorel, et gagna successivement le fort Chambly et le fort Saint-Jean, où il fut rejoint par le général Arnold, qui ramenait avec lui la garnison de Montréal. L'un et l'autre fort n'étaient retranchés que par des palissades et des constructions en charpente; les Américains y mirent le feu en les quittant, afin de les rendre inutiles à l'ennemi qui continuait de suivre leurs mouvements; et Sullivan, après avoir occupé momentanément l'Ile-aux-Noix, traversa du nord au midi le lac Champlain, et se replia sur les forts de Crown-Point et de Ticonderoga, d'où l'expédition américaine était partie huit mois auparavant.

On avait trop compté dans cette entreprise sur la faveur d'une partie des Canadiens et sur leur coopération : cette fausse espérance fit commencer avec des moyens trop faibles une conquête où l'on ne pouvait s'appuyer que sur ses propres forces. Les secours qui furent envoyés successivement auraient eu plus d'efficacité si l'on eût pu les réunir et les employer tous à la fois. Ne faut-il pas aussi remarquer, au nombre des causes qui nuisirent le plus au succès, la fréquente et inévitable mutation des généraux qui commandèrent l'armée américaine? Elle eut tour à tour pour chefs Schuyler, Montgomery, Arnold, Wooster, Thomas, Sullivan. Le même esprit ne pouvait les animer tous : ils différaient dans leurs combinaisons militaires, et chacun d'eux était si rapidement enlevé aux soldats, que des liens, rompus tant de fois, ne donnaient plus aux opérations le même ensemble.

Néanmoins, cette expédition, quoique malheureuse, n'avait pas été sans gloire : elle avait offert aux Américains de nombreuses occasions de déployer leur courage; elle avait signalé les vertus militaires et civiles de Richard Montgomery, enlevé à la patrie à l'âge de trente-huit ans, et digne d'être proposé pour modèle aux guerriers. Les Canadiens avaient rendu hommage à sa modération au milieu des succès, et lorsqu'il fut tombé sous les murs de Québec, le général ennemi lui fit rendre les honneurs funèbres dus à son grade et à l'éclat de ses actions. Le congrès, en apprenant sa perte, décréta qu'il lui serait érigé un monument pour rappeler la gloire de sa vie et de sa mort, et ce cénotaphe fut placé à l'entrée de l'église de Saint-Paul à New-York.

Les Américains, obligés de renoncer au projet de conquérir le Canada, furent plus heureux dans les expéditions qui eurent pour but leur propre défense. Un succès contre les royalistes fut obtenu dans la Caroline du nord, par le général Moore qui commandait les milices coloniales. Après avoir tenu la campagne sans engager d'action jusqu'à ce qu'il eût assemblé ses forces, il attaqua les troupes anglaises, commandées par le colonel Macdonald, et les défit près de Wilmington, avant qu'elles eussent reçu les renforts dont elles attendaient l'arrivée, et qui étaient déjà parvenus au cap Fear.

Les tentatives de lord Dunmore pour rentrer en Virginie furent également vaines : l'escadre sur laquelle il s'était réfugié ne put opérer aucun débarquement; et après avoir croisé sur les côtes pendant quelque temps sans aucun espoir de succès, cet ancien gouverneur se retira en Floride, et ses partisans se dispersèrent.

Une autre expédition des Anglais dans la Caroline du sud n'eut pas plus de succès. Le général Clinton et l'amiral Peter Parker voulurent tenter un débarquement dans cette colonie, où ils croyaient avoir un grand nombre d'adhérents, et ils espérèrent ramener aisément tout le pays à l'obéissance, s'ils parvenaient à s'emparer de Charleston ; mais l'autorité coloniale s'était hâtée d'y jeter une garnison de six mille hommes : on avait fortifié cette place, que sa position au confluent du Cooper et de l'Ashley rendait plus facile à défendre, et pour en couvrir les approches maritimes, on avait occupé l'île Longue et celle de Sullivan, où le colonel Moultrie était chargé de la garde d'un fort, qui retint ensuite son nom parce qu'il sut le défendre honorablement. L'escadre anglaise, qui se présenta le 28 juin devant Charleston, dirigea d'abord tous ses moyens d'attaque contre le fort Moultrie, et tandis qu'elle le bombardait et qu'elle le battait en brèche, les troupes de terre qu'elle venait de débarquer dans l'île Longue devaient passer dans celle de Sullivan pour donner l'assaut : on avait cru guéable le canal qui sépare les deux îles; mais il avait trop de profondeur, et le trajet des troupes ne put avoir lieu. La résistance de la forteresse et le dommage que son artillerie fit éprouver à l'escadre anglaise décidèrent Clinton et Parker à renoncer à leur entreprise : les équipages et les vaisseaux avaient trop souffert pour renouveler l'attaque le lendemain ; et la flotte, remettant à la voile, se dirigea vers New-York, suivant les instructions du général Howe, commandant en chef des forces britanniques. Ce général devait lui-même s'y rendre avec le corps d'armée réuni sous ses ordres à Halifax, et c'était vers l'entrée de la rivière d'Hudson que les principales opérations de la guerre allaient être portées (voy. pl. 48).

Washington avait prévu ce mouvement : il avait voulu prévenir l'arrivée et l'établissement des ennemis dans la province menacée de leur invasion ; et à peine il eut délivré Boston, dont il confia le commandement au courage et à l'expérience du général Ward, qu'il se porta rapidement sur New-York avec les troupes dont il pouvait disposer. Il y arriva le 14 avril, et s'appliqua sans relâche à mettre cette place et toutes les positions voisines dans un bon état de défense. New-York jouissait encore d'un calme apparent ; mais tout annonçait l'orage dont ce pays était prochainement menacé. Les troupes américaines occupaient la ville, élevaient des retranchements, rassemblaient des vivres et des munitions, et se disposaient à soutenir un siège : une escadre britannique était mouillée dans le port, et ses équipages cherchaient à entretenir de secrètes intelligences avec les habitants. Maîtresse de la baie, elle pouvait intercepter tous les arrivages ; elle fermait les communications avec la mer, et attendait, pour attaquer le continent, l'arrivée des renforts qui lui étaient annoncés.

Au milieu des embarras de cette situation, qui devenait de jour en jour plus périlleuse, et qui faisait prévoir l'imminence des hostilités, tous les liens de la colonie avec l'Angleterre n'avaient pas été entièrement rompus, et Tryon résidait toujours à New-York comme gouverneur de la province. Dangereux représentant d'une autorité déchue, il cherchait, à l'aide d'un titre que l'on reconnaissait encore, à recouvrer un pouvoir qui lui était disputé ; mais quoique le nombre des partisans de la métropole fût plus considérable dans cette contrée que dans les autres colonies, l'attachement à la cause populaire y faisait cependant des progrès journaliers : ses adhérents y devenaient plus confiants dans leurs forces et plus entreprenants, parce qu'ils pouvaient s'appuyer sur la coopération des autres colonies, sur l'autorité toujours croissante du congrès, et sur les moyens de protection dont cette assemblée centrale avait à disposer.

L'inégalité toujours croissante de cette lutte entre les partis, et la prépondérance que devait enfin obtenir l'opinion du plus grand nombre, se remarquaient, non-seulement à New-York, mais dans toutes les autres colonies : deux autorités s'y étaient d'abord trouvées en présence ; mais leurs forces étaient différentes, et l'on s'explique aisément comment l'une d'elles, usurpant par degrés les attributions de sa rivale, arrivait à lui succéder après l'avoir démembrée pièce à pièce. Les assemblées coloniales substituaient ainsi leur pouvoir à celui des gouverneurs britanniques ; elles avaient leurs agents et leurs délégués ; elles pouvaient compter sur les milices, qui appartenaient à la masse même du peuple, et qui en étaient les défenseurs naturels, et les gouverneurs n'avaient plus pour retenir dans leurs mains un pouvoir près de leur échapper, que l'appui des troupes anglaises envoyées à leur secours, et l'assistance incertaine et précaire des partisans qui se ralliaient à leur bannière. Ils pouvaient avec ces moyens, et avec ces éléments de trouble, entamer et prolonger la guerre civile ; mais la véritable force était dans l'intérêt colonial ; elle se fondait sur les opinions qui avaient jeté dans le pays de profondes racines. Le congrès en était devenu l'organe ; il les dirigeait, il les tenait à sa disposition, et, après avoir paru hésiter sur l'espèce de rapports qui pourraient encore unir les colonies à la métropole, il préparait leur émancipation, et arrivait par degrés à rendre inévitable leur indépendance.

Depuis les premières commotions de ces provinces leur situation avait effectivement changé. Un rapprochement semblait facile, tant que l'on se bornait d'un côté à des prétentions et de l'autre à des remontrances. La voie des négociations était alors ouverte, et les deux partis pouvaient se concilier. Cette tendance vers la paix s'était fait remarquer dans les premières démarches des Américains; mais le gouvernement britannique parut se méprendre sur la cause de leurs dispositions : il imputa la condescendance à la faiblesse, crut, en insistant sur ses prétentions, pouvoir les faire reconnaître, et fit quelques démonstrations de forces, dans l'espérance d'être obéi. Ce recours à la voie des armes entraîna un premier engagement, qui aigrit et aliéna bientôt tous les esprits. La cause de l'Amérique eut de toutes parts des défenseurs dès que le sang eut coulé pour elle; le congrès changea lui-même de dispositions, et les esprits ardents ou généreux dont les efforts hâtaient l'indépendance des colonies, firent triompher une opinion qui allait engager leur pays dans une guerre difficile, mais qui lui promettait de plus hautes destinées. Cet élan fut favorisé par la publication de divers écrits, au nombre desquels on remarqua celui de Thomas Payne, intitulé *Le Sens commun*. L'auteur remontait aux principes mêmes de la société, dans cet ouvrage, qui fut publié à Philadelphie au mois de février 1776, et ses remarques étaient à la fois dirigées contre l'Angleterre et contre la monarchie. Le gouvernement lui paraissait être un mal nécessaire et un supplément à l'insuffisance de la morale : il fallait qu'il eût pour but la liberté et la sûreté des citoyens, et l'on devait préférer celui qui garantissait l'une et l'autre avec le moins de frais et le plus d'avantages. Le pouvoir de la couronne était regardé comme trop prédominant dans la constitution anglaise : l'hérédité du trône exposait au péril des minorités, des régences, des incapacités morales ou intellectuelles; elle n'avait pas préservé l'Angleterre des fréquents malheurs de la guerre civile, et la dépendance où elle tenait les Américains avait souvent été pour eux une source de calamités. L'auteur pensait que les colonies, abandonnées à elles-mêmes, auraient beaucoup plus prospéré. « L'Angleterre, en les exploitant, n'a eu en vue que de favoriser son propre commerce ; elle les a entraînées dans toutes ses guerres, et n'a eu à les protéger que contre les ennemis qu'elle s'était faits. L'Angleterre n'est pas leur mère patrie, car elles ont reçu de toutes les parties de l'Europe leurs habitants, et si elles avaient des liens de plus avec l'Angleterre, elles en ont été dégagées dès le moment où cette puissance s'est déclarée leur ennemie; elles ont reçu d'elle trop de mal pour qu'une réconciliation soit possible, et cet accord ne serait ni sincère ni durable : il n'est pas dans la nature humaine de redevenir ami de ceux auxquels on doit ses souffrances, sa misère et ses sanglantes pertes. Un gouvernement si éloigné de nous pourrait-il prévoir tous nos besoins, et voudrait-il nous assurer une prospérité qui éveillerait sa jalousie et sa méfiance? L'Amérique ne doit appartenir qu'à elle-même ; elle doit s'affranchir de son tuteur. La séparation aura lieu tôt ou tard, et il faut choisir pour l'effectuer le moment le plus opportun : aucun autre ne serait plus favorable. L'expérience de nos soldats s'est formée pendant la dernière guerre ; n'attendons pas que cette génération s'anéantisse. Nous avons aujourd'hui assez d'hommes pour nous défendre ; nous n'avons pas de dette ; nos moyens de construction navale sont abondants ; notre union nous rend plus forts, plus confiants, plus assurés du succès ; elle nous permet de nous donner un gouvernement national, et tout nous porte à déclarer notre indépendance. N'espérons jusque-là aucun secours étranger. Tant que nous nous regarderons comme sujets de l'Angleterre, les autres puissances nous traiteront de rebelles : il n'en sera pas ainsi, quand nous nous serons mis au rang des nations. »

Pour émouvoir d'une manière plus vive l'enthousiasme de tout un peuple, Thomas Payne lui peignait le brillant avenir qui lui était réservé. « Jamais, disait-il, le soleil n'éclaira une cause plus importante. Ce n'est pas l'affaire d'une ville, d'une province, d'un royaume; c'est celle d'un continent, d'un huitième de la terre habitable: ce n'est pas l'intérêt d'un jour, c'est celui de la postérité, dont les destinées, jusqu'à la fin des âges, vont dépendre de nos résolutions actuelles. »

Cet écrit dont nous venons de signaler le caractère eut une influence entraînante : il rendit national le sentiment de l'indépendance ; et le congrès, devenu l'organe de l'opinion publique, prépara bientôt l'adoption de ce système, en adressant à chaque colonie, par une résolution du 6 mai, l'invitation de faire cesser toute autorité qui émanerait de la couronne britannique, et d'établir la forme de gouvernement qui lui paraîtrait la plus conforme à ses intérêts particuliers et à ceux de toute la confédération.

Cette impulsion donnée à chacune des assemblées provinciales les détermina toutes à organiser de nouveaux gouvernements. Tous étaient représentatifs, et l'autorité royale y fut remplacée par celle du peuple, de qui dérivèrent tous les pouvoirs; il les exerça d'une manière plus ou moins immédiate. L'application de ce principe ne fut pas la même dans toutes les provinces : chacune d'elles eut égard aux coutumes locales, et fit entrer dans l'organisation de son gouvernement tout ce qu'on pouvait conserver des lois et des institutions précédentes, sans nuire aux libertés des habitants et aux nouveaux rapports qui devaient unir entre elles toutes les colonies.

Rhode-Island et le Connecticut n'eurent que peu de changements à faire dans leurs constitutions, où tous les pouvoirs émanaient déjà du peuple, où tous les magistrats tenaient leur nomination de lui. La Virginie et la Caroline du sud avaient prévenu les intentions du congrès, en cessant de reconnaître et en remplaçant toutes les administrations qui tenaient leur autorité de la couronne. Le même exemple fut généralement suivi, et le Maryland, la Pensylvanie, le New-York, qui hésitaient encore de rompre tous leurs anciens liens avec l'Angleterre, se laissèrent enfin entraîner par le mouvement de l'opinion.

Quelques remarques générales sur ces changements d'institutions peuvent suffire pour en faire apprécier le caractère et les principaux résultats. Vouloir décrire en détail le gouvernement de chaque colonie, ce serait substituer à l'histoire d'un grand peuple des tableaux de législation locale, qui doivent sans doute être consultés, mais dont l'analyse appartient à d'autres ouvrages. L'histoire a son domaine ; et si elle se permet quelques excursions passagères au delà de ses limites, c'est uniquement pour y chercher de nouveaux rayons de lumière : en éclairant sa marche, elle évite de s'engager dans des routes nouvelles, et ne s'attache avec persévérance qu'à son propre but.

Nous nous bornerons ainsi à faire observer que, dans presque toutes les constitutions coloniales, le pouvoir législatif fut concurremment exercé par deux chambres, appelées tour à tour à discuter les mêmes bills, et que la sanction du pouvoir exécutif y devint nécessaire au complément de la loi. Le pouvoir judiciaire était indépendant des deux autres, et l'on prit soin de l'environner de toutes les garanties qui pouvaient en assurer le libre exercice. La justice était regardée comme la principale force de l'état; elle y régnait en souveraine; elle y devenait la plus sûre gardienne des droits et des intérêts de la société, et l'on voyait sans inquiétude grandir une autorité secourable pour le faible et pour l'accusé : mais le pouvoir exécutif était généralement considéré d'un œil jaloux; on cherchait à limiter les fonctions des gouverneurs, et comme ils les avaient précédemment exercées au nom de la couronne, on voulait se réserver des sauvegardes contre le retour de la royauté. Les institutions monarchiques avaient habituellement inspiré aux Américains un sentiment de défiance : cette opinion remontait au temps de leurs ancêtres, à l'époque où les réformes religieuses et politiques se prêtaient une assistance mutuelle, où le système de la république était favorisé par le protestantisme, où Cromwell avait lui-même abattu la monarchie, où les persécutions, renouvelées avant et après lui contre les puritains et contre les autres dissidents, avaient fait passer en Amérique un grand nombre d'hommes imbus des mêmes doctrines et cherchant un refuge contre les rigueurs du pouvoir. Les émigrants que les colonies anglaises avaient reçus des autres parties de l'Europe étaient animés de dispositions semblables : ils avaient emporté dans leurs lieux d'exil la même liberté d'opinions; et l'empreinte de ces sentiments originels s'était transmise d'âge en âge à leurs descendants. Cette tradition des maux anciennement soufferts entretenait dans la plupart des familles un ressentiment héréditaire : le temps et d'autres habitudes de gouvernement avaient pu l'assoupir, et l'on s'était façonné à l'obéissance, tant qu'elle avait paru nécessaire à la sécurité; mais la flatteuse idée de réhabiliter les opinions paternelles, et de faire régner un système pour lequel on avait été longtemps persécuté, vint remettre en crédit la cause de l'émancipation, et fit adopter tous les principes de gouvernement propres à la favoriser. Les lois mêmes de l'Angleterre se prêtaient à ces principes; aussi elles continuèrent d'être en vigueur sous les nouveaux gouvernements qu'on adopta, et la révolution qui s'opérait devint plus facile, parce qu'elle n'ébranlait pas à la fois toutes les anciennes bases de la société.

L'établissement de ces diverses administrations, qui ne relevaient plus de la couronne, était un premier acte de séparation : il ne restait plus que de proclamer d'une manière solennelle l'indépendance des colonies; Henry Lee en fit la proposition, et John Adams la soutint avec chaleur dans la séance du 8 juin. L'éloquence de la raison et du sentiment se retrouvait dans son discours : il montra que de cette délibération allait dépendre non-seulement la destinée d'un peuple, mais celle de toutes les autres nations attentives à une lutte si mémorable. « Les Américains veulent jouir de la liberté que leurs pères étaient venus chercher sur ce rivage, et puisque l'Angleterre la leur refuse, ils doivent rompre avec elle. N'ont-ils pas épuisé inutilement les représentations et les prières? La métropole a-t-elle voulu notre bonheur? A-t-elle tenu ses promesses envers nous? Et qui pourra nous assurer qu'elle y serait plus fidèle si nous rentrions dans ses fers? Nous pouvons redevenir amis de l'Angleterre; mais nous ne voulons pas retomber dans la classe de ses sujets : la nature ne permet pas qu'un pays peuplé, fertile, étendu, industrieux, reste soumis à une autre puissance. Renonçons désormais aux demi-mesures; et puisque nous n'avons pas craint de désobéir, osons nous défendre. Il faut que la ligne de notre conduite cesse d'être indécise, que les citoyens, les étrangers sachent si nous sommes une véritable nation. En nous élevant à l'indépendance, nous accroissons nos forces sans augmenter nos périls, et nous embrassons le seul parti qui convienne à notre situation, à notre dignité. D'autres peuples ont conquis la liberté avant nous, et pour l'obtenir nous avons les mêmes forces, le même courage. » L'orateur rappelait ensuite les succès déjà obtenus à Lexington, à Boston, en Virginie et dans les Carolines; il y voyait l'augure des triomphes qui devaient couronner cette entreprise. Il montrait quel serait le prix de tant d'efforts : un continent affranchi, un asile ouvert aux opprimés de toutes les nations, une immortelle renommée pour les hommes qui auraient fondé le bonheur de leur patrie.

Une si belle perspective était propre à séduire des hommes généreux, et les opinions de l'orateur furent partagées par le congrès; mais cette assemblée ne voulut précipiter aucune résolution. La mesure qui lui était proposée exigeait un mûr examen; il était d'ailleurs essentiel d'obtenir un vote unanime; quelques opinions étaient encore divergentes, et la discussion fut renvoyée aux premiers jours du mois suivant.

Dans l'intervalle, les députés de chaque colonie avaient pu recevoir les instructions de leurs commettants : presque tous étaient chargés de voter l'indépendance; les autres étaient autorisés à se ranger à l'opinion de la majorité.

La commission qui eut à présenter un rapport sur cette grande question était composée de Jefferson, John Adams, Franklin, Shermann et Philippe Livingston. Les vues qu'elle soumit à l'assemblée éprouvèrent dans le cours des débats quelques modifications, et la déclaration d'indépendance fut unanimement adoptée par le congrès, dans sa séance du 4 juillet 1776. Nous croyons devoir rapporter ici textuellement un acte si mémorable et qui devint la base de l'existence politique des États-Unis (voy. *pl.* 51).

« Lorsque, dans le cours des événements humains, il devient nécessaire à un peuple de rompre les liens politiques qui l'attachaient à un autre peuple, et de prendre, parmi les puissances de la terre, le rang égal et distinct auquel les lois de la nature et le Dieu de l'univers lui donnent des droits, les égards qu'il doit avoir pour l'opinion des hommes exigent qu'il déclare les causes qui le forcent à cette séparation.

« Nous tenons pour évidentes ces vérités : que tous les hommes sont créés égaux ; qu'ils sont doués par leur Créateur de certains droits inaliénables, au nombre desquels sont la vie, la propriété, la recherche du bonheur; que, pour assurer ces droits, des gouvernements sont institués parmi les hommes, et qu'ils tirent leur légitime pouvoir du consentement des gouvernés; que partout où une forme de gouvernement est contraire à ce but, le droit des peuples est de la changer ou de l'abolir, et d'instituer un nouveau gouvernement, dont les principes soient fondés et les pouvoirs organisés de la manière qui leur paraît la plus propre à garantir leur sûreté et leur bonheur.

« La prudence nous dit en effet que des gouvernements établis depuis longtemps ne devraient pas être changés pour des causes frivoles et passagères; et l'expérience nous a montré que les hommes sont plus disposés à souffrir quand les maux sont tolérables, qu'à se faire eux-mêmes justice, en abolissant les formes auxquelles ils sont accoutumés; mais quand une longue suite d'abus et d'usurpations, qui tendent invariablement au même but, prouve le dessein de les soumettre à un despotisme absolu, leur droit et leur devoir sont de rejeter un tel gouvernement, et de pourvoir à de nouvelles garanties pour leur sécurité à venir.

« Telle a été la patiente tolérance de ces colonies, et telle est à présent la nécessité qui les oblige à changer leur ancien système de gouvernement. L'histoire du roi actuel de la Grande-Bretagne est une suite d'injures et d'usurpations répétées, ayant toutes pour objet direct d'établir sur ces états une tyrannie absolue. Pour le prouver, il suffit que les faits soient soumis au jugement impartial du monde.

« Il a refusé son assentiment aux lois les plus salutaires et les plus nécessaires au bien public. Il a défendu à ses gouverneurs de passer des lois importantes, dont la nécessité était urgente et immédiate, à moins qu'on n'en suspendît l'effet jusqu'à ce qu'on eût obtenu son assentiment; et quand elles étaient ainsi suspendues, il a entièrement négligé de s'en occuper. Il a refusé de sanctionner d'autres lois avantageuses à plusieurs grandes provinces, à moins que les habitants ne renonçassent au droit de représentation dans la législature, droit inestimable pour eux, et formidable aux tyrans seuls. Il a convoqué des corps législatifs dans des lieux inusités, incommodes, éloignés des dépôts de leurs archives publiques, dans l'unique dessein de les fatiguer, et de les plier à ses mesures. Il a dissous plusieurs fois les chambres représentatives, parce qu'elles s'opposaient avec une mâle fermeté à ses invasions sur les droits du peuple, et après les avoir dissoutes, il a refusé pendant longtemps d'en laisser nommer d'autres. Par là les pouvoirs législatifs, qui ne peuvent s'anéantir, sont revenus aux mains du peuple, pour être exercés dans toute leur plénitude, et l'État est resté, pendant leur suspension, exposé à tous les périls de l'invasion étrangère et des convulsions intérieures.

« Il a cherché à entraver la population de ces états, en s'opposant dans cette vue aux lois sur la naturalisation des étrangers, en refusant de sanctionner d'autres lois pour encourager leur migration dans ce pays, en rendant plus onéreuses les conditions mises à l'acquisition des terres. Il a nui à l'administration de la justice, en refusant son assentiment aux lois qui établissaient des pouvoirs judiciaires. Il a rendu les juges dépendants de sa volonté seule, pour la jouissance de leurs offices et pour la quotité et le payement de leurs honoraires. Il a érigé un grand nombre de nouveaux emplois, et il a envoyé une foule d'officiers pour harasser notre peuple, et pour en dévorer la substance. Il a maintenu parmi nous, en temps de paix, des armées permanentes, sans le consentement de nos législatures. Il a affecté de rendre le pouvoir militaire indépendant du pouvoir civil, et supérieur à lui.

« Il a combiné avec d'autres autorités les moyens de nous assujettir à une juridiction qui est étrangère à notre constitution et que nos lois ne reconnaissent point, en donnant son adhésion à leurs actes de prétendue législation; afin de tenir en quartiers parmi nous de grands corps de troupes armées; de les mettre, par une procédure dérisoire, à couvert de toute punition, pour les meurtres qu'ils auraient commis sur les habitants de ces états; d'interrompre notre commerce avec toutes les parties du monde; d'imposer des taxes sur nous sans notre consentement; de nous priver, en plusieurs cas, des bénéfices du jugement par jury; de nous transporter au delà des mers, pour y être jugés sur de prétendues offenses; d'abolir le libre système des lois anglaises dans une province voisine, en y établissant un gouvernement arbitraire, et en prolongeant ses limites, de manière à s'en servir à la fois d'instrument et d'exemple, pour introduire les mêmes règles absolues dans ces colonies; de supprimer nos chartes, d'abolir nos plus précieuses lois, et d'altérer dans ses bases le système de nos gouvernements; de suspendre nos propres législatures, et de se déclarer lui-même investi du droit de nous donner des lois dans tous les cas.

« Il a abdiqué ici le gouvernement, en nous déclarant privés de sa protection, et en commençant la guerre contre nous : il a pillé nos mers, ravagé nos côtes, brûlé nos villes, massacré nos habitants. En ce moment il transporte de grandes armées d'étrangers mercenaires, pour compléter l'œuvre de mort, de désolation et de tyrannie, déjà commencée avec des circonstances de cruauté et de perfidie, à peine égalées dans les siècles les plus barbares, et entièrement indignes du chef d'une nation civilisée. Il a contraint nos concitoyens, faits prisonniers en haute mer, à porter les armes contre leur pays, à devenir les bourreaux de leurs amis et de leurs frères, ou à tomber eux-mêmes sous leurs coups. Il a excité parmi nous des insurrections domestiques, et a cherché à déchaîner contre les habitants de nos frontières d'impitoyables sauvages indiens, dont on sait que le principe de guerre est de tout détruire, sans distinction d'âge, de sexe ni de condition.

« A chaque redoublement d'oppression, nous avons fait des remontrances dans les plus humbles termes, afin de n'en être plus accablés : nos pétitions réitérées n'ont été répondues que par le renouvellement des injures. Un prince, dont le caractère est ainsi marqué par tous les actes qui n'appartiennent qu'à un tyran, est incapable de gouverner un peuple libre.

« Nous n'avons pas manqué d'égards envers les Anglais nos frères ; nous les avons avertis plusieurs fois des tentatives faites par leur législature pour étendre sur nous un pouvoir que rien ne justifie; nous leur avons représenté les circonstances de notre émigration et de notre établissement dans ce pays ; nous en avons appelé à leur justice et à leur magnanimité naturelle, et nous les avons conjurés, par les nœuds de parenté, formés entre nous, de désavouer ces usurpations, qui interrompraient inévitablement nos liaisons et notre correspondance avec eux. Ils ont été sourds à la voix de la justice et du sang. Nous devons donc céder à la nécessité qui ordonne notre séparation, et les tenir, comme nous tenons le reste des hommes, pour ennemis dans la guerre et amis dans la paix.

« En conséquence, Nous les Représentants des États-Unis d'Amérique, assemblés en congrès général, protestant au Juge suprême du monde de la rectitude de nos intentions, au nom et par l'autorité du bon peuple de ces colonies, publions et déclarons solennellement : que ces colonies unies sont et doivent être de droit des états libres et indépendants; qu'elles sont affranchies de toute allégeance envers la couronne britannique; que tout lien politique entre elles et la Grande-Bretagne est et doit être totalement dissous, et que, comme états libres et indépendants, elles ont plein pouvoir de déclarer la guerre, de conclure la paix, de contracter des alliances, de régler leur commerce, et d'accomplir tous les autres actes que des états indépendants ont le droit d'exercer.

« A l'appui de cette déclaration, et avec une ferme confiance dans la protection de la Providence divine, nous engageons mutuellement les uns envers les autres notre vie, nos fortunes et notre honneur sacré. »

La déclaration d'indépendance que nous venons de rapporter fut signée par tous les membres du congrès : elle fut solennellement proclamée, et consacrée par des réjouissances publiques à Philadelphie, à New-York, à Boston, à Baltimore, et dans les autres capitales. Toutes les brigades de l'armée américaine la reçurent avec acclamation; des salves d'artillerie de treize coups de canon, en l'honneur des treize états qui formaient la confédération nouvelle, retentirent d'une forteresse à l'autre, et furent répétées par chaque batterie sur tous les points du littoral. La rupture de tous les anciens liens avec l'Angleterre éclatait ainsi de toutes parts, et les énergiques résolutions du congrès, ses levées de troupes, et tous ses préparatifs de défense témoignèrent assez qu'en prenant cette mesure irrévocable, il en avait prévu et accepté tous les périls.

LIVRE HUITIÈME.

Débarquement des Anglais a Long-Island. Bataille de Brooklyn. Fermeté du congrès. Accroissement et organisation des troupes de terre. Armements maritimes. Envoi d'une mission en France. Dispositions qu'elle y trouve envers les Américains. Suite des opérations de la guerre sur les deux rives de l'Hudson, vers le lac Champlain et sur les bords de la Delaware. Combats de Trenton et de Princeton. Fin de la campagne dans le New-Jersey.

Quoique l'indépendance américaine eût été, dès l'origine du congrès, le but auquel tendaient la plupart de ses membres, cependant cette grande mesure avait été longtemps préparée avant d'être mise à exécution. Deux années d'épreuve avaient mûri le projet qu'on avait conçu : en suspendant la décision on l'avait fait désirer plus vivement; et lorsqu'elle fut enfin adoptée par le congrès, elle sembla lui être dictée par l'opinion publique.

La gravité des périls dont les États-Unis étaient alors menacés exigeait de leur part une nouvelle énergie : la Grande-Bretagne avait assemblé ses forces pour les soumettre; elle allait fondre sur un pays où elle pouvait être secondée par de nombreux partisans, et, en opposant des troupes aguerries à des corps de milices et de volontaires levés à la hâte, elle espérait de faciles avantages. L'évacuation de Boston par les troupes britanniques ne les avait pas affaiblies, elle n'avait fait que déplacer le théâtre de la guerre. Ces troupes, longtemps sur la défensive, avaient à venger une récente disgrâce : elles allaient attaquer à leur tour, et les puissants renforts qu'elles avaient reçus, les escadres mises à leur disposition, leur permettaient de se montrer partout avec la supériorité des armes, de la discipline et du nombre.

Une attaque vers le centre des colonies anglaises fut regardée comme le moyen le plus propre à désunir les forces des Américains, à rallier autour de soi les amis de la cause royale, qu'on pouvait y attirer de différents points, et à mettre l'armée en communication, soit avec les troupes du Canada, soit avec les nations indiennes, dont on se promettait la coopération. Ce fut vers l'État de New-York que l'expédition des Anglais fut dirigée (voy. *pl.* 52).

La ville de New-York est située à l'extrémité méridionale d'une île de ce nom, qui se prolonge du nord au sud, entre l'Hudson et la rivière de l'Est. On pénètre par les eaux de l'Hudson, dans les parties septentrionales de la colonie. L'embouchure de la rivière de l'Est sépare New-York du bourg de Brooklyn, et comme elle est assez étroite pour que l'artillerie puisse battre en brèche d'une rive à l'autre, l'occupation de ce poste avancé devient utile à la défense de la place. Washington fit passer à Brooklyn un corps de douze mille hommes, commandé par le général Putnam; et cette position fut couverte par une ligne de retranchements, qui s'étendaient depuis la baie de Wallabond jusqu'à de profonds marais voisins de l'anse de Gowan. L'île du Gouverneur, située au midi de New-York, dont elle couvre les approches, était occupée par un corps de deux mille hommes, et un autre détachement fut placé sur la rive occidentale de l'Hudson, à Powles Hook, qui domine l'entrée de ce fleuve.

Il n'était pas alors au pouvoir des Américains de fortifier des positions plus avancées vers la mer. Une escadre anglaise, mouillée dans la baie, était maîtresse des *Narrows*, ou du détroit qui en forme l'entrée : elle pouvait, sur l'une et l'autre rive de ce passage, entretenir de libres communications, d'un côté avec Staten-Island, de l'autre avec Long-Island; et d'autres flottes amenaient sur le même point différents corps d'armée, qui s'élevèrent enfin jusqu'à vingt-cinq mille hommes; les troupes de Hesse et de Brunswick en formaient la moitié.

Il y eut, le 28 juin 1776, un premier débarquement à Sandy-Hook, pointe de terre avancée qui appartient au New-Jersey, et que l'on reconnaît en approchant de la baie de New-York. Le 2 juillet, les troupes descendirent à Staten-Island; la flotte était commandée par l'amiral Howe, l'armée l'était par le général son frère, et les opérations de terre et de mer se combinaient avec un parfait accord. Les Anglais trouvèrent dans les lieux où ils descendirent un grand nombre de secours en vivres et en approvisionnements : les habitants leur paraissaient animés des dispositions les plus favorables, et le général Howe se persuada que cette opinion était générale, que l'imposant appareil de ses forces intimiderait les insurgés, que si on leur faisait espérer de rentrer en grâce, ils pourraient encore être disposés à la soumission. Le gouvernement britannique l'avait autorisé à offrir des amnisties, et à promettre *la paix du roi* aux provinces et aux villes qui abandonneraient la cause des rebelles. Cette promesse fut publiée partout, et l'on exagérait en même temps les forces qu'allait déployer l'Angleterre. Les esprits timides étaient ébranlés : ils craignaient d'aggraver par la guerre les malheurs de leur patrie; et le général Howe, voyant cette opinion s'étendre, désira correspondre avec Washington lui-même sur les moyens d'amener un rapprochement entre les deux pays. Mais en lui écrivant il évitait de faire mention de son caractère public, et la lettre n'était adressée qu'à M. George Washington. Le général américain refusa de la recevoir : il n'avait à suivre, comme particulier, aucune correspondance avec le chef de l'armée ennemie; et dans ses relations officielles, il avait à réclamer le titre que le congrès des États-Unis lui avait conféré. Sa mission ne pouvait être équivoque, et il ne voulait point qu'on parût méconnaître l'autorité de qui émanaient ses pouvoirs : ce n'était pas s'attacher par susceptibilité à une pointillerie d'étiquette, c'était soutenir par sentiment de devoir et de convenance une question de droit et de dignité. Un aide de camp du général anglais fut alors envoyé à Washington, pour lui offrir quelques explications insuffisantes, et pour lui exprimer le désir de conclure un arrangement : mais cette entrevue n'eut aucun résultat. Washington fit entendre qu'il n'était pas autorisé à négocier. Il s'étonnait d'ailleurs qu'on voulût traiter en coupables les Américains, en leur offrant une amnistie, qui ne convenait point à des hommes irréprochables et dévoués à la défense de leur patrie. Ces premières démarches du général Howe ayant échoué, il ne resta plus qu'à décider, les armes à la main, cette grande querelle, et à recourir à la dernière raison des nations et des rois.

L'intention du général Howe était de commencer dans Long-Island ses opérations militaires. Cette île lui offrait toutes les ressources nécessaires pour la subsistance de son armée : elle le mettait à portée du Connecticut, de New-York et du New-Jersey, et lui donnait la facilité de choisir tous ses points d'agression. Le 22 août 1776, l'armée britannique débarqua sur la rive occidentale de Long-Island, entre les bourgs de Gravesend et d'Utrecht, et prolongea sa marche sur le versant méridional des hauteurs de Guant, qui la séparaient de l'armée américaine. Les principaux passages de cette chaîne étaient gardés au centre par le général Sullivan, à droite par les généraux Parsons et Stirling, et à gauche par le colonel Miles.

Les Anglais ayant résolu d'attaquer ces trois points, afin de se porter ensuite sur le camp retranché que le général Putnam occupait à Brooklyn, partagèrent également leur armée en trois divisions : celle du centre était sous les ordres du général Heister; celle de gauche était commandée par le général Grant, et l'aile droite, qui était la plus nombreuse, se composait de trois corps, conduits par Clinton, Percy et Cornwallis. La principale attaque lui était réservée; le général Howe qui la dirigeait eut soin de masquer ses mouvements, et tandis que Heister, à la tête des Hessois, et Grant, à la tête d'un corps britannique, engageaient l'action contre les troupes qui leur étaient opposées, l'aile droite, formée en colonne, poursuivait sa marche le long des hauteurs, pour se porter plus au loin vers les passages les moins difficiles et les plus faiblement gardés. Elle parvint, en éprouvant très-peu de résistance, sur le revers septentrional de la chaîne élevée qu'elle avait franchie, et, après avoir tourné l'aile gauche américaine, qui fut promptement dispersée, elle vint attaquer en flanc les troupes du centre, commandées par Sullivan, et déjà vivement pressées par le général Heister. Les Américains, accablés par le nombre, voulurent se replier vers le camp de Brooklyn; mais la retraite leur était coupée par d'autres troupes anglaises que Clinton avait fait rapidement porter dans l'intervalle : ils se trouvèrent enveloppés de toutes parts, et en cherchant à s'ouvrir un passage ils éprouvèrent une perte considérable. L'aile droite des Américains gardait encore avec vaillance ses positions contre le général Grant; mais elle fut ensuite investie par les troupes britanniques qui avaient tourné le centre : elle était aussi battue en flanc par l'artillerie de quelques vaisseaux anglais, stationnés près du littoral; et ne pouvant plus se défendre, elle perdit un grand nombre d'hommes, soit par le feu de l'ennemi, soit en traversant les marais qui la séparaient du camp.

Le général Howe dut sa victoire à l'habileté de ses manœuvres : il ne perdit que quatre cents hommes dans ce combat, qui en coûta plus de trois mille aux Américains. Toutes les mesures que Sullivan avait prises pour disputer le passage des hauteurs n'avaient pas été observées, et l'inexécution d'une partie de ses ordres avait nui à l'ensemble de sa défense. Les deux ailes n'entretinrent pas de communications avec le corps principal, et les Américains s'étant réduits à combattre isolément sur différents points, sans connaître les véritables périls les uns des autres, se privèrent des moyens de s'entre-secourir. Aussitôt que leur droite eut été forcée, l'ennemi put attaquer avec ses forces réunies chacun des deux autres corps. Sullivan, qui s'était défendu avec courage, ne put pas trouver la mort : il fut au nombre des prisonniers.

Après un avantage si décisif, le général Howe se porta rapidement vers le camp retranché de Brooklyn; mais il trouva cette position gardée par d'autres troupes américaines qui n'avaient eu à prendre aucune part à l'action. Washington venait d'y arriver lui-même, et si la défaite eût été moins complète, il aurait essayé de rétablir le combat; mais les progrès de l'ennemi étaient déjà si rapides qu'on ne pouvait plus espérer de changer le sort de la journée. Le général américain ne voulut pas exposer à une ruine inévitable les corps qui pouvaient un jour l'aider à réparer ses pertes : il reconnut même qu'après cette défaite la position de Brooklyn ne pouvait plus être gardée : un conseil de guerre, dont il voulut prendre l'avis, partagea cette opinion, et deux jours après le combat la retraite fut effectuée avec ordre, dans la nuit du 29 août. Washington fit transporter à New-York l'artillerie, les bagages, les munitions, les troupes, et après avoir veillé au salut de tous, il s'embarqua le dernier.

L'île du Gouverneur fut évacuée plusieurs jours après : il devenait inutile de la garder, et ce poste militaire ne pouvait plus défendre les approches du port, depuis qu'on avait perdu ses positions sur le rivage de Long-Island.

Le commandant des forces britanniques crut alors pouvoir renouveler avec plus de confiance la proposition d'un arrangement : il fit témoigner au congrès le désir d'avoir une entrevue avec quelques-uns de ses membres, et le message et la réponse furent portés par le général Sullivan : honorable mission d'un prisonnier de guerre, qui, momentanément affranchi sur sa parole, était assez estimé de ses amis et de ses ennemis pour devenir, dans une circonstance si grave, leur mutuel interprète. Trois députés du congrès furent envoyés au général Howe : c'étaient Franklin, John Adams et Rutledge. Leur conférence avec lui eut lieu le 11 septembre, sur la rive méridionale de Staten-Island; mais elle n'eut aucun succès. Les bases proposées de part et d'autre étaient trop différentes : le général anglais ne promettait la révocation des actes de son gouvernement que lorsque les colonies rentreraient dans la soumission; et les députés américains lui ayant déclaré que les États-Unis ne retourneraient plus sous la domination de l'Angleterre, les conférences furent rompues. Le congrès approuva la conduite de ses envoyés.

Quel était le principe de sa confiance et de son énergie, et quelles étaient les ressources dont il pouvait disposer? Ces questions méritent sans doute d'être éclaircies : leur examen nous conduit à reconnaître cet esprit de vie et de force qui anima dès l'origine la confédération américaine, qui la soutint au milieu des crises les plus difficiles, et qui put enfin assurer son triomphe.

Il se rencontre, parmi les hommes constamment occupés du sort de leur pays, un petit nombre d'esprits supérieurs qui sont appelés à influer sur sa destinée : ils observent les mouvements progressifs de l'opinion cessent, quand il le faut, de suivre les routes battues et creusées pendant plusieurs siècles, et regardent le perfectionnement des institutions humaines comme le plus digne sujet de leurs méditations. On vit briller dans le congrès des États-Unis quelques-uns de ces hommes remarquables : embrassant dans leur vaste intelligence les intérêts de tout un peuple, ils mesurèrent la portée de ses forces, voulurent l'affranchir de ses entraves, et appelèrent une nation à l'existence. Ces hommes devaient jouir de la faveur d'une assemblée qui se dévouait à la cause publique : on accueillit à l'unanimité les vues et les espérances que leur génie avait conçues ; on ne fut intimidé par aucune menace, ni arrêté par aucun obstacle ; et le congrès ayant juré l'indépendance resta constamment fidèle à sa promesse. Il avait tout à créer pour le soutien d'une si grande cause. Les milices coloniales ne suffisaient plus à la défense d'un pays attaqué par des troupes régulières et disciplinées : elles avaient souvent à se pourvoir elles-mêmes de leur équipement et de leurs armes ; les fusils étaient de différents calibres : un grand nombre d'hommes n'en avaient pas ; on manquait de munitions, d'uniformes, d'effets de campement ; l'artillerie était mal servie ; les convois, les administrations de subsistances n'étaient pas organisés, et leur service ne pouvait pas être suppléé par des entreprises particulières. Aussi l'on était constamment exposé aux plus pénibles privations ; et lorsqu'une campagne était terminée, ces hommes aspiraient à reprendre les paisibles occupations de la vie privée : ils regardaient leurs devoirs militaires comme accomplis.

Pour avoir des troupes habituellement disponibles, on leva des corps de volontaires qui s'engageaient pour un plus long temps ; on rendit leur armement plus régulier, et une solde fixe leur fut assurée ; mais si les expéditions pour lesquelles ces hommes s'étaient enrôlés traînaient en longueur et devaient employer plusieurs campagnes, ils menaçaient d'abandonner leur service. On eut de nombreux exemples de ces retraites imprévues, pendant la longue durée du siége de Boston, et pendant la guerre d'invasion dirigée contre le Canada. Les généraux eurent souvent à craindre la dissolution de leurs armées, soit par l'effet de cette indiscipline, soit à l'expiration légale des enrôlements.

De si difficiles épreuves, et des périls sans cesse renaissants firent enfin reconnaître qu'il ne suffisait pas d'engager des volontaires pour une seule expédition. Les hostilités n'étaient plus locales et temporaires ; la guerre devenait générale et continue : il fallait pouvoir compter sur des hommes obligés de servir jusqu'au retour de la paix ; mais l'époque en était trop indécise et trop éloignée pour que l'on fût disposé à l'attendre. L'esprit et l'intérêt de localité avaient d'ailleurs continué de nuire à la formation d'une armée nationale. Les habitants d'une province étaient prêts à la secourir si elle était directement menacée, mais ils n'étaient pas assez convaincus qu'ils devaient aux pays voisins un appui semblable, qu'ils n'étaient forts que par leur concours, et qu'en isolant leur défense ils mettaient en péril la confédération entière.

Le congrès résolut de remédier à de semblables causes de désorganisation et de faiblesse, en ordonnant la formation d'une armée de troupes de ligne, à laquelle chaque État fournirait son contingent, et qui serait composée de quatre-vingt-huit bataillons, et en décidant que les enrôlements seraient contractés jusqu'à fin de la guerre. On assura des récompenses aux hommes qui auraient défendu leur pays, et chacun d'eux put s'attendre à recevoir, après la conclusion de la paix, une concession de terre proportionnée à son grade.

La situation de la marine avait aussi éveillé les sollicitudes du congrès, et dès le commencement des hostilités on avait encouragé les armements. La colonie du Massachusett s'en était occupée la première : les obstacles opposés par l'Angleterre à son commerce et à ses pêcheries avaient enlevé aux équipages des navires leurs premières ressources, et ils en cherchèrent de nouvelles en attaquant les navires anglais dans les parages de l'Acadie, de Terre-Neuve, des Antilles, et jusque dans les eaux de la Grande-Bretagne. Les bénéfices de la course succédèrent ainsi à ceux du commerce : l'activité, l'audace des marins les disposaient à cette profession périlleuse; et si les uns étaient excités par l'attrait et les faveurs de la fortune, d'autres, plus vivement animés du désir de servir leur pays, s'attachaient à intercepter les convois d'armes et de munitions destinées à l'ennemi. Ils cherchèrent, pendant toute la durée du blocus de Boston, à isoler dans ce port la garnison anglaise, à s'emparer de tous les secours qu'elle pouvait recevoir par l'Océan, et à la réduire à la famine, tandis que les troupes de terre la privaient des ressources du continent, et poursuivaient contre elle les travaux du siége.

Ces armements en course se multiplièrent dans tous les ports, à mesure qu'on eut à souffrir de l'interruption du commerce. On y trouvait une occasion de se signaler : il s'y mêlait une noble émulation, un sentiment national et patriotique, et le désir de chercher la gloire en vengeant les injures de son pays. On vit souvent les corsaires américains attaquer des vaisseaux d'une force supérieure, et les enlever à l'abordage; souvent stationnés en embuscade, et mis à couvert dans leurs aguets par quelques replis du littoral, ils s'élançaient à l'improviste et comme des oiseaux de proie sur l'ennemi qui passait à leur portée; ils évitaient la rencontre de ses grandes escadres, mais ils surprenaient les vaisseaux de convoi, que les vents ou les courants avaient écartés; et lorsqu'ils avaient à fuir un engagement trop inégal, ils cherchaient l'abri des côtes, et trouvaient de faciles refuges, soit à travers les archipels qui bordent une partie du rivage, soit dans les anses et les criques qui n'avaient pas assez d'eau pour que les vaisseaux de guerre pussent les y poursuivre.

Aucune contrée maritime n'est plus propre que celle des États-Unis d'Amérique à développer les inclinations et les habitudes maritimes. Une population accoutumée dès l'enfance au spectacle de l'Océan, et distribuée sur un littoral immense que traversent un grand nombre de fleuves navigables, regarde également la mer et la terre comme son domaine. Ses constructions navales font partie de ses habitations : elle se partage en familles sédentaires et voyageuses, dont les unes cultivent le sol, élèvent et font prospérer les manufactures, tandis que les autres, égarant leur vie aventureuse sur le lit des grands fleuves, dans de profondes baies et sur l'Océan, circulent d'un parage à l'autre, développent au milieu de la paix les relations du commerce entre les nations, et agrandissent pendant la guerre le théâtre de leurs hostilités.

Ce génie entreprenant et courageux se retrouvait dans toutes les colonies : le congrès en profita pour commencer l'établissement d'une marine, devenue nécessaire à la défense des côtes. Une escadre américaine de deux frégates, trois corvettes, treize chaloupes canonnières, partit de la Delaware, sous les ordres de Hopkins, au mois de février 1776, pour tenter une expédition dans l'archipel des Lucayes : elle s'empara d'un dépôt considérable d'artillerie, de boulets et de poudre, que les Anglais avaient dans l'île de Providence, et après avoir eu en mer quelques engagements avec l'ennemi, elle ramena heureusement ses prises à New-London dans le Connecticut. D'autres combats honorables eurent lieu vers les côtes du Massachusett; il y eut souvent des rencontres particulières entre des vaisseaux armés, et dans ces luttes corps à corps l'intrépidité américaine fut habituellement remarquée.

Jusqu'alors les armements en course n'avaient été encouragés que par les gouvernements de chaque État. Ils reçurent tout à coup l'impulsion d'une autorité supérieure; ce service fut régularisé par le congrès, et une instruction qu'il adressa, le 10 avril de la même année, à tous les commandants de vaisseaux de guerre et de bâtiments armés en course, les autorisa à capturer tous les vaisseaux britanniques, à l'exception de ceux qui transporteraient aux colonies des armes et des munitions destinées à leur défense, ou des passagers dont l'intention serait de s'y établir. On ordonna également la capture de tous les transports d'armes, de soldats, de contrebande de guerre, expédiés, sous un pavillon quelconque, aux armées anglaises qui se trouvaient en Amérique, et des cours de justice furent chargées de prononcer sur la légitimité des prises.

Ces mesures étaient les représailles de celles qu'avait prises le gouvernement britannique, lorsque, après avoir prohibé toute relation de commerce avec les colonies d'Amérique pendant toute la durée de l'insurrection, il avait déclaré que tout vaisseau appartenant aux habitants de ces colonies, et employé à leur commerce, serait regardé comme ennemi, pourrait être capturé, et serait condamné comme prise par les cours de l'amirauté.

Chacun des deux pays opposait ainsi l'un à l'autre ses forces navales ; mais elles ne se balançaient point, et quels que fussent les dommages mutuels, l'empire de la mer restait aux flottes britanniques. Une marine naissante ne pouvait entraver leurs opérations principales et prévenir les débarquements de troupes qu'elles pouvaient successivement tenter sur différents points. Cette supériorité maritime exposait à des périls imprévus toutes les parties d'un littoral immense, et l'ennemi avait l'avantage de se porter avec ses forces réunies sur les points les plus faibles et les plus accessibles ; il fallait pour les défendre désarmer subitement d'autres provinces, et fatiguer par de pénibles marches les troupes de terre destinées à repousser ces agressions ; le siége des opérations militaires venait tout à coup à changer, et l'habileté des manœuvres ne fut jamais plus nécessaire que dans une longue suite d'expéditions où l'on eut à parcourir de si vastes contrées.

Après la bataille de Brooklyn et la retraite des troupes américaines qui occupaient ce camp retranché, le but principal du général Howe fut de s'emparer de New-York, dont il n'était séparé que par la rivière de l'Est. Pour assurer le succès de son entreprise, il voulut d'abord s'établir au nord de la place, et vers le centre de l'île où elle est située. Les mouvements de la flotte et de l'armée anglaise furent dirigés vers ce point : quelques vaisseaux remontèrent l'Hudson, d'autres la rivière de l'Est ; plusieurs s'engagèrent dans le canal qui joint cette rivière au détroit de Long-Island, et un débarquement fut effectué le 15 septembre sur la côte orientale de l'île de New-York.

Washington avait pénétré les desseins du général Howe ; mais il n'avait point assez de forces pour prévenir cette invasion ; et comme elle devait entraîner le blocus de la place, il crut nécessaire d'en retirer la garnison, afin de ne pas affaiblir par un détachement trop considérable le corps de troupes avec lequel il allait tenir la campagne. Un conseil de guerre, qui fut assemblé par ses ordres, ayant résolu l'évacuation de New-York, la garnison se replia vers le nord ; et cette retraite, conduite par le général Putnam, fut heureusement accomplie, au moment même où les troupes anglaises débarquées à quelques milles de distance commençaient à se répandre au centre de l'île, et allaient couper toutes les communications. New-York fut bientôt occupé par les Anglais, et les troupes américaines et britanniques se trouvèrent cantonnées dans les autres parties de l'île. Leur rapprochement donna lieu pendant un mois à de nombreuses escarmouches, genre d'attaque plus convenable que des batailles rangées à des corps de tirailleurs, peu accoutumés aux grandes évolutions, mais exercés au maniement des armes à feu, et habiles à profiter des accidents du terrain. Ces combats, où les Américains obtinrent quelques avantages, dissipaient les impressions causées par un premier revers. Cependant d'autres causes contribuaient à l'affaiblissement et à la dislocation de leur armée : elles tenaient au vice primitif de son organisation, au peu de durée des engagements contractés, à l'impatience du travail et de la fatigue, dans une saison qui allait devenir d'autant plus rigoureuse, que les opérations journalières de la guerre tendaient à se diriger vers le nord.

L'intention du général Howe était en effet de se porter avec ses principales forces vers les terres élevées qui séparent du nord au midi les bassins de l'Hudson et du Connecticut. Il voulait, par cette manœuvre, couper les communications des Américains avec les différentes contrées de la Nouvelle-Angleterre, d'où ils pouvaient recevoir des secours en hommes, en munitions et en subsistances : il espérait d'ailleurs les décider à évacuer en entier l'île de New-York ; son but était de les attirer vers le point qu'il occupait lui-même, et de les entraîner dans un engagement en rase campagne.

Tous les mouvements des troupes britanniques étaient observés avec soin, et Washington sut constamment déconcerter les plans de son adversaire. Pendant un mois, les opérations de l'un et de l'autre se bornèrent à des marches savantes, où l'on chercha de part et d'autre à choisir ses positions, à se préserver d'une surprise, et à ne rien abandonner aux caprices de la fortune. Washington occupa successivement différents postes retranchés ; et quoique le général Howe le rencontrât toujours devant lui, il ne put le forcer à une bataille décisive, contre une armée qui était alors beaucoup plus nombreuse que celle des Américains.

A mesure que la défense des territoires envahis offrait plus de difficultés, et que la guerre prenait plus d'extension, le congrès reconnaissait davantage la nécessité d'unir par des liens plus forts tous les membres de la confédération américaine ; et tel fut l'objet d'une résolution qu'il adopta le 4 octobre 1776, et qu'il soumit à l'approbation de tous les gouvernements particuliers. Les clauses en furent observées pendant toute la durée de la guerre, et l'on n'en modifia quelques-unes que plusieurs années après le retour de la paix.

Les treize États unis s'engageaient par cet acte à repousser en commun toutes les attaques dirigées contre eux, pour cause de religion, de souveraineté, de commerce, ou sous quelque autre prétexte. Chacun d'eux se réservait le droit de régler sa législation et son administration particulière ; nul ne pouvait conclure de traités, sans le consentement du congrès, soit avec d'autres membres de la confédération, soit avec les puissances étrangères. C'était au congrès à déterminer le nombre de troupes et de vaisseaux de guerre que chaque État pouvait avoir en temps de paix. Chacun d'eux devait concourir à la formation d'un trésor commun, destiné à payer les dépenses générales. Aucun ne pouvait s'engager dans une guerre sans le consentement du congrès, à moins que son territoire ne fût envahi, ou qu'il ne fût menacé par les Indiens d'une attaque prochaine. Le congrès avait seul le droit de décider de la paix et de la guerre, de donner des lettres de marque, d'établir des tribunaux pour juger les prises, d'envoyer et de recevoir des ambassadeurs, de conclure des traités d'alliance, de déterminer les limites, de battre monnaie, de fixer les poids et mesures, de régler le commerce et toutes les relations avec les Indiens, de nommer aux principaux offices civils et militaires, d'organiser l'administration et les différents services de l'armée. Il avait le droit de nommer un conseil d'État pour l'expédition des affaires, celui de contracter des emprunts, de créer des billets de crédit, de demander à chaque État un contingent de troupes proportionné à sa population blanche. Si le Canada désirait se joindre à la confédération, il y serait admis ; aucune autre colonie ne pourrait y être reçue sans le consentement de neuf États.

Les Américains, en délibérant sur

les moyens de défense qu'ils avaient à puiser dans leurs propres ressources, et dans le concours de tous les confédérés, tournèrent aussi les yeux vers les puissances étrangères qui pouvaient s'intéresser à leur cause, et dont ils avaient à espérer quelques secours. Tant qu'ils avaient gardé l'espérance d'un arrangement avec la métropole, ils n'avaient cherché aucun appui étranger; et, retenus par leurs liens avec l'ancienne patrie, ils ne voulaient pas être les artisans d'une guerre entre elle et les autres nations. Mais lorsque l'Angleterre vint à prohiber toute expédition d'armes, de munitions, d'effets militaires destinés aux colonies insurgées, celles-ci recoururent aux approvisionnements qui pouvaient leur être fournis par le commerce étranger : les ports d'Amérique furent ouverts à tous les pavillons; on encouragea spécialement toutes les importations utiles à la guerre ou à la marine; et un agent américain, Silas Deane, fut envoyé en France pour y chercher ce genre de secours. Il y trouva des négociants disposés à favoriser ses projets : le commerce, invité à paraître dans une vaste contrée, que le système colonial de l'Angleterre lui avait longtemps interdite, prépara ses expéditions. L'esprit d'émulation qui présidait alors à ses entreprises lui faisait embrasser de plus grandes spéculations, et il brava souvent les risques auxquels les armements maritimes de l'Angleterre exposaient les navires envoyés en Amérique. Si quelques-unes de ses cargaisons étaient capturées, les bénéfices des autres arrivages le dédommageaient de ses pertes.

Une grande carrière venait de s'ouvrir au courage, de même qu'à l'esprit du commerce; et l'Amérique, après avoir longtemps appelé des cultivateurs européens, était intéressée à accueillir favorablement tous les hommes dévoués qui pouvaient concourir à sa défense. Le désir d'y prendre part animait un grand nombre de Français; l'esprit militaire de cette nation y trouvait un nouvel aliment à sa passion pour la gloire; douze années de paix s'étaient écoulées, et l'on n'était point accoutumé à de si longues trêves. Des réformes considérables avaient été faites dans l'armée : le zèle et la valeur de ces guerriers restaient sans emploi; et plusieurs officiers français vinrent, en 1775, offrir leurs services au congrès pendant le siége de Boston; d'autres les suivirent immédiatement. On doit citer, au nombre des hommes qui se présentèrent dès l'origine même de la guerre, la Roche de Fermoy, qui fut élevé au grade de brigadier général, du Portail et du Plessis-Mauduit, officiers distingués dans l'arme du génie, dans cette école de mérite et de savoir qui a constamment joui en France d'une si haute et si juste renommée.

Les Français qui s'attachèrent les premiers au service de l'Amérique ne suivaient qu'un mouvement spontané, et le gouvernement n'avait pas influé sur leur résolution; il se bornait à laisser à des hommes sensibles à l'honneur militaire la liberté de chercher hors de leur pays les occasions de s'illustrer par quelques faits d'armes. C'était ainsi que des volontaires français étaient allés servir, en 1770, dans les rangs des confédérés polonais qui combattaient pour l'indépendance de leur patrie. A toutes les époques de la monarchie, les Français avaient joui de la même liberté : elle convenait à leurs habitudes, elle se liait à leurs institutions; et le gouvernement n'imposait à ces braves, qui allaient servir l'étranger, que l'obligation de ne pas porter les armes contre leur patrie.

Tandis qu'un certain nombre de Français allaient chercher au loin du service militaire, et choisissaient eux-mêmes les drapeaux qu'ils désiraient suivre, le gouvernement, qui laissait un libre cours à leurs inclinations, continuait cependant d'être neutre : aucune rupture n'avait éclaté entre l'Angleterre et lui, et cette situation lui imposait une réserve où il avait la prudence de se maintenir; mais il suivait des yeux la pente des événements : il voyait rompre les liens de l'Angleterre avec les États-Unis: sans discuter leurs droits à l'indépendance, il la regardait comme proclamée, et peut-être comme irrévocable. Les Américains devenaient une nation ; et lorsque le congrès eut publiquement avoué le dessein d'ouvrir une négociation avec la France, et qu'il eut chargé de cette mission Franklin, Henri Lee et Silas Deane, les dispositions de la France lui étaient assez connues pour qu'il espérât l'intéresser au succès de sa cause.

Franklin, parti de Philadelphie le 28 octobre 1776, arriva un mois après dans la rade de Quiberon, d'où il se rendit à Nantes et ensuite à Paris ; le vénérable septuagénaire était accompagné de ses deux petits-fils. L'accueil qu'il reçut partout était à la fois un hommage à son mérite personnel et un témoignage d'intérêt en faveur des Américains. Franklin, renfermé dans ses habitudes simples, ne rechercha point les bruyantes acclamations : il se retira à Passy avec sa famille dès les premiers jours de son arrivée dans la capitale ; il évita de déployer un caractère public, avant de savoir si le gouvernement français était disposé à reconnaître les commissaires américains et à traiter avec eux ; et quoique les bienveillants égards qu'il reçut du comte de Vergennes, alors ministre des affaires étrangères, ne parussent que lui être personnels, il trouva dans ses entretiens particuliers l'occasion de remplir avec habileté et avec succès l'importante mission qui lui était confiée. Tout semblait concourir à cette réussite : la cause des Américains était devenue populaire en France ; on faisait de toutes parts des vœux en leur faveur, et cette direction donnée à l'opinion publique tenait à des causes trop puissantes pour qu'on pût la détourner et l'affaiblir. C'était l'époque où l'on aimait à s'occuper des questions d'ordre social et d'économie politique, des devoirs des gouvernements et des intérêts des peuples. L'Esprit des lois avait paru vers le milieu du siècle : on avait analysé les principes de la richesse des nations, ceux du Contrat social, ceux de la législation civile et criminelle ; de plus grandes leçons se mêlaient à l'histoire, et la liberté de penser s'emparait des discussions les plus graves. Chaque homme, accoutumé à l'exercice de son intelligence, était entraîné par ce mouvement général : quelques génies privilégiés contribuaient à l'accroître ; et un immense ouvrage, devenu le dépôt des connaissances humaines, vint fixer le degré d'élévation où elles étaient alors parvenues.

Le goût des lettres et des sciences avait porté les hommes qui les cultivent à former de nombreuses associations, dont l'effet naturel est de mettre en commun les pensées de plusieurs, et de donner ainsi du corps aux opinions. Celles-ci se répandent ensuite au dehors ; elles se propagent dans les diverses classes de la société ; et telle est l'influence des progrès intellectuels, qu'il leur suffit d'avoir été commencés et dirigés par quelques esprits supérieurs, pour vaincre enfin toutes les résistances. Le gouvernement lui-même obéit à cette puissance de l'opinion : il se familiarise avec les innovations qu'elle exige, et il ne veut pas heurter une autorité si supérieure à la sienne. Cependant il a souvent besoin de lui faire subir l'épreuve du temps : il doit calculer ce que sa position lui permet de faire, et consulter avant tout les intérêts de l'État dont la destinée lui fut remise.

Le gouvernement français s'était attaché, depuis la conclusion du traité de paix de 1763, à améliorer ses rapports de bon voisinage et d'intimité avec l'Espagne, en donnant plus de latitude aux clauses commerciales du pacte de famille, en les protégeant par une convention consulaire, et en assurant d'une manière légale la répression de la contrebande ; il avait étendu ses relations de commerce avec le Nord et dans la Méditerranée par des traités avec Hambourg, avec Raguse, avec les principaux États barbaresques : différentes conventions avaient été faites pour régler les limites des Pays-Bas et des autres contrées voisines, pour faire abolir le droit d'aubaine et assurer la transmission des héritages entre les habitants du royaume et d'une grande partie de l'Allemagne. Le traité le plus important était celui que la France avait conclu en 1768 avec la république de Gênes, pour obtenir la cession de l'île de Corse.

Depuis cette époque, de graves intérêts avaient été agités dans le centre de l'Europe et en Orient; mais la France, occupée de réparer ses pertes, de relever son commerce et de régler ses rapports immédiats avec ses voisins, avait évité de prendre part à ces querelles éloignées; et de grandes puissances commençaient à démembrer des États plus faibles, sans qu'elle intervînt d'une manière efficace pour prévenir ces invasions. Le sort de la Pologne était réglé par l'Autriche, la Prusse, la Russie, et les trois cours s'étaient liguées pour en accomplir, en 1773, le premier partage : usurpation funeste qui, en affaiblissant ce royaume, devait en amener un jour la dissolution. La Porte ottomane n'eut aucun auxiliaire dans sa malheureuse guerre avec la Russie; et la perte qu'elle fit de la Crimée et du Cuban, dont l'indépendance fut proclamée en 1774 par la paix de Kaynardgi, devint un acheminement aux conquêtes ultérieures de la Russie. Le maintien de la Porte et de la Pologne devait néanmoins intéresser la France : il faisait partie du système que l'on s'était alors formé sur l'équilibre politique de l'Europe; mais cette balance était variable de sa nature, et sur la fin du règne de Louis XV la France n'y conservait pas le même poids. Ce monarque descendait lentement au tombeau, plus affaibli encore par les infirmités que par l'âge; le gouvernement dépérissait avec lui; tous les services languissaient; le trésor public se dissipait en prodigalités; et quand le roi eut fermé les yeux, Louis XVI, son successeur, se trouvant entouré des ruines de l'administration, eut à la relever de toutes parts. Le bonheur de l'État était sa première pensée, et il s'empressa d'appeler dans ses conseils quelques hommes vertueux et capables qui lui étaient désignés par la voix publique : Turgot, qui signala son passage au ministère par l'abolition de la corvée, par la liberté du commerce des grains, et par d'autres grandes vues d'économie politique; Vergennes, qui conduisit avec habileté d'importantes négociations, appartiennent tous deux à cette époque.

L'insurrection des colonies anglaises devint bientôt le plus grand événement politique qui pût occuper la France. On n'y voyait d'abord qu'une lutte animée entre des colonies et leur métropole, et l'on supposait encore qu'elle pourrait se terminer par une conciliation; mais quand cette querelle parut engagée sans retour par la déclaration de l'indépendance, et lorsqu'on eut à décider s'il était utile ou nuisible aux intérêts de la France que l'Angleterre rentrât en possession de ces vastes provinces, et qu'elle dominât sur toutes les contrées qui s'étendent entre le Labrador et le golfe du Mexique, le gouvernement français n'hésita plus, et l'accueil que reçurent de lui les députés américains fut un premier témoignage de l'intérêt qu'il prenait à leur cause. Quels que fussent les motifs politiques qui lui suggéraient cette détermination, il s'y mêlait un noble sentiment de générosité; les États-Unis étaient alors dans une position peu favorable : on apprenait en Europe la perte de la bataille de Brooklyn, l'occupation de New-York par l'armée anglaise, ses succès entre l'Hudson et le Connecticut, la retraite de l'armée fédérale dans le New-Jersey, et la défection d'un grand nombre d'hommes découragés par cette suite de revers. Accueillir les Américains dans cette situation, c'était aller au-devant du malheur : le ministère français ne se montra que plus disposé à les favoriser, en admettant leurs navires dans les ports du royaume, en laissant un libre cours à toutes les exportations d'armes et de munitions destinées à leur défense, en facilitant leurs emprunts, en recevant leurs prises, en permettant même la construction et l'équipement d'un certain nombre de vaisseaux destinés à leur service. Chaque mesure du gouvernement français faisait espérer aux Américains une assistance plus directe et plus positive;

mais pour qu'elle devînt plus efficace, il fallait la différer encore, assembler des munitions navales, construire des vaisseaux, relever enfin la marine française, et lui rendre des officiers et des équipages qui en fissent encore la gloire.

Tandis que les négociateurs américains préparaient en France un rapprochement plus intime entre les deux pays, la guerre poursuivait ses ravages, et après avoir parcouru l'État de New-York elle allait se rapprocher des pays du centre. Nous avons vu que les premières opérations du général Howe lui avaient été favorables. Il avait eu plusieurs engagements partiels avec les Américains, depuis les *White-Plains* jusqu'aux hauteurs de *North-Castle* : devenu maître de toute la rive orientale de l'Hudson, il s'était ensuite emparé, dans l'île de New-York, de la forteresse de Washington, la seule que les Américains y occupassent encore; et s'attachant à suivre leur retraite sur la rive occidentale, il avait traversé le Hackensack et la Passaik, et il avait transporté le théâtre de la guerre dans le New-Jersey.

Cette armée qui se repliait devant lui était alors réduite à quelques milliers d'hommes accablés de fatigues, exposés, sans abri et sans effets de campement, à toutes les rigueurs de la saison, n'ayant que de faibles détachements de cavalerie pour recueillir leurs moyens de subsistance, abandonnés de la plupart des habitants, et n'étant plus retenus par les liens de la discipline, que le malheur et le besoin tendent à relâcher sans cesse. Un petit nombre d'hommes, distingués de la foule, accoutumés à lutter contre les vicissitudes de la fortune, et mettant leur gloire à secourir et à faire revivre la patrie expirante, soutinrent seuls avec une inébranlable fermeté cette cruelle épreuve : ils ne désespérèrent pas de la cause publique, et redevinrent un centre de ralliement pour ses défenseurs. Ce n'étaient plus que les débris d'une armée; mais ils en portaient encore le nom; ils gardaient les drapeaux; l'honneur de chaque régiment leur était confié : trésor et dépôt précieux dont les âmes nobles et élevées savent estimer la valeur. C'est à l'aide de cette opinion magique et toute-puissante, c'est au nom de la patrie, au nom des dangers publics, que cette armée américaine, réduite plusieurs fois à un petit nombre d'hommes, répara successivement ses pertes, apprit à triompher de la mauvaise fortune, et vit couronner par des victoires décisives ses premiers travaux.

Cependant, autour de ce camp fidèle et courageux qui devenait le boulevard de la patrie, l'opinion de la multitude flottait incertaine et se laissait aller au cours des événements. Ébranlée par les proclamations du général Howe, elle penchait vers lui avec la fortune : on fournissait des vivres à son armée; on acceptait ses offres d'amnistie; la défense de la cause nationale était de nouveau érigée en rébellion, et les hommes qui avaient le courage de la soutenir n'inspiraient au petit nombre de leurs secrets partisans qu'un stérile intérêt et une muette admiration. Les circonstances étaient en effet devenues assez désastreuses pour accroître le découragement des hommes timides : l'invasion des troupes anglaises ne se bornait plus aux États de New-York et de New-Jersey; l'escadre de Peter-Parker s'était présentée sur les côtes du Rhode-Island; le général Clinton y avait débarqué, le 8 décembre, avec cinq mille hommes; il s'était emparé de New-Port, où les Américains avaient une grande quantité de munitions navales; et comme il pouvait se porter dans le Massachusett ou le Connecticut, il forçait ces deux États à retenir pour leur propre sûreté les troupes que Washington avait appelées à la défense du New-Jersey. Cette occupation de New-Port par une escadre britannique allait aussi priver de leur refuge habituel les corsaires américains qui fréquentaient ces parages. Le commodore Hopkins s'y trouvait avec sa flottille, lorsque les Anglais se présentèrent à la vue du port; mais il eut le temps de se retirer au fond de la baie pour aller mouiller à Providence, et les batteries du rivage, les embarras de la navigation empêchèrent de le poursuivre à travers les passes difficiles du golfe et de la rivière de ce nom.

La guerre qui se propageait ainsi dans les États du nord avait pris vers les frontières de l'ouest un autre caractère. Les Anglais avaient renouvelé près des Indiens les tentatives déjà faites précédemment pour les attirer dans leur parti, et ils avaient surtout en vue d'armer les Creeks et les Chérokées placés dans le voisinage des États du sud, afin que les habitants, menacés sur leur propre territoire, ne pussent porter aucun secours aux États du nord. On promit à ces deux nations indiennes qu'elles seraient soutenues dans leurs agressions par un corps de troupes britanniques, prêt à débarquer dans la Floride occidentale et à remonter vers la chaîne des Alléghanys; et les Creeks, séduits par l'amour du pillage, se décidèrent les premiers à ravager les possessions voisines. Aucune habitation européenne n'était épargnée: les amis, les ennemis de l'Angleterre furent indistinctement dépouillés, et le caractère féroce de cette guerre souleva bientôt contre les sauvages la population entière. Les Creeks, trompés dans leur attente, et ne voyant pas arriver les troupes auxiliaires qui leur étaient annoncées, se décidèrent promptement à demander la paix: elle leur fut accordée; mais les Chérokées, plus nombreux, plus aguerris, plus difficiles à forcer dans leurs montagnes, continuèrent les hostilités, et soutinrent tout le poids de la guerre qu'ils avaient commencée. Redoutables par leurs brusques attaques et leurs déprédations imprévues, ils portèrent le fer et la flamme dans un grand nombre de plantations; ils détruisirent les bestiaux et les moissons, et n'épargnèrent d'abord leurs prisonniers que pour les réserver à la mort la plus cruelle. Mais enfin ils furent accablés par les milices de la Virginie et des Carolines : poursuivis dans leurs montagnes, ils y éprouvèrent à leur tour les fléaux dont ils avaient affligé les contrées voisines.

Leurs villages ou *wigwams* furent consumés par la flamme; ils perdirent la plupart de leurs guerriers; et cette nation, ne pouvant plus prolonger sa résistance, se détermina à implorer la paix.

Plusieurs chefs des Chérokées avaient pu reconnaître, dans le cours de cette guerre, combien leurs ressources étaient inférieures à celles des Européens: ils pensaient que pour apprendre à résister aux étrangers il ne suffisait pas d'emprunter leurs armes, et qu'il fallait aussi renoncer aux habitudes de leur vie errante et sauvage. Cette idée n'était point nouvelle dans la nation des Chérokées, et, en observant ses relations antérieures avec les colonies européennes, nous l'avons déjà vue tenter, en 1736, de premiers essais de civilisation. Quoiqu'ils eussent été promptement interrompus, cependant quelques hommes n'y renonçaient point : ils désiraient attacher les Chérokées à l'agriculture, et un de leurs chefs, *White-Eyes*, l'homme aux yeux blancs, voulut, dans une de leurs assemblées, les convaincre des avantages d'une vie plus sédentaire, et des faciles moyens de subsistance que pourraient leur offrir les récoltes de la terre et l'éducation des troupeaux; mais pour changer les habitudes immémoriales d'une nation entière, il eût fallu y préparer lentement les esprits; cette proposition vint échouer contre la puissance des coutumes et des traditions: elle ne parut propre qu'à efféminer la race des aborigènes qui avaient autrefois régné sur tout le continent; on la regarda comme inspirée par la faiblesse et la langueur d'un vieillard, et Lackawané, vaillant homme de guerre, repoussa avec chaleur un tel projet. « Celui qui veut nous exciter à imiter « les hommes pâles et à remuer la terre « est l'ennemi de notre pays : il veut le « sacrifier et le livrer aux blancs. Ne « les a-t-on pas vus expulser tous les « peuples de nos contrées, depuis les « bords de la grande eau jusqu'aux « sources des fleuves? Les nations qui « couvraient ces pays sont parties pour « l'ouest; elles ont disparu sans retour;

« tout est mort, elles, leurs enfants et
« les fils de leurs enfants : on n'y voit
« plus que les hommes du point du
« jour. Il ne nous reste que nos forêts :
« c'est là qu'il faut vivre. La chasse
« nous rend guerriers ; elle protége seule
« notre indépendance : restons chas-
« seurs pour nous défendre, pour sou-
« tenir, comme il convient à des hom-
« mes, la fatigue, la faim, la soif, les
« maladies, pour savoir souffrir et mou-
« rir. On ne veut nous attacher à la
« terre que pour nous énerver et nous
« subjuguer. » Ces mots exprimaient
l'opinion du plus grand nombre : ils
s'accordaient avec cet esprit d'indépendance qui porte les Indiens à préférer à toute autre qualité le courage et
la force, et qui érige en faiblesse l'a-
mour du travail et de la paix. Les
Chérokées gardèrent encore les habitudes de leurs ancêtres. Cependant ces
tentatives, faites à différents intervalles, pour leur suggérer d'autres
mœurs, laissaient quelques traces dans
leurs esprits : ce souvenir se mêlait à
leurs autres traditions, et il pouvait
diminuer insensiblement leurs préventions contre la vie sociale. De nouvelles
épreuves de ce genre leur étaient un
jour réservées, et nous reconnaissons
dans ces entreprises imparfaites cette
tendance de la raison et de l'intelligence humaine vers les progrès de la
civilisation.

Tandis que les Anglais armaient les
tribus sauvages contre les habitants
de l'ouest, attaquaient le Rhode-Island,
et poursuivaient leur marche à travers
le New-Jersey, leurs opérations vers
le lac Champlain étaient conduites avec
la même activité par le général Carleton, gouverneur du Canada. Il voulait,
avant de porter la guerre plus au midi,
s'emparer de la navigation de ce bassin
intérieur : on se hâta de faire les préparatifs de cette entreprise, et pour
en dérober plus longtemps la connaissance aux Américains, on fit venir
d'Angleterre les ancres, les agrès, les
bois même des navires qui devaient
être équipés sur le lac Champlain.
Tous ces matériaux, traversant pêle-
mêle l'Océan, furent transportés par
le Saint-Laurent et la rivière Sorel
jusqu'aux chantiers de construction
où il ne restait plus qu'à les assembler ;
les ouvriers nécessaires faisaient partie du convoi, et ce nouveau travail
fut promptement accompli ; mais il
avait fallu beaucoup de temps pour le
préparer ; et les Anglais ne purent
avoir qu'au mois d'octobre une escadre
composée de plusieurs vaisseaux à trois
mâts, de vingt barques canonnières et
d'un grand nombre de chaloupes et de
bâtiments de transport : le capitaine
Pringle la commandait ; il partit de
l'embouchure du lac pour le traverser
du nord au midi dans toute sa longueur.

Jusqu'alors les Américains avaient
été maîtres de cette navigation, et
pour la conserver ils étaient parvenus
à équiper une flottille composée de
deux bricks, d'une corvette et de douze
bâtiments de moindre grandeur ; le
commandement en fut confié au général Arnold ; et quoique ces ressources
fussent très-inférieures à celles de l'ennemi, Arnold vit sans s'étonner les
difficultés de sa situation. Sa flottille
fut rencontrée, le 11 octobre, près de
l'île de Valicourt, par l'escadre anglaise,
qui avait déjà traversé la moitié du lac
sans découvrir aucune voile américaine, et il y eut pendant quatre heures un engagement très-vif entre plusieurs navires ; mais comme les Anglais,
ayant le vent contraire, ne pouvaient
employer qu'une partie de leurs forces,
le capitaine Pringle donna le signal
de la retraite, pour remettre l'attaque
au lendemain. Les Américains avaient
perdu deux navires, l'un mis en feu,
l'autre coulé bas ; et Arnold, voyant
la disproportion du nombre, ne voulut pas attendre dans la même station
un nouveau combat ; il fit voile dans
la nuit pour gagner le mouillage de
Crown-Point, mettre la flottille à couvert sous le canon de cette place, et
profiter du feu de ses batteries, afin
de rendre ses moyens de défense moins
disproportionnés. Mais avant d'arriver
à l'extrémité du lac, il fut atteint par
l'escadre anglaise qui suivait avec ardeur ses mouvements ; une nouvelle

action s'engagea, et quatre bâtiments, qui formaient l'avant-garde américaine, parvinrent seuls à gagner Crown-Point. Arnold, après un combat de quelques heures, n'espéra plus pouvoir défendre les autres navires, et ne voulant pas les laisser à l'ennemi, il manœuvra pour les faire échouer, il y mit le feu et sauva tous les équipages. Cet échec ne nuisit point à sa réputation militaire : Arnold n'avait pu triompher de la supériorité du nombre; mais il avait donné de nouvelles preuves d'intrépidité, et il n'avait quitté son navire qu'à travers la flamme.

La position de Crown-Point n'était pas assez forte pour que la garnison pût s'y défendre contre l'armée anglaise qui allait l'attaquer par terre et par eau; les Américains en ruinèrent les retranchements, et ils se replièrent sur Ticondéroga, où leurs troupes réunies s'élevaient à neuf mille hommes.

On était arrivé au 3 novembre, et la saison était déjà si rigoureuse, que Carleton ne voulut pas entreprendre alors le siège d'une place défendue par une garnison nombreuse, et bien pourvue de munitions. Comme il n'avait pas l'intention de prendre dans le pays même ses quartiers d'hiver, il regagna le nord du lac Champlain, fit garder comme postes avancés le fort Saint-Jean, l'île aux Noix, descendit le Sorel avant que la navigation fût interceptée par les glaces, et remit au printemps de l'année suivante la suite de ses opérations militaires. La place de Ticondéroga se trouva ainsi momentanément dégagée : les troupes destinées à sa défense devinrent disponibles; et Washington put en rappeler une partie, pour renforcer celles qu'il ramenait avec lui vers les bords de la Delaware.

Ce général, qui se trouvait alors placé sur la ligne d'opérations la plus importante, se rendit d'abord à Trenton, sur la rive gauche de ce fleuve : l'armée anglaise le suivait de près; elle s'élevait à vingt mille hommes; et Washington, dont les forces étaient très-inférieures, ne crut pas devoir l'attendre dans cette position : il passa la Delaware le 8 décembre, et se fortifia derrière cette ligne, où il était également à portée de secourir Philadelphie et de rentrer dans le New-Jersey. En traversant le fleuve, il avait eu la prévoyance de retirer de la rive gauche tous les moyens d'embarcation. Les Anglais occupèrent les postes qu'il venait d'abandonner; mais ils ne purent effectuer leur passage, et ce délai permit à Washington de recevoir quelques renforts. Le général Mifflin s'occupait avec activité de la levée des milices de Pensylvanie, et son autorité était d'autant plus grande, qu'attaché à la paisible religion des quakers, qui sont nombreux dans cette contrée, il avait néanmoins couru aux armes dès qu'il avait reconnu la justice de la guerre et l'imminence des dangers publics : son zèle entraîna beaucoup d'hommes irrésolus. On s'attendait à la prochaine arrivée du général Lee, qui revenait des rives de l'Hudson avec les troupes placées sous ses ordres; mais avant d'entrer dans le New-Jersey, il eut l'imprudence de s'écarter momentanément du corps qu'il commandait; et s'étant arrêté quelques heures dans une maison isolée, il y fut subitement investi, le 13 décembre, par un détachement anglais que conduisait le colonel Harcourt : on le fit prisonnier, et Sullivan, qui commandait après lui, continua sa marche vers la Delaware. Un autre corps y fut bientôt amené de Ticondéroga par le général Gates, l'un des meilleurs officiers de l'armée américaine. C'était là les seuls secours sur lesquels Washington pût alors compter, et ses troupes réunies ne s'élevaient encore qu'à sept mille hommes : nombre peu considérable, si on le compare à celui des ennemis, à l'importance de la cause et à l'étendue des pays qu'il fallait défendre.

Les opérations de la guerre étaient trop rapprochées de Philadelphie pour que le congrès pût y résider en sûreté : il fut invité par les généraux Putnam et Mifflin à transférer sa session à Baltimore. Là il reprit avec la même fermeté ses délibérations sur les mesures qu'exigeait le salut de l'État; et, se confiant à l'honneur, au patriotisme, à l'habileté de Washington, il lui remit les pouvoirs les plus étendus sur la levée des troupes, leur organisation, leur entretien, leur emploi, et sur tous les moyens de maintenir l'ordre et la sûreté publique. L'exercice de cette espèce de dictature, qui lui était conférée pour six mois, fit encore mieux éclater sa modération et ses vertus.

Les efforts que fit le généralissime pour accroître l'armée, subvenir à ses besoins et la mettre en état de reprendre l'offensive, rencontrèrent moins d'obstacles lorsqu'on vit qu'il n'exerçait son autorité suprême que pour sauver la patrie. Le dévouement n'avait jamais été plus nécessaire : l'ennemi était aux portes de la Pensylvanie; les habitants avaient à combattre pour leurs foyers; tout acte de faiblesse les eût livrés à la servitude; et le désir d'écarter les maux dont ils étaient menacés fit revivre dans leurs âmes plus de patriotisme et d'énergie. Chaque jour amenait au camp américain de nouveaux soldats : les troupes se formaient aux manœuvres, à la discipline, et leur confiance dans Washington était sans limites.

La rigueur de la saison retenait alors dans leurs quartiers les deux armées, et les opérations militaires se trouvaient suspendues. Les Anglais s'étaient distribués en plusieurs cantonnements, et les principaux points qu'ils occupaient sur la rive gauche de la Delaware étaient Trenton, Bordenton, Burlington et quelques postes intermédiaires; d'autres corps étaient placés plus en arrière à Princeton et jusqu'à New-Brunswick, où le général Grant avait établi son quartier général. Washington, habile à saisir les avantages que la fortune pouvait lui offrir, sut profiter de la dispersion de tous les quartiers des troupes britanniques : il forma le projet de surprendre et d'attaquer brusquement les postes ennemis qui se trouvaient trop éloignés les uns des autres pour s'entre-secourir, et il divisa son armée en trois corps qui devaient traverser la Delaware dans la nuit du 25 décembre. Le corps principal, qu'il conduisait lui-même avec les généraux Green et Sullivan, passa le fleuve à neuf milles au-dessus de Trenton, et se dirigea en deux colonnes, et par deux routes différentes, sur ce bourg, où trois régiments hessois, commandés par le colonel Raill, furent attaqués, défaits et réduits à mettre bas les armes. Le deuxième corps, commandé par le général Irwing, et destiné à couper la retraite des troupes ennemies qui auraient pu s'échapper de Trenton, ne put pas effectuer son passage à travers les glaces qui obstruaient cette partie du fleuve; et le troisième corps, conduit par le général Cadwallader, et chargé de l'attaque de Burlington, ne put faire passer d'une rive à l'autre son artillerie. Mais quoique ces obstacles rendissent moins complète la victoire, elle eut néanmoins pour les Américains les plus favorables résultats : elle rassura les esprits, elle rendit plus unanime le désir de la résistance; et lorsque l'on conduisit à Philadelphie les nombreux prisonniers de guerre faits dans cette journée, les habitants, se portant en foule sur leur passage, reconnurent avec un juste orgueil que ces troupes, redoutables par leur courage et leur discipline, n'étaient pas invincibles.

Au bruit de cette victoire, des corps de milices plus considérables se dirigèrent vers l'armée, et Washington, animant encore la confiance que leur inspiraient de premiers avantages, conçut le projet d'une nouvelle expédition. Il avait regagné la rive droite du fleuve, afin de ne pas être enveloppé à Trenton par toutes les forces que l'ennemi allait sans doute diriger vers ce point; mais tout à coup il passe de nouveau sur la rive gauche de la Delaware, avec toutes ses troupes, son artillerie, ses bagages, vient se former et se retrancher derrière le lit de l'Assumpink, et s'y trouve bientôt en présence de l'armée ennemie, dont il n'est séparé que par le cours de la rivière. Cette armée était alors commandée par lord Cornwallis, qui avait quitté précipitamment New-York pour venir au secours du général Grant avec un nouveau corps de troupes; toutes ses forces étaient en mouvement pour se réunir : trois régiments se trouvaient encore à Princeton, d'autres étaient à New-Brunswick, d'autres à Amboy; et ces troupes, échelonnées sur différents points, allaient se joindre et agir en masse. Washington, sans s'affaiblir par un premier combat contre Cornwallis, résolut de se porter rapidement sur Princeton, pour enlever le corps de troupes anglaises qui s'y trouvait encore isolé; et quittant, dans la nuit du 2 janvier 1777, ses lignes de l'Assumpink, il se dirigea sur Princeton par la route la plus longue, mais la plus faiblement gardée. Il désirait ne pas avoir à rencontrer d'avant-postes ennemis, afin que la nouvelle de son approche ne fût pas trop promptement divulguée.

Cornwallis ne s'aperçut qu'au point du jour du départ des Américains, et il reprit lui-même la route de Princeton, où il espérait arriver en même temps; mais Washington avait une marche sur lui, et ses troupes étaient fraîches : les routes, les lieux lui étaient connus, et, redoublant d'ardeur, il put attaquer les trois régiments anglais, avant qu'ils fussent secourus par le gros de l'armée, et avant même qu'ils fussent tous réunis. Une partie de ces corps était déjà en marche pour se rendre à Trenton; elle fut défaite à Maiden-Head, après une vigoureuse résistance. Une autre le fut à Princeton : on fit un grand nombre de prisonniers, et les hommes qui s'échappèrent de la mêlée se retirèrent précipitamment à New-Brunswick.

L'armée de Cornwallis, entamée par ces pertes successives, et néanmoins plus nombreuse que celle des Américains, continua de suivre leurs mouvements, et les opérations de la guerre se trouvèrent ramenées dans le New-Jersey, comme elles l'avaient été l'année précédente; mais, dans l'intervalle, l'opinion de cette province avait entièrement changé. On n'y remarquait plus la même indifférence pour la cause nationale : le premier séjour des Anglais et des Hessois, leurs exigences, et tous les désordres occasionnés par l'avidité et la licence d'une troupe vivant à discrétion en pays conquis, avaient aliéné tous les esprits des habitants. Le parti qui avait appelé à son aide les étrangers, s'était bientôt senti accablé de leurs secours, et il maudissait de si onéreux auxiliaires : tous les vœux se reportaient vers Washington; on voyait en lui un libérateur, et l'on rejoignait son armée. Il avait, par une proclamation solennelle, pardonné, au nom du congrès, toutes les défections antérieures : on voulut les faire oublier, et la fierté nationale, venant de nouveau à se relever, conçut de nouvelles espérances, et valut à la patrie de plus nombreux défenseurs.

Mais tous les avantages de ce mouvement de l'opinion ne pouvaient se développer que par degrés. Des levées tumultuairement faites ne constituaient point encore une véritable force. Washington s'attacha d'abord à les former, à les exercer; il évita d'engager en rase campagne les deux armées, et gagna les parties supérieures du New-Jersey, où l'on pouvait se retrancher plus aisément.

De ces positions élevées, il observait avec vigilance les mouvements des ennemis; il arrêtait leurs convois, il faisait attaquer leurs détachements isolés; et les nouvelles troupes, qu'il aguerrissait ainsi par de fréquentes escarmouches, se préparaient, au milieu de leurs épreuves journalières, à de plus grands périls et à des actions plus décisives. Les Américains reprirent successivement, au nord du Rariton, les différentes parties du New-Jersey, depuis les hauteurs jusqu'au détroit qui s'étend le long de Staten-Island. Il ne restait aux troupes britanniques que les positions de New-Brunswick et d'Amboy; elles y prirent leurs quartiers d'hiver.

Quoiqu'on fût obligé, de part et d'autre, d'être habituellement sur ses gardes, Washington ayant pris toutes les mesures nécessaires pour fortifier son camp et le préserver d'une surprise, voulut le garantir des ravages de la petite vérole, dont les progrès étaient alarmants : il fit inoculer tous les soldats qui ne l'avaient pas eue, et le camp offrit momentanément l'image d'un vaste établissement de quarantaine et d'hospices, où les guerriers reçurent tous les soins de l'humanité. Les hommes valides étaient réservés pour la protection et la défense des malades confiés à leur garde : ils ressemblaient, dans le généreux exercice de leurs fonctions, à ces pieux hospitaliers de Saint-Jean, du Sépulcre et du Temple, qui, au temps des croisades, s'étaient illustrés par leur valeur et leur charité. Cette active vigilance, ces soins pour le salut de son armée, honorèrent Washington, et donnèrent un nouveau lustre à sa gloire. Ses ennemis apprirent, avec un étonnement mêlé d'admiration, l'expérience hardie qu'il tentait en leur présence, et la sécurité qu'il gardait au milieu de cette crise périlleuse. Le général américain usa de la même prévoyance dans les contrées voisines, et on y soumit à l'inoculation les recrues qui lui étaient destinées. Il fit aussi établir sur différents points des approvisionnements de vivres, chercha tous les moyens d'accroître ses troupes de ligne, et profita de l'autorisation du congrès, pour faire prélever sur chaque corps de milices un certain nombre d'hommes désignés par le sort. On regardait ce dernier parti comme le mode de recrutement le plus assuré : le service des troupes réglées entrait moins dans les habitudes de cette nation, et des enrôlements volontaires n'auraient pas suffi pour tenir les régiments au complet.

L'hiver fut ainsi employé à renforcer l'armée américaine, à pourvoir à ses nombreux besoins, à exercer au maniement des armes et aux évolutions les nouvelles levées, et à mettre toutes les troupes en état d'ouvrir avec avantage la campagne suivante. Washington continuait d'occuper le camp de Morris-Town, dans le New-Jersey : de là il envoyait des détachements jusqu'au littoral ; ces différents corps s'y trouvaient souvent aux prises avec l'ennemi, et la contrée qui séparait leurs postes avancés, étant exposée aux incursions alternatives des deux partis, avait encore plus à souffrir dans une saison rigoureuse, où les privations étaient plus grandes. L'armée du général Howe, qui était resté maître d'Amboy, conservait ses communications avec la mer : elle avait la liberté de se porter sur d'autres points ; elle pouvait recevoir du dehors ses approvisionnements ; mais elle s'était accoutumée à les chercher dans le pays même ; et les ressources qu'elle y trouvait devenant plus rares de jour en jour, ces troupes épargnèrent moins les habitants, les accablèrent de charges de toute nature, et passèrent par degrés à une extrême licence. Les excès qu'elles commirent étaient principalement imputés aux auxiliaires hessois, qui, n'étant liés aux Américains par aucun rapport de patrie, de langage, de mœurs, ne voyaient en eux que des ennemis à détruire.

Le gouvernement britannique avait souvent employé à son service des troupes étrangères : il y trouvait l'avantage d'épargner le sang anglais, et d'enlever moins de bras à l'industrie et au commerce de la métropole. Les subsides qu'exigeait l'entretien de ces corps stipendiés étaient un sacrifice beaucoup moins sensible ; on pouvait y subvenir par des emprunts, que l'accroissement du crédit national rendait faciles à contracter, et qui semblaient imposer une charge moins onéreuse que celle d'un nouvel impôt, parce qu'on en rejetait sur l'avenir la plus grande partie. Mais les Américains s'indignaient qu'on achetât des mercenaires pour les remettre eux-mêmes sous le joug. Ces troupes n'étaient-elles pas étrangères à la querelle de la Grande-Bretagne et de l'Amérique ? Et pourquoi faire intervenir dans la discussion des plus graves intérêts de l'humanité d'aveugles artisans de servitude et de destruction ? Les Anglais, avec lesquels l'Amérique était en guerre, pouvaient du moins mettre des bornes à leur inimitié contre elle : ils ne voudraient pas lui ravir toutes les libertés, toutes les prérogatives dont

15ᵉ *Livraison*. (ÉTATS-UNIS D'AMÉRIQUE.)

ils jouissaient eux-mêmes, et pour lesquelles ils avaient si longtemps combattu ; mais quels ménagements pouvoir attendre d'hommes qui n'attachaient aucun prix à de si grands biens?

Cette haine contre les étrangers devint bientôt générale, et plus on leur montrait d'éloignement et d'aversion, plus on fut exposé à leur brutale fureur et à leurs outrages. La difficulté de se comprendre rendait encore un rapprochement plus difficile ; les refus à des demandes que l'on ne concevait point se multipliaient, et l'étranger enlevait par la force ce qu'il n'avait pu volontairement obtenir.

L'animosité des factions éclatait en même temps sur différents points de l'État de New-York, du Maryland, de la Pensylvanie. Les indifférents se laissaient aller aux chances des événements, et s'apprêtaient à suivre le parti qui serait vainqueur ; les ennemis secrets fomentaient le mécontentement causé par la prolongation de la guerre, et ils cherchaient à soulever l'opinion ; mais le congrès surveillait leurs démarches, et faisait contenir les agitateurs par quelques exemples de sévérité.

Quoique le général Howe différât la reprise des grandes opérations militaires, jusqu'à l'arrivée des équipages de campagne et des renforts qu'il attendait d'Angleterre, il voulut, dans l'intervalle, tenter quelques expéditions particulières pour enlever des magasins à l'ennemi. Un détachement anglais de cinq cents hommes partit de New-York le 23 mars 1777, et remonta la rivière d'Hudson, pour s'emparer des approvisionnements que les Américains avaient rassemblés à Pecks-Hill : l'officier qui commandait ce poste, n'ayant pas assez de forces pour le défendre, prit le parti de l'évacuer, après en avoir brûlé une partie, et les Anglais détruisirent le reste. Les Américains avaient formé à Danbury, dans le Connecticut, un dépôt de munitions de guerre : deux mille Anglais, débarqués sur la côte le 25 avril, parvinrent à ce bourg, où ils mirent le feu, et, vivement harcelés dans leur retraite, ils obtinrent, près de Ridge-Field, quelques avantages sur les milices que Wooster, Arnold et Silliman, avaient rassemblées à la hâte. Wooster fut mortellement blessé dans une de ces rencontres, et, à l'âge de soixante-dix ans, il termina, au service de son pays, son honorable carrière.

Les Américains furent plus heureux dans une expédition dont le but était de s'emparer d'un magasin de vivres et de fourrages, formé par les Anglais à Sagg-Harbourg, dans Long-Island : le lieutenant-colonel Meigs s'embarqua à Guilfort, aborda dans l'île, détruisit les magasins, et regagna sans perte les côtes du Connecticut.

Un coup de main qui fut tenté le 10 juin, par le lieutenant-colonel Barton, obtint un égal succès. Le général anglais Prescott commandait dans le Rhode-Island : on forma le projet de l'enlever dans les quartiers qu'il occupait à quelque distance de New-Port, et Barton fut chargé de cette audacieuse entreprise. Cet officier s'embarque, avec quarante hommes, sur quelques bateaux baleiniers ; il prend terre à un mille de distance de l'habitation du général, y parvient sans être aperçu, surprend la sentinelle qui veillait à l'entrée, enlève, au milieu de la nuit, le général, et le fait prisonnier de guerre. Le congrès, pour honorer le courage de Barton, lui fit présent d'une épée : on ne négligeait aucune occasion d'accorder aux braves ces flatteuses récompenses, qui restent ensuite déposées dans les familles comme de glorieux trophées, et qui excitent les enfants à imiter les exemples paternels, et à se dévouer à la défense de la patrie.

Tout le printemps s'était écoulé, avant que le général Howe se fût mis en marche avec ses principales forces. La flotte commandée par l'amiral son frère le rendait maître de tous ses mouvements ; un profond secret enveloppait ses desseins, et l'on ignorait s'il chercherait à remonter l'Hudson, pour unir ses opérations à celles des troupes qui devaient partir des bords du Saint-Laurent, ou s'il pénétrerait en Pensylvanie. Washington, voulant lier entre eux tous ses moyens de défense, avait ainsi rangé, du nord au sud, ses principaux corps d'armée : l'un était placé à Ticondéroga, et il devait résister aux troupes anglaises qui seraient expédiées du Canada : un autre vint occuper, sur la rive gauche de l'Hudson, le camp retranché de Peeks-Hill ; ses mouvements allaient être favorisés par la navigation du fleuve, et il était chargé de seconder, en cas de besoin, les opérations du premier corps, ou de se rendre dans le New-Jersey, si l'ennemi s'y montrait en force. Le corps d'armée qui gardait cette dernière province était le plus nombreux ; il se trouvait sous les ordres immédiats de Washington. Un quatrième camp avait été formé sur la rive gauche de la Délaware, pour couvrir Philadelphie, où le congrès était revenu ; il était commandé par Arnold, et devait protéger les contrées voisines. La guerre ne paraissait pas alors menacer la Caroline du Sud et la Géorgie ; cependant on y laissa, pour leur propre défense, les levées qu'elles pouvaient faire : cette mesure avait pour but de maintenir leur sécurité, et de les préserver des agitations intérieures.

Le général Howe ouvrit enfin la campagne dans le New-Jersey, où son armée se trouvait réunie : il désirait une bataille rangée, et, n'espérant pas pouvoir forcer les positions retranchées que Washington était venu occuper vers la fin de l'hiver sur les hauteurs de Middle-Brook, voisines du Rariton, il chercha à l'en faire sortir, et à l'attirer vers la Délaware, en se portant lui-même dans cette direction. Washington ne se laissa point tromper par cette marche simulée : il ne crut pas que les ennemis voulussent imprudemment s'engager dans une province où ils se trouveraient placés entre deux armées américaines ; et le général Howe, n'ayant pu ébranler Washington par ce mouvement, feignit ensuite de vouloir abandonner le New-Jersey, et de se retirer dans Staten-Island. Un pont volant fut jeté sur le détroit qui le séparait de cette île, on y fit passer une partie des bagages, et l'embarquement des troupes fut commencé. Le général américain crut que les ennemis voulaient en effet porter ailleurs le théâtre de la guerre : leur mouvement de retraite, qui commença le 19 juin, lui offrait l'occasion de les attaquer avec avantage : il espéra jeter quelque désordre dans leurs rangs, et, quittant enfin ses hauteurs, il s'avança jusqu'à la position de Quibble-Town, et fit occuper celle de Métuckin par le général Stirling. Jusque-là les manœuvres du général Howe lui avaient réussi : cet officier avait fait perdre aux Américains l'avantage de leur camp retranché ; et pour empêcher qu'ils n'y rentrassent, il résolut de les tourner, et de couper toutes leurs communications avec les hauteurs, tandis que le gros de son armée, qui paraissait se replier devant eux, ferait tout à coup volte-face et les chargerait avec vigueur. Pour exécuter l'un et l'autre mouvement, les Anglais se partagèrent en deux colonnes : la première était commandée par le général Howe, et devait commencer l'attaque ; la seconde, sous les ordres de Cornwallis, allait prendre à revers les positions des Américains. Mais elle rencontra dans sa marche un détachement ennemi ; et le bruit de la fusillade qui s'engagea sur ce point, ayant averti Washington du piége qui lui était tendu, il rétrograda promptement vers les hauteurs de Middle-Brook, et fit occuper, avant que les Anglais y parvinssent, les défilés dont ils avaient eu le dessein de s'emparer. La division américaine conduite par le général Stirling éprouva seule quelques pertes. Les Anglais, n'espérant plus forcer une position devenue inexpugnable, renoncèrent à continuer la guerre dans le New-Jersey ; ils se retirèrent dans Staten-Island, d'où ils avaient l'intention de se porter sur un autre rivage, et toute la flotte britannique fut bientôt réunie dans les parages de cette île et dans la baie de New-York, pour recevoir à bord l'armée du général Howe.

Washington observait avec sollicitude tous les mouvements des ennemis, afin de se porter lui-même sur les points qu'il fallait défendre; il fortifia et garnit de troupes les principaux postes des rives de l'Hudson, lorsque les Anglais parurent eux-mêmes vouloir s'avancer dans cette direction; et aussitôt que les manœuvres des ennemis lui firent supposer que la Pensylvanie était menacée, il invita le congrès à rassembler à Chester et à Wilmington sur la Délaware, les milices des pays voisins, et à faire surveiller l'entrée de cette baie par des vigies placées au cap May et au cap Henlopen. Les milices du New-Jersey furent également réunies, et l'on se tint prêt à repousser l'ennemi, sur quelque point qu'il voulût débarquer.

Les forces britanniques se trouvaient partagées à cette époque en trois corps d'armée; celui de Rhode-Island, composé de cinq mille hommes, tenait en échec les milices américaines du nord-est, et empêchait qu'on ne les portât sur d'autres points; les troupes anglaises qui s'assemblaient sur les frontières du Canada menaçaient d'une prochaine invasion tous les pays que traverse le cours de l'Hudson; et l'armée du général Howe, qui était la plus considérable de toutes, pouvait combiner ses opérations avec celles des deux autres corps, ou se diriger en masse vers le centre des États-Unis, et les attaquer dans la contrée qui réunissait alors leurs principales forces, et dont il importait le plus de dompter la résistance.

LIVRE NEUVIÈME.

CAMPAGNE DE 1777. EXPÉDITION ANGLAISE PARTIE DU CANADA. INDIENS, AUXILIAIRES DES TROUPES BRITANNIQUES. FIN TRAGIQUE DE MAC-REA. PREMIERS AVANTAGES DU GÉNÉRAL BURGOYNE: SA MARCHE VERS L'HUDSON; SA DÉFAITE ET SA CAPITULATION A SARATOGA. OPÉRATIONS DU GÉNÉRAL HOWE EN PENSYLVANIE: SES SUCCÈS A BRANDYWINE, A GERMANTOWN. TRAITÉS DE COMMERCE ET D'ALLIANCE CONCLUS ENTRE LA FRANCE ET LES ÉTATS-UNIS. COMBAT NAVAL D'OUESSANT. EXPÉDITIONS DE RHODE-ISLAND, DES ANTILLES DE SAVANNAH. RUPTURE ENTRE L'ESPAGNE ET L'ANGLETERRE. SUITE DES HOSTILITÉS MARITIMES.

Nous arrivons à une des époques les plus mémorables de la guerre de l'indépendance, à celle où les succès et les revers se balancèrent, où le théâtre des opérations s'agrandit, où les Américains, dont l'esprit public avait été exalté par la victoire, ne se laissèrent point abattre par l'infortune, et soutinrent avec une généreuse constance le fardeau des hostilités, jusqu'au temps où une autre puissance allait coopérer à leurs efforts, et prendre avec eux l'engagement de soutenir leur cause.

L'Angleterre avait reconnu le péril de prolonger une guerre qui, d'une année à l'autre, augmentait les ressources des Américains. On avait renoncé à négocier avec eux depuis les ouvertures infructueuses faites après la bataille de Brooklyn; et pour soumettre un peuple qu'une défaite n'avait point abattu, on voulait lui faire plus vivement ressentir toutes les calamités d'une invasion. Ceux qui avaient voulu la guerre cherchaient à la poursuivre avec plus de vigueur, et les premiers sacrifices qu'elle avait coûtés se trouvaient accrus par des charges nouvelles : ainsi l'on augmentait la flotte et l'armée, ainsi l'emploi des troupes étrangères occasionnait d'onéreux subsides; mais le gouvernement se flattait d'obtenir à ce prix la prompte réduction des colonies; et comme il y était encore secondé par de nombreux partisans, il comptait sur le secours des dissensions civiles, et nourrissait la fausse espérance qu'une partie des habitants réussirait, de concert avec lui, à remettre tous les autres sous le joug de la métropole. Cette idée de suprématie était répandue dans le parlement britannique : l'Angleterre y tenait par sentiment national, et ne pouvait s'accoutumer au démembrement d'un territoire si riche, si vaste, si peuplé. Le général Burgoyne, qui offrait les moyens de le reconquérir, était membre de la chambre des communes; on l'avait toujours regardé comme un des plus habiles officiers : il avait fait la guerre en Amérique; il y avait servi l'année précédente vers le lac Champlain, et il croyait que l'armée anglaise aurait pu porter plus loin ses avantages, et surtout ne pas abandonner la position de Crown-Point, qui serait devenue son point de départ dans une nouvelle expédition. Burgoyne, s'étant rendu en Angleterre vers la fin de 1776, proposa au gouvernement un plan de campagne qui fut adopté, et dont l'exécution lui fut remise. Il demandait huit mille hommes de troupes régulières, deux mille Canadiens et un corps de sauvages. Les régiments devaient partir d'Europe au printemps : on pensait que la navigation du Saint-Laurent et des lacs voisins serait libre vers la fin de mai, et que les opérations pourraient alors commencer. La campagne s'ouvrirait par l'attaque de Ticondéroga, principal boulevard des Américains; et Burgoyne, après s'être emparé de cette place, continuerait sa marche vers l'Hudson. On pouvait se rapprocher de ce fleuve par deux lignes différentes, soit en suivant du nord au midi la navigation du lac George, soit en remontant les bords du South-River ou Wood-Creek, pour s'emparer de Skénesborough : cette dernière route laissait plus d'obstacles à vaincre, plus de positions à forcer : il faudrait y établir une chaîne de postes pour la sûreté des communications, et ces divers détachements affaibliraient l'armée ; mais le choix à faire entre l'une et l'autre ligne ne pouvait pas être déterminé d'avance ; il dépendrait surtout de la direction que suivrait l'ennemi.

Cette expédition, dont le principal but était de gagner Albany, et d'y rejoindre l'armée de Howe, commandant en chef des forces britanniques, devait être secondée par une diversion du colonel Saint-Léger, qui partirait du lac Ontario pour s'avancer jusqu'aux rives du Mohawk. Cet officier aurait sous ses ordres sept cents chasseurs anglais et autant de guerriers indiens, qui lui seraient amenés par le colonel Johnson ; il attaquerait le fort Stanwix ou Schuyler, situé près du fleuve ; il en descendrait ensuite le cours, et se rendrait à Albany.

En proposant ce projet, Burgoyne désirait aussi être autorisé à suivre une autre direction, si la première éprouvait trop de difficultés. Il se porterait alors vers les provinces de la Nouvelle-Angleterre, où la guerre avait pris naissance, et où il espérait en étouffer le germe ; mais cette seconde proposition n'ayant pas été agréée par le gouvernement, il dut exclusivement s'attacher aux moyens de franchir le passage entre les lacs et l'Hudson.

Les préparatifs de l'expédition se firent avec activité. On se hâta de transporter à Chambly, au fort Saint-Jean et sur la flotte du lac Champlain tous les approvisionnements nécessaires ; et quelque déplaisir qu'éprouvât le général Carleton de ne pas être chargé de cette expédition, il la seconda avec un zèle sans réserve. Burgoyne arriva à Québec le 6 mai 1777 : plus de sept mille hommes de troupes régulières étaient sous ses ordres ; mais on ne put pas réunir plus de trois cents Canadiens : cette nation ne cherchait pas à se jeter dans une guerre d'invasion qui pouvait exposer à des représailles son propre territoire. La réunion des troupes fut complétée par l'arrivée des guerriers indiens, qui rejoignirent l'armée sur la rive occidentale du lac Champlain, et le général Burgoyne leur offrit, le 21 juin, le banquet de guerre, qu'il commença par une allocution.

« Chefs et guerriers ! le grand roi, notre père commun, et le patron de tous ceux qui cherchent et méritent sa protection, applaudit à la conduite que les tribus indiennes ont suivie depuis le commencement des troubles d'Amérique. Trop pénétrants et trop fidèles pour être trompés et corrompus, vous brûlez de venger l'injure faite au pouvoir paternel : quelques hommes, rebut d'une peuplade dégénérée, ont seuls servi les rebelles ; tous les autres sont restés du côté de la justice.

« Vous avez contenu votre ressentiment jusqu'à ce que le roi votre père vous appelât aux armes. Guerriers! le signal est donné; marchez au gré de votre valeur : frappez les ennemis communs de la Grande-Bretagne et de l'Amérique, les perturbateurs de l'ordre, de la paix et du bonheur public, les destructeurs du commerce, les parricides de l'État.

« Nous vous estimons comme frères d'armes. Émules de gloire et d'amitié, nous avons à vous donner et à recevoir de vous des exemples; nous nous efforcerons d'imiter votre persévérance dans les entreprises, votre constance à résister à la faim, à la fatigue, à la douleur; mais il est de notre devoir, il est conforme à nos mœurs, à notre religion, à nos lois, de régler vos passions quand elles passent les bornes, et de marquer les circonstances où il est plus généreux de faire grâce que de se venger et de détruire.

« Cette guerre ne ressemble point à celles où vous trouviez partout des ennemis à combattre; le roi votre père a un grand nombre de sujets fidèles, qui sont dispersés dans ces provinces : ces hommes sont vos frères, et ils sont dignes de votre affection.

« Soyez attentifs aux règles que je vais proclamer, pour qu'elles soient observées durant la guerre. Je défends l'effusion du sang, lorsqu'on ne s'oppose point à vous à main armée. Les vieillards, les femmes, les enfants, les prisonniers doivent être épargnés, et vous recevrez une indemnité pour les prisonniers que vous aurez faits.

« Par indulgence pour vos coutumes qui permettent d'enlever des chevelures, et qui attachent une idée d'honneur à de tels gages de victoire, vous pourrez scalper, après la mort, les hommes tués en combattant contre vous; mais vous ne pourrez point scalper les blessés, sous prétexte qu'en les épargnant vous favoriseriez leur évasion.

« Si vos ennemis osaient commettre des actes de barbarie envers ceux d'entre vous qui tomberaient entre leurs mains, vous pouvez user de représailles; mais, à moins qu'ils ne vous portent à cette rigueur, soyez invariablement fidèles aux règles que je vous ai tracées; et pour témoigner votre zèle au roi votre père et votre protecteur, suivez les ordres et les conseils de ceux auxquels il a confié la direction et l'honneur de ses armes. »

Les Indiens présents à cette conférence étaient les Iroquois, les Abénaquis, les Algonquins et les Ottowais; le discours du général Burgoyne leur fut traduit par des interprètes, et un vieux chef des Iroquois y répondit en ces termes :

« Je me lève, au nom de toutes les nations présentes, pour assurer à notre père que nous avons attentivement écouté son discours. Nous nous réjouissons de l'approbation que vous avez donnée à notre conduite : vos ennemis ont voulu nous séduire; mais nous vous aimons, et nos haches se sont aiguisées pour défendre nos amis et nos frères. Tous nos hommes en état d'aller à la guerre sont partis : les vieillards, les infirmes, les femmes, les enfants sont seuls restés. Nous promettons tous d'obéir à vos ordres, et nous demandons au père des jours qu'il vous accorde longtemps sa lumière, et qu'il vous rende heureux. »

L'armée de Burgoyne, étant complétement réunie, quitta son camp de la rivière Bouquet pour s'avancer vers Ticondéroga, et, le 1er juillet, elle arriva sous les murs de la place, située près du canal naturel qui unit entre eux les lacs George et Champlain. L'ancienne garnison de cette forteresse avait été affaiblie pendant l'hiver, par les détachements qui s'étaient rendus sur les bords de la Délaware : il n'y restait plus que trois mille hommes, et la nécessité de concentrer leur défense les obligea d'abandonner les postes avancés. Comme on n'avait pas même assez de troupes pour occuper les hauteurs qui dominaient cette position, les Anglais purent s'emparer sans résistance du mont Hope et du Sugar-Hill; ils s'y fortifièrent et y dressèrent des batteries prêtes à foudroyer la place.

Le colonel Saint-Clair, qui commandait la garnison américaine, se voyant alors investi vers l'occident, ne pouvant plus communiquer qu'avec l'autre rive du canal, et n'espérant pas pouvoir se défendre contre des forces très-supérieures, assembla un conseil de guerre pour délibérer sur sa situation. L'avis qu'il fallait évacuer la forteresse fut généralement adopté. La garnison sortit dans la nuit du 5 juillet, sans emmener son artillerie et ses effets de siége; elle abandonna, sur la rive droite, le fort Indépendance, où il devenait également impossible de se défendre, et se replia, en remontant le South-River, jusqu'aux chutes de Skénesborough. Une autre colonne s'était retirée par la route d'Huberton et de Castel-Town: l'un et l'autre corps furent vivement poursuivis. Le fort Anne, où ils se rendirent, fut évacué à son tour, et ces troupes parvinrent enfin au fort Édouard, situé vers la rivière d'Hudson.

La prise de Ticondéroga avait ouvert à l'armée britannique la navigation du lac George. Le général Burgoyne y fit passer des barques canonnières et des bâtiments de transport, sur lesquels une partie de ses troupes fut embarquée, pour venir attaquer le fort George, situé au midi de ce lac, et pour rejoindre ensuite le principal corps d'armée (voy. pl. 57).

Cependant tous les passages de Skénesborough au fort Édouard étaient devenus très-difficiles. Les Américains, en se retirant, avaient coupé les routes et les ponts; ils avaient barré toutes les communications. Le cours du Wood-Creek, nécessaire au transport des munitions, était d'ailleurs embarrassé par la chute des arbres et par des rochers: il fallait du temps pour aplanir ces obstacles. Les équipages de l'armée étaient nombreux: on employa près d'un mois pour traverser cette contrée sauvage, et Burgoyne n'arriva que le 30 juillet au fort Édouard.

Le général américain Schuyler avait d'abord occupé cette forteresse, mais il ne chercha point à s'y maintenir. Il fit également évacuer le fort George, et concentrant sur la rive occidentale de l'Hudson les troupes dont il pouvait disposer, il alla prendre position près de Still-Water, à quelques milles au sud de Saratoga. Là il était plus à portée de recevoir les renforts qui lui étaient promis; il pouvait lier ses opérations avec celles qui seraient tentées sur les rives du Mohawk; il couvrait les approches d'Albany, et protégeait toutes les parties supérieures de l'État de New-York. Ces nouvelles combinaisons n'étaient, il est vrai, que le résultat d'une retraite; mais le parti que Schuyler sut tirer de sa situation parvint du moins à embarrasser et à ralentir la marche de l'ennemi.

Burgoyne avait eu jusqu'alors à poursuivre péniblement son expédition à travers un pays stérile. Ses troupes étaient fatiguées, les provisions devenaient plus rares, et l'on avait à se répandre au loin pour trouver des subsistances. Il fallait successivement enlever les différents postes occupés par les Américains; les troupes envoyées au fort George étaient encore séparées de l'Hudson par une distance de dix-huit milles, et le terrain pouvait être disputé pied à pied. La navigation du fleuve qui baigne cette contrée n'était pas libre; elle était interrompue par les chutes, par les rapides de Gleens, de Luzerne, d'Adley (voy. pl. 58, 59 et 60); il fallait, pour passer du bassin des lacs dans celui de l'Hudson, lutter contre de nombreux obstacles, et l'on était alors bien loin de prévoir qu'un jour la culture dompterait ces terres rebelles, que la main des hommes y ouvrirait un nouveau cours à la navigation, et que ces déserts étaient destinés à recevoir une population active, industrieuse, infatigable, qui viendrait y demander à la nature de nouvelles richesses, éclaircir les antiques forêts, chercher dans les entrailles du sol ces mines de fer, de cuivre, de charbon, qui, sans doute, ne seront pas épuisées par plusieurs siècles d'exploitation.

A mesure que les troupes anglaises pénétraient dans la contrée, leur position devenait plus difficile. Quarante jours de marche, de combats ou de fatigues s'étaient écoulés depuis l'ouverture de la campagne : l'armée, que tous ses convois n'avaient pu suivre, ne pouvait trouver de ressources que dans le Connecticut ; et Burgoyne, croyant que l'invasion de cette province lui serait plus facile que celle des rives droites de l'Hudson, regrettait que ses instructions ne lui permissent pas de diriger de ce côté les opérations de la guerre. Il se réduisit à y faire quelques incursions pour se saisir des dépôts de munitions et de subsistances que les Américains y avaient rassemblés.

Sur ces entrefaites il apprit que le colonel Saint-Léger, chargé d'une expédition sur le Mohawk, s'était avancé vers ce fleuve le 1er août, et avait mis le siége devant le fort Stanwix, qu'il serrait étroitement, et dont il avait coupé toutes les communications avec le dehors. Saint-Léger espérait la prompte reddition de cette forteresse : la garnison paraissait trop faible pour prolonger sa résistance, et un corps de mille hommes de troupes américaines, que le général Herkimer cherchait à jeter dans la place, éprouva une sanglante défaite, et ne put y pénétrer. Cependant les assiégés continuaient leur défense : le canon n'abattait point leurs fortifications en bois, et les boulets venaient s'y loger sans les détruire. Le mécontentement se répandit alors parmi les troupes assiégeantes : les éclaireurs qu'elles avaient aux environs rapportèrent bientôt qu'un nouveau corps américain s'avançait au secours de Stanwix, et qu'il était commandé par l'intrépide Arnold. Ce nom était devenu la terreur des Indiens, et tel était alors leur découragement, qu'on ne pouvait plus compter sur leur secours. La plupart désertèrent sur-le-champ ; on prévoyait la défection de tous les autres, et Saint-Léger, dont les troupes régulières étaient peu nombreuses et avaient déjà beaucoup souffert, prit le parti de lever le siége, de regagner le lac Onéida, et de se replier sur Oswégo.

Les sauvages, qui avaient espéré le pillage de la forteresse, se dédommagèrent par celui du camp dont ils avaient fait partie : ils le saccagèrent, et partirent chargés des dépouilles de leurs alliés. On éprouva plus d'une fois le péril d'employer leur secours. L'armée de Burgoyne eut également à souffrir de leur indiscipline et de leur barbarie, et, parmi les malheurs de leurs nombreuses victimes, la fin tragique de Mac-Rea acquit bientôt une triste célébrité. Cette jeune personne, douée de toutes les grâces de son âge, était aimée d'un officier anglais qui avait connu sa famille à New-York. Le désir de s'éloigner du théâtre de la guerre avait porté son père à remonter les rives de l'Hudson, et à se retirer aux environs du fort Édouard ; mais l'expédition de Burgoyne étant venue menacer le repos du pays où il s'était réfugié, il fut bientôt assailli dans son asile par un parti de sauvages indiens qui précédaient les troupes de ce général, et miss Mac-Rea fut la seule de sa famille qui apprit sans effroi la prochaine arrivée de l'armée anglaise. Celui qu'elle devait épouser en faisait partie ; elle ne chercha point à fuir ; et devenue prisonnière de deux guerriers sauvages, elle se mit sous leur protection, leur confia ses jours, et marcha sans trouble au milieu d'eux vers le camp où devait s'accomplir son hyménée. Mac-Rea était si belle que les Indiens se promettaient une forte rançon pour sa délivrance ; chacun d'eux prétendait également à ce prix : ils se le disputèrent, et, après un combat acharné, le plus faible des deux, n'espérant plus jouir de cette récompense, voulut en priver aussi son rival : il recueillit ses forces défaillantes, leva son tomahac pour la dernière fois, frappa la malheureuse fille, et l'étendit noyée dans son sang. On ne put la rappeler à la vie, et l'amant qui devait bientôt poser sur son front la couronne nuptiale ne reçut que sa dépouille inanimée.

Une fin si déplorable répandit dans toute la contrée une vive affliction. On reconnut combien étaient vaines toutes les précautions que le général Burgoyne avait prises pour contenir la barbarie des sauvages : les excès qu'il n'avait pu arrêter faisaient déserter sa cause, et ses partisans s'éloignaient de lui. Privé de leurs subsides volontaires, il n'eut plus qu'à chercher des ressources à main armée; et lorsqu'il apprit qu'on avait rassemblé à Bénington des magasins considérables, il résolut de s'en emparer. Le colonel Baum était chargé de cette expédition, avec un détachement de quatre cents hommes de troupes européennes et de cent guerriers indiens ; mais il s'avança imprudemment dans un pays qu'il ne connaissait point : sa marche, dont il espérait dérober la connaissance à l'ennemi, fut promptement découverte; les Américains l'enveloppèrent de toutes parts, et il fut accablé par le nombre. La plupart de ses hommes furent pris ou tués, et lui-même devint prisonnier. Le lieutenant-colonel Breyman avait été envoyé pour le seconder ; mais les obstacles et la lenteur de sa marche l'empêchèrent d'arriver à temps ; il fut isolément attaqué, et lui-même fut complètement battu. Cet échec priva l'armée de Burgoyne des approvisionnements qu'elle espérait ; on ne pouvait plus s'en procurer dans les pays voisins, et les habitants du New-Hampshire et du Connecticut emmenaient au loin leurs troupeaux et leurs récoltes. Burgoyne restait sans communications avec le général Howe, dont tous les messages étaient interceptés par les Américains ; il avait seulement appris, vers la fin du mois de juillet, que l'intention de Howe était alors de se rendre en Pensylvanie, dans la vue d'y attirer la plus grande partie des forces de Washington.

Ce nouveau plan ne s'accordait plus avec le projet d'opérer, près d'Albany, la jonction des deux armées britanniques, et il rendait la marche ultérieure de Burgoyne d'autant plus difficile, que le général américain Sullivan venait d'arriver à Albany avec deux mille cinq cents hommes; que Putnam occupait, avec quatre mille hommes, les hauteurs voisines de l'Hudson ; et que de nouveaux renforts avaient été envoyés au général Gates, successeur de Schuyler, et chargé du commandement des troupes rassemblées à Still-Water. Le général Burgoyne, dont l'armée était moins nombreuse, hésitait de passer l'Hudson, et de prendre l'offensive contre l'ennemi, avant l'arrivée des secours qu'il attendait du Canada : cependant l'ordre qu'il avait reçu de poursuivre sa marche vers Albany lui paraissait si péremptoire, qu'il ne crut pas devoir s'en écarter, quoiqu'il reconnût que les périls de cette expédition s'accroissaient de jour en jour, qu'en pénétrant dans le pays il épuisait ses dernières ressources, qu'il n'avait plus à compter sur de faciles avantages, et qu'un nouveau revers pouvait détruire toutes ses espérances.

Plus ses opérations devenaient hasardeuses, plus les Américains cherchaient à multiplier leurs forces contre lui. Les principaux corps de leur armée se trouvaient réunis vers le nord : on voulait, à tout prix, empêcher la jonction de Burgoyne avec les autres forces britanniques : il fallait arrêter sa marche, ruiner son expédition ; et, si l'on parvenait à ce but, en faisant sur d'autres points quelques sacrifices momentanés, on espérait y reprendre bientôt ses avantages. On avait donc dégarni les États du centre pour accroître l'armée du général Gates, lorsque Burgoyne, traversant l'Hudson le 13 septembre, vint camper, à quelques milles de distance des Américains, sur les hauteurs et dans la plaine de Saratoga. Il espérait imposer à l'ennemi, par l'audace et la rapidité des mouvements ; et, s'avançant vers les lignes que Gates occupait à Still-Water, il les attaqua avec vigueur le 19 septembre. Les Américains, sortis de leurs retranchements, soutinrent le combat jusqu'au soir : ils y rentrèrent en bon ordre ; et Burgoyne, n'espérant pas les forcer dans cette position, quoiqu'il eût obtenu, pendant la journée, quelques avantages, regagna son camp, s'appliqua lui-même à se fortifier, et se tint sur la défensive. Il avait invité le général Clinton, qui commandait alors à New-York, à opérer une diversion; et ce général fit effectivement attaquer le fort Montgomery situé à quelques milles au midi de West-Point; mais cette entreprise était trop peu importante pour influer sur les opérations de la campagne : les forces du général Gates s'accroissaient de jour en jour; et Burgoyne, dont la position devenait plus périlleuse, à mesure qu'il se prolongeait, essaya, le 7 octobre, de forcer l'aile gauche de l'ennemi, à la tête d'un corps de quinze cents hommes; mais il fut bientôt enveloppé par des troupes beaucoup plus nombreuses qui le repoussèrent après une vive résistance. Le camp britannique fut ensuite attaqué avec furie : les Américains étaient animés par Arnold : ils emportèrent une partie des retranchements, et tournèrent les positions de Burgoyne qui, après avoir combattu jusqu'à la nuit, parvint, à la faveur des ténèbres, à se replier sur les hauteurs voisines : le lendemain, il continua péniblement sa retraite vers Saratoga. Son intention était de regagner la rive gauche de l'Hudson, et de s'ouvrir un passage vers le fort Édouard; mais le détachement qu'il avait chargé de réparer les ponts fut dispersé par les Américains : les bateaux qui lui restaient encore furent attaqués et détruits; il n'avait plus à compter sur l'arrivée d'aucun secours; ses munitions et ses vivres étaient épuisées; et, dans cette situation funeste, il assembla un conseil de guerre, pour aviser aux derniers moyens de salut.

Le fleuve était guéable sur quelques points, et l'on espérait pouvoir le passer avec les troupes, portant elles-mêmes leurs provisions, et sans artillerie ni convois; mais on apprit que les Américains étaient retranchés sur l'autre rive; qu'ils avaient établi un camp entre le fort George et le fort Édouard, et que leurs détachements surveillaient tous les mouvements des troupes britanniques. De nouveaux corps de milices et de volontaires s'étaient joints à leur armée : ils avaient plus de seize mille hommes; leurs positions étaient inattaquables; ils formaient un cercle autour du camp, et l'investissaient de toutes parts.

Le 12 octobre, on tint un nouveau conseil de guerre, où entrèrent tous les officiers d'état-major et tous les capitaines commandants. Burgoyne leur exposa la situation des deux armées : les Américains avaient autour de lui, sur la rive droite de l'Hudson, plus de quatorze mille hommes et une artillerie nombreuse; ils avaient quinze cents hommes sur la rive gauche; et l'un et l'autre corps pouvaient communiquer entre eux par un pont placé au-dessous de Saratoga. Le conseil jugea que la seule ressource était de gagner, pendant la nuit, sans aucun bagage, un gué qui paraissait encore libre dans la partie supérieure du fleuve; mais on acquit bientôt la certitude que l'ennemi s'en était emparé, et qu'il était maître de tous les passages. Un autre conseil de guerre fut assemblé le lendemain : on avait à décider du sort de l'armée; et Burgoyne leur exprima qu'il était prêt à entreprendre à leur tête toute opération difficile ou hasardeuse que leur force ou leur courage pourrait exécuter; cependant, il avait quelque raison de croire qu'une capitulation entrait dans les vues de tous ceux qui connaissaient la véritable situation des choses; et, dans une circonstance qui touchait de si près l'honneur national et personnel, il regardait comme un devoir de recueillir l'opinion de toute l'armée, en consultant les officiers qui la représentaient. Il posa d'abord cette question : si une armée, réduite à trois mille cinq cents combattants, pouvait capituler sans blesser les principes de la dignité nationale et de l'honneur militaire. Le conseil ayant décidé que sa situation actuelle justifiait une capitulation, pourvu que les termes en fussent honorables, le major Kingston fut envoyé, le 14 octobre, au camp du général Gates, pour ouvrir cette négociation, et pour obtenir un armistice pendant sa durée.

La discussion d'un seul article fit suspendre cet arrangement. Les Américains demandaient que les troupes britanniques missent bas les armes avant de sortir de leur camp ; mais ces troupes ne voulaient les déposer qu'après l'avoir quitté, et en jouissant des honneurs accordés aux garnisons des places qui s'étaient vaillamment défendues. Cette satisfaction leur fut donnée : Burgoyne signa la capitulation, et l'armée qu'il commandait se rendit prisonnière (voy. *pl.* 61 et 62).

La campagne que les Américains venaient de terminer si heureusement vers le nord n'avait pas été suivie des mêmes avantages sur les bords de la Délaware, où le général Howe avait porté ses principales forces. Nous avons vu que, vers la fin du mois de juillet, il avait quitté New-York et l'embouchure de l'Hudson pour diriger sur un autre point ses opérations militaires. Sans doute il s'était persuadé, en apprenant alors les premiers succès de Burgoyne, et la prompte réduction de Ticondéroga et des forts Anne, Édouard et George, que ce général pourrait aisément poursuivre seul son expédition : lui-même se croyait assez fort pour tenter une entreprise qui fût encore plus décisive ; et, désirant attaquer les Américains au centre même de leur puissance, il mit à la voile avec trente-six bataillons de troupes européennes, et quelques autres corps de volontaires levés en Amérique. On laissait dans l'état de New-York six mille hommes sous les ordres du général Clinton ; un même nombre avait été envoyé dans le Rhode-Island, et sir William Howe pensa que ces deux corps suffiraient pour occuper et retenir sur les rives de l'Hudson et dans la Nouvelle-Angleterre les troupes américaines destinées à leur défense.

Pendant longtemps on ignora sur quel rivage il désirait descendre, et la contrariété des vents le retint en mer un mois entier. Ce fut seulement lorsqu'il eut doublé le cap May, situé à l'entrée de la Délaware, qu'on eut les premiers indices de la direction qu'il avait prise. Washington alors se hâta de quitter les hauteurs du New-Jersey, où il s'était maintenu avec son armée ; il gagna l'intérieur de la Pensylvanie, traversa le Schuylkill, et s'avança jusqu'aux bords du Brandywine, au delà duquel l'armée anglaise avait déjà pris position. Elle avait débarqué, le 25 août, au fond de la baie de la Chésapeake, avait traversé le lit du Christiana, et n'était plus séparée des Américains que par une rivière guéable sur plusieurs points. On s'attendait à une prochaine bataille, qui fut en effet engagée le 11 septembre dès la pointe du jour. Les troupes britanniques étaient partagées en deux colonnes ; celle de droite, commandée par le général Knyphausen, devait tenter le passage du Brandywine, et celle de gauche, sous les ordres de Cornwallis, était chargée de remonter par un long détour vers les différentes rivières qui se jettent dans le lit principal. Le passage de chacun de ces affluents n'offrait aucun obstacle, et Cornwallis devait tourner les positions de l'armée américaine ; tandis que Knyphausen, continuant contre elle une fausse attaque, attirerait sur lui ses forces principales, et la mettrait hors d'état de résister sur d'autres points.

Ce stratagème eut un plein succès, et l'aile droite de l'armée américaine fut bientôt enveloppée par les troupes de Cornwallis, sans pouvoir se dégager de cette périlleuse position. Les avantages obtenus par l'aile gauche contre Knyphausen ne pouvaient ni balancer ni réparer ce dommage ; ils se bornaient à contenir l'ennemi, et à lui disputer le passage du fleuve. Washington, qui avait d'abord employé sur ce point des forces nombreuses, changea ensuite l'ordre du combat, et vola au secours de son aile droite, dont les différentes brigades, commandées par Stephens, Sterling et Sullivan, étaient aux prises avec l'ennemi ; mais les mouvements de Cornwallis étaient si rapides que chacun de ces trois corps avait été forcé avant qu'on pût arriver à son aide. Ces premiers revers devinrent irréparables, et en portant sur ce point de nouvelles troupes pour y rétablir le combat, on affaiblit le reste de l'armée. La division du général Waine ne suffisait plus pour contenir au delà du Brandywine les troupes de Knyphausen : elles passèrent le fleuve, et prirent part à la victoire. L'action avait duré jusqu'au soir, et le général Greene, qui commandait un corps de réserve, ne se retira qu'à l'entrée de la nuit. Les troupes américaines se replièrent précipitamment sur Chester, d'où elles gagnèrent Philadelphie. L'armée avait perdu quatorze cents hommes, tués, blessés ou faits prisonniers. La perte des Anglais fut moindre; ils avaient eu sur tous les points la supériorité du nombre.

Le marquis de la Fayette, arrivé aux États-Unis depuis plusieurs mois, se trouvait à cette journée, et portait pour les Américains ses premières armes. Agé de vingt ans, et animé de sentiments généreux, il n'avait pu voir sans émotion la carrière qui s'ouvrait en Amérique au courage et à la gloire militaire. La pensée d'associer son nom à celui des défenseurs de l'indépendance avait enflammé son zèle, et pour chercher ce genre d'illustration, il avait traversé l'Océan, et s'était présenté comme volontaire. La bataille de Brandywine fit remarquer sa valeur : il y fut blessé; mais il persista encore à combattre, et il arrêta autant qu'il le put le désordre de la retraite.

On remarqua parmi les étrangers qui prirent part à ce combat Casimir Pulawski, cet intrépide défenseur de la confédération de Bar. Il était le seul de sa famille qui eût survécu aux revers de la Pologne, affaiblie en 1772 par un premier partage. Pulawski disparut à cette époque, et son exil volontaire le sauva du supplice qui lui était destiné; mais, à la nouvelle de l'insurrection américaine, il passa dans le nouveau monde. Les services d'un guerrier si habile et si brave le firent rechercher : il obtint le commandement d'un corps de cavalerie, et justifia la haute confiance qu'il avait inspirée.

La perte de la bataille de Brandywine ne découragea point les Américains. Le congrès soutint ce revers avec constance; il ordonna de nouveaux renforts pour l'armée, et Washington fut autorisé à requérir tous les approvisionnements nécessaires. Ce général, ayant ranimé l'ardeur de ses soldats, se retrouvait, cinq jours plus tard, en présence de l'ennemi, et il était prêt à lui livrer un nouveau combat. L'occasion qu'il cherchait lui ayant manqué, il se retira dans les vallées supérieures du Schuylkill ; et le général Howe put alors se diriger vers Philadelphie, où l'armée anglaise fit son entrée le 26 septembre. Le congrès venait d'en sortir : il s'était transporté à Lancastre, où il continuait de veiller avec le même zèle aux besoins et à la défense de la patrie.

Les Anglais fixèrent ensuite leur quartier général à Germantown, à douze milles au nord de Philadelphie ; mais en pénétrant dans cette contrée, ils avaient à diviser leurs forces. Quatre bataillons restèrent dans la capitale sous les ordres de Cornwallis ; trois autres furent détachés pour s'emparer des forteresses qui interceptaient les communications de cette place avec la partie inférieure de la Délaware, et qui empêchaient la flotte britannique de porter à l'armée de terre des approvisionnements et des secours.

Le moment où le général Howe était affaibli par ces détachements parut favorable à Washington pour former une nouvelle entreprise. Étant venu prendre position sur les rives du Schippach, à dix-huit milles de Germantown, il quitta son camp le 3 octobre, à l'entrée de la nuit, et le lendemain, il attaqua les lignes anglaises. Ce fut sur le centre que se dirigèrent ses principaux efforts ; mais on devait en même temps engager les deux ailes, pour qu'elles ne vinssent point au secours des corps intermédiaires. Les premières charges réussirent, et les troupes américaines pénétrèrent dans Germantown; mais elles ne purent parvenir à déloger le colonel Musgrave d'un édifice où il s'était retranché avec quelques compagnies d'infanterie. Les deux ailes de l'armée anglaise ne furent pas attaquées, comme Washington en avait donné l'ordre : elles vinrent au secours du centre, et les Américains, perdant les avantages qu'ils avaient obtenus, furent à leur tour forcés dans leurs positions. Le désordre se mit dans leurs rangs, et il devint impossible de les rallier. Ils avaient perdu dans cette action douze cents hommes, et Washington se replia derrière le cours du Perkiomi, d'où il regagna les rives du Schippach. Là il travailla de nouveau à réparer ses pertes, à relever la confiance de ses troupes, à les remettre en état de tenir la campagne, et de ressaisir la fortune qui leur avait échappé deux fois. Le congrès ne lui imputa point sa disgrâce : il honora la vertu malheureuse, loua l'habileté du plan que le général avait conçu, et ne fit porter le blâme que sur quelques hommes qui ne l'avaient pas secondé.

Si nous rapprochons les dates des principaux événements militaires qui se passèrent dans les régions voisines de l'Hudson et de la Délaware, nous voyons que la victoire balançait alors ses faveurs entre les deux partis. Le général Howe avait gagné, le 11 septembre, la bataille de Brandywine, et il avait remporté à Germantown un second avantage le 4 octobre; tandis que Burgoyne, aux prises avec les Américains depuis le 19 septembre, éprouvait à Saratoga, le 7 octobre, une défaite sanglante et décisive, et se trouvait réduit, quelques jours après, à se rendre par capitulation avec son corps d'armée.

Les nouvelles de ces revers et de ces succès parvinrent en Europe vers la même époque, et les négociations que les envoyés des États-Unis suivaient avec la France prirent une nouvelle activité. Si les revers faisaient attacher une haute importance à obtenir les secours d'un puissant allié, les succès montraient tout ce que les Américains pouvaient faire pour leur propre défense : ils honoraient leur dévouement, leur courage ; ils faisaient dignement apprécier leur amitié, et les deux nations se sentaient disposées par une estime mutuelle à marcher sous les mêmes drapeaux. Nous pourrions même ajouter que les pénibles épreuves à travers lesquelles l'illustre général Américain avait passé faisaient prendre un intérêt plus vif à la cause dont il était l'inébranlable et vertueux défenseur. On ne pouvait voir qu'avec une profonde vénération pour lui, cet homme, toujours grand dans l'infortune, faire constamment face au victorieux, relever par l'ascendant de son caractère les âmes qui se décourageaient, et ravir aux ennemis le fruit de leurs avantages. On louait en France l'habileté du général Gates et la valeur de ses troupes, triomphant du général Burgoyne ; mais le nom révéré de Washington, supérieur même dans ses disgrâces, recevait d'autres hommages ; et la politique d'un gouvernement éclairé, les penchants d'une nation sensible à tout ce qui est grand et beau, se laissaient influencer par de telles impressions. Louis XVI fit déclarer, le 16 décembre 1777, aux envoyés américains, que la France conclurait avec eux un traité, et qu'elle soutiendrait de toutes ses forces la cause des États-Unis. Dès ce moment on suivit avec un intérêt encore plus vif tous les événements d'une guerre à laquelle on allait prendre part, et que l'on s'accoutumait à considérer comme nationale.

Les Anglais quittèrent Germantown quelques jours après le combat qu'ils y avaient livré, et ils se replièrent sur Philadelphie. Leur intention était de s'emparer des forts que les Américains occupaient encore sur le cours inférieur de la Délaware. Le fort Mercer, situé à la pointe de Red-Bank, fut attaqué par les Hessois, le 22 octobre; mais ils furent repoussés, et le colonel Donop, qui les commandait, mourut de ses blessures. Une attaque, dirigée en même temps contre le fort Mifflin, n'eut pas plus de succès ; mais les Anglais la renouvelèrent, le 15 novembre, avec des troupes et une artillerie plus nombreuses : leurs batteries eurent bientôt ruiné les retranchements; les fossés furent comblés; on se préparait à donner l'assaut le lendemain, quand la garnison américaine, trop faible contre le corps qui l'assiégeait, se retira pendant la nuit, et gagna le fort Mercer. Ce dernier poste fut ensuite évacué par les Américains, à l'approche de lord Cornwallis, qui avait passé sur la rive gauche de la Délaware pour l'emporter de vive force : une diversion, tentée par le général Greene pour protéger cette forteresse, n'eut aucun succès.

La prise de ces deux postes n'assurait pas encore aux Anglais la libre navigation du fleuve, où les Américains conservaient une flottille de dix-sept bâtiments; mais les Anglais parvinrent à la bloquer étroitement; ils la rejetèrent dans les eaux supérieures, et, lorsqu'on n'espéra plus pouvoir la défendre, on y mit le feu, pour qu'elle ne tombât pas aux mains de l'ennemi, dont elle aurait accru les forces navales.

Les avantages que le général Howe avait successivement obtenus ne le rendaient cependant pas maître de la campagne; ils avaient été assez longtemps disputés pour donner à Washington le temps de recevoir des renforts; quatre mille hommes de l'armée du nord lui étaient amenés par le général Gates : ils le rejoignirent sur les rives du Schippach, qu'il occupait encore, et quand ses troupes furent réunies, elles s'élevèrent à quinze mille hommes. Washington porta son camp à White-March, et le général Howe, qui se rapprocha de lui le 4 décembre, ne pouvant ni le forcer dans ses lignes, ni l'attirer hors de cette position, résolut, après s'être inutilement fatigué par des marches et des contre-marches, de prendre ses quartiers d'hiver à Philadelphie; Washington établit lui-même ses cantonnements à Walley-Forge, située sur la rive droite du Shuylkill. La saison était trop rigoureuse pour qu'on pût tenir l'armée sous la tente : elle se construisit des baraques, des huttes, qui furent élevées en quelques jours; et, après une pénible campagne de quatre mois, l'armée américaine espéra goûter quelque repos sous ces informes abris. Là elle fut exposée à de nouvelles privations. Les magasins de vivres furent bientôt épuisés; la contrée voisine ne pouvait plus fournir d'approvisionnements, et les habitants plus éloignés n'en apportaient eux-mêmes aucun, soit qu'ils fussent déjà appauvris par la guerre, soit que l'appât du gain décidât un grand nombre d'entre eux à conduire leurs denrées à Philadelphie, où ils étaient sûrs d'en recevoir immédiatement le prix, plutôt qu'à Walley-Forge, où on n'avait à leur donner que des promesses de payement.

L'armée américaine se trouvait ainsi menacée d'une disette absolue : elle manquait de magasins d'armes et d'habillements, et, pour subvenir à ses besoins, il fallut recourir à des réquisitions; mais plus elles s'exerçaient avec rigueur, plus les habitants mettaient de soin à cacher leurs dernières ressources, afin de les réserver pour eux-mêmes. On cherchait à tout prix à se procurer des effets d'équipement et des subsistances, et le congrès multiplia, pour s'acquitter, les émissions de papier-monnaie; mais à mesure qu'on en augmentait la quantité, on en voyait décroître la valeur, et bientôt cette dépréciation fut sans bornes. Le congrès crut remédier au mal, en fixant un *maximum* pour le prix de toutes les choses nécessaires : cette dernière mesure acheva d'éloigner les vendeurs, et ne fit qu'augmenter le dénûment; les articles soumis à la taxe devinrent d'une extrême rareté, et, pour les faire reparaître dans les marchés, il fallut permettre de nouveau la libre fixation de leur prix.

La difficulté de conduire au camp le peu de provisions qu'on avait obtenues par des achats ou des réquisitions exigeait d'autres efforts : on manquait de charrois et d'attelages, et souvent les soldats étaient réduits à faire eux-mêmes ces transports pénibles. La plupart étaient privés de chaussures, leurs vêtements tombaient en lambeaux; on n'eût pas cru que ces hommes à demi-nus, exténués par les privations et les fatigues, appartinssent à une armée, si leur cœur n'avait pas été constamment animé d'une héroïque ardeur, et si deux puissants mobiles de nos actions généreuses, l'amour de la patrie et celui de la gloire, ne les eussent soutenus au milieu des adversités, et ne leur eussent montré en perspective la palme qui devait couronner leurs travaux.

Cependant les misères de l'armée étaient si grandes qu'il y éclatait quelquefois de violents murmures contre le général; les mutins s'en prenaient à lui des calamités qu'on avait éprouvées, soit par les vicissitudes de la guerre, soit par le manque absolu des approvisionnements: il s'était formé, en faveur du général Gates, un parti puissant; et l'habileté, la prévoyance de Washington, étaient mises en doute, parce qu'il n'avait pas toujours pu vaincre la supériorité du nombre de ses ennemis, et tous les fléaux que la rigueur de la saison, l'épuisement de la terre et le mauvais vouloir des factions, avaient déchaînés contre lui.

Ce fut à la même époque qu'un comité militaire proposa au congrès d'envoyer un corps d'armée dans le Canada: on voulait en confier le commandement à la Fayette, dans la persuasion qu'un nom français pourrait redevenir populaire dans cette contrée et y soulever un parti puissant; mais lorsque ce nouveau général se rendit à Albany, pour se mettre à la tête des troupes qui devaient y être rassemblées, il ne les y trouva point, et fut bientôt rappelé au camp d'où il était parti. Washington n'avait pas été consulté sur ce projet d'expédition, et les premières invasions du Canada avaient été si infructueuses, qu'il pouvait regarder comme intempestif de renouveler alors une telle entreprise.

Tandis que l'on formait sans lui un plan militaire, si promptement conçu et abandonné, tandis que l'on cherchait à lui donner pour successeur le vainqueur de Saratoga, et que des lettres anonymes, de faux rapports, de sourdes intrigues, étaient habituellement dirigées contre Washington, ce grand citoyen, constant dans ses devoirs, s'attachait à soulager l'armée, à retenir sous les drapeaux les hommes dont l'engagement était expiré, à faire obtenir de nouvelles récompenses à ceux qui serviraient jusqu'à la fin de la guerre, à concerter tous les moyens de reprendre, au retour du printemps, le cours de ses opérations militaires. Il n'avait été déterminé par aucune vue ambitieuse à accepter le commandement de l'armée, et il était prêt à le résigner, aussitôt qu'il ne serait plus soutenu dans cet honorable et difficile emploi par les vœux qui l'y avaient porté; mais les plaintes de ses ennemis ne furent point accueillies par le congrès; une vertu si pure en triompha, et les destinées de son pays, qui étaient alors étroitement liées aux opérations de la guerre, lui furent encore confiées.

Pendant ces moments de crise, les négociations commencées avec le gouvernement français, par Benjamin Franklin, Silas Deane et Henri Lee, faisaient journellement des progrès. La France se préparait en même temps à la guerre: il fallait que ses forces fussent prêtes au moment où elle se déclarerait alliée; toute proclamation prématurée compromettrait sa dignité, sa puissance, et pourrait rendre moins efficace sa coopération.

La France avait d'ailleurs un autre écueil à éviter: elle savait que le gouvernement britannique cherchait alors à se rapprocher des Américains, et que, s'il pouvait parvenir à une réconciliation, son but était de réunir les forces des deux peuples et de les tourner contre la France. Les faveurs accordées aux États-Unis par le gouvernement français, les approvisionnements qu'ils s'étaient procurés dans ce royaume, les envois d'armes et de munitions que le commerce leur avait faits, annonçaient une prochaine alliance entre les deux pays: l'Angleterre voulait la prévenir, et sachant que les envoyés du congrès étaient autorisés à ouvrir à Londres, comme à Paris, une négociation, et à consentir à un traité de paix qui réservât et assurât leur indépendance, elle se montrait disposée à faire en leur faveur les plus grands sacrifices, si elle pouvait compter sur leur coopération dans la guerre qui allait éclater entre les deux couronnes.

Dans une situation si délicate, le gouvernement français voulait avoir la certitude que, s'il s'engageait à soutenir par les armes la cause des États-Unis, le congrès ne ferait point la paix sans lui. La prudence le portait à temporiser jusqu'à ce qu'il eût mis à couvert les intérêts de la France, et qu'il eût affermi ses relations amicales avec les autres puissances du continent. Ses vues n'avaient rien de provocateur contre elles, et son intervention en faveur des Américains était justifiée par des exemples analogues. L'Angleterre n'avait-elle pas encouragé et soutenu en Corse les efforts de Paoli, quand cet homme célèbre avait voulu rendre l'indépendance à son pays? La Grèce n'avait-elle pas été excitée plusieurs fois à secouer le joug de la Porte ottomane? Si l'émancipation de quelques peuples européens avait trouvé des protecteurs, était-il étrange de favoriser celle d'un grand pays, séparé de ses anciens maîtres par l'Océan, et déjà entièrement détaché d'eux par plusieurs années de guerre, et par une diversité d'intérêts qui ne permettait plus le retour de la sujétion? L'appui donné à l'indépendance des Américains, quelque temps après le premier démembrement de la Pologne, était une sorte de satisfaction accordée à la grande famille de l'humanité. Un nouveau peuple allait s'élever, brillant de jeunesse et de force, et la France attachait quelque gloire à seconder de si grandes destinées : le rang qu'elle occupait dans la civilisation, et l'habitude qu'elle avait prise d'en favoriser les progrès, devaient gouverner sa politique, et contribuaient à la rendre plus généreuse.

On vit bientôt un témoignage de ces nobles dispositions de la France dans les clauses des traités qu'elle conclut avec les États-Unis, et qui furent signés le 6 février 1778. Ces traités consacrèrent les principes de droit des gens et de liberté commerciale, que ce gouvernement avait hautement proclamés, et pour le maintien desquels il devait encore combattre. Les Américains, en introduisant ces maximes dans leurs premiers traités, en firent eux-mêmes la base de leurs transactions ultérieures avec d'autres États, et la France doit s'honorer de l'influence qu'elle put exercer à cette époque sur le caractère de leur législation maritime.

Ces traités laissèrent à chacune des deux puissances la liberté de modifier à son gré ses règlements relatifs au commerce et à la navigation, et celle de faire participer les autres États aux avantages qu'elles s'accordaient l'une à l'autre. On ne voulait fonder les relations du commerce que sur son utilité réciproque et sur les lois d'une juste concurrence, et le gouvernement français avait formellement déclaré qu'il ne prétendait à aucune concession exclusive : il désira même faciliter davantage le commerce des États-Unis, soit en leur accordant en Europe et dans les Antilles plusieurs ports francs, soit en employant ses bons offices près des régences barbaresques, pour qu'elles n'exerçassent aucune violence contre les navigateurs américains.

Les deux peuples s'accordèrent toutes les faveurs, toutes les libertés qui pouvaient multiplier leurs relations. Le droit d'aubaine et de détraction fut supprimé entre eux : ils devaient mutuellement jouir, dans les États l'un de l'autre, de tous les avantages accordés à la nation la plus favorisée : on promettait réciproquement asile et secours à tous les navires placés dans un péril imminent : toute marchandise, reprise sur les pirates, devait être rendue à son propriétaire; les prises faites sur l'ennemi pouvaient librement entrer dans les ports de l'un ou de l'autre allié : aucun habitant de l'un des deux pays ne pouvait prendre de lettres de marque pour armer contre l'autre puissance.

On admettait, comme principe de droit maritime, que le pavillon couvrait la marchandise; que si le navire était ami, la cargaison devait être considérée comme telle, et qu'on traitait ennemie lorsqu'elle était à bord d'un bâtiment ennemi.

Les navires de commerce de l'une et de l'autre partie pouvaient librement naviguer avec toutes les marchandises chargées à leur bord, quel qu'en fût le propriétaire, et de quelque part qu'ils vinssent. Ils pouvaient fréquenter les ports et les havres des puissances ennemies, se rendre d'un port ennemi dans un port neutre, et même d'un port ennemi dans un autre port ennemi : le transport de la contrebande était excepté, et il était permis de la saisir ; mais toutes les autres marchandises pouvaient être librement conduites à leur destination. On désignait sous le nom de contrebande les armes, les munitions, les ustensiles de guerre, et l'on n'y comprenait point les provisions qui servent à la nourriture de l'homme et au maintien de la vie, les métaux, les bois, les autres articles qui n'ont pas la forme d'un instrument préparé pour la guerre de terre ou de mer. Des passe-ports et des certificats de chargement devaient être donnés aux navires, quand l'une des deux parties était en guerre, afin de constater la nature de leur expédition : on dégageait de toute forme vexatoire la visite de ces bâtiments : elle n'avait pour but que de vérifier leurs passe-ports et de constater leur propriété.

En signant avec les Américains ce traité d'amitié et de commerce, le gouvernement français ne déclarait point la guerre à l'Angleterre, mais ses nouveaux liens lui faisaient prévoir que la paix pouvait être incessamment rompue entre les deux couronnes : un traité d'alliance fut conclu pour ce cas éventuel, et la France et les États-Unis résolurent de concerter leurs projets et leurs efforts contre toute agression ennemie. Le but essentiel de ce traité était de maintenir la liberté, la souveraineté, l'indépendance absolue et illimitée des États-Unis. Si l'une des deux parties formait quelque entreprise, dans laquelle elle eût besoin du concours de l'autre puissance, celle-ci se joindrait à elle, pour agir de concert, autant que sa propre situation le lui permettrait. Dans le cas où les États-Unis tenteraient de réduire la puissance britannique, soit dans les régions de l'Amérique septentrionale qui lui restaient encore, soit dans les Bermudes, les conquêtes qui seraient faites leur appartiendraient; si la France jugeait à propos d'attaquer les îles anglaises des Antilles, elle garderait également ses acquisitions. Aucune des deux puissances ne conclurait la paix avec la Grande-Bretagne, sans avoir obtenu le consentement de l'autre partie; et toutes deux s'engageaient à ne pas déposer les armes, avant que l'indépendance des États-Unis fût assurée par les traités qui termineraient la guerre.

La nouvelle des engagements qui venaient d'être contractés transpira promptement en Angleterre. Le gouvernement français lui-même n'attendit point, pour avouer officiellement ses transactions, qu'elles eussent été ratifiées par le congrès. Le marquis de Noailles, ambassadeur de France à Londres, déclara le 13 mars qu'un traité d'amitié et de commerce avait été signé entre Sa Majesté très-chrétienne et les États-Unis; que les deux parties contractantes avaient eu l'attention de ne stipuler aucun avantage exclusif en faveur de la nation française, et que les Américains avaient la faculté de traiter avec toutes les nations, sur le même pied d'égalité et de réciprocité. Cette déclaration faisait aussi connaître que la France était déterminée à protéger efficacement la liberté légitime de son commerce et l'honneur de son pavillon, et qu'elle avait pris en conséquence des mesures éventuelles avec les États-Unis.

Jamais aucune résolution n'avait été accueillie en France avec plus de faveur. L'occasion de réparer de grandes pertes venait à s'offrir; mais on ne songeait point à reconquérir sur le continent d'Amérique d'anciennes possessions abandonnées; on avait même formellement déclaré que l'on y renonçait. Une politique plus éclairée faisait prendre les armes, et la France voyait dans le démembrement des possessions de l'Angleterre la fondation d'une nouvelle puissance.

Un des hommes qui avaient le plus contribué à l'alliance des États-Unis avec la France, Franklin vit alors Voltaire, qui venait jouir à Paris de ses derniers triomphes. L'entrevue de ces hommes célèbres eut lieu au mois de mars 1778, et après l'entretien qu'ils eurent ensemble sur de si grands intérêts, Franklin, présentant son petit-fils au vieillard de Ferney, lui demanda de le bénir : « Dieu et la liberté ! dit « Voltaire, voilà la seule bénédiction « qui convienne au petit-fils de M. « Franklin. » Ces derniers vœux d'un homme dont les écrits eurent une si grande influence sur la marche de son siècle, nous ont paru dignes d'être consacrés dans l'histoire.

Aussitôt après avoir reçu la notification du gouvernement français, le roi d'Angleterre rappela de Paris son ambassadeur, et il adressa, le 17 mars, un message au parlement, pour obtenir les moyens de soutenir avec vigueur la guerre qui allait s'engager. On mit en délibération dans la chambre des communes s'il fallait chercher à se réconcilier avec les États-Unis en reconnaissant leur indépendance, ou s'il fallait à la fois soutenir la guerre contre la France et contre les insurgés : ce dernier avis l'emporta. La même discussion fut ouverte ensuite dans la chambre des pairs, et ce fut dans cette circonstance solennelle que le comte de Chatam prit la parole pour la dernière fois. Ce grand ministre avait souvent proposé des moyens de rapprochement entre l'Angleterre et ses colonies, et il s'était prononcé contre les mesures impolitiques qui avaient amené leur séparation; mais il espérait encore que cette désunion ne serait pas irrévocable; il s'indignait qu'on voulût faire renoncer son pays à la souveraineté de l'Amérique, et il rassembla le peu de forces qui lui restaient pour élever sa voix contre le démembrement de cette antique et noble monarchie. Il ne voulait point que l'Angleterre tombât prosternée aux pieds de la maison de Bourbon, et, si la paix ne pouvait se maintenir, il demandait que l'on commençât la guerre sans hésiter. L'agitation et le trouble de cette discussion épuisèrent ses forces défaillantes ; il s'évanouit au milieu du parlement, et transporté chez lui sans connaissance, il rendit, quelques jours après, le dernier soupir. Sa mort fut en Angleterre un sujet de deuil. L'homme d'État, l'orateur était également illustre : il fut inhumé à côté des rois dans l'abbaye de Westminster.

Pendant les préparatifs de guerre qui se faisaient en Europe, les traités conclus entre la France et l'Amérique étaient ratifiés par le congrès, qui les reçut le 5 mai, avec de vives démonstrations de reconnaissance. Louis XVI fut honoré comme le bienfaiteur des États-Unis, et l'on espéra avec une confiance nouvelle le succès d'une cause qui venait d'obtenir un si puissant et si généreux protecteur. L'alliance des deux pays fut également proclamée au milieu des camps, et cette heureuse nouvelle y fut accueillie avec les mêmes sentiments d'affection.

L'union des deux puissances était assurée, quand plusieurs commissaires britanniques arrivèrent le 9 juin à Philadelphie, avec la mission de négocier une réconciliation entre l'Angleterre et les Américains. Ils proposaient la cessation des hostilités, la reprise du commerce, la libération des dettes de l'Amérique, l'établissement d'un autre mode d'administration. Les colonies auraient des députés dans le parlement britannique; elles établiraient elles-mêmes les bases de leur législation et de leur administration intérieure; leurs ressources et leurs forces seraient unies à celles du royaume, dans la paix comme dans la guerre, et enfin elles jouiraient de tous les privilèges compatibles avec la liberté britannique.

Quelque étendues que fussent ces concessions, le congrès n'y voyait point une reconnaissance formelle de l'indépendance des États-Unis. Il déclara que cette reconnaissance seule pourrait devenir la base d'une négociation, et toutes les propositions des commissaires anglais furent rejetées. La décision de cette grande querelle continua donc d'être abandonnée à la fortune des armes.

Les troupes américaines semblaient alors devoir être accablées d'une si pénible charge, et la constance de Washington avait à soutenir les plus difficiles épreuves. Les progrès de la disette, et l'insuffisance des fournitures faites par les administrations obligèrent souvent ce général à faire enlever des vivres et des fourrages par des détachements armés. Les généraux Wayne et Greene, le colonel Tilgman, le capitaine Lee furent envoyés dans les contrées voisines pour y chercher des approvisionnements. La désertion devint une autre calamité : un grand nombre d'hommes quittèrent leurs drapeaux. Les milices dont les engagements venaient d'expirer ne furent pas complétement remplacées, et le camp de Valley-Forge n'était plus que de cinq mille hommes au premier février, quoiqu'il eût été d'abord de quatorze mille.

La situation du général anglais était plus favorable : il hivernait dans un pays riche; l'abondance régnait dans ses cantonnements, et ses troupes étaient plus nombreuses. Néanmoins, malgré sa supériorité, il ne tenta rien d'important pendant l'hiver; on se borna de part et d'autre à quelques incursions et à des affaires de postes. Washington faisait garder avec soin les approches de son camp; et deux mille hommes d'élite furent mis sous les ordres de la Fayette, qui devait changer souvent de position, pour harceler l'ennemi et l'empêcher de se répandre dans l'intérieur.

La Fayette s'avança jusqu'à huit milles de Valley-Forge, et il occupait la position de Baren-Hill, lorsque le général Howe conçut le projet de le surprendre. Un corps de cinq mille Anglais, placés sous les ordres du général Grant, fut chargé de lui couper la retraite, et ce corps, expédié dans la nuit du 19 mai, vint en effet se placer entre lui et l'armée américaine; mais la Fayette, ayant eu l'éveil sur ce mouvement avant qu'il fût terminé, se hâta de gagner le Schuylkill. Ses manœuvres continrent les troupes ennemies; il passa le fleuve au gué de Matson, sans éprouver de résistance, et il rejoignit heureusement le camp de Valley-Forge.

Bientôt après, le général Howe quitta le commandement de l'armée britannique, et eut pour successeur Henri Clinton, qui venait d'arriver à Philadelphie. Le projet d'évacuer cette place et de diriger sur un autre point les opérations militaires avait été résolu, et le général Clinton fit tous ses préparatifs de départ. Son intention était de se rendre à New-York, en traversant le New-Jersey; et comme cette province, déjà épuisée par la guerre, ne lui aurait pas fourni d'approvisionnements, il voulut s'en pourvoir, et il les prit sous son escorte. L'armée anglaise quitta Philadelphie, qu'elle avait occupée pendant neuf mois; elle passa la Delaware le 22 juin, prit terre à Glocester, et, remontant la rive gauche du fleuve, se dirigea ensuite vers Allen-Town, d'où elle pouvait se rendre également à Brunswick ou à Monmouth.

Washington avait quitté, le même jour, son camp de Valley-Forge, et il allait observer les mouvements de cette armée, afin de saisir, durant sa marche, l'occasion de l'attaquer avec avantage. Déjà il avait envoyé dans le New-Jersey les généraux Dickenson et Maxwell, pour couper les routes et les ponts, et embarrasser la marche de l'ennemi. Un conseil de guerre eut ensuite à délibérer si l'on se bornerait à inquiéter la retraite des troupes anglaises, ou si l'on en viendrait à une action générale. Washington était de ce dernier avis; mais la plupart des généraux avaient une opinion contraire; et le général Lee surtout croyait qu'il serait imprudent de remettre aux hasards d'une bataille le sort d'une campagne qui était près de se terminer par la retraite de l'ennemi.

D'abord on évita une bataille rangée; mais Washington ayant fait vivement presser l'arrière-garde britannique, celle-ci se trouva aux prises avec l'avant-garde américaine, le 28 juin, près de Monmouth, dans le New-Jersey. Clinton, pour ne pas exposer les nombreux bagages de son armée, venait de les faire rapidement filer vers Middletown; il prit, avec Cornwallis, le commandement de l'arrière-garde, qui commençait à être engagée, et ses premières charges rompirent l'avant-garde américaine, placée sous les ordres du général Lee : cette retraite, qui se fit avec beaucoup de désordre, devint très-difficile à réparer. Washington s'avançait avec son corps d'armée, et il parvint, par ses efforts courageux et persévérants, à ranimer le combat, à le soutenir avec avantage, et à repousser l'ennemi. La nuit survint, et Washington la passa sur le champ de bataille : il se proposait de renouveler l'action le lendemain; mais Clinton, continuant sa marche à la faveur de l'obscurité, s'était rapidement dirigé sur Middletown, où ses nombreux convois étaient parvenus. L'escadre anglaise, partie de la Delaware, arrivait en même temps à Sandy-Hook : Clinton et son armée allèrent s'y embarquer pour New-York, où les principales forces britanniques se trouvèrent alors réunies.

La guerre allait recevoir de nouveaux développements, et ses opérations, qui s'étaient bornées jusqu'alors au continent et aux parages de l'Amérique, devaient rapidement envahir différentes régions de l'Océan. Les hostilités entre la France et l'Angleterre commencèrent le 17 juin 1778, par l'attaque de deux frégates françaises, la *Licorne* et la *Belle Poule*, que rencontra la flotte de l'amiral Keppel. La guerre n'était pas déclarée, et le commandant de la *Licorne*, ayant cédé à la sommation qui lui était faite de se rendre sous la poupe de l'amiral anglais, fut retenu prisonnier avec son navire; le capitaine de la *Belle Poule* ne se rendit point à cette sommation : il soutint un glorieux combat contre la frégate anglaise l'*Aréthuse*, et, après l'avoir forcée de s'éloigner, il vint jeter l'ancre sur les côtes de France, près de Plouescat.

D'autres hostilités succédèrent au signal de guerre qui venait d'être donné : une flotte française de trente-deux vaisseaux sortit de Brest le 8 juillet; elle était commandée par le comte d'Orvilliers; et l'amiral Keppel, qui était allé renforcer ses armements dans les ports d'Angleterre, remit à la voile le 9, et parut avec d'égales forces sur les côtes de France. Les deux flottes étaient en vue l'une de l'autre, le 23 juillet, à trente lieues des îles d'Ouessant, et les amiraux manœuvrèrent pendant plusieurs jours pour se disputer l'avantage du vent et combiner mutuellement leurs évolutions. Dans leurs mouvements, les flottes se rapprochaient : un engagement devenait inévitable, et il eut lieu le 27 juillet. Le vent soufflait de l'ouest; la flotte française arrivait en étendant sa ligne du nord au sud; la flotte anglaise étendait la sienne du sud au nord : toutes deux défilaient ainsi en présence l'une de l'autre, et le combat ayant commencé entre leurs bâtiments les plus avancés, se prolongea successivement sur toute la ligne, à mesure que les vaisseaux se trouvèrent à portée d'y prendre part. Les diverses manœuvres qui furent ordonnées pendant l'action changèrent plusieurs fois l'ordre d'attaque, sans rendre cette journée plus décisive; chacune des deux escadres fut très-maltraitée : celle d'Angleterre le fut dans sa mâture, celle de France dans le corps même des navires; l'une et l'autre avaient besoin de réparer promptement leurs avaries : l'une regagna le port de Plymouth, l'autre revint à Brest, et toutes deux furent mises en état de reprendre la mer un mois après; mais, pendant cette campagne, il n'y eut entre elles aucun nouvel engagement.

Le commerce de France avait déjà éprouvé de nombreuses pertes depuis le commencement des hostilités : ses navires, qui n'étaient pas encore convoyés par des vaisseaux de guerre, restaient exposés sans défense à la rencontre de l'ennemi, et un grand nombre furent capturés. Ceux du commerce anglais recevaient de la marine royale une protection plus efficace : plusieurs convois qu'elle avait pris sous son escorte arrivèrent heureusement à leur destination ; et la France reconnut la nécessité de donner à ses navires marchands une même sauve garde. Elle chercha en même temps à organiser les armements en course contre l'ennemi, et plusieurs ordonnances furent publiées dans ce dessein : celle du 24 juin 1778 avait pour but d'encourager les capteurs par des gratifications et des parts de prise plus considérables ; celle du 26 juillet établit les principes de la course, et détermina les règles qu'on aurait à suivre, soit envers l'ennemi, soit envers la navigation et le commerce des bâtiments neutres. Ces règles étaient conformes à celles du traité conclu entre la France et les États-Unis, où les droits des neutres avaient été formellement réservés. Il était défendu à tout armateur français d'arrêter et de conduire dans les ports du royaume les navires neutres, lors même qu'ils sortiraient des ports ennemis, ou qu'ils y seraient destinés, à l'exception toutefois de ceux qui porteraient des secours à des places bloquées, investies ou assiégées. Si des navires neutres étaient chargés de marchandises de contrebande destinées à l'ennemi, ils pourraient être arrêtés, et ces marchandises seraient saisies et confisquées ; mais les bâtiments et le surplus de la cargaison seraient relâchés. Les autres articles s'appliquaient aux navires qui devaient être considérés comme ennemis, d'après le lieu de leur fabrication, la nationalité de leurs propriétaires, de leurs commandants ou de leurs équipages, l'irrégularité de leurs pièces de bord, ou le jet de quelques papiers à la mer.

Ces différentes règles maritimes se trouvaient consacrées depuis longtemps par une puissante autorité, par celle des traités d'Utrecht, qui, en établissant en 1713 les bases de la politique européenne, perfectionnèrent alors le droit public et le droit des gens, firent faire de nouveaux pas à la civilisation, et eurent pour résultat d'améliorer la condition des neutres, et de circonscrire dans de plus étroites limites les malheurs inséparables de la guerre. Ces traités avaient formellement déclaré que les navires marchands pouvaient se rendre d'un port neutre ou ennemi dans un autre port ennemi, et que la liberté de commerce et de navigation s'étendait à toutes les marchandises, excepté à la contrebande de guerre : on avait également reconnu qu'il fallait considérer comme neutres toutes les marchandises trouvées à bord d'un bâtiment neutre.

La France était restée fidèle à ces principes, qui tendaient à favoriser la circulation générale du commerce ; mais l'Angleterre, se croyant alors plus intéressée à restreindre les libres communications des neutres, cherchait à faire revivre d'anciens principes du *consulat de mer*, tombés depuis longtemps en désuétude, et contraires au droit du pavillon ; elle prétendait arrêter les marchandises ennemies trouvées sur bâtiment neutre. On la vit même, dans plusieurs déclarations, appliquer le droit de blocus à des lieux dont ses escadres étaient encore éloignées, et comprendre dans la contrebande de guerre les articles nécessaires à la subsistance.

Cette divergence d'opinion sur les principes du droit maritime amena de nouveaux conflits entre les puissances, et nous aurons à en suivre plus tard le développement.

Avant que les hostilités éclatassent en Europe, une flotte française, commandée par le comte d'Estaing, et composée de douze vaisseaux de ligne et de quatre frégates, se rendait dans les mers d'Amérique : elle avait appareillé de Toulon le 13 avril ; mais sa traversée dura près de trois mois, elle fut successivement contrariée par des calmes et des tempêtes. L'amiral, désirant que ses vaisseaux fussent constamment ralliés, mettait en panne toutes les nuits, afin que leur marche au milieu de l'obscurité ne les séparât point, et qu'aucun d'eux ne fût rencontré isolément par l'ennemi. Il prévoyait qu'au bruit de son départ, l'Angleterre aurait mis en mer une escadre pour le chercher; et, en effet, une flotte de treize vaisseaux et de quelques frégates, commandée par l'amiral Byron, avait été détachée à sa poursuite; mais elle ne partit d'Angleterre qu'au milieu du mois de juin, et, avant de gagner les côtes des États-Unis, elle se dirigea vers Halifax.

Le comte d'Estaing arriva le 8 juillet à l'entrée de la Delaware : il apprit que l'escadre anglaise de l'amiral Howe en était partie le 18 juin, pour se rendre dans la baie de New-York; et, prenant lui-même cette direction, il parut le 11 juillet à la hauteur de Sandy-Hook. Mais il restait en dehors de la baie: les rapports des pilotes lui faisaient craindre qu'il n'y eût pas assez d'eau pour ses grands navires, sur le banc de sable qui s'étend entre cette pointe et l'extrémité de Long-Island; il ne crut pas pouvoir franchir cette passe avec sa flotte entière, et, ne pouvant attirer l'ennemi hors de la baie, il alla tenter une autre entreprise.

Sur ces entrefaites le congrès était rentré à Philadelphie, et il reçut avec solennité, dans sa séance du 6 août, Conrad Gérard, arrivé comme ministre plénipotentiaire de France. Cet habile négociateur des traités conclus avec les Américains était digne de leur amitié : eux-mêmes firent bientôt un semblable choix, et Franklin continua de représenter en France avec une noble simplicité la grandeur naissante de son pays.

Les relations d'alliance des deux peuples s'ouvrirent par une expédition à laquelle l'un et l'autre devaient concourir; elle était dirigée contre les troupes britanniques qui occupaient le Rhode-Island; l'escadre du comte d'Estaing, ayant gagné ces parages, pénétra le 8 août dans la baie profonde qui se prolonge entre cette île et celle de Conannicut. La place de New-Port devait être attaquée par mer et par terre; et l'amiral se disposait à y faire une descente, tandis qu'un corps de troupes américaines, commandées par Sullivan, s'assemblait à Providence, et allait gagner le nord de l'île où New-Port est situé. Les Anglais avaient quelques frégates dans les différents canaux de cet archipel : ils mirent le feu à celles qu'ils n'espéraient pas pouvoir défendre ; ils coulèrent bas plusieurs navires, afin de barrer les passes les plus accessibles; et, pendant qu'ils préparaient leur résistance, ils reçurent inopinément un puissant secours. L'amiral Howe parut à la vue de la baie : la flotte qu'il avait à Sandy-Hook s'était accrue de plusieurs vaisseaux de ligne, récemment arrivés dans le même port; et pouvant alors tenir tête à la flotte française, il venait la chercher et la combattre. Le comte d'Estaing avait espéré deux fois se rencontrer avec l'amiral anglais : il n'hésita pas d'accepter l'occasion qui venait s'offrir, et au lieu de tenter un débarquement dont le succès paraissait assuré, il coupa ses câbles le 10 août, pour se porter au-devant de la flotte ennemie. L'une et l'autre escadre furent en présence pendant deux jours, et après s'être disputé l'avantage du vent et de la position, elles étaient à la veille de combattre, lorsqu'une tourmente, survenue dans la nuit du 11 au 12, les dispersa et leur causa des dommages si considérables qu'elles furent hors d'état d'engager une action. La flotte de l'amiral Howe regagna la baie de New-York, et celle du comte d'Estaing rentra dans la baie de Rhode-Island. Les Américains espéraient que sa coopération pourrait encore assurer la reddition de New-Port, dont leurs troupes de terre venaient déjà de s'approcher; mais ce général avait pris la résolution de s'éloigner, et d'aller réparer dans le port de Boston les avaries de son escadre : il partit en effet le 22 août; et le général Sullivan fut alors forcé de renoncer à son expédition. Les Américains s'étaient rendus maîtres des hauteurs voisines de New-Port, et ils avaient établi leurs batteries contre la place; mais la garnison, ne craignant plus un débarquement, pouvait réunir contre eux tous ses efforts : elle reprit dans plusieurs combats les positions dont Sullivan s'était emparé ; et ce général, se repliant en bon ordre vers le nord de l'île, regagna le continent par les passes de Bristol et de Howland, et revint à Providence, qui continua d'être occupé par les troupes américaines. Lorsqu'il abandonna l'attaque de New-Port, un renfort de quatre mille hommes, commandés par le général Clinton, était près d'arriver au secours des assiégés : les Anglais apprirent, à leur débarquement sur les côtes, que cette place était délivrée, et ils retournèrent à New-York qui était devenu le point central de leurs opérations.

La baie de Buzzard, située à l'est du Rhode-Island, servait alors de refuge aux corsaires américains, et ils y conduisaient une partie de leurs prises ; quelques troupes sous les ordres du général Grey y furent envoyées par Clinton : elles détruisirent soixante-dix navires, des chantiers de construction, des magasins de marchandises, et firent une semblable expédition dans l'île de Marthas-Wineyard qui donnait également asile aux corsaires.

Une escadre anglaise, commandée par l'amiral Montaigu, croisait à cette époque dans les parages de Terre-Neuve : le commodore Évans en fut détaché avec quelques frégates, et il s'empara, le 14 septembre, des îles de Saint-Pierre et de Miquelon, où les Français avaient alors le dépôt de leurs pêcheries. Ces îles n'ayant aucun moyen de défense, se rendirent par capitulation, et les habitants en furent transportés en Europe.

D'autres armements britanniques partirent de New-York, pour faire des incursions sur les côtes du New-Jersey : le capitaine Ferguson descendit à Egg-Harbourg, brûla les navires et les magasins qui s'y trouvaient, et détruisit les salines situées dans le voisinage. Plusieurs compagnies de la légion de Pulawski étaient cantonnées à quelque distance : l'ennemi, averti de leur position par un transfuge, les surprit et les tailla en pièces ; mais Pulaswki, survenant tout à coup avec le reste de sa légion, sauva les débris de ce détachement, et força les Anglais à la retraite.

A l'époque de ces sanglants ravages, les commissaires britanniques chargés d'ouvrir une négociation avec le congrès se trouvaient encore en Amérique. Leurs conférences publiques étaient terminées ; mais ils avaient cherché à conserver des relations avec quelques personnages influents : ils fomentaient les partis, poussaient à la paix les hommes timides, exagéraient les forces que l'Angleterre allait déployer, et faisaient espérer des récompenses à ceux qui l'auraient secondée. Cette correspondance fut dénoncée au congrès, et les commissaires durent cesser leurs obscures démarches : alors ils gardèrent moins de mesures, et avant de quitter l'Amérique ils publièrent un manifeste, où ils firent entendre que leur gouvernement, après avoir inutilement offert la paix aux Américains, allait faire peser sur eux toutes les calamités de la guerre.

La réponse que le congrès fit à ce manifeste prouva qu'il attendait des citoyens la plus énergique résistance. « Si vos cités sont menacées, disait-il, « envoyez au loin vos femmes, vos « enfants, vos effets les plus précieux, « et ne gardez que vos armes pour « vous défendre : si on brûle vos ha- « bitations, si on dévaste vos champs, « usez de représailles envers vos en- « nemis, et que tous les maux de la « guerre retombent sur ceux qui l'ont « provoquée. »

Ces menaces, faites de part et d'autre, ne furent pas vaines. L'animosité des partis était déjà si grande que leurs hostilités mutuelles avaient souvent pris un caractère d'extermination, surtout dans les circonstances où l'on avait fait intervenir les nations sauvages. Les désastres que nous allons rapporter en offrent un déplorable exemple.

La colonie de Wyoming avait été fondée dans les vallées supérieures de la Susquéhanna, et près de la branche orientale de ce fleuve, par dix-sept familles du Connecticut, qui avaient acheté ce territoire des nations indiennes. Leur acquisition était antérieure à la guerre de l'indépendance ; et le gouvernement du Connecticut, celui de la Pensylvanie se disputaient alors la possession de cette contrée, l'un parce qu'il s'attribuait, d'après sa charte primitive, toutes les régions comprises sous la même latitude que le Connecticut, entre le 41° et le 42° degré ; l'autre parce qu'il regardait comme faisant partie de la Pensylvanie toutes les terres situées à l'occident du New-York et du New-Jersey. Ces discussions s'assoupirent, se réveillèrent par intervalles : elles n'empêchèrent point la colonie de prospérer ; et telles étaient la fécondité de la terre, la beauté de la situation, la douceur du climat, qu'un grand nombre d'émigrants du Connecticut vinrent successivement s'établir à Wyoming et dans les autres vallées. On y comptait plus de douze cents familles, à l'époque où la guerre commença : elles occupaient huit arrondissements ou *townships*, dont chacun avait cinq milles carrés d'étendue, et leurs établissements étaient distribués dans les cantons les plus fertiles.

La rupture entre l'Angleterre et l'Amérique livra bientôt cette colonie à des commotions plus funestes, et fit éclater de vives querelles entre les partisans de la métropole et les amis de l'indépendance. Les premiers étaient les moins nombreux ; ils furent persécutés : plusieurs furent dépouillés de leurs possessions ; et ceux qui étaient établis à Wyolucing, Wissack et Standing-Stone, prirent le parti de se réfugier chez les Indiens shawanèses qui occupaient la contrée voisine, et qui étaient au nombre de ceux dont l'Angleterre employait alors les services. Ces Indiens étaient ceux auxquels avait originairement appartenu le territoire ; ils donnèrent l'hospitalité aux réfugiés qui leur demandaient asile ; ils envoyèrent même des députés aux chefs du bourg de Wyoming qui était le lieu principal de la colonie, afin de réclamer d'eux les troupeaux et les derniers moyens de subsistance des exilés ; mais les Indiens essuyèrent un refus : on eut l'imprudence de les offenser, de les irriter : leurs nouveaux hôtes s'attachèrent à aigrir leur ressentiment ; et ils formèrent le dessein de rentrer par la force dans les établissements d'où on les avait expulsés.

Les Indiens qui allaient seconder leur entreprise avaient alors adopté pour chefs de guerre Brandt et Buttler, tous deux Anglais d'origine, et anciens habitants des colonies. Buttler, accusé d'homicide, s'était réfugié chez les sauvages depuis plusieurs années, et après avoir erré de tribu en tribu, vivant comme les Indiens de chasse et de pêche, il avait contracté leurs habitudes, s'était attaché à un chef de shawanèses qui lui avait sauvé la vie, et nourrissait une haine implacable contre le pays où sa tête avait été menacée par la justice. Brandt avait pour mère une femme indienne : porté par un instinct farouche vers la vie sauvage, il avait abjuré la patrie de son père ; et, comme tous les renégats craignent d'être soupçonnés d'un reste d'attachement pour ceux qu'ils ont quittés, il se montrait impitoyable envers les blancs, et il aiguillonnait contre eux la fureur de leurs ennemis.

Les premières incursions que les Indiens et les réfugiés commirent en 1778 contre la colonie de Wyoming, atteignirent les habitants avant qu'ils fussent en défense : la plupart de leurs fils étaient partis pour l'armée des États-Unis, et il ne leur restait que cinq cents hommes en état de porter les armes : ils prirent pour chef Zébulon, fortifièrent à la hâte les positions de Wyoming, Shawney, Lackawaney, Mahapenny, et cherchèrent à faire tête à l'orage ; mais ils allaient être accablés sous le nombre ; leur pays promettait une riche proie et il fut envahi avec fureur. Deux forteresses furent bientôt forcées, et Zébulon se retira dans celle de Shawney ou Kingston ; mais bientôt il fut attiré au dehors par les artifices de Buttler, et il tomba dans une embuscade que les Indiens lui avaient dressée : presque tous ses hommes y périrent : ceux qui parvinrent à regagner le fort de Kingston, se trouvant bientôt réduits à se rendre à discrétion, furent impitoyablement massacrés ou jetés dans les flammes : quelques-uns restaient encore dans le fort de Wyoming; ils capitulèrent à leur tour et subirent le même sort.

De semblables ravages furent commis dans la campagne, et toutes les habitations isolées furent détruites. Cette colonie, séparée par d'immenses forêts de tout autre établissement civilisé, n'avait pu se défendre, avec ses seules ressources, contre une invasion si redoutable; elle n'offrit bientôt qu'un mélange confus de tombeaux et de ruines. Le petit nombre de ceux auxquels la pitié de quelques Indiens accorda la vie furent peints en rouge, pour être désignés à la tribu entière comme des hommes que l'on voulait épargner : c'était une espèce de signe de miséricorde : les sauvages les emmenèrent avec eux, et quand les orphelins qu'ils avaient faits eurent touché le seuil de leurs *wigwams*, ils furent adoptés dans les familles qui leur donnaient asile (voy. pl. 68).

Cependant la destruction de la colonie de Wyoming attira bientôt contre les dévastateurs de terribles représailles : les États-Unis voulaient venger le sang répandu; et la fureur contre les Indiens était si grande, que les tribus innocentes et coupables furent enveloppées indistinctement dans la guerre qui leur fut déclarée. Le colonel Clarke pénétra dans les contrées de l'ouest : il allait attaquer, près des rives du Wabash, le poste de Vincennes, dont le commandant était accusé d'avoir soulevé les Indiens contre les États-Unis, et il s'avança avec tant de secret et de célérité, que ce fort fut surpris au milieu de la nuit, sans pouvoir opposer de résistance. Quelques villages indiens, situés dans les vallées de l'Ohio et de ses affluents, furent ruinés dans la même expédition. Un autre corps de troupes partait en même temps de Pensylvanie, et marchait contre les sauvages de la Susquéhanna, auteurs des désastres de Wyoming; il dévasta leurs villages, incendia leurs forêts et détruisit leurs faibles récoltes. Mais on ne s'en tint point à ces premiers actes de vengeance : une guerre sanglante menaçait toutes les tribus voisines du territoire des États-Unis; et les préparatifs que l'on faisait contre elles se liaient alors à un plan beaucoup plus vaste. Le congrès s'occupait d'un nouveau projet d'expédition contre le Canada : on devait en faire les apprêts pendant l'hiver, et l'exécution en était remise à la campagne suivante. Une colonne de troupes partirait de Pittsbourg pour les rives du lac Érié; une autre partirait de Wyoming pour celles du lac Ontario : leurs premières opérations seraient dirigées contre les Indiens, dont elles ruineraient les établissements : elles iraient ensuite attaquer les forteresses de Détroit, de Niagara, d'Oswego; tandis qu'une armée de cinq mille hommes, rassemblée dans le Connecticut, se dirigerait vers le lac Champlain, gagnerait le fleuve Saint-Laurent et s'emparerait de Montréal. On désirait que la France voulût en même temps coopérer à une expédition contre Québec, à une autre contre Halifax et la Nouvelle-Écosse; et comme les entreprises sont ordinairement jugées faciles par leurs auteurs, on se proposait, après avoir accompli ces conquêtes, d'attaquer l'île de Terre-Neuve.

Le congrès auquel ce projet fut présenté n'en reconnut pas sur le champ les inconvénients graves; mais l'expérience militaire de Washington les lui fit promptement remarquer. Il était frappé de l'embarras d'assembler les troupes, les munitions, les moyens de transport, nécessaires pour une telle expédition. Il prévoyait la difficulté de faire coïncider plusieurs opérations maritimes et militaires, qui seraient séparément entreprises en différents lieux, et dont l'ensemble pourrait être contrarié par les chances de la navigation et de la guerre. L'exemple des invasions précédentes le portait d'ailleurs à se défier du succès d'une si hasardeuse tentative; et ce général pensait qu'au lieu de songer à des conquêtes, il fallait affranchir de la présence des troupes britanniques le territoire des États-Unis. Les objections que Washington adressait au congrès parurent d'abord faire peu d'impression; mais il vint lui-même à Philadelphie, pour exposer tous les motifs qui lui faisaient considérer comme ruineuse une si grande entreprise, et le projet en fut abandonné.

La Fayette devait avoir un commandement dans l'expédition qu'on avait proposée; et comme elle ne pouvait point avoir lieu, il avait demandé un congé pour revenir en France; le congrès, en le lui accordant, lui conserva son grade dans l'armée américaine, et il chargea Franklin de lui remettre, à son arrivée en France, une épée d'honneur.

L'escadre française, stationnée dans le port de Boston, continuait de s'y réparer, et les chantiers, les magasins de cette ville lui fournissaient des secours que son mouillage aux environs de New-Port ne lui aurait point offerts; mais le regret qu'avaient les Américains d'avoir été forcés de renoncer à l'expédition du Rhode-Island faisait naître des mésintelligences entre eux et leurs alliés; et, quelque soin que l'on prît pour en arrêter le cours, on ne put empêcher les matelots des deux nations d'en venir aux mains plusieurs fois : les autorités publiques promirent une récompense à ceux qui feraient connaître les principaux instigateurs des troubles; mais aucun ne fut dénoncé. Les mêmes désordres eurent lieu en Caroline dans le port de Charleston, où se trouvaient quelques bâtiments français.

Le comte d'Estaing reprit la mer le 4 novembre, pour se porter vers les Antilles : une escadre anglaise, commandée par le commodore Hotham, venait de partir de New-York pour les mêmes parages, avec un corps de cinq mille hommes; et une autre flotte, sous les ordres de l'amiral Byron, allait quitter les eaux du Rhode-Island, pour gagner aussi la mer des Antilles.

Ces différentes flottes ne se rencontrèrent pas dans la traversée, et elles atteignirent successivement cet archipel, où allaient se passer d'autres événements militaires. Les opérations de la guerre y étaient commencées depuis deux mois, et le marquis de Bouillé, gouverneur général des Iles du Vent, avait brusquement attaqué l'île anglaise de la Dominique, dont la situation entre la Martinique et la Guadeloupe inquiétait l'une et l'autre colonie. Bouillé débarqua dans cette île le 7 septembre avec un corps de dix-huit cents hommes; il s'empara, l'épée à la main, des principaux forts, réduisit le gouverneur à capituler, et remit à la voile, après avoir laissé à terre une garnison française.

Le projet du comte d'Estaing, qui arriva le 6 décembre à la Martinique, était de tenter une expédition contre la Barbade; mais tandis qu'il faisait ses préparatifs, il apprit que l'amiral anglais Barrington venait de débarquer quatre mille hommes dans l'île de Sainte-Lucie qui appartenait alors à la France. Cette île n'avait qu'une garnison de cent hommes, et il était urgent de lui porter des secours : d'Estaing s'embarqua le 14 décembre, et vient attaquer l'escadre anglaise qui s'était embossée près du rivage. Cette canonnade qui n'eut lieu qu'à une longue portée fut sans résultat, et l'amiral français effectua, six jours après, un débarquement de troupes sur un autre point de la côte; mais il ne put parvenir à jeter des secours dans la forteresse que les Anglais avaient déjà investie. Les ravages causés dans ses rangs par le feu de leurs batteries le déterminèrent à reprendre ses troupes à bord; et le gouverneur de Sainte-Lucie capitula, lorsqu'il n'eut plus l'espérance d'être secouru. L'acquisition de cette île assurait aux Anglais une bonne place d'armes, et un lieu de station pour leurs forces navales : ils en augmentèrent les fortifications; ils y placèrent une garnison nombreuse, et la flotte de l'amiral Byron vint y mouiller quelques jours après. Elle était à portée de surveiller les mouvements maritimes de la Martinique et du canal intermédiaire, et l'on s'observa de part et d'autre pendant plusieurs mois, sans entreprendre dans les parages des Antilles de nouvelles expéditions; mais la situation des forces navales qui s'étaient dirigées vers cet archipel eut quelque influence sur les opérations militaires qui allaient s'exécuter aux États-Unis.

Il était utile à la Grande-Bretagne de rapprocher et de combiner entre elles les forces qu'elle avait à faire agir dans les Antilles et sur le continent; et pour arriver à ce but, le général Clinton fit embarquer à New-York pour la Géorgie un corps de deux mille cinq cents hommes, commandés par le colonel Campbell. L'escadre du vice-amiral Hyde-Parker les débarqua le 23 décembre, à l'embouchure de la Savannah. Cette invasion était inattendue; la province était sans défense, et la ville de Savannah n'avait qu'une faible garnison. Les Américains rassemblèrent en toute hâte le peu de troupes réglées et de milices qui se trouvaient aux environs, et ils essayèrent de couvrir les approches de la place. Mais Campbell s'apercevant qu'ils avaient porté vers l'aile droite leurs principaux moyens de défense, fit attaquer l'aile gauche avec vigueur : il la faisait tourner en même temps par un détachement considérable; et cette double attaque, ayant porté le désordre dans les rangs américains, fit cesser sur toute la ligne leur résistance : ils se rompirent, et les Anglais s'emparèrent de Savannah, que Campbell eut le bonheur de préserver du pillage, quoiqu'il y fût entré de vive force.

Cette réduction entraîna celle de tout le nord de la Géorgie, et le vainqueur y établit paisiblement son autorité : une partie des habitants se rangèrent sous l'autorité royale; les autres se réfugièrent dans la Caroline. Le Midi était en même temps attaqué par un corps de troupes anglaises, parti de la Floride orientale sous les ordres du général Prévost : il s'empara du fort Sunbury, contre lequel Campbell marchait également, et l'une et l'autre colonne y firent leur jonction.

L'expédition de Géorgie fut bientôt suivie d'une tentative d'invasion dans les Carolines. Un détachement britannique fut embarqué à New-York, sous les ordres du major général Gardiner, pour venir attaquer l'île de Port-Royal; mais il fut repoussé par les Caroliniens; et les Anglais, avant de revenir à la charge, cherchèrent à faire soulever en leur faveur un grand nombre de mécontents, qui se trouvaient alors dans les contrées supérieures de la Caroline. Afin de seconder leurs mouvements, Campbell remonta le fleuve jusqu'à Augusta; mais ses partisans qui venaient de prendre les armes ayant été défaits par le colonel américain Pickins, il rétrograda lui-même, et vint reprendre sa première position. Il était d'ailleurs pressé par l'approche des troupes que le congrès envoyait au secours de la Caroline : le général Lincoln qui les commandait vint camper à Black-Swamp, près des rives de la Savannah. Son intention était de rejeter vers le littoral les troupes anglaises qui bordaient la rive droite du fleuve. Il y fit passer un corps de deux mille hommes sous les ordres du général Ashe, et ce corps alla s'établir dans une forte position près du Briar-Creek; mais c'étaient des milices de nouvelle levée; elles furent attaquées et défaites le 3 mars 1779. Il périt un grand nombre d'hommes, et il n'en revint pas quatre cents sous les drapeaux du général Lincoln.

On avait encore plus vivement ressenti, durant ces dernières expéditions, la nécessité de soumettre enfin à des règlements invariables l'ordre et la discipline des troupes, et celle d'introduire de l'uniformité dans leurs manœuvres. Tel fut l'objet d'une ordonnance qui fut publiée le 29 mars par le congrès. Elle embrassa tous les détails du service militaire, l'armement et l'équipement des officiers et des soldats, l'organisation des compagnies, celle des régiments, l'instruction des recrues, l'exercice par compagnies, par bataillons, la formation et le déploiement des colonnes, les changements de front, les marches, les feux, les évolutions des corps d'armée, la disposition des camps, et enfin toutes les parties de la théorie, et tous les devoirs attachés aux différents grades.

Cette ordonnance était applicable à l'infanterie : il avait été fait pour toutes les autres armes un travail semblable, et Washington profita de l'interruption des grandes opérations militaires, pour répandre et faire pratiquer dans son camp ces règles de service et de discipline. Le général Steuben, ancien officier prussien, naturalisé aux États-Unis, était alors inspecteur général : il avait été formé à l'école de Frédéric, et les grands principes de tactique lui étaient connus. Le service devint alors plus régulier; l'instruction des officiers eut un guide, et les troupes plus occupées s'attachèrent davantage à des devoirs qu'elles connaissaient mieux.

Lincoln cherchait alors à réparer ses pertes : il fit de nouvelles levées dans la Caroline, et lorsqu'il eut cinq mille hommes sous ses ordres, il reprit l'offensive, marcha sur Augusta et entra en Géorgie. Les troupes britanniques qui avaient envahi cette vaste contrée n'en occupaient encore que les parties inférieures : le général Prévost y avait concentré ses forces, et au lieu de marcher contre le général Lincoln dont il était très-éloigné, il espéra le décider à la retraite, en faisant lui-même une incursion dans la Caroline. Les débordements du fleuve Savannah qu'il avait à traverser formaient sur ses rives une longue ligne de marécages; mais il parvint à les franchir, et ne trouvant sur son passage que quinze cents hommes de milices, il força aisément ce nouvel obstacle. Un premier succès accrut sa confiance : il se porta rapidement sur Charleston, dans l'intention d'enlever cette place par un coup de main, et il vint asseoir son camp entre l'Ashley et le Cooper, au confluent desquels Charleston est située.

Quelle que fût cependant la célérité de sa marche, les Américains avaient eu le temps de faire passer dans cette ville un renfort de troupes. La garnison s'était mise en défense : on avait réparé les fortifications, on disposait les batteries, et le général anglais n'ayant pas assez de monde pour attaquer la place, ni même pour tenir devant des forces supérieures qui s'avançaient en toute hâte, se retira au milieu de la nuit, en prenant la route du littoral : il gagna cette suite d'îles qui s'étendent le long de la Caroline, dont elles ne sont séparées que par d'étroits canaux, et il alla se cantonner dans l'île de Port-Royal, où il était à portée de recevoir de la flotte anglaise des renforts et des approvisionnements.

La Caroline garda longtemps de funestes traces de l'invasion que les ennemis y avaient tentée. Les Noirs avaient favorisé cette expédition, dans l'espérance d'obtenir la liberté qu'on leur avait promise. Ils pillèrent les habitations de leurs maîtres, ils détruisirent une partie des plantations; et quand les Anglais se retirèrent, les Noirs, trompés dans leur attente, furent emmenés comme esclaves dans les colonies des Antilles : d'autres périrent misérablement dans les forêts, où ils allaient se réfugier pour éviter le châtiment de leur révolte.

Une autre incursion fut tentée par les Anglais sur les côtes de Virginie : elle avait pour but de détruire les magasins de vivres, les dépôts d'armes et de munitions, les navires, les principales récoltes du pays : deux mille hommes sous les ordres du général Matthews, furent débarqués au midi de la Chésapeake; ils ravagèrent les bords du James-River, occupèrent Hampton, le fort Nelson, Portsmouth, Norfolk, et après avoir dévasté la côte, ils regagnèrent New-York d'où le général Clinton les avait fait partir.

Ce général se proposait alors une entreprise plus importante : il voulait s'emparer des forts de Verplank et de Stoney-Point, situés sur les rives de l'Hudson. L'escadre du commodore Collier remonta le fleuve avec quelques troupes, et Clinton qui les commandait débarqua sur la rive occidentale, où il surprit le fort de Stoney-Point, tandis que le général Vaughan allait attaquer sur l'autre rive le fort de Verplank, qui se rendit après quelque résistance.

A cette nouvelle, Washington se rapprocha avec son armée : il s'établit sur les hauteurs qui dominent l'Hudson, et chargea le général Wayne de reprendre Stoney-Point : cette courageuse attaque réussit ; et comme on ne se proposait que d'enlever la garnison, l'artillerie et les munitions de ce poste, Wayne reçut l'ordre de l'évacuer après en avoir détruit les fortifications. Les Américains tentèrent également de recouvrer la position de Verplank ; mais ils ne purent en déloger l'ennemi.

Un détachement britannique, commandé par le général Tryon, fit bientôt une descente sur les côtes du Connecticut : il s'empara de New-Haven, réduisit en cendres Fairfield, Norwalk, Greenfield, et fit sur tout ce littoral un large butin.

Le colonel Mac-Lean alla, vers la même époque, s'établir et se fortifier à l'embouchure de la rivière de Pénobscot qui arrose le territoire du Maine. En se plaçant à la frontière nord-est des États-Unis, il menaçait d'une invasion les contrées voisines, et il pouvait en concerter le plan avec les troupes britanniques qui occupaient encore le Rhode-Island. Les habitants du Massachusett formèrent le dessein de reconquérir les postes dont Mac-Lean s'était emparé, et ils envoyèrent une flottille dans la baie de Pénobscot ; mais cette entreprise, conduite avec irrésolution, n'eut aucun succès. Les troupes que l'on débarqua se retranchèrent au lieu de marcher rapidement à l'ennemi ; et lorsqu'elles résolurent de le forcer dans ses positions, après l'avoir battu en brèche pendant quinze jours, elles furent découragées par l'apparition subite du commodore Collier qui arrivait de New-York avec son escadre : elles se retirèrent précipitamment par terre, et les navires qui les avaient amenées furent capturés ou détruits.

Ce résumé des premières opérations de la campagne de 1779 montre que sur le territoire des États-Unis on se borna de part et d'autre à des expéditions partielles qui, en causant de grands dommages au pays, ne pouvaient pas influer sur sa destinée. La guerre y promena de lieux en lieux ses plus cruels fléaux, sans qu'on pût espérer que la paix y mettrait promptement un terme.

Les Américains saisirent le moment où les armements de l'Angleterre ne leur inspiraient pas de vives inquiétudes, pour tenter contre les Indiens une expédition générale qui les mît pour longtemps dans l'impossibilité de nuire. Quoique les cruautés commises contre la colonie de Wyoming ne pussent être imputées qu'à quelques tribus sauvages, on les regardait toutes comme liées entre elles par de communs sentiments de haine contre les États-Unis. Les six nations placées entre les grands lacs et les frontières du Connecticut, de New-York, de la Pensylvanie, avaient pris parti pour l'Angleterre dans les campagnes précédentes ; elles s'étaient jointes à l'armée de Burgoyne, et leur barbarie avait accru les maux de la guerre. Le projet de les attaquer et de détruire leurs établissements fut embrassé avec ardeur : trois corps de troupes devaient envahir leur territoire, en remontant les rives de la Susquéhanna, du Mohawk, de l'Alléghany ; et l'on devait tenter en même temps une fausse attaque vers le lac Champlain et la rivière Sorel, afin d'y retenir les forces que le Canada voudrait envoyer à leur secours. Sullivan commandait le corps principal chargé de pénétrer par la Susquéhanna dans le pays des six nations.

Un détachement fut d'abord envoyé contre les Onondagas, habitant les rives du lac de ce nom. A la première alerte, ils s'enfuirent dans leurs forêts, et l'on n'en atteignit qu'un petit nombre ; mais leurs habitations, leurs récoltes, leurs bestiaux furent détruits.

Toutes les tribus de ces contrées reconnurent par cette expédition le danger dont leur confédération entière était menacée : elles coururent aux armes ; et quelques chefs firent, à la fin du mois de juillet, une incursion sur les frontières de l'État de New-York, où des habitations furent ravagées, où quelques détachements américains furent surpris et taillés en pièces. Les principales forces des Indiens s'étaient assemblées, au nombre de dix-huit cents hommes, près de New-Town, sur la Susquéhanna ; deux cent cinquante Européens étaient avec eux, et Johnson, Buttler et Brandt dirigeaient leurs mouvements. Ils avaient élevé un long retranchement devant la ligne qu'ils occupaient ; le front en était couvert par un ruisseau et une palissade, et les extrémités de cet ouvrage s'appuyaient d'un côté sur la rive de la Susquéhanna, de l'autre sur une chaîne de hauteurs couvertes de forêts, où un grand nombre d'Indiens s'étaient embusqués. Sullivan, ayant réuni les deux corps américains qui avaient remonté le Mohawk et la Susquéhanna, vint les attaquer le 28 août : il avait alors cinq mille hommes sous ses ordres ; et après avoir reconnu la position des ennemis, il chercha à les envelopper en enlevant les hauteurs qui dominaient leur flanc gauche ; une vive attaque était en même temps dirigée contre leur front, et les Indiens lâchèrent pied lorsqu'ils commencèrent à entendre derrière eux la fusillade : la plupart se jetèrent dans le fleuve, qu'ils traversèrent à la nage ; d'autres s'enfuirent dans les forêts, et leur perte en hommes fut peu considérable ; mais ils étaient découragés par leur défaite : ils se dispersèrent, ils gagnèrent en désordre d'autres régions plus éloignées, et leur pays, resté sans défense, fut complétement ravagé.

Une contrée inculte et pauvre, où l'on ne suppose que des rochers, des fleuves, des forêts, des animaux sauvages et les fruits spontanés de la terre, paraît n'offrir aucune prise aux dévastations ; mais nous avons déjà rappelé que les Indiens de cette région avaient fait de premiers pas vers l'état social : leurs huttes étaient moins éparses ; ils s'étaient rassemblés en villages, où leurs familles vivaient rapprochées les unes des autres, et les chasseurs et les guerriers les y retrouvaient au retour de leurs pénibles expéditions. Des essais de culture avaient été entrepris dans le voisinage de leurs wigwams : le maïs, la patate, richesses indigènes du pays, leur fournissaient de premières récoltes ; ils avaient semé d'autres graines : ils avaient des arbres fruitiers, et leurs relations d'échange et de commerce avec les Européens fournissaient les instruments aratoires et les ustensiles nécessaires à leurs premiers besoins. Sullivan fit détruire dans cette expédition les villages, les habitations isolées, les blés, les fruits, les bestiaux d'une contrée qui devint alors un vaste désert, et la colonne de troupes qui remontait les rives de l'Alléghany commit les mêmes ravages dans les régions occupées par les Mingoes et les Shawanèses.

Ce fut un affligeant spectacle pour l'humanité de voir ainsi refouler vers la vie sauvage un grand nombre de peuplades qui commençaient à jouir d'un meilleur sort. Si quelques généreux défenseurs de la race proscrite élevèrent la voix en sa faveur, leurs accents de pitié ne furent pas écoutés, et l'on étendit sur une race entière la punition encourue par quelques tribus. On prétendit que tous ces peuples ne pourraient jamais être amenés à la civilisation, et l'on osa les présenter au monde comme dégradés de cette dignité morale et intellectuelle, dont le sceau fut empreint par la Divinité sur le front de tous les hommes.

Tandis que l'on continuait en Amérique un système d'hostilités destructives, le théâtre de la guerre s'étendait dans les autres parties du monde : il avait gagné comme toutes les possessions coloniales de la France et de l'Angleterre, depuis la rupture qui avait éclaté entre ces deux puissances, et cette contestation nouvelle semblait momentanément absorber leur attention. L'Angleterre s'était hâtée de profiter de la supériorité de ses forces dans les

Indes orientales, pour y attaquer les possessions françaises, avant qu'elles pussent être secourues; et ses hostilités commencèrent en Asie, à l'époque même où l'on venait de livrer en Europe le combat naval d'Ouessant. Le commodore Vernon était parti de Madras le 29 juillet 1778, pour venir bloquer la rade de Pondichéri, tandis que le général Munro devait, avec des troupes de terre, faire le siége de cette place : un combat naval eut lieu, le 10 août, entre l'escadre de Vernon et celle de Tronjolli, qui se trouvait alors dans la rade, et qui se porta à sa rencontre. Le résultat de cette action fut indécis, et chacun des deux commandants regagna la plage pour y réparer ses navires. Tronjolli n'essaya point un nouvel engagement, et il remit à la voile dix jours après pour se rendre à l'île de France.

Pondichéri se trouva dès lors réduit à une faible garnison. On avait négligé depuis quelques années l'entretien des anciennes fortifications, pour en construire de nouvelles qui n'étaient pas encore terminées : ces travaux incomplets rendaient la défense plus difficile. Les assiégants, devenus maîtres d'une ligne de circonvallation qui servait de limite à cette colonie, lui coupèrent toute communication avec la terre; ils ouvrirent le feu de leurs batteries dès le 6 septembre, resserrèrent leurs approches, et conduisirent leur galerie jusqu'au fossé. Le général de Bellecombe qui commandait la place la défendit pendant quarante jours de tranchée ouverte; mais, voyant enfin que plusieurs bastions tombaient en ruine, qu'une brèche était praticable, et que les habitants étaient menacés de tous les malheurs qui suivent un assaut, il capitula le 17 octobre, et obtint tous les honneurs de la guerre. L'escadre anglaise avait été renforcée pendant le siége par l'arrivée de cinq vaisseaux de la compagnie des Indes; elle s'empara successivement de Chandernagor, des autres comptoirs français situés sur la côte de Coromandel, et de Mahé sur celle de Malabar.

Les armes de la France avaient été plus heureuses sur les plages occidentales de l'Afrique. Une escadre, commandée par le marquis de Vaudreuil, avait pris possession, le 30 janvier 1779, des forts et des comptoirs de l'Angleterre sur la rivière du Sénégal; et ses autres établissements de la Gambie, de Sierra-Leone et de la côte d'Or lui furent ensuite enlevés par Pontevès de Gien.

Mais les expéditions dirigées vers les parages d'Afrique et d'Asie ne tendaient point au but principal de la guerre, aussi directement que les opérations maritimes qui devaient être suivies, soit en Europe, soit en Amérique. Le gouvernement français voulait y appliquer tous ses soins; il désirait ne pas en être détourné par une guerre continentale; et, voyant cette guerre déjà allumée depuis plusieurs années entre l'Autriche et la Prusse, il était intéressé à éteindre en Allemagne un incendie qui pouvait gagner ses propres frontières. Sa médiation, jointe à celle de la Russie, rapprocha les belligérants, et parvint à leur faire conclure le traité de Teschen, qui fut signé le 13 mai 1779. La diète de Ratisbonne le ratifia, et la pacification du continent fut assurée.

La France affermit par d'autres conventions ses liens avec plusieurs cours d'Allemagne, et nous devons citer au nombre de ces actes le traité de commerce qu'elle conclut, le 18 septembre, avec le duc de Mecklenbourg-Schwérin; traité qui consacrait les grands principes, déjà adoptés entre la France et les États-Unis, sur les droits du pavillon, sur ceux des neutres, sur toutes les franchises du commerce et de la navigation. La cour de Mecklenbourg, avec laquelle ces clauses étaient stipulées, n'avait pas, sans doute, une grande puissance territoriale et maritime; mais c'était une des familles princières les plus anciennes et les plus illustres : sa situation sur la Baltique, ses alliances avec les cours du Nord lui donnaient un grand poids dans leurs conseils, et les principes maritimes qu'elle adoptait devaient bientôt trouver, dans cette région de l'Europe, de généreux et puissants appuis.

En étendant ses relations amicales avec le continent, la France jouissait d'une entière sécurité pour ses frontières : elle conservait la libre disposition de ses forces, et l'on rassembla sur les côtes de Normandie et de Bretagne une armée de trente-cinq mille hommes, destinée à tenter une descente en Angleterre ; elle avait une artillerie nombreuse : cinq mille grenadiers, tirés des différents corps, devaient former son avant-garde, et l'on équipa dans les ports du Havre et de Saint-Malo les bâtiments de transport nécessaires à cette expédition. L'Angleterre, avertie de ces préparatifs, prit sur-le-champ des mesures de défense proportionnées à la grandeur du péril. Le littoral fut armé de batteries ; des corps de troupes réglées et de milices furent répartis sur différents points du rivage ; ils devaient se réunir au premier signal : on avait ordre d'emmener au loin tous les bestiaux, et de dégarnir de moyens de subsistance tous les lieux que l'ennemi pourrait menacer. Les alarmes publiques se prolongèrent pendant plusieurs mois. Jamais il n'avait régné plus d'activité dans les ports de France : les troupes étaient pleines d'ardeur ; on les exerçait à toutes les manœuvres de l'expédition projetée. D'autres préparatifs se faisaient dans les ports d'Espagne, et les cours de Versailles et de Madrid, resserrant entre elles les liens qu'elles avaient formés en 1761, par leur pacte de famille, se tenaient prêtes à s'unir pour agir de concert contre le gouvernement britannique.

L'Espagne avait d'abord cherché à se porter pour médiatrice entre l'Angleterre, la France et les États-Unis, et après avoir inutilement suivi pendant huit mois une négociation pour les rapprocher, elle se détermina à rompre avec la cour de Londres, et lui fit remettre, le 16 juin 1779, une déclaration où elle exposait ses nombreux sujets de plainte. Elle rappelait que son pavillon avait été insulté, ses vaisseaux pillés, ses possessions d'A-mérique menacées ; que l'Angleterre avait suscité plusieurs nations indiennes contre les habitants de la Louisiane ; qu'elle avait usurpé dans le Darien et sur les côtes de San-Blas les droits de la souveraineté, commis des hostilités dans la baie de Honduras, et refusé toute espèce de réparation pour ces actes de violence. L'Espagne se voyait dans la nécessité de recourir aux armes pour soutenir ses droits, et, se reposant sur l'équité de sa cause, elle espérait n'être responsable ni à Dieu, ni aux hommes, des suites de sa résolution.

De nombreux armements maritimes étaient prêts à appuyer cette déclaration : une escadre de vingt-huit vaisseaux avait été mise sous les ordres de don Luis de Cordova ; la flotte équipée à Brest devait s'y réunir, et le comte d'Orvilliers opéra cette jonction le 25 juillet, vers l'île de Cizarga, à la hauteur de la Corogne. L'amiral français, devenu commandant des flottes combinées, avait alors sous ses ordres soixante-six vaisseaux de ligne et beaucoup d'autres bâtiments plus légers. Trois divisions, de quinze vaisseaux chacune, formaient l'avant-garde, le corps de bataille et l'arrière-garde ; une escadre légère marchait en avant de l'armée, et une escadre d'observation suivait les mouvements de l'arrière-garde. La flotte, s'avançant dans cet ordre, fit voile pour la Manche, et se porta vers les côtes du Devonshire et de Cornouaille. Comme elle était habituellement contrariée par les vents de nord-est, elle manœuvra longtemps dans ces parages sans pouvoir se rapprocher de la terre ; enfin elle se trouvait, le 31 août, au sud-ouest des îles Sorlingues, lorsqu'elle aperçut, à cinq lieues de distance, les pavillons de la flotte britannique qui observait et suivait ses mouvements. D'Orvilliers eut alors l'espérance de s'engager avec elle, et en disposant son ordre de bataille, il chargea le comte de Guichen, commandant l'avant-garde, de courir se placer entre les côtes d'Angleterre et la flotte ennemie ; mais l'amiral Hardy, qui n'avait que trente-sept vaisseaux, ne voulut point s'exposer à un combat trop inégal, où il pouvait être enveloppé par le nombre; et les manœuvres du comte de Guichen, qui allait serrer la côte, le décidèrent à prendre chasse à toutes voiles. Il gardait une avance de plusieurs lieues sur la flotte combinée, et celle-ci le poursuivit inutilement pendant vingt-quatre heures, jusqu'à l'entrée de la rade de Plymouth, où il se réfugia le 1er septembre.

D'Orvilliers resta encore quelques jours dans la Manche, mais aucun autre événement ne signala sa croisière: les mauvais temps, la maladie des équipages, la disette d'eau potable, l'avarie des subsistances, le déterminèrent à regagner la rade de Brest, où il rentra le 10 septembre, après avoir tenu la mer pendant cent quatre jours. La campagne maritime qu'il venait de faire fut jugée avec rigueur. On lui reprocha de n'avoir pas tiré un assez grand parti des forces mises à sa disposition; on y joignit même l'imputation de n'avoir pas intercepté deux convois du commerce britannique, celui des îles du Vent, qui arriva le 31 juillet dans la rade de Plymouth, et celui de la Jamaïque, qui atteignit l'île de Wight huit jours après; leur entrée dans la Manche était cependant très-antérieure à celle du comte d'Orvilliers, et leur direction avait été trop différente, pour que cet amiral, qui arrivait des côtes d'Espagne, pût les rencontrer dans sa traversée; mais les hommes tombés en défaveur sont souvent accusés par l'opinion publique de tous les événements qui trompent son attente.

Les opérations de l'escadre française qui se trouvait alors dans les parages des Antilles, avaient obtenu des résultats plus heureux et plus décisifs. Le comte d'Estaing cherchait à s'emparer d'une partie des possessions britanniques. Au mois de juin, il chargea le chevalier du Rumain d'attaquer l'île de Saint-Vincent avec une escadre de cinq navires et un détachement de trois cents hommes. Le débarquement réussit, et les hauteurs qui dominaient le fort de Kings-Town furent emportées. Les Caraïbes, anciens habitants de l'île, descendirent de leurs mornes pour se joindre aux assiégeants, et le gouverneur anglais entra en négociation pour rendre la place. On découvrit alors trois voiles britanniques qui venaient lui apporter des secours. Du Rumain se hâte d'aller au-devant de cette flottille; il enlève deux vaisseaux, il met en fuite le troisième, et revient prendre possession de la forteresse.

L'arrivée d'une escadre de six vaisseaux, commandée par la Motte-Piquet, mit bientôt le comte d'Estaing en état d'entreprendre une expédition plus importante. Il partit le 30 juin du Fort-Royal de la Martinique avec une flotte de vingt-cinq voiles, et se dirigea vers l'île de la Grenade, où il débarqua le 2 juillet. Le morne de l'Hôpital, qui domine la ville de Saint-Georges, fut attaqué avec vigueur par trois colonnes à la fois; elles étaient commandées par d'Estaing, par le comte de Dillon, par le vicomte de Noailles: le morne fut emporté d'assaut au milieu de la nuit; et le fort, que l'on attaqua au point du jour, et où lord Macartney avait une garnison de sept cents hommes, fut réduit à se rendre à discrétion.

Cette conquête, où les troupes se signalèrent par la plus brillante valeur, était terminée, lorsque l'amiral Byron vint se présenter, le 6 juillet, à la vue de la Grenade: il venait jeter dans l'île quelques renforts, et il ignorait que l'on s'en fût emparé. Le combat fut bientôt engagé entre les deux flottes; et l'amiral Byron, profitant de l'avantage du vent, chercha à porter son avant-garde vers l'entrée de la baie de Saint-Georges; mais lorsqu'il eut acquis la certitude que l'île était occupée, il fit sur-le-champ éloigner ses bâtiments de transport qui se dirigèrent vers Saint-Christophe, en parcourant du midi au nord les eaux de cet archipel; lui-même continua de combattre pour couvrir la retraite de son convoi; et les deux flottes restèrent en présence l'une de l'autre jusqu'à la nuit : les Anglais s'éloignèrent alors, et le comte d'Estaing rentra au point du jour dans la rade de Saint-Georges. L'escadre anglaise avait été très-maltraitée ; et celle de France, après avoir elle-même réparé ses avaries, remit à la voile et alla se présenter le 22 juillet dans les parages de Saint-Christophe ; mais elle ne put attirer l'ennemi hors de la position où il s'était retiré, et le comte d'Estaing poursuivit sa navigation jusqu'à Saint-Domingue.

Ses instructions lui prescrivaient de ramener en Europe douze vaisseaux, et de laisser le reste de la flotte soit à Saint-Domingue, soit à la Martinique, durant l'hivernage ; mais les rapports qu'il reçut pendant son séjour au Cap-Français, sur les événements militaires des États-Unis, particulièrement sur la situation des contrées du Sud, le décidèrent à tenter une expédition pour reprendre Savannah, occupée depuis huit mois par les troupes britanniques. Il part du Cap-Français avec vingt vaisseaux de ligne et huit frégates, et il se porte vers les côtes de Géorgie, où il surprend un vaisseau et trois frégates anglaises. Dès que les Américains furent informés de son approche par quelques bâtiments qu'il avait dirigés sur Charleston, le général Lincoln fit assembler un grand nombre d'embarcations légères, à l'aide desquelles le comte d'Estaing put effectuer sa descente à quelques milles de Savannah ; et les troupes françaises et américaines qui devaient faire le siége de cette place furent réunies le 15 septembre : la légion de Pulawski faisait partie de ce corps d'armée.

Sur ces entrefaites, le général Prévost, gouverneur de Savannah, faisait arriver à lui en toute hâte les troupes anglaises qui se trouvaient sur différents points de la Géorgie : il se pressait de faire réparer les fortifications ; et, pour avoir le temps de compléter ses moyens de défense, il feignit de prêter l'oreille aux premières sommations qui lui furent faites par les assiégeants, et il parvint à obtenir un armistice d'un jour, pendant lequel il put recevoir les secours qu'il attendait. La garnison était de trois mille hommes de troupes réglées : l'armement de tous les noirs lui procura un renfort de quatre mille hommes, et les assiégeants se trouvèrent alors moins nombreux. Cependant ils ouvrirent la tranchée : elle était portée, le 24 septembre, à trois cents pas du chemin couvert : le bombardement commença le 3 octobre ; il dura cinq jours, et couvrit de ruines l'intérieur de la ville, mais il n'endommagea point les fortifications.

Le comte d'Estaing avait espéré réduire promptement la place ; il voyait approcher la mauvaise saison : ses vaisseaux étaient mouillés sur une côte peu sûre ; il désirait ne pas les y tenir exposés aux coups de vent de l'équinoxe dont on ressentait encore l'influence ; et pour terminer promptement une expédition qu'il lui paraissait trop périlleux de prolonger, il résolut de donner l'assaut, quoiqu'il n'y eût pas encore de brèche, et que la tranchée ne fût pas même achevée.

Les troupes françaises et américaines, commandées par d'Estaing et Lincoln, s'approchèrent des remparts, dans la nuit du 9 octobre, et avant le point du jour elles donnèrent l'assaut au bastion d'Ébenezer : ces deux colonnes rivalisaient de bravoure et d'audace ; mais l'attaque fut soutenue avec une égale valeur. Les rangs qui furent repoussés revinrent plusieurs fois à la charge ; et, dans une de leurs escalades, ils plantèrent un drapeau au sommet des retranchements, sans pouvoir s'y maintenir : le comte d'Estaing et beaucoup d'autres officiers furent blessés en se signalant à la tête de leurs troupes. Mais au bout d'une heure l'attaque vint à se ralentir : les Anglais firent une sortie ; et le comte Pulawski, courant se placer entre eux et les remparts de la place, dans l'espérance de leur couper la retraite, trouva une mort glorieuse en se précipitant sur eux avec ses chevau-légers. Tous les efforts que faisaient les assiégeants pour vaincre une résistance obstinée et pour renouveler un assaut meurtrier, ne faisaient qu'accroître leur perte : elle fut de sept cents hommes pour les Français, de quatre cents pour les Américains ; et l'armée, après avoir encore tenu devant la place durant neuf jours, leva le siège le 18 octobre. Les troupes américaines passèrent sur la rive gauche du Savannah ; et d'Estaing, ayant embarqué les siennes, mit à la voile le 28 octobre pour se rendre en France avec la moitié de la flotte, tandis que les autres vaisseaux allaient reprendre leur station dans les Antilles.

Si la valeur d'un chef d'armée répand encore une sorte d'éclat sur ses revers, l'expédition du comte d'Estaing mérite d'être remarquée dans l'histoire ; mais en louant la bravoure du guerrier, on blâma les combinaisons du général. Fallait-il tenter une grande opération maritime, dans la saison des orages, sans pouvoir compter sur un abri pour la flotte, et fallait-il hâter témérairement un assaut, lorsqu'on n'était pas encore maître des approches de la place ? Les troupes dont on disposait montrèrent qu'elles savaient mourir ; mais on ne leur avait pas donné la possibilité de vaincre.

Ou l'entreprise de Savannah ne devait pas être commencée, ou elle devait être suivie avec plus de persistance. Le vainqueur de la Grenade avait fait espérer davantage de sa coopération, et les Américains attendaient de lui les mêmes succès que dans les parages des Antilles.

Son apparition en Géorgie ne fut cependant pas sans influence sur la suite des opérations militaires. Un débarquement pouvait être essayé sur d'autres rivages ; et le général Clinton, commandant en chef des troupes britanniques, crut devoir concentrer autour de lui ses principales forces, afin de se porter en masse sur les points qui seraient menacés : il rappela dans l'État de New-York le corps d'armée qui se trouvait encore dans le Rhode-Island : les différents postes en furent abandonnés le 25 octobre, et les Américains reprirent paisiblement possession d'un territoire où les Anglais s'étaient maintenus pendant plus de deux ans. Cet événement faisait prévoir que le théâtre de la guerre allait changer : il délivrait du voisinage de l'ennemi les États du Nord-Est, mais il ne leur ouvrait pas de libres communications avec ceux du centre. New-York et la rive orientale de l'Hudson étaient occupés par les Anglais : les hauteurs de la rive occidentale l'étaient par les Américains ; et l'armée de Washington, destinée à les défendre, s'étendait depuis le New-Jersey jusqu'au delà de West-Point, lieu que son importance militaire rendait très-remarquable, et qui devait ensuite acquérir une nouvelle célébrité.

En rappelant les divers événements qui se succédèrent dans le cours de cette campagne, nous n'avons pas eu à citer l'intervention des États-Unis dans de grandes expéditions navales. Aucun vaisseau de ligne n'avait encore été construit dans leurs chantiers ; et il n'avait pu en sortir que de plus légers armements, destinés à la course, ou à la défense des ports et des rades, ou à quelques courageuses expéditions sur les côtes ennemies.

On a déjà pu remarquer que, dès le commencement des hostilités maritimes, les Américains s'étaient lancés avec ardeur dans cette périlleuse carrière. Accoutumés à la mer comme leurs rivaux, ils en bravaient toutes les fatigues avec une égale constance, et n'ayant pas encore les mêmes ressources navales que l'Angleterre, ils cherchaient, dans quelques engagements particuliers, à lui ravir du moins une portion de ses avantages. On avait vu en 1777 une flottille américaine, armée dans le port de Boston, mettre à la voile, à la faveur d'un vent de nord-est, qui avait éloigné de l'entrée de cette rade une croisière anglaise, se diriger rapidement vers la mer des Antilles, et causer des dommages considérables au commerce de l'Angleterre avec les Indes occidentales.

Le blocus d'une partie des ports de la confédération ne l'empêcha pas, l'année suivante, de mettre en mer plusieurs armements qui inquiétèrent la navigation de l'ennemi ; et tandis

17,

que les flottes britanniques croisaient à l'entrée de la Chésapeake et de la Delaware, les Américains s'ouvrant un passage plus au midi, par la baie d'Albemarle, le bassin de Pamtico, et le détroit d'Ocacok, continuèrent de donner issue à leurs armements en course et à leurs bâtiments de commerce.

Parmi les hommes qui se firent un nom dans ces expéditions maritimes, nous devons signaler Paul-Jones, Écossais de naissance, attaché au service des Américains, et nous citerons au nombre de ses exploits les plus mémorables le combat qu'il livra, le 23 septembre 1779, au capitaine anglais Pearson, qui escortait dans la mer du Nord, avec deux frégates, un convoi venant de la Baltique. La frégate de Pearson avait pris feu, et la corvette de Paul-Jones avait plusieurs voies d'eau : les deux bâtiments continuèrent cependant de combattre avec acharnement, et ils vinrent à se serrer de si près que leurs manœuvres s'engagèrent. L'Anglais veut alors tenter l'abordage ; bientôt le feu de son navire se communique aux voiles américaines : la nuit qui aurait mis fin à cette lutte sanglante est éclairée par un affreux incendie, et le combat ne cesse point : enfin le capitaine Pearson est vaincu dans cet engagement obstiné, et il amène son pavillon. La seconde frégate qui naviguait de conserve avec lui se rendit également, et Paul-Jones resta victorieux sur son navire qui faisait eau de toutes parts ; il avait perdu trois cents hommes, et la corvette qu'il avait montée coula à fond le lendemain. Lui-même amena avec peine dans les eaux du Texel le reste de sa flottille, désemparée et battue par la tempête.

Un combat également mémorable eut lieu quinze jours après entre la frégate française la *Surveillante* et la frégate anglaise le *Québec* ; mais il fut plus funeste à leurs capitaines du Couëdic et Farmer. Tous leurs mâts avaient été abattus, sans que la violence de l'attaque se fût ralentie, et du Couëdic était couvert de blessures ; mais il continua de commander et de combattre jusqu'au moment où la frégate anglaise eut pris feu, et aussi généreux que brave, il mit tous ses soins à sauver l'équipage ennemi qui venait de se jeter à la mer. Le capitaine anglais ne voulut pas survivre à son désastre : il attendait à bord l'explosion de sa frégate ; il s'engloutit avec elle, et le capitaine français, victorieux et mourant, revint à Brest où il expira bientôt.

Après avoir retracé les calamités de la guerre, on aime à se reposer sur des actes plus consolants pour l'humanité. L'Angleterre s'attendait alors au prochain retour du capitaine Cook, qui avait accompli dans les régions les plus inexplorées du grand Océan ses immortels voyages de découvertes ; et Louis XVI, appréciant l'importance et le mérite d'une entreprise qui intéressait toutes les nations, avait prescrit à tous les commandants des vaisseaux français de traiter le capitaine Cook comme un officier d'une puissance neutre et alliée : cet ordre était du 19 mars 1779 : à cette époque on ne pouvait point connaître en Europe la tragique et déplorable fin du navigateur qui venait de tomber, le 14 février, dans l'île d'Owhyhée, sous les coups des féroces habitants. Le capitaine Clerke, devenu commandant de l'expédition, mourut lui-même le 22 août, et le capitaine Gore qui lui succéda se trouva placé sous la même sauvegarde, et répondit à un si noble procédé, en s'abstenant aussi de toute agression contre des bâtiments français.

Quel plus digne hommage pouvait être rendu aux sciences et à la grande société humaine, que de considérer comme neutres les hommes chargés de porter aux nations dans l'enfance les bienfaits des arts et de la civilisation ! Ils semblaient être revêtus d'une mission religieuse et sacrée, et les armes des belligérants s'inclinèrent en leur présence.

LIVRE DIXIÈME.

ARMEMENTS ET CONVOIS DIRIGÉS VERS GIBRALTAR. OPÉRATIONS NAVALES DANS LES MERS D'EUROPE ET DANS LES ANTILLES. SITUATION DES PUISSANCES NEUTRES. LIGUE DE LA NEUTRALITÉ ARMÉE. PRISE DE CHARLESTON PAR LES ANGLAIS. CONSPIRATION D'ARNOLD. SUITE DES OPÉRATIONS DE LA GUERRE. JONCTION DES TROUPES FRANÇAISES ET AMÉRICAINES. SIÉGE DE YORK-TOWN ET CAPITULATION DE CORNWALLIS. COMBATS ET DERNIER REVERS DU COMTE DE GRASSE. PRISE DE MINORQUE. DERNIÈRES ATTAQUES CONTRE GIBRALTAR. CAMPAGNES DE SUFFREN DANS LES INDES OCCIDENTALES. FIN DES HOSTILITÉS.

L'extension que prennent les opérations militaires va nous faire rencontrer dans tous les parages les pavillons et les armes des belligérants. Partout où ces puissances ont à se disputer un domaine, elles cherchent à s'affaiblir mutuellement; leurs attaques s'étendent même dans tous les lieux où leur commerce avait pénétré : si les grandes flottes n'apparaissent que sur quelques points, les armements isolés circulent partout; aucun pavillon ne se dérobe à leurs recherches; et ce nouveau genre d'agression étend sur le monde entier le fléau des hostilités.

L'Angleterre, qui avait envoyé de nouvelles troupes en Amérique, afin d'y reprendre l'offensive, faisait en même temps de puissants efforts dans les parages d'Europe, où d'autres ennemis s'étaient déclarés contre elle. La place de Gibraltar, que l'Espagne bloquait par terre et par mer, ne pouvait plus compter sur les approvisionnements habituels qu'un commerce libre lui aurait apportés des côtes d'Espagne et d'Afrique : elle commençait à manquer de vivres; et le gouvernement britannique, voulant y faire passer un convoi de subsistances, chargea l'amiral Rodney de l'escorter avec une flotte de vingt et un vaisseaux, qui devait ensuite se rendre aux Antilles.

Le 8 janvier 1780, cette flotte, arrivée à la hauteur du cap Finistère, s'empara d'un convoi, expédié de Saint-Sébastien à Cadix, sous la garde du vaisseau le *Guipuscoa* et de quelques autres bâtiments armés qui tombèrent également en son pouvoir. Une autre escadre de neuf vaisseaux de ligne, commandée par don Juan de Langara, fut signalée, le 16 janvier, près du cap Sainte-Marie : cet amiral, apercevant de loin des vaisseaux ennemis, ne consulta que son ardeur et résolut de les attaquer : bientôt il reconnut la disproportion de ses forces; mais il n'était plus temps d'éviter un combat trop inégal, et malgré son intrépidité il fut écrasé par le nombre. Un de ses vaisseaux sauta; quatre autres furent pris et emmenés à Gibraltar, où les Anglais conduisirent heureusement leur convoi. Rodney, après avoir réparé ses avaries, reprit la mer pour se rendre aux Antilles avec une partie de sa flotte : ses autres vaisseaux furent ramenés en Angleterre par le contre-amiral Digby, et dans leur traversée ils rencontrèrent un convoi, parti de Brest pour l'île de France, sous l'escorte des vaisseaux l'*Ajax* et le *Protée*, et de la frégate la *Charmante*. Du Chillau commandait cet armement, et pour sauver le convoi, il donna ordre au capitaine de l'*Ajax* de gagner le large pendant la nuit avec la plus grande partie des navires, tandis qu'il attirerait sur lui-même les forces de l'ennemi, en continuant de se tenir à sa portée et dans la même direction. Cette manœuvre mit le convoi en sûreté; mais le *Protée*, vivement poursuivi et attaqué par cinq vaisseaux de ligne, perdit un de ses mâts, fut capturé et conduit en Angleterre.

L'escadre espagnole, qui s'était rendue à Brest l'année précédente, avait quitté ce port le 13 janvier, pour revenir à Cadix; elle se composait de vingt-quatre vaisseaux; et si elle eût rencontré la flotte britannique, elle eût pu la combattre avec avantage; mais elle fut dispersée par une tempête, et ses bâtiments parvinrent avec peine à se réfugier, les uns au port du Ferrol, les autres à Cadix.

Rodney poursuivit alors sa navigation vers les Antilles, où il allait remplacer l'amiral Hyde-Parker. Il avait été devancé dans ces parages par la flotte française commandée par le comte de Guichen; et un premier engagement entre les deux amiraux eut lieu le 17 avril, à l'ouest de la Dominique : le combat dura jusqu'au soir, et le résultat en fut indécis : plusieurs vaisseaux de l'une et de l'autre escadre furent désemparés, et Guichen alla déposer ses blessés à la Guadeloupe, avant de reprendre ses opérations. Son projet était de seconder une descente que le marquis de Bouillé devait faire au *Gros-Ilet*, près des côtes de Sainte-Lucie; et la flotte anglaise, ayant été aperçue, le 8 mai, au nord de cette île, les deux amiraux se préparèrent à un nouveau combat. Ils manœuvrèrent à la vue l'un de l'autre, pendant plusieurs jours, et un engagement partiel eut lieu le 15 mai, à sept heures du soir; mais la nuit vint empêcher qu'il ne se prolongeât. On fit de nouvelles évolutions les jours suivants, pour se chercher, s'éviter, choisir ses positions; et, le 19 mai, les flottes étaient si rapprochées, qu'elles s'attaquèrent immédiatement : les deux lignes arrivaient à bord opposé, en se prolongeant; et le combat, commencé entre les chefs de file, s'étendit bientôt aux armées entières. Sur le soir, les deux escadres s'étaient dépassées, et les Français voulurent revirer de bord pour renouveler le combat; mais Rodney s'éloigna pendant la nuit; et ses vaisseaux voguant à pleines voiles, se trouvaient le lendemain à deux lieues de distance. Les habiles manœuvres des amiraux, dont les forces étaient égales, firent honneur à l'un et à l'autre; et les équipages rivalisèrent de valeur dans ces différents combats, à la suite desquels les deux flottes se rendirent, pour se regréer, l'une à la Martinique, l'autre à la Barbade.

On annonça bientôt à l'amiral français l'approche de douze vaisseaux de ligne espagnols, d'un convoi de vivres, et de onze mille hommes de troupes de cette nation : Guichen alla à leur rencontre, et les joignit, le 9 juin, entre la Dominique et la Guadeloupe. Cette escadre était destinée à une expédition contre la Jamaïque; mais le grand nombre de malades que don Joseph Solano avait à bord lui fit suspendre l'exécution de ce projet; il ne pensa plus qu'à se rendre dans l'île de Cuba; et le comte de Guichen l'escorta jusqu'au détroit de Bahama, avant d'aller se réunir à l'escadre de la Motte-Piquet, qui était alors en station au Cap-Français.

La Motte-Piquet avait eu, l'année précédente, un commandement dans la flotte du comte d'Estaing; il avait ramené de Savannah à la Martinique l'escadre placée sous ses ordres, et avait soutenu, dans la rade même du Port-Royal, un combat héroïque contre la flotte de l'amiral Hyde-Parker. Sa valeur avait sauvé la plus grande partie d'un riche convoi, expédié de Marseille à la Martinique; et il avait ensuite heureusement escorté un grand nombre de navires qui allaient chercher des vivres dans l'île de Saint-Eustache. Une croisière anglaise était établie sur les côtes de Saint-Domingue lorsqu'il s'y rendit : il eut un engagement avec elle; il la dispersa; et son arrivée délivra le Cap d'un blocus qui durait depuis trois mois.

Les opérations navales allaient être momentanément ralenties dans ces parages : Guichen les quitta au mois d'août pour revenir en Europe; et Rodney, après avoir envoyé une partie de ses forces à la Jamaïque, afin d'en assurer la défense, fit voile pour New-York avec ses autres vaisseaux.

La gravité des événements qui s'accomplissaient ou se préparaient alors en Europe, et qui se rattachaient tous à la guerre soutenue par la Grande-Bretagne contre ses nombreux ennemis, exige que nous en présentions la suite avec quelques développements.

L'attaque de Gibraltar, où le général Elliot avait une garnison de six mille hommes, continuait d'occuper une partie des troupes espagnoles. Le général Mendoza, commandant l'armée de siège établie au camp de Saint-Roch, cherchait à resserrer la place : l'amiral Barcelo gouvernait la flotte à l'entrée de la baie ; et, dans la nuit du 6 juin 1780, il essaya d'incendier, avec des brûlots, quelques vaisseaux de guerre ou de commerce qui se trouvaient dans le port ; mais les hommes qui devaient lancer ces brûlots y mirent le feu trop précipitamment, et les navires anglais furent préservés. Un grand nombre de chaloupes canonnières furent ensuite armées par don Barcelo : elles étaient destinées à bombarder la place ; mais les batteries basses de Gibraltar en détruisirent une partie, et ce nouveau moyen d'attaque fut abandonné.

Les Espagnols se maintenaient en force dans les eaux de Cadix et d'Algéziras, afin d'être plus en état de continuer le blocus de Gibraltar, et d'intercepter les secours que l'Angleterre pouvait diriger vers ce port : ils se trouvaient ainsi très-éloignés des parages de Brest, où les Français avaient leurs principaux armements ; et l'on ne voyait habituellement, dans le Golfe de Gascogne, que quelques frégates en croisière, chargées d'observer les mouvements des escadres ennemies, de protéger le commerce des côtes, et de les mettre à l'abri des incursions que d'entreprenants armateurs pouvaient y tenter.

Durant la campagne de 1780, ces frégates furent quelquefois surprises par des forces très-supérieures ; et leur défense montra qu'au milieu même d'une défaite la valeur peut conserver tout son éclat. La frégate française la *Capricieuse* fut rencontrée, le 5 juillet, par les deux frégates anglaises la *Prudente* et la *Licorne* ; et, après un combat de nuit qu'elle soutint bord à bord, elle était désemparée et près de couler bas lorsqu'elle se rendit. La frégate la *Belle Poule*, qui croisait dans les parages de l'Aunis, soutint, le 16 juillet, contre le vaisseau anglais le *Non-Pareil*, un combat de quelques heures, et n'amena son pavillon qu'après avoir perdu ses agrès et la plus grande partie de son équipage : la cale du bâtiment était déjà submergée. Le 10 août, la frégate la *Nymphe* eut le même sort, en combattant contre la frégate la *Flora*, dont l'artillerie et l'équipage étaient plus nombreux : elle voulut, en tentant l'abordage, se dérober à la supériorité du feu de l'ennemi ; mais elle fut accablée dans cette lutte inégale. Les commandants des frégates françaises étaient Ransanne, Kergariou, et du Rumain : tous trois périrent dans ces combats.

Mais, à la même époque, l'escadre combinée que commandait alors don Luis de Cordova, rencontra, à soixante lieues du cap Saint-Vincent, un convoi anglais, escorté par le vaisseau le *Ramillies* et par trois frégates : il avait été expédié pour les Indes orientales, et se composait d'un approvisionnement considérable d'agrès, d'armes et de munitions : des navires marchands, richement chargés, naviguaient sous la même escorte ; et d'autres bâtiments avaient à bord trois mille hommes de troupes, qui devaient plus tard se séparer du convoi, et se diriger vers les côtes d'Amérique. Soixante navires furent amarinés et conduits à Cadix, où un tel succès excita une vive allégresse : les bâtiments de guerre qui les avaient escortés, ne s'échappèrent qu'en prenant chasse et en forçant de voiles.

Quelle était cependant, au milieu de ces hostilités maritimes, la situation des neutres? Leur commerce avait fourni une partie des convois arrêtés par les belligérants ; et, en se couvrant du pavillon d'une puissance ennemie, ils étaient exposés aux attaques du parti contraire. Mais les neutres couraient encore d'autres périls : souvent ils étaient arrêtés en naviguant sous leurs propres couleurs ; leurs actes inoffensifs ne les mettaient point à l'abri des maux de la guerre ; et, dans ce conflit des nations ennemies, les droits de la paix, de la souveraineté, de l'indépendance, ne furent que trop sacrifiés. Des voix nombreuses commencèrent alors à s'élever en faveur des neutres, et l'opinion publique, venant à leur aide, réclama hautement et avec exigence les franchises dont ils devaient jouir.

Il est de l'intérêt de tous les peuples que le pavillon des neutres soit respecté en temps de guerre : il assure au commerce un sauf-conduit ; il empêche que toutes les relations des puissances ennemies ne soient brisées ; il leur sert d'intermédiaire, et facilite entre elles un nouveau rapprochement. Les nations en guerre ont-elles d'ailleurs le droit d'envelopper dans leurs agressions un peuple étranger à leur querelle, et leur est-il permis d'attenter à sa prospérité, et de tarir les sources de son commerce ?

La marine de France recevait par les bâtiments neutres une partie des objets nécessaires à ses constructions ; et lorsqu'elle vit que leur pavillon n'était pas respecté par l'Angleterre, et qu'il n'offrait plus la même sécurité, elle dut recourir à d'autres moyens de communication, moins étendus, il est vrai, mais plus à l'abri des hostilités. La traversée du Pas-de-Calais et de la Manche était la plus périlleuse, et l'on rechercha les facilités que pouvait offrir la navigation intérieure, pour recevoir du dehors les munitions navales et les autres articles qui ne pouvaient pas être librement transportés par l'Océan ; ceux que l'on tirait d'Ostende arrivaient à Gand par le canal de Bruges ; ils remontaient l'Escaut jusqu'à Cambrai, d'où on les expédiait par terre à Saint-Quentin ; de là ils naviguaient successivement sur l'Oise, la Seine, le canal de Briare, la Loire, jusqu'à Nantes, et on les faisait passer à Brest ou à Rochefort par la voie du cabotage.

La navigation du canal de Languedoc permit également de correspondre entre l'Océan et la Méditerranée, sans être exposé aux croisières anglaises, et sans avoir à tourner les côtes d'Espagne, et à s'engager dans le détroit de Gibraltar. Mais ces communications intérieures ne pouvaient suffire à tous les besoins de la marine et du commerce : c'était principalement aux neutres à y pourvoir, et l'inviolabilité de leur pavillon devenait chaque jour plus nécessaire. Le gouvernement français avait formellement reconnu leurs droits, et sa législation sur la neutralité était trop libérale pour ne pas obtenir l'adhésion des diverses puissances : elle fut adoptée par l'Europe presque entière, et l'on vit paraître un grand nombre de publications dont le but était d'en prescrire l'observation aux navigateurs.

Le plus célèbre de ces règlements fut celui du gouvernement de Toscane, qui proclama, le 1er août 1778, la neutralité du port de Livourne. Ce règlement avait pour but d'interdire aux habitants toute participation aux armements et aux hostilités des puissances belligérantes, d'assurer par une reconnaissance positive les priviléges du commerce neutre, et la libre jouissance de ses relations, soit avec les autres neutres, soit avec l'ennemi, excepté dans les circonstances où les navires seraient chargés de contrebande de guerre, ou tenteraient de s'introduire dans un port en état de blocus. Livourne recueillit promptement les avantages d'une si prudente politique, et sa prospérité fut un des principaux fruits du gouvernement de Léopold. La paix y protégeait avec une égale impartialité le commerce de tous les peuples : les neutres y étaient reçus ; les ennemis eux-mêmes venaient y suspendre leurs hostilités : ils ne pouvaient ni sortir ensemble pour s'attaquer en pleine mer, ni combattre dans les parages voisins de cette côte. Livourne était devenu un lieu d'asile où l'on voyait renaître les jours de la *trêve de Dieu* ; et un si saint privilége donnait quelque relâche aux inimitiés.

Un édit du roi des Deux-Siciles parut le 19 septembre suivant, et il consacra les mêmes bases de neutralité. D'autres édits analogues furent successivement publiés par le saint-siège, par la république de Gênes, par celle de Venise. Tous les gouvernements d'Italie s'unissaient ainsi dans une même cause ; et comme leur position au centre de la Méditerranée exposait moins leurs parages aux agressions de l'ennemi, les droits des neutres s'y exercèrent en effet avec plus de liberté.

Les mêmes règles furent adoptées par les peuples voisins de l'Océan. Le sénat de Hambourg, si paternellement occupé de tous les intérêts de cette ville, avait publié, le 18 septembre 1778, une ordonnance pour établir sur les bases de la neutralité les règles de son commerce et de sa navigation. Au mois de mars de l'année suivante, le roi de Suède rendit une ordonnance semblable.

Les droits des neutres furent aussi proclamés par la Hollande, dans un règlement publié le 3 mai 1779. Ce pays, plus voisin des belligérants, avait habituellement à se préserver de leurs collisions; et comme une grande partie des transports de son commerce consistait alors en munitions navales, il se trouvait exposé, dès le commencement de la guerre, aux attaques des corsaires et des autres armements britanniques. Ses expéditions pour les ports de France ou des États-Unis étaient considérées par les Anglais comme un secours destiné à l'ennemi; et les cargaisons dont leurs vaisseaux parvinrent à s'emparer furent d'abord soumises, en Angleterre, à un droit de préemption, qui privait le commerce hollandais de toute sa liberté, et de la plupart de ses bénéfices. Bientôt même, elles furent confisquées, et l'on prétendit les assimiler à la contrebande de guerre, quoique les traités entre les deux États eussent formellement exprimé que les mâts, les autres bois, et tous les articles nécessaires à la construction ou à la réparation des navires, seraient compris dans la classe des marchandises libres.

Une escadre britannique attaqua, le 31 décembre 1779, un convoi de navires marchands hollandais, qui se rendait dans les ports de France et d'Espagne, sous l'escorte de plusieurs vaisseaux de guerre commandés par le comte de Byland. L'Angleterre n'accorda aux états généraux aucune réparation pour cet acte; elle ne répondit, le 21 mars suivant, à leur réclamation, qu'en se plaignant de ce qu'ils lui refusaient les secours stipulés dans leurs traités d'alliance; et, le 19 avril, elle fit donner aux officiers de sa marine l'ordre de se saisir de tous les bâtiments hollandais expédiés pour la France et l'Espagne, et de tous ceux dont les chargements appartiendraient aux sujets de l'une ou de l'autre puissance. On proclama dans un jugement de la cour d'amirauté ce principe : Que les ports français étaient, par leur position, naturellement bloqués par ceux de l'Angleterre, et que la défense de naviguer vers les ports bloqués leur était applicable.

Les premières agressions commises par l'Angleterre contre les droits des neutres ne s'étaient pas bornées à l'arrestation de quelques navires hollandais, plusieurs bâtiments suédois avaient éprouvé le même sort. Le commerce s'en était plaint dès le 10 février 1779, et la cour de Stockholm fit des préparatifs d'armement pour le protéger. La Russie, le Danemark étaient intéressés, comme la Suède, à cette libre exploitation du commerce des mers du Nord et de la Baltique : ces gouvernements voulaient s'assurer la libre jouissance de la neutralité; mais de simples déclarations de principes eussent été illusoires. On put aisément reconnaître qu'au milieu des désordres et des violences de la guerre, les plus généreuses théories ne se défendent point par elles-mêmes : il leur faut des forces et des moyens de résistance ; et ces maximes, après avoir obtenu la paisible adhésion de plusieurs États, trouvèrent enfin une puissante garantie dans la confédération qui se forma au nord de l'Europe sous le nom de neutralité armée. L'impératrice de Russie, Catherine II, voulant faire prévaloir de si légitimes droits, déjà reconnus par plusieurs gouvernements, donna le signal de cette ligue par sa déclaration du 28 février 1780. Elle s'attachait aux principes suivants : Les vaisseaux neutres peuvent naviguer librement de port en port et sur les côtes des nations en guerre; les effets appartenant aux nations en guerre sont libres sur les vaisseaux neutres, à l'exception des marchandises de contrebande, ou de celles que l'on veut introduire dans un port bloqué. Pour déterminer ce qui caractérise un port bloqué, on ne donne cette dénomination qu'à celui où il y a, par la disposition de la puissance qui l'attaque avec des vaisseaux arrêtés et suffisamment proches, un danger évident d'entrer. L'impératrice, en adoptant ces dispositions, déclarait que, pour les maintenir, et afin de protéger l'honneur de son pavillon et la sûreté du commerce et de la navigation de ses sujets, elle faisait appareiller une partie considérable de ses forces maritimes.

Le gouvernement français vit avec satisfaction le principe de la liberté des mers proclamé par cette souveraine : il regardait les franchises des neutres comme une conséquence du droit naturel, comme une garantie de l'indépendance des nations, comme un soulagement pour celles qui étaient affligées du fléau de la guerre. Cette politique éclairée était conforme aux règles déjà prescrites à la marine française. Louis XVI croyait avoir fait un grand pas vers le bien général, et avoir préparé une époque glorieuse pour son règne, en fixant, par son exemple, les droits que toute puissance belligérante peut et doit reconnaître comme acquis aux navires neutres, et il désirait que le système pour lequel l'impératrice se déclarait, et que les Français soutenaient eux-mêmes au prix de leur sang, pût devenir la base du droit maritime universel.

Les Provinces-Unies s'empressèrent, à la même époque, d'adhérer à la proclamation de la Russie, et de se déclarer prêtes à concourir, avec les autres puissances neutres, au maintien des principes qui garantissaient leurs droits. La Suède se concerta avec la Russie sur les moyens de combiner les forces de la confédération des neutres. Le roi de Danemark, se regardant comme maître des clefs de la Baltique, annonça qu'il n'y admettrait aucun vaisseau armé par les puissances en guerre pour y commettre des hostilités contre un pavillon quelconque, et il remit aux cours de Londres, de Versailles et de Madrid une déclaration conforme à celle de la Russie. Les mêmes principes furent exprimés dans une déclaration de Gustave III, roi de Suède ; et ces deux résolutions des cours de Copenhague et de Stockholm furent immédiatement soutenues par les conventions qu'elles conclurent avec la Russie.

Cette suite de transactions et de mesures si favorables aux droits des neutres, peut s'expliquer en partie par ces progrès de la raison publique et de l'intelligence humaine, qui tendent à rapprocher les unes des autres les diverses nations, et à ne mettre aucune entrave à leurs relations paisibles et à leur bien-être. Mais des intérêts plus positifs, et directement fondés sur les ressources et sur les besoins des peuples du Nord, portaient aussi leurs souverains à soutenir efficacement les droits des neutres et la liberté de leur commerce. Ces contrées fournissaient aux autres puissances de l'Europe les goudrons, les chanvres, les fers, les mâts et d'autres bois de construction nécessaires à leurs chantiers maritimes ; les priver du droit d'en disposer et de les transporter librement, c'était les dépouiller de leur branche de commerce la plus lucrative. Il leur devenait nécessaire de conserver le marché des nations belligérantes, et il était injuste de faire considérer ces différentes productions comme contrebande de guerre, sous prétexte qu'elles pouvaient fournir à l'ennemi de nouveaux moyens d'attaque ou de défense ; car ces importations servent aux usages de la paix comme à ceux de la guerre. L'industrie humaine en tire parti à son gré ; elle seule en détermine l'application ; et ces matériaux, inoffensifs par eux-mêmes, ne deviennent hostiles qu'alors qu'ils ont été convertis en armes, et qu'on leur a imprimé la faculté de nuire.

Nous avons cru devoir rapprocher et lier entre eux tous ces derniers événements maritimes, soit qu'ils aient eu le caractère d'hostilité entre les belligérants, soit qu'ils aient conduit à cette confédération armée qui soutint avec une si mâle énergie les droits des neutres, tels que la France et les États-Unis les avaient reconnus par leurs traités. Les armements des puissances du Nord protégèrent spécialement la navigation de la Baltique : cette mer fut interdite à la course; et le commerce, escorté par les vaisseaux de guerre de la confédération, fut respecté sur l'Océan. Le gouvernement britannique éprouvait alors trop d'embarras pour vouloir multiplier le nombre de ses ennemis : ayant à la fois à combattre les États-Unis, la France, l'Espagne, la Hollande, il avait à rassembler toutes ses forces, pour soutenir la guerre où il s'était engagé, et il se proposait de suivre avec une nouvelle vigueur ses opérations militaires contre les Américains.

Les pertes et la retraite des troupes alliées, qui avaient levé le siège de Savannah, laissaient aux Anglais la facilité de tenter dans les contrées voisines de plus considérables entreprises. Les forces qu'ils avaient à New-York étaient de dix-neuf mille hommes, depuis l'arrivée des troupes que l'amiral Arbuthnot avait amenées d'Europe : Clinton y laissa un corps de onze mille hommes, sous les ordres de Knyphausen, et il s'embarqua avec le reste de l'armée. La flotte, contrariée par les tempêtes, n'arriva que le 31 janvier 1780, à l'entrée de la rivière de Savannah, et lorsqu'elle eut été rejointe par tous les vaisseaux de transport que le gros temps avait dispersés, elle se rapprocha de Charleston, débarqua une partie des troupes dans les îles de Saint-John et de James, et conduisit les autres sur les rives de l'Ashley qui baigne les murs de cette place. Presque tous les chevaux avaient péri dans la traversée : il fallut s'en procurer d'autres; et comme les Américains avaient eu le temps d'augmenter la garnison de Charleston, d'en réparer les retranchements, et de mettre en état de défense les postes voisins, le général Clinton crut devoir faire venir de New-York de nouvelles troupes, avant de commencer les opérations du siége.

Lincoln, qui commandait la place, avait d'abord fait harceler l'ennemi par quelques compagnies de troupes légères : elles étaient trop peu nombreuses pour tenir la campagne, et il fallut les faire replier. Les Américains avaient aussi voulu défendre avec quelques frégates les approches du port et l'embouchure du Cooper, qu'une barre naturelle rendait d'ailleurs moins accessible aux grands vaisseaux; mais ils furent forcés d'abandonner successivement leurs différentes stations. La barre fut franchie par les vaisseaux anglais, qu'Arbuthnot avait eu soin de faire alléger : les troupes de terre traversèrent ensuite l'Ashley, et s'avançant dans l'isthme que cette rivière et celle du Cooper forment entre elles avant de se réunir, elles se trouvèrent, le 1er avril, à quatre cents toises des fortifications, et elles ouvrirent la tranchée.

Au commencement du siége, la garnison reçut quelques secours : elle se composait de deux mille hommes de troupes réglées et de mille hommes de milice : tous les habitants en état de porter les armes partagèrent les fatigues et les périls de la défense.

La première parallèle des assiégeants fut achevée le 9 avril : le port était occupé par l'amiral Arbuthnot; et Clinton pouvant alors attaquer la place avec ses forces de terre et de mer, adressa au général américain la sommation de se rendre; mais ce commandant s'y refusa : il était resté maître de ses communications avec la rive gauche du Cooper, et il y trouvait les moyens de faire arriver dans la ville de nouveaux approvisionnements, et de ménager à la garnison la facilité de faire retraite, si une plus longue défense devenait impossible. Mais Clinton résolut d'ôter cette ressource à l'ennemi : il chargea le colonel Tarleton d'enlever le poste de Monk's-Corner occupé par les Américains : cette attaque, faite avec impétuosité, eut un plein succès : les Anglais se fortifièrent au nord du Cooper; lord Cornwallis fut chargé de la garde de ces travaux; et Charleston perdit les seules communications qui lui étaient restées avec le continent.

Durant cette expédition, Clinton faisait poursuivre la tranchée et commencer la seconde parallèle; il avait reçu de New-York un renfort de trois mille hommes, et pressant chaque jour les opérations du siége, il ouvrit la troisième parallèle, dont les travaux furent momentanément interrompus par une sortie du colonel Henderson.

Du Portail, ingénieur français, attaché au service des États-Unis, parvint alors à s'introduire secrètement dans la place : il reconnut, par l'état où se trouvaient les fortifications, qu'il devenait impossible de prolonger la défense, et il proposa de faire une tentative pour se retirer; mais cette proposition fut rejetée. Les habitants qui s'étaient dévoués à la cause nationale, craignaient de rester abandonnés aux vengeances du parti contraire; et la garnison, sans pouvoir sauver la place, perdit l'occasion de se délivrer elle-même et de se réserver pour une autre entreprise.

Les Anglais se rendirent bientôt maîtres des derniers postes qu'ils avaient à occuper : ils s'emparèrent de la pointe Lamprière, de celle de Mont-Plaisant, et du fort Moultrie, situé dans l'île de Sullivan. La garnison n'avait aucune communication avec le dehors; les ennemis n'étaient plus qu'à dix toises des retranchements : les canons des remparts étaient démontés, les parapets démolis, et il ne restait aucun abri contre le feu des assiégeants : on n'avait d'ailleurs à espérer aucun secours ; et Lincoln ayant épuisé tous les moyens de défense que pouvaient lui fournir son courage, son habileté et le désir de soutenir dignement l'honneur des armes américaines, fut réduit par les supplications des habitants, et par le malheur de leur position qui s'aggravait sans cesse, à consentir à une capitulation, après quarante-deux jours de siége : elle fut signée le 12 mai : la garnison et les matelots devinrent prisonniers, et les milices furent autorisées à se retirer, sous promesse de ne pas reprendre les armes pendant la durée de la guerre.

Quoique la défense de Charleston eût été honorable pour le général Lincoln, de nombreuses plaintes s'élevèrent contre lui : on ne lui tint pas compte des difficultés de sa situation, et on lui imputa la perte qu'il avait faite. Cette prévention n'était pas partagée par les hommes habiles et expérimentés, et l'estime de Washington consola Lincoln de cette injustice.

Après avoir laissé au général Leslie le commandement de la place, Clinton se hâta de pénétrer avec ses forces dans l'intérieur de la contrée qu'il voulait soumettre. Ses troupes étaient partagées en trois colonnes : la première gagna les frontières de la Caroline du Nord; la seconde, que Clinton commandait lui-même, pénétra dans la Caroline du Sud, et la troisième remonta le cours du Savannah. La première expédition fut la plus sanglante : le colonel Tarleton ne fit aucun quartier à un détachement de trois cents Américains qu'il rencontra près de Waxhaws, et qu'il chargea à la tête de sa cavalerie. La destruction de ce corps, dont presque tous les hommes furent tués ou blessés, répandit l'effroi dans les États du Sud, où toutes les levées militaires étaient alors dispersées. Clinton ne rencontra plus de résistance, et croyant pouvoir compter sur la soumission des habitants que la force avait réduits au silence, il revint à Charleston, et il s'y embarqua pour retourner à New-York.

Les troupes anglaises qui étaient restées dans cette place, avaient fait, pendant l'absence du général en chef, quelques incursions dans le New-Jersey; et Clinton, poursuivant cette entreprise, chercha à déloger les Américains des hauteurs retranchées qu'ils occupaient à Morris-Town; mais il échoua dans ce projet : le seul résultat de ses expéditions fut la ruine des campagnes que les troupes parcoururent, et la haine et l'esprit de vengeance que firent naître leurs dévastations.

Clinton avait laissé dans la Caroline du Sud un corps de quatre mille hommes, et Cornwallis, qui les commandait, était investi à la fois de l'autorité civile et militaire ; il mit tous ses soins à rétablir le gouvernement royal, à lui rallier des partisans, à enrôler les prisonniers de guerre américains qui consentiraient à servir sous ses drapeaux ; mais un petit nombre d'hommes embrassèrent volontairement ce dernier parti ; et, parmi ceux qu'on voulait contraindre à prêter serment à la cause royale, il y en eut beaucoup qui aimèrent mieux s'expatrier, et qui passèrent dans la Caroline du Nord, où le congrès cherchait à rassembler de nouvelles forces.

Les femmes caroliniennes donnèrent, dans des circonstances si pénibles, de rares exemples de dévouement et de patriotisme. Éprises d'un saint amour pour la liberté publique, elles voulaient s'associer à ses persécutions comme à sa gloire ; elles consolaient la prison ou l'exil de leurs époux, de leurs frères qui s'étaient exposés aux rigueurs de l'ennemi ; elles refusaient de voir les vainqueurs, d'assister avec un cœur navré aux fêtes qu'ils célébraient, et de porter quelque parure dans ces jours de deuil public marqués par tant de calamités. La misère à laquelle on réduisit leurs familles n'abattit point leur courage : elle le porta jusqu'à l'exaltation, et rendit inébranlable la foi qu'elles avaient jurée à la patrie.

De plus tristes épreuves étaient encore réservées à leur pays, qui jouissait depuis deux mois d'une espèce d'armistice : la guerre allait s'y rallumer, et les troupes levées par le congrès devaient essayer de reprendre Charleston, Savannah et toutes les possessions occupées par l'ennemi. Le général Gates fut chargé du commandement de cette armée. Une sorte de prestige s'attachait à son nom : il était entouré des glorieux souvenirs de Saratoga, et les troupes qu'il conduisait se croyaient sûres de vaincre.

Après de longues marches dans les contrées supérieures de la Caroline, qu'arrosent les eaux du Black-River, de la Pedee, du Catawba, l'armée se trouvait enfin réunie, le 13 août, entre Cambden et Clermont. Les corps du baron de Kalb, des colonels Sumter, Woodfort, Armand, étaient venus s'y joindre. Les troupes occupaient une position entre deux marais, qui couvraient leurs flancs, mais qui ne leur permettaient pas de s'étendre ; et Cornwallis, se proposant d'engager une action, était venu lui-même à Cambden, et se trouvait en présence des Américains ; il avait beaucoup moins de troupes, mais il profita d'une situation où le général Gates ne pouvait pas développer les siennes. La ligne américaine, qui n'avait qu'un petit nombre de troupes régulières, fut forcée par l'ennemi, après avoir opposé une vive résistance : elle perdit neuf cents hommes, et un plus grand nombre furent blessés ou faits prisonniers. La Caroline n'eut plus en ce moment l'espérance d'être secourue ; et Cornwallis, revenu à Charleston, prit les mesures les plus rigoureuses pour retenir le pays dans la sujétion.

Le lendemain de cette bataille, Carleton défit, près des rives du Catawba, un corps de troupes américaines commandé par Sumter. Il tua cent cinquante hommes dans cet engagement, et il fit trois cents prisonniers. Plusieurs d'entre eux avaient prêté serment de fidélité au roi ; d'autres étaient pris pour la seconde fois, après avoir promis de ne plus porter les armes : le vainqueur les fit pendre comme parjures, et cette sévérité conduisit à de cruelles représailles. L'occasion de les exercer se présentait fréquemment ; car les guerres civiles entremêlent les ennemis, et multiplient les facilités qu'ils ont de s'attaquer et de se nuire. Un grand nombre d'habitants du territoire envahi n'avaient souvent obéi qu'à la force en paraissant changer de parti : ils cherchaient à se délier d'un serment prêté par la crainte ; et cette espèce de population flottante, qui avait feint de se soumettre au vainqueur, désirait en secret le triomphe de la patrie, et se ralliait à ses drapeaux lorsqu'elle reprenait l'espérance de les voir flotter victorieux.

Les malheurs de plusieurs provinces, qui avaient été tour à tour le théâtre de la guerre, donnèrent un nouvel élan au patriotisme. On voulait mettre un terme à une longue suite de calamités, qui dévoraient les ressources publiques, enlevaient à l'État de nombreux défenseurs, et tenaient si longtemps en péril la cause pour laquelle on avait pris les armes ; mais les difficultés paraissaient s'accroître : les levées d'hommes ne suffisaient pas, et, pour soutenir la guerre, il fallait aussi remédier aux embarras du trésor public, et à la désorganisation de plusieurs services.

L'épuisement des finances et la difficulté de pourvoir aux besoins, sans cesse renaissants, d'une armée soumise à tant de pénibles épreuves, dérivaient surtout du discrédit où était tombé le papier-monnaie, et de l'insuffisance des efforts qu'on avait tentés pour faire reparaître le numéraire dans la circulation. Enfin, on eut recours à l'établissement d'une banque publique à Philadelphie. Les premiers fonds en furent fournis par des souscripteurs ; la banque fut autorisée à contracter des emprunts sur son crédit ; le congrès lui fit remettre le produit des contributions ; et tous les fonds dont elle pouvait disposer furent destinés à l'entretien de l'armée et au solde des contrats qui seraient passés pour ses approvisionnements, ses munitions et toutes ses fournitures ; toute autre dépense devait être subordonnée à celle-ci : la guerre était le premier fléau dont les États-Unis eussent à se délivrer.

On s'attachait en même temps à augmenter les levées militaires, soit par l'attrait des récompenses, soit par celui de la gloire et de l'honneur, si propre à flatter les nobles âmes. Mais cet élan n'était pas général : la lassitude de la guerre accablait les hommes faibles, et leur faisait désirer d'acquérir la paix à tout prix.

Les Anglais, profitant du moment où la supériorité de leurs armes comprimait le parti contraire, et semblait donner au vainqueur plus d'ascendant sur l'opinion de la multitude, espéraient réduire l'une par l'autre les différentes parties de la confédération américaine ; et afin d'y parvenir plus sûrement, ils cherchaient à conserver de secrètes intelligences dans les pays où la cause de l'indépendance avait gardé de plus nombreux défenseurs. Ils s'attachèrent surtout à faire naître des défections dans l'armée, à aigrir le sentiment de ses souffrances, et à séduire par l'appât de leurs promesses l'avidité ou l'ambition des hommes sans vertu.

Arnold, qui avait acquis au milieu des camps une grande renommée, dégradait sa gloire militaire par un amour insatiable des richesses ; et plusieurs fois il avait abusé des occasions que la guerre lui offrait, pour s'enrichir par des exactions ; mais ses biens mal acquis s'écoulaient en prodigalités, et il recourait à de nouvelles rapines pour subvenir à ses folles dépenses. Washington, qui blâmait ses vices, appréciait ses talents militaires ; et, le croyant dévoué à la patrie, il ne voulait pas le priver des services d'un général si expérimenté. Les honorables blessures qu'Arnold avait reçues au siège de Québec et à Saratoga l'ayant momentanément forcé à se réduire à des fonctions sédentaires, Washington lui confia le commandement de Philadelphie quand les Anglais s'en furent retirés. On espérait sans doute qu'au centre même de la confédération, et sous les yeux du congrès, il se respecterait assez pour ne laisser aucune prise sur sa conduite ; mais il ne vit dans son emploi qu'un nouveau moyen de s'enrichir ; et les réquisitions qu'il ne paraissait faire que pour les besoins de l'armée, lui donnaient la facilité d'accaparer des approvisionnements, qu'il faisait vendre ensuite par des hommes affidés. Sa conduite arbitraire et ses gains illicites indignèrent le gouvernement de Pensylvanie ; et le congrès, auquel ses actes furent dénoncés, ordonna qu'une cour martiale serait chargée d'en connaître ; cette cour devait s'assembler à Morris-Town, et Arnold, qui s'était démis du commandement de Philadelphie avant la résolution du congrès, se rendit au camp pour comparaître devant ses juges. Il écarta une partie des imputations, en attestant, sur l'honneur d'un soldat, que l'accusation était fausse ; et telle était la confiance des juges dans la parole d'un guerrier, qu'ils ajoutèrent foi à sa déclaration ; mais d'autres charges étaient tellement prouvées, que la cour martiale ne put l'absoudre, et une sentence du 26 janvier 1779 déclara qu'il devait être réprimandé par le commandant en chef. Nous rappellerons ici, comme un modèle de modération et de dignité, les termes dans lesquels Washington s'acquitta de ce pénible devoir. « Notre « profession, lui dit-il, est la plus « chaste de toutes : l'ombre d'une faute « ternit l'éclat de nos plus belles ac-« tions ; la moindre négligence peut « nous faire perdre cette faveur publi-« que, si difficile à obtenir. Je vous « réprimande pour avoir oublié qu'au-« tant vous vous étiez rendu terrible à « nos ennemis, autant vous deviez « être modéré envers nos concitoyens. « Montrez-nous de nouveau ces bel-« qualités qui vous ont mis au rang de « nos plus illustres généraux : je vous « donnerai moi-même, autant que je « le pourrai, des occasions de recou-« vrer l'estime dont vous avez joui. »

Arnold se retira sans répondre ; son cœur était ulcéré ; il se voyait dégradé dans l'opinion, et il résolut de renoncer à un pays où son ambition et sa cupidité ne trouvaient plus à se satisfaire. D'abord il voulait se réfugier chez les sauvages ; mais la renommée qu'il pourrait un jour y acquérir comme chef de guerre n'aurait pas suffi à cette âme ardente et vindicative : il embrassa le coupable projet de trahir la nation dont il avait défendu si vaillamment la cause, et de se prostituer au service de l'ennemi.

Sans laisser pénétrer un dessein si odieux, Arnold fit, en plusieurs circonstances, éclater son mécontentement contre le système politique du congrès, contre l'alliance formée avec la France, contre le refus d'accéder aux propositions de paix de l'Angleterre. Les partisans de cette puissance le recherchaient, l'excitaient à sortir de l'obscurité, le pressaient d'entrer dans une carrière plus digne de son habileté et de son courage, en dictant aux Américains les termes de leur réconciliation avec leur ancienne patrie. Arnold, se prêtant bientôt à ces insinuations, chercha un intermédiaire pour faire connaître au général en chef des forces britanniques le désir qu'il avait de se rattacher à la cause royale, et de concerter avec lui les moyens de la servir. Cette proposition fut accueillie par le général Clinton, et Arnold avisa aux moyens de rendre sa défection plus utile, en s'efforçant de recouvrer un commandement dans l'armée des États-Unis. Ses démarches pour se rapprocher des Américains les plus influents, soit dans le congrès, soit dans l'armée, l'occupèrent pendant plusieurs mois ; et lorsqu'il eut appris que la France allait envoyer aux États-Unis une armée auxiliaire, sous les ordres du comte de Rochambeau, et que ces troupes étaient incessamment attendues, il jugea que, s'il obtenait le commandement de West-Point, il pourrait livrer aux ennemis la position militaire dont il leur était le plus important de s'emparer.

Nous avons déjà fait remarquer que West-Point, situé à soixante milles anglais au nord de New-York, couvrait les rives occidentales de l'Hudson. Ce plateau, brusquement terminé du côté du fleuve par un long escarpement de rochers, était défendu par une ligne de retranchements et par de nombreuses batteries : on y avait érigé le nouveau fort *Clinton*, qui était un de ses principaux ouvrages, et cette esplanade était dominée par une chaîne de montagnes plus élevées, sur lesquelles était construit le fort *Putnam*. Des ingénieurs français, récemment employés par Washington, avaient lié entre elles toutes les parties de ce système de défense. On avait eu pour but, non-seulement de fortifier la rive du fleuve, mais d'en intercepter au besoin la navigation : une chaîne de fer, attachée aux rochers de West-Point, devait passer d'une rive à l'autre, jusqu'au bastion élevé dans l'île de la *Constitution :* ce bras du fleuve est le seul que de grands bâtiments puissent parcourir, et l'autre côté de l'île ne leur offrirait pas assez de profondeur (voy. *pl.* 65).

La situation de West-Point était la plus forte qui pût commander le cours de l'Hudson, et il devenait nécessaire de l'occuper avec un corps nombreux, afin d'assurer de libres communications entre les deux rives. Washington y avait établi depuis plusieurs mois son quartier-général, et l'on y voit encore son habitation dans une vallée que domine le plateau du promontoire, et qui conduit sur les hauteurs par un chemin pratiqué dans leur pente. Les mouillages ouverts à l'entrée de cette vallée servent d'embarcadères à West-Point, qui reçoit ainsi par la navigation du fleuve ses munitions et ses approvisionnements.

Washington, pour mieux assurer encore la défense d'une position fortifiée par la nature et par l'art, surveillait avec un zèle infatigable la garde de tous les postes, le maintien de la discipline et l'exactitude du service. L'esplanade de son camp était un champ de manœuvres journalières; les nouvelles levées s'y exerçaient, les vieux soldats leur servaient de modèles : le général avait autour de lui une élite d'hommes dévoués, et parmi ceux qui jouissaient de toute sa confiance était Kosciusko, un de ces illustres débris de l'émigration polonaise, qui, après avoir vu succomber sa patrie, était venu attendre dans le nouveau monde l'occasion de la servir encore. Kosciusko, remplissant les fonctions d'aide de camp de Washington, avait constamment sous les yeux l'exemple d'une haute vertu : il admirait et brûlait d'imiter tout ce qu'une âme généreuse peut faire pour son pays; et, dans les intervalles de loisir que lui laissaient ses devoirs militaires, souvent il se retirait seul pour songer à la patrie absente. Sa retraite favorite était une plate-forme étroite et sauvage, que la nature avait taillée sur le flanc du promontoire : ce lieu, qui a retenu le nom de *Jardin de Kosciusko*, était situé entre une roche escarpée qui le menaçait de sa chute, et un précipice au bas duquel l'Hudson déployait son cours. Quelques arbustes, des lilas, des lauriers, y étaient cultivés par le jeune héros, et cette espèce de sanctuaire devait conserver sa célébrité à travers les âges (voy. *pl.* 66). Kosciusko, à West-Point, méditait la délivrance de son pays, en servant avec fidélité une cause semblable : Arnold allait s'y exposer aux malédictions de la postérité.

Lorsque Arnold fit témoigner à Washington le désir de sortir de son inaction, et de reprendre du service auprès de lui et sous ses ordres directs, le général en chef eut d'abord quelque peine à employer de nouveau un homme qui s'était discrédité de plus en plus : cependant les instances de quelques citoyens honorables, qui croyaient pouvoir répondre de lui, le déterminèrent à lui promettre un commandement dans une expédition qu'il se proposait alors de diriger contre New-York. Arnold parut reconnaissant de ce retour de confiance; mais il désira obtenir la garde de West-Point, jusqu'à ce que la guérison de ses blessures le mît en état de soutenir toutes les fatigues d'une campagne de guerre; et Washington, trop vertueux pour soupçonner un lâche dessein qui ne s'était pas encore fait entrevoir, accéda à cette demande. Arnold se rendit au camp de West-Point, et ce fut alors qu'il entretint des relations plus régulières avec l'ennemi, afin de mûrir l'exécution de son projet.

Un jeune officier anglais, John André, aide de camp du général Clinton, devint l'intermédiaire de ces communications secrètes : il avait eu, pendant le séjour de l'armée anglaise à Philadelphie, des liaisons de société et d'amitié avec la famille de mistriss Arnold qui s'était prononcée pour la cause royale, et il jouissait de la confiance des deux hommes qui cherchaient à se rapprocher. Il établit, sous le nom d'Anderson, une correspondance avec Arnold, qui se trouvait désigné sous le nom de Gustave : leurs lettres ne paraissaient s'appliquer qu'à des affaires de commerce; mais ils s'étaient donné la clef de ce langage allégorique, et ils couvraient de ce voile leurs trames mystérieuses.

A l'époque où ces relations devinrent plus actives, six mille Français, commandés par Rochambeau, venaient d'arriver dans le Rhode-Island; ils avaient débarqué à New-Port : les Américains leur avaient remis la garde de tous les retranchements élevés sur la côte, et ces troupes s'attendaient à être prochainement attaquées par Clinton, qui avait alors à New-York la plus grande partie de ses forces, et qui était près de s'embarquer pour le Rhode-Island avec un corps de huit à dix mille hommes; mais Clinton avait à peine commencé son mouvement, qu'il revint sur ses pas : un courrier lui annonçait que Washington allait profiter du moment où la garnison de New-York était moins nombreuse, pour brusquer une attaque, et pour tenter de reprendre possession de cette place : Clinton ne voulut pas s'exposer à la perdre, en allant essayer au loin une entreprise dont les chances étaient incertaines. Arrêté par cette contrariété imprévue, il redoubla d'instances pour hâter l'exécution du complot : le marché de la trahison d'Arnold était conclu; on lui promettait trente mille livres sterling, et la conservation de son grade dans l'armée anglaise : à ce prix, Arnold avait consenti à renoncer à sa gloire.

La présence et la vigilance de Washington lui avaient opposé un obstacle insurmontable; mais on allait saisir le moment où ce général devait se rendre à Hartford dans le Connecticut, afin d'y conférer avec Rochambeau sur les opérations de la campagne. Son départ paraissait fixé au 17 septembre, et Arnold voulut, pendant son absence, avoir une entrevue avec le major André, pour lui remettre les plans des fortifications de West-Point, et afin de concerter avec lui la marche que les troupes anglaises auraient à suivre pour s'en emparer. John André, ayant reçu cette invitation, partit de New-York le 19, sur le sloop anglais le *Vautour* : il remonta le cours de l'Hudson, et s'arrêta le lendemain vis-à-vis le fort Montgomery, à cinq milles au-dessous de West-Point. Ce navire arborait pavillon parlementaire, et l'on pouvait, à la faveur de ce signe, pénétrer dans les lignes américaines. Les usages de la guerre autorisaient ce genre de communications, et les chefs ennemis y avaient eu souvent recours, afin de régler entre eux différents intérêts que les lois de la guerre respectent elles-mêmes et qu'elles autorisent à concilier, tels que des cartels d'échange, des secours réclamés par l'humanité, des saufs-conduits pour la gestion des affaires privées; mais faire servir à des complots un signe de neutralité, c'était donner à ces machinations un caractère encore plus odieux.

Washington partait ce jour même pour se rendre à la conférence de Hartford : Arnold l'attendait au rivage; il le conduit dans sa barge jusqu'à l'autre rive du fleuve; et lorsqu'il s'est bien assuré de son éloignement, il envoie un passeport au major André, sous le nom d'Anderson, et lui assigne pour la nuit du 21, une entrevue dans la maison de Josué Smith : là il lui remet les plans des fortifications et un mémoire sur leur attaque et leur défense. On convient que les troupes anglaises, dont l'embarquement est déjà commencé à New-York, remonteront immédiatement l'Hudson, pour arriver au pied de West-Point. Arnold devait faire sortir des retranchements la garnison chargée de les garder : il paraîtrait se porter au-devant des ennemis pour leur en défendre l'accès; et tandis qu'il irait occuper une partie des passages et des défilés qui conduisent au plateau de West-Point, les Anglais y arriveraient sans risque par un autre côté. La chaîne qui devait fermer le passage du fleuve serait aisément rompue, s'il devenait nécessaire de remonter au delà : un anneau en avait été détaché, sous prétexte qu'il fallait le réparer : on ne devait le replacer que dans quelques jours, et jusque-là les deux bouts de la chaîne n'étaient retenus l'un à l'autre que par un faible lien.

Après la conférence, John André revint sur le rivage, et voulut gagner, à l'aide d'un canot, le sloop le *Vautour*, qui devait le ramener à New-York ; mais ce navire dont la station inspirait quelque défiance, avait été forcé de s'éloigner davantage. André n'ayant pu obtenir d'Arnold qu'il donnât au patron du canot l'ordre de le conduire, fut forcé de faire son voyage par terre, et il quitta son uniforme, afin de se rendre avec plus de sécurité, et sans éveiller de soupçons, au delà des lignes américaines et jusqu'aux avant-postes anglais. Il était accompagné de Josué Smith : tous deux traversèrent l'Hudson au King's-Ferry, et continuèrent leur route à cheval jusqu'aux rives du Croton : là John André fut quitté par Smith, et il parcourut encore huit milles, avant d'arriver près du village de Tarry-Town, dernier poste des Américains. Une patrouille de trois miliciens se trouvait dans le voisinage, et veillait sur les mouvements de l'ennemi : un de ces hommes sort d'une forêt et saisit la bride de son cheval, deux autres arrivent à l'instant sur lui ; ils l'arrêtent, sont frappés de l'embarras de ses réponses, et le fouillent de la tête aux pieds, pour chercher s'il ne porte aucune coupable correspondance. On trouve dans ses bottes les plans et les papiers qui lui avaient été remis par Arnold ; et les miliciens, qu'il ne peut séduire par aucune récompense, par aucune promesse, le conduisent au capitaine Jámeson qui commande la ligne des avant-postes (voy. *pl.* 67).

Jameson était sous les ordres d'Arnold, et ne soupçonnant pas que ce général pût être coupable d'une trahison, il l'informa de la prise que l'on venait de faire. Cette nouvelle parvint à West-Point le 25 au matin : Washington y était attendu le même jour : deux officiers américains qui le précédaient annoncèrent sa prochaine arrivée ; et Arnold, n'ayant plus à balancer sur le parti qu'il avait à prendre, s'embarqua précipitamment, sous prétexte d'aller recevoir son général au delà du fleuve : il se fit conduire, à force de rames, au sloop anglais qui était encore mouillé au midi de Verplank et qui appareilla sur le champ pour New-York.

En apprenant la trahison d'Arnold, Washington fut pénétré de douleur. Un officier qui avait versé son sang pour son pays lui avait paru digne de confiance, et il se reprocha d'avoir été trompé par ses protestations de zèle. Le complot découvert n'était plus à craindre : les troupes qu'Arnold avait retirées des retranchements y furent immédiatement rappelées, et l'on reconnut qu'aucun officier américain n'avait trempé dans cette conspiration.

Mistriss Arnold était restée à West-Point avec ses enfants : Washington respecta le malheur de sa position : il eut même l'attention de la faire prévenir qu'Arnold n'avait pas été atteint dans sa fuite : elle put aller le rejoindre à New-York ; on l'autorisa même à se rendre à Philadelphie, pour y faire ses adieux à sa famille ; et le juge chargé de l'instruction de cette affaire se refusa, par délicatesse, à lui faire subir un interrogatoire, quoiqu'elle eût été instruite du fatal secret : il ne voulait l'exposer, ni à blesser la vérité, ni à manquer de respect et d'attachement envers son époux.

John André put prévoir le sort qui lui était réservé ; il ne montra aucune faiblesse : il écrivit à Washington, sans se plaindre de sa destinée et sans chercher à éviter la mort, mais pour que son supplice n'eût rien d'infamant. Clinton écrivit lui-même au général américain, pour sauver un officier qui l'intéressait si vivement ; mais ses démarches n'eurent aucun succès. Les lois de la guerre étaient rigoureuses et positives : le congrès, consulté par Washington, ne crut pas devoir en suspendre le cours, et John André fut traduit devant une cour martiale, présidée par le général Greene et composée de huit autres officiers généraux : il avoua devant ses juges tous les faits qui lui étaient imputés, et déclara qu'il était résigné à son sort. Le déguisement sous lequel il avait été arrêté le faisait considérer comme espion ; et le coupable, condamné à mort, avait à subir une peine ignominieuse. Comme elle était différée de quelques jours, Clinton fit de nouvelles démarches pour le sauver ; et le général Robertson qu'il envoya au camp américain offrit de rendre en échange les prisonniers de guerre que Washington désignerait, et demanda que l'accusé pût du moins en appeler au congrès. Lorsqu'il vit que la sentence était irrévocable et sans appel, il remit au général Greene, qui avait été chargé de le recevoir, une lettre qu'Arnold adressait à Washington, pour le menacer de venger la mort de John André par de terribles représailles sur les hommes qui tomberaient en son pouvoir : Greene lut la lettre, la jeta aux pieds de Robertson et se retira.

André écrivit au général Clinton, dans ses derniers moments, pour lui recommander sa mère et ses sœurs qu'il avait laissées en Angleterre. Lorsqu'on vint lui annoncer l'heure du supplice, il ne témoigna aucune émotion, et voyant fondre en larmes l'homme qui le servait : « Retirez-vous, lui dit-il, et ne reparaissez qu'avec le courage d'un homme. » Il marcha d'un pas ferme vers le lieu de l'exécution, entre deux sous-officiers qui portaient l'arme au bras : le concours du peuple était considérable ; les troupes bordaient la haie ; tous les officiers étaient présents, à l'exception de Washington et de son état-major.

Le patient, arrivé au pied du gibet, ne put le voir sans frémissement : il monte sur la charrette qui va lui servir d'échafaud, se bande lui-même les yeux avec son mouchoir, et ajuste à son cou le nœud fatal : le signal est donné, et la charrette qui s'éloigne le laisse suspendu. Son supplice eut lieu, le 2 octobre 1780, dans le bourg de Tappan, où il avait été conduit prisonnier. Les trois miliciens qui l'avaient arrêté étaient John Paulding, David Williams et Isaac Vauvert : le congrès loua leur vertu, et leur fit remettre par Washington, en présence de toute l'armée, des médailles, où l'on avait gravé à la suite de leurs noms ces mots sacrés : *Vincit amor patriæ*.

Cette devise était digne des hommes dont le patriotisme n'avait pu être ébranlé ; elle était digne d'un peuple prêt à tout entreprendre pour sortir de la lutte indépendant et victorieux. Les hostilités se poursuivaient alors dans la Caroline avec des succès divers : un petit nombre de troupes s'y répandaient sur de vastes contrées ; on y faisait de part et d'autre des incursions, et c'était plutôt une guerre de partisans qu'une suite d'opérations de deux corps d'armée qui s'observent, et règlent l'un sur l'autre leurs mouvements.

Les plus fortes positions occupées par les Anglais dans l'intérieur de la Caroline étaient Augusta, Ninety-Six et Cambden ; d'autres troupes manœuvraient dans les régions intermédiaires : une colonne, commandée par Cornwallis, remontait les rives du Catawba, et Carleton s'avançait également avec sa cavalerie. Mais il était difficile de maintenir une armée dans un pays stérile, où le fléau de la guerre avait déjà passé : le besoin de subsistances rendait les troupes plus indisciplinées ; les rigueurs, les cruautés qu'elles se permirent, portèrent les habitants au désespoir, et l'on vit bientôt une foule d'intrépides montagnards descendre de leurs sauvages contrées pour repousser cette invasion. Un grand nombre étaient sans armes à feu : ils avaient saisi leurs haches, leurs faux, leurs fléaux, tous les instruments de fer dont la masse ou le tranchant pouvait les défendre ; des officiers déterminés étaient à leur tête, et l'on remarquait au nombre des plus braves les colonels Sumter, Williams, Campbell, Marion, qui s'attachaient à suivre tous les mouvements de l'ennemi, le harcelaient dans sa marche, coupaient

18.

ses communications, et lui faisaient perdre, dans de fréquentes escarmouches, les avantages qu'il avait pu obtenir en bataille rangée.

Dans une de ces rencontres, les troupes commandées par le colonel Ferguson furent taillées en pièces par seize cents montagnards américains : les fortifications qu'elles occupaient sur une hauteur avaient été enlevées d'assaut, et tous les hommes qui échappèrent à la mort furent faits prisonniers.

Un autre engagement eut bientôt lieu près de la rivière du Tygre, où le colonel américain Sumter se trouvait alors : il soutint, sans plier, les vives attaques de l'intrépide Tarleton; mais il fut grièvement blessé, et les volontaires qu'il ne pouvait plus conduire se dispersèrent : Tarleton, qui avait dû se retirer devant lui, put ensuite plus librement parcourir ces hautes régions.

Quoique ces différents combats n'eussent qu'une influence locale et partielle, cependant ils témoignèrent assez que les Américains continueraient d'opposer à leurs ennemis une vive résistance; que l'Anglais n'était pas maître de la contrée; que ses troupes pouvaient y exercer des dévastations, mais que du sein de ces terres ravagées il sortirait encore d'innombrables défenseurs.

Cornwallis connaissait toutes les difficultés de sa position; mais il allait être en état de former une entreprise importante : il venait de recevoir du général Clinton un renfort de trois mille hommes, commandés par le brigadier général Leslie; et ces troupes, expédiées de New-York vers le milieu du mois d'octobre, avaient débarqué à Portsmouth, situé en Virginie, vers l'entrée de la baie de la Chesapeake. Cornwallis les fit venir par mer à Charleston : la moitié resta dans cette ville; l'autre moitié vint rejoindre son armée sur les rives du Broad-River et du Catawba.

Les principales opérations de la campagne de 1781 commencèrent dans ces contrées. Les troupes américaines n'y étaient plus sous les ordres de Gates : le général Greene venait d'en prendre le commandement; il appelait à lui toutes les nouvelles levées de la Caroline; et tandis qu'il assemblait sur les bords de la Pedee ses principales forces, le colonel Morgan, et le colonel Washington, neveu du généralissime, étaient envoyés sur les rives du Broad-River, avec un corps d'infanterie et de chevau-légers. Morgan eut bientôt à combattre un adversaire digne de sa valeur : Tarleton s'avançait contre lui avec des troupes plus nombreuses, en cavalerie surtout. Il le joignit près de Cowpens, entre le Pacolet et le Broad-River, et leurs troupes furent en présence le 18 janvier : celles de Morgan étaient disposées sur deux lignes, l'une en avant d'une forêt, l'autre à couvert sous cet abri. La première ligne, où se trouvaient les troupes les moins aguerries, fut bientôt forcée; mais la seconde se défendit avec une extrême bravoure : tandis qu'on l'attaquait de front, un de ses flancs fut tourné par une autre colonne ennemie; et Tarleton se croyait déjà sûr de vaincre, quand les chevau-légers du colonel Washington, fondant tout à coup sur lui, rétablirent le combat. Morgan ralliait en même temps les corps qui avaient plié; il ranimait leur ardeur, il les rendait victorieux à leur tour, et faisait éprouver aux Anglais une sanglante défaite : ceux-ci perdirent huit cents hommes; leur meilleure cavalerie fut détruite, et les débris du corps qui avait combattu gagnèrent avec peine le camp de Cornwallis.

Ce général était fécond en ressources; il résolut de réparer ce revers; et remontant en toute hâte la rive droite du Catawba, il se proposait de fondre à l'improviste sur les troupes de Morgan; mais cet habile officier ayant pénétré ses desseins, et se croyant trop inférieur en nombre, avait déjà passé sur l'autre rive : poursuivi dans sa marche, il gagna Salisbury, traversa le Yadkin, et arriva le 7 février à Guilfort, où le général Greene venait lui-même de se rendre avec son corps d'armée. Les forces américaines se trouvaient ainsi réunies; mais comme elles étaient moins nombreuses que celles de Cornwallis, ce général espérait les attaquer avec avantage, et Greene reconnaissait la nécessité de se replier promptement sur la Virginie. Il fallait passer le Dan-River pour y pénétrer : les deux généraux cherchaient à se gagner de vitesse sur les bords du fleuve, l'un pour le franchir, l'autre pour s'opposer au passage; et Greene sut si bien embarrasser la marche de l'ennemi par de fréquentes escarmouches, par des abatis d'arbres, par la dégradation des routes, qu'il arriva le premier, traversa le Dan, et parvint à contenir l'ennemi, en rangeant son armée sur l'autre rive.

Alors Cornwallis changea de résolution : ne voyant plus de troupes américaines sur le territoire des deux Carolines, il espéra s'y affermir davantage, et pouvoir y faire de nouvelles levées, qui le mettraient plus en état de tenter une invasion en Virginie. Une escadre anglaise avait occupé de nouveaux points sur le littoral; elle avait débarqué des troupes à Wilmington, près du cap Fear, et toutes les communications de Cornwallis étaient libres, soit dans l'intérieur de ces provinces, soit avec la mer.

Cependant le général américain ne voulait pas abandonner la défense de la Caroline, d'où il s'était éloigné momentanément : il y fit rentrer un corps de cavalerie sous les ordres du colonel Lee, et il y reparut lui-même avec quelques renforts. Aussitôt que Cornwallis fut informé de sa marche, il vint, à la tête de trois mille hommes, observer et suivre tous les mouvements des Américains, et bientôt les deux armées furent si rapprochées l'une de l'autre, qu'il y eut souvent des escarmouches entre leurs troupes légères; mais le général Greene évitait une action générale, jusqu'à ce qu'il eût reçu d'autres levées qui lui étaient promises; et quand il en eut rassemblé une partie, il résolut d'engager une affaire décisive, et il prit position à Guilfort. Ses troupes, au nombre de six mille hommes, étaient disposées en trois lignes, sur un terrain légèrement incliné : la première et la troisième ligne occupaient un sol découvert; la seconde se prolongeait sous des plantations d'arbres; deux corps de cavalerie étaient placés sur les ailes.

Les Américains avaient l'avantage du nombre; mais il y avait moins à compter sur leur manière de combattre; la plupart voyaient le feu pour la première fois : quelques milices plièrent, et les troupes réglées eurent bientôt à soutenir seules le combat. La première ligne, en se rejetant sur les deux autres, avait porté de la confusion dans leurs rangs, et les efforts des soldats les plus aguerris ne purent leur faire reprendre l'avantage : il fut longtemps disputé; mais enfin la discipline l'emporta, et les Américains, se retirant au travers des forêts, après un combat opiniâtre, laissèrent à l'ennemi un champ de bataille couvert de morts et de blessés. La cavalerie de Tarleton avait commencé l'action, elle acheva la défaite : Greene se replia à cinq milles de distance, sur la rive du Reedy-Fork; et Cornwallis, qui avait perdu le quart de ses troupes, ne se voyant pas en état de profiter d'un succès si chèrement acheté, ni même de se maintenir dans un pays que les fléaux de la guerre ravageaient depuis plusieurs mois, abandonna ces régions dévastées pour descendre vers le littoral : il suivit la longue vallée que baignent les eaux du Raw, et le 7 avril il atteignit enfin Wilmington. Ses troupes avaient besoin de quelque repos : il les retint pendant un mois aux environs du cap Fear, où elles attendirent l'ordre de reprendre leurs opérations.

Quoique le général Greene eût été battu à Guilfort, il avait néanmoins rallié ses forces pour harceler la marche de Cornwallis; il s'était ensuite porté vers Cambden, dans l'intention de déloger de cette forte position les troupes de lord Rawdon qui l'occupaient encore, et son armée était journellement accrue par l'arrivée des volontaires qui venaient se ranger sous ses drapeaux, aimant mieux s'associer à ses vertueux efforts et à ses périls que de rester soumis à la domination des étrangers.

A son arrivée près des murs de Cambden, le général Greene n'ayant pas encore à sa disposition tous les moyens d'en faire le siége, établit son camp à un mille de distance, sur la hauteur de Hobkirk; mais il fut soudainement attaqué, le 25 avril, par lord Rawdon, qui venait de sortir de la place avec toutes ses forces : la position des Américains fut tournée, et leur aile gauche eut à soutenir toute la violence du premier choc. Greene manœuvra avec habileté; il parvint à son tour à envelopper la colonne qui s'était avancée sur lui, il y jeta le désordre, il la rompit, et ses troupes poursuivaient leur avantage, lorsqu'un nouveau corps que lord Rawdon tenait en réserve vint tout à coup fondre sur elles, les culbuta par la vivacité de son attaque, et pénétra dans les retranchements américains.

Greene rallia ses troupes à quelques milles du champ de bataille. Cet échec ne les avait point découragées : les habitants de la contrée continuaient de se déclarer pour la cause de l'indépendance; l'ennemi était forcé d'abandonner successivement ses différents postes; et Rawdon, n'espérant plus pouvoir se maintenir à Cambden, prit le parti d'en sortir le 9 mai, après en avoir détruit les fortifications. La place d'Augusta fut reprise ensuite par un corps de troupes américains ayant à leur tête le général Pickens; et Greene vint lui-même assiéger celle de Ninety-Six, la seule que les Anglais eussent conservée dans les hautes régions de la Caroline du Sud, où ils avaient successivement perdu les forts Watson, Mott, Granby, et d'autres postes, destinés à couvrir leurs communications.

Cependant Ninety-Six allait être secouru par lord Rawdon, et ce général s'avançait en toute hâte. Greene voulut tenter, avant son arrivée, une attaque de vive force, et à peine il eut conduit la sape jusqu'au pied des retranchements, qu'il fit donner l'assaut, quoiqu'il n'y eût encore aucune brèche praticable. Cette sanglante attaque fut infructueuse; les Américains levèrent le siége le 19 juin, et se retirèrent au delà du Broad-River. Lord Rawdon arriva dans la place deux jours après; mais il ne s'y arrêta point, et il continua de tenir la campagne, pour observer les mouvements de l'ennemi. Les opérations de la guerre commencèrent bientôt à languir dans ces contrées; les chaleurs y devenaient excessives, et les maladies gagnaient l'un et l'autre camp. On manœuvra, sans engager d'action importante, dans les pays qu'arrosent le Broad-River, le Catawba, l'Édisto : la Caroline allait retrouver quelques moments de calme; et le théâtre des principaux événements de la guerre venait d'être transféré sur un autre point.

Le commandant en chef des troupes britanniques avait résolu de tenter une expédition en Virginie : il avait fait partir de New-York un corps de seize cents hommes sous les ordres d'Arnold : la flotte se dirigea vers la baie de la Chesapeake; et les bâtiments de transport remontant le James-River, opérèrent un débarquement près de Westover. Arnold avait à gagner le prix de sa trahison, et, dégradé dans l'opinion des Américains, il se vengea de leur mépris en se montrant plus impitoyable : mais son nom et ses cruelles hostilités soulevèrent contre lui les habitants; et leur résistance le força bientôt à se renfermer dans Portsmouth. Washington s'était d'ailleurs hâté d'envoyer quelques renforts en Virginie, sous les ordres du baron de Steuben et du marquis de la Fayette, revenu de France depuis plusieurs mois; et le général Wayne y conduisit ensuite les milices de Pensylvanie. Rochambeau avait lui-même détaché de son armée qui occupait le Rhode-Island, un corps de douze cents hommes sous les ordres de Vioménil; et ces troupes furent embarquées, au commencement de mars, pour la Chesapeake; mais un combat qu'elles eurent à livrer à l'amiral Arbuthnot, vers l'entrée de cette baie, maltraita tellement l'une et l'autre escadre, que le débarquement ne put avoir lieu, et que les vaisseaux de transport durent être ramenés dans le Rhode-Island. Ce contre-temps allait rendre plus difficile la situation de la Virginie ; un nouveau corps de deux mille Anglais, commandés par le général Philipps, parvint à débarquer sur les bords du James-River; et ces troupes, jointes à celles d'Arnold, purent reprendre l'offensive, et commettre de plus grands ravages. Cornwallis résolut alors de se porter lui-même dans cette contrée avec une grande partie de ses forces, tandis que le reste de ses troupes continuerait d'occuper Charleston, et chercherait à tenir tête au général Greene, maître de toutes les régions supérieures de la Caroline. Les cantonnements que Cornwallis avait eus à Wilmington furent abandonnés le 8 mai : ce général vint traverser le Roanoke à Halifax, et poursuivant sa longue et pénible marche jusqu'aux frontières de Virginie, il y rejoignit les troupes de Philipps et d'Arnold, et prit le commandement de toute l'armée. Son arrivée assura aux Anglais la supériorité du nombre : néanmoins les Américains soutinrent ses attaques avec résolution ; ils parvinrent à contenir l'ennemi dans les régions du littoral, et à couvrir l'intérieur du pays, jusqu'au moment où de nouveaux renforts devaient les mettre en état d'engager des combats plus décisifs.

Dès le commencement de cette campagne, la guerre avait pris, dans les Antilles, un plus grave caractère : elle menaçait tous les rivages du golfe du Mexique, et il n'y eut plus d'îles neutres dans ces parages. Ces paisibles entrepôts de commerce, regardés jusqu'alors comme si utiles aux approvisionnements des États-Unis, à ceux même de l'Angleterre qui venait s'y pourvoir d'une partie des munitions nécessaires à ses flottes d'Amérique, perdirent le droit d'asile dont ils avaient joui, et devinrent une arène ouverte aux belligérants. L'île hollandaise de Saint-Eustache, habituellement fréquentée par tous les navigateurs, devait à ce concours général sa prospérité ; mais aussitôt que la Hollande eut paru disposée à recevoir un envoyé du congrès, et qu'elle eut accédé aux principes de la neutralité armée, l'Angleterre, n'ayant pu avoir les états généraux pour alliés, se décida à leur déclarer la guerre : ses vaisseaux avaient ordre de courir sus à tous les bâtiments hollandais; un grand nombre furent saisis en mer ; et les colonies de cette puissance dans les Antilles furent attaquées immédiatement par les forces britanniques. L'amiral Rodney et le général Vaughan s'emparèrent de Saint-Eustache le 3 février 1781 : les îles de Saba et de Saint-Martin, postes sans défense, situés dans les mêmes parages, furent bientôt occupées ; et les principaux postes de la Guyane hollandaise, Démérary, Berbice et Esséquibo, le furent également.

Les hostilités des Anglais et des Espagnols dans le golfe du Mexique remontaient à une époque antérieure. Le capitaine anglais Luttrel s'était rendu maître, en 1780, de la petite île de Roatam, située dans le golfe de Honduras, et cette situation permettait aux escadres britanniques de faire des incursions sur le continent voisin ; mais au nord du golfe du Mexique les Espagnols avaient obtenu d'importants avantages. Don Bernardo Galvès, gouverneur de la Louisiane, cherchait à reconquérir la Floride occidentale ; et après s'être emparé de quelques postes voisins du Mississipi, il fit, au mois de février 1780, une expédition contre la Mobile, ouvrit, le 9 mars, la tranchée devant cette place, et s'en empara quelques jours après. Ces premiers succès le portèrent à entreprendre le siége de Pensacola, dont la position était beaucoup mieux fortifiée, et il vint faire dans l'île de Cuba tous ses préparatifs. Treize vaisseaux de ligne et un grand nombre de bâtiments de transport, montés par trois mille huit cents hommes, partirent de la Havane au mois d'octobre ; mais ces forces furent dispersées par un ouragan : les vaisseaux de guerre revinrent à la Havane, et les autres navires, moins en état de résister à la tempête, errèrent sur le golfe du Mexique, et se réfugièrent avec peine, les uns dans les eaux du Mississipi, les autres dans la baie de Campêche.

L'expédition de Galvès fut reprise au printemps de l'année suivante. Il s'embarque à la Havane avec treize cents hommes, fait voile pour Pensacola, occupe, à l'entrée de cette baie, l'île de Santa-Rosa, où il s'établit le 9 mars 1781; et lorsqu'il a reçu quelques renforts de la Mobile et de la Nouvelle-Orléans, il débarque une partie de ses troupes sur le continent, et forme par terre et par mer le blocus de la place. De nouveaux secours lui furent encore envoyés de la Havane : l'amiral Solano arrivait avec une escadre de treize vaisseaux, dont quatre étaient français, et les troupes qu'il débarqua portèrent à huit mille hommes l'armée de siége. La tranchée fut ouverte le 26 avril; et malgré la défense courageuse de la garnison anglaise, l'explosion d'un magasin à poudre, qui mit en ruine un des principaux retranchements, détermina bientôt le colonel Campbell à capituler. On avait vu, pendant les travaux du siége, de nombreux partis d'Indiens se répandre autour du camp espagnol, attaquer les postes avancés, les fourrageurs, et se réfugier ensuite dans leurs contrées sauvages, pour y attirer Galvès, et ralentir ses attaques contre la place; mais ce général ne s'était pas détourné de son entreprise, et il avait évité leurs piéges (voy. pl. 69.)

Vers la même époque, un convoi de trente-quatre navires anglais, expédiés de Saint-Eustache sous l'escorte de quatre vaisseaux de guerre, et chargés des marchandises et des munitions dont on avait dépouillé les magasins de cette colonie, fut rencontré par une escadre française que commandait la Motte-Piquet : cette escadre s'empara de vingt-deux navires; deux autres furent pris par des corsaires, et le reste du convoi atteignit avec peine les côtes d'Irlande.

D'autres événements allaient se succéder dans les parages des Antilles.

Une flotte de vingt-trois vaisseaux, partie de Brest le 20 mars, sous les ordres du comte de Grasse, arriva le 28 avril à la vue de la Martinique, et après avoir longtemps poursuivi la flotte de l'amiral Hood, qui évita de s'engager contre des forces trop supérieures, elle vint mouiller au Fort-Royal.

L'attaque de l'île de Tabago fut alors concertée entre le comte de Grasse et le marquis de Bouillé, gouverneur des îles du Vent. Un détachement de quinze cents hommes y fut d'abord envoyé, sous les ordres du général de Blanchelande, et il s'empara de la ville et du fort de Scarborough; Bouillé vint ensuite y débarquer avec trois mille hommes. Les troupes anglaises s'étaient retranchées sur le morne Concord; elles y furent poursuivies, et se replièrent sur Caledonia, principal établissement de l'île, qui se rendit le 1er juin par capitulation. L'amiral Rodney, qui se trouvait alors à la Barbade, s'était hâté d'appareiller pour venir au secours de Tabago; mais n'étant arrivé dans les parages de cette île qu'après sa reddition, il ne chercha point à combattre la flotte française qui se portait à sa rencontre, et il se retira dans la nuit du 6 juin. Bouillé laissa une garnison française à Tabago, et la flotte le ramena à la Martinique. On y préparait un nombreux convoi pour l'île de Saint-Domingue; le comte de Grasse le prit sous son escorte, et il le conduisit au cap Français, où sa flotte arriva le 26 juillet. La suite de ses opérations était concertée avec Washington et Rochambeau; plusieurs bâtiments légers avaient été employés à cette correspondance : on voulait tenter, pour l'affranchissement des États-Unis, une expédition décisive; et lorsque les plans en furent arrêtés, cet amiral partit du cap Français avec trois mille quatre cents hommes de troupes de terre. Sa flotte prit la direction périlleuse du vieux canal qui s'étend entre l'île de Cuba et l'archipel des Lucayes; s'élevant ensuite vers le nord par le canal de Bahama, elle parut, le 28 août, devant la baie de la Chesapeake. Le débarquement des troupes eut lieu à James-Town quelques jours après, et ce corps d'armée se réunit à ceux du général Wayne et de la Fayette.

Le 5 septembre, on découvrit vers l'est une flotte britannique de vingt et un vaisseaux, expédiée de New-York sous les ordres de l'amiral Graves, et le comte de Grasse fit sur-le-champ couper les câbles pour se porter à sa rencontre. Les deux lignes furent bientôt en présence, et le feu devint très-vif de part et d'autre; mais tandis qu'une de leurs ailes se trouvait à portée de mousqueterie, l'autre aile était trop éloignée pour prendre part à cet engagement qui dura jusqu'au soir. La flotte anglaise s'éloigna; et le comte de Grasse, après avoir tenu la mer pendant plusieurs jours, revint à l'entrée de la baie, où il s'empara de deux frégates anglaises.

Une escadre française, commandée par le comte de Barras, venait d'arriver dans la même baie; elle avait été expédiée du Rhode-Island avec un convoi d'artillerie et de munitions qui furent débarquées à l'embouchure du James-River; et l'on reçut en même temps de nouveaux avis sur la marche et la prochaine arrivée des troupes de Washington et de Rochambeau. Toutes les dispositions avaient été si bien prises, soit par terre, soit par mer, qu'on put bientôt réunir sur le même point toutes les forces qui devaient agir à la fois contre l'armée britannique.

Rochambeau s'était embarqué à New-Port le 9 juin; il remonta au nord du Rhode-Island jusqu'à Providence, et les Français prirent ensuite la route de terre pour traverser le Connecticut, et se rendre à Philisbury sur les rives de l'Hudson. Là ils se réunirent, le 6 juillet, à l'armée américaine, qui avait quitté les hauteurs situées au delà du fleuve. Cette marche de deux cent quinze milles, faite par une chaleur excessive, n'abattit ni la gaieté ni l'ardeur française : les deux armées s'accueillirent mutuellement avec cordialité, et leur réunion fut consacrée par des fêtes militaires. Les Français se félicitaient de voir le vénérable guerrier dont les vertus personnelles servaient d'exemple à ses soldats, et qui était devenu trop grand pour exciter l'envie, pour être ambitieux, pour souhaiter d'autre gloire que celle de son pays. Les Américains applaudissaient à ce noble zèle des Français de tous les rangs, qui venaient se ranger sous les mêmes drapeaux. La facilité de leurs mœurs, leur prévenance, l'exactitude de leur discipline les avaient fait aimer pendant leur séjour dans le Rhode-Island; et ces sentiments d'affection et d'estime avaient resserré les liens politiques formés entre les deux nations.

Après la réunion des troupes à Philisbury, Washington fit prolonger une reconnaissance vers le sud, comme s'il eût eu le dessein d'attaquer New-York; mais cette place avait une garnison de quinze mille hommes; elle était couverte par plusieurs lignes de défense, et le général, en paraissant la menacer, ne cherchait qu'à y retenir les forces ennemies, afin de conserver plus de liberté dans ses propres mouvements. Il fit même remonter les troupes vers le nord, pour ne pas rencontrer dans le passage de l'Hudson la croisière des bâtiments anglais; et après avoir franchi le fleuve au *King's-Ferry*, il entra dans le New-Jersey, et se dirigea sur Princeton et Trenton, lieux consacrés par de glorieux succès, et chers à la mémoire des Américains. On entrait ici dans une route triomphale, et les premiers vainqueurs y reçurent de leurs auxiliaires le serment de les imiter.

Les troupes françaises arrivèrent le 15 août aux portes de Philadelphie; elles firent halte pour se parer, comme en un jour de fête ou de combat; et lorsqu'elles firent leur entrée, l'affluence des habitants était immense sur leur passage : les maisons étaient pavoisées aux couleurs des deux nations, l'allégresse et l'espérance étaient unanimes; et quand ces guerriers des vieilles bandes défilèrent sous les yeux du congrès, cette assemblée les honora de son salut fraternel et de ses acclamations.

Les Français ne s'arrêtèrent qu'un jour à Philadelphie. On apprit que la la flotte du comte de Grasse venait d'arriver à l'entrée de la Chesapeake, et ils se hâtèrent de se rendre vers le fond de la baie, où quelques compagnies s'embarquèrent; le reste des troupes se dirigea sur Baltimore, et de là sur Annapolis, où l'on trouva d'autres bâtiments de transport. Les deux flottilles ayant parcouru la baie, entrèrent dans le James-River, et les régiments qu'elles avaient à bord se joignirent à ceux que le comte de Grasse avait amenés des Antilles, et que le marquis de Saint-Simon commandait. Ce général était à la tête des régiments d'Agénois, de Gatinais et de Touraine, et Rochambeau arrivait avec ceux de Bourbonnais, de Soissonnais, de Saintonge et de Royal-Deux-Ponts.

Vers la même époque, on reçut au camp des alliés la nouvelle des derniers événements de la Caroline. La guerre y avait été honorablement soutenue par les Américains, et l'ascendant momentané de leurs ennemis y avait décliné de jour en jour. Le général Greene avait promptement saisi, pour réparer ses pertes, le temps où les vives chaleurs et l'insalubrité de la saison ralentissaient dans les États du Sud les grandes opérations militaires : il avait fait arriver à lui les milices, les volontaires, quelques troupes réglées des contrées voisines, et dès le 1er septembre, il avait repris l'offensive contre les Anglais, qui occupaient encore, entre la Santee et le Savannah, les régions inférieures de la Caroline. Lord Rawdon n'était plus à leur tête; il s'était embarqué pour l'Europe, et il avait laissé au général Stewart le commandement de ce corps d'armée.

Lorsque les Américains cherchèrent à rencontrer l'ennemi, celui-ci, se repliant à leur approche, gagna les bords de l'*Eutaw-Springs*, qui se jette dans la Santee, et il y fut vivement attaqué le 8 septembre. La victoire fut longtemps disputée dans ce combat mémorable. L'avant-garde américaine avait plié dans un premier choc; mais les ennemis ayant rompu leur alignement dans cette charge précipitée, Greene avait tiré parti de ce manque d'ensemble pour les attaquer en flanc, et pour les couper en se portant dans les intervalles. Sa manœuvre était aussi habile qu'audacieuse, et les Anglais furent repoussés à leur tour. Cependant quelques accidents du terrain leur permirent de se rallier bientôt : ils trouvèrent à se retrancher dans l'enceinte d'un grand édifice, dans la clôture d'un jardin, dans la difficile accès des taillis sur lesquels on les avait rejetés; et le général Greene, ayant inutilement tenté de les déloger de leurs nouvelles positions, fit cesser l'attaque, et se retira dans son camp. Les Anglais avaient tellement souffert dans ce combat, qu'ils s'éloignèrent eux-mêmes le lendemain, et se replièrent de poste en poste jusqu'à Charleston, devant les Américains, qui continuaient d'observer et de suivre leurs mouvements.

Greene eut à résister, durant le cours de cette campagne, non-seulement aux troupes britanniques, mais aux partis mécontents qui les favorisaient; et aux incursions des Cherokees, si souvent excités à prendre les armes. Cette nation belliqueuse, établie au milieu des Apalaches, jalouse de l'agrandissement des possessions européennes, et toujours disposée à reconquérir une contrée qui lui avait appartenu, était rapidement descendue de ses hautes régions, et avait ravagé comme un torrent toutes les habitations placées sur son passage. Le général Pickens fut envoyé contre les agresseurs, à la tête de quatre cents hommes de cavalerie; il pénétra dans leur pays, brûla treize villages indiens, atteignit dans leur fuite la plupart des hommes qui n'avaient pas péri en combattant, et fit un grand nombre de prisonniers. Les pertes essuyées par les Cherokees firent bientôt évanouir leurs espérances, et les forcèrent à solliciter la paix.

Un succès semblable fut obtenu,

près des rives du Mohawk et du Canada-Creek, contre un corps de guerriers indiens, attachés au service britannique. Le colonel Willet arrêta leurs dévastations, et leur tua un grand nombre d'hommes, parmi lesquels se trouvait Buttler, un de leurs principaux instigateurs : les autres guerriers se retirèrent à la faveur de la nuit : ils gagnèrent la profondeur des forêts, et se dispersèrent dans cette contrée sauvage, où d'immenses blocs de rochers, déracinés des montagnes, et roulés pêle-mêle à travers de larges vallées, semblent attester un des plus grands bouleversements de la nature. La difficulté d'y poursuivre les Indiens protégea leur fuite; mais du moins leurs hostilités ne se renouvelèrent plus, et la paix fut rendue à cette frontière, comme elle venait de l'être aux régions occidentales de la Caroline et de la Géorgie.

Charleston, Savannah et quelques postes moins importants, dispersés sur le littoral, étaient alors les seules places du Midi qui fussent occupées par les troupes anglaises : elles étaient réduites à la défensive; elles se trouvaient isolées depuis le départ de Cornwallis pour la Virginie, et leur situation allait dépendre des événements qui se passeraient autour de lui. Nous avons vu qu'un corps de douze cents Américains, sous les ordres de la Fayette, avait été envoyé en Virginie depuis plusieurs mois. Il avait résisté aux premières incursions de l'ennemi, et un de ses plus heureux faits d'armes avait été de sauver des flammes la ville de Richmont qu'Arnold menaçait de détruire. Ce corps, s'étant bientôt accru des troupes du baron de Steuben et du général Wayne, parvint à contenir les mouvements de Cornwallis, et à le réduire à l'occupation de la péninsule que baignent les eaux du York-River et du James-River.

Un combat fut engagé, le 25 juin, près de ce dernier fleuve. Les Anglais avaient établi leur camp derrière un marais qui couvrait leur centre et leur gauche ; un étang se prolongeait à leur droite, et malgré la force de cette position, les Américains vinrent les attaquer. Ils croyaient n'avoir devant eux qu'une partie des forces britanniques, et Cornwallis avait fait répandre le faux bruit que le reste de ses troupes était alors séparé de lui par le James-River. Ses habiles manœuvres enveloppèrent bientôt les deux ailes des Américains; il les défit, et resta maître du champ de bataille.

Cornwallis manœuvra ensuite sur l'un et l'autre bord du fleuve : aucun plan d'opérations générales ne paraissait encore arrêté : tantôt ce commandant se rapprochait de Portsmouth, tantôt il manœuvrait sur les rives du York-River : il voulait établir dans un port un point assuré de communication entre lui et le général Clinton, qui devait lui envoyer de New-York de nouveaux renforts; et enfin il se décida à porter à York-Town son quartier général, et à concentrer ses forces sur ce point.

C'est là qu'il allait avoir à soutenir les efforts des alliés, dont les troupes étaient réunies près de Williamsbourg: tous ces corps quittèrent leur camp le 28 septembre, et vinrent former l'investissement de York-Town. Huit mille Américains occupaient la droite, et sept mille Français étaient à la gauche; ils formaient au midi de la place une longue ligne de circonvallation, dont les deux extrémités s'appuyaient sur le fleuve : le poste de Glocester, situé sur l'autre rive, fut également bloqué, afin qu'il ne restât à Cornwallis aucun moyen de se retirer, en passant d'un bord à l'autre. Le blocus, mis à l'entrée du York-River par quelques vaisseaux de la flotte française, privait les assiégés de toute communication avec la mer; et Cornwallis, entouré de toutes parts dans cette position, ne songea plus qu'à prolonger sa défense, pour attendre les secours qui pourraient lui être donnés par le général Clinton et l'amiral Graves.

Les ouvrages extérieurs de York-Town avaient une grande étendue, et ils devaient couvrir toutes les approches de la place ; mais ils étaient encore imparfaits quand on vint faire le siége ; et Cornwallis, ne croyant pas pouvoir les défendre, les abandonna dans la nuit du 29 septembre. Bientôt les assiégeants s'y logèrent : la tranchée fut ouverte le 7 octobre ; une première parallèle fut tracée, et l'on démasqua bientôt soixante-seize bouches à feu. Deux redoutes avancées ayant été attaquées sept jours après, l'une par Vioménil, l'autre par la Fayette, toutes deux furent emportées l'épée à la main, et servirent de points d'appui à une seconde parallèle. La place se trouvait resserrée de plus en plus, et les assiégés tentèrent une vive sortie dans la nuit du 15 ; mais ils furent repoussés. Les batteries, continuant leur feu, brisaient les palissades, ruinaient les retranchements, y ouvraient des brèches profondes ; et Cornwallis voulut alors traverser le fleuve, pour se réfugier à Glocester ; mais le gros temps l'en empêcha : ses ressources étaient épuisées, et, ne pouvant plus prolonger sa résistance, il demanda, le 17 octobre, une suspension d'armes. Ce jour était le quatrième anniversaire de la capitulation de Burgoyne ; et celle de Cornwallis fut signée le 19 du même mois. Deux redoutes de la place furent immédiatement occupées, l'une par un détachement américain, l'autre par des grenadiers français : les garnisons de York-Town et de Glocester furent prisonnières des États-Unis, et tous les vaisseaux furent remis à l'armée navale de France. L'infanterie anglaise sortit l'arme au bras, tambour battant, drapeaux ployés ; la cavalerie avait l'épée nue et les trompettes sonnantes : toutes les troupes défilèrent entre l'armée américaine et l'armée française ; elles allèrent déposer leurs armes en avant des postes, et les officiers seuls gardèrent leurs épées. Cornwallis était trop souffrant ou trop accablé pour paraître : le major général O-Hara marchait à la tête de la colonne, et lorsqu'il présenta son épée au général français, Rochambeau lui montra le général Washington, comme celui de qui il avait à prendre les ordres : Washington reçut son arme et la lui rendit. Les Anglais avaient perdu plus de sept cents hommes, et le nombre de ceux que l'on fit prisonniers de guerre fut de six mille six cents hommes, en y comprenant les blessés (voy. *pl.* 70.)

La capitulation de Burgoyne et celle de Cornwallis furent les plus mémorables événements de la guerre d'Amérique : l'une et l'autre perte dépouillèrent l'ennemi de tous ses avantages, et anéantirent en un seul jour les espérances qu'il avait conçues. Il est, dans le cours de la guerre comme dans celui de toutes les affaires humaines, des occasions qu'il faut saisir : le génie militaire les entrevoit, il s'y attache ; et si les chances de la fortune lui furent assez contraires pour inspirer une aveugle confiance à ses ennemis, et pour les jeter témérairement dans de plus hasardeuses entreprises, il jouit de leur sécurité, fatigue ses vainqueurs, et se fait jour à travers leurs succès éphémères, jusqu'au terrible moment des représailles, où il a tout disposé pour les abattre, et pour les ensevelir dans leur triomphe.

Sept jours après la capitulation, une flotte anglaise de vingt-huit vaisseaux de ligne, expédiée de New-York avec quatre mille hommes de troupes, parut à l'entrée de la Chesapeake, mais elle se retira dès qu'elle eut appris cet événement.

Les troupes de terre et la flotte française avaient pris une part si glorieuse à cette expédition, que le congrès, désirant les honorer dans la personne de leurs commandants, offrit au comte de Rochambeau deux pièces de canon, et au comte de Grasse quatre autres pièces enlevées à l'ennemi ; monuments précieux, où l'on grava leurs noms et le souvenir de leurs services. L'amiral français, ayant accompli sa mission, remit à la voile le 4 novembre, pour retourner aux Antilles avec les troupes qu'il avait amenées sur le continent ; mais celles de Rochambeau y restèrent : elles entrèrent, le 14 novembre, en quartiers d'hiver, et furent réparties entre York-Town, Hampton et Williamsbourg. Les troupes américaines furent envoyées dans la Caroline, ou ramenées par le général Lincoln dans les États de New-Jersey et de New-York ; et Washington se rendit à Philadelphie, pour y concerter avec le congrès les préparatifs de la campagne suivante.

Ce fut pendant ces moments de repos que le marquis de Chastellux, major général de l'armée de Rochambeau, fit avec plusieurs officiers français un voyage dans l'intérieur de la Virginie, vers Monticello, où Jefferson consacrait à l'étude des sciences les moments que n'absorbaient pas les affaires publiques, vers les sauvages vallées que traverse le *Pont naturel*, vers ces régions du James-River qui ont gardé la mémoire des premiers colons de Virginie, et de Pocahontas, leur bienfaitrice. Déjà Chastellux avait visité, durant l'hiver précédent, les États situés entre le Rhode-Island et la Pensylvanie : il étudiait alors les pays dont les troupes françaises auraient à partager la défense, et il avait parcouru dans cette reconnaissance militaire tous les lieux où les Américains avaient établi leurs postes principaux, et tous ceux que de grands faits d'armes avaient signalés, depuis Saratoga jusqu'à la Brandywine et à Germatown.

Le comte de Grasse, en ramenant sa flotte dans les Antilles, voulait d'abord se porter sur la Barbade : des vents contraires l'en empêchèrent ; ils causèrent de grandes avaries dans sa mâture, et l'amiral vint jeter l'ancre le 26 novembre devant le Fort-Royal de la Martinique. Le marquis de Bouillé en était alors absent : il s'était embarqué depuis quelques jours avec douze cents hommes, pour reprendre l'île hollandaise de Saint-Eustache, dont les Anglais s'étaient emparés ; et, quoiqu'il ne pût mettre à terre que quatre cents hommes, il se porta vers le fort avec tant de rapidité, que la garnison, commandée par Cockburn, fut surprise sur les glacis où elle manœuvrait. Étonnée d'une si brusque attaque, elle veut regagner le fort ; mais le chevalier de Frêne, major du régiment de Royal-Comtois, y entre pêle-mêle avec ses chasseurs et ceux du régiment d'Auxerrois : il fait hausser derrière lui les ponts-levis, pour empêcher le retour des troupes qui sont encore hors de l'enceinte ; et, faisant mettre bas les armes à celles qui s'y sont déjà réfugiées, il se trouve maître de la place, tandis que le marquis de Bouillé oblige les autres corps à se rendre également. Ce général fit restituer aux Hollandais un million qui leur avait appartenu, et qui se trouvait encore en dépôt chez le gouverneur : il reprit, quelques jours après, les îles de Saba et de Saint-Martin, et cette glorieuse campagne fut ainsi terminée par les services rendus aux alliés de la France.

La campagne de 1782 s'ouvrit sous les mêmes auspices ; et le comte de Kersaint, faisant voile pour la Guyane hollandaise, alla reconquérir les établissements de Démérari, Berbice et Esséquibo.

Aussitôt que la flotte du comte de Grasse eut réparé ses avaries, cet amiral forma de nouveau le projet d'attaquer la Barbade ; mais il fut assailli par des grains si violents qu'il dut revenir au Fort-Royal : quelques-uns de ses vaisseaux furent même tellement chassés par les vents de sud-est, qu'il leur fallut gagner les atterrages des îles de Saint-Eustache et de Saint-Domingue. La contrariété des vents fit alors renoncer à l'expédition projetée, et la flotte leva l'ancre quelques jours après, pour tenter la conquête de l'île de Saint-Christophe, avec trois mille cinq cents hommes, commandés par le marquis de Bouillé. Ces troupes débarquèrent, le 11 janvier, à *Basse-Terre*, vers le milieu de la côte méridionale, et marchèrent ensuite sur Brimstone-Hill, dont la hauteur et la forteresse dominaient Sandy-Point, situé à l'extrémité occidentale de l'île.

La nécessité de remplacer une partie de l'artillerie et des munitions, que le naufrage d'un navire leur avait fait perdre, fit retarder les travaux de la tranchée, et dans cet intervalle on vit paraître la flotte de l'amiral Hood, qui venait, avec deux mille quatre cents hommes embarqués à la Barbade et à Antigue, jeter des secours dans la place. Le comte de Grasse appareilla sur-le-champ pour éloigner les vaisseaux anglais de la rade de Sandy-Point, où il se trouvait alors; et l'amiral Hood, se repliant devant lui jusque dans les parages de la petite île de Névis, profita ensuite d'un vent d'est pour revenir mouiller dans la grande baie des Salines, qui s'ouvre au sud-est de Saint-Eustache : les vaisseaux français l'attaquèrent inutilement dans son embossage, et treize cents hommes que l'amiral anglais débarqua sur la côte voisine y obtinrent d'abord quelques avantages contre un corps de troupes isolées; mais l'approche d'un détachement plus nombreux les détermina à regagner la flotte. Le marquis de Bouillé continuait de presser avec ardeur les travaux du siége de Brimstone-Hill; et quand ses batteries eurent fait crouler le revêtement des premiers remparts, le commandant de la place demanda une suspension d'armes, et obtint une capitulation qui fut signée le 13 février. La garnison était de sept cent cinquante hommes de troupes réglées et de trois cents hommes de milices : elle sortit avec les honneurs de la guerre.

La flotte anglaise continuait d'être bloquée dans la baie des Salines par celle du comte de Grasse; mais celui-ci ayant quitté sa station le 20 février, pour aller prendre, vers l'île de Névis, un convoi de vivres qui lui était destiné, l'amiral Hood profita de son éloignement pour abandonner le mouillage qu'il occupait, et pour gagner précipitamment la haute mer. On n'aperçut point ses mouvements : sa flotte s'éloignait, vent arrière, dans une obscurité profonde; et les feux qu'elle avait allumés sur ses bouées, lorsqu'elle avait coupé ses câbles, furent pris pour ceux de la flotte elle-même par les vigies des frégates françaises qui croisaient à quelque distance. Cet heureux stratagème, à l'aide duquel l'amiral Hood put sortir d'une position périlleuse, où il avait été momentanément bloqué par des forces très-supérieures, fut loué par les hommes de mer les plus expérimentés.

L'expédition de Saint-Christophe étant terminée, le marquis de Bouillé y laissa une garnison française : une escadre, commandée par le comte de Barras, fut dirigée sur l'île de Mont-Sarrat qui capitula aux mêmes conditions, et l'armée navale revint à la Martinique.

D'heureuses combinaisons avaient jusqu'alors favorisé les opérations de la guerre dans les Antilles; et la France et l'Espagne se disposaient à y rassembler cinquante vaisseaux de ligne, et vingt mille hommes, pour attaquer la Jamaïque, lorsque la Grande-Bretagne fit elle-même de nouveaux efforts pour reprendre la supériorité dans ces parages. Les opinions avaient changé en Angleterre, sur la direction à donner aux hostilités : le parti de l'opposition avait prévalu; et, au lieu de continuer une guerre offensive contre les Américains et sur le continent des États-Unis, on en vint par degrés à se prêter à l'idée de leur indépendance, et les Anglais voulurent diriger toutes leurs forces contre la France et ses alliés. Une nouvelle activité se développa dans tous les travaux des chantiers maritimes : chaque armée navale allait recevoir des renforts; celle des Antilles fut accrue la première; et dix-sept vaisseaux de ligne, commandés par Rodney, vinrent, sur la fin de février, rejoindre ceux de l'amiral Hood, et portèrent à trente-six voiles la flotte britannique que Rodney eut alors sous ses ordres. Ses croisières à l'orient de cet archipel ne purent intercepter un convoi de vivres, expédié de Brest pour la Martinique; et il vint ensuite mouiller dans les eaux de Sainte-Lucie, pour être à portée de suivre tous les mouvements du comte de Grasse, dont la flotte était de trente-trois vaisseaux. Cette armée navale était destinée à l'expédition de la Jamaïque; elle allait prendre sous son escorte cent cinquante navires de transport ou de commerce, dont une partie était chargée de munitions de guerre; et, lorsqu'elle appareilla de la Martinique le 8 avril, dans la vue de se rendre à

Saint-Domingue, où elle devait se réunir aux forces de don Solano, l'amiral Rodney se hâta lui-même de quitter sa station, pour se porter à toutes voiles sur la flotte française qu'il rencontra le lendemain, entre la Dominique et la Guadeloupe. Il y eut, le même jour, un engagement entre les deux avant-gardes; les autres divisions navales n'étaient pas à portée d'y prendre part : plusieurs vaisseaux furent désemparés dans le combat : ils s'éloignèrent pour se regréer; et le comte de Grasse profita de ce premier avantage, pour faire accélérer la marche des bâtiments de convoi qui devaient porter des munitions à Saint-Domingue. Ces navires avaient été dirigés sur la Guadeloupe, au moment même où l'on avait signalé la flotte britannique, et ils remirent à la voile, au milieu de la nuit, pour gagner leur destination.

A la suite de ce combat, le comte de Grasse se porta dans le canal des Saintes, pour passer ensuite au vent de la Désirade, et remonter vers Saint-Domingue; mais sa flotte fut bientôt affaiblie par plusieurs accidents successifs. Le *Zélé* aborda le *Jason* dans la nuit du 10, et il lui causa de telles avaries, qu'il fallut le renvoyer à la Guadeloupe, avec un autre vaisseau endommagé par l'explosion d'une bouche à feu : lui-même avait tellement souffert que sa marche en fut ralentie. Ces navires pouvaient tomber au pouvoir de l'ennemi, et l'amiral voulut se porter à leur secours. Il réussit à les dégager dans la journée du 11 ; mais le *Zélé*, fatal instrument de ruine, vint encore dans la nuit suivante aborder la *Ville de Paris*. Les nouvelles avaries que ce choc lui fit éprouver obligèrent de le faire remorquer par un autre navire ; et le comte de Grasse, en voulant le protéger, se retrouva près de la flotte ennemie, et engagea, le 12 avril, un combat naval, qui devint le plus funeste de tous ceux que la France avait livrés dans ces parages. Les deux flottes avaient étendu leur ligne, et se trouvaient rapprochées l'une de l'autre jusqu'à demi-portée de canon. L'avant-garde française et la moitié de l'escadre du centre furent très-endommagées dans leurs agrès : la variation du vent, qui passa subitement au sud-est, dérangea l'ordre de bataille, et permit à Rodney de couper par le milieu la ligne opposée. La *Ville de Paris*, qui occupait cette position, fut bientôt attaquée par plusieurs vaisseaux réunis ; quelques bâtiments qui la précédaient immédiatement avaient déjà perdu leurs agrès, et ils s'étaient rendus après un combat meurtrier. Les autres vaisseaux qui devaient suivre l'amiral, ceux même qui lui servaient de pilotes, se trouvaient éloignés de lui, et il fut plus aisément enveloppé. Le comte de Grasse, après avoir combattu depuis huit heures du matin jusqu'à la nuit, sous un feu terrible, qui avait détruit ses mâts, ses manœuvres et une grande partie de son équipage, n'ayant plus de munitions, et ne pouvant ni prolonger sa défense, ni périr sous les coups de l'ennemi, eut le malheur d'amener son pavillon. Cette prise du vaisseau amiral compléta la victoire de Rodney. Cinq bâtiments français avaient été détruits ; d'autres, qui tombèrent au pouvoir des Anglais, étaient si maltraités qu'ils coulèrent bas quelques jours après ; et quinze autres vaisseaux, échappés à ce désastre, et mis sous les ordres du marquis de Vaudreuil, arrivèrent successivement à Saint-Domingue. Ce chef d'escadre jeta l'ancre au cap Français le 25 avril, et il y trouva onze vaisseaux espagnols, ainsi que les troupes destinées à l'attaque de la Jamaïque ; mais cette île allait être secourue par des forces navales très-supérieures ; il fallut renoncer à l'expédition projetée, et don Solano ramena sa flotte à la Havane.

La fortune voulut cependant mêler à de si grandes pertes quelques événements favorables : on reprit l'île de Roatam que les Anglais occupaient depuis plus de deux ans, et les îles Lucayes, où leurs corsaires trouvaient un refuge habituel : plusieurs convois, attendus en Europe, mirent heureusement à la voile sous de bonnes escortes ; et une escadre, commandée par la Pérouse, fut envoyée dans la baie d'Hudson et y détruisit les établissements et les comptoirs de la compagnie anglaise. Le marquis de Vaudreuil reprit la mer avec treize vaisseaux de guerre : il allait compléter dans la rade de Boston la réparation de ses avaries, et il reçut des Américains tous les secours qu'on pouvait attendre de leur fidèle amitié. Un de ses bâtiments, déjà mutilé dans le combat du 12 avril, s'étant brisé sur les rochers voisins de l'entrée du port, le congrès des États-Unis fit présent au roi de France du vaisseau l'*America* qu'il venait de faire construire.

La nouvelle des revers du comte de Grasse avait été reçue par ce gouvernement avec une vive affliction : elle n'avait refroidi son zèle, ni pour la défense de la patrie, ni pour le maintien de son union avec la France ; et quoique des dispositions plus pacifiques lui fussent alors témoignées par l'Angleterre, le congrès prit la résolution de ne négocier aucun arrangement, sans la participation de son allié.

Clinton se trouvait alors remplacé par sir Henry Carleton dans le commandement des troupes britanniques ; et ce général, déjà signalé par ses services en Canada, avait à diriger toutes les opérations de la guerre ; mais on ne lui envoyait aucun renfort, et les différents postes que les Anglais occupaient dans la Caroline se tenaient sur la défensive. Charleston, Savannah étaient toujours entre leurs mains : ils en avaient fait leurs places d'armes vers le midi ; et les troupes répandues aux environs étaient souvent aux prises avec celles du général Greene. Enfin la position de Savannah fut évacuée le 11 juillet 1782, et les Anglais n'occupèrent plus que Charleston dans les États du Sud : ils annoncèrent même bientôt l'intention de l'abandonner, et s'ils y restèrent quelques mois de plus, ce fut sans y porter de nouvelles forces. Ils suspendirent leurs incursions dans l'intérieur : les Indiens ne furent plus excités à commettre des hostilités sur les frontières ; et comme ces régions ne paraissaient plus exposées à redevenir le théâtre de la guerre, les troupes françaises qui étaient restées en Virginie se rendirent, vers la fin de l'été, dans les États du Nord, afin de se trouver plus à portée des rivages qui pouvaient être encore menacés.

La France, après avoir conquis dans les Antilles une partie des possessions anglaises, éprouvait à son tour des inquiétudes pour ses propres colonies : la présence d'une armée navale ne les protégeait plus, et il fallait faire de nouveaux efforts pour réparer ses pertes : Louis XVI voulut y parvenir, et il fut secondé dans cette généreuse résolution par le concours de toutes les classes du royaume. Douze vaisseaux de haut bord furent mis sur les chantiers ; le don volontaire de plusieurs autres fut fait par les deux frères du roi, par les états de Bourgogne, par les villes de Paris, de Lyon, de Bordeaux, de Marseille, par d'autres grandes administrations ; et cette émulation de zèle apprit au gouvernement qu'il pouvait prolonger, avec de nouvelles et fécondes ressources, une lutte où il était soutenu par l'opinion de tout un peuple.

Cette guerre n'avait pas changé d'objet : son but immuable était de faire reconnaître l'indépendance américaine ; mais la France, en acquérant en Europe des alliés, s'était encore imposé d'autres obligations envers eux : elle voulait défendre leurs domaines, favoriser leurs entreprises, et les attacher, par leur intérêt propre, à la cause des États-Unis. L'Espagne s'était ainsi trouvée engagée dans leur querelle, avant même d'avoir reconnu leur indépendance ; elle les aidait par ses diversions, et occupait une partie des forces que l'Angleterre aurait dirigées contre eux. Plusieurs expéditions dirigées vers le midi de l'Europe, ou vers d'autres parages plus éloignées, firent connaître que toutes les opérations d'une guerre si étendue étaient étroitement liées, et qu'en négociant un jour les conditions de la paix on aurait à mettre en balance les succès et les revers, dans quelque partie du monde qu'ils eussent éclaté.

Depuis la ligue de la neutralité armée, la course maritime, plus contrariée vers le nord, s'était tournée vers le midi. Les armements anglais qui se rendaient dans la Méditerranée trouvaient dans l'île de Minorque un lieu d'asile et de ralliement, d'où ils se répandaient dans tout le bassin occidental que bornent les côtes d'Espagne, de France, d'Italie et d'une partie de l'Afrique. Le gouvernement espagnol forma le dessein de s'emparer de cette île, et un corps de neuf mille hommes, qui partirent de Cadix sous les ordres du duc de Crillon, y débarqua le 9 août 1781. Le fort Saint-Philippe en était la principale forteresse : les retranchements, les mines, les casemates, les fossés étaient taillés dans le roc, les approches étaient difficiles, et la place avait plusieurs enceintes, liées entre elles par des galeries souterraines. On se borna d'abord à l'investir : il fallait des troupes plus nombreuses pour en faire le siège, et l'on attendit de France l'arrivée des régiments de Lyonnais, de Bretagne, de Bouillon, de Royal-Suédois : alors on poussa les travaux avec vigueur : cent cinquante bouches à feu furent démasquées le 6 janvier 1782, et battirent la place sans interruption pendant vingt-neuf jours. Les bombes surtout y causèrent tant de ravages, qu'il fallut faire retirer la garnison et les blessés dans les casemates, où une maladie épidémique se déclara bientôt avec violence : elle atteignit la garnison presque entière : on manquait de secours : il n'y avait plus assez de bras pour se défendre, et le général Murray rendit la place par capitulation le 4 février. La reddition du Port-Mahon, et du fort Saint-Philippe qui le défendait, entraîna celle de l'île entière, et remit l'Espagne en possession d'un des plus beaux ports de la Méditerranée.

Le brillant succès que le duc de Crillon venait d'obtenir détermina la cour d'Espagne à lui confier la direction du siége de Gibraltar, dont l'investissement était commencé depuis plus de dix-huit mois. Le blocus de terre avait pu être aisément complété par l'établissement du camp de Saint-Roch ; mais il était difficile d'intercepter toutes les communications maritimes, et Gibraltar avait reçu par cette voie de nombreux secours : les rochers qui dominent le détroit sont inaccessibles, et la ville qui se prolonge au bas de cette montagne escarpée a pour défense plusieurs lignes de retranchements. La garnison était de sept mille hommes ; elle avait une artillerie nombreuse ; le général Elliot était gouverneur de la place ; et son habileté, sa valeur devaient y acquérir un nouveau lustre.

Quand toutes les forces des assiégeants eurent été réunies, on voulut tenter à la fois une attaque par terre et par mer. Le comte d'Artois et le duc de Bourbon vinrent y prendre part, et ils arrivèrent au camp le 14 août : plusieurs officiers français avaient demandé des congés de faveur, pour se rendre au siège de Gibraltar ; et parmi ceux qui sollicitèrent et obtinrent cette grâce, nous citerons la Tour d'Auvergne, cet intrépide officier qui mérita, seize ans après, l'honneur d'être nommé premier grenadier de la république, lorsque la France essayait cette forme de gouvernement.

Tandis que le camp de Saint-Roch était occupé par quarante mille hommes, et qu'une artillerie de près de deux cents pièces allait tonner contre Gibraltar, dix batteries flottantes devaient attaquer les retranchements de la ville basse : chacune de ces batteries avait la forme d'un ponton, ou d'un vaisseau rasé, dont les flancs étaient revêtus d'une seconde enveloppe de madriers et de fortes planches à l'abri de la bombe. Entre ce blindage et le corps du bâtiment, on pouvait, par le jeu des pompes, introduire de l'eau à volonté, afin d'éteindre les boulets rouges qui auraient pu pénétrer dans cet intervalle : une profonde couche de sable, où l'eau s'infiltrait, servait

19ᵉ *Livraison.* (ÉTATS-UNIS D'AMÉRIQUE.) 19

à y maintenir une humidité constante, et ces vastes machines de guerre, dont chacune était armée de neuf à vingt-quatre pièces d'artillerie étaient d'abord regardées comme insubmersibles : le colonel d'Arçon, un des plus habiles ingénieurs français, en avait tracé le plan, et le général Moreno fut chargé d'en diriger les manœuvres ; mais on ne laissa point à l'inventeur le temps d'en perfectionner l'exécution ; et au lieu de calfater avec plus de soin le corps même de ces bâtiments, afin de les rendre imperméables, l'on renonça à tenir habituellement de l'eau entre les deux bordages, lorsqu'on se fut aperçu qu'elle pénétrait dans les flancs des navires, et qu'elle les exposait à submerger. C'était se priver de toute sécurité contre l'incendie, et l'on n'eut plus assez de moyens pour s'en préserver.

Une attaque générale devait avoir lieu dans la nuit du 13 septembre, et les batteries flottantes furent mises en mouvement ; mais elles ne se rendirent pas toutes aux lieux d'embossage qui leur étaient désignés : toutes ne furent pas à portée d'attaquer avec le même avantage, et les trois premières qui étaient les plus avancées se trouvèrent exposées à tout le feu de l'ennemi. Un boulet rouge qui vint se loger entre les flancs et le blindage d'une batterie y mit bientôt le feu : deux autres éprouvèrent le même sort : la plupart des hommes qui les montaient périrent au milieu des eaux ou des flammes ; et les équipages des sept autres batteries flottantes, que le feu n'avait pas encore gagnées, furent néanmoins découragés, à la vue de ce premier désastre : ils profitèrent des chaloupes qui croisaient dans le voisinage pour s'éloigner de ces pontons, après les avoir eux-mêmes incendiés. Une attaque si infructueuse, si funeste, fut alors abandonnée, et les assiégeants se réduisirent à bloquer la place du côté de terre, et à continuer leurs croisières pour intercepter par mer tous les arrivages. L'armée navale, commandée par don Luis Cordova stationnait dans les eaux d'Algé-

siras ; mais les vents contraires l'en éloignaient quelquefois ; ils l'empêchèrent de s'opposer au passage de l'amiral Howe, qui parvint à pénétrer dans le détroit et à faire entrer, le 18 octobre, un convoi à Gibraltar. Deux jours après, il regagna l'Océan après avoir accompli sa mission ; et le combat qu'il eut alors à soutenir contre Cordova ne fut pas général : l'avant-garde et l'arrière-garde de chaque flotte furent seules engagées : les deux corps de bataille, se trouvant plus en arrière, étaient trop éloignés l'un de l'autre, pour prendre part à cette action. L'amiral Howe dont les vaisseaux étaient moins nombreux évita une nouvelle rencontre et poursuivit sa navigation vers la Manche.

Les expéditions maritimes que nous venons de rappeler n'absorbaient pas toutes les ressources de l'Angleterre : cette puissance avait fait contre les Hollandais d'autres armements ; et l'invasion inattendue de leurs colonies, les premières attaques contre leur commerce avaient amené plusieurs engagements avec leurs forces navales. Un combat fut livré, le 5 août 1781, dans les parages du Dogger's-bank, entre les amiraux Hyde-Parker et Zoutman. Celui-ci escortait, avec sept vaisseaux de ligne, un convoi hollandais expédié pour la Baltique, lorsqu'il fut rencontré par une escadre anglaise, ayant le même nombre de voiles : l'action qui s'engagea fut très-vive de part et d'autre ; elle ne cessa que lorsque les deux flottes eurent été entièrement désemparées. Les amiraux restaient encore en présence sans pouvoir renouveler le combat, et enfin Hyde-Parker regagna les ports d'Angleterre, et Zoutman fit rentrer au Texel ses vaisseaux de guerre et son convoi.

Plusieurs mois avant cette époque, une autre escadre britannique, sous les ordres du commodore Johnstone, avait mis à la voile, pour attaquer la colonie hollandaise du cap de Bonne-Espérance : déjà elle était arrivée à Santiago, une des îles du cap Vert, et mouillait dans la baie de Praya, lorsqu'elle eut en vue l'escadre francaise du bailli de Suffren, qui était également expédiée pour le Cap, où elle allait porter des secours en hommes et en munitions. Suffren, voulant assurer la marche du convoi qui l'accompagnait, lui ordonna de continuer sa route sous l'escorte de la corvette la *Fortune*, tandis qu'il irait engager le combat contre la flotte ennemie. Il va jeter l'ancre devant elle avec deux de ses vaisseaux; les trois autres continuent de rester sous voiles; et, comme ils ne peuvent garder avec précision ni leurs distances ni leur ordre de bataille, les deux premiers se trouvent exposés à tout le feu de l'escadre anglaise qui cherche à les envelopper. Pendant la durée du combat, les navires de transport s'éloignent; et, lorsqu'ils ne peuvent plus être atteints, Suffren coupe enfin ses câbles, il gagne le large, et rejoint ses autres vaisseaux de guerre. Alors il se reforme en ligne, et il est prêt à s'engager de nouveau; mais Johnstone, après être sorti de la baie pour l'observer, vint bientôt y reprendre son mouillage; il avait à réparer ses avaries; et les vaisseaux français, poursuivant leur navigation, abordèrent, le 21 juin, au cap de Bonne-Espérance. Cette escadre y fut promptement rejointe par le convoi qui s'en était séparé, et son arrivée y devança celle du commodore anglais, qui, ayant perdu l'espérance d'attaquer cette colonie, réussit seulement à s'emparer de quelques navires de commerce hollandais qui se trouvaient dans la baie de Saldagna, et revint en Europe avec ses prises.

Une nouvelle campagne allait s'ouvrir au delà de ces parages éloignés: la guerre avait gagné toutes les parties de l'Océan, parce que l'on avait partout des colonies à conquérir ou à défendre; et cette extension d'hostilités mettait les belligérants dans la nécessité de donner à leurs constructions navales un accroissement inusité; il devenait surtout difficile de pourvoir à la composition des équipages; et l'Angleterre, ne trouvant plus à employer autant d'étrangers, fut réduite à exercer dans ses ports, avec une nouvelle rigueur, la presse des matelots: la France eut recours à sa marine marchande, à celle de ses bâtiments pêcheurs, et à ses troupes de terre, pour compléter l'équipement de ses nombreux vaisseaux; ses premières campagnes de mer avaient formé des officiers, et ils continuèrent de se signaler par d'éminents services. On éprouva plus d'une fois que, parmi les rangs des braves, il s'élève des hommes appelés par leur caractère et leur génie à dominer la foule, à l'entraîner dans leurs desseins, et à la faire participer aux grandes actions qu'ils ont conçues: de ce nombre était le bailli de Suffren, un des glorieux ornements de la marine française.

L'escadre qu'il avait conduite au Cap se rendit ensuite à l'île de France, où l'on assemblait les forces destinées à agir dans la mer des Indes; et, lorsqu'elle appareilla de cette île, le 7 décembre 1781, elle se composait de douze vaisseaux de ligne; les navires de transport qu'elle escortait avaient à bord trois mille hommes de troupes et de nombreux approvisionnements.

Suffren servait alors sous les ordres du comte d'Orves; mais ce général, près de mourir, lui remit le commandement le 3 février 1782; et le nouveau chef d'escadre, s'élevant le long des côtes de Coromandel, prolongea ses reconnaissances jusqu'à vingt lieues au nord de Madras, et revint ensuite vers Pondichéry. Cette place, tous les ports de l'Inde, et Trinquemale dans l'île de Ceylan, étaient alors occupés par les Anglais: la mer seule était ouverte à Suffren, et il avait besoin d'un port qui pût devenir sa place d'armes habituelle; mais cet abri allait lui être disputé; il devait être acheté par des combats; et une escadre britannique, commandée par l'amiral Hugues, était partie de Madras, et suivait la même direction que l'escadre française. Un engagement entre les deux flottes eut lieu le 20 février, au nord de l'île de Ceylan, et l'on essuya de part et d'autre beaucoup d'avaries. L'escadre anglaise se rendit ensuite à Trinquemale, où elle jugeait nécessaire d'établir sa station, et celle de France gagna

Porto-Novo, sur la côte de Coromandel.

Ayder-Ali était alors en guerre avec les Anglais, et Tippoo-Saïb, son fils, venait de tailler en pièces, près de Trichenapali, un corps de trois mille hommes qu'ils attendaient à Madras. Le bailli de Suffren fut secondé par cette diversion : il reçut de Tippoo-Saïb un renfort de deux mille Cypayes, et alla ensuite s'emparer de Goudelour; acquisition précieuse, qui lui donna un mouillage assuré pour sa flotte, et un poste fortifié, dont il pourrait augmenter les retranchements.

Pendant le combat naval que Suffren avait soutenu dans ces parages, les bâtiments de transport, placés sous son escorte, avaient été séparés de lui : les uns s'étaient portés sur Tranquebar, situé au midi de Porto-Novo, et il put bientôt les rallier; les autres, cherchant un abri beaucoup plus éloigné, avaient gagné les côtes méridionales de l'île de Ceylan : Suffren remit à la voile pour aller à leur secours. Il s'attendait à rencontrer l'escadre anglaise à la hauteur de Trinquemale; et, lorsqu'il l'eut signalée, les deux flottes se livrèrent, le 9 mai, un nouveau combat, à la suite duquel l'amiral Hugues regagna la baie de Trinquemale pour réparer ses avaries, tandis que le bailli de Suffren se rendait, plus au midi, dans le port de Batecalo. Là il fut rejoint par les vaisseaux de transport qui l'avaient quitté récemment, et par d'autres navires, expédiés de l'île de France, avec des chargements de vivres et de munitions; Suffren ramena ses convois à Goudelour, qui était devenu le point central de ses opérations. Il se proposait de reprendre la colonie hollandaise de Negapatnam, dont les Anglais s'étaient emparés précédemment; mais l'amiral Hugues avait déjà pris les devants, pour se porter au secours de cette place; il venait de jeter l'ancre devant le port, et Suffren se hâta de le chercher pour lui livrer un troisième combat. Dans cet engagement, l'une et l'autre escadre furent très-maltraitées; elles se séparèrent ensuite; les Anglais se retirèrent sous la protection des batteries qu'ils avaient sur la côte, et ils allèrent ensuite réparer à Madras leurs avaries; les Français gagnèrent Karical, d'où ils revinrent au port de Goudelour.

Ce combat eut lieu le 25 juillet; et Suffren, joignant à l'habileté des plans maritimes une célérité d'exécution que la vigilance de ses ennemis rendait encore plus nécessaire, remit promptement à la voile, pour aller au-devant d'un nouveau convoi de troupes, de vivres et de munitions, qui lui avait été expédié de l'île de France; il le rallia devant Batecalo; et, profitant aussitôt de ce renfort pour venir assiéger Trinquemale, il débarqua deux mille quatre cents hommes vers l'entrée de la presqu'île où cette place est située. La vigueur de l'attaque pouvait seule en assurer la réussite; on ouvrit la tranchée sur-le-champ, et le feu des batteries fut si vif et si meurtrier, que le commandant anglais, ne pouvant prolonger sa résistance, fut réduit à capituler le 30 août. La garnison était de trois cents Européens et de quatre cents Cypayes; elle obtint les honneurs de la guerre, et fut renvoyée à Madras.

Trois jours après la conquête de la ville, des forts et des batteries, qui n'avaient pu défendre la baie de Trinquemale, on découvrit la flotte anglaise qui venait y apporter des secours. Suffren appareilla aussitôt pour la chercher : il la rejoignit le 3 septembre; et, après un combat de quelques heures, où plusieurs vaisseaux des deux escadres souffrirent beaucoup dans leurs agrès, leurs mâts et leur flottaison, l'amiral Hugues reprit sa navigation pour Madras, et le bailli de Suffren rentra dans la baie, mit Trinquemale en état de défense, et alla jeter dans Goudelour une partie des renforts qu'il avait reçus.

Les dommages éprouvés par l'une et l'autre flotte exigeaient des réparations, et allaient faire suspendre les hostilités. Suffren, profitant de ce relâche pour traverser le golfe du Bengale, se rendit à Achem, au nord de l'île de Sumatra : il allait à la fois y porter des secours et y réparer ses avaries; et lorsqu'il vit que les colonies hollandaises des îles de la Sonde n'étaient pas menacées, il revint établir sa croisière dans les parages d'Orixa et de Coromandel, d'où il se rendit à Trinquemale. Le marquis de Bussy arriva dans la même ville, quelques jours après, avec deux mille cinq cents hommes, et un convoi de munitions qu'il amenait de l'île de France, et ces renforts permirent de continuer la lutte avec succès contre les nouvelles forces que l'Angleterre allait déployer dans les Indes Orientales.

Cependant, tandis que l'orage s'étendait avec violence sur ces régions lointaines, il se calmait dans les contrées d'Amérique où la guerre avait commencé. L'activité des opérations militaires s'y était affaiblie de jour en jour; l'Angleterre n'avait pas augmenté le nombre des troupes qui occupaient encore New-York, Charleston et quelques postes moins importants; et leur commandant en chef avait plusieurs fois témoigné la disposition où était le gouvernement britannique de traiter de la paix avec toutes les puissances, et de se réconcilier avant tout avec les Américains. Le congrès désirait lui-même le rétablissement de la paix; mais, aussi longtemps que les conditions en étaient incertaines, il veillait à la défense de la patrie, et aux moyens d'en soutenir dignement les droits. L'Angleterre n'avait donné aux États-Unis que le nom de colonies, ou de plantations d'Amérique, dans les premières propositions de paix qu'elle leur avait fait parvenir : c'était exprimer encore une prétention à la suprématie, et il était nécessaire qu'elle prît l'engagement d'y renoncer. On avait d'ailleurs la preuve que l'Angleterre, cherchant à négocier isolément avec chacun de ses ennemis, avait d'abord tenté de se rapprocher de la Hollande par l'intermédiaire de la Russie, et qu'elle avait fait d'autres propositions d'arrangement, soit à l'Espagne, soit à la France. Si elle était parvenue à rompre un premier anneau de l'alliance formée contre elle, on pouvait craindre qu'elle ne se montrât moins conciliante envers les autres belligérants.

Les circonstances étaient donc encore difficiles, et les États-Unis continuaient d'attacher un grand prix à la coopération de la France; ils lui donnèrent, dans ces moments de crise, des preuves constantes de leur sincérité, et quels que fussent les embarras de leurs finances, ils reconnurent et consacrèrent par une convention du 26 juillet 1782 les engagements pécuniaires qu'ils avaient contractés envers elle. La France leur avait prêté, en différents termes, et depuis la conclusion de son traité d'alliance, une somme de dix-huit millions de francs : elle s'était portée garante d'un emprunt de dix millions qu'ils avaient négocié en Hollande; elle leur en avait même fait les avances, et ses dispositions amicales envers eux se reconnurent encore dans les arrangements qu'elle prit pour fixer le mode et les époques des remboursements. Elle consentit à ne recouvrer que par douzièmes et par annuités les dix-huit millions qu'elle avait prêtés : le premier terme de ce payement ne devait commencer que trois ans après la signature de la paix; et la France accordait la remise de tous les intérêts jusqu'au jour de cette signature : elle convint aussi qu'elle ne recouvrerait que par dixièmes, à dater du 5 novembre 1787, les dix millions qu'elle avait garantis et avancés.

L'emprunt que les États-Unis avaient fait à Amsterdam n'avait que le caractère d'un simple contrat conclu avec des négociants, et il n'établissait pas encore des relations politiques entre les deux peuples, mais il les préparait; John Adams, envoyé en Hollande comme plénipotentiaire américain, sut habilement profiter de ce premier avantage, pour obtenir des états généraux qu'ils reconnussent l'indépendance des États-Unis. Cette déclaration eut lieu le 19 avril 1782, et un traité d'amitié et de commerce fut ensuite proposé par le négociateur.

John Adams fit d'abord valoir les sentiments d'égard et de réserve qui avaient porté les Américains à ne pas vouloir entraîner dans leur querelle un peuple qui désirait conserver la paix et la neutralité, et qui espérait y trouver un principe de prospérité et de grandeur. Mais depuis que l'Angleterre avait commencé brusquement ses hostilités, et que les possessions de la Hollande étaient attaquées de toutes parts, le congrès n'avait plus à différer un rapprochement et une liaison d'intérêts si désirables pour les deux républiques. Les Américains aimaient à se rappeler que les premiers colons du Massachusett et des États voisins avaient trouvé en Hollande un asile contre les persécutions religieuses, avant de se rendre dans le nouveau monde : le souvenir de cette protection et de cette hospitalité excitait encore leur reconnaissance. Le New-York et le New-Jersey avaient reçu de la Hollande leurs premiers habitants : ils avaient vécu sous ses lois, et leurs mœurs conservaient de nombreuses empreintes de cette origine. Nous aimons à reconnaître, disait John Adams, que les hommes qui fondèrent l'indépendance des Provinces-Unies sont ceux que les Américains se sont proposés pour modèles : les deux nations ont des formes de gouvernement analogues ; elles se rapprochent par la conformité des croyances religieuses, par la liberté de conscience, par celle des opinions et de l'industrie, par un mouvement progressif vers toutes les améliorations. L'histoire d'un peuple devient celle de l'autre : il n'est en Hollande aucun homme éclairé qui n'approuve les causes de l'indépendance américaine : il craindrait, en les condamnant, de désavouer les plus glorieuses actions de ses ancêtres.

Les deux peuples sont d'ailleurs unis par le grand intérêt du commerce, par ce puissant lien des relations nationales. La Hollande a puisé ses ressources dans le mouvement de sa navigation, dans l'activité de ses négociants et l'abondance de ses capitaux : ce commerce lui est nécessaire, et les États-Unis en favoriseront encore le développement, par les richesses de leur territoire et la variété de leurs échanges.

Toutes ces considérations, développées avec art par les négociateurs américains, déterminèrent la Hollande à conclure, le 8 octobre, un traité d'amitié et de commerce avec les États-Unis : les bases en furent semblables à celles de leur convention avec la France, et les droits des neutres, de la navigation libre et du pavillon, y furent également consacrés.

Sur ces entrefaites, on observait de toutes parts une tendance générale vers le rétablissement de la paix : les négociations, commencées entre les belligérants, faisaient des progrès de jour en jour : la sécurité commençait à renaître, et l'on s'apprêtait en Amérique à licencier une partie de l'armée. Charleston venait d'être abandonné par les troupes britanniques ; elles n'occupaient plus que New-York et quelques postes voisins de l'Hudson : le corps d'armée du comte de Rochambeau n'était plus utile sur le continent américain, et son embarquement était commencé. Enfin toutes les difficultés de cet arrangement furent aplanies, et une convention préliminaire, qui allait mettre un terme aux hostilités entre l'Angleterre et les États-Unis, fut signée à Paris, le 30 novembre 1782, par les plénipotentiaires des deux puissances.

LIVRE ONZIÈME.

Conventions préliminaires et traités de paix, conclus par l'Angleterre avec les États-Unis, la France, l'Espagne et la Hollande. Licenciement de l'armée américaine et abdication de Washington. Création de la société de Cincinnatus. Formation de plusieurs États a l'occident des Apalaches. Traités avec les Indiens. Révision du pacte fédéral. Présidence de Washington et premiers actes de son administration.

Les traités de paix qui terminèrent la guerre d'Amérique offrirent aux gouvernements et aux peuples de grandes leçons. Jusqu'alors on n'avait vu dans leurs sanglants débats que des luttes d'ambition, des conquêtes, des pertes de territoire : les nations attachées au sol changeaient souvent de maîtres, et les hommes et la glèbe avaient un sort commun. Ici un nouveau peuple est appelé à l'existence ; il va se constituer et se donner des lois, et de ce principe de vie et d'indépendance vont naître de grandes institutions qui s'étendront, de proche en proche, aux contrées voisines, et qui agrandiront le domaine et la puissance de la confédération américaine.

La liberté, la souveraineté et l'indépendance des États-Unis, furent reconnues par l'Angleterre, dans la convention qu'elle fit avec eux le 30 novembre 1782. Leur territoire, dont on assigna les limites, fut séparé de la Nouvelle-Écosse par la rivière de Sainte-Croix, et du Canada inférieur par la chaîne des hauteurs qui divisent le versant des eaux entre l'océan Atlantique et le fleuve Saint-Laurent. Cette ligne, arrivée à la source du Connecticut, devait en suivre le cours jusqu'au quarante-cinquième degré de latitude, et se diriger ensuite vers l'ouest jusqu'au Saint-Laurent ; elle remonterait le lit de ce fleuve, traverserait, d'orient en occident, tous les grands lacs, et se prolongerait jusqu'au nord-ouest du lac des Bois. De là on devait gagner le Mississipi, qui servirait de démarcation jusqu'au trente et unième degré ; et la limite du sud serait fixée, entre les États-Unis et la Floride, par une ligne tracée d'occident en orient, depuis ce fleuve jusqu'à celui d'Apalachicola : on descendrait cette rivière jusqu'à son confluent avec le Flint, et l'on gagnerait en ligne directe les sources de la rivière Sainte-Marie, dont on suivrait le cours jusqu'à l'océan Atlantique.

Toutes les îles situées à vingt lieues de distance des côtes des États-Unis, leur appartiendraient, à l'exception de celles qui avaient été comprises jusqu'alors dans les limites de la Nouvelle-Écosse.

Les États-Unis continueraient de jouir du droit de pêche sur tous les bancs de Terre-Neuve, de même que dans le golfe de Saint-Laurent, et dans tous les autres lieux où la pêche avait été habituellement exercée par les Anglais et les Américains.

Les propriétés et les biens confisqués sur les sujets britanniques leur seraient rendus ; il ne serait fait aucune poursuite, soit dans leurs personnes, soit dans leurs biens, contre ceux qui auraient pris part à cette guerre.

La paix serait perpétuelle ; les hostilités par terre et par mer devaient cesser immédiatement ; les prisonniers faits de part et d'autre seraient rendus ; on n'emmènerait aucun esclave ; l'Angleterre retirerait ses armées, ses garnisons, ses flottes, et laisserait dans les forteresses l'artillerie américaine qui s'y trouvait.

La navigation du Mississipi, depuis sa source jusqu'à son embouchure, resterait librement ouverte aux habitants des deux pays ; toutes les conquêtes qu'on aurait faites avant que la nouvelle de la paix fût parvenue en Amérique seraient restituées.

Cette convention, faite par les États-Unis, ne devait avoir son effet que lorsque les bases d'un traité entre la France et la Grande-Bretagne auraient été également fixées ; mais les négociations des deux puissances faisaient prévoir ce prochain résultat, et leurs plénipotentiaires signèrent, le 20 janvier 1783, les articles préliminaires de la paix.

La France, qui avait eu pour but l'établissement de l'indépendance américaine, avait cherché, dans toutes les opérations de la guerre, à ne compliquer cette question principale par aucune expédition au nord des États-Unis ; elle n'avait fait aucune tentative, soit contre l'Acadie, soit contre le Canada. Résolue à renoncer pour jamais à ces deux colonies, qu'elle avait perdues dans les guerres antérieures, elle ne voulait point substituer une guerre d'ambition à celle qu'elle avait entreprise pour la cause de ses premiers alliés ; et lorsque les Américains conçurent le projet de tenter une invasion dans le Canada, et firent inviter le gouvernement français à coopérer par ses forces navales à cette expédition, ce gouvernement n'accéda point à la proposition qui lui était faite; il était frappé, comme Washington le fut lui-même, du surcroît d'embarras qui naîtrait d'une telle aggression. Étendre le théâtre de la guerre, ce n'aurait point été préserver les États-Unis de tous ses fléaux, c'aurait été affaiblir dans leur propre pays une défense déjà si pénible. Les hommes qui excitaient la France à cette expédition nouvelle n'embrassaient pas dans leur pensée toute l'étendue de ses obligations envers ses alliés, ni toutes les mesures qu'une prudente politique devait lui prescrire à l'égard même de ses ennemis : il lui convenait de ne pas livrer à de nouveaux hasards les résultats de ses premiers succès, et de ne point menacer, sur le continent d'Amérique, deux grandes possessions anglaises qui avaient été étrangères à l'insurrection des États-Unis. Les attaquer, c'eût été ranimer en Angleterre le désir de prolonger la guerre contre la France.

Nous pouvons, en effet, remarquer qu'à l'époque où les préliminaires de la paix furent signés entre l'Angleterre et les États-Unis, l'opinion publique avait entièrement changé à l'égard des colonies émancipées; l'ancien ministère était tombé; le parti de l'opposition avait prévalu, et l'éloquence de Fox avait obtenu un glorieux triomphe, en ramenant la paix entre les peuples de la vieille Angleterre et leurs généreux descendants : déjà même on prévoyait les avantages que l'on pourrait recueillir de cette réconciliation, et de la prospérité commerciale d'une nation indépendante dont l'origine était la même. Mais les hommes qui se rapprochaient des États-Unis ne pardonnaient pas encore à la France de s'être unie à leur cause : l'occasion d'engager avec elle une lutte nationale avait été si souvent embrassée, que les partisans de cette guerre auraient été encore soutenus par l'opinion, s'ils avaient pu représenter la France comme disposée à disputer à l'Angleterre ses dernières possessions sur le continent d'Amérique.

Le gouvernement français eut la sagesse de ne jamais perdre de vue le but pour lequel il avait entrepris la guerre : il fit noblement servir aux intérêts de ses alliés les avantages qu'il avait obtenus; il réclama peu de dédommagements pour lui-même, et la générosité de ses stipulations honora sa politique, comme la guerre avait honoré ses armes. Un grand empire venait d'être fondé au milieu de l'ébranlement du monde entier; c'en était assez pour la France; elle ne désirait plus que de réussir à calmer tant d'agitations.

Il fut arrêté qu'aussitôt après la signature et la ratification des préliminaires, l'ordre de cesser les hostilités serait envoyé dans toutes les parties du monde.

La France conserva le droit de pêche, au nord et à l'occident de Terre-Neuve, depuis le cap Saint-Jean jusqu'au cap Raye; elle posséda en toute propriété les îles de Saint-Pierre et de Miquelon : le sort des Antilles fut fixé : l'Angleterre restitua à la France l'île de Sainte-Lucie, et lui céda celle de Tabago; mais elle fut remise en possession des îles de la Grenade, de Saint-Vincent, de la Dominique, de Névis et de Mont-Serrat, conquises sur elle pendant la guerre.

En Afrique, les comptoirs et les forts situés sur la rivière du Sénégal, furent cédés et garantis à la France; l'île de Gorée lui fut rendue, et l'Angleterre resta en possession du fort James et de la rivière de Gambie.

Dans les Indes Orientales, le gouvernement britannique restitua à la France Chandernagor et ses autres établissements sur la côte d'Orixa, Pondichéri et Karical sur la côte de Coromandel, Mahé sur celle de Malabar, et le comptoir de Surate au nord-ouest de l'Inde. La France, en rentrant dans ces domaines, promit elle-même de restituer les villes et les territoires dont ses armes se seraient emparées dans les Indes Orientales.

L'abrogation de tous les articles qui avaient limité ses droits de souveraineté sur Dunkerque fut formellement stipulée : les deux puissances résolurent d'établir leurs relations de commerce sur les bases de la réciprocité et d'une convenance mutuelle; enfin on fixa les termes où les restitutions de territoires devaient avoir lieu, et les délais au delà desquels les prises faites en pleine mer seraient considérées comme illégales et devraient être restituées. Ces délais furent de douze jours dans les mers du Nord et dans la Manche, d'un mois dans les parages plus méridionaux et jusqu'aux îles Canaries, de deux mois jusqu'à l'équateur, et de cinq mois dans toutes les autres parties du monde.

Le même jour où l'Angleterre signait cet arrangement avec la France, elle rétablissait également avec la cour de Madrid ses relations de paix. L'Espagne conservait l'île de Minorque, glorieusement conquise pendant la guerre, et elle acquérait la possession entière des deux Florides dont elle avait déjà recouvré une partie. Les Anglais pourraient librement exploiter le bois de campêche, dans un district de la côte de Honduras dont on fixerait les limites : ils rentreraient en possession de l'archipel de Bahama, et l'on se rendrait de part et d'autre toutes les autres conquêtes qui auraient été faites.

Les négociations de paix que l'Angleterre venait de terminer avec la France et l'Espagne ne pouvaient être connues aux Indes Orientales que longtemps après. On y poursuivait avec ardeur les opérations de la guerre; et nous ne devons point passer sous silence les exploits des vaillants hommes qui furent engagés jusqu'à la fin dans cette lutte pénible et glorieuse.

Le bailli de Suffren profitait de la conquête de Trinquemale et de celle de Goudelour, pour harceler dans les parages de Ceylan et de Coromandel les forces navales de l'ennemi; mais la guerre allait passer sur le continent: l'armée de terre des Anglais avait reçu de nouveaux renforts : une partie des troupes qu'ils avaient employées précédemment contre les indigènes était devenue disponible, depuis la mort d'Aïder-Ali, et depuis que Tippoo-Saïb son fils s'était éloigné des côtes du Coromandel pour défendre celles de Malabar. Le projet d'attaquer Goudelour fut alors formé par les Anglais; et le général Stuart vint mettre le siége devant cette place avec cinq mille soldats européens et neuf mille Cipayes.

La garnison française se trouvait réduite à la moitié de ce nombre; mais, malgré cette infériorité, le général de Bussy qui la commandait vint établir son camp entre les remparts et l'armée britannique. Un engagement très-vif eut lieu le 27 juin, et l'on combattit de part et d'autre avec intrépidité. Nous citerons au nombre des plus brillants faits d'armes une charge du régiment d'Austrasie. Il avait d'abord attaqué avec une extrême valeur un corps de troupes anglaises, et en les faisant replier devant lui, il avait prolongé sa poursuite assez loin, pour qu'une autre colonne ennemie pût tourner sa position. Lorsqu'il voulut rejoindre le camp, son vaillant chef reconnut qu'il était coupé dans sa retraite. « Soldats, s'écria-t-il, rappelez-« vous que vous êtes les enfants de « Champagne. » Ces mots, ce souvenir exaltent encore leur courage : ils fondent avec impétuosité sur l'ennemi, le culbutent, le taillent en pièces, et reprennent à la baïonnette leur ligne de bataille. Austrasie était un dédoublement du régiment de Champagne : tous deux avaient les mêmes titres d'honneur et de famille.

A la suite de ce combat mémorable, les troupes françaises rentrèrent à Goudelour, et les Anglais gardèrent, hors de la place, quelques positions dont ils s'étaient emparés.

L'escadre britannique avait été forcée de gagner le large, à la suite d'un nouveau combat que Suffren lui avait livré; et la garnison de Goudelour, secondée par quelques troupes, tirées des navires français, se préparait à reprendre l'offensive contre l'armée assiégeante, lorsque l'arrivée d'une frégate anglaise, expédiée de Madras le 27 août, sous pavillon parlementaire, apporta la nouvelle de la cessation des hostilités, et du rétablissement de la paix, dont les préliminaires étaient signés en Europe depuis plus de sept mois.

La Hollande ne jouissait pas encore à cette époque des bienfaits d'une réconciliation ; mais les bases en furent établies le 2 septembre suivant. Elle conserva toutes les colonies qui lui étaient restées pendant la guerre, ou que les Français avaient reconquises pour elle ; mais elle ne put obtenir de l'Angleterre la restitution de Negapatnam ; et le gouvernement britannique se borna à lui promettre la remise de cette ville, par voie d'échange, et lorsqu'il pourrait obtenir un équivalent. Quoique ces dispositions fussent évasives et laissassent peu d'espoir à la Hollande, néanmoins elle préféra la paix à une prolongation d'hostilités qui pouvait lui devenir plus contraire.

Toutes les puissances qui avaient été en guerre avec la Grande-Bretagne se trouvèrent alors pacifiées, et purent songer à guérir les blessures qu'elles avaient également reçues au milieu des revers et des triomphes.

Les États-Unis avaient profité des premiers moments de la paix, pour étendre en Europe leurs relations de commerce, dont les principes étaient déjà fixés par leurs traités avec la France et la Hollande : ils avaient ouvert avec la Suède des négociations semblables ; et un traité d'amitié et de commerce avait été conclu entre les deux puissances le 3 avril 1783. On y stipula, de même que dans les conventions précédentes, les droits du pavillon et ceux des neutres, la liberté de leurs relations en temps de guerre, excepté pour les articles de contrebande, et tous les avantages de navigation et de commerce dont la nation la plus favorisée pourrait jouir.

La possession de ces priviléges et de ces franchises devait être en effet le but principal d'un gouvernement qui avait à créer la prospérité de son pays et qui voulait la fonder sur les plus solides bases. Le peuple américain, en se séparant d'une nation active et laborieuse, était resté fidèle à ses habitudes premières et aux règles fondamentales qui devaient constituer un jour sa grandeur. La liberté de la pensée et des consciences, celle du travail et de l'industrie étaient consacrées par toutes les institutions civiles, politiques et religieuses qu'il avait adoptées : ce peuple reconnut promptement le besoin d'y joindre la liberté de la navigation, et du commerce avec le dehors. Il allait faire, du concours de tous ces avantages, le principe de sa force ; mais avant de jouir de cet heureux développement il avait encore à traverser quelques pénibles crises, qu'une longue guerre avait fait naître, et qui pouvaient le replonger dans de nouveaux périls.

L'esprit de mutinerie qui avait agité quelquefois l'armée avait pu être comprimé pendant la guerre, par le sentiment des dangers publics, et des devoirs qu'ils imposaient au patriotisme et au courage ; mais lorsqu'on fut assuré du retour de la paix, les liens de la discipline devinrent plus faibles : les hommes qui avaient constamment servi réclamèrent les arriérés de solde qui leur étaient dus, et quelque garantie des engagements pris avec eux pour assurer leur sort. En consumant au service de l'État leurs plus belles années, la plupart s'étaient mis dans l'impossibilité de suivre une autre carrière : l'habitude des camps détourne des occupations sédentaires : elle prive des ressources qui y sont attachées, et fait un devoir à la patrie de pourvoir aux besoins à venir de ceux qui l'ont défendue.

Ces opinions se propageaient dans l'armée ; et comme les délibérations d'un corps qui se rendit nécessaire et qui a le sentiment de sa force deviennent aisément turbulentes, le langage des mécontents prit l'accent de la sédition. Ils devaient s'assembler le 15 mars 1782 : on avait convoqué par une circulaire anonyme les officiers qui devaient se réunir, et l'on se plaignait de l'ingratitude du congrès envers eux. « Les bienfaits de la paix vont renaître, mais seulement pour ceux qui profitent de vos fatigues et qui ferment l'oreille à vos plaintes. Si vous n'avez pu vous faire entendre, quand vos services étaient nécessaires à la défense commune, serez-vous mieux écoutés lorsqu'on vous verra désarmés et couverts de blessures? Vous faudra-t-il vieillir dans la misère, et n'aurez-vous de ressources que dans la pitié des hommes pour qui vous vous êtes sacrifiés? »

Des plaintes si véhémentes étaient propres à exalter encore l'irritation des esprits. Washington ne s'opposa point au projet qu'avaient les officiers d'envoyer une députation au congrès, pour recourir à sa justice et réclamer l'effet de ses promesses; mais il sut modérer leurs délibérations, et les retenir dans les bornes du devoir. « J'ai été, leur disait-il, le compagnon de vos souffrances; j'ai joui des éloges que vous méritiez; tous vos intérêts sont devenus les miens. Menaceriez-vous aujourd'hui la patrie que vous avez défendue, et consentiriez-vous à ternir, en abandonnant sa cause, une réputation si noblement acquise? Je vous conjure, au nom de l'honneur, de repousser des conseils qui nous conduiraient à la guerre civile, et de vous en remettre avec confiance à la sagesse du congrès, qui connaît vos services, et qui ne peut les mettre en oubli. »

Cette assemblée, au milieu de ses délibérations les plus animées, ne pouvait cependant méconnaître l'autorité de Washington; elle céda à ses représentations paternelles, et se borna, dans son adresse au congrès, à s'en référer à sa justice pour obtenir le règlement des comptes de l'armée, et l'assignation des fonds nécessaires au payement de la solde et des récompenses qui lui avaient été promises.

Le congrès eut égard à cette demande; mais la pénurie du trésor public l'empêchait de réaliser ses promesses. On eut, en cette occasion, une nouvelle preuve du dévouement désintéressé du gouverneur Morris, administrateur du trésor, qui recourut à son crédit, à ses biens, à ses engagements personnels, pour subvenir aux dépenses les plus urgentes. Cette anticipation, faite à ses propres risques, sur la rentrée des deniers publics qu'il n'avait pas encore reçus, avait été déjà pratiquée durant la dernière campagne; et les avances faites par Morris avaient pourvu plusieurs fois à l'entretien des troupes du général Greene, lorsque, chargé de la défense des Carolines, il luttait avec tant d'énergie contre tous les genres de périls et de privations.

Sur ces entrefaites, l'œuvre de la paix, dont les bases étaient arrêtées depuis plusieurs mois, se poursuivait en Europe avec persévérance; et quoi qu'il se fût opéré de nouveaux changements dans le ministère britannique, où le pouvoir n'était plus entre les mains des hommes qui avaient négocié les préliminaires de la paix, cependant leurs successeurs, écoutant comme eux la voix de l'opinion et les conseils d'une sage politique, achevèrent et rendirent définitive la pacification, par les traités du 3 septembre 1783. Celui de la France avec l'Angleterre fut conclu sous la médiation de l'Autriche et de la Russie, qui avaient interposé leurs bons offices pour le rétablissement de la paix. On y inséra toutes les clauses déjà comprises dans les articles préliminaires, et l'on se proposa d'ouvrir de nouvelles négociations pour un arrangement commercial entre les deux puissances.

La paix définitive de l'Espagne avec l'Angleterre fut également faite sous la médiation des cours de Vienne et de Saint-Pétersbourg : le territoire que les Anglais occuperaient sur les côtes de Honduras fut déterminé : il s'étendait entre les cours de la Balise et du Rio-Hondo; et les relations de commerce des deux royaumes durent être réglées par une convention ultérieure.

On déclara dans le préambule du traité définitif, qui fut signé le même jour entre les États-Unis et l'Angleterre, que cet acte n'avait pas été conclu avant que les termes de la paix eussent été convenus entre la Grande-Bretagne et la France. C'était un juste hommage à rendre à la bonne foi des

États-Unis, qui s'étaient engagés à ne se prêter à aucun arrangement séparé. Toutes les bases établies dans les articles préliminaires furent renouvelées et confirmées par le traité définitif. Les deux cours d'Autriche et de Russie, qui ne reconnaissaient point encore les États-Unis, n'intervinrent pas dans cette négociation, comme dans celles de l'Espagne et de la France.

Il restait à conclure un traité définitif entre l'Angleterre et la Hollande : cet acte ne fut signé que le 20 mai 1784; et l'on y inséra la même clause que dans les articles préliminaires, sur l'occupation de Negapatnam, qui dut rester entre les mains de l'Angleterre, jusqu'à ce que l'autre puissance pût racheter cette colonie par quelque échange de territoire. La Hollande ne pouvait plus espérer de la reprendre de vive force ; elle n'avait plus à compter sur la coopération des armes françaises, ni sur celle de Tippoo-Saïb qui venait de conclure la paix par une convention signée à Mangalore.

Dans les différents traités qui rétablirent le repos du monde, nous ne remarquons aucune stipulation sur les principes de droit maritime qui avaient divisé l'Angleterre et les autres belligérants. La différence des règles adoptées de part et d'autre tenait sans doute à la diversité des intérêts. Il s'était élevé des prétentions rivales : les uns ne voulaient plus de supérieurs sur la mer, les autres n'y voulaient plus d'égaux, et les traités qui furent conclus sans qu'on eût abordé ces graves questions, les laissèrent encore en litige. Mais du moins la paix mettait ces discussions en suspens : elle allait écarter toutes les entraves de la navigation, et l'on n'avait plus de neutres à protéger, dès qu'il n'y avait plus d'ennemis à combattre.

Aussitôt que les traités définitifs furent connus en Amérique, et que celui des États-Unis eut été ratifié par le congrès, le général Clinton ordonna l'évacuation des postes que les Anglais occupaient encore. La rentrée des troupes américaines à New-York eut lieu le 25 novembre 1783; un corps de trois mille hommes, ayant à sa tête le major général Henri Knox, y releva tous les détachements britanniques à mesure qu'ils se retiraient. Washington et toutes les autorités civiles et militaires y firent ensuite leur entrée. On arbora l'étendard des États-Unis sur l'hôtel de ville, et au sommet de la batterie qui couvre et domine le port, et il fut salué par les acclamations du peuple et de l'armée (voy. *pl.* 75).

Pendant quelques jours la flotte anglaise fut retenue dans la baie par les vents contraires. Dès qu'elle se fut éloignée, Washington ne laissa dans la ville qu'une garde de quelques cents hommes, et les autres troupes regagnèrent leurs cantonnements.

Ce général était au moment de se rendre à Annapolis pour résigner, en présence du congrès, le commandement de l'armée : son départ de New-York était fixé au 4 décembre, et il adressa ses adieux à ses frères d'armes, dans une assemblée où s'étaient réunis les officiers, les autorités publiques et un grand nombre de citoyens. Ses paroles affectueuses excitèrent une profonde émotion; on le suivit, en le bénissant, jusqu'au rivage où il allait s'embarquer ; et Washington, prenant terre à Powles-Hook, sur l'autre rive de l'Hudson, poursuivit sa route à travers le New-Jersey et la Pensylvanie.

Le désir de régler ses comptes personnels le retint quelques jours à Philadelphie. Il avait appliqué ses propres revenus à la plupart des frais de son service ; et l'on vérifia que les fonds qu'il avait demandés au trésor pour couvrir complétement cette dépense ne s'élevaient pas à quinze mille dollars, depuis l'année 1775 jusqu'au 13 décembre 1783 : rare exemple de modération et d'une louable réserve dans l'emploi des deniers publics.

Chacune des autorités de Philadelphie s'empressa d'offrir ses vœux à Washington ; toutes devaient de la reconnaissance au défenseur de leurs droits, et la société philosophique américaine se signala par ce patriotique hommage. Elle s'honorait de compter Washington parmi ses membres ; et, en le félicitant sur le retour de la paix, elle en prévoyait l'heureuse influence sur les sciences et les lettres. « Ce sont, disait-elle, les compagnes de la liberté et de la vertu ; elles doivent concourir à transmettre votre nom à nos derniers neveux. Puissiez-vous jouir d'un bonheur inaltérable dans la vie privée qui vous attend ! vous y serez suivi par l'affection et la reconnaissance de votre patrie. »

La société qui adressait à Washington de si flatteurs éloges était un des beaux établissements fondés par Francklin, qui avait constamment cherché à rendre la culture des sciences utile aux intérêts de son pays et aux progrès de la raison humaine. Cette assemblée, dont il continuait chaque année d'être réélu président malgré sa longue absence, était restée constamment fidèle au but de son institution : elle faisait servir son noble ascendant et ses travaux à rendre les hommes meilleurs et à les éclairer.

Washington partit le 15 décembre de Philadelphie : il reçut, en passant à Baltimore, une députation des autorités et les hommages de la ville entière ; et lorsqu'il était près d'arriver à Annapolis, les généraux Gates, Smallwood et une foule de citoyens se portèrent à sa rencontre. Le congrès s'assembla le 23 décembre, et Washington, reçu avec honneur dans cette auguste assemblée, prononça le discours suivant :

« Monsieur le président, les grands « événements qui ont amené ma dé- « mission étant enfin accomplis, j'ai « l'honneur d'offrir au congrès mes « sincères félicitations, et de me pré- « senter devant lui pour remettre en- « tre ses mains le dépôt qu'il m'avait « confié, et pour réclamer la permis- « sion de me retirer du service de mon « pays.

« Heureux par la confirmation de « notre indépendance et de notre sou- « veraineté, heureux de l'avantage « qu'ont obtenu les États-Unis de de- « venir une nation respectable, je ré- « signe avec satisfaction une charge « que je n'avais acceptée qu'avec dé- « fiance et dans la crainte de ne pou- « voir remplir une tâche si difficile. « Cette inquiétude a été heureusement « dissipée par la confiance qu'inspirait « la justice de notre cause, par l'assis- « tance du suprême pouvoir de l'U- « nion, et par la protection du ciel.

« La glorieuse issue de la guerre a « justifié nos plus vives espérances ; et « ma gratitude pour les bienfaits de la « Providence et pour l'appui que j'ai « reçu de mes concitoyens, augmente « encore, à mesure que je considère « l'importance de ce grand démêlé.

« En répétant combien je suis re- « devable envers l'armée en général, « je manquerais à mes propres affec- « tions, si je ne reconnaissais pas ici « les services particuliers et le mérite « distingué des hommes qui ont été « attachés à ma personne durant le « cours de la guerre : le choix des offi- « ciers de confiance, appelés à compo- « ser ma famille, ne pouvait être plus « heureux. Permettez-moi de signaler « en particulier ceux qui ont continué « leurs services jusqu'à ce jour, comme « dignes de la bienveillance et de la fa- « veur du congrès.

« Je regarde comme un devoir indis- « pensable de clore ce solennel et der- « nier acte de ma vie publique, en re- « commandant les intérêts de notre « chère patrie à la protection du Tout- « Puissant, et ceux qui en dirigent les « affaires à sa sainte garde.

« Ayant terminé la tâche qui m'était « assignée, je me retire du théâtre des « événements ; et, en adressant d'af- « fectueux adieux à cet auguste corps, « sous les ordres duquel j'ai longtemps « agi, je remets ici ma commission, « et je résigne tous les emplois de la « vie publique. »

Après s'être ainsi exprimé, Washington s'avança vers le président du congrès, et lui remit l'acte de démission dont il venait de donner lecture. Ce président était alors le général Mifflin, ancien membre de la société des quakers, et voué à la défense de son pays depuis le commencement de la guerre ;

sa noble réponse honora l'orateur et le héros.

« Les États-Unis, assemblés en « congrès, reçoivent avec une émotion « trop vive pour être exprimée, la ré- « signation solennelle de l'autorité, en « vertu de laquelle vous avez conduit « leurs troupes avec succès, au mi- « lieu des périls et des hasards de la « guerre.

« Appelé par votre pays à défendre « ses droits envahis, vous avez accepté « cette charge sacrée, avant qu'il eût « formé des alliances, et lorsqu'il était « sans amis, et sans gouvernement « pour vous soutenir.

« Vous avez conduit cette grande « lutte militaire, en respectant tou- « jours les droits du pouvoir civil au « milieu même des vicissitudes et des « revers. Vous avez excité vos compa- « triotes, par l'amour et la confiance « qu'ils vous portaient, à déployer leur « génie martial, et à transmettre leur « renom à la postérité. Vous avez per- « sévéré jusqu'au moment où les États- « Unis, aidés par un roi et une nation « magnanimes, ont pu, sous les aus- « pices de la Providence, terminer la « guerre par l'affranchissement, la sû- « reté et l'indépendance : heureux évé- « nement, sur lequel nous nous joi- « gnons sincèrement à vos félicitations.

« Après avoir défendu le drapeau « de la liberté dans ce nouveau monde, « et avoir donné des leçons utiles à « ceux qui infligent l'oppression et à « ceux qui la souffrent, vous vous re- « tirez du grand théâtre des affaires, « avec la bénédiction de vos conci- « toyens; mais la gloire de vos vertus « ne cessera pas avec votre commande- « ment militaire; elle se perpétuera « dans les âges les plus éloignés. Nous « reconnaissons, comme vous, nos « obligations envers toute l'armée ; et « nous nous chargeons spécialement « des intérêts de ces officiers de con- « fiance qui ont suivi votre personne « jusqu'à ce moment décisif.

« Nous nous joignons à vous pour « recommander les destinées de notre « chère patrie à la protection du Tout- « Puissant; nous le supplions de dis-
« poser les cœurs et les esprits des ci- « toyens à profiter de l'occasion qui « leur est offerte de devenir une heu- « reuse et respectable nation ; et, quant « à vous, nous lui adressons nos plus « ardentes prières, pour qu'une vie qui « nous est si chère soit environnée « des soins de sa providence ; que vos « jours puissent être aussi heureux « qu'ils ont été illustres, et que Dieu « vous accorde enfin cette récompense « que le monde ne peut offrir. »

A la suite de cette cérémonie touchante et solennelle, Washington, rendu à la vie privée, se retira dans son domaine de Mont-Vernon, situé en Virginie, près du Potomac; mais il ne pouvait plus se dérober, dans sa retraite, aux témoignages de la vénération de son pays, et aux services publics que l'on attendait encore de son expérience et de sa sagesse.

L'armée était licenciée ; et les hommes que les périls de la patrie et le désir de la défendre avaient arrachés si longtemps à leurs professions et à leurs foyers, allèrent reprendre leurs travaux interrompus. L'éducation des troupeaux et la culture des champs avaient occupé le plus grand nombre : chacun suspendit ses armes aux murs de sa ferme ou de sa chaumière, pour s'en ressaisir au premier appel, ou pour les laisser comme un honorable héritage à ses enfants.

Le désir de perpétuer le souvenir des services qu'ils avaient rendus en commun durant la guerre de l'indépendance, avait porté les officiers de l'armée américaine à se constituer en société d'Amis, qui devait subsister aussi longtemps que leur postérité. En embrassant de nouveau la vie champêtre, ils se proposaient Cincinnatus pour modèle, et ils donnaient son nom à leur institution. Le programme qu'ils publièrent fit connaître que leur but était de conserver les droits et les libertés pour lesquels ils avaient longtemps combattu, de faire chérir l'union et l'honneur national, nécessaires au bonheur et à la dignité de la patrie, et d'étendre leur bienfaisance sur les officiers et les familles qui pourraient avoir besoin d'assistance. Chaque membre devait remettre un mois de ses appointements pour former les fonds de cette caisse de secours. Tous les officiers qui auraient résigné avec honneur après un service de trois ans, tous ceux qui avaient porté les armes jusqu'à la paix, et les fils aînés de ceux qui étaient morts au service, avaient le droit de faire partie de cette associaton : ce droit deviendrait héréditaire pour les fils aînés des membres de la société, et il se transmettrait en ligne collatérale, si la ligne directe venait à manquer. Les troupes françaises devaient avoir part à la distribution des mêmes honneurs, et ils furent décernés à leurs officiers supérieurs de terre et de mer, qui avaient servi durant la guerre de l'indépendance.

Telles furent les bases premières de la société que les officiers de l'armée américaine voulurent former avant de se dissoudre : le général Knox en avait conçu le projet, et il avait été adopté dans une assemblée tenue au mois d'avril 1783, par les majors généraux et par les députés des différents corps de l'armée. Comme cette proposition intéressait un grand nombre de familles, qui s'étaient plus ou moins signalées pendant la guerre, elle trouva des partisans et des défenseurs dans tous les États de la confédération. Les statuts mis en avant n'étaient cependant encore qu'un premier essai d'organisation : un établissement semblable ne pouvait se constituer qu'avec l'assentiment des gouvernements particuliers et avec celui du congrès. L'opinion publique dont il fallait recueillir les suffrages, pouvait se défier d'une institution qui prenait sa source au milieu des camps ; et on ne voulait point que les défenseurs de la patrie s'érigeassent en protecteurs, ni qu'une aristocratie militaire pût s'élever dans leurs rangs, et mettre en péril des droits si chèrement achetés. Ce n'était pas que l'on refusât d'honorer les hommes qui avaient vaillamment servi la cause publique : ce témoignage de reconnaissance relevait la nation elle-même ; mais si l'on consentait à transmettre à leurs fils une distinction personnelle, l'esprit de corps pourrait succéder aux sentiments d'union qui animaient les fondateurs ; et chacune des républiques dont se composait la confédération aurait, dès l'origine, une classe privilégiée.

Plusieurs écrits s'élevèrent contre l'institution projetée ; et le plus remarquable de tous fut publié, sous le nom de Lettres de Cassius, par Aedan Burke, chef de justice dans la Caroline du Sud. Il montra qu'une institution héréditaire ne pouvait point convenir à la république ; que les vertus des fondateurs ne garantissaient pas celles de leurs descendants ; que ce n'était point par des insignes qu'il fallait transmettre le souvenir de la révolution américaine ; que le devoir de secourir les défenseurs de la patrie, et de perpétuer dans l'État les sentiments de l'honneur et de l'union, appartenait au gouvernement lui-même, et non pas à un ordre séparé. « Nous n'avions aucune distinction parmi nous, quand nous levâmes la tête contre nos oppresseurs, quand nos laboureurs résistèrent à leurs forces et à celles de leurs Cipayes européens. Veut-on que les *Cincinnati* se croient d'une race plus élevée ; qu'ils se regardent comme descendus du ciel, et comme les Incas de notre Amérique? Celui dont ils empruntent le nom et l'autorité, ne songea pas à créer un ordre privilégié : il ne garda point ses faisceaux consulaires en revenant labourer son champ. Si nos guerriers sauvèrent l'État, c'est à l'admiration des hommes à élever un jour un trophée sur leur tombe. Nous devons donner au monde l'exemple de la liberté politique, civile et religieuse ; mais elle ne peut naître que de l'égalité des droits. Ne permettons point qu'au nom des services rendus à la patrie on accorde des récompenses héréditaires ; et craignons que les plans qui vous ont séduits ne soient une combinaison périlleuse pour la chose publique. Quelle noblesse plus réelle et plus grande pouvez-vous chercher, que la participation à la souveraineté, qui vous appartient comme à vos frères? »

Ces idées, reproduites dans plusieurs écrits et souvent développées dans un style véhément, étaient l'expression même de l'opinion publique; elles furent adoptées par quelques États. On déclara dans le Rhode-Island que les *Cincinnati* seraient déchus de leurs droits politiques et civils : le gouvernement de Pensylvanie ne reconnut point leur établissement; celui du Massachusett le regarda comme illégal, puisqu'il n'était sanctionné par aucune autorité législative : il désapprouva la prétention que l'on attribuait à cette société, de protéger l'union et la dignité nationale, qui sont placées sous la sauvegarde du gouvernement lui-même, celle de délibérer sur des mesures dont l'examen appartient aux autorités publiques, celle de se rendre indépendante de leur action, et de créer un empire dans l'empire, en faisant des levées de fonds, en les accroissant, en acquérant l'influence qui naît de la propriété et de la richesse, en organisant des assemblées régulières, en perpétuant de père en fils une corporation née au milieu de l'armée, et imbue de toutes les maximes de commandement et d'obéissance, en favorisant ainsi, sans le vouloir, des desseins peu généreux, et en disposant peut-être la postérité à distinguer des autres citoyens les descendants de ceux qui concoururent à la fondation de ses libertés.

D'autres objections contre la tendance de cet établissement furent faites, dans une assemblée de la Caroline du Sud, par le gouverneur même de l'État. Il supposa que des vues d'ambition avaient guidé les auteurs du projet, et il espéra que cette institution serait ramenée vers un but plus élevé, et plus digne d'hommes qui ne devaient chercher que la gloire. « Nous n'aurions de sécurité, disait-il, ni pour nos personnes ni pour nos biens, s'il se formait une association dont les membres se crussent supérieurs aux autres citoyens : il en naîtrait des soupçons, des jalousies, des discordes, qui conduiraient à la guerre civile. Est-ce à nos guerriers à se récompenser eux-mêmes et à signaler le mérite de leurs hauts faits? C'est à l'histoire seule à les proclamer. La guerre que nous avons soutenue ne s'est pas faite pour consacrer leurs priviléges, mais pour assurer les droits d'une nation entière. »

Ces dernières observations, moins absolues que celles de Burke, ne tendaient point à supprimer la société de Cincinnatus, mais à la modifier. Cette opinion devint celle des hommes d'État, qui, embrassant dans leurs vues tous les intérêts de la confédération, et appréciant les services et le dévouement de l'armée, désiraient assurer à sa valeur d'honorables distinctions. Le congrès vit sans déplaisir que les hommes qui avaient occupé un rang dans cette armée libératrice aimassent à s'en glorifier : c'était céder à un penchant naturel, et il suffisait d'en prévenir les excès.

Washington était digne par sa modération de se rendre en cette circonstance l'interprète des sentiments de son pays : il chercha promptement à ramener cette association aux principes indiqués par l'opinion publique et par les constitutions mêmes des différents États de l'Union. Les statuts de la société devaient être fixés dans une assemblée générale convoquée à Philadelphie au mois de mai 1784 : Washington en fut nommé président, et la sagesse de ses conseils, l'autorité de sa parole, déterminèrent tous les membres à renoncer au principe de l'hérédité, et à toute espèce d'empiétement sur les droits et les attributions légales des autorités publiques. L'institution redevint ainsi populaire, et l'on ne vit plus dans les hommes qui en faisaient partie que des citoyens qui, longtemps unis par les mêmes devoirs envers la patrie, cherchaient encore à se rapprocher par sentiment de fraternité d'armes et de bienfaisance. La décoration adoptée par les sociétaires rappelait le nom et le but de leur établissement : ils ne portaient pas habituellement leurs insignes, par respect pour les maximes d'égalité qui dominaient dans la confédération entière, et ils les réservaient pour le jour anniversaire de leur indépendance. L'usage de se réunir dans cette grande solennité s'établit entre eux : chaque année leur faisait apercevoir des pertes nouvelles; elle éclaircissait les rangs des défenseurs de la liberté publique; et ces témoins d'une glorieuse époque allaient diminuer de jour en jour, jusqu'au moment où, la génération entière se trouvant éteinte, il ne resterait plus, pour les plus vertueux et les plus grands, qu'un nom dans l'histoire, et d'honorables souvenirs dans les traditions des familles.

La médaille de la société de Cincinnatus fut envoyée aux comtes de Rochambeau, de Grasse, de Guichen, et à tous les généraux, colonels et capitaines de vaisseaux français qui avaient servi la cause de l'Amérique; Louis XVI voulut lui-même récompenser tous les corps de son armée qui avaient pris part à cette guerre mémorable, et il y eut dans leurs rangs de nombreuses promotions. La première dignité militaire avait été offerte à Washington depuis plusieurs années; et le roi, en plaçant ses troupes sous la direction de l'illustre Américain, lui avait conféré les honneurs de maréchal de France.

D'autres signes moins personnels consacrèrent les différentes phases de la guerre de l'indépendance; la colonne et les inscriptions de Bunker's-Hill en rappelaient l'origine (voy. *pl.* 73), et celles de York-Town en signalaient les derniers triomphes : toutes deux étaient placées aux deux bornes de cette sanglante carrière, et l'on voyait dispersés dans l'intervalle un grand nombre de cénotaphes, érigés à la mémoire des hommes que l'Amérique avait perdus, et qu'elle honorait de ses regrets.

Nous devons citer au nombre des monuments d'art, destinés à conserver de si nobles souvenirs, une suite de tableaux où le colonel Trumbull, attaché à l'état-major de Washington, retraça les principaux événements politiques et militaires qui appartiennent à cette époque. Son épée servit la patrie, son pinceau en représenta les défenseurs; et la fidélité de ses portraits accrut encore l'intérêt historique de ces grandes compositions, où la postérité aime à retrouver les images de ses plus vénérables ancêtres.

Lorsque l'indépendance et la paix furent affermies, les Américains, portant les yeux sur leur situation nouvelle, purent être frappés de l'agrandissement de leur pays. Les traités leur avaient fait acquérir d'immenses territoires vers l'ouest, et bientôt ils cherchèrent à mettre en valeur de si riches domaines. Une partie de ces contrées leur était déjà connue : quelques explorateurs y avaient pénétré depuis trente ans, et leurs premières recherches s'étaient dirigées vers l'Ohio. Il convient d'en rappeler ici le souvenir, pour montrer par quels efforts successifs et pénibles on parvint à former enfin vers l'ouest de plus durables établissements.

James Bridd, ayant quitté la Virginie en 1754, pour se rendre vers les bords de l'Ohio, avait descendu ce fleuve dans une pirogue, jusqu'à l'embouchure du Kentucky, et, en débarquant sur la rive méridionale, il y avait gravé sur quelques arbres la date de sa découverte; mais l'attention publique en fut bientôt détournée par les événements de la guerre qui suivit de près cette expédition. John Finley s'ouvrit en 1767 un nouveau passage vers les mêmes régions, où il allait faire la traite des pelleteries, et il franchit la chaîne des Apalaches, pour pénétrer dans les vallées supérieures, arrosées par le Kentucky : le cours de cette rivière donna son nom à la contrée, et l'on connut alors deux routes pour s'y rendre, l'une par la navigation de l'Ohio, l'autre par les cols et les vallées des montagnes.

Finley renouvela son voyage deux ans après : il était accompagné du colonel Boon et de quelques autres Caroliniens; mais leur troupe fut dispersée par les sauvages; et Boon, resté seul avec son frère, et luttant avec courage contre les fatigues et les périls, parcourut pendant deux ans le pays où il avait le projet de se fixer. Il revint ensuite dans la Caroline du

Nord, vendit la ferme qu'il possédait sur le Yadkin, et se remit en route en 1773, avec sa famille et quelques hommes, résolus à tenter la fortune : quarante autres le rejoignirent, et ils formèrent leurs premiers établissements dans les vallées où le Kenhawa, le Kentucky et le Cumberland, commencent leur cours.

Dunmore, qui était gouverneur de Virginie, faisait en même temps prolonger, le long des bords de l'Ohio, les découvertes commencées. On les avait étendues jusqu'aux *rapides* qui embarrassent la navigation du fleuve, et des arpenteurs avaient été envoyés sur ses rivages, pour mesurer et partager les terres dont la Virginie aurait à disposer. Cet État réclamait la possession de toute la contrée située à l'occident de son territoire jusqu'aux bords du Mississipi; mais, comme plusieurs nations indiennes occupaient encore ces régions, il fallait obtenir d'elles le droit de s'y établir.

Des négociations furent ouvertes dans cette vue avec les six nations iroquoises, dont les députés se trouvaient au fort Stanwix, et le colonel Donalson de Virginie acheta d'elles les terres situées sur la rive droite du Kentucky : celles de la rive gauche furent achetées en 1775, par un contrat passé entre les Chérokees et le colonel Henderson de la Caroline du Nord, et cette double acquisition inspira plus de confiance aux premiers cultivateurs. L'une et l'autre possession ne restèrent pas cependant entre les mains des deux titulaires : l'État de Virginie prétendait avoir seul le droit d'acquérir ces terres et d'en disposer, puisqu'elles étaient comprises dans ses limites; il rendit à Donalson le prix de son acquisition; il ne reconnut pas comme valide celle qu'avait faite un Carolinien, et il la regarda comme un empiétement sur ses propres droits. Néanmoins, en retenant pour lui-même les terres que Henderson avait acquises des Chérokees, il lui en donna d'autres, situées plus à l'occident, vers l'embouchure du Green-River.

Le gouvernement virginien, devenu possesseur d'une partie des vallées du Kentucky, favorisa les émigrations vers cette contrée, et il fit ériger plusieurs forts pour en assurer la défense. Ceux de Boon's-borough, de Logan, de Harrod, furent successivement construits; on jeta les fondations de Denville, de Lexington, de Francfort, de Louisville, faibles établissements qui eurent longtemps à se défendre contre les sauvages.

Différentes tribus indiennes se disputaient entre elles ces territoires; ceux même dont les Chérokees et les Iroquois avaient disposé, étaient réclamés par d'autres peuplades, étrangères à l'une et à l'autre nation; et cette contrée, toujours en litige, restait exposée à de fréquentes incursions. Le nom de *terre sanglante* lui était resté, et le courage des premiers colons y fut longtemps mis à l'épreuve. Le colonel Boon était le ferme appui de la colonie; il se signala pendant la guerre de l'indépendance, fut prisonnier des Shawanèses en 1778, et s'échappa bientôt de leurs mains, pour venir défendre contre eux la forteresse de Boon's-borough. Cet officier prit encore une part honorable aux dernières expéditions, lorsque les Shawanèses, qui avaient envahi les rives méridionales de l'Ohio, furent à leur tour attaqués et poursuivis par le général Clark, sur les bords du Muskingum et du Scioto, ainsi que nous l'avons rapporté précédemment.

Le sort de quelques autres régions fut réglé par un arrangement avec les Indiens; et lorsque les envoyés des Géorgiens, des Creeks et des Chérokees se réunirent pour tracer les limites de leurs territoires, ils conclurent, le 31 mai 1783, un traité de cession, en vertu duquel on prit, pour ligne de démarcation, la rivière d'Occonée, dont les eaux coulent du nord au midi, et vont former, par leur réunion avec celles du Flint, la rivière d'Apalachicola. Les Chérokees s'étendaient au nord-ouest de cette ligne, en remontant vers la source des fleuves, et ils occupaient les vallées et les hauteurs des Apalaches; au midi, ils étaient voisins des Creeks, dont les tribus, désignées sous différents noms, étaient souvent en guerre avec les habitants de la Géorgie et des Florides.

A l'occident des Creeks et des Chérokees, on n'avait pas encore d'établissements, et deux autres nations indiennes, les Choctaws et les Chikasaws, avaient été jusqu'alors paisibles possesseurs des contrées qui s'étendent jusqu'au Mississipi ; mais, vers le cours inférieur de ce fleuve, on commençait à resserrer leur territoire ; il s'y formait de nouvelles plantations, qui allaient se propager de proche en proche, pour envelopper un jour les régions occupées par les tribus aborigènes. Déjà plusieurs d'entre elles avaient disparu, et la réduction progressive des peuplades qui leur survivaient inspirait de vives inquiétudes à leurs vieillards les plus prévoyants. Ils se rappelaient que, dans toutes les guerres avec la population blanche, il avait fallu céder à la supériorité de ses armes, et qu'en faisant la paix avec elle, ils avaient dû lui abandonner une partie de leur territoire. Le temps, qui réduisait leur nombre et leurs forces, accroissait la puissance des Européens ; ceux-ci accouraient en foule en Amérique, pour se partager leurs forêts nourricières. Les plaines étaient envahies par l'étranger ; les pirogues ne jouissaient plus de la libre navigation des fleuves ; la chasse, la pêche s'épuisaient, et les Indiens allaient disparaître faute de subsistances. Quand deux nations blanches combattaient dans le voisinage, ils étaient du moins ménagés par l'une d'entre elles, et, en se joignant à sa cause, ils pouvaient être protégés par ses armes, et prendre part à ses victoires ; mais aujourd'hui, quel serait leur recours ? Environnés par un seul peuple, ne resteraient-ils pas exposés à son ambition et livrés à sa merci ? Une chaîne de fer allait les retenir et les resserrer de jour en jour dans une plus étroite enceinte ; et si l'on réussissait à séparer les unes des autres leurs dernières tribus, on pourrait les accabler isolément en les privant de la faculté de s'entresecourir. N'avaient-elles pas d'ailleurs à craindre que l'on n'aigrît encore leurs jalousies mutuelles ? Déjà on les avait affaiblies les unes par les autres, en les mettant aux prises ; elles-mêmes s'étaient aveuglément prêtées à ce moyen de destruction, et toutes leurs peuplades, après s'être longtemps déchirées, devenaient plus aisément la proie des étrangers, qui allaient profiter de leur épuisement, et se saisir de leurs dernières dépouilles.

Lorsque la paix des États-Unis avec l'Angleterre eut privé de toute assistance étrangère les nations indiennes, celles qui étaient encore en guerre déposèrent successivement les armes. Les Shawanèses, les Mingoes, les Délawares avaient déjà cessé leurs hostilités, et les tribus du Wabash envoyèrent leurs chefs de guerre au poste de Vincennes, pour conclure une convention avec l'envoyé des États-Unis. Thomas Dalton leur déclara, dans une assemblée tenue le 25 avril 1784, qu'il leur apportait la guerre ou la paix ; il les invitait à choisir immédiatement, et il leur demandait, pour première condition d'arrangement, la restitution des hommes et des troupeaux qu'ils avaient enlevés. Un collier ou wampum leur fut offert en signe de réconciliation ; et le chef des Piankashaws, l'ayant reçu, déclara, au nom de tous les Indiens des rives du Wabash, qu'ils étaient prêts à faire la paix.

« Vous savez, disait-il, tout ce que
« nous avons souffert : les maux de la
« guerre nous ont frappés comme vous,
« et la terre fut rougie de notre sang.
« Que la trace puisse en être effacée !
« Nos amis, nos vaillants frères ont
« péri : nous rassemblerons leurs ossements dispersés, nous les réunirons
« sous un même tertre, et nous y
« planterons l'arbre de la paix, afin
« qu'il étende un jour ses branches
« sur nos enfants. Fumez tour à tour
« avec nous dans le calumet que nous
« vous présentons. Le tomahac est
« enfoui dans la terre ; malheur à ceux
« qui voudraient le relever ! Les ri-
« gueurs de l'hiver ont atteint tous les
« troupeaux errants dans nos plaines,

20.

« et ceux que vous nous redemandez
« ont péri ; mais nos wigwams ont été
« ouverts à vos prisonniers ; nous les
« avons admis dans nos familles, et
« ils ont été nourris autour des mêmes
« foyers. Aujourd'hui ils sont absents,
« et dispersés dans les forêts avec nos
« chasseurs : nous les assemblerons à
« leur retour, et dans une lune ils vous
« seront rendus. »

Quand le chef de guerre eut parlé, une convention fut conclue avec lui, et il remit à l'envoyé des États-Unis un calumet, orné des couleurs et des brillants plumages, qui sont, chez les Indiens, le symbole de la paix.

A l'époque de la conclusion de ce traité, le congrès prenait une résolution pour organiser en plusieurs arrondissements les terres qu'il aurait acquises des indigènes, et celles que les différents États auraient cédées à la confédération entière. L'État de Virginie lui avait transféré, en 1783, tous ses droits sur les territoires qu'il pouvait prétendre au nord-ouest de l'Ohio ; d'autres gouvernements suivirent bientôt cet exemple ; et il s'établit un nouveau droit public sur la souveraineté des vastes possessions de l'ouest. Plusieurs États, qui les avaient regardées jusqu'alors comme comprises dans leurs limites parce qu'elles se trouvaient placées sous les mêmes degrés de latitude, commençaient à reconnaître la difficulté de régir par une même administration les contrées situées à l'orient et à l'occident des Apalaches ; cette chaîne de montagnes opposait trop d'obstacles aux communications habituelles ; la longueur des distances et la vaste étendue de l'une et de l'autre région rendaient impraticable cette communauté de gouvernement : les intérêts, la position, les besoins étaient trop divers.

Sans toucher encore aux droits de souveraineté dont les États particuliers avaient à faire l'abandon, le congrès s'attacha d'abord à obtenir d'eux que les terres volontairement cédées par les Indiens fussent considérées comme domaine de la confédération entière. La vente de ces terres devait lui fournir les moyens d'acquitter la dette publique ; il avait d'ailleurs promis des concessions de fonds aux officiers et aux soldats de l'armée américaine, soit à titre de récompense, soit en payement des arriérés de solde qui leur étaient dus ; et ces concessions, si elles étaient faites au nom de la confédération même, se trouveraient placées sous une plus puissante garantie.

Pour remplir ces obligations d'honneur et de bonne foi, le congrès fit reconnaître avec soin les différentes parties du domaine public, où il convenait le mieux de former des établissements ; ses agents partagèrent le territoire en *townships*, ou districts de six milles carrés d'étendue : on les subdivisa en lots d'un mille carré ; et les uns furent mis en vente, les autres furent donnés comme récompenses militaires ; à l'exception des enclaves, que l'on tint en réserve pour y placer les édifices et les divers établissements nécessaires aux services publics et à l'administration.

Ces ventes et ces répartitions de terres attirèrent bientôt dans le Kentucky de nouveaux habitants, et, vers la fin de 1784, leur nombre s'élevait à trente-six mille. Ils obéissaient aux lois de la Virginie et à l'autorité de son gouvernement ; mais l'éloignement leur faisait perdre les effets de sa protection ; il nuisait à la sécurité du pays, et l'exposait sans défense aux attaques des Indiens, de qui l'on ne pouvait attendre que des trêves passagères. Une assemblée tenue à Denville reconnut la nécessité d'une émancipation ; elle proposa de demander à la métropole que le Kentucky fût érigé en nouvel État ; et cette proposition ayant été ratifiée dans un autre conseil, qui fut convoqué immédiatement, les députés se rendirent à Richmont pour solliciter du gouvernement de Virginie leur séparation. Les Virginiens y consentirent avec une généreuse bienveillance ; ils abandonnèrent toute prétention sur cette vaste contrée, et ils invitèrent les habitants à organiser une administration séparée, qui devait d'abord être placée sous le patronage du congrès, avant que l'accroissement de leur population leur permît de former un nouvel État.

Les pays qu'arrose le Ténessée avaient été explorés, comme ceux du Kentucky, vers le milieu du dix-huitième siècle ; mais il ne s'y était formé d'importantes colonies qu'en 1774. Les nouveaux habitants se séparèrent bientôt de la Caroline du Nord, à cause de la longueur et de la difficulté des communications ; et ce premier essai d'indépendance les conduisit plus tard à jouir des mêmes priviléges que le Kentucky.

Les territoires situés au nord-ouest de l'Ohio offraient un champ encore plus vaste à de nouveaux établissements, et il s'y rendit, après la conclusion de la paix, de nombreux cultivateurs. En 1784 on ne comptait à Pittsbourg que quatre-vingts maisons ; mais sa situation au confluent du Monongahéla et de l'Alléghany destinait cette ville à devenir un des plus grands entrepôts du commerce entre les États de l'est et de l'ouest. Les marchandises qu'on y recevait des contrées orientales servaient à l'échange des pelleteries dont on faisait la traite près des Indiens, voisins du Miami, du Muskingum et des autres rivières qui se jettent dans l'Ohio. Un établissement plus occidental s'était formé à Louisville, et de nombreux émigrants, venus de l'est, profitaient de la navigation du fleuve pour gagner ce nouveau centre de colonisation et de culture. Cette ville offrait encore toutes les traces d'une nouvelle création : les défrichements se terminaient ; les rues, percées à travers les bois, dont toutes les souches n'étaient pas arrachées, n'avaient en 1784 qu'une centaine de maisons et autant de cabanes ; mais l'activité des travaux commencés faisait prévoir de rapides accroissements.

D'autres colonies s'assemblaient sur les bords du Kentucky, du Cumberland, du Green-river et des autres fleuves. Le rivage des eaux était toujours préféré par les premiers planteurs ; soit que le cours des rivières devînt nécessaire à l'établissement des usines, soit qu'il ouvrît une route naturelle aux communications.

Souvent une ville entière était fondée par un seul homme : il en traçait le plan, en divisait le territoire, appelait des habitants, des actionnaires, et les voyait accourir en foule à cette convocation. Les Indiens, en paix avec les créateurs des cités nouvelles, venaient quelquefois contempler leurs travaux, et ne pouvaient comprendre les motifs d'une activité si continue. En voyant abattre les vieilles forêts, fouiller la terre pour en extirper les racines, changer les produits du sol, élever avec effort des édifices, un de ces guerriers chasseurs plaignait la peine des nouveaux ouvriers. « Pour« quoi, demandait-il à un vieillard qui « lui semblait accablé par l'âge ; pour« quoi te fatiguer d'un travail dont tu « ne jouiras pas ? J'ai des enfants, ré« pondait le cultivateur : il leur faut une « maison pour s'abriter, des moissons « pour se nourrir, de nouveaux ar« bres qui leur soient plus utiles, et « qui leur donnent à la fois des fruits « et de l'ombrage : il leur faut des ins« truments de labourage, des fabriques « pour leurs vêtements, des meubles « pour tous les usages de la vie : s'ils « étaient réduits à la chasse et à la « pêche pour subsister, la plupart péri« raient de besoin. Tu m'étonnes, di« sait l'Indien : j'apprends à mes fils « à tendre leurs piéges et à tuer les « animaux sauvages : l'eau poissonneu« se, les forêts peuplées d'oiseaux et « de bêtes fauves m'ont fourni la nour« riture ; elles suffiront à mes enfants. « Le cultivateur reprit : Vois ta na« tion, elle décroît de jour en jour, et « la nôtre s'augmente incessamment : « voilà le fruit de votre insouciance « et de notre travail. »

Pour s'étendre dans les terres qui appartenaient aux Indiens, on n'avait pas eu toujours besoin de l'emploi de la force ou des stipulations d'un traité. Souvent ils s'éloignaient volontairement, à mesure que les Européens s'avançaient ; et, comme ils croyaient que les premières colonies d'étrangers avaient importé en Amérique les abeilles, ils disaient, lorsqu'il en arrivait quelques essaims dans leurs forêts : « Allons-nous-en, les blancs vont arriver. » Alors ils se rejetaient vers l'ouest pour gagner des retraites plus indépendantes.

Les nations indiennes qui formaient, vers le nord, la confédération iroquoise, surent se maintenir plus longtemps sur leur territoire; mais elles reconnurent, comme celles de l'Ohio, du Wabash, du Kentucky, la nécessité de quitter les armes lorsqu'elles n'eurent plus à compter sur les secours de l'Angleterre. Déjà les Tuscaroras et les Onéidas vivaient en paix avec les États-Unis : leur médiation facilita un rapprochement avec les autres tribus; et les députés de toutes les provinces, s'étant rendus au fort Stanwix près des rives du Mohawk, conclurent, le 22 octobre 1784, un traité de paix et d'amitié avec les envoyés du congrès.

Les États-Unis, pacifiés sur toutes les frontières, purent alors prolonger avec plus de sécurité les établissements qu'ils avaient entrepris vers l'ouest.

Dans ces régions nouvelles, qui devaient acquérir un jour une si grande prospérité, on n'aperçoit encore, au moment où se forment les premières colonies, qu'un immense territoire, arrosé d'un grand nombre de rivières navigables. Chacun de ces bassins fluviatiles s'incline vers l'Ohio ou vers le Mississipi; et les ondulations du sol, formées par les embranchements des Apalaches et par les vallées qui se prolongent dans leurs intervalles, offrent à celui qui les contemple du haut des montagnes, d'immenses forêts, dont les limites s'étendent jusqu'au lit des fleuves, ou jusqu'aux plaines marécageuses, occupées par des joncs ou de hauts herbages.

La variété, le luxe de cette végétation spontanée, se reproduisant d'elle-même et sans le secours de la culture, frappent d'abord les yeux. La hauteur des pins et des autres arbres résineux, dont la tige droite rassemble ses rameaux autour d'elle, forme un majestueux contraste avec le développement des chênes de toute nature qui prolongent au loin les mille courbures de leur branchage : le cèdre, le noyer, le chataignier couvrent également les hauteurs et les flancs des vallées : la famille des érables, celle des acacias recherchent les bords des ruisseaux : le tulipier, un des plus beaux arbres d'Amérique, se plaît dans les terrains humides; ses proportions surpassent quelquefois celles des chênes : la vigne serpente autour de la tige de ces différents arbres, et ses pampres chargés de grappes s'attachent à leurs rameaux dont ils parcourent la longueur. Dans les contrées méridionales, une immense profusion d'arbrisseaux et de plantes parasites assiége les avenues des forêts et les rend impénétrables : vers le nord les grands arbres s'isolent, et la végétation inférieure est plus clair-semée sous leur ombrage.

On retrouve, sous l'immense abri de ces forêts de l'ouest, les diverses races d'animaux que les Européens avaient rencontrées au moment de la découverte, et qui se sont retirées devant eux, comme les naturels mêmes du pays. D'innombrables troupeaux de buffalos sont errants au milieu des savanes, ou dans ces terres imprégnées de sel, dont ils recherchent la saveur : les castors, qui fréquentaient le bord des fleuves, commencent à fuir vers les régions moins connues; ils n'exercent leur industrie que dans la solitude : l'homme, en avançant, reconnaît leur architecture; mais les constructeurs ont déjà disparu. Le wapiti, le caribou, l'original, analogues du cerf, du renne, de l'élan, se retirent dans les forêts plus voisines des grands lacs : quelques espèces, aussi agiles et plus faibles, l'hermine, la martre, l'écureuil, cherchent au sommet des arbres un dernier refuge : la sarigue, particulière à ces régions, donne elle-même un asile à ses petits, dans la poche naturelle où elle les reçoit lorsqu'elle est effrayée de l'approche d'un ennemi. On a reconnu que quelques peuplades indigènes lui rendaient une espèce de culte, et semblaient regarder ses soins et ses habitudes comme un symbole de la prévoyance maternelle (voy. pl. 78).

En pénétrant dans ces contrées, et en remarquant leurs productions et les diverses familles d'animaux qui leur étaient propres, on observait dans les flancs des montagnes le gisement des minéraux, leurs variétés, leurs richesses, et l'on découvrait quelques-unes de ces excavations faites au milieu des rochers, les unes revêtues de stalactites, les autres dues sans doute à l'action des feux souterrains, au bouleversement de ces masses déchirées et soulevées par des explosions, ou à l'affaissement des terres inférieures, minées et rongées par le courant des eaux (voy. pl. 77).

Lorsqu'on venait à s'éloigner des montagnes pour se rapprocher des fleuves, on était souvent frappé de l'escarpement de leurs bords dans les vallées supérieures : les rives s'abaissaient ensuite, et les eaux, en s'avançant vers leur embouchure, coulaient dans un lit plus vaste, et s'extravasaient dans les plaines souvent inondées. (voy. pl. 79). Toutes ces régions différaient entre elles; et l'aigle les franchissait toutes, depuis la roche élevée et sauvage où il avait construit son aire, jusque vers la surface des eaux où il allait saisir la proie de l'aigle pêcheur (voy. pl. 80).

L'attrait de la science excitait souvent les hommes à poursuivre avec plus de soin leurs explorations : l'étude de leur pays les occupait spécialement; et déjà l'on avait commencé à former ces collections de minéraux et d'autres productions, qui devaient orner un jour les principaux muséums, et qui allaient répandre sur l'histoire naturelle des États-Unis de nouvelles lumières (voy. pl. 75).

Une connaissance plus exacte des contrées où s'étendaient les défrichements servait aussi de guide pour les nouvelles plantations qui pouvaient y prospérer : on en faisait le choix avec discernement, et la culture allait acclimater autour des habitants tous les végétaux, devenus utiles à leur nourriture et aux différents besoins de la société. Les grains, les chanvres,

les arbres à fruit furent placés dans les sites qui leur étaient propres : le caffier, la canne à sucre réussirent vers le midi : on commença dans les régions des montagnes l'exploitation des mines; on chercha dans les plaines à vaincre l'humidité du sol; et l'homme, en façonnant la terre d'un pays sauvage, le rendit à la fois plus salubre, plus fécond, plus accessible aux nombreuses colonies qui allaient s'y rassembler.

Dès qu'on eut songé à mettre en culture les régions situées à l'occident des Apalaches, un grand nombre d'hommes, animés de cet esprit entreprenant et aventureux, que les fatigues et les hasards de la guerre avaient développé encore davantage, se rendirent dans ces contrées nouvelles. Les anciens États encourageaient un mouvement, propre à développer les ressources de la confédération entière : on cherchait à multiplier les relations entre toutes les parties d'un si vaste territoire. Cette opinion était celle des hommes éclairés; et un des projets qui occupèrent le plus Washington fut celui de lier par plusieurs communications les États de l'Est et de l'Ouest. Il avait eu depuis longtemps la pensée de rendre navigables le James-River et le Potomac dans la plus grande partie de leur cours; les affluents de l'Ohio pouvaient aussi le devenir; et les portages qu'on aurait à établir dans l'intervalle des deux lignes de navigation n'auraient pas une longue étendue. Washington avait parcouru ces régions longtemps avant la guerre, et il fit, vers la fin de 1784, un nouveau voyage à Pitt's-bourg, pour mieux se rendre compte des obstacles qu'on aurait à vaincre. Son projet fut jugé praticable; les gouvernements de Virginie et de Maryland se concertèrent pour en favoriser l'exécution; et l'un et l'autre prirent un certain nombre d'actions dans cette entreprise, pour laquelle il se forma une corporation.

Cette circonstance fit éclater de nouveau le noble désintéressement de Washington. La législature de Virginie désirait lui témoigner sa reconnaissance en lui offrant la moitié des actions qu'elle avait prises; mais il la supplia d'appliquer cette donation à des établissements publics; et deux colléges furent fondés en Virginie avec les sommes qui lui étaient destinées.

Un autre homme, également remarquable par son dévouement patriotique et ses vertus, Benjamin Franklin, revenait alors aux États-Unis après les avoir longtemps servis par ses négociations. Il avait concouru à la conclusion de tous les traités qui fondèrent et affermirent leur indépendance, et qui accélérèrent le développement de leur commerce; et le dernier acte de sa carrière diplomatique fut le traité fait avec la Prusse le 10 juin 1785, traité auquel John Adams et Jefferson participèrent comme lui. Une de ses clauses consacrait en principe la libre circulation du commerce en temps de guerre, et l'abolition des armements en course contre les navires employés à ses communications et à ses échanges. Cette sauve garde accordée aux paisibles relations du commerce devait être enfreinte un jour; mais il était humain et généreux d'en établir le principe, et d'ouvrir ainsi la voie à d'utiles améliorations dans le droit des gens.

Franklin allait atteindre sa quatre-vingtième année, lorsqu'il revint à Philadelphie. Sa longue absence avait laissé aux établissements d'instruction et d'humanité, dont il était le fondateur, le temps de se développer; il put jouir de son ouvrage: les infirmités de sa vieillesse n'avaient point affaibli son âme; et ses dernières années allaient encore être consacrées au service de son pays. On gardait en France un touchant souvenir de lui, et Jefferson en rendit plusieurs fois témoignage. « Je me trouve ici, disait-il, à « une excellente école d'humilité; et « partout où je me présente comme « ministre des États-Unis, les premiers « mots que l'on m'adresse sont toujours: C'est vous, monsieur, qui « remplacez Franklin. Personne, ai-je « d'abord répondu, ne peut le remplacer: je ne suis que son successeur. »

Lorsque tous les Américains félicitaient ce vieillard sur son retour en Amérique, la voix de Washington s'unit aux acclamations publiques. Ces deux hommes étaient dignes l'un de l'autre; ils restèrent liés d'une étroite amitié. Tous deux avaient pris pour devise, que la vertu est la véritable grandeur: cette pensée inspira les actions de leur vie entière.

Si, en parcourant les principaux faits de cette histoire, nous avons insisté sur le mérite de quelques grands citoyens, c'est qu'ils exercent une salutaire influence sur les destinées de leur pays, et qu'ils en deviennent eux-mêmes les premiers ornements.

Le perfectionnement de l'organisation sociale occupait alors tous les sages esprits. Ce n'était point assez d'avoir terminé la guerre; il fallait en réparer les dommages, rétablir la prospérité intérieure, coordonner entre eux les rapports des différents États de la confédération, et réunir leurs forces en un seul faisceau. Le désir de concentrer leur union, leur harmonie, leurs moyens de défense, animait tous les membres du congrès; mais ce but devenait d'autant plus difficile à atteindre, que le territoire national s'était agrandi: on avait à concilier entre eux les intérêts de tous les États qui avaient originairement formé la république, et de toutes les contrées acquises en vertu des traités de paix. Ces derniers territoires devaient être colonisés sous l'autorité du congrès; et il devenait utile de leur donner un gouvernement provisoire, qui préparât, sans secousses, leur organisation définitive. Un acte du 13 juillet 1787 traça les bases des colonies qui allaient s'établir au nord-ouest de l'Ohio; et il reçut ensuite d'autres applications.

« Aucune personne paisible ne devra être inquiétée dans son culte et dans ses opinions religieuses.

« Les habitants auront droit au bénéfice de l'*habeas corpus*, au jugement par jury, à une équitable représentation dans les assemblées législatives. Nul ne sera privé de sa liberté, qu'en vertu du jugement de ses pairs ou de la loi du pays: tout homme dont la propriété sera saisie pour les besoins de l'État, devra en être indemnisé.

« Des écoles et des moyens d'éducation seront établis. La bonne foi est prescrite envers les Indiens : ils ne pourront pas être privés de leurs terres sans leur consentement : ils ne seront pas troublés dans la possession de leurs biens, de leurs droits, de leur liberté, si ce n'est dans des guerres justes et légitimes, autorisées par le congrès : on rendra successivement des lois, fondées sur l'équité naturelle et l'humanité, pour leur servir de sauve garde, et pour conserver avec eux la paix et la bonne amitié.

« Ce territoire et les États qui y seront formés feront partie de la confédération des États-Unis : ils seront sujets à tous les actes qui la régissent : ils contribueront, dans une quotité proportionnelle, au payement de ses dettes et des dépenses de son gouvernement : les taxes qu'ils auront à acquitter seront imposées et perçues, dans les districts ou nouveaux États, par l'autorité et sous les ordres de leurs assemblées législatives. Ces assemblées ne s'immisceront point dans les mesures prises par le congrès, pour disposer primitivement du sol, et pour assurer les titres des propriétaires qui auront acquis de bonne foi.

« Il ne sera imposé aucune taxe sur les terres appartenant en propre aux États-Unis. On regardera les eaux navigables qui conduisent dans le Mississipi ou dans le Saint-Laurent, et les routes de charriage entre ces rivières, comme des chemins publics et librement ouverts aux citoyens de toute la confédération, sans qu'ils aient à payer, pour en jouir, aucune espèce de droits ni d'impôts.

« Il sera formé trois États au moins, et cinq au plus, dans les territoires situés au nord-ouest de l'Ohio. L'État occidental sera borné par le Mississipi, l'Ohio, le Wabash, en le remontant jusqu'au poste de Vincennes, et de là par une ligne tirée directement vers le nord; l'État du milieu s'étendra entre le Wabash et l'embouchure du Grand-Miami, d'où l'on tracera également une ligne dirigée vers le nord; et l'État oriental sera compris entre cette ligne et les frontières de Pensylvanie. Il est réservé, par le même acte, que ces limites pourront être changées dans la suite, si le congrès désire former un ou deux autres États dans les territoires situés soit à l'est, soit à l'ouest du lac Michigan.

« Lorsqu'un de ces arrondissements territoriaux aura une population de soixante mille habitants, il sera admis à être représenté par ses députés dans le congrès des États-Unis; et il sera libre de se donner une constitution et un gouvernement républicain, conformes aux principes que l'on établit ici : cette admission pourra même être accordée avant que la population s'élève à soixante mille âmes.

« Il n'y aura, dans le territoire situé au nord-ouest de l'Ohio, ni esclavage, ni servitude forcée, si ce n'est pour punition d'un crime, dont le coupable aurait été dûment convaincu : mais s'il s'y réfugiait un homme dont le service ou le travail forcé fût légalement exigé dans un autre État, il pourrait être réclamé, et il serait restitué. »

Les établissements des nouveaux territoires furent ainsi organisés : mais la confédération entière avait besoin de quelques autres institutions. De nombreuses difficultés, dont l'origine remontait à la dernière guerre, n'étaient pas aplanies; et si les hostilités entre les États-Unis et l'Angleterre avaient entièrement cessé, du moins toutes les clauses de leur traité de paix ne s'exécutaient pas encore. L'Angleterre se plaignait de ce que tous les biens confisqués sur des sujets britanniques n'étaient pas rendus; de ce que les poursuites commencées contre ses partisans ne se révoquaient point; de ce que les dettes contractées envers les particuliers, soit pour le commerce, soit pour les indemniser de leurs pertes, n'étaient pas acquittées. Les États-Unis représentaient à leur tour que les postes militaires occupés par les Anglais sur la rive méridionale des grands lacs, n'étaient pas évacués : cette longue détention était contraire aux bases de la démarcation fixée par le traité de paix : elle exposait les territoires de l'Ouest à une invasion plus facile, si la guerre venait à se renouveler ; elle faisait craindre que les nations indiennes établies dans ces contrées, et si souvent hostiles, ne continuassent d'être encouragées dans leurs agressions, par le voisinage de ces postes fortifiés, et par la facilité d'en recevoir des armes et d'autres secours.

Il s'élevait aussi de graves discussions sur la fixation des limites entre les États-Unis et la Nouvelle-Écosse. La rivière de Sainte-Croix devait être prise pour ligne de démarcation ; mais plusieurs rivières portaient un nom semblable ; et l'on étendait de part et d'autre ses prétentions jusqu'à la ligne la plus éloignée.

Enfin l'on avait à décider quelles seraient les relations commerciales des États-Unis avec l'Angleterre, et surtout avec ses colonies des Antilles, dont elle cherchait à s'assurer constamment le monopole. Les Américains désiraient y jouir d'une plus grande liberté de commerce ; et, au mois de février 1785, ils chargèrent John Adams d'ouvrir à Londres des négociations pour régler les bases de ce traité, et pour se concilier également sur tous les autres points en litige ; mais cette mission n'eut alors aucun résultat. L'Angleterre fit entendre que les lois et les règles commerciales de la confédération n'avaient encore ni assez d'ensemble, ni assez de fixité, pour qu'on pût s'en promettre l'exécution d'une manière complète et uniforme.

Cet obstacle était puissant : les États-Unis reconnaissaient eux-mêmes la nécessité d'adopter un système plus régulier dans toutes leurs transactions avec l'étranger, et de fonder la stabilité de ces nouveaux rapports sur une constitution qui donnât plus de force au lien fédéral et au pouvoir chargé de le maintenir.

Pour arriver à ce but important, il fallait encore quelque temps de discussions et d'épreuves. Chacun des gouvernements particuliers, voyant avant tout sa situation propre, se prêtait difficilement à sacrifier une partie de ses avantages, pour concourir à ceux d'un autre État ; et, dans cet échange de services mutuels, on évaluait les pertes à plus haut prix que les compensations.

Avant de se convaincre partout de la nécessité d'une organisation fédérale qui eût plus de force et d'unité, plusieurs États cherchèrent, par des associations partielles, à mettre en commun les avantages que la navigation intérieure et le commerce pouvaient leur procurer. La Virginie et le Maryland donnèrent cet exemple ; et les autres gouvernements furent bientôt invités à régler d'une manière uniforme tous les intérêts qui pourraient assurer le maintien de leur union : tous les États du centre accédèrent à ce projet, et ils envoyèrent leurs commissaires à Annapolis ; mais on désirait que l'assemblée fût plus générale, et qu'elle fût autorisée à rectifier l'acte fédéral dans toutes ses parties. Une convention fut convoquée à Philadelphie pour le 2 mai 1787. Tous les États, à l'exception du Rhode-Island, y envoyèrent leurs députés, et Washington en fut nommé président.

Cet examen des constitutions américaines avait été fait par plusieurs publicistes ; et la correspondance de John Adams, qui résidait alors en Angleterre, vint répandre de vives lumières sur des questions si profondes et si graves. Il établit, comme base d'un gouvernement libre, la nécessité d'une balance entre les pouvoirs : la législature devait se composer de deux chambres, et pour maintenir l'équilibre entre elles, il lui paraissait nécessaire que le pouvoir exécutif pût aussi participer à la formation des lois. John Adams chercha dans les annales de l'histoire l'appui du système qu'il défendait. Il examina les gouvernements de toutes les républiques anciennes, de celles du moyen âge, de celles qui subsistaient encore, et des monarchies tempérées qui admettaient ces formes régulatrices : il se fonda sur l'opinion des hommes d'État et des écrivains illustres qui, à l'exemple de Cicéron, ont donné la préférence à cette forme de gouvernement ; il analysa tous les principes développés par les autres philosophes, tels qu'Aristote et Platon chez les anciens, Sydney, Nedham, Montesquieu chez les modernes, et il fit sentir tous les avantages qui pouvaient résulter de l'organisation d'un système représentatif, soutenu et fortifié par le concours des trois pouvoirs.

Un travail si remarquable fut utilement consulté par les législateurs chargés de modifier la constitution fédérale des États-Unis. La discussion d'un nouveau plan d'organisation dura plusieurs mois, et lorsqu'il eut été délibéré, Washington l'adressa et le soumit au congrès. Comme cet acte devint la base de la puissance américaine, et comme il signale une ère remarquable dans les annales des nations, nous croyons devoir en rappeler les dispositions principales.

« Tous les pouvoirs législatifs appartiendront au congrès des États-Unis, qui sera formé d'un sénat et d'une chambre des représentants. Cette chambre sera composée de membres élus tous les deux ans par le peuple, âgés de vingt-cinq ans au moins, et citoyens des États-Unis depuis sept ans.

« Le nombre des représentants et la quotité des taxes directes de chacun des États de l'Union seront proportionnés au nombre de leurs habitants ; « et on le déterminera, en ajoutant « au nombre complet des personnes « libres (y compris les hommes qui sont « tenus de servir pour un temps limité, « et non compris les Indiens non « taxés), les trois cinquièmes du nom- « bre de tous les autres individus.

« On fera tous les dix ans le dénombrement de la population. Il ne pourra y avoir qu'un représentant pour trente mille âmes ; mais chaque État en aura au moins un ; et, s'il survient quelque vacance dans sa représentation, il sera procédé sur-le-champ à une élection nouvelle. Cette chambre choisira son orateur et ses autres officiers : elle aura seule le pouvoir de mise en accusation contre les fonctionnaires publics.

« Le sénat des États-Unis sera composé de deux sénateurs pour chaque État. Ils y seront choisis par la législature, et seront nommés pour six ans ; ils devront être âgés de trente ans au moins, et jouir des droits de citoyens depuis neuf ans. Le vice-président des États-Unis sera président du sénat ; mais il ne pourra voter que lorsque les voix de l'assemblée seront également partagées.

« Le sénat aura seul le pouvoir de prononcer sur les accusations faites par l'autre chambre. Son arrêt ne pourra s'étendre qu'à priver l'accusé de ses fonctions, et à le déclarer inhabile à tout emploi conféré par les États-Unis ; mais la partie convaincue n'en sera pas moins traduite devant les tribunaux, pour être jugée et punie suivant les lois.

« Le congrès s'assemblera au moins une fois par année, et il ouvrira habituellement sa session le premier lundi du mois de décembre.

« Chaque chambre prononcera sur les élections et les titres de ses membres ; déterminera ses règlements, et punira les désordres commis dans son sein.

« Les sénateurs et les représentants recevront une indemnité pour leurs services ; ils auront, dans tous les cas, excepté dans ceux de trahison, de félonie et d'infraction de la paix, le privilège de ne pas être arrêtés durant leur présence à la session, et depuis leur départ pour s'y rendre jusqu'à leur retour. On ne pourra leur demander compte nulle part hors du congrès de leurs discours et de leurs débats dans l'une ou l'autre chambre.

« Un sénateur ou un représentant ne pourra, pendant la durée de son mandat, être nommé à aucun emploi civil, créé dans cet intervalle ; et aucune personne, pourvue d'un office par les États-Unis, ne pourra, durant ses fonctions, être nommée membre de l'une ou de l'autre chambre.

« Tous les bills dont l'objet est de lever un revenu, doivent émaner de la chambre des représentants ; mais le sénat peut y concourir par des propositions d'amendement, comme pour tous les autres bills.

« Chaque bill qui aura passé dans les deux chambres, sera présenté, avant de devenir loi, au président des États-Unis. S'il l'approuve, il doit le signer : dans le cas contraire, il doit le renvoyer, avec ses objections, à la chambre où ce bill a pris son origine : s'il est ensuite approuvé par les deux tiers des membres de l'une et de l'autre chambre, il acquerra force de loi. Tout autre bill aura le même caractère, si le président ne le renvoie pas au congrès, dix jours après l'avoir reçu.

« Le congrès aura le pouvoir de lever des taxes, des impôts, des droits, pour acquitter la dette publique, et pourvoir à la commune défense et au bien général : il aura le pouvoir de contracter des emprunts sous la garantie des États-Unis ; de régler le commerce avec les nations étrangères, entre les différents États de la confédération, et avec les tribus indiennes ; d'établir uniformément des règles sur la naturalisation, et des lois sur les faillites ; de battre monnaie, de fixer la valeur des signes monétaires et la base des poids et mesures ; de punir la contrefaction des monnaies qui ont cours aux États-Unis ; d'établir des offices et des routes de poste ; de favoriser les progrès des sciences et des arts utiles, en assurant, pour un temps limité, aux auteurs et aux inventeurs la propriété exclusive de leurs écrits et de leurs découvertes ; de constituer des tribunaux, inférieurs à la cour suprême ; de définir et de punir les pirateries et félonies commises en haute mer, et les offenses contre les lois des nations ; de déclarer la guerre ; d'accorder des lettres de marque et de représailles, et de faire des règlements relatifs aux prises sur terre et sur mer ; de lever et d'entretenir des armées, sans assigner pour plus de deux ans les fonds de cette dépense ; de subvenir à l'entretien d'une marine ; d'établir des règles pour la direction et l'administration des forces de terre et de mer ; de pourvoir à la convocation de la milice, pour exécuter les lois de l'Union, mettre un terme aux révoltes, et repousser les invasions ; de pourvoir également à son organisation et à sa discipline, ainsi qu'au commandement des corps qui peuvent être employés au service des États-Unis, en réservant aux États particuliers la nomination des officiers, et l'autorisation de dresser les milices, conformément aux règles de discipline prescrites par le congrès ; d'exercer un droit exclusif de législation, sur un district de dix milles carrés, qui, en vertu de la cession de quelques États et de l'acceptation du congrès, pourra devenir le siège du gouvernement des États-Unis ; de jouir d'une autorité semblable dans tous les lieux achetés avec le consentement des législatures particulières, pour y ériger des forts, des magasins, des arsenaux, des chantiers, et d'autres établissements utiles ; de faire toutes les lois qui seront nécessaires pour assurer l'exercice des pouvoirs conférés par cette constitution au gouvernement des États-Unis.

« Le privilége du droit d'*habeas corpus* ne sera pas suspendu, à moins que la sûreté publique ne l'exige dans un cas de rébellion ou d'invasion. Il ne sera passé aucune loi pénale contre un délit antérieur. Il ne sera levé de capitation, ou d'autre taxe directe, que dans la proportion du dernier dénombrement qu'on aura fait. On ne percevra ni taxes ni droits sur les exportations d'un État dans l'autre : il ne sera donné, par les règlements de commerce ou de revenu public, aucune préférence aux ports d'un État sur ceux d'un autre : on ne tirera du trésor aucune somme, sans que la destination en ait été fixée par une loi.

« Aucun titre de noblesse ne sera accordé par les États-Unis ; et aucune personne, exerçant sous leur autorité un office lucratif ou un emploi de confiance, ne pourra, sans le consentement du congrès, accepter quelque présent, émolument, charge, ou titre d'une nature quelconque, d'un roi, prince ou État étranger.

« Aucun État de l'Union ne pourra s'engager dans des traités, alliances ou confédérations, accorder des lettres de marque et de représailles, battre monnaie, émettre des billets de crédit, faire appliquer au payement des dettes d'autres valeurs que l'or et l'argent monnayé, passer des lois rétroactives, ou d'autres lois qui affaiblissent les obligations des contrats, et conférer des titres de noblesse.

« Aucun État ne pourra, sans le consentement du congrès, établir des impôts ou des droits d'importation ou d'exportation, excepté ceux qui seront nécessaires à l'exécution de ses lois de surveillance. Le produit net de tous ces droits sera à la disposition du trésor des États-Unis; et la loi qui les aura établis sera soumise à la révision du congrès.

« Aucun État ne pourra, sans le consentement du congrès, lever des droits de tonnage, entretenir des troupes ou des vaisseaux de guerre en temps de paix, entrer dans quelque arrangement avec un autre État ou avec une puissance étrangère, ni s'engager dans une guerre, à moins que son territoire ne soit envahi, ou qu'il ne se trouve dans un péril assez imminent pour qu'on ne puisse admettre aucun délai.

« Le pouvoir exécutif est confié à un président des États-Unis : ses fonctions et celles du vice-président durent quatre années, et on procède à leur nomination de la manière suivante : chaque État nomme des électeurs, en nombre égal à celui des sénateurs et des représentants qu'il a le droit d'avoir dans le congrès. Les électeurs s'assemblent dans leurs États respectifs; et chacun d'eux vote par bulletin, et désigne deux candidats. Les listes de ceux pour lesquels on a voté indiquent le nombre de voix que chacun a obtenu : elles sont envoyées sous cachet au président du sénat, qui les ouvre en présence du sénat et de la chambre des représentants. Celui qui a réuni le plus de voix est nommé président, s'il a la majorité du nombre total des électeurs; et, si plusieurs citoyens ont cette majorité, et ont obtenu un même nombre de voix, la chambre des représentants choisit un président entre eux : si personne n'obtient alors la majorité, cette chambre fait un choix parmi les cinq candidats qui ont eu le plus de suffrages. Lorsque cette nomination est faite, celui qui a obtenu dans les élections le plus grand nombre de voix est nommé vice-président; et, si ce nombre est le même pour plusieurs personnes, le sénat choisit entre elles au ballottage.

« Le jour où les assemblées électorales se réunissent pour donner leurs votes, doit être le même dans tous les États-Unis.

« Dans le cas où les fonctions du président viendraient à cesser, par mort, démission, ou inhabileté à les remplir, elles seront exercées par le vice-président ; et, si celui-ci vient lui-même à manquer, le congrès nommera l'officier qui doit temporairement le remplacer.

« Le président, avant d'entrer en fonctions, prête le serment solennel d'exercer fidèlement l'office de président des États-Unis, et de maintenir, protéger et défendre de tout son pouvoir la constitution qu'ils ont adoptée. Il est commandant en chef de l'armée et de la flotte américaine, ainsi que des milices des États particuliers, lorsqu'elles sont appelées au service de la confédération. Il a le pouvoir d'accorder des lettres de sursis ou de grâce, pour offense contre les États-Unis, excepté en cas d'accusation par la chambre des représentants : il peut, avec l'avis et le consentement du sénat, faire des traités, nommer des ambassadeurs, d'autres ministres publics et des consuls, nommer les juges de la cour suprême, et tous les autres officiers à l'élection desquels la loi n'a pas autrement pourvu. Il peut conférer provisoirement toutes les places devenues vacantes dans l'intervalle des sessions du congrès. Il peut, dans les cas extraordinaires, convoquer les deux chambres, ou l'une des deux, et fixer le temps de leur ajournement, lorsqu'elles ne s'accordent pas sur ce point. Il reçoit les ambassadeurs et les autres ministres : il doit veiller à la fidèle exécution des lois : il remet à tous les officiers des États-Unis les brevets de leurs emplois.

« Le président, le vice-président, et tous les officiers civils des États-Unis, pourront être destitués de leurs places s'ils sont accusés par les représentants, et convaincus de trahison, de corruption, ou d'autres crimes et délits contre l'État.

« Le pouvoir judiciaire des États-Unis est remis à une cour suprême, et aux cours inférieures que le congrès peut établir, et les juges conservent leurs charges aussi longtemps que leur conduite les en rend dignes. Ce pouvoir s'étend à toutes les questions de loi et d'équité qui dérivent de la constitution, des lois des États-Unis, et des traités conclus sous leur autorité ; à toutes les questions qui concernent les ambassadeurs, les autres ministres publics et les consuls ; à toutes les affaires d'amirauté et de juridiction maritime ; aux discussions qui s'élèvent entre plusieurs États, et à diverses causes où les intérêts et les questions sont mixtes, et ne peuvent être réglées que par une autorité commune.

« Tous les procès criminels, excepté en cas d'accusation par la chambre des représentants, seront soumis à un jury ; on devra les poursuivre dans l'État où les délits auront été commis.

« La trahison contre les États-Unis consiste à prendre les armes contre eux, ou à seconder leurs ennemis en donnant à ceux-ci aide et secours. Le congrès pourra prononcer la punition de ce crime ; mais cette condamnation n'entraînera pas la tache du sang ou la forfaiture, excepté durant la vie du coupable.

« Les citoyens d'un État particulier ont droit aux priviléges et aux immunités des citoyens des autres États. Les individus qui seraient accusés de trahison, de félonie ou d'autres crimes dans un État, et qui auraient changé de lieu pour échapper à la justice, seront remis à l'État qui en aura fait la demande, et auquel la poursuite de leur délit appartient. Aucune personne qui serait tenue, dans un État, à un service ou à un travail, en vertu des lois locales, et qui s'échapperait en passant dans un autre État, ne pourra être délivrée de cette obligation par les lois ou règlements qui y sont établis ; mais elle devra être rendue, sur la réclamation de ceux auxquels ce service ou ce travail peut être dû.

« De nouveaux États pourront être admis dans l'Union par le congrès ; mais aucun ne devra être érigé dans la juridiction d'un autre État ; et aucun ne sera formé par la jonction de plusieurs États ou de quelques parties de leurs territoires, sans le consentement de leurs législatures et sans celui du congrès. Cette autorité a le pouvoir de faire toutes les dispositions et règlements relatifs aux territoires et aux propriétés qui appartiennent aux États-Unis.

« Les États-Unis garantissent à chaque État de la confédération une forme républicaine de gouvernement : ils doivent le protéger contre l'invasion, et lui accorder, lorsqu'il le demande, le même appui contre toute violence domestique.

« Le congrès, si les deux tiers des membres des deux chambres le jugent nécessaire, pourra proposer des amendements à cette constitution : il pourra aussi convoquer une convention pour les proposer, si la demande en est faite par les deux tiers des législatures particulières ; et ces amendements feront partie de la constitution, si les trois quarts des États de la confédération les ratifient.

« Toutes les dettes, tous les engagements contractés par les États-Unis avant l'adoption de cette constitution, seront aussi valides et aussi obligatoires sous ce gouvernement que sous la confédération précédente.

« Cette constitution, les lois du congrès qui en seront la conséquence, et tous les traités, faits ou à faire sous l'autorité des États-Unis, seront la loi suprême du pays ; et les juges dans chaque État seront tenus de l'exécuter, nonobstant toute disposition contraire dans les dispositions ou les lois de quelque État particulier.

« Les sénateurs et représentants, les membres des législatures particulières, et tous les officiers civils et judiciaires des États-Unis et des différents États, seront tenus, par serment ou par affirmation, à soutenir cette constitution ; mais aucun *test* religieux ne sera jamais requis pour exercer un office ou une fonction publique, sous l'autorité des États-Unis.

« Les ratifications de neuf États seront suffisantes pour l'établissement de cette constitution entre les États qui l'auront ainsi adoptée. »

En adressant au congrès l'acte dont nous venons d'offrir l'analyse, Washington lui annonça dans quelles vues il avait été rédigé. Les législateurs avaient reconnu l'impossibilité d'assurer une souveraineté indépendante à chacun des États particuliers, et de pourvoir en même temps aux intérêts et à la sûreté de tous : ils avaient regardé leur union comme nécessaire à leur prospérité, à leur force, et peut-être à leur existence nationale; et cette opinion, profondément imprimée dans leurs esprits, avait disposé tous les États à une déférence mutuelle, et à des concessions utiles au bien-être de la confédération entière.

Le congrès ne prononça pas lui-même sur le projet de constitution qui lui était proposé : il le renvoya à l'examen des différents États de l'Union, et chacun d'eux fut invité à convoquer une convention pour le discuter. Le plan devait être mis à exécution, si l'on obtenait l'assentiment de neuf États ; et l'on procéderait aussitôt, suivant les formes indiquées par cette constitution, à l'élection d'un président des États-Unis.

Cette double épreuve des délibérations d'une assemblée spéciale qui avait embrassé dans ses vues tous les intérêts nationaux, et de treize assemblées particulières qui avaient à s'occuper isolément des mêmes questions, et qui pouvaient comparer à l'intérêt commun celui de leurs propres localités, offrait le mode de discussion le plus impartial et le plus lumineux : il assura, dès l'origine, l'appui de l'opinion générale à la constitution qui fut adoptée. La Caroline du Nord et le Rhode-Island furent les seuls États qui lui refusèrent leur adhésion dans les premiers moments : tous les autres États l'approuvèrent : un nouveau congrès fut convoqué à New-York pour le 4 mars 1789; et lorsque les deux chambres furent complètement formées, on procéda, pour élire le président des États-Unis, au dépouillement des votes recueillis dans les assemblées générales de tous les États. Washington avait réuni l'unanimité des suffrages; il fut proclamé président, et John Adams, qui avait obtenu le plus de voix après lui, fut appelé à la vice-présidence.

Ainsi se terminèrent les actes du congrès fédéral, qui, après avoir traversé péniblement et avec honneur toutes les crises de la guerre et des agitations intérieures, voyait enfin affermir par des traités et par de sages institutions l'indépendance de son pays.

Dix-huit mois s'étaient écoulés entre la présentation et la mise en activité de la nouvelle constitution des États-Unis : cet intervalle avait laissé le temps de recueillir l'opinion de toutes les législatures, et de tous les hommes éclairés qui avaient approfondi ces grandes questions. Plusieurs amendements paraissaient utiles ; ils furent délibérés dans le nouveau congrès, où l'on adopta les dispositions suivantes.

« Le congrès ne pourra rendre aucune loi pour établir une religion, ou pour en prohiber le libre exercice, pour restreindre la liberté de la parole ou de la presse, le droit de s'assembler paisiblement, et d'adresser des pétitions au gouvernement, afin d'obtenir le redressement de quelque grief.

« Une milice bien réglée étant nécessaire à la sûreté d'un État, le droit de tenir et de porter des armes doit être respecté.

« Aucun soldat ne peut, en temps

de paix, être logé dans une maison sans le consentement du propriétaire, et il ne peut l'être en temps de guerre que suivant le mode prescrit par les lois.

« Le droit d'être assuré dans sa personne, sa maison, ses papiers, ses effets, contre toute recherche et saisie illégitime, ne pourra être violé ; et aucun mandat de perquisition ne sera décerné que sur des motifs probables, soutenus par serment ou par affirmation : on y désignera positivement le lieu à visiter, et les personnes ou les choses à saisir.

« Nul ne sera tenu de répondre, pour un crime emportant peine capitale ou infamante, à moins que sur l'accusation ou la plainte d'un grand jury ; excepté lorsque les faits se seront passés dans les armées de terre ou de mer, ou dans la milice quand elle est en service actif, en temps de guerre ou de danger public. Personne ne sera mis deux fois, juridiquement et pour la même offense, en péril de sa vie ou de ses membres ; ne sera forcé dans les affaires criminelles à témoigner contre soi-même ; ne sera privé de la vie, ou de la liberté, ou de sa propriété, sans procédure légale : aucune propriété privée ne pourra être retenue pour un service public, sans une juste indemnité.

« Dans toutes les procédures criminelles, l'accusé jouira du droit d'être jugé promptement et publiquement, par un jury impartial de l'État et du district où le crime aura été commis ; d'être informé de la nature et des causes de l'accusation ; d'être confronté avec les témoins à charge ; de faire citer et comparaître les témoins en sa faveur ; d'être assisté d'un conseil pour sa défense.

« Dans les causes civiles où la valeur contestée excédera vingt dollars, le droit d'être jugé par jury sera maintenu ; et aucune affaire, jugée de cette manière, ne sera soumise de nouveau à l'examen d'une cour des États-Unis, que suivant les règles de la loi commune.

« On ne pourra exiger des cautionnements excessifs, ni imposer des amendes immodérées, ni infliger des punitions cruelles et inusitées.

« L'énumération des droits qui sont indiqués dans la constitution, ne pourra pas être interprétée comme un déni ou une dérogation des autres droits retenus par le peuple.

« Les pouvoirs que la constitution ne délègue pas aux États-Unis, ou dont elle ne défend pas l'exercice aux États particuliers, sont réservés à ceux ci ou au peuple. »

Les amendements que nous venons de rappeler furent soumis à l'examen des différents États, comme les articles de la constitution l'avaient été, et ils obtinrent la même approbation. L'expérience fit dans la suite adopter quelques modifications nouvelles sur les attributions judiciaires et sur la forme d'élection du président. Nous n'avons pas à les rapporter en ce moment : ce serait trop anticiper sur les faits.

Dans la constitution qui venait d'être établie, aucun droit n'avait été ravi au peuple ; tous les pouvoirs conférés au gouvernement central n'apportaient de limites qu'à l'autorité des gouvernements particuliers : on avait cherché, en réduisant leurs attributions, à tracer une ligne exacte entre les droits qu'ils devaient abandonner, et ceux qu'il fallait leur réserver, de manière à pourvoir aux intérêts et à la sûreté de tous. Chacun de ces États particuliers eut ainsi à sacrifier une partie de ses priviléges, pour consolider l'union qui devenait la plus sûre garantie de leur durée, et l'on eut à modifier toutes ces constitutions différentes, afin de les mettre en harmonie avec les pouvoirs confiés au congrès et au gouvernement des États-Unis.

Il n'entre pas dans le domaine d'une histoire générale, où l'on doit s'attacher au corps même de la confédération américaine, d'embrasser et d'analyser tous les changements intérieurs qui furent opérés parmi ses membres. Nous avons à considérer les États-Unis comme puissance, et nous devons rendre compte des institutions qui constituent leur force, des principes de leur commune organisation, et de l'ensemble des pouvoirs remis à leur gouvernement ; mais un travail sur leurs législations particulières nous éloignerait de notre but. L'histoire qui peint la marche d'un peuple ne peut décrire dans tous leurs détails les rouages nombreux et compliqués de son administration.

Il nous suffit de rappeler que sur les treize États qui composaient la confédération, et où le système représentatif et celui de la division des pouvoirs se trouvaient établis, onze États adoptèrent pour principe que l'autorité législative devait se partager en deux chambres. La Pensylvanie et la Géorgie continuèrent de n'admettre qu'une seule assemblée ; mais la Géorgie autorisait le conseil exécutif à concourir à la formation des lois ; et la Pensylvanie fut le seul État où une chambre unique réunit tous les pouvoirs de la législature.

L'influence de Franklin avait puissamment concouru à faire adopter ce dernier mode de gouvernement : Franklin avait même désiré le faire admettre, en 1787, dans la formation du congrès des États-Unis ; mais son opinion ne prévalut pas dans l'assemblée conventionnelle dont il était membre. Alors il souscrivit au projet de constitution fédérale, qu'il voyait généralement approuvé par ses collègues, et il ne voulut pas affaiblir, en insistant sur ses objections, le respect dont il désirait environner l'établissement d'un gouvernement central. Comme il ne croyait infaillible aucun législateur, il s'appliquait ce doute à lui-même, et il laissait à l'expérience des hommes le soin de modifier et d'améliorer leur ouvrage.

Un des derniers actes de la vie politique de Franklin fut un mémoire présenté au congrès, en 1789, au nom d'une société dont il était président, et qui s'était formée à Philadelphie, pour arriver, par la suppression de la traite des noirs, à l'abolition graduelle de l'esclavage. Cette pensée l'avait occupé depuis longtemps, et avant même les premiers symptômes de la révolution américaine. Le même sentiment l'anima jusqu'au dernier soupir, et lui dicta, trois semaines avant sa mort, quelques pages remarquables où, sous le voile de l'allusion, il s'élevait contre la traite des noirs, en flétrissant, par une satirique ironie, celle qui était exercée contre les blancs par les régences barbaresques.

Franklin mourut le 18 avril 1790, dans la quatre-vingt-cinquième année de son âge. Tout le peuple de Philadelphie assista à ses funérailles, et sa perte fut profondément ressentie dans tous les États de l'Union ; on lui rendit, en France, un public hommage : l'assemblée constituante arrêta que tous ses membres prendraient le deuil pendant trois jours.

Nous nous trouvons naturellement conduits à signaler l'influence que la révolution et la guerre des États-Unis purent avoir sur les premières commotions de la France. Si la cause des Américains avait été favorisée en Europe, dès son origine, par les opinions libérales des classes les plus éminentes et les plus éclairées, la proclamation des franchises du nouveau monde vint à son tour produire sur leurs esprits une réaction inévitable ; et la puissance qui s'était placée à la tête de cette ligue nouvelle éprouva la première les effets de sa coopération. Elle avait eu en Amérique une partie de ses armées, et d'autres hommes avaient pris volontairement part à cette guerre mémorable. Tous ces auxiliaires, en vivant au milieu des Américains, avaient été imbus de leurs maximes, et avaient partagé leurs honorables périls. A leur retour en Europe, ils avaient raconté les événements qui s'étaient passés sous leurs yeux, et leurs récits circulaient dans l'armée ; souvenirs d'autant plus attrayants pour elle, qu'il s'y mêlait des idées de gloire et de triomphe. Les guerriers restés en France regrettaient qu'on eût cueilli sans eux des lauriers dans le nouveau monde, et les chefs qui arrivaient d'Amérique parés de la décoration de

Cincinnatus semblaient désignés plus spécialement à la faveur du peuple. Les familles les plus anciennes, les plus illustres, s'honoraient d'une distinction plébéienne, et ils la joignaient avec prédilection aux autres insignes de la monarchie. Quelques noms s'étaient rendus particulièrement chers aux Américains : la Fayette, revenu, en 1785, aux États-Unis, avait été accueilli par des fêtes et des témoignages d'affection dans tous les États qu'il avait visités, et quelques-uns d'entre eux l'avaient admis au rang de leurs citoyens. Ces publiques récompenses étaient assez flatteuses pour qu'on pût en être touché. Les ovations populaires acquéraient en France quelque prix ; et à mesure que le trône perdait ses courtisans, la nation voyait augmenter le nombre des siens.

Nous n'avons point à rechercher par quelles causes, inhérentes à la situation même de la France, le triomphe de la révolution américaine y fit éclater une vive allégresse : il nous suffit de constater l'effet qu'il produisit sur l'opinion publique. On avait protégé au delà des mers l'insurrection d'un peuple contre son ancien gouvernement : des intérêts plus directs allaient mettre en mouvement ce même esprit de réforme et d'innovation. On discutait les droits du citoyen, les devoirs de l'autorité, les rapports qui devaient unir entre elles toutes les parties de l'ordre social ; mais si l'exemple donné par les États-Unis d'Amérique favorisa cette impulsion première, on renonça bientôt en France à la marche qu'ils avaient suivie ; et tandis qu'ils affermissaient les bases de leur constitution et de la prospérité publique, la France, ébranlant un édifice de quatorze siècles, préludait à cette longue suite d'agitations et de vicissitudes qui devaient briser et renouveler toutes ses institutions. Hâtons-nous, sans nous engager dans une digression qui serait étrangère aux États-Unis, de revenir aux événements de leur histoire.

Le congrès fit procéder, en 1790, au premier recensement de la population. Elle avait été estimée, quinze ans auparavant, à deux millions quatre cent mille individus, en y comprenant les esclaves ; mais on ne l'évaluait alors que par des moyens imparfaits, ou par des calculs de probabilité, fondés sur les rapports numériques des naissances, des mariages et des décès. Un dénombrement par têtes était le seul qui offrît quelque certitude ; et comme les lois de chaque État ne donnaient pas, sans exception, à toutes les classes d'habitants le droit de concourir aux élections, de pouvoir siéger au congrès, ou d'y être représentés dans des proportions égales, on distingua dans le nouveau recensement les personnes blanches et libres, qui étaient seules appelées à jouir de tous les droits de citoyens ; les autres personnes libres, dont le nombre se composait généralement d'hommes de couleur émancipés ; les Indiens qui n'étaient pas soumis aux taxes, et qui restaient en dehors de l'association ; et enfin les noirs et hommes de couleur assujettis à l'esclavage. Pour déterminer le nombre des représentants d'un État, on calculait aussi la population de cette dernière classe ; mais elle n'était comptée que pour trois cinquièmes de son nombre effectif.

Il est à remarquer que la constitution fédérale des États-Unis ne désigne pas ces serviteurs sous le nom d'esclaves : elle leur donne celui d'hommes tenus au travail ou au service par les lois de plusieurs États. Cette dénomination ne doit pas avoir été adoptée sans motif : les auteurs du pacte fédéral s'exprimèrent sans doute avec une semblable réserve, par respect pour la dignité d'homme ; et peut-être ils voulurent faire entendre à leurs descendants que, sans blesser la constitution des États-Unis, on pourrait, par prudence ou par généreuse pitié, adoucir et changer un jour la condition de ces infortunés.

Il résulta du dénombrement ordonné par le congrès que, en 1790, la population des États-Unis, sans toutefois y comprendre les Indiens, s'élevait à 3,921,329 habitants. Sur ce nombre, on comptait 3,164,148 personnes libres et blanches, 59,481 autres personnes libres, et 697,700 esclaves. Le plus grand nombre d'hommes appartenant à cette dernière classe se trouvait dans les États situés au midi.

L'ancienne législation qui concernait les esclaves avait déjà été modifiée dans la plupart des États de la confédération : le Massachusett, le Maine n'en avaient pas; on n'en comptait qu'un très-petit nombre dans le New-Hampshire et le Vermont; leur importation dans d'autres États par la voie de la traite était légalement interdite plusieurs gouvernements avaient même pris des mesures pour arriver à l'abolition de ce mode de servitude, par des améliorations successives, qui leur paraissaient préférables à des changements brusques et complets; et les États, qui voulurent maintenir l'esclavage, reconnurent du moins qu'il fallait en modérer la rigueur.

Dès les premiers moments de sa session, le congrès s'était occupé de l'organisation de toutes les parties du gouvernement : les secrétaireries des affaires étrangères, de la guerre et de la trésorerie avaient été successivement instituées; et Washington appela à ces postes éminents Jefferson, le général Knox, et Alexandre Hamilton. L'administration de la marine se trouvait alors jointe à celle de la guerre; on n'en forma que neuf ans après un département séparé.

Une loi du 24 septembre organisa les cours de justice des États-Unis, soit dans le siége du gouvernement, où la cour suprême devait avoir annuellement une session, soit dans les États particuliers, où les cours de district allaient tenir leurs assises. On établissait, entre ces deux juridictions, plusieurs cours de circuit, afin d'y faire juger en seconde instance une partie des affaires; et, dans les causes majeures, on pouvait encore appeler de leurs jugements à la cour suprême. Ce tribunal élevé concourait à former, avec les cours de circuit et de district, une hiérarchie judiciaire, indépendante, dans son action et dans son but, des tribunaux établis par chaque État pour l'administration habituelle de la justice ; et la démarcation de ces deux pouvoirs était assez distinctement tracée, pour qu'il ne s'élevât entre eux aucun conflit de juridiction : l'un était destiné à défendre les intérêts et à maintenir les liens de l'association; l'autre avait à protéger la vie et la propriété des citoyens.

La forme fédérative du gouvernement des États-Unis exigeait l'établissement de cette double autorité, non-seulement dans l'ordre judiciaire, mais dans l'administration des revenus publics, dont les uns appartenaient aux États particuliers, les autres à la confédération entière : ainsi le congrès eut à organiser les corps préposés à la perception des droits de douane, de tonnage et de navigation, à la vente des propriétés publiques, à l'exécution de toutes les lois qui avaient pour objet d'accroître les revenus, et de solder les dépenses des États-Unis.

D'abord on chercha leurs principales ressources dans l'établissement des droits d'importation; et ceux-ci purent se ranger en deux classes : les uns se percevaient sur la valeur, et s'appliquaient aux articles où le prix de l'objet fabriqué est très-inférieur à celui de la main-d'œuvre, tels que l'orfévrerie, les papiers peints, les étoffes, et différents objets manufacturés; les autres se réglaient sur la quantité, et l'on y comprenait les vins, les liqueurs spiritueuses, le sucre, le café, l'indigo, le thé, le tabac, quelques fabrications simples, utiles aux premiers besoins de la vie, ou au service de la marine.

Une loi du 31 juillet 1789 détermina les différents ports où la perception de ces droits serait organisée, et où les capitaines de navires auraient à déclarer leurs importations. Cette loi établit les collecteurs, les inspecteurs, et les autres agents attachés au même service; elle fixa les règles qu'on aurait à suivre, et les dispositions pénales auxquelles seraient exposés les contrevenants.

Les mêmes officiers furent chargés de l'exécution des lois qui assujettirent à un droit de tonnage tous les bâti-

21.

ments arrivés dans un port des États-Unis.

L'établissement de ce droit et de sa différence de proportion lorsqu'on le percevait sur des vaisseaux américains ou étrangers, eut pour principal motif de donner plus d'activité aux chantiers et aux expéditions maritimes. Les bâtiments dont la construction et la propriété étaient américaines, ne furent soumis qu'à un droit de six *cents* par tonneau; ceux qui étaient construits aux États-Unis, mais qui appartenaient à des étrangers, durent payer trente *cents*; et un droit de cinquante *cents* ou d'un demi-dollar par tonneau fut imposé sur tous les autres navires étrangers qui arriveraient dans un port américain.

Cette classification donnait aux navigateurs nationaux un tel avantage pour le transport et le fret des cargaisons, que bientôt ils virent passer entre leurs mains et sous leur pavillon la plus grande partie du commerce des États-Unis. Leurs vaisseaux, qui n'avaient pas suffi au transport de leurs propres marchandises, se multiplièrent promptement, et furent empruntés par les autres nations qui étaient intéressées à ce commerce.

Les dépenses nécessaires pour l'entretien des phares, des signaux, des bouées, des balises destinées à la sûreté de la navigation, furent mises à la charge du gouvernement fédéral: d'autres lois s'appliquèrent à l'exploitation des pêcheries, à l'exercice du cabotage, au régime des ports; et toutes les parties du service maritime furent soumises à de communes règles, en tout ce qui pouvait appartenir aux relations avec l'étranger, et à la perception des revenus publics.

Lorsque le congrès eut pris ces différentes déterminations, qui n'étaient que les premiers éléments d'un système de centralisation, de force, et de finances nationales, le secrétaire de la trésorerie lui présenta, le 9 janvier 1790, un rapport sur la dette des États-Unis, et sur les moyens de l'acquitter et de relever le crédit public: cette dette, contractée soit au dehors, soit dans l'intérieur, était alors de 79,124,464 dollars, équivalant à trois cent vingt-deux millions de francs.

La dette étrangère, qui résultait d'emprunts faits en différents temps, devait être acquittée conformément aux termes des contrats, tant pour le taux des intérêts, que pour le mode et les époques de remboursement; mais il pouvait être proposé aux créanciers de l'intérieur différents modes de payement, propres à diminuer les embarras du trésor public, en lui laissant la faculté de rembourser graduellement et par annuités, et de le faire d'une manière plus complète lorsqu'il en aurait les moyens.

Les dettes des États particuliers, qui avaient eu pour cause la nécessité de soutenir la guerre et d'en acquitter les dépenses, furent mises sous la même garantie que celles de la confédération entière; et le trésor public devait être également chargé de leur payement.

On reconnut que, depuis l'origine de la dette, les titres originaires des créanciers avaient plusieurs fois changé de mains; mais, quels qu'en fussent les détenteurs au moment où l'on s'acquittait envers eux, leurs droits parurent inviolables, et le remboursement des sommes avancées ne dut éprouver aucune réduction.

Les propositions faites par Hamilton furent discutées dans le congrès; et une loi du 4 août 1790 pourvut au mode de remboursement de la dette publique.

Le président des États-Unis fut autorisé à emprunter une somme de douze millions de dollars, pour payer les arrérages, les intérêts et une partie du capital de la dette étrangère.

Un emprunt fut ouvert pour le remboursement progressif de la dette domestique. Les créanciers pouvaient y prendre volontairement part: ils recevaient, jusqu'à concurrence du capital qui leur était dû, des inscriptions portant intérêt ou cumulation d'annuités, et remboursables suivant les conditions indiquées par la loi.

On ouvrit enfin un troisième emprunt de vingt et un millions de dollars, pour acquitter le capital et les intérêts des dettes que les États particuliers avaient contractées pour soutenir la cause générale.

Le produit de la vente des terres situées dans les contrées de l'ouest fut assigné comme garantie du payement de ces diverses obligations; et il dut y être employé jusqu'à ce que tous les engagements eussent été remplis.

Le but du gouvernement fédéral était de hâter la réduction de la dette publique; et le congrès décida que l'on appliquerait à ces rachats successifs toute la portion des droits de tonnage et de douane dont on pourrait disposer, après avoir acquitté les dépenses publiques, auxquelles l'une et l'autre perception étaient spécialement destinées.

Pour mieux faire apprécier la valeur de ces droits, nous ferons d'abord remarquer qu'en 1790, le tonnage général des États-Unis était évalué à 478,377 tonneaux : en quelques années il devint beaucoup plus considérable, et il continua d'être dans un état progressif. Le tonnage des navires employés à la pêche de la morue et à celle de la baleine, se trouvait compris dans cette évaluation : il s'élevait alors à 32,542 tonneaux; et, pendant plusieurs années, il éprouva peu de variations.

La valeur totale des importations faites en 1790 fut de 19,012,041 dollars : elles se composaient, en très-grande partie, d'objets manufacturés que l'habitude et l'augmentation du bien-être avaient fait entrer dans les besoins de la vie, de quelques productions d'Europe, telles que les vins et les liqueurs spiritueuses, des denrées coloniales que fournissaient les Antilles, du thé qui donnait déjà lieu à un commerce important avec la Chine.

La totalité des marchandises qui étaient importées aux États-Unis n'était pas consommée dans l'intérieur, et l'on en réservait une partie pour la réexportation : cette dernière quantité ne s'y trouvait ainsi qu'en entrepôt et en transit; elle constituait une branche spéciale de commerce, dont les Américains devenaient les facteurs et les intermédiaires.

Le revenu public, provenant des droits que l'on perçut, en 1791, sur le tonnage et sur les importations, s'éleva à 4,400,000 dollars : il fut de cinq millions, en y comprenant la valeur des taxes levées dans l'intérieur du pays, sur différentes fabrications, ainsi que le produit de la vente des terres qui appartenaient aux États-Unis. Les propriétés publiques dont ils disposaient avaient deux origines distinctes : les unes provenaient des cessions de territoires que plusieurs États avaient faites à la confédération entière; les autres résultaient des différents contrats d'acquisition conclus avec les nations indiennes; et cette dernière classe de possessions devait s'accroître de jour en jour.

Si les principales branches de revenus que nous venons d'indiquer furent peu productives dans la première année, elles le devinrent incessamment, et on les vit s'étendre avec la navigation, le commerce, l'industrie et le territoire des États-Unis. La charge de la dette publique se trouvait allégée; on venait d'en convertir en inscriptions de rentes une grande partie; et l'on s'était assuré à la fois les moyens de pourvoir au payement annuel des intérêts et au remboursement progressif du capital.

Hamilton, désirant donner au crédit public une plus large base, proposa l'établissement d'une banque nationale, dont le capital devait être de dix millions de dollars : on le divisait en vingt-cinq mille actions de quatre cents dollars chacune. La banque aurait à favoriser toutes les opérations de finances du trésor public : son siége principal serait à Philadelphie, et elle aurait des succursales dans plusieurs ports de l'Union, à Boston, New-York, Baltimore, Norfolk, Charleston : on devait même en augmenter le nombre, afin de les mettre plus à portée des versements à faire ou à recevoir. On placerait dans ces dépôts les revenus des droits de douane, de tonnage, et de toute autre taxe dont le gouvernement central avait à régler l'emploi ; et la banque se chargeait de faire solder dans les différents États toutes les sommes que la trésorerie aurait à y faire parvenir. Son crédit et ses ressources étaient représentés comme de sûrs et rapides moyens de communication, propres à rapprocher toutes les distances, à garantir la ponctualité des payements, et à faciliter tous les services.

La création de cet établissement éprouva de vives objections ; on ne doutait pas de ses avantages, mais on n'était point d'accord sur sa légalité : les partisans de cette institution la firent enfin prévaloir, comme implicitement autorisée par la constitution fédérale, qui donnait au congrès le droit de faire toutes les lois nécessaires à la marche du gouvernement établi. La banque fut alors votée, et l'on trouva immédiatement un grand nombre d'actionnaires. Ils avaient à payer en or ou en argent le quart de leurs inscriptions : les trois autres quarts pouvaient être fournis en papiers de la dette publique ; et la plupart des créanciers de l'État s'empressèrent de placer leurs fonds dans ce nouvel établissement qui leur offrait d'autres chances de bénéfice. Le crédit de la banque fut immédiat : les billets qu'elle mit en émission acquirent toute la valeur des espèces métalliques ; ils s'élevèrent même bientôt au-dessus du pair, et entrèrent de toutes parts dans la circulation.

Les souscripteurs se formèrent en corporation, sous le titre de président, directeurs et compagnie de la banque des États-Unis. Ils furent autorisés à posséder des terres, des rentes, des héritages, des biens de toute nature, jusqu'à concurrence de quinze millions de dollars, y compris le fonds de leur souscription, et ils purent gérer ces biens, les aliéner, les échanger, en disposer à leur gré. Ces possessions étaient un gage de sûreté pour les opérations de la banque, et pour le payement des dettes qu'elle pouvait contracter durant sa gestion ; mais ces dettes ne devaient jamais excéder dix millions de dollars, au delà des sommes qu'elle avait en dépôt, à moins qu'elle n'eût été autorisée par une loi des États-Unis à contracter un emprunt plus considérable : si la dette était plus forte, la banque ne la reconnaissait point, et les directeurs en devenaient personnellement responsables.

Le congrès voulut assurer, par sa coopération, la solidité et les premiers progrès de cet établissement ; et le gouvernement fédéral, se plaçant à la tête des souscripteurs, prit lui-même le quart des actions qui devaient former le capital de la banque. Les priviléges qu'elle obtint lui étaient accordés pour vingt ans : elle devait subsister jusqu'au 4 mars 1811 ; et, pendant sa durée, aucune autre banque ne devait être établie par une loi des États-Unis.

Pour faciliter toutes les opérations de finances, et pour garantir en même temps la bonne foi dans tous les payements, il devenait indispensable d'avoir une monnaie nationale et uniforme. On en avait déjà reconnu la nécessité avant l'adoption de l'acte fédéral : un rapport sur cette question fut présenté au nouveau congrès ; et les différentes parties du système monétaire furent déterminées par une loi du 3 mars 1791.

Le dollar, pièce d'argent ayant la valeur de la piastre espagnole, fut regardé comme le type auquel toutes les autres monnaies supérieures ou inférieures durent se rapporter. On frappa des aigles ou pièces d'or de dix dollars, des demi-aigles, et des quarts d'aigle. Le dollar se divisa en cent parties : on eut en argent des demi-dollars, des quarts de dollars et des demi-dîmes qui ne représentaient que la vingtième partie du dollar. La monnaie de cuivre se composa de pièces d'un *cent*, et de pièces d'un *demi-cent*.

Ce fut à Philadelphie que la fabrication des monnaies fut fixée. On s'occupa de la refonte des anciennes pièces qui avaient cours, afin d'en rendre la valeur et le titre uniformes ; mais cette opération, qui embrassait un vaste pays et une population très-disséminée, devait être d'autant plus longue qu'il paraissait peu d'argent dans la circulation. Le papier en tenait lieu : il était reçu dans tous les marchés, dans toutes les caisses publiques, et il acquittait toutes les dépenses de la confédération.

Ces dépenses étaient celles du congrès et du gouvernement central : on y comprenait celles des autorités judiciaires et administratives qui appartenaient à l'Union, l'entretien de l'armée, celui des arsenaux et de tous les moyens de défense, la gestion des propriétés publiques, les frais des traités avec les Indiens, les intérêts des emprunts, et le rachat d'une partie de la dette nationale.

Tous les frais du gouvernement et de l'administration ne s'élevèrent, en 1791, qu'à la somme de 1,919,590 dollars ; et, si l'on ajoute à cette valeur celle de 5,287,949 dollars pour le payement des intérêts de la dette et pour sa réduction, la totalité des dépenses du gouvernement fédéral fut de 7,207,539 dollars : mais, outre ces charges communes, chacun des États particuliers avait à supporter les siennes ; et il subvenait aux frais de son gouvernement par d'autres impôts, dont lui seul avait le droit d'établir la perception et de déterminer l'emploi.

Quoique ces dépenses locales vinssent accroître la somme réelle des contributions, elles devaient paraître légères, lorsqu'on les comparait aux frais des gouvernements européens. Nous pouvons aisément nous expliquer les causes d'une telle différence, si nous observons les circonstances favorables où les États-Unis se trouvaient alors placés. Le rétablissement de la paix avait fait cesser leurs dépenses les plus onéreuses : ils n'avaient plus à se défendre que des incursions des Indiens ; et quelques postes militaires, placés sur les limites de leurs établissements, paraissaient suffire à leur sûreté. Les nombreuses levées de troupes, qui avaient longtemps absorbé toutes leurs ressources, se trouvaient réduites, en 1790, à un corps de treize cents hommes, formant un régiment d'infanterie et un bataillon d'artillerie. On y joignit un second régiment, l'année suivante, et le président des États-Unis fut autorisé à appeler aux armes une partie des milices, si la défense du pays pouvait l'exiger ; mais l'emploi de ces forces subsidiaires n'imposait pas une charge permanente : elle cessait quand la sécurité publique pouvait renaître.

Les législateurs des États-Unis avaient d'abord cherché dans la force du lien fédéral la garantie de la paix intérieure ; et, désirant soustraire à toute influence locale les délibérations du congrès, ils avaient résolu de lui assigner un chef-lieu et un arrondissement dont la juridiction n'appartînt qu'à lui. La situation en fut choisie sur les rives du Potomac, près de la branche orientale de ce fleuve, et dans un district de dix milles carrés, dont le territoire fut généreusement cédé par le Maryland et la Virginie. Washington y commença l'établissement d'une ville qui reçut son nom : elle devait, dix ans après, devenir le siége des principales autorités fédérales ; et le congrès, qui avait plusieurs fois passé d'une ville à l'autre, fut fixé à Philadelphie, jusqu'à l'époque où il pourrait se transférer dans sa nouvelle résidence.

En affermissant l'autorité tutélaire du gouvernement central, on avait aussi à s'occuper des institutions qui répandent dans toutes les classes l'amour de la patrie, le goût du travail et les progrès intellectuels. Washington y contribua par son influence : il regardait comme un de ses premiers devoirs d'étendre les bienfaits de l'instruction ; et son message du 8 janvier 1790 invita le congrès à examiner s'il conviendrait de fonder une université nationale, et quels encouragements on pourrait donner aux maisons d'enseignement déjà établies.

La plupart des mesures à prendre appartenaient aux législatures particulières ; et le congrès se borna en ce moment à garantir, par une loi du 10 avril, le droit de propriété des hommes qui auraient fait des inventions et des découvertes utiles; loi féconde en résultats, et propre à donner un nouvel essor au génie actif et industrieux de cette nation.

De grandes vues d'améliorations étaient alors généralement répandues; et l'on pouvait regarder comme autant de foyers de lumière les sociétés savantes qui existaient à Boston, à Philadelphie, à New-York, et dans d'autres villes animées du même esprit d'émulation. L'enseignement public était florissant dans les universités de Cambridge, de Pensylvanie, de Providence et de Géorgie : il l'était également dans les grands colléges de New-Haven, de Princeton, de Charleston, et dans ceux du New-Hampshire et de la Virginie (voy. pl. 81, 82, 83 et 87). C'était là que s'étaient formés la plupart des hommes d'État qui avaient dignement soutenu les droits de leur pays : ils y avaient même reçu d'honorables récompenses; et l'on pouvait se rappeler que, lorsque Washington, devenu général de l'armée américaine, eut forcé les troupes britanniques à évacuer Boston qu'elles avaient longtemps occupé, l'université de Cambridge décerna à l'illustre défenseur des lois et des libertés publiques le diplôme de *docteur ès droits de la nature et des gens*.

Ce système d'encouragement pour le patriotisme et le savoir se propagea dans toutes les parties de la confédération : on y multiplia les établissements pour l'instruction élémentaire ; il se forma des écoles spéciales pour les sciences ou pour les professions civiles qui exigeaient des études plus approfondies; et tous les États eurent bientôt des institutions centrales, où toutes les facultés des lettres se trouvaient réunies.

Il ne suffisait pas que l'enseignement public développât l'intelligence : le congrès voulait surtout qu'il formât les mœurs, qu'il aidât à prévenir les crimes, et qu'il inspirât l'amour de l'humanité. On était persuadé que l'excessive sévérité des lois ne suffit pas pour réprimer les penchants vicieux, et qu'il faut donner de plus puissants mobiles à la vertu. Quelques améliorations dans le code pénal de plusieurs États étaient généralement désirées, et le principe en avait été établi dans l'acte constitutionnel; mais c'était aux législatures particulières à en assurer l'exécution, et à modifier leurs propres lois, qui tenaient encore de la rigueur des anciens codes britanniques.

La généreuse pensée d'adoucir les peines, et de chercher à rendre les coupables à la vertu, avait déjà été conçue en Europe; et, dès l'année 1772, on l'avait mise en pratique dans la maison de réclusion de la ville de Gand. Là, les condamnés étaient partagés en plusieurs classes, selon le sexe, l'âge, la nature des occupations auxquelles chaque individu était assujetti. Les tisserands, réunis dans de vastes salles, travaillaient à leurs métiers, rangés à la suite les uns des autres, et ils devaient observer un silence absolu. On fabriquait dans d'autres ateliers les ouvrages en fer ou en bois, et d'autres produits d'industrie. Les femmes étaient toutes réunies, et s'occupaient de filature ou d'ouvrages à l'aiguille ; les adolescents, auxquels on ne supposait pas encore un discernement complet, étaient séparés des grands coupables, et ceux-ci même se partageaient en plusieurs classes, suivant les degrés du crime et la durée que devait avoir la punition. Chaque détenu exerçait une profession appropriée à sa force et à ses facultés : le produit du travail qu'il avait fait était déposé dans un magasin : tous ces articles devaient être vendus, ou servir à la consommation de l'intérieur : la plus grande partie de leur valeur était tenue en réserve pour les condamnés : ils la recevaient à l'expiration de leur peine; et ils pouvaient rentrer dans la société avec la connaissance d'un métier, et avec cette habitude du travail et d'une vie régulière, si propre à ramener et à changer les inclinations perverties.

Une idée si salutaire fut ensuite développée dans les écrits de Howard, de Bentham : elle occupa tous les philanthropes; et le principe de la réclusion pendant la nuit, du travail en commun et du silence pendant le jour, parut être dans la suite l'idée dominante à laquelle on s'attacha dans l'établissement des pénitentiaires. La Pensylvanie fut le premier État d'Amérique qui les adopta. Elle avait entrepris, en 1786, la révision de ses lois pénales, et avait essayé à Philadelphie, dans la prison de Walnut-Street, un système de classification entre les détenus, dont les uns étaient condamnés à une réclusion et un isolement absolu et sans travail, tandis que les autres pouvaient s'occuper en commun et s'entretenir entre eux. Ce commencement de réforme dans le régime des prisons était favorable, quoiqu'il fût encore très-incomplet : il opposait un premier obstacle à la contagion des idées criminelles, en établissant une séparation entre les hommes plus ou moins coupables, et il mettait sur la voie des améliorations, qui furent successivement tentées dans la Pensylvanie et dans d'autres États. A Philadelphie la solitude des condamnés devint perpétuelle, et chacun d'eux fut soumis au travail dans une cellule particulière : ailleurs les prisonniers furent réunis pendant le jour dans de communs ateliers. L'épreuve du temps pouvait seule faire apprécier quelle serait l'influence morale de l'un et de l'autre système de détention (voy. *pl.* 85 et 86).

LIVRE DOUZIÈME.

Système suivi envers les Indiens. Agrandissements vers l'Ouest. Discussions et traités de 1794 avec l'Angleterre et de 1795 avec l'Espagne. Mésintelligence entre les États-Unis et la France. Mort de Washington. Convention de 1800. Nouvelles discussions avec la France. Acquisition de la Louisiane par les États-Unis. Résultats de cet événement. Accroissement des ressources, du commerce et de la navigation des États-Unis. Atteintes portées à leur neutralité, pendant les guerres de l'Europe. Symptômes et premiers actes d'indépendance dans l'Amérique méridionale.

Les relations des États-Unis avec les Indiens ont été souvent rappelées dans le cours de cette histoire ; et, en peignant les nombreuses vicissitudes qu'elles éprouvèrent, nous avons dû surtout en chercher la cause dans les démêlés des Européens, qui se disputaient entre eux les régions du nouveau monde, et qui entraînaient dans leurs querelles la plupart des nations américaines. Ces relations, que dominait alors une foule de circonstances imprévues, ne pouvaient pas être dirigées par une politique uniforme, avant que les États-Unis eussent complètement mêlé leurs intérêts, leurs ressources, toutes leurs forces, et qu'ils eussent affermi leur grande confédération. Lorsqu'ils eurent enfin à partager seuls avec les Indiens la possession d'un immense territoire, ils purent, dans leurs invasions progressives, suivre envers les anciens maîtres du pays un système plus déterminé, et dont la tendance fût toujours la même.

On avait à prononcer sur la destinée des aborigènes, et une si grande question s'élevait bien au-dessus des communs intérêts : elle s'attachait à la cause même de l'humanité. Que deviendraient les débris si malheureux, et déjà tant de fois décimés, de ces nations dans l'enfance? les sauverait-on de la barbarie? et par quelle suite d'efforts constants et généreux pourrait-on les amener un jour aux bienfaits de l'ordre social et au développement de l'intelligence humaine?

On essaya d'abord d'entrer dans cette voie ; et, pour mieux signaler le point d'où l'on était parti, nous devons citer la convention la plus remarquable qui ait été faite entre les États-Unis et les Indiens pendant la guerre de l'indépendance, et dans la même année où la France était devenue l'alliée des Américains.

Un traité de confédération fut conclu à Pittsbourg, le 17 septembre 1778, entre les envoyés des États-Unis et les députés et chefs de la nation délaware. Ils convinrent que, lorsqu'une des deux parties serait engagée dans une guerre juste et nécessaire, l'autre partie l'assisterait suivant la proportion de ses forces. Les Délawares s'engagèrent à donner passage sur leur territoire aux troupes des États-Unis qui iraient attaquer les postes et les forts possédés par les Anglais sur la rive des grands lacs du nord et des fleuves de l'ouest : ils promirent de leur donner des guides pour y arriver par les chemins les plus sûrs, de leur céder des grains, des chevaux, d'autres objets d'approvisionnement, et de se joindre à eux avec un certain nombre de leurs guerriers les meilleurs et les plus expérimentés.

Afin de donner un abri plus assuré aux vieillards, aux femmes, aux enfants de leur nation, tandis que leurs guerriers marcheraient contre l'ennemi, il fut convenu que les États-Unis construiraient un fort dans le pays des Délawares, et qu'ils y entretiendraient une garnison.

On promit de part et d'autre la punition des coupables qui commettraient des actes de violence ou d'autres infractions à la paix; et les États-Unis consentirent à fournir aux Délawares, par l'établissement d'un commerce régulier et dirigé vers le bien mutuel, les articles d'habillement, les ustensiles, les armes, toutes les marchandises propres à leurs usages.

Comme on avait cherché à persuader aux Indiens que le projet du gouvernement fédéral était de les extirper et de prendre possession de leur pays, les États-Unis, voulant écarter une telle opinion, s'engageaient à garantir aux Délawares et à leurs descendants tous leurs droits territoriaux de la manière la plus complète et la plus absolue, et tels qu'ils avaient été reconnus par les derniers traités, aussi longtemps que leurs tribus habiteraient cette contrée, et maintiendraient la chaîne d'amitié qui venait de se former.

Il était enfin convenu entre les parties contractantes (si à l'avenir on le jugeait utile à leurs intérêts mutuels), d'inviter d'autres tribus amies à se joindre à la présente confédération, et à former un État à la tête duquel serait la nation délaware, et qui aurait un représentant au congrès

Dans ce traité d'alliance, les droits des Indiens, comme nations souveraines et indépendantes, étaient formellement reconnus; mais aucune autre convention ne leur conserva les mêmes priviléges; et lorsque les traités de paix, conclus en 1783 entre l'Angleterre et l'Amérique, eurent déclaré que le territoire de la nouvelle puissance s'étendrait jusqu'au Mississipi, les États-Unis ne regardèrent plus les régions occupées par les Indiens dans cet immense intervalle que comme des enclaves comprises dans leurs limites.

Alors un nouveau droit des gens s'établit à leur égard. Ces peuples n'étaient plus considérés comme indépendants, et ils étaient mis sous la protection et la tutelle du gouvernement fédéral; ils ne pouvaient aliéner leurs terres qu'en sa faveur ou avec son autorisation : on cherchait par de nouveaux traités à resserrer leurs cantonnements, et chacune des cessions que l'on obtenait d'eux paraissait achetée par quelques indemnités en argent ou en marchandises, mais elle diminuait progressivement leurs moyens d'existence.

Ainsi, dans une convention faite le 22 octobre 1784 avec les Iroquois, on les reçut sous la protection du gouvernement fédéral, on traça les limites de leur territoire après l'avoir restreint, et on leur remit quelques présents.

Un traité conclu, le 21 janvier suivant, avec les Délawares, les Wiandots, les Chippewais et les Ottowais, déclara que ces nations se reconnaissaient placées sous la protection des États-Unis. La région que les deux premières devaient occuper le long du lac Érié fut bornée à l'orient par la rivière Cayahoga, à l'ouest par la Maumée, au sud par une ligne tracée d'orient en occident, depuis le Muskingum jusqu'aux sources du Miami. Toutes les terres situées entre ces limites furent allouées aux Wiandots et aux Délawares pour y vivre et y chasser; mais les États-Unis se réservèrent sur leur territoire plusieurs arrondissements, près des rives de la Maumée et du Sandusky, et ils obtinrent sur la ligne des grands lacs d'autres concessions, autour des postes fortifiés de Détroit et de Michillimakinac.

Les limites du pays des Chérokees furent établies par une convention du 21 novembre 1785 : on leur abandonna pour leurs chasses les contrées situées à l'occident des montagnes Occonées ; et le droit de régler leur commerce avec les États-Unis fut réservé au congrès.

Les mêmes principes furent suivis dans un traité conclu, le 3 janvier 1786, avec toutes les nations chocktaws : elles reconnurent leurs tribus, leurs habitations, et les terres qui leur étaient assignées pour y vivre et y chasser, comme placées sous la protection des États-Unis. On désigna les bornes de leur territoire, en retenant pour l'établissement des postes de commerce trois cantons de six milles carrés chacun, et en laissant au congrès le choix des lieux où ils seraient placés.

Le 10 du même mois, on convint avec les Chikasaws d'un arrangement semblable, et l'on fixa leurs limites entre le Ténessée, le Mississipi, et les terres des Chocktaws, des Creeks et des Chérokees. Un poste commercial sur les rives du Ténessée, près du *Muscle-Shoal*, était réservé aux États-Unis.

Les Shawanèses conclurent, le 31 janvier, une convention par laquelle ils reconnaissaient les États-Unis comme seuls et absolus souverains de leur territoire : ceux-ci leur promettaient de les protéger ; ils leur laissaient, pour y vivre et y chasser, le territoire situé à l'ouest des Wiandots et des Délawares, entre le cours de la Maumée et celui du Wabash.

Les engagements pris en 1785 par ces deux dernières nations, et par les Ottowais et les Chippewais, furent confirmés, le 9 janvier 1789, par un nouveau traité : on y comprit deux autres nations du nord-ouest, les Sacs et les Potawatamis ; tous les articles de ce traité leur furent applicables, et ces nouveaux peuples se trouvèrent également placés sous la protection du gouvernement fédéral, qui étendait de proche en proche l'exercice de sa puissance.

Le résumé que nous venons de faire de ces différents traités nous montre qu'ils furent tous conformes aux mêmes principes. Les États-Unis resserraient habituellement le territoire occupé par les Indiens, et ils cherchaient à les enclaver au milieu de leurs possessions, en formant au loin de nouveaux établissements sur les rives du Mississipi, sur celles du Wabash et de l'Illinois. Les Français y avaient autrefois placé plusieurs colonies, et les États-Unis se fondaient avec raison sur ces titres d'occupation primitive, pour faire reprendre possession des mêmes territoires par les familles auxquelles ils avaient appartenu.

Une longue plaine, dont la largeur varie de trois à quatre milles, s'étend au nord de Kaskaskia, entre la rive orientale du Mississipi et une chaîne de hauteurs souvent escarpées. La beauté du pays et sa fertilité y appelaient de nombreux cultivateurs, et l'on y avait formé, du midi au nord, les établissements de Kaskaskia, de la Prairie-au-Rocher, du fort de Chartres, de Saint-Philippe et de Cahokia. D'autres postes avaient été occupés par les Français sur la rive de l'Illinois ; d'autres l'avaient été sur le Wabash, et de ce nombre était celui de Vincennes, qui avait été le plus important de tous par l'activité de son commerce et les progrès de sa culture.

La plupart de ces territoires ayant été ravagés pendant la guerre, les anciens possesseurs avaient disparu ; mais les droits de leurs héritiers subsistaient encore, et le gouvernement américain voulut les reconnaître, et remettre en valeur ces différentes plantations. Dans cette vue, le congrès prit, le 20 juin 1788, la résolution de rétablir toutes les cultures abandonnées, et, lorsqu'il fit mettre en vente les propriétés publiques situées dans cette région, il retint pour les anciens colons plusieurs cantonnements autour des lieux qu'ils avaient habités ; il agrandit même leurs possessions premières, pour les dédommager des pertes que la guerre et l'éloignement leur avaient fait éprouver; et ces mesures, qui furent adoptées vers le Mississipi, le furent ensuite près du Wabash et dans le pays des Illinois.

En relevant ainsi les établissements formés sur la rive des grands fleuves de l'ouest, le congrès des États-Unis s'assurait la libre jouissance de leur navigation, et il ouvrait un vaste écoulement aux richesses des régions baignées par les eaux du Mississipi et de ses nombreux affluents. Les terres qu'il s'était réservées, dans les contrées mêmes dont les Indiens gardaient la jouissance, lui donnaient aussi les moyens de multiplier les entrepôts du commerce, d'ériger des forts pour le protéger, de donner de nouveaux centres d'activité aux constructions navales, à l'exploitation du sol, à l'industrie manufacturière; on s'était d'ailleurs assuré le droit d'ouvrir des routes de communication à travers des pays encore sauvages, et l'on commençait à tracer et à croiser en plusieurs sens les premières lignes d'un vaste réseau qui devait un jour envelopper toutes ces régions occidentales.

Pour mieux nous rendre compte de la situation des Indiens qui les occupaient, nous rappellerons que la civilisation et la culture s'étendaient incessamment autour d'eux, et que les lignes de démarcation tracées entre leurs possessions et les établissements européens n'étaient ni assez précises, ni assez à l'abri des invasions, pour ne pas être souvent en litige. L'habitude de la chasse multipliait les occasions de passer d'un territoire à l'autre : en poursuivant le gibier on franchissait les limites; et la misère, l'indiscipline, donnaient lieu à des agressions, à des larcins, qui amenaient ensuite des représailles individuelles et des vengeances nationales.

L'instabilité d'un ordre de choses qui n'offrait qu'une fréquente alternative d'attaques imprévues et de trêves passagères, dut frapper le nouveau gouvernement des États-Unis; et il parut nécessaire de modifier le système politique observé jusqu'alors envers les Indiens, si l'on voulait établir avec eux des rapports et des liens plus assurés.

Comme la durée de l'état sauvage accroissait leur misère, et rendait leurs hostilités plus barbares et plus redoutables, c'était en essayant de changer leurs habitudes qu'on pouvait adoucir leurs mœurs et leur situation. Moins la chasse leur laissait de ressources, plus il devenait nécessaire de les attirer vers l'agriculture, et de développer en eux ce premier germe de civilisation. Des hommes pieux avaient autrefois tenté de les réunir à l'aide des idées religieuses; mais des opinions abstraites pouvaient avoir sur eux moins d'ascendant que la voix impérieuse de la nécessité. Il fallait de nouveaux moyens de subsistance à toutes ces nations pressées par le besoin; et pour les obtenir elles devaient se résigner au travail, et mêler aux chances aventureuses de leurs chasses les occupations d'une vie plus sédentaire. Quelques défrichements étaient déjà commencés; mais il était nécessaire de les multiplier et de les rendre plus faciles par les procédés du labourage; et l'art de la culture était trop peu connu des Indiens pour leur assurer quelque bien-être. Washington entreprit de le leur procurer; et ce projet bienveillant est sans doute un de ceux qui honorèrent le plus son administration. Nous trouvons la preuve de ses vues philanthropiques dans les différentes conventions qui furent faites avec les Indiens pendant la durée de sa présidence. Les traités sont les actes solennels qui assurent le mieux la gloire d'un vainqueur, lorsque, en les concluant avec les faibles, il ne tire point avantage de sa force pour les accabler; et, s'il peut favoriser les progrès des peuples qui sont encore dans l'enfance, il attache à ses victoires un nouveau genre d'illustration, il devient le bienfaiteur de l'humanité.

Cette mission de civilisateur des Indiens, que Washington avait généreusement entreprise, nous conduit à rappeler plusieurs clauses de ses traités avec les Creeks et avec d'autres nations indigènes.

En 1790, les Creeks étaient en guerre avec la Géorgie; Mac-Gillivray, fils d'un Irlandais et d'une Indienne, était à leur tête, et ils réclamaient la restitution d'un territoire situé près de leurs frontières. Ces débats furent terminés le 7 août, par un traité de paix où l'on inséra cet article remarquable : « Afin que les Creeks puissent être « amenés à un plus grand degré de ci- « vilisation, et devenir pasteurs et cul- « tivateurs, au lieu de rester dans « l'état de chasseurs, les États-Unis « leur fourniront de temps en temps « et gratuitement des animaux domes- « tiques, et les instruments de labou- « rage qui leur seront utiles; et de « plus, pour les assister dans une mar- « che progressive si désirable, et pour « établir un moyen assuré de commu- « nication avec eux, les États-Unis « enverront, pour résider au milieu de « cette nation, plusieurs agents qui « auront le caractère et les fonctions « d'interprètes. Des terres leur seront « assignées par les Creeks, pour être « cultivées par eux et par ceux qui suc- « céderont à leurs emplois. »

Les mêmes principes furent observés dans les conventions que Washington fit successivement négocier avec d'autres peuplades. Tous ses actes avaient pour but de prévenir des collisions habituelles entre les États-Unis et les Indiens, en traçant une plus exacte démarcation de territoire, d'assurer la punition des actes de violence qui seraient commis de part et d'autre, d'attirer les sauvages vers l'agriculture, et de favoriser leurs progrès. Washington regardait le devoir d'améliorer le sort des Indiens comme inséparable du droit de les protéger, et il avait pris à tâche de modifier sans secousses et par d'utiles encouragements les usages qui tenaient à leur vie errante et sauvage. Une convention faite, en 1791, avec les Chérokees fut conforme au même système : elle leur accorda des secours annuels, en dédommagement des terres qu'ils avaient cédées aux États-Unis.

Ces arrangements avec les Creeks et avec les Chérokees assuraient la paix des États méridionaux : ils furent particulièrement utiles à la Caroline du Sud, à la Géorgie, et aux territoires du Kentucky et du Ténessée, qui ne pouvaient accroître qu'à l'abri de la paix leur population et leur culture; mais les vastes régions situées à l'occident de la Pensylvanie restaient exposées à de continuelles incursions, et l'on craignait aussi que la guerre ne se rallumât sur les rives du Mohawk. Ce fut dans ces circonstances que plusieurs chefs de la nation des Sénécas se rendirent à Philadelphie pour exposer à Washington leurs griefs.

« Quand votre armée, lui dirent-ils, « a pénétré sur notre territoire, nous « vous avons nommé le destructeur « des peuples : nos femmes se sont en- « fuies la pâleur sur le front, et nos « enfants ont embrassé avec effroi le « cou de leurs mères. Nos sachems, nos « guerriers qui sont hommes, ne peu- « vent trembler; mais les pleurs de nos « femmes et de nos enfants affligent « leurs cœurs, et ils désirent que la « hache soit profondément ensevelie.

« Avant de prendre les armes contre « votre ancien roi qui réside au delà « des grandes eaux, vous allumiez vos « treize feux séparément et sans for- « mer une même nation; vous nous « aviez dit que nous étions vos frères, « que ce roi était notre père commun, « que sa puissance était irrésistible, et « que sa vertu brillait comme l'astre « du jour. Entraînés par vos conseils, « nous avions promis de lui obéir : « notre promesse fut accomplie, et « nous assistâmes notre père.

« La guerre nous a été funeste : vous « avez été vainqueurs, et vous nous « avez demandé un vaste territoire pour « prix de la paix que vous nous offriez. « Mais quand vous avez exigé ce sacri- « fice, toutes nos nations n'ont pas été « consultées : vous étiez encore irrités « contre nous; nos principaux guer- « riers avaient succombé, et nous n'a- « vons fait que céder à la force. Ren- « dez-nous une partie de nos contrées : « les nations qui vivent vers l'ouest « nous les redemandent; les Chippe- « wais et d'autres tribus nous disent : « Où est la place que vous nous avez

« réservée pour y reposer en paix? Ils « nous le disent, et nous rougissons « de n'avoir rien à leur répondre.

« Vous prétendez que le roi, votre « ancien chef, a cédé notre pays aux « treize feux ; mais avait-il le droit d'en « disposer? Ces terres ne lui apparte- « naient point; ce sont celles des six « nations ; nos pères les avaient re- « çues; ils nous les ont transmises « pour nos enfants, et nous ne pou- « vons les abandonner.

« Le grand esprit envoyait autrefois « dans nos forêts d'innombrables ani- « maux pour notre nourriture, et, « puisqu'il les éloigne de nous, il « veut sans doute que nous cultivions « la terre avec la charrue, comme les « hommes blancs; mais faites-nous « connaître si votre intention est de « nous laisser, à nous et à nos enfants, « quelque terre à cultiver.

« Nous savons que vous êtes forts : « nous avons entendu dire que vous « étiez sages, et nous espérons ap- « prendre par votre réponse que vous « êtes justes. »

La négociation dont nous venons d'indiquer l'objet dura plus d'un mois; et les explications données par Washington aux chefs des Sénécas, purent enfin les satisfaire. Il leur représenta que leur nation ne pouvait revenir sur les cessions qu'elle avait faites aux États-Unis en 1784, et qu'elle avait confirmées depuis par d'autres traités : il les pria de persévérer dans les efforts qu'ils avaient faits, pour inspirer aux Indiens de l'Ouest des vues de conciliation ; et il leur fit connaître qu'il désirait concourir à leur prospérité, en étendant chez eux l'usage des animaux domestiques, du labourage et de la culture du blé.

Le nom de *Corn-plant*, ou planteur de grain, était alors celui du premier chef : ce guerrier entrait dans les vues de Washington sur l'avantage d'éclairer les Indiens ; et il ne quitta le foyer de son nouvel ami qu'après avoir rétabli la paix entre les deux nations. Les Sénécas exprimèrent de nouveau le désir d'apprendre à cultiver la terre : ils espéraient recevoir bientôt un agent, chargé de protéger leur commerce ; et ils se proposaient d'envoyer dans les villes quelques jeunes Indiens, pour qu'ils pussent y recevoir leur éducation, et en rapporter les avantages dans leur pays. Washington crut leur rendre un meilleur office, en plaçant dans leur pays même quelques moyens d'instruction : il promit de leur envoyer un précepteur pour les enfants, et des ouvriers qui enseignassent aux hommes les pratiques du labourage.

La sage prévoyance de Washington parvint ainsi à réconcilier les États-Unis avec les six nations; et celles-ci, ne pouvant recouvrer tout leur ancien territoire, cherchèrent dans les progrès de la culture un supplément à leurs premiers moyens de subsistance. Les malheurs de la dernière guerre leur rendaient plus désirable la conservation de la paix; mais les nations occidentales, qui avaient moins souffert, et qui croyaient pouvoir compter encore sur quelques auxiliaires, résistèrent à tous les conseils de pacification. Les Délawares, les Wiandots, les Shawanèses, les Miamis, se voyant sans cesse rejetés vers les grands lacs et vers les contrées du nord-ouest, réunissaient de nouveau leurs efforts pour lutter contre cette inévitable destinée ; et la guerre se trouvait alors engagée dans les pays situés entre l'Ohio et le lac Érié. Un corps de quinze cents hommes y fut envoyé, en 1791, sous les ordres du général Harmer. Il devait se porter sur les bords du Scioto, y détruire les habitations des Indiens, et poursuivre jusqu'au Wabash son expédition ; mais il morcela ses forces; il s'épuisa dans des combats partiels, et chacun des détachements qu'il fit agir fut attaqué et détruit séparément. Les sauvages, encouragés par de premiers succès, étendirent leurs ravages sur les frontières du Kentucky et de la Pensylvanie ; et le congrès ordonna un nouvel armement contre eux. Le commandement en fut remis au général Arthur Saint-Clair, qui était alors gouverneur du territoire de l'Ohio. C'était ce même officier qui avait été chargé, en 1777, de la défense de Ticondéroga, lorsque Burgoyne, enflé de ses premiers avantages, envahissait le nord des États-Unis. Quoique Saint-Clair se fût alors replié devant l'ennemi, il jouissait de quelque réputation militaire, et on le jugea d'autant plus capable de diriger une expédition contre les Indiens, qu'il avait contracté l'habitude de traiter avec eux, et qu'il devait connaître leur situation et leurs ressources.

Au mois de septembre 1791, ce général s'avança vers le cours du Miami, et il prit position à quelques lieues du fleuve; mais les sauvages vinrent l'attaquer sur les hauteurs où il avait établi son camp : le combat fut obstiné et meurtrier : les Indiens forcèrent ses lignes de défense, défirent ses troupes et s'emparèrent de son artillerie, après avoir taillé en pièces les hommes qui la servaient. Saint-Clair ordonna la retraite; elle se fit avec un extrême désordre; et l'armée, qui avait perdu la moitié de ses hommes, fut vivement harcelée par les vainqueurs.

Jamais on n'avait éprouvé de revers si sanglant dans les guerres soutenues contre eux. On reconnut qu'ils n'avaient que trop profité de l'usage des armes à feu, et de tous les moyens d'attaque qu'ils avaient empruntés des Européens. Ils avaient d'ailleurs assemblé toutes leurs tribus; et l'attrait du butin, l'orgueil du triomphe les animaient d'une ardeur plus vive, et donnaient à leurs hostilités un nouveau caractère de fureur.

Le congrès reconnut la nécessité de lever de plus grandes forces, pour soutenir une guerre devenue si désastreuse. Il ordonna la formation d'une armée de cinq mille hommes, commandés par le général Wayne; et, tandis que ces troupes se réunissaient, on envoya deux officiers près des Indiens pour négocier un arrangement avec eux, et prévenir une nouvelle effusion de sang; mais ces ministres de paix furent massacrés.

Les troupes fédérales se mirent alors en mouvement. On était au mois de septembre; et la saison était trop avancée pour que le général Wayne pût terminer avant l'hiver l'expédition qui lui était confiée : il ne s'avança que jusqu'au champ de bataille où Saint-Clair avait été défait, et il se fortifia dans cette position. Là, il réunit tous les moyens d'ouvrir la campagne suivante : il exerça ses troupes, anima leur courage, et n'entretint l'impression des revers précédents que pour en tirer une éclatante vengeance. S'étant remis en marche au printemps de l'année de 1794, il pénétra dans le territoire indien, et se dirigea vers le cours supérieur de la Maumée, qui va, du midi au nord, se jeter dans le lac Érié.

Les sauvages, en se repliant devant lui, épiaient tous ses mouvements, et cherchaient à l'attirer dans des embuscades, et à surprendre tous les corps qui pouvaient s'écarter; mais le général Wayne s'avançait avec précaution : il évitait les escarmouches; il avait soin de se retrancher tous les soirs; et, après avoir fatigué et trompé les Indiens par ses manœuvres, il se tint en présence devant eux, vers le confluent de la Glaise et de la Maumée. Toutes les forces des Indiens étaient réunies : on s'observa de part et d'autre pendant quinze jours; et, durant cet orageux armistice, Wayne fit encore parvenir à plusieurs chefs de tribus des propositions d'arrangement qui ne furent point agréées. La paix ne pouvait être obtenue sans combat, et il y eut enfin, le 20 août, un engagement décisif. Les Indiens s'étaient portés, à travers les bois, vers la position occupée par leur ennemi; mais celui-ci les attaqua avec tant d'impétuosité à la baïonnette, après avoir fait sur eux une première décharge, qu'il les chassa de la forêt, ne leur laissa pas le temps de se rallier, fit périr les plus braves, et poursuivit tous les autres, jusque sous le canon de la forteresse que les Anglais occupaient encore près des rives du lac.

A la suite de cette victoire, le général Wayne détruisit au loin les établissements des Indiens, et l'on érigea quelques forts sur leurs frontières, afin de s'opposer à leur retour.

Les États-Unis venaient d'abattre, par ce dernier succès, la ligue des Indiens du Nord-Ouest ; et ils cherchèrent bientôt à étendre, par un nouveau traité avec les six nations iroquoises, les relations qu'ils avaient récemment formées avec les Sénécas. Ce traité, qui fut conclu le 11 novembre 1794, confirma les Onéidas, les Onondagas et les Cayugas dans la propriété des terres qui leur avaient été antérieurement réservées par leurs traités avec l'État de New-York. On fixa les limites du territoire des Sénécas, et ils durent le conserver sans trouble, jusqu'au moment où ils désireraient le vendre au peuple des États-Unis. Les Sénécas s'engagèrent, avec le concours des cinq autres nations, à céder aux États-Unis le droit d'ouvrir une grande route à travers leur contrée, depuis le fort Schlosser jusqu'au lac Érié, et à leur accorder également le libre usage des ports et des rivières situés dans leur pays.

En considération d'un engagement si utile à la facilité des communications et au développement du commerce, les États-Unis remirent aux six nations une valeur de dix mille dollars en marchandises ; ils s'engagèrent à leur fournir annuellement, jusqu'à concurrence de quatre mille dollars, des draps, des animaux domestiques, des instruments aratoires, d'autres ustensiles appropriés à leurs besoins ; et ils mirent à leur disposition des artisans qui résideraient sur leur territoire.

Après avoir ainsi fixé leurs rapports habituels avec les six nations, les États-Unis voulurent récompenser les Onéidas, les Tuscaroras, et quelques restes de la tribu des Stockbridges, qui s'étaient unis à leur cause pendant la guerre de l'indépendance, et dont les maisons et les propriétés avaient été détruites. Pour reconnaître leurs obligations envers ces peuplades, ils s'engagèrent à leur distribuer, en compensation des pertes qu'elles avaient faites, une somme de cinq mille dollars, à faire construire pour leur usage, et à portée de leurs principaux établissements, un moulin à blé et une scierie ; à pourvoir à l'entretien de ces machines, et à former quelques jeunes Indiens aux métiers et aux arts qui les emploient.

L'époque de ces traités avec les six nations suivit de près la défaite des Indiens du Nord-Ouest : ceux-ci, ne pouvant pas espérer de prolonger une lutte inégale, conclurent eux-mêmes un arrangement avec les États-Unis, le 3 août 1795 ; et quelques moyens de développer au milieu d'eux un commencement de culture et d'industrie furent mis à leur disposition.

Si l'on ne mesurait que par des chiffres l'importance des libéralités, on s'abstiendrait de consigner dans l'histoire les faibles subsides qui furent accordés aux Indiens par ces différentes conventions. Mais ces secours, dont une partie devait se renouveler tous les ans, avaient un caractère d'humanité et de prévoyance qui en relève le prix : ils étaient donnés à des tribus simples ; on les adaptait à leur situation, et l'on tendait à leur inspirer le goût du travail et celui d'une vie plus sédentaire : pensée féconde et généreuse, dont Washington désirait que les Indiens recueillissent un jour les fruits.

Quoique les guerres qu'on avait eu à soutenir contre les Indiens eussent entraîné de sanglants ravages, dans les dernières années que nous venons de parcourir, ce fléau destructeur avait été local : une contrée particulière était dévastée, comme par l'effet d'un torrent, d'un incendie, d'un violent orage ; mais les autres lieux n'avaient pas souffert : toutes les ressources de la confédération lui restaient ; et l'on était sûr de triompher enfin d'un ennemi si inférieur par le nombre, les armes, et la manière de faire la guerre. Les périls seraient devenus beaucoup plus graves, si une rupture avait éclaté entre les États-Unis et d'autres puissances : on avait besoin d'affermir de naissantes institutions ; et le gouvernement fédéral espérait encore échapper, par son éloignement, aux nouveaux orages dont l'Europe était déjà menacée.

La révolution qui avait éclaté en France commençait à ébranler le monde. Elle avait rallumé la guerre entre deux nations mal réconciliées : les hostilités qui allaient désoler la terre devaient aussi s'étendre sur l'Océan ; elles en embrasseraient la vaste étendue, et troubleraient les relations commerciales des peuples les plus éloignés.

Dans cette lutte mémorable, où les principales nations de l'Europe se liguèrent contre une seule, tous les droits des neutres qui désiraient conserver la paix furent bientôt méconnus et sacrifiés ; et les États-Unis furent également exposés aux agressions des alliés et des ennemis qu'ils avaient eus pendant la guerre de l'indépendance. Néanmoins ces causes de mésintelligence ne devaient pas encore amener une rupture : la France faisait des démarches auprès d'eux pour les entraîner dans son alliance ; et l'Angleterre leur offrait de pacifier tous ses différends avec eux, sur l'occupation militaire de quelques postes situés près des grands lacs, et sur de nombreux intérêts pécuniaires et commerciaux, s'ils consentaient à renoncer à quelques priviléges du pavillon neutre.

Le gouvernement fédéral, placé dans une semblable alternative, préférait à tout autre avantage celui de donner une meilleure frontière au territoire des États-Unis, d'en compléter l'affranchissement, et d'en garantir la sécurité : il désirait aussi étendre, dans les colonies anglaises des Antilles, les relations de commerce des Américains ; et il reconnaissait la nécessité d'acheter, par quelques sacrifices, de si importantes concessions. Mais, pour mieux expliquer les motifs qui le déterminèrent à cet arrangement, il convient de rappeler les sentiments qui l'animaient envers la France au commencement de la révolution, et les principales causes de mésintelligence qui vinrent altérer cette affection mutuelle.

Les États-Unis avaient continué de suivre, dans leurs relations politiques avec la France, les principes qui les avaient eux-mêmes dirigés dans la formation de leur gouvernement. Ils regardaient leurs institutions comme émanées de la volonté du peuple : l'autorité qui les avait établies conservait le droit de les modifier, et c'était de cette source première qu'ils faisaient dériver tous les pouvoirs.

En voyant la France changer la forme de son gouvernement, les États-Unis ne prétendirent point s'immiscer dans l'examen de son organisation intérieure, et ils respectèrent en elle ce droit d'indépendance qu'ils avaient réclamé pour eux-mêmes. Une nation leur paraissait être l'unique juge de ses propres actes : ils ne s'occupèrent, au milieu de ses vicissitudes, que du maintien de leurs traités avec elle, et crurent que les relations des deux puissances devaient être à l'abri de ces commotions.

Quand la révolution française eut précipité du trône le monarque qui avait lui-même préparé une réforme en appelant autour de lui les conseils de son peuple, les Américains ne durent pas être insensibles aux malheurs d'un prince qu'ils avaient eu pour allié ; cependant les regrets que méritait de leur part cette grande victime ne les empêchèrent point de reconnaître le gouvernement républicain qui venait d'être proclamé : ils regardèrent même les nouvelles institutions de la France comme plus analogues à celles des États-Unis, et comme destinées à unir plus étroitement les intérêts et les vues des deux nations.

A cette époque, la durée de la présidence de Washington touchait à son terme ; mais il venait d'être investi de nouveau des mêmes pouvoirs, et, dans des circonstances devenues si difficiles, il allait s'attacher à conserver la paix aux États-Unis, tant qu'elle pourrait se concilier avec leurs avantages et leur dignité. Leur éloignement leur permettait de ne pas prendre part à la guerre : le souvenir des fléaux qu'elle avait attirés sur leur territoire n'était pas effacé ; et si l'on parvenait à rester neutre au milieu des guerres européennes, un nouveau développement commercial était réservé à cette nation qui, constamment emportée par un mouvement progressif depuis l'affermissement de son indépendance, avait fait prospérer sa culture et son industrie, avait multiplié ses navires, et faisait déjà apparaître son pavillon dans tous les parages.

Washington publia, le 22 avril 1793, une proclamation de neutralité. Il déclarait qu'une conduite amicale serait observée envers toutes les puissances, et que le gouvernement fédéral n'accorderait aucune protection aux citoyens des États-Unis qui pourraient encourir des peines ou des confiscations de la part des belligérants, en commettant des hostilités contre eux, ou en portant à leurs ennemis des marchandises regardées comme contrebande de guerre.

Une si prudente politique devait assurer aux Américains un libre et paisible commerce avec les autres nations; mais ces nombreuses voiles qui commençaient à circuler dans tous les ports, soit neutres, soit ennemis, et qui pouvaient remplacer les pavillons des belligérants sans être exposées aux mêmes risques, commençaient à porter ombrage à l'Angleterre et à la France, et chacun des deux gouvernements considéra bientôt les Américains comme les facteurs habituels du commerce de ses ennemis.

Dès ce moment la liberté de leur navigation éprouva de nombreuses atteintes. Le premier exemple en fut donné par plusieurs armements britanniques; et la Convention nationale, ayant reconnu que le pavillon neutre n'était pas respecté par les ennemis de la France, déclara, par une loi du 9 mai 1793, que les bâtiments de guerre et les corsaires français pourraient arrêter et amener dans les ports de la république les navires neutres qui se trouveraient chargés, en tout ou en partie, soit de subsistances appartenant à des neutres et destinées pour des ports ennemis, soit de marchandises appartenant aux ennemis : celles-ci devaient être déclarées de bonne prise, et la valeur seule des subsistances serait remboursée.

L'exemple des entraves mises aux droits des neutres amena promptement d'autres rigueurs, dont les Américains eurent souvent à souffrir. Les instructions que le gouvernement britannique donna aux armateurs, le 8 juin suivant, leur enjoignirent d'arrêter les vaisseaux chargés de blés ou de farine pour les ports de France : les cargaisons de ces navires seraient ensuite achetées par le gouvernement, à moins qu'il ne permît aux capitaines de les transporter, et de les vendre dans quelques ports d'une puissance amie de l'Angleterre.

Le commerce des neutres se trouvait ainsi lésé, tantôt par des attaques individuelles, tantôt par des lois ou des ordonnances qui, tour à tour suspendues, renouvelées ou modifiées, rendirent incertaines toutes leurs relations.

La France n'avait pas alors de marine militaire; ses vaisseaux manquaient d'officiers : plusieurs flottes avaient péri, et ces combats inégaux et funestes avaient fait inutilement briller quelques actes d'héroïque dévouement, comme celui de l'équipage du *Vengeur*, qui s'engloutit volontairement dans les flots plutôt que de se rendre à l'ennemi. Alors on avait encouragé les armements en course : on avait prodigué les lettres de marque; et, pour attirer les corsaires par l'appât d'un plus riche butin, on leur avait livré, non-seulement le commerce ennemi, mais une large part de celui des neutres.

C'était l'époque où la France, après s'être débattue sur ses frontières contre les forces de l'Autriche, de la Prusse, de l'Espagne, de l'Angleterre, de l'Italie, coalisées contre elle, ouvrait péniblement la longue carrière de ses victoires, expiait au milieu des convulsions de l'anarchie la gloire de ses triomphes, et voyait les chefs d'une sanglante révolution se succéder l'un à l'autre. La France, déchirée par la fureur des factions, était du moins restée supérieure à ses ennemis étrangers : en défendant son territoire elle en avait reculé les limites. Mais ne pouvant être maîtresse de la mer, d'où ses forces avaient disparu, elle en avait abandonné le domaine à tous ceux qui pouvaient troubler les relations maritimes et commerciales de l'Angleterre avec les autres nations.

Sur ces entrefaites, l'Amérique fut témoin d'un événement funeste, bien propre à faire oublier en ce moment tous les intérêts politiques, et à réveiller au fond des cœurs les plus profonds sentiments de l'humanité et de la pitié. Depuis près de deux années les troubles et les malheurs de Saint-Domingue affligeaient la France : cette île s'était couverte de ruines depuis le 20 août 1791, époque où la première insurrection des noirs y avait éclaté : l'incendie de quelques habitations était devenu le fatal brandon de la guerre civile ; il s'était rapidement propagé ; il avait dévoré les possessions des maîtres, il ne s'éteignait que dans leur sang, et tous les liens de la servitude avaient été rompus, sans que l'on fût prêt à l'usage de la liberté.

La triste peinture de cette longue série de calamités n'entre pas dans le cadre de notre histoire ; mais après la ruine du cap Français, qui fut incendié le 24 juin 1793 par les noirs et les hommes de couleur, nous avons vu un grand nombre de blessés, de malades et de proscrits, réfugiés à bord des navires, et incertains sur le choix d'un asile où l'on voudrait recueillir leur infortune. Les uns se retirèrent dans l'île de Cuba, et ils y introduisirent la culture du café ; d'autres gagnèrent la Louisiane : l'origine des habitants était la même ; ils avaient à compter sur un échange de bons offices, et l'on se rappelait qu'en 1788 les colons de Saint-Domingue, informés d'un incendie qui avait ravagé la Nouvelle-Orléans, s'étaient hâtés de leur envoyer des secours pour relever leurs habitations. Un grand nombre de fugitifs firent voile pour les États-Unis ; ils reçurent dans chaque ville un accueil hospitalier : les gouvernements vinrent à leur aide ; on accorda quelques terres à ceux qui pouvaient les cultiver, et l'on pourvut par d'autres libéralités aux besoins des vieillards, des veuves et des enfants. Exemple bien digne de remarque, dans un moment où les relations politiques de la France avec les États-Unis étaient souvent troublées et pouvaient conduire à une rupture.

Genet, arrivé à Charleston comme ministre plénipotentiaire de France, avait cherché, dès les premiers moments de sa mission, à effectuer dans ce port des armements en course : il avait délivré des lettres de marque, pour courir sus aux bâtiments de commerce dont la propriété ou les cargaisons appartenaient aux ennemis de la France, et il autorisait les capteurs à conduire leurs prises dans les ports mêmes des États-Unis. Plusieurs corsaires partirent bientôt de Charleston, et leur expédition fut préparée avec tant de secret et de célérité que le gouvernement fédéral ne put y mettre aucun obstacle. Ces armements firent quelques prises en haute mer ; ils en firent même dans les eaux du littoral américain et dans l'enceinte de sa juridiction : les États-Unis s'en croyaient alors responsables, et Washington n'hésita pas à reconnaître qu'une indemnité était due aux capturés qui avaient à se plaindre de ces actes de violation. Le gouvernement fédéral décida que les vaisseaux armés en course seraient désarmés, et plusieurs hommes qui n'avaient point obéi à cette disposition furent arrêtés par ses ordres.

Mais ce n'était déjà plus un simple conflit entre les autorités nationales et un ministre étranger : les passions de la foule avaient été mises en mouvement. Il s'était formé, en Amérique, deux partis ; celui qui désirait maintenir sa neutralité au milieu des belligérants, et celui qui, soulevant toutes les ambitions, toutes les haines, cherchait à conduire à la guerre les États-Unis, élevait contre le pouvoir des magistrats celui des sociétés populaires, et regardait leurs orageuses assemblées comme les organes et les plus sûrs interprètes de l'opinion publique.

Le gouvernement fédéral ne céda

point à leurs suggestions : il déclara, par un règlement du 3 août, qu'aucune des puissances belligérantes n'avait le droit de faire armer ni d'équiper dans les ports américains des vaisseaux destinés soit à l'attaque, soit à la défense, et que toute expédition de cette nature était illégale. Il annonça même, le 5 septembre, au gouvernement britannique, avec lequel il désirait conserver la paix, que l'on ne recevrait plus dans les ports des États-Unis les armements qui en étaient sortis, pour croiser contre le pavillon de cette puissance, et qu'il chercherait à obtenir la restitution des prises qui avaient été faites.

Washington avait adressé à la France comme à l'Angleterre des représentations sur les atteintes portées de part et d'autre à la liberté du commerce américain : il en rendit compte au congrès par un message du 5 décembre, et il se plaignit hautement des procédés du ministre plénipotentiaire de France, qui, sans partager les sentiments d'amitié de la nation qui l'envoyait, cherchait à envelopper les États-Unis dans les malheurs d'une guerre étrangère, et dans ceux de la discorde et de l'anarchie. Genet fut irrité des dispositions prises pour arrêter l'effet de ses armements ; et, ne pouvant exciter les États-Unis à commettre des hostilités contre le gouvernement britannique, il espéra les engager dans une autre guerre, en formant le projet de deux invasions dans les contrées voisines qui appartenaient alors à l'Espagne. Il envoya des émissaires dans la Géorgie, pour y faire des levées d'hommes qui devaient pénétrer en Floride ; et il en envoya d'autres dans le Kentucky, pour y essayer un semblable armement contre la Louisiane. Cette seconde entreprise trouvait dans les États de l'Ouest de nombreux partisans : les troupes que l'on y assemblait devaient descendre l'Ohio et le Mississipi ; et l'on croyait pouvoir s'emparer sans obstacle de la Nouvelle-Orléans.

De tels préparatifs n'échappèrent point à la vigilance du gouvernement fédéral : aucune violation plus grave ne pouvait être tentée contre la neutralité des États-Unis et même contre leur souveraineté ; et, comme la prudente fermeté de Washington le portait à ne pas dévier de l'impartialité qu'il s'était prescrite, Genet s'efforça d'opposer à l'autorité du président celle du peuple, que ses émissaires cherchaient à soulever. Un club, formé sous ses auspices, établissait ses affiliations avec d'autres sociétés semblables : il dénigrait, comme ennemis du bien public, ceux qui ne partageaient point ses sentiments passionnés ; et Washington, personnellement attaqué par ses actes, et voyant la paix des États-Unis mise en péril par les menées turbulentes d'un agent qui abusait de sa mission, chargea la légation américaine à Paris de demander son rappel. Cette demande fut accueillie par le comité de salut public : il nomma un nouveau ministre près du gouvernement fédéral, et témoigna le désir de resserrer les liens de la France avec les États-Unis.

Cependant le rigoureux système qui gênait la navigation et le commerce des neutres n'était pas révoqué : le gouvernement britannique leur imposait les mêmes entraves ; il les avait même aggravées, en donnant, le 6 novembre, aux commandants de ses vaisseaux de guerre et de ses armements en course, l'autorisation de saisir tout navire et chargement venant des îles françaises d'Amérique, ou expédié pour leurs ports. Quoique ces ordres fussent donnés d'une manière générale, le pavillon des États-Unis se trouvait plus exposé que tout autre à leur application. Alors l'Angleterre avait formé le projet de conquérir l'île de Saint-Domingue, où elle occupait depuis peu le quartier de Jérémie et celui du môle Saint-Nicolas, situés vers ses deux pointes les plus occidentales. Le gouverneur de la Jamaïque était chargé de cette expédition : un corps de cinq cents hommes avait débarqué, le 19 septembre, dans la grande anse que bordent les paroisses de Jérémie ; il en avait pris possession au nom du gouvernement britannique : un autre détachement anglais était arrivé trois jours après au môle Saint-Nicolas, et la garde de ce port lui avait été remise. Les colons eux-mêmes avaient appelé ces protecteurs étrangers, et ils comptaient sur eux pour empêcher que l'insurrection ne pénétrât dans leurs ateliers. La situation de ces postes avancés permettait aux Anglais de communiquer aisément avec la Jamaïque : ils pouvaient recevoir de cette île des renforts et des approvisionnements ; et ce fut ainsi qu'ils envahirent par degrés d'autres quartiers de Saint-Domingue ; et que, sans pouvoir s'affermir dans cette possession, ils contribuèrent du moins à la faire perdre à la France.

En essayant de s'agrandir dans les Antilles, l'Angleterre reconnaissait encore mieux l'avantage de conserver la paix avec les États-Unis : elle désirait se rapprocher d'eux ; et le gouvernement britannique déclara, le 26 mars 1794, qu'il ouvrirait à leurs productions et à leurs marchandises tous les ports de l'Angleterre, et qu'on pourrait les y importer directement sur des vaisseaux soit anglais, soit américains : le 18 août suivant, il révoqua les ordres qui autorisaient l'arrestation et la préemption des cargaisons de blés ou de farines, destinées pour des ports français ; et il se borna à maintenir la défense de communiquer avec les places mises en état de blocus.

Ces concessions faisaient prévoir un prochain arrangement entre les États-Unis et la Grande-Bretagne : John Jay s'était rendu à Londres comme négociateur : il discuta avec Grenville toutes les questions qui étaient en litige ; et les deux plénipotentiaires signèrent, le 19 octobre, un traité d'amitié, de commerce et de navigation. Il fut convenu que les Anglais retireraient, avant le mois de juin 1796, les troupes et les garnisons des places qu'ils occupaient encore au midi des lacs, et en deçà des limites du territoire assigné aux États-Unis par leur dernier traité de paix. On assura aux habitants de l'une et de l'autre frontière la liberté des communications mutuelles, celle du commerce et de la navigation ; et il fut expressément déclaré que les deux parties contractantes jouiraient également du cours du Mississipi. Des commissaires furent chargés de déterminer avec précision la ligne de démarcation à suivre depuis les sources de ce fleuve jusqu'au lac des Bois ; ils eurent aussi à décider quelle était la rivière, connue sous le nom de *Sainte-Croix*, qui devait servir de limites entre les États-Unis et la Nouvelle-Écosse.

Les réclamations élevées sur des dettes ou des pertes qui remontaient à l'époque de la dernière guerre, ou sur des prises illégales dont on s'était promis la restitution, furent également soumises à l'examen d'une commission qui avait à prononcer par voie d'arbitrage, et dont le jugement devait être mis à exécution.

Toutes les stipulations que nous venons de rappeler avaient un caractère permanent et absolu : elles terminaient d'une manière irrévocable les discussions qui avaient eu lieu entre l'Angleterre et les États-Unis ; mais on joignit à ces premiers articles d'autres clauses qui ne devaient avoir qu'un effet temporaire. Les unes s'appliquaient aux relations commerciales que les Américains pourraient entretenir, soit avec les colonies anglaises des Indes orientales ou occidentales, soit avec les domaines britanniques en Europe ; les autres déterminaient quelles seraient, en temps de guerre, les restrictions mises à leur commerce maritime avec les autres nations.

Nous ne retrouvons plus dans les règles qui furent adoptées en cette circonstance ces principes protecteurs que les États-Unis avaient longtemps observés, et qui avaient assuré une garantie aux droits des neutres, en reconnaissant que le pavillon couvrait la marchandise. Il fut établi par ce nouveau traité que si un navire, rencontré en mer par un armateur, avait à bord quelques propriétés appartenant à l'ennemi, cette partie de sa cargaison serait de bonne prise. On mit au nombre des articles de contrebande, non-seulement les armes et les instruments de guerre, mais tous les matériaux qui pourraient directement servir à l'équipement des navires : tous étaient également soumis à la confiscation. Quant aux subsistances et aux autres objets qui n'étaient pas généralement regardés comme contrebande de guerre, mais qui pouvaient y être assimilés, on stipula que, toutes les fois qu'ils auraient été saisis pour ce motif, le propriétaire devrait être indemnisé de leur perte, soit par les capteurs, soit par le gouvernement sous l'autorité duquel ils auraient agi.

Ainsi se trouvait limitée cette franchise absolue de commerce et de navigation que les États-Unis avaient regardée jusqu'alors comme inhérente aux droits et à la jouissance de la neutralité. Le congrès, qui avait souvent proclamé et soutenu ces priviléges maritimes, ne se prêtait qu'avec peine à un tel sacrifice, et il ne trouvait pas que le traité de Londres lui offrît une compensation suffisante. Il regrettait surtout les entraves mises par ce traité aux relations habituelles des États-Unis avec les colonies anglaises des Antilles; et le sénat refusa de ratifier l'article 12 qui bornait ce commerce aux expéditions directement faites d'un territoire à l'autre, sans permettre aux navires américains de porter en Europe les productions des colonies : il désirait qu'on laissât à leur circulation plus de liberté; et les discussions amenées par cet incident firent différer d'une année entière l'échange des ratifications, qui n'eut lieu à Londres que le 28 octobre 1795.

Un traité d'amitié entre les États-Unis et l'Espagne venait d'être signé à San-Lorenzo par Thomas Pinckney et par le prince de la Paix, et il avait pour but de concilier les deux puissances sur la démarcation de leurs domaines et sur la navigation du Mississipi.

Les contrées qu'arrosent l'Ohio, le Kentucky et le Tennessée se plaignaient des entraves de cette navigation : le Mississipi et ses affluents étaient leurs voies naturelles de communication avec la mer; les traités de 1783 leur en avaient promis le libre usage; et toute restriction était une atteinte portée à leurs droits. Les habitants de l'Ouest le sentaient vivement : ils mirent de l'emportement dans leurs représentations : ils étaient disposés à se procurer de vive force la jouissance d'un privilége nécessaire à leur prospérité, à leur existence même; et le gouvernement fédéral eut quelque peine à contenir un mécontentement près d'éclater, et à empêcher que des hostilités imprévues ne vinssent traverser les négociations commencées.

On détermina avec précision, dans ce traité du 27 octobre 1795, la ligne qui devait séparer la Floride et le territoire fédéral, depuis l'Océan jusqu'au Mississipi : les États-Unis eurent pour limite occidentale le milieu du cours de ce fleuve, en le descendant jusqu'au trente et unième degré de latitude; et l'on convint que la navigation en serait libre jusqu'à son embouchure, pour les Américains et les Espagnols seulement, à moins que Sa Majesté Catholique n'étendît ce privilége à d'autres puissances par une convention spéciale. Un droit d'entrepôt à la Nouvelle-Orléans fut accordé pour trois ans aux citoyens des États-Unis; et si Sa Majesté Catholique ne le continuait point, elle devait leur assigner un entrepôt équivalent, sur une autre partie des rives du Mississipi.

Les principes de la liberté du commerce, même avec les ennemis, ceux de l'inviolabilité du pavillon qui doit couvrir la marchandise, ceux qui restreignent la contrebande aux armes et aux instruments de guerre, et qui ne rangent dans cette classe ni les bois de mâture et de construction, ni les autres articles nécessaires à l'équipement des navires, ni tous les objets utiles à l'entretien de la vie, furent formellement reconnus et garantis par ce traité.

Cette contradiction entre quelques-unes des clauses fondamentales de deux conventions, conclues vers la même époque, l'une avec l'Angleterre, l'autre avec l'Espagne, pouvait devenir embarrassante pour la politique des États-Unis. Ils restreignaient par un traité les droits du pavillon et du commerce, et ils leur laissaient par l'autre une entière latitude : ils avaient promis à l'Angleterre de partager avec elle la libre navigation du Mississipi, et ils convenaient avec la cour de Madrid qu'eux et les Espagnols jouiraient seuls de cette navigation.

Lorsqu'on publia l'un et l'autre traité, cette différence de stipulations dut être remarquée ; mais les États-Unis s'émurent faiblement des débats qu'elle pouvait faire naître : ils avaient obtenu de deux puissances tous les avantages qu'ils pouvaient en attendre : leur territoire était affranchi de la présence des troupes étrangères ; et l'entrepôt commercial qui leur était ouvert à la Nouvelle-Orléans les mettait sur la voie d'une prospérité nouvelle, et devait un jour leur assurer de plus importantes concessions.

Si, en écrivant l'histoire d'un peuple, on se bornait à signaler les actes politiques où sa puissance et sa volonté se montrent, où il établit ses rapports avec les autres États, où il déclare la guerre, pose les bases de la paix et règle ses relations de commerce, cette histoire ne serait peut-être que celle de son gouvernement : pour connaître la nation même, il faut pénétrer dans ses penchants, dans ses habitudes, et suivre ces mouvements libres et spontanés qui décèlent son caractère, et qui peuvent influer sur les progrès de sa marche sociale et de sa prospérité.

On peut remarquer aux États-Unis que la plupart des développements de la puissance sont l'ouvrage des citoyens eux-mêmes, et s'accomplissent sans l'intervention du gouvernement. C'est au sein même de la famille que se forment les plus aventureuses entreprises, que se prend la résolution de défricher les terres incultes, d'aller peupler le désert, de commencer par la fondation d'un hameau celle d'un nouvel État. Les émigrants ont renoncé sans retour au sol natal ; et ils sont animés et soutenus par la nécessité même du succès.

Le tableau d'une de ces expéditions peut faire apprécier leur importance. Que l'on se représente un jeune cultivateur, récemment uni à une épouse de son choix. Tous deux partent pour les contrées de l'Ouest, après avoir reçu la bénédiction paternelle. Un vaste char porte tous les trésors qui doivent aider à leur établissement : c'est la hache et la scie ; ce sont des ustensiles pour les usages domestiques, pour la culture, et pour les besoins d'une industrie naissante. Des graines pour les premières semailles, d'autres subsistances jusqu'à l'époque des récoltes, forment leur approvisionnement. Des cages où l'on a rassemblé des oiseaux de basse-cour surmontent ce confus équipage ; et la villageoise, voyageant sur son trône, comme la reine de la colonie qui va s'établir, chante les plaisirs de son enfance, ou la douceur de ses liens, ou les espérances de l'avenir. Son époux, le fusil sur l'épaule, conduit la marche du char triomphal, qui entraîne, attachés à sa suite autant d'esclaves, le bélier, le taureau, le coursier, pleins de force et de jeunesse. D'autres animaux domestiques marchent en liberté ; mais le chien qui les a sous sa garde, comme un serviteur fidèle, presse leurs pas, les retient unis en un seul cortége, et secondé par sa vigilance les soins et les travaux de son maître (voy. pl. 71).

Une autre famille, une autre escorte semblable, s'est réunie à la première : leur perspective est la même : les deux chefs iront établir dans le voisinage l'un de l'autre leurs nouvelles demeures ; ils s'entr'aideront dans leurs besoins et dans les accidents imprévus ; les enfants qu'ils espèrent grandiront ensemble ; déjà même leurs pensées et leurs vœux s'élancent vers un long avenir : les familles s'uniront un jour entre elles par les nœuds les plus saints ; la solitude des forêts qui les entourent aura disparu, et de nouvelles prospérités sont promises à leurs générations.

Cette perspective encourage les premiers habitants : cependant on ne l'entrevoit encore qu'à travers les fatigues et les privations. Il faut tout créer dans un pays sauvage : ces terrains sont rebelles à la culture; et lorsque vous avez abattu par la hache et le feu de vastes forêts, leurs racines restent engagées dans le sol. Que de peines pour les extirper, pour essarter la terre, pour en arracher les rocs dont elle est hérissée, pour détourner les eaux marécageuses qui l'envahissent, et pour leur assurer un libre écoulement! Le travail doit assainir cette humide fange; mais des fièvres contagieuses ne viendront-elles pas assaillir le cultivateur, et frapper de mort les premiers hôtes de ces contrées? La culture de la terre est alors suspendue; et le pays a perdu sa végétation indigène, sans donner encore de nouveaux fruits. Cependant la route est ouverte, et l'on suit la trace de ses guides : un travail commencé laisse quelque héritage à recueillir : on vient remplacer les premiers occupants, et le labeur devient moins pénible sur une terre à demi défrichée : la charrue y ouvre ses sillons : la patate, le maïs vont se reproduire : on prolonge une clôture autour de ses plantations : une cabane rustique en occupe le centre ; et les hommes, recueillis sous ces humbles toits, commencent bientôt des édifices plus durables et plus réguliers (voy. pl. 72).

Le temps s'écoule rapidement entre l'enfance et la jeunesse de ces colonies. Un pays déjà exploré va se cultiver avec plus de discernement : la qualité du sol est connue, et l'on peut y naturaliser d'autres productions : des mines sont découvertes; on a trouvé des lignes de navigation pour le commerce : les artisans arrivent, et les usines viennent à s'établir. Déjà le travail se multiplie sous toutes les formes : il se proportionne aux besoins des habitants; et à mesure que la colonie augmente, il se développe avec son bien-être, se prête à ses exigences, et parvient à assimiler l'industrie à celle des autres États d'où les fondateurs étaient partis. Ils avaient eu l'avantage d'entreprendre leurs nouveaux établissements avec toutes les ressources qu'offre le développement des arts et de l'intelligence humaine. Aussi la cité nouvelle s'organise aisément; et comme elle émane d'une société déjà florissante, elle est naturellement conduite à n'adopter que des institutions analogues.

Nous avons vu que la principale population des États de l'Ouest leur était envoyée par ceux de l'Atlantique ; mais qu'elle était souvent accrue par l'effet des révolutions et des guerres de l'ancien monde. L'Europe était alors en proie à tant de calamités, qu'un grand nombre d'hommes allaient chercher au delà des mers un refuge. La religion avait eu ses proscrits; la politique eut les siens : chacun venait jouir de la tolérance, de la liberté civile, de la sécurité; et la confédération américaine, enrichie des pertes des autres nations, eut bientôt à compter quelques nouveaux États. Deux gouvernements territoriaux avaient été érigés en 1790 dans le Kentucky et le Tennessée : l'un et l'autre pays furent admis au rang des États, l'un en 1792, l'autre en 1796; le territoire de l'Ohio n'obtint la même admission que six ans après : il avait été plus fréquemment exposé aux incursions des Indiens, et ce péril habituel avait nui aux premiers progrès de la population et de la culture.

Un des plus sûrs moyens de favoriser le défrichement des pays de l'Ouest fut l'occupation d'une grande étendue de terres publiques, par les hommes qui avaient servi durant la guerre de l'indépendance : ils se distribuèrent dans les cantons qui leur étaient répartis; et ces concessions étant voisines les unes des autres, une contrée entière put être mise en valeur à la fois, et trouver des mesures de défense dans la facile réunion de ses ressources et de ses forces. Ce n'était pas que ces arrondissements territoriaux pussent s'assimiler à des colonies militaires, assujetties à des prestations personnelles, et imposant aux possesseurs l'obligation d'un service de guerre. Aucune condition spéciale ne leur était prescrite; mais leur courage était exercé : les combats leur étaient familiers, et leurs levées volontaires pouvaient couvrir tout ce pays d'un vaste bouclier.

A mesure que la population s'étendait dans ces contrées, le gouvernement cherchait à en lier toutes les parties, en multipliant entre elles les moyens de communication. L'établissement et les correspondances de la poste aux lettres recevaient de jour en jour des accroissements proportionnés aux besoins. L'autorité publique n'en faisait pas les frais : elle contractait, pour chaque grande ligne de service, avec des entrepreneurs particuliers, et sans avoir à entrer dans leurs dépenses elle recueillait une portion de leurs bénéfices. Ce mode de correspondance offrait sans doute moins de garantie : les transports de lettres n'étaient pas toujours faits par les agents destinés à cet emploi; souvent on recourait aux voyageurs qui avaient la même direction à suivre, et l'intérêt ou les secrets des familles se trouvaient à leur merci; mais ils en abusaient peu, et quelquefois même leur voiture se trouvait chargée, à leur insu, de la valise des dépêches.

Dans les régions encore couvertes de forêts, où la culture commençait à peine et où les habitants étaient rares et dispersés, on suppléa plus d'une fois à l'établissement d'un bureau de poste, en suspendant à un arbre placé sur la route la boîte où les lettres devaient être déposées. Les messagers y laissaient la correspondance; elle était relevée, à jours fixes, par les facteurs chargés d'en faire la distribution dans l'arrondissement voisin : on confiait au même dépôt les lettres qui devaient partir, et l'arbre tutélaire était placé sous la sauvegarde de la foi publique. Les Indiens eux-mêmes s'étaient accoutumés à respecter ces *étoffes parlantes :* ils leur attribuaient une espèce de pouvoir magique qu'ils n'osaient braver, et la croyance aux sortilèges protégeait un si fragile moyen de communication.

Quand cette facilité de correspondre eut rendu moins sensible la longueur des plus grandes distances, tous les échanges de secours et de services entre les différentes parties de la confédération devinrent plus nombreux : un mouvement général semblait entraîner vers les États de l'Ouest toutes les spéculations, tous les intérêts; et au désir d'un accroissement de bien-être individuel se joignait la flatteuse espérance d'agrandir le territoire et la puissance de sa patrie.

Le rapide développement de quelques États était puissamment secondé par cet esprit d'association dont nous avons déjà signalé l'influence, et qui mettait en commun les ressources et la volonté d'un grand nombre d'hommes. Cet emploi de la force et des masses avait fait ériger autrefois des monuments gigantesques; et si les bras de tout un peuple avaient pu élever ou aplanir des montagnes, quelle ne devait pas être la puissance du nombre, lorsque, dirigée par un grand développement intellectuel, elle s'appliquait aux premiers intérêts de la société, et à tout ce qui peut accélérer ses progrès! Alors tout conspire au même but; mais les travaux se partagent, et chaque entreprise est séparément conduite. Une compagnie d'actionnaires s'est formée pour la construction d'une route ou le creusement d'un canal; une autre pour le dessèchement d'une région marécageuse : ici l'on commence l'exploitation des mines; là différentes usines sont mises en mouvement, et ce qu'un homme ne peut faire est essayé par une corporation. Cependant quelles sont les ressources dont elle dispose pour subvenir à ses dépenses? Elle s'appuie sur le crédit et s r la confiance qu'elle a fait naître. Ces compagnies manquaient de bras, mais il arrive des étrangers qui cherchent du travail; elles manquaient de numéraire, mais le papier qu'elles émettent en tiendra lieu. Des banques particulières se sont formées; la circulation de tous ces signes monétaires est librement ouverte; c'en est assez pour assurer le payement de la main-d'œuvre et les échanges du commerce. On peut compter sur la réussite de ces entreprises, prudemment conçues et suivies avec persévérance; mais de téméraires spéculateurs, accablés du poids de leurs charges, tombent au milieu de leurs travaux imparfaits; et cette ardeur infatigable, qui se porte habituellement vers des opérations difficiles et hasardeuses, explique de nombreuses faillites, occasionnées par l'insuffisance des moyens mis en usage. Elles seraient moins fréquentes dans un pays où toutes les dépenses qui ont un but d'utilité publique seraient faites par le gouvernement lui-même, car il pourrait déployer un ensemble de ressources et de forces dont les associations particulières ne disposent point; mais aux États-Unis le soin des améliorations locales est souvent abandonné aux populations qui en attendent le plus d'avantages.

Tous les intérêts sont tellement liés chez un peuple industrieux et commerçant, que la ruine d'un spéculateur, exagéré dans ses entreprises, entraîne celle des créanciers dont il avait emprunté les ressources. S'il a dissipé leur fortune, les institutions publiques et l'opinion opposent à cet abus de confiance un frein trop impuissant, et l'indulgence des lois sur les faillites prive de toute garantie les transactions dont la bonne foi devrait être toujours la base. On semble avoir craint de mettre des bornes à cette active et puissante émulation qui, en commençant une entreprise, souvent ruineuse pour son auteur, la fait ensuite prospérer entre les mains de l'homme qui s'en empare et la conduit à son terme. Mais au-dessus de ces intérêts et de ces calculs s'élèvent les lois de l'équité : elles seront toujours considérées comme les plus durables éléments de la grandeur; et si l'on doit croire au perfectionnement graduel de toutes les institutions sociales, cette partie de la législation américaine sera sans doute rectifiée.

C'est surtout dans les questions religieuses que l'esprit d'association se développe avec un zèle qui aurait moins de ferveur dans les affaires humaines. Chaque communion jouit d'une entière liberté dans ses dogmes et dans son mode d'adoration; chacune a ses temples, et forme une corporation distincte qui pourvoit à l'entretien de ses ministres, aux frais du service et à toutes les cérémonies saintes. Le gouvernement ne s'immisce dans aucune de leurs pratiques; son autorité n'atteint que les actions qui blesseraient l'ordre social, et tous les rapports entre l'homme et la Divinité ne sont plus de son domaine.

Cette indépendance religieuse, n'étant restreinte par aucune entrave, a déjà fait naître dans les croyances primitives un certain nombre de scissions ; et depuis l'époque où ces diverses communions, persécutées dans l'ancien monde, vinrent chercher un asile dans le nouveau, nous les avons vues perdre en se démembrant cet esprit de haine et de jalousie qui les avait animées si longtemps. Chacune d'elles avait la même origine : toutes remontaient également à la révélation et aux livres saints; et comme elles s'étaient réservé le droit d'interpréter l'Écriture, elles permirent le même examen à de nouveaux commentateurs. Plusieurs d'entre eux ne différaient que par des nuances; d'autres parvinrent à former des corps de doctrine.

Après avoir retracé, dans le second livre de cette histoire, les religions que les fondateurs des colonies avaient apportées en Amérique, nous avons à suivre quelques-unes de leurs ramifications, à rappeler celles qui obtinrent le plus d'empire sur l'opinion.

L'Église anglicane continuait d'avoir un grand nombre de prosélytes. Elle reconnaît dans sa confession de foi la trinité, l'incarnation du Fils de Dieu, la divinité du Saint-Esprit : elle nie le purgatoire, rejette les indulgences, la vénération des images et des reliques et l'invocation des saints, condamne le célibat du clergé, et se rapproche de quelques principes de la réformation sur les sacrements et sur l'interprétation des mystères; mais elle en diffère essentiellement par ses règles sur la hiérarchie et la discipline ecclésiastique, par le désir de maintenir l'uniformité de la doctrine, et de ne point l'abandonner aux innovations arbitraires, que voudraient y introduire des hommes sans caractère et sans mission.

Cependant à peine l'Église anglicane s'était séparée du saint-siège, qu'un grand nombre de dissidents s'élevaient déjà contre elle; et quoiqu'ils fussent divisés entre eux par quelques opinions et quelques rites, ils se réunissaient dans une commune opposition contre une autorité qui prétendait leur imposer sa croyance. Leur parti était même devenu plus redoutable, parce qu'ils ne s'étaient pas bornés à des spéculations religieuses, et qu'ils avaient désiré faire passer dans l'administration civile les principes de démocratie auxquels la constitution de leurs Églises les avait accoutumés. Aussi leurs diverses associations et leur esprit d'indépendance prêtèrent un puissant appui aux hommes qui se présentèrent comme réformateurs du gouvernement.

Les anabaptistes, répandus dans presque tous les États de l'Union, n'étaient pas restés immuables dans leurs doctrines. Une Église où chacun avait le pouvoir de la prédication devait être souvent agitée par l'exaltation ou l'éloquence de ceux qui avaient reçu l'inspiration du ciel, et cet enthousiasme favorisait encore l'esprit novateur. Ces religionnaires formaient déjà neuf congrégations différentes : chacune d'elles avait ses assemblées, ses ministres, et l'on pouvait prévoir des démembrements ultérieurs.

Les frères moraves, autres réformateurs du luthéranisme, s'étaient rendus également populaires : ils s'attachaient, comme les anabaptistes, à soutenir l'autorité de leurs doctrines par la gravité et l'austérité de leurs mœurs; leur conduite prévenait en faveur de leur croyance, et les terres que fécondait leur travail passaient pour être bénies du ciel. Ils envoyaient au loin leurs missionnaires, non-seulement dans les villes et les campagnes occupées par les hommes civilisés, mais au milieu des nations indiennes qu'ils cherchaient à convertir à la foi et à l'ordre social.

Quelquefois, en se tenant hors de la ligne des coutumes et des opinions reçues, une corporation se met encore plus en évidence. Les moraves formaient entre eux de véritables communautés religieuses : leurs assemblées réglaient le travail de chaque frère, disposaient de son temps, déterminaient son sort, ne laissaient pas même aux jeunes sœurs le choix de leurs plus doux liens, et leur proposaient les époux qui leur étaient destinés. Un système où l'on ne tenait pas compte des penchants mutuels faisait craindre qu'un grand nombre d'unions ne fussent mal assorties; mais on croyait écarter ce péril en laissant aux personnes qui ne se seraient pas convenu le droit de consulter trois fois le sort. Si l'épreuve leur était favorable, elles s'en autorisaient pour refuser le parti proposé; et ce recours offrait une légitime excuse, un moyen de supercherie peut-être, à celles qui avaient en vue un mariage d'inclination, ou qui désiraient conserver leur liberté. Le temps fit tomber en discrédit un usage que l'on avait appris à éluder; et l'on se rapprocha davantage des coutumes de la société, lorsqu'on eut reconnu que les mariages les plus heureux ne dépendaient ni de la volonté d'autrui ni des caprices du sort.

La communion qui fit le plus de progrès aux États-Unis était celle des méthodistes. John Wesley, leur fondateur, naquit en 1703, à Epworth en Angleterre, et se fit remarquer de bonne heure par une imagination vive et enthousiaste. La lecture habituelle de l'*Imitation de Jésus-Christ* le disposait à la vie intérieure : il entreprit la réforme de l'Église anglicane, après avoir attiré dans ses opinions une partie des étudiants de l'université d'Oxford, où il avait terminé ses études, et il poursuivit le cours de ses prédications, soit en Angleterre, soit en Amérique, où il fut puissamment secondé par l'éloquence de Whitefield, qui ensuite se sépara de lui. Wesley avait d'abord suivi les principes des moraves et des hernhutes, mais il les trouva trop mystiques dans leur croyance, trop séparés des autres hommes, et trop restreints dans leur charité. La foi lui paraissait être un don de l'Esprit saint : c'est elle qui justifie, mais elle a besoin du concours des bonnes œuvres. Si l'on est étranger aux lumières de la foi, cette erreur ne peut pas être punie comme un péché : le bonheur ou le malheur dans l'autre vie dépend de la conduite que l'on a tenue dans celle-ci ; les hommes ne sont pas prédestinés, et la sagesse d'un Dieu juste et miséricordieux a prévu leur sort, mais elle ne l'a pas décidé, et n'a pas entravé leur libre arbitre.

Le clergé méthodiste admet une hiérarchie, à la tête de laquelle sont placés des évêques. Les principaux ministres du culte se réunissent tous les ans en conférence : on règle dans ces assemblées le nombre des prédicateurs pour chaque arrondissement ; on veille à l'observance de la discipline ; le clergé reçoit ses nouveaux membres, et les aspirants qui désirent être admis à exercer la prédication sont mis à l'épreuve pendant plusieurs années, avant d'être confirmés dans le ministère.

Il y a deux sortes de ministres : les uns sont fixés dans les villes, les autres sont voyageurs. Ceux-ci pénètrent dans les pays où les habitations sont encore isolées, et ils tiennent quelquefois en pleine campagne des assemblées, des *meetings*, où leurs coreligionnaires accourent de toutes parts. Ces convocations de tous les chrétiens dispersés dans une vaste contrée, avaient lieu durant les premiers siècles de l'Église ; et quand les fidèles n'avaient pas de temples où ils pussent se réunir, ils venaient prier ensemble sous la voûte du ciel. Les méthodistes se sont réglés sur cette tradition ; et si leurs *meetings* ont été quelquefois un sujet de censure, ce reproche ne peut porter sur l'intention qui les a fait établir. Les réformateurs religieux ne peuvent prétendre à quelque influence dans une société civilisée qu'en respectant les principes qui l'animent et la conservent, et une institution dirigée contre les mœurs serait réprouvée par l'opinion publique.

Mais, si nous considérons qu'au milieu de ces grandes assemblées tous les assistants ne se bornent point à recueillir la parole de Dieu, et qu'après avoir entendu les chants religieux et la prédication, ils cèdent eux-mêmes à une inspiration soudaine, pour adresser hautement au ciel leurs prières avec un degré de ferveur qui va jusqu'à l'extase, pour s'accuser publiquement de leurs fautes, et pour donner le plus libre essor à leur repentir, nous pouvons reconnaître dans cet excès d'émotion, qui trouble quelquefois toutes les facultés de l'âme, un état d'exaltation dont les passions humaines peuvent tirer avantage. La jeunesse, qui vient de déclarer les combats et les faiblesses de son cœur, n'a-t-elle pas remis une arme contre elle à ceux qui chercheront à la séduire ? On apprend qu'elle a pu faillir, et la vivacité même de ses regrets a trahi celle de ses penchants.

Ces assemblées durent souvent plusieurs jours ; il a donc fallu se pourvoir de subsistances. Un grand nombre prennent en commun leurs repas ; et, dans ces nouvelles *agapes*, on perd souvent le fruit de la prédication et de la prière ; les erreurs que l'on s'était reprochées reparaissent plus excusables : les ténèbres qui viennent ensuite jeter un voile sur les actions, peuvent favoriser quelques déréglements. La nuit est semée de pièges ; et la vertu qui chancelle a besoin des regards du monde et des rayons du jour. Mais ces remarques ne s'appliqueraient pas au méthodisme seul : d'autres communions religieuses ont vu quelques-unes de leurs cérémonies également exposées aux profanations ; et l'intérêt de la morale publique les a souvent conduites à renoncer aux réunions nocturnes et mal surveillées, dont la corruption ou la fragilité du cœur pourrait abuser.

Le fondateur des méthodistes mourut en 1791, après avoir affermi ses doctrines, et avoir obtenu dans tous les rangs de la société de nombreux et fervents disciples. Les pratiques sont les mêmes pour tous, mais le don d'inspiration varie; et la forme et le fond de leurs prières improvisées se modifient selon le degré de leur éducation et la portée de leur intelligence. Le langage devient éloquent ou vulgaire, enthousiaste ou mesuré : il révèle les inégalités de caractère, d'esprit et de penchant, et tout ce qu'il y a de grandeur ou d'abattement au fond du cœur. La plupart des esclaves sont méthodistes : ces hommes, égaux par le malheur, s'unissent aussi dans leurs vœux et leurs prières : ils ne rencontrent plus leurs maîtres en s'élevant vers le Dieu qui console.

Le catholicisme, qui passa en Amérique avec les différentes branches du christianisme, ne s'était d'abord établi que dans le Maryland, où une colonie irlandaise avait été conduite par lord Baltimore : mais sa sphère s'est agrandie; et, dans la plupart des États, cette Église a augmenté le nombre de ses néophytes. La majesté de ses temples, la pompe des autels, la solennité des cérémonies saintes, l'éclat, l'harmonie de tous ces chants que mille voix répètent, disposent l'âme à changer de région et à s'élever vers le ciel. Cette influence des signes n'est pas encore la piété même, mais elle fait naître le recueillement, et conduit à la prière. En ébranlant l'imagination de l'homme, on a pénétré plus vivement jusqu'à son cœur : l'orateur sacré devient alors plus puissant; il domine du haut de la chaire évangélique tous les intérêts humains, et la morale à laquelle il imprime le sceau de la religion devient la parole de Dieu.

La libre pratique de toutes les croyances, fondées sur l'ancienne et la nouvelle loi, n'a été suivie d'aucun trouble aux États-Unis; et ce calme n'est point l'effet d'une indifférence religieuse. Chaque homme continue d'appartenir à une communion de son choix : il en observe les règles; il contribue aux frais de ses établissements de piété, d'instruction ou de bienfaisance; et, s'il abandonne les cités pour aller former au loin un nouvel établissement, ces opinions religieuses s'emparent plus fortement de lui, lorsque, livré à de pénibles travaux, et trop averti de sa faiblesse, il a besoin qu'un invisible protecteur veille constamment sur lui. Plus sa situation est difficile, plus il désire et il espère l'intervention de la Divinité dans les affaires humaines.

La diversité des communions doit attirer aux États-Unis un plus grand nombre d'émigrants. Chacun des étrangers qui s'y rendent est sûr d'y trouver sa croyance établie : elle forme entre lui et les anciens habitants un premier lien; elle fait disparaître par l'association religieuse la différence des origines; et la fusion des intérêts commence par celle des opinions.

Les libertés religieuses et civiles que nous venons de rappeler étaient constamment protégées par le gouvernement fédéral : il y voyait des principes d'émulation et de prospérité : toutes ses institutions s'affermissaient; les différentes branches d'administration étaient organisées; et Washington, l'un des premiers artisans de ce grand ouvrage, cherchait, avant tout, à le mettre à l'abri des innovations, et à ne pas rejeter son pays dans une crise nouvelle. L'Amérique eut sans doute à se féliciter d'une si prudente réserve, en contemplant le spectacle des commotions de l'Europe : deux nations généreuses y avaient été attaquées par les ennemis de leurs récentes institutions, et l'un de ces deux peuples venait de succomber. Sa destinée toucha Washington, et il apprit en même temps les malheurs d'un héros qui avait servi près de lui la cause de l'indépendance américaine.

Kosciusko, accoutumé à combattre pour de si grands intérêts, avait été, après son retour en Europe, un des premiers défenseurs de la constitution polonaise de 1791, qui avait eu pour but de relever sa patrie, et d'en rendre le gouvernement plus fort et plus régulier, en supprimant le *liberum veto*, et en affaiblissant les germes d'anarchie semés dans les anciennes lois. Mais la confédération de Targowice vint déchirer de nouveau ce peuple qu'on avait voulu réunir : elle favorisait les Russes contre lesquels Kosciusko combattait. Ce général les vainquit à Dubienka le 17 juillet 1792, sans que son gouvernement lui permît de profiter de ses avantages ; et , lorsqu'il vit la cause nationale abandonnée par le roi lui-même, qui lui ordonnait de cesser les hostilités, il s'exila en s'écriant : « O Dieu ! accorde-moi de « tirer encore l'épée pour ma patrie. »

Quand la Prusse et la Russie eurent décidé le second partage de la Pologne, ses généreux défenseurs se dévouèrent encore pour elle ; et une conspiration pour sa délivrance fut tramée dans un profond secret, quoiqu'elle eût dans tout le royaume des ramifications. Les exilés se dirigèrent sur Cracovie, où le projet devait éclater : quelques débris de l'armée polonaise parvinrent à s'y réunir : d'autres insurgés accouraient de toutes les provinces, armés de faux, de haches, de lances redoutables ; on se hâta de profiter de cette ardeur, et Kosciusko, nommé généralissime le 24 mars 1794, remporta, le 4 avril, une première victoire qui exalta les espérances de la nation entière. Pendant plus de six mois, ce guerrier tint glorieusement la campagne : il était secondé par l'intrépide dévouement de ses compagnons d'armes ; et , déployant autant d'habileté que de valeur, il harcela les mouvements des ennemis, coupa leurs communications, et leur fit lever le siège de Varsovie qu'ils investissaient depuis deux mois. Mais , après avoir soutenu héroïquement cette lutte inégale, à Raslawice, à Chelm, et partout où il combattit, il vit enfin expirer l'indépendance de sa patrie, le 10 octobre 1794, dans la sanglante journée de Macéjowice, où ses troupes, s'obstinant au combat contre une armée beaucoup plus nombreuse, furent taillées en pièces. Kosciusko, percé de coups, était tombé sur le champ de bataille. Il fut relevé par l'ennemi, pour aller subir en Russie une dure captivité, qui ne cessa qu'après la mort de l'impératrice Catherine. Paul Ier, respectant sa vertu et son malheur, le rendit alors à la liberté ; et Kosciusko abandonna l'Europe pour chercher un asile aux États-Unis. Il portait encore l'empreinte de ses glorieuses blessures, et les rigueurs de sa prison l'avaient affaibli ; mais l'égalité de son âme, la pureté de sa vertu , l'ineffaçable beauté de son caractère, n'étaient point altérées. Il revit avec émotion les champs de Saratoga où il avait combattu , le plateau élevé de West-Point, dont quelques rochers sauvages étaient encore consacrés par son nom, et les fertiles campagnes, les cités nombreuses, dont la prospérité s'était accrue depuis la guerre de l'indépendance. L'illustre Polonais comparait la destinée des deux pays, et faisait des vœux pour le sien, sans espérer de les voir s'accomplir : il cherchait, dans ce deuil patriotique qui ne le quitta plus, à éviter les publics hommages ; et la modeste simplicité de sa vie faisait encore mieux ressortir le lustre de sa gloire. Tel il parut en Amérique, tel il revint ensuite en Europe, lorsqu'il adopta la France pour sa nouvelle patrie.

Un Français, dont les Américains se rappelaient les services avec reconnaissance, éprouvait, depuis 1792, d'autres infortunes. La Fayette avait pu reconnaître, en traversant les premiers orages de la révolution , qu'elle commençait à sacrifier les hommes qui voulaient en modérer le cours ; et que le peuple, inconstant dans son enthousiasme, élevait et brisait ses idoles. Ce général, que la faveur populaire avait d'abord suivi à la tête de l'armée du Nord, avait ensuite été proscrit ; et, en voulant se réfugier en Belgique pour gagner la Hollande et se retirer aux États-Unis, il était tombé entre les mains de l'ennemi, et avait été successivement transféré dans les prisons de Magdebourg et dans celles d'Olmutz. Le gouvernement fédéral voulut lui témoigner, au milieu de sa captivité et de son dénûment, l'intention d'adoucir une situation si pénible ; et le 27 mars 1794, le président revêtit de sa sanction un acte du congrès qui allouait au major général la Fayette sa solde et ses émoluments, pour le temps où il avait été au service des États-Unis : le congrès, ménageant sa délicatesse, ne voulait paraître qu'acquitter une dette envers lui. Washington recommanda aux légations d'Amérique en Europe d'employer leurs bons offices pour obtenir sa liberté, et il s'adressa ensuite directement à l'empereur d'Autriche Léopold. Ce n'était pas comme chef de nation, c'était en son nom propre qu'il demandait que la Fayette pût se rendre aux États-Unis, sous les conditions que l'empereur fixerait lui-même : les liens de l'amitié, les sentiments de l'humanité lui dictaient cette démarche; il ne réclamait que ce qu'il aurait accordé lui-même; et il croyait offrir à Léopold l'occasion d'exercer un acte de magnanimité, utile à sa politique et à sa gloire.

Un grand nombre de Français s'étaient retirés en Amérique, et chacune des phases de la révolution y avait fait passer de nouveaux réfugiés. Après la proscription des grandeurs était venue celle des richesses : les hommes placés au-dessus du commun niveau avaient été indistinctement menacés; et toutes ces classes, différentes par leur ancienne position, mais réunies par la condition de l'exil, avaient cherché au delà des mers un pays où tous les malheurs pussent s'abriter.

Au milieu de ces anciens possesseurs, de ces négociants, de ces manufacturiers actifs et industrieux, qui n'avaient sauvé que leurs jours, et qui trouvaient dans un accueil hospitalier et dans leur crédit quelques moyens de relever les débris de leur fortune, plusieurs voyageurs, négligeant ces pénibles soins, et occupés de plus hautes spéculations, étudiaient les mœurs simples des aborigènes, ou les institutions des peuples les plus avancés, ou les aspects, les sites, les caractères naturels du pays. M. de Châteaubriand cherchait les impressions attachées au grand spectacle du nouveau monde, et allait suivre dans le pays des Choctaws et des Natchez, les brillantes inspirations de son génie : la Rochefoucauld-Liancourt, analysant dans ses voyages les mœurs, les lois et toutes les branches de l'administration, s'attachait surtout aux établissements d'humanité et de bienfaisance dont l'exemple pouvait être imité : Volney développait ses systèmes physiques et géologiques sur les vents, les courants, le climat et le sol des États-Unis. L'Amérique offrait à la même époque d'autres sujets d'observation à des hommes d'État, occupés des plus graves questions de l'économie politique, du commerce et des colonies, et à de jeunes princes qui continuaient de faire servir à leur instruction les jours de l'exil et les leçons de l'adversité. Quelques réfugiés de la France et de ses colonies avaient marqué les lieux de leur retraite par les noms d'*Azylum* en Pensylvanie, de *Gallipolis* sur les rives de l'Ohio, ou par quelques autres dénominations qui leur rappelaient la patrie absente; mais une partie de ces essais de colonisation ne prospéra point; et quand les portes de la France se rouvrirent à la plupart des exilés, ils aimèrent mieux jouir encore du pays natal, s'y rattacher à d'autres espérances, et chercher à recueillir quelques biens échappés au commun naufrage.

Après une si longue tourmente, la chute de Robespierre promit enfin des jours meilleurs aux amis de l'humanité et à ceux de la paix. Monroe, que le congrès venait d'envoyer en France, apprit, en arrivant au Havre, cette mémorable journée du 9 thermidor an III (27 juillet 1794); sa mission allait s'ouvrir sous de plus favorables auspices. Ce ministre fut reçu avec empressement et solennité, le 14 août, par la Convention nationale; et le président lui exprima les vœux fraternels que le peuple français adressait au peuple américain. Le pavillon des États-Unis fut offert à la Convention; elle l'arbora dans la salle de ses séances à côté des couleurs françaises; et le nouveau ministre qu'elle envoyait en Amérique fut chargé d'offrir au congrès le drapeau de la France.

Ces prévenances mutuelles paraissaient annoncer le désir de se concilier, et Monroe présenta au comité de salut public les réclamations du gouvernement fédéral contre différents actes qu'il regardait comme des infractions aux traités : mais l'examen de ces demandes entraîna des lenteurs ; et nous avons, sur ces entrefaites, à rendre compte de quelques autres intérêts de cette mission.

Les États-Unis, qui avaient conclu, le 25 janvier 1787, un traité d'amitié et de commerce avec l'empereur de Maroc, n'en avaient pas encore avec la régence d'Alger; et les négociations qu'ils faisaient suivre auprès d'elle n'étaient pas terminées, lorsque le commandeur Cibon, chargé d'affaires de Malte à Paris, adressa à Monroe, le 26 octobre 1794, quelques observations sur l'intérêt que pourraient avoir les États-Unis et l'Ordre de Malte à se rapprocher et à s'unir par un continuel échange d'attentions, d'égards et de services. Il représentait que les navigateurs américains, toujours nombreux dans la Méditerranée, étaient exposés à devenir la proie des corsaires algériens; que l'île de Malte, placée au centre de cette mer, entre l'Afrique et la Sicile, pourrait leur offrir un asile et des secours de tout genre, et qu'il serait utile au commerce des États-Unis de trouver dans ces parages de beaux ports, des provisions, et même des moyens de défense contre les pirates barbaresques. En échange de ces avantages, il demandait que les États-Unis accordassent à l'Ordre de Malte quelques terres, dont l'étendue serait déterminée de concert entre les deux gouvernements, et dont la concession, formellement garantie par la confédération américaine, serait faite à perpétuité.

Monroe instruisit son gouvernement des propositions qui lui étaient faites; et en remerciant le chargé d'affaires de Malte des intentions amicales de cet Ordre, il crut devoir entrer dans quelques explications sur les terres vacantes dont les États-Unis pouvaient en effet disposer. Ils les mettaient en vente, et en cédant le droit de propriété seulement, ils se réservaient la haute juridiction : le gouvernement de ces territoires était indiqué d'avance; il devait être électif ou républicain, et faire partie du système national déjà établi.

Ces conditions n'auraient sans doute pas rempli les vues de l'Ordre de Malte qui, ayant perdu en Europe la plus grande partie de ses domaines, pouvait désirer de réparer ses pertes en Amérique. Ses propositions n'eurent aucune suite; et le gouvernement des États-Unis, aimant mieux faire la paix avec les régences barbaresques que de prendre d'autres garanties qui auraient pu maintenir un état d'hostilité, conclut avec les Algériens, le 5 septembre 1795, un traité de paix et d'amitié. L'année suivante il signa un autre arrangement avec le bey de Tripoli; et les clauses en furent garanties par le dey et la régence d'Alger.

Les Américains voulurent, par ce dernier traité, être formellement à l'abri de toutes les attaques dirigées contre le pavillon chrétien; et l'article qui renferme cet engagement est ainsi conçu : « Comme le gouvernement des « États-Unis d'Amérique n'est fondé « en aucun sens sur la religion chré- « tienne, et ne porte en lui-même « aucun caractère d'inimitié contre les « lois, la religion ou la tranquillité des « Musulmans, et comme les États-Unis « ne sont jamais entrés dans aucune « guerre, dans aucune hostilité contre « quelques nations mahométanes, il « est déclaré par les parties contrac- « tantes qu'aucun prétexte, résultant « d'opinions religieuses, ne devra ja- « mais interrompre l'harmonie qui « existe entre les deux pays. »

Toute guerre de croyance se trouvait écartée par cette disposition; et les rapports des Américains avec Tripoli allaient préserver d'un danger habituel leur navigation dans la Méditerranée.

Mais d'autres armements en course continuaient de harceler leur commerce maritime, soit dans les parages de l'Europe, soit dans les Antilles où ils étaient spécialement encouragés. La politique de la Convention nationale envers les Américains était restée la même, et le comité de salut public avait d'abord cherché à les déterminer à une alliance, en leur rendant encore plus périlleux l'état de neutralité : il avait demandé que l'on se montrât allié ou ennemi, et il semblait regarder comme un projet hostile contre la France tout rapprochement avec l'Angleterre.

Nous avons vu avec quelle prudence Washington avait conjuré ce premier orage. Croyant la paix nécessaire, et conservant toujours ses anciens sentiments d'affection envers la France, il avait su résister au zèle immodéré des partis qui, en l'excitant à la guerre, aspiraient secrètement à lui ravir l'autorité, et à changer l'esprit des institutions fédérales. Jusqu'alors cette réserve avait réussi : la France elle-même avait évité une rupture : un mélange de plaintes et de protestations d'amitié se retrouvait dans les communications des deux gouvernements : l'animosité n'allait pas jusqu'à la menace, et la mésintelligence actuelle n'excluait pas le désir d'une réconciliation. Toutes les démarches de Monroe tendirent vers ce but ; et le comité de salut public, ayant enfin égard aux représentations du ministre américain, arrêta, le 18 novembre 1794, que les vaisseaux des États-Unis et ceux des autres puissances neutres seraient librement admis dans tous les ports de France, et qu'ils en sortiraient sans obstacle, quelle que fût leur destination ultérieure. Les commandants de tous les armements maritimes étaient chargés de faire respecter à leur égard les droits des neutres et les stipulations des traités : les vaisseaux de ces puissances ne pourraient pas être détournés de leur route : on n'arrêterait à leur bord ni hommes d'équipage ni passagers ; et l'on n'y saisirait les marchandises appartenant à l'ennemi que si l'Angleterre persistait à y saisir elle-même les marchandises françaises. On promettait une indemnité aux capitaines dont les navires avaient été retenus par un embargo, et l'on rembourserait les avances faites par les États-Unis à l'administration de Saint-Domingue.

Ces dispositions conciliantes étaient propres à faire cesser tout motif de dissension ; mais la nouvelle du traité d'amitié et de commerce que les États-Unis signaient avec l'Angleterre, au moment même où ils venaient d'obtenir cet adoucissement, transpira bientôt en France ; et le comité de salut public, ayant appris que ce traité ne reconnaissait pas l'inviolabilité du pavillon neutre, se hâta de révoquer par un nouvel arrêté du 4 janvier 1795 la plupart des résolutions qu'il avait prises récemment en faveur des Américains. Il aurait pu temporiser davantage ; et comme le traité dont il se plaignait ne pouvait devenir complet et définitif qu'après avoir été ratifié, il avait encore l'espérance que le sénat américain n'en adopterait pas tous les articles ; et en effet cet arrangement fut vivement attaqué, non-seulement dans le congrès où il fut discuté, mais dans les principales villes de commerce : on y fit éclater de nombreuses plaintes contre les partisans de l'Angleterre, et forcé de respecter le caractère de Washington, on accusa les erreurs de sa politique.

Mais le comité de salut public ne tira aucun avantage de ces moments où la ratification du traité de Londres était encore indécise. Les menées des factions et les émeutes successives qu'elles faisaient naître embarrassaient alors sa marche ; et chacune de ces révolutions intérieures changeait la composition des autorités publiques et le caractère du pouvoir. Quand la Convention nationale eut cessé ses fonctions le 27 octobre 1795, après avoir donné à la France un nouveau gouvernement, le Directoire exécutif, qu'elle venait de créer, n'adopta envers les Américains qu'une politique inflexible : il fit déclarer à Monroe, le 15 février 1796, qu'il regardait l'alliance des deux pays comme terminée, et que le traité de Londres tendait à placer les États-Unis dans la classe des puissances coalisées contre la France. Cette opinion fut exprimée avec amertume au ministre américain dans plusieurs conférences; et le Directoire exécutif la renouvela, le 7 juillet, de la manière la plus absolue. Il voyait dans ce traité conclu avec les ennemis de la France une infraction aux devoirs de l'amitié et aux engagements que l'on avait pris depuis longtemps sur les droits du pavillon neutre, droits généralement reconnus, et que les Américains avaient consacrés eux-mêmes dans tous leurs autres traités. Puisqu'ils renonçaient aujourd'hui à leurs anciennes obligations, le Directoire exécutif croyait devoir modifier aussi ses rapports avec eux, et il ne voulait pas leur conserver des priviléges, dont il n'avait plus à espérer d'eux la réciprocité. Cette déclaration fit présumer qu'il prendrait incessamment de nouvelles mesures envers les Américains: il avait alors conclu la paix avec la Prusse, la Hollande, l'Espagne, et les différents États de l'Allemagne occidentale et de l'Italie; il négociait avec l'Espagne un traité d'alliance offensive et défensive: ce traité pouvait toucher aux intérêts des États-Unis; et Monroe mandait, le 7 août 1796, à son gouvernement que la France cherchait à obtenir de l'Espagne la rétrocession de la Louisiane. Quelque vague que fût alors cette nouvelle, les Américains l'apprirent avec déplaisir: la mésintelligence entre les deux pays augmentait de jour en jour; et le ministre de France aux États-Unis allait être rappelé, sans qu'on lui donnât un successeur.

Quoique le gouvernement fédéral eût également rappelé Monroe, il avait cru devoir le remplacer par le général Pinckney; mais aussitôt après son arrivée à Paris, le Directoire lui fit notifier, le 11 décembre 1796, qu'il ne voulait plus ni reconnaître ni recevoir un ministre des États-Unis, jusqu'à ce que la France eût obtenu du gouvernement américain le redressement de ses griefs. Monroe remit au Directoire ses lettres de rappel, le 30 du même mois, et Pinckney ne fut point admis.

Au moment où les relations diplomatiques se trouvaient ainsi suspendues entre les deux gouvernements, les pouvoirs de Washington allaient expirer: la durée de sa seconde présidence devait finir le 4 mars 1797; et, malgré la vive opposition qu'il avait rencontrée dans ses derniers actes politiques, surtout lorsque le traité de Londres fut soumis à la ratification du sénat, son caractère, sa vertu, le souvenir de ses services lui avaient tellement concilié le respect et la confiance générale, que tous les citoyens paraissaient disposés à l'élire président pour la troisième fois. Washington fit alors connaître la résolution qu'il avait prise de se retirer des affaires publiques. Son âge, les fatigues d'une vie usée au service de la patrie, et la crainte que ses forces affaiblies ne répondissent plus à son zèle, le portaient à cette détermination: il exposa sa conduite à ses concitoyens, à ses amis, et leur adressa de hautes leçons de politique et de sagesse, qui furent consignées dans les archives de plusieurs États, comme des monuments du patriotisme le plus pur et le plus éclairé. Washington recommandait aux Américains le maintien de cette unité de gouvernement et de ce lien fédéral, qu'il regardait comme le gage le plus sûr de leur liberté, de leur repos intérieur et de leur puissance: il les invitait à résister à l'esprit d'innovation qui altère le respect pour les lois, à l'esprit de parti qui fomente les dissensions civiles, et qui tue la liberté par le despotisme ou la licence. La religion et la morale devaient servir d'appui à la prospérité publique: il fallait développer les institutions destinées à propager les lumières; et plus la nature du gouvernement laissait de liberté et d'influence à l'opinion publique, plus cette opinion avait besoin d'être éclairée. Les règles de la bonne foi et de la justice devaient être observées envers toutes les nations, et l'on ne pouvait rester impartial envers elles qu'en étouffant les haines invétérées qui conduisaient à la guerre, et en modérant un attachement excessif qui tendrait à se plier à l'ascendant et aux exigences d'un étranger: il fallait enfin n'être ni le rival haineux, ni le courtisan d'une autre puissance. La prudence prescrivait d'étendre ses relations de commerce et de borner ses relations politiques; de ne pas s'engager dans les intérêts, les débats, les passions des gouvernements d'Europe; de prendre des mesures pour faire respecter sa neutralité; de ne demander et de n'accorder aucune préférence dans ses traités de commerce; de n'en conclure que de temporaires, afin de pouvoir les modifier quand les circonstances viendraient à changer; de vivre en bonne intelligence avec toutes les nations, et de tenir la balance égale dans tous les rapports établis avec elles.

Les sentiments que Washington venait d'exprimer furent accueillis avec d'autant plus de faveur qu'ils étaient le fruit de son expérience, et qu'ils avaient habituellement servi de règle à son administration. Lorsque le président se réunit au congrès pour la dernière fois, il rappela les différentes mesures qu'il recommandait à son attention, la nécessité d'avoir une marine qui fît respecter la neutralité des États-Unis, une académie militaire, où l'on formât, dans les différentes parties de l'art de la guerre, les élèves destinés à la défense de la patrie, une université nationale qui donnât plus d'ensemble et d'étendue à l'enseignement public. Washington rendit grâce au congrès de tout ce que cette assemblée avait fait pour organiser et régulariser le gouvernement fédéral : il compara les temps orageux où l'administration avait pris naissance avec l'état de prospérité où l'Amérique était déjà parvenue. La paix avec les Indiens se trouvait protégée par les principes humains et généreux que l'on suivait alors envers leurs tribus : un traité avec l'Angleterre avait procuré aux États-Unis la restitution de leurs frontières, un traité avec l'Espagne leur avait assuré la libre navigation du Mississipi : le commerce de la Méditerranée ne serait plus exposé aux attaques des corsaires d'Alger et de Tripoli; et l'on avait ouvert avec Tunis d'autres négociations de paix.

Si la bonne harmonie entre les États-Unis et la France était alors troublée, Washington espérait encore qu'elle pourrait se rétablir. Ce soin allait passer à John Adams, son successeur, qui entra en fonctions le 4 mars 1797; et le nouveau président fit ouvrir à Paris d'autres négociations par le général Pinckney, auquel furent adjoints Elbridge Gerry et John Marshall. Mais leurs démarches n'eurent aucun succès; et, après d'inutiles conférences, ces envoyés reçurent l'ordre de partir.

La découverte d'une trame imprévue attirait en ce moment l'attention des États-Unis. Le projet de livrer aux Anglais la Louisiane avait été formé par Blount, gouverneur du Tennessée et membre du sénat américain. Il entrait dans son plan que des troupes britanniques, parties du Canada, fussent embarquées sur les grands lacs, et dirigées vers la pointe méridionale du lac Michigan; elles gagneraient ensuite la rivière d'Illinois dont elles descendraient le cours. Arrivées sur le Mississipi, elles y trouveraient de nombreux approvisionnements qui leur seraient envoyés par les États voisins : elles descendraient le grand fleuve jusqu'à la Nouvelle-Orléans; et après s'en être emparées, elles se porteraient vers l'est, et poursuivraient dans les Florides leur expédition.

Le mémoire et les documents que Blount adressait au gouvernement britannique, pour lui développer ce projet, et pour lui en proposer l'exécution, allaient être expédiés en Angleterre, lorsqu'ils tombèrent entre les mains d'un Américain fidèle qui les remit à John Adams. Le président les communiqua au congrès; et le sénat, indigné de la conduite de Blount, l'expulsa de son sein. Le complot devait éclater vers la fin de 1797; mais il n'était plus à craindre dès qu'il était découvert : on fit surveiller avec soin toutes les intrigues qui pourraient troubler la tranquillité des États-Unis, et qui tendraient à y faire renaître des dissensions, soit avec l'Angleterre, soit avec l'Espagne.

Lorsqu'un péril si grave eut été heu-

23.

reusement écarté, on s'occupa davantage des différends qui se prolongeaient entre les États-Unis et la France. La plupart des Américains voyaient avec un vif regret l'ancienne intimité des deux nations s'affaiblir de jour en jour : ils gardaient religieusement le souvenir de cette communauté de fatigues, de périls et de gloire qui les avait réunis : ils se demandaient si tous les griefs de la France étaient fondés ; si elle pouvait leur contester le droit de terminer avec l'Angleterre de violents débats qui avaient mis en péril leurs frontières, leur navigation, leur commerce, et qui prolongeaient d'anciens dénis de justice envers des créanciers encore privés de leurs indemnités. Quand les États-Unis avaient négocié le traité de Londres, il n'avait pas été en leur pouvoir d'en déterminer seuls les conditions : on avait eu à balancer les avantages et les sacrifices ; et ce traité était une transaction, où il avait fallu se faire des concessions de part et d'autre.

Mais des explications de cette nature ne pouvaient pas satisfaire le Directoire exécutif. Il avait déclaré, par un arrêté du 2 mars 1797, qu'il suivrait les mêmes règles que l'Angleterre envers les bâtiments américains chargés de marchandises ennemies : celles-ci devaient être confisquées ; les navires seuls seraient relâchés, et l'on saisirait aussi comme contrebande de guerre tous les articles que l'administration anglaise considérait comme tels. Tant que les mesures du Directoire envers le commerce des États-Unis n'étaient pas plus rigoureuses que celles du gouvernement britannique, elles ne laissaient aucune prise à des réclamations légitimes : il était naturel que la France ne voulût pas se placer dans une situation inférieure à celle de ses ennemis. Mais le gouvernement français ne se borna point à ces premières restrictions ; et une loi du 18 janvier 1798 vint rendre beaucoup plus pénible la condition des neutres, en déclarant que l'état d'un navire, en ce qui concernait la qualité de neutre ou d'ennemi, était déterminé par la cargaison ; que tout bâtiment, chargé en tout ou en partie de marchandises anglaises, serait jugé de bonne prise, quel que fût le propriétaire des marchandises, et que tout bâtiment étranger qui aurait relâché en Angleterre ne pourrait point entrer en France.

Pour reconnaître les marchandises réellement ennemies, on avait mis d'abord quelque soin à en vérifier la propriété et l'origine, en consultant les factures et tous les autres documents de bord, et l'on pouvait ainsi les distinguer des chargements neutres ; mais lorsqu'on en vint à douter de la sincérité des factures, on chercha d'autres moyens d'appréciation qui furent beaucoup plus incertains : on prétendit constater, par la nature même des marchandises, et sans avoir égard aux certificats d'expédition, celles qui devaient être réputées ennemies. La loi du 31 octobre 1796, qui défendait l'importation et la vente des marchandises anglaises, avait fait une longue énumération de celles qui devaient être considérées comme provenant des fabriques anglaises, quelle qu'en fût l'origine : on n'était pas même autorisé à garder en magasin celles qu'on avait déjà reçues ; elles devaient être mises sous le sceau de l'administration pour être ensuite réexportées. Cette loi ne s'appliqua pas seulement aux marchandises réputées anglaises qu'on aurait cherché à introduire en France : on suivit les mêmes règles à l'égard de celles qui pouvaient être capturées en pleine mer ; et cette extension donnée aux droits de prise devint un nouvel encouragement pour les armateurs. Aussi les expéditions en course se multiplièrent ; et comme les rigueurs exercées par une puissance belligérante étaient bientôt imitées par ses adversaires, le commerce des neutres se trouva exposé de part et d'autre aux mêmes agressions. Il s'était établi entre les puissances en guerre une telle émulation d'hostilités, qu'elles cherchaient tous les moyens de se nuire mutuellement, sans craindre d'envelopper dans ce malheur commun les nations étrangères à leurs démêlés.

Quelle espérance pouvait-il encore rester aux neutres, au milieu de ces législations rigoureuses, injustes, vacillantes, qui les atteignaient partout dans leur navigation et leur commerce? Trop d'appâts de bénéfice, trop de prétextes d'arrestation étaient laissés aux corsaires des belligérants : leurs croisières s'étendaient vers toutes les régions où pouvait pénétrer le commerce; et lorsqu'on eut établi qu'il suffisait de trouver à bord quelque marchandise ennemie, pour s'emparer d'une cargaison tout entière et pour confisquer le bâtiment lui-même, les occasions de saisie devinrent innombrables : on voulait voir sur chaque bâtiment capturé quelque propriété ennemie, et de fausses déclarations pouvaient venir colorer l'injustice et fournir à la violence des prétextes plausibles.

Aucune nation ne souffrit autant que les Américains de ces atteintes violemment portées aux droits des neutres. La navigation des États-Unis avait pris une grande extension : la guerre qui embrasait l'Europe avait fait rechercher au commerce l'abri de leur neutralité; et les belligérants eux-mêmes pouvaient recourir au pavillon américain dans quelques expéditions commerciales; mais quand le traité de Londres eut mis des entraves aux droits maritimes des États-Unis, et quand ils éprouvèrent de la part de la France, non-seulement les mêmes restrictions, mais des attaques vives, continues et qui ne laissaient plus aucune sécurité à leur navigation, alors leurs relations avec cette puissance furent profondément altérées : d'autres temps avaient fait naître d'autres intérêts : l'autorité n'était plus aux mains de Washington qui avait constamment cherché à prévenir un éclat : on attribuait à son successeur d'autres dispositions, et l'on ne voyait plus opposer de digne aux progrès de cette mésintelligence. On semblait toucher au moment d'une rupture; et le congrès, voyant que tous ses efforts pour négocier à l'amiable une transaction sur ses différents griefs avaient été rejetés par le gouvernement français, et que l'on poursuivait encore le même système d'hostilité contre les droits d'une nation libre et indépendante, déclara le 7 juillet 1798, que les États-Unis étaient exonérés des stipulations de leurs traités avec la France.

Au moment où le congrès faisait cette déclaration, il renouvelait son traité d'amitié et de commerce avec la Prusse; et cette convention, conclue pour dix années, laissait en suspens, durant la guerre actuelle, la reconnaissance du principe que le pavillon couvre la marchandise. On désirait sans doute ne pas renoncer à cette règle; mais on voulait éviter une collision avec l'Angleterre qui ne l'avait point admise dans son dernier traité, et l'on attendrait le retour de la paix, pour se concerter avec les grandes puissances maritimes, sur la conduite à suivre envers les neutres, pendant les guerres à venir.

Le congrès voulut appuyer de quelques préparatifs militaires sa délibération relative à la France : il ne se proposait point d'engager la guerre et de prendre l'offensive; mais il voulait assurer, en cas d'agression, la défense du territoire américain : il ordonna la levée de douze régiments d'infanterie, d'un corps de cavalerie, d'un régiment d'artillerie et de génie, et de quelques troupes de volontaires : on jeta les yeux sur l'homme que l'opinion publique appelait au commandement de l'armée; et Washington, retiré dans ses terres de Mont-Vernon, depuis la fin de sa présidence, fut invité par John Adams à se dévouer encore au service de la patrie. Washington, quoique son âge lui fît désirer le repos, ne pouvait refuser aucune fatigue pour défendre son pays; et quoiqu'il espérât encore une réconciliation entre deux puissances qui n'avaient aucun intérêt à se traiter en ennemies, il ne voulut négliger aucun moyen pour soutenir, en cas de rupture, la cause nationale qui lui était confiée. Attaché dès ce moment à l'organisation de tous les corps et de tous les services de l'armée, occupé de plans militaires qui embrassaient un pays immense, Washington se livra sans relâche à d'innombrables travaux, avec une ardeur qui excédait ses forces : cette puissance des facultés intellectuelles, qui survit à l'affaiblissement des organes, semble les ranimer encore par son activité et son énergie, mais elle hâte leur épuisement. Washington, luttant contre une fatigue de tous les jours, approchait rapidement du terme, et cinq mois après sa nomination au commandement des troupes américaines, il fut enlevé à sa patrie : une inflammation à la gorge se déclara dans la nuit du 13 décembre 1798; elle fit des progrès si rapides que tous les secours devinrent impuissants : l'embarras toujours croissant de sa respiration l'avertit que sa fin était prochaine; et, attendant la mort sans la craindre, il régla quelques affaires, prit congé, par un geste affectueux, de ses serviteurs qui ne pouvaient plus l'entendre, et resté seul avec le docteur Craig son ami, dont il pressait encore la main, il rendit le dernier soupir.

Cette nouvelle fut rapidement portée de Mont-Vernon à Philadelphie : le peuple fut consterné; les délibérations du congrès furent suspendues; il ne s'assembla le lendemain que pour s'occuper des tristes devoirs que l'on avait à remplir. Le congrès prit le deuil jusqu'à la fin de la session, et voulut décerner des honneurs publics à la mémoire « de l'homme qui fut le premier « dans la guerre et dans la paix, et qui « eut la première place dans le cœur « de ses concitoyens. » Les mêmes sentiments d'affection et de respect furent exprimés par John Adams, son successeur. Le congrès décida que les deux chambres se rendraient le 26 décembre au temple luthérien; qu'un de leurs membres y prononcerait l'oraison funèbre de Washington; que tous les citoyens des États-Unis seraient invités à prendre le crêpe pendant trente jours; qu'un monument en marbre serait érigé en son honneur dans la ville fédérale, et que mistriss Washington serait priée de permettre qu'on y transférât le cercueil de son illustre époux, momentanément déposé sous les ombrages de Mont-Vernon, dans le modeste tombeau de sa famille (voy. pl. 92).

Ainsi finit le grand homme qui laissait aux générations à venir sa gloire et l'exemple de sa vie.

Quand les Américains firent une si grande perte, les démêlés survenus entre eux et la France devenaient encore plus graves : les États-Unis venaient d'être atteints, le 29 octobre, par un nouvel arrêté du Directoire, ordonnant que les matelots des puissances neutres, trouvés à bord des bâtiments armés contre la France, fussent déclarés pirates et traités comme tels.

Jusqu'alors il avait été généralement reçu d'admettre les étrangers pour un tiers dans la composition des équipages de navires, et le droit des gens ne permettait pas d'enlever aux neutres cette franchise. Le traité conclu à Londres, entre l'Angleterre et les États-Unis, ne pouvait pas même être allégué comme exemple d'une telle infraction; car si ce traité exposait à la punition des pirates les armateurs américains qui prendraient des lettres de marque contre l'Angleterre, il ne s'appliquait qu'aux chefs, et ne s'étendait point aux simples matelots faisant partie des équipages; mais nous avons déjà vu que chaque puissance belligérante ne se bornait point alors à imiter les rigueurs de ses adversaires. Le Directoire de France voulait ravir à l'Angleterre toute espèce de coopération de la part des étrangers; et cette sévérité contre les matelots américains employés à la manœuvre des navires anglais leur était d'autant plus fatale, que souvent ils y avaient été retenus contre leur gré : ces hommes forcément enrôlés, et n'ayant pu se maintenir dans la condition des neutres, allaient être rejetés dans la classe des forbans, et ils se trouvaient menacés d'un plus dur traitement que l'ennemi lui-même.

Une situation si pénible ne pouvait se prolonger, et la nouvelle des délibérations prises par le Directoire produisit en Amérique une vive effervescence. Mais l'homme d'État dont on révérait la mémoire avait souvent conseillé d'éviter une rupture avec la France : l'autorité de ses derniers avis prévalut encore ; le gouvernement fédéral les suivit, et d'autres ministres furent envoyés en Europe pour essayer une réconciliation. Pendant leur séjour à Paris, le pouvoir avait passé des mains du Directoire dans celles du consul Bonaparte, et les sentiments du triomphateur de l'Italie n'étaient point hostiles envers les États-Unis. Une loi du 14 décembre 1799 avait mis de plus justes bornes à la course maritime, et un arrêté consulaire avait rétabli les sages règlements du 26 juillet 1778 sur la navigation des bâtiments neutres. Ce retour aux principes longtemps soutenus par la France aplanissait les principales difficultés d'une négociation avec les États-Unis, et une convention du 30 septembre 1800 vint enfin rapprocher les deux gouvernements.

On se promit la restitution des bâtiments de l'État qui auraient été pris de part et d'autre, et celle des propriétés capturées qui ne seraient pas encore condamnées. Les deux puissances jouiraient dans les ports l'une de l'autre, quant au commerce et à la navigation, des priviléges de la nation la plus favorisée. Tous les principes de neutralité et de droit maritime, reconnus par les traités qu'elles avaient conclus précédemment, étaient renouvelés : chacune d'elles pourrait naviguer et commercer dans les ports appartenant à l'ennemi de l'autre puissance ; l'accès des places bloquées et l'importation de la contrebande de guerre étaient seuls prohibés. Le pavillon devait couvrir la marchandise, et celle-ci était réputée neutre ou ennemie, suivant la nationalité du navire.

Les vaisseaux naviguant sous convoi ne devaient pas être visités : il suffisait que le commandant de l'escorte déclarât que ces navires appartenaient à la puissance dont il arborait le pavillon, et qu'ils n'avaient à bord aucune contrebande.

Les tribunaux établis pour les prises, dans les pays où elles seraient conduites, pourraient seuls en prendre connaissance. Tous les capitaines de corsaires devaient fournir une caution, pour répondre des dommages qu'ils auraient illégalement causés pendant leurs croisières. Si l'une des deux nations était en guerre, les corsaires qui auraient reçu une commission de ses ennemis ne pourraient pas armer dans les ports de l'autre puissance, et ils ne pourraient pas y vendre leurs prises. Aucun pirate ne serait reçu dans les ports, et tous les effets qu'on aurait pu reprendre sur eux seraient rendus aux propriétaires.

Chacune des deux nations exercerait seule sur ses côtes le droit de pêche ; elles ne se troubleraient pas mutuellement dans l'exercice de ce droit sur les côtes de Terre-Neuve, et dans les autres parages au nord des États-Unis, et la pêche de la baleine et du veau marin serait libre dans toutes les parties du monde.

Les règles de droit maritime, rappelées dans la convention que nous venons d'analyser, étaient celles qui avaient déjà été consacrées en 1780 par les puissances du nord de l'Europe, signataires des actes de la neutralité armée. Les mêmes principes avaient été proclamés en 1794 par le Danemark et la Suède, et ils le furent encore en 1800 par ces deux puissances et par la Prusse et la Russie, qui résolurent de rétablir et de soutenir en commun ce système, protecteur du commerce et de la navigation neutre.

Nous n'avons pas à peindre tous les événements qui furent amenés par cette ligue nouvelle, et qui sont étrangers à l'histoire des États-Unis ; mais nous devons rappeler que cette confédération du Nord ne fut pas ménagée par l'Angleterre, comme l'avait été celle de 1780, et qu'elle attira sur le Danemark toutes les calamités de la guerre. Copenhague fut bombardé, le 2 avril 1801, par une flotte britannique : les navires, les arsenaux, les magasins furent détruits, et les désastres de cette journée forcèrent le gouvernement danois à renoncer à toute coopération avec ses alliés. Une attaque semblable allait être dirigée contre le port de

Carlscrona, et l'amiral anglais Hyde-Parker obtint de la Suède une renonciation semblable. On venait d'apprendre la mort tragique de l'empereur Paul, survenue le 24 mars : l'avénement d'Alexandre, son successeur, fit abandonner le système qu'il avait soutenu, et amena la cessation des hostilités entre l'Angleterre et les puissances du Nord. La Russie renoua, par sa convention du 17 juin 1801, ses relations avec l'Angleterre, et les cours de Danemark et de Suède accédèrent plus tard aux dispositions de ce traité. On stipula que les vaisseaux neutres pourraient commercer librement dans les ports des nations en guerre, en exceptant les cas de contrebande et de blocus ; mais il fut en même temps convenu que les marchandises ennemies pourraient être saisies sur bâtiment neutre, et que la visite pourrait avoir lieu à bord des vaisseaux naviguant sous convoi. Quelques-unes des bases de la neutralité armée se trouvaient ainsi reconnues, et les autres étaient rejetées.

On put dès lors remarquer des différences essentielles dans les principes de droit maritime adoptés par différentes puissances de l'Europe : ces priviléges avaient été restreints dans les conventions faites avec l'Angleterre, et ils étaient plus étendus dans celles qu'on avait conclues avec la France. Nous aurons bientôt à reconnaître quelles furent les difficultés et les complications d'intérêts qui résultèrent de cette dissemblance de droits et de législation maritime.

Lorsque le gouvernement fédéral ratifia sa convention avec la France, il ne résidait plus à Philadelphie, il avait été transféré à Washington, et le premier traité dont il eut à s'occuper fut cet acte de réconciliation entre les fondateurs et les soutiens de l'indépendance américaine.

Le plan de la ville fédérale avait été tracé en 1791 par le major l'Enfant : elle occupe, sur la rive septentrionale du Potomac, le terrain qui s'étend entre l'Anacostia et le Rock-River. Les Tuscaroras et les Monacans avaient autrefois possédé cette partie des bords du fleuve : ils l'avaient choisie comme un lieu de rendez-vous pour la pêche ; et l'on dit que les tribus indiennes, à la tête desquelles ils étaient placés, tenaient le grand conseil de leur confédération près du lieu où le congrès des États-Unis vint se réunir deux siècles après.

La fondation de Washington fut commencée par celle des principaux édifices, destinés au congrès, à la présidence et à toutes les grandes administrations. On choisit pour leur emplacement les sites les plus découverts et ceux qui permettaient d'établir entre eux des lignes de communication directes et faciles. Le capitole devint le point central de la nouvelle cité : la colline sur laquelle il fut placé était aperçue de toutes parts, et les longues avenues qui furent projetées autour de ce monument s'étendirent, comme autant de rayons, jusqu'aux lignes d'enceinte : d'autres places, d'autres édifices devinrent eux-mêmes de nouveaux centres d'où plusieurs avenues se prolongeaient en différents sens ; elles reçurent les noms de Pensylvanie, de Massachusett et des autres États. On cherchait dans la cité fédérale l'emploi de tous les signes qui pouvaient rappeler l'union et la grandeur. Le peuple devenu roi donna le nom du Tibre aux eaux qui coulaient près du capitole, et l'on voyait sur ses drapeaux la constellation américaine briller dans un ciel d'azur, où planait un aigle armé de la foudre.

A une demi-lieue du capitole, on construisit sur un tertre moins élevé l'habitation du président, entourée des quatre secrétaireries des affaires étrangères, de la trésorerie, de la guerre et de la marine : ce dernier département avait été créé en 1798 ; et, quelques années après, on fonda le *Navy-Yard*, sur les bords de l'Anacostia ou de la branche orientale du Potomac. Cet établissement devait réunir les chantiers de construction, les magasins, et tous les ateliers nécessaires à une marine active, industrieuse, et destinée à devenir puissante.

D'autres emplacements furent choisis, sur quelques-unes des collines formées par les ondulations du sol, soit pour l'Office général des Postes et pour le Conservatoire des arts ou *Patent-Office*, soit pour la résidence des autorités municipales. Le collége allait dominer la ville entière : on découvrait de sa position une grande partie du district fédéral de Columbia. Un plateau qui s'élève entre les embouchures du Tibre et du Rock-River fut réservé pour l'université, et le jardin botanique dut occuper un terrain situé au pied du capitole.

Ce lieu des séances du congrès avait d'abord été partagé en deux édifices, l'un pour le sénat, l'autre pour la chambre des représentants : ils ne furent réunis que longtemps après par de nouvelles constructions. Les deux façades en furent alors décorées d'une belle architecture ; une rotonde en occupa le centre, et elle fut couronnée, comme le Panthéon de Rome, d'une vaste coupole. L'habitation du président reçut de nouveaux embellissements à la même époque, et ces édifices qu'avaient ravagés le fer et la flamme se relevèrent de leurs ruines plus majestueux et plus grands (voy. *pl.* 89, 90 et 91).

Les rues innombrables, tracées en forme d'échiquier à travers ce territoire, étaient encore inhabitées ; et cet aspect de quelques rares monuments, jetés de loin en loin dans un espace désert, pouvait rappeler le souvenir de ces antiques cités où des temples et des palais sont restés debout, et où toutes les autres traces des hommes et de leurs habitations ont disparu ; mais on éprouvait ici d'autres impressions. Les monuments qui survivent aux peuples attristent l'âme : elle jouit de ceux qui commencent leurs cités et qui présagent leur grandeur.

Bientôt quelques groupes d'habitations commencèrent à se former autour des principaux établissements publics ; d'autres étaient dispersés sur les hauteurs ou dans la plaine ; et depuis le *Navy-Yard* jusqu'à Georgetown, depuis les sommets du Kalorama jusqu'aux rives du Potomac, on voyait des villages, des hameaux, des maisons isolées, s'élever comme les jalons d'une ville immense, dont l'achèvement était réservé à d'autres générations.

Les sessions du congrès, le mouvement des affaires, le goût des voyages, devaient attirer tous les ans à Washington un nombreux concours de nationaux et d'étrangers, et cette affluence donnait à la ville fédérale un caractère animé, mais prompt à se ralentir. Après une résidence de plusieurs mois, toute cette population flottante allait se disséminer sur la vaste étendue des États-Unis, et les rues où elle avait circulé redevenaient de longues solitudes. Cependant les quartiers situés entre le capitole et la présidence avaient déjà reçu quelques milliers d'habitants : cette position intermédiaire était la plus favorable à la gestion des affaires, à l'activité du commerce, à l'exercice de tous les arts, de tous les travaux, qu'exige la construction d'une ville et qui doivent répondre aux besoins des habitants. Le Navy-Yard et le voisinage de Georgetown se peuplèrent ensuite ; mais partout ailleurs les progrès furent moins sensibles, et l'enceinte de la ville fédérale devait renfermer encore longtemps des terres vagues, des champs couverts de moissons, des pâturages où les troupeaux erraient en liberté, et venaient vers le soir à la porte des habitations faire exprimer leur lait et recevoir de leurs maîtres l'eau et le sel.

Pour favoriser les progrès de cette ville, il ne suffisait pas d'y avoir placé le siége du gouvernement ; le fondateur qui en avait choisi la situation pensa qu'elle pourrait devenir un jour le centre d'un grand mouvement commercial, malgré la concurrence de quelques autres places maritimes. Le projet d'ouvrir une ligne de communication entre le Potomac et l'Ohio avait déjà été formé ; il devait s'exécuter dans la suite, et influer sur l'agrandissement et la richesse de la cité fédérale. Une ville est fondée pour les siècles, et le temps seul peut achever l'œuvre que la prévoyance a commencé.

Les Américains avaient alors devant les yeux la plus brillante perspective de prospérité, et l'Europe elle-même commençait à respirer des malheurs d'une guerre longue et désastreuse. L'année 1801 lui rendit la paix : la France la conclut à Lunéville, le 9 février, avec l'empereur d'Autriche et le corps germanique; elle signa, le 1ᵉʳ octobre, ses préliminaires de paix avec la Grande-Bretagne, et d'autres réconciliations eurent lieu dans la même année avec les Deux-Siciles, la Bavière, le Portugal, la Russie, les régences barbaresques et la Porte Ottomane.

Bonaparte se hâta de profiter des premiers moments où la mer redevenait libre, pour envoyer à Saint-Domingue un corps d'armée. Cette île, dont les Anglais n'avaient pu ni dompter l'insurrection ni conserver le territoire, avait ensuite été livrée à toutes les fureurs d'une guerre à outrance, entre Rigaut, commandant des hommes de couleur, et Toussaint-Louverture, commandant des noirs. Toussaint, supérieur par l'habileté et par le nombre, l'avait enfin emporté : devenu législateur et pacificateur de l'île, il y avait été proclamé gouverneur à vie, et il cherchait à faire approuver ses réformes par la métropole, dont il était disposé à maintenir la souveraineté; mais le premier consul le considéra comme un révolté qu'il fallait soumettre. Trente mille hommes furent destinés à cette expédition, dont il confia le commandement au général Leclerc, son beau-frère; et la flotte de Brest, où se trouvaient les principales forces, ayant mis à la voile au mois de décembre 1801, vint mouiller, le 3 février de l'année suivante, vers l'extrémité orientale de Saint-Domingue. La flotte se partagea ensuite en plusieurs divisions, qui devaient se porter en même temps au nord, au sud et à l'ouest : l'escadre du nord s'empara du fort Dauphin; les noirs mirent le feu au cap Français, qu'ils ne pouvaient défendre, et le vainqueur ne parvint à s'y établir que sur des ruines; on débarqua en forces dans le quartier du Limbé. Leclerc y apprit bientôt l'occupation de Santo-Domingo, des Cayes, de Port-au-Prince : la flotte de Toulon y était arrivée; et le général, croyant n'avoir plus de mesures à garder, rompit les relations qu'il avait d'abord cherché à former avec Toussaint-Louverture, et lui fit impérieusement prescrire de se rendre à discrétion.

Les troupes de Toussaint se composaient de douze bataillons et de quelques escadrons : il occupait, à l'occident de l'île, Saint-Marc, les plaines de l'Artibonite, les Gonaïves, où était son quartier général; et malgré l'infériorité du nombre, il soutint avec énergie une guerre sanglante, dont les fléaux furent souvent accrus par les affreuses représailles de l'un et de l'autre parti. Ses principaux lieutenants, Dessalines et Christophe, se séparèrent bientôt de lui et firent un arrangement séparé. Les forces des noirs étaient réduites; ils avaient à craindre d'autres défections; et leur général en chef, invité à une conférence pour la paix, se rendit au Cap, où un traité fut conclu le 1ᵉʳ mai 1802. Alors il posa les armes, et se retira dans la fertile vallée d'Ennery, où il désirait vivre paisiblement sur son habitation.

Cependant, au milieu de sa retraite, il portait encore ombrage; on lui supposait le dessein de renouveler la guerre : plusieurs tentatives de soulèvement furent attribuées à ses instigations; et lorsqu'une maladie contagieuse se fut déclarée dans l'armée française, où elle fit rapidement d'affreux ravages, cet affaiblissement de ses forces rendit le général en chef plus soupçonneux. Le bruit d'une conspiration vint à se répandre : ce n'était encore qu'une rumeur vague et confuse mais elle s'accréditait; et pour ôter aux noirs l'appui sur lequel ils pouvaient compter le plus, Leclerc voulut s'emparer de Toussaint-Louverture : on le fait inviter à une fête; il est arrêté lorsqu'il s'y présente, et on lui met les fers aux pieds. Le guerrier prédit aux hommes qui l'avaient attiré dans un piège, qu'il serait vengé par la justice du ciel. Son infortune ne fit que hâter la ruine de l'expédition envoyée à Saint-

Domingue : les noirs étaient indignés ; ils reprirent les armes de toutes parts, et la guerre se ralluma avec une nouvelle furie. Leclerc, emporté par la maladie, laissait les faibles débris de son armée sous le commandement du général Rochambeau, fils de celui qui avait partagé avec Washington l'honneur de la capitulation de Cornwallis. Toute espérance de succès s'était déjà évanouie, et une nouvelle armée, que le premier consul envoya à Saint-Domingue, y fut dévorée, comme la première, par le fléau de la contagion et par celui d'une guerre impitoyable. Les noirs redevenaient souverains d'une terre si longtemps funeste à leur race ; et les colons, qui étaient rentrés dans cette île à la suite de l'armée française, reprenaient la route de l'exil : ils allaient une seconde fois affliger du spectacle de leur infortune les États-Unis, la Louisiane et les autres rivages, où ils avaient déjà reçu l'hospitalité.

Plus d'une année avant d'entreprendre cette expédition malheureuse, le consul avait obtenu de l'Espagne la rétrocession de la Louisiane. Ce traité avait été conclu le 1ᵉʳ octobre 1800, le lendemain de la convention signée avec les États-Unis ; mais il était resté secret ; et Bonaparte avait différé la prise de possession, jusqu'au moment où il pourrait l'effectuer avec plus de sécurité. S'il avait pu recouvrer à la fois Saint-Domingue et la Louisiane, il aurait relevé dans les îles et sur le continent d'Amérique la puissance coloniale de la France : les désastres dont nous venons de rendre compte trompèrent tous ses calculs, et ne lui firent plus attacher la même importance à l'acquisition de la Louisiane. Néanmoins, il fit des préparatifs pour l'occupation de cette colonie : Laussat en fut nommé préfet ; et il partit de France le 12 janvier 1803 : le général Victor était désigné pour gouverneur ; et la remise du pays devait lui être faite ; mais son départ fut encore différé ; et, sur ces entrefaites, il s'éleva de nouvelles difficultés entre les autorités espagnoles de la Louisiane et quelques Etats de la confédération américaine.

La concession faite aux États-Unis d'un droit d'entrepôt à la Nouvelle-Orléans, avait été tacitement prolongée depuis l'expiration de son premier terme ; mais l'intendant espagnol, Moralès, l'avait ensuite supprimée par une proclamation du 16 octobre 1802. Cette prohibition inattendue ranima le mécontentement des États-Unis, dont les contrées occidentales ne pouvaient se passer ni de la libre navigation du Mississipi, ni des facilités commerciales que leur donnait le droit d'entrepôt. On fut d'autant plus surpris de la suppression ordonnée par un officier espagnol, que son gouvernement n'avait alors aucun intérêt à la maintenir, puisqu'il avait cédé depuis deux ans tous ses droits à la France, et qu'il était au moment de lui faire la remise de cette colonie.

Des menaces d'invasion se renouvelèrent alors dans les États de l'Ouest, dont la population s'élevait au nombre de huit cent mille âmes : on répétait que le commerce du Mississipi ne pouvait être entravé, sans une flagrante violation de tous les droits, et qu'il fallait rouvrir par la force cette communication, puisqu'on ne pouvait plus compter sur la paisible exécution des traités.

Jefferson, élevé à la présidence depuis le 4 mars 1801, cherchait à calmer l'effervescence des habitants de l'Ouest, afin de prévenir une rupture ; mais il était prêt à défendre leurs intérêts, et il les mettait sous l'égide du gouvernement fédéral, en faisant connaître au congrès, par un message du 22 décembre 1802, les atteintes portées aux droits de son pays, et l'intention de lui en garantir la jouissance, par des moyens honorables et justes.

Pour arriver à ce but, Jefferson désira négocier avec la France la cession de la Nouvelle-Orléans, et d'une partie de la rive gauche du Mississipi, depuis la rivière d'Iberville jusqu'à la mer : il désirait aussi acquérir les Florides ; et ce serait avec l'Espagne qu'il aurait à s'entendre sur cette dernière cession.

Mais, sans attendre l'issue de ces démarches, un parti nombreux continuait de se déclarer pour des mesures plus violentes. Le sénateur Ross demandait en plein sénat que le gouvernement fît attaquer la Louisiane : d'autres membres proposaient que l'on mît sur pied les milices de l'Ouest ; et la prudence de Jefferson avait peine à modérer cet esprit d'irritation. Monroe, chargé d'une mission plus conciliante, arriva le 12 avril 1803 à Paris, où le chancelier Livingston résidait comme ministre plénipotentiaire des États-Unis : ce ministre avait déjà préparé par quelques ouvertures la négociation qu'ils avaient à suivre en commun ; et leurs vues furent secondées par la situation politique où se trouvait alors le premier consul.

Les Anglais suivaient des yeux les vastes entreprises de Bonaparte et le mouvement progressif qu'il avait imprimé à la France. Cette infatigable activité qu'il avait déployée au milieu des camps s'était ensuite appliquée aux affaires intérieures : il avait rapproché les partis, relevé les autels, créé la Légion d'honneur, rendu aux émigrés une patrie, entrepris la révision des différents codes, et affermi sa propre élévation. Mais ce génie militaire qui l'avait porté au pouvoir, semblait déjà se trouver trop à l'étroit dans ses dernières conquêtes ; et, depuis les traités qui avaient rendu la paix à l'Europe, il avait réuni à la France le Piémont, l'île d'Elbe, les duchés de Parme et de Plaisance ; il gouvernait la république italienne dont il avait été proclamé président ; il avait envoyé des troupes dans les cantons suisses ; il allait occuper la Hollande ; et la France exerçait dans la diète germanique une haute influence sur les destinées de l'empire d'Allemagne, et sur celles des princes qui avaient à réclamer des dédommagements, pour la sécularisation ou la perte de leurs domaines et de leurs souverainetés.

L'Angleterre, en se plaignant de la prépotence du premier consul en Europe, était encore plus vivement frappée des préparatifs militaires et maritimes qu'il faisait, au commencement de 1803, dans les ports de l'Océan : on armait une flotte nombreuse ; et, quelle que pût en être la destination, la Grande-Bretagne voulait prendre des mesures semblables. Cette flotte paraissait devoir être expédiée pour la Louisiane ; et le traité de 1800, qui rendait ce pays à la France, était l'acte dont l'Angleterre était alors le plus préoccupée ; elle désirait en empêcher l'accomplissement ; mais, prévoyant que son opposition rendrait inévitable une nouvelle rupture, et voulant se préparer à cette guerre qui devenait imminente, elle appelait ses milices sous les armes, et ordonnait une levée de gens de mer.

Cependant le gouvernement anglais qui s'élevait avec amertume contre les acquisitions faites ou projetées par la France, n'avait-il pas eu lui-même les vues les plus ambitieuses ; et, depuis les derniers traités de paix, son état de possession n'avait-il pas changé ? Ses troupes retenaient encore l'île de Malte, quoiqu'il se fût engagé à la rendre à l'ordre de Saint-Jean de Jérusalem : il agrandissait, sous le titre de protecteur, son autorité dans les îles Ioniennes : il avait commencé dans les Indes orientales, par un premier traité du 31 décembre 1802, cette longue suite d'acquisitions qui signalèrent le gouvernement général de Wellesley, et qui firent passer sous la domination britannique de nouvelles colonies, plus grandes que la métropole.

Tel était le parti que chacune des deux puissances cherchait à tirer des avantages de sa situation. L'une voulait maintenir en Europe l'ascendant que lui avait donné la gloire de ses armes, l'autre prétendait lui disputer la liberté des mers et toutes les conquêtes éloignées.

A l'approche de la guerre qui allait se rallumer, le premier consul, désirant réunir toutes ses forces autour de lui, renonça au projet d'envoyer en Amérique des troupes qui lui seraient nécessaires en Europe. De nouvelles combinaisons politiques s'offraient à son esprit : il était frappé de la déplorable situation de Saint-Domingue; il craignait que l'Angleterre ne cherchât à s'établir à la Louisiane; et il voulait aussi prévenir les projets d'invasion, formés par les habitants des rives de l'Ohio. Un droit d'entrepôt à la Nouvelle-Orléans n'était plus regardé par les Américains comme une garantie suffisante de leur commerce, puisque ce droit avait déjà été révoqué; ils demandaient la cession de la ville elle-même et celle de toutes les terres adjacentes : le chancelier Livingston avait même proposé au gouvernement français d'ajouter à cette cession celle de toutes les contrées de la colonie qui sont situées au nord de l'Arkansas. Cette réunion de circonstances faisait présumer que la Louisiane pourrait bientôt devenir un sujet de litige; et, quoique le nouveau négociateur envoyé en France ne fût chargé par ses instructions que d'obtenir la cession de la Nouvelle-Orléans, et des terres situées à l'orient du Mississipi, le premier consul ne se borna point à accéder à cette demande. Si la France, en abandonnant la principale ville de cette colonie, avait voulu conserver les régions situées sur la rive occidentale du Mississipi, entre ce fleuve et le cours de la Sabine, elle aurait été dans l'obligation d'y fonder une autre capitale : de tels soins exigent un temps de calme et de sécurité; et ce n'était pas dans un semblable moment de crise que le premier consul aurait voulu s'y livrer. Dès lors il ne songea plus à occuper la Louisiane, et il forma le dessein de céder aux États-Unis cette possession, qu'il avait désiré rendre à la France, mais dont elle ne jouissait pas encore. En assurant aux Américains un si grand développement de territoire, en leur donnant d'autres lignes de navigation intérieure, et un littoral étendu sur le golfe du Mexique, il espérait opposer un contre-poids à la puissance maritime de l'Angleterre, et il voyait, dans cette rivalité d'intérêts et dans cette balance de pouvoirs, un nouveau moyen de résister au monopole et aux prétentions exclusives d'une seule nation; mais il désirait aussi que les conditions de cet arrangement lui aidassent à subvenir aux premières dépenses de la guerre qui était près de s'engager, et au payement des indemnités que les États-Unis réclamaient de la France, pour d'illégales captures de navires et de cargaisons. Ces indemnités s'élevaient à vingt millions de francs; et les Américains, se chargeant de les acquitter eux-mêmes, s'engagèrent de plus à un versement de soixante millions, pour entrer en possession de la Louisiane.

Quoique cette colonie eût été séparée de la France depuis quarante ans, que la première génération eût passé, et que les intérêts, les mœurs, les lois se fussent modifiés, néanmoins l'empire des souvenirs et celui des premières affections subsistaient encore; et quand les habitants avaient appris qu'ils rentreraient sous les lois de l'ancienne patrie, cette nouvelle avait profondément ému toutes les âmes. La France elle-même avait accueilli avec empressement une si chère espérance : mais on fut bientôt détrompé; et, lorsqu'on eut connaissance des nouveaux traités du 30 avril 1803, qui cédaient cette contrée aux États-Unis, un grand nombre d'hommes furent affligés d'une semblable perte; soit que leurs spéculations fussent déjà dirigées vers la Louisiane, qu'ils y vissent un nouveau champ pour le commerce et pour les entreprises agricoles, ou que, fatigués des troubles et des guerres de l'Europe, ils désirassent trouver un nouvel asile qui fût encore pour eux la patrie; soit que, par sentiment de dignité naturelle et par un invincible attachement aux droits des hommes, ils ne pussent s'accoutumer à voir les gouvernements disposer entre eux de l'acquisition des pays et des âmes, évaluer en numéraire de telles aliénations, et livrer avec la terre les peuples redevenus main-mortables. Nous avons peint la pénible impression qu'avait causée en France le premier abandon de la Louisiane en 1762 : de tels regrets pouvaient-ils ne pas se ranimer, lorsqu'on vit cette renonciation se renouveler et devenir irrévocable?

Cependant la perspective ouverte à cette colonie vint ensuite rendre ces réflexions moins amères. La Louisiane se trouvait émancipée : n'étant plus réduite à la protection d'une métropole située à deux mille lieues de distance, elle ne serait plus entraînée dans des querelles étrangères à ses, intérêts; et, en devenant membre de la confédération des États-Unis, elle aurait part au développement de leur prospérité. L'heureux avenir qui lui était promis satisfaisait du moins un des premiers vœux de la France.

L'Espagne apprit avec déplaisir la cession qui venait d'être faite aux Américains. Elle s'était réservé par ses traités de 1800 qu'elle pourrait recouvrer la possession de la Louisiane, dans le cas où la France se déciderait de nouveau à y renoncer. Ce droit de préférence, que l'Espagne cherchait à retenir, avait surtout pour motif de rétablir la contiguïté des Florides avec ses autres domaines d'Amérique; et en effet on pouvait prévoir que l'isolement des Florides les rendrait trop faibles pour se défendre seules contre une invasion, si la guerre venait à menacer leurs frontières : leur sort était étroitement lié à celui de la Louisiane; et dès qu'elles étaient enveloppées du territoire des États-Unis, elles paraissaient destinées à en faire un jour partie.

Pour accomplir la cession de la Louisiane, il était d'abord nécessaire que les autorités espagnoles fissent la remise de cette colonie aux Français chargés de la recevoir : cette remise eut lieu le 30 novembre 1803, entre les mains de Laussat, qui résidait depuis plusieurs mois à la Nouvelle-Orléans sans y remplir aucune fonction. Le nouvel administrateur n'exerça que passagèrement les pouvoirs dont il se trouvait alors investi ; et l'on prépara, dans cet intervalle, la seconde transmission de souveraineté. Le général Wilkinson s'avançait vers la capitale avec un corps de troupes américaines : il fit son entrée le 20 décembre ; et le gouvernement de la colonie fut transféré le même jour au commissaire des États-Unis, qui était chargé d'en prendre possession.

Le drapeau de la France avait flotté pendant vingt jours sur les murs de la Nouvelle-Orléans ; et de vieux soldats qui l'avaient alors gardé ne pouvaient s'en séparer sans regret : ils mirent à leur tête un sergent, orné des cicatrices de ses anciens combats, et portant en écharpe l'étoffe de ce pavillon révéré. Le noble cortége passa devant les troupes des États-Unis, qui lui rendirent tous les honneurs militaires, et il alla remettre aux mains du commissaire français le signe d'honneur et de ralliement qui venait encore de les réunir et qu'ils avaient salué de leurs dernières acclamations.

Les États-Unis avaient profité des moments de paix dont l'Europe avait joui, pour terminer en 1802 leurs discussions avec l'Angleterre sur des créances mutuelles qui n'étaient pas encore acquittées, pour conclure avec la France les traités de la Louisiane, et pour rendre à leur commerce maritime tous les développements dont la guerre l'avait momentanément privé. Mais leur navigation dans la Méditerranée était encore en butte à quelques agressions : plusieurs vaisseaux américains avaient été pris en 1801 par des corsaires de Tripoli : le capitaine Sterret, attaqué trois fois par un de leurs armements, n'avait dû qu'à une extrême bravoure ses succès dans chaque combat : et le gouvernement fédéral avait envoyé une escadre dans la Méditerranée, pour contenir les croisières de la Régence.

Il y eut l'année suivante quelques engagements devant le port de Tripoli, entre une frégate américaine et les chaloupes canonnières chargées de défendre les approches de la place ; et une nouvelle escadre de deux frégates et de cinq corvettes, commandée par le commodore Preeble, vint croiser dans les mêmes parages au mois d'août 1803. La frégate la *Philadelphie* précédait les autres navires; mais s'étant avancée sur les bas-fonds d'une côte qui ne lui était pas connue, elle ne réussit point à se dégager, et après avoir jeté à la mer toute sa charge et presque tous ses canons, sans pouvoir se remettre à flot et regagner le large, elle fut forcée de se rendre avec son équipage aux bâtiments ennemis qui l'attaquèrent de toutes parts. Le commodore Preeble s'empara à son tour d'un schooner tripolitain, et il fit de vains efforts pour obtenir l'échange des bâtiments et des hommes qui avaient été pris de part et d'autre.

Alors Décature, qui était lieutenant de vaisseau, conçut le hardi projet de reprendre au milieu même du port la frégate américaine. On met à sa disposition le schooner l'*Intrépide*, soixante-dix soldats et six matelots : il part de Syracuse, et paraît devant Tripoli le 10 février 1804; il entre dans le port, s'avance à cinquante pas du bâtiment capturé, se porte sur ses flancs, et saute à bord avec le pilote Morris : l'équipage le suit; ils se jettent tous, l'épée à la main, sur l'ennemi, nettoient les ponts, et prennent possession de la frégate. Mais bientôt un feu terrible est dirigé contre eux par les batteries du rivage, des châteaux, des corsaires de la Régence : la frégate est en flammes, et les Américains sont forcés de se retirer. Ils n'avaient que quatre hommes blessés : les Tripolitains en avaient perdu vingt-deux dans le combat, et la prise qu'ils avaient faite fut détruite sous leurs yeux.

Au mois d'août suivant, l'escadre américaine vint jeter l'ancre à une portée de canon des batteries du port : elle eut plusieurs rencontres avec les armements de la Régence; et, le 5 septembre, le lieutenant Somers, accompagné des lieutenants Wadsworth et Israël, fut chargé de s'approcher, autant qu'il le pourrait, de la ville et des batteries, avec un brûlot chargé de dix barils de poudre et de trois cents bombes : il était suivi d'une barque, à bord de laquelle il devait se réfugier pour gagner le brick la *Sirène;* mais il ne revint point de son expédition. Deux galères ennemies, montées de cent hommes chacune, étaient près d'arriver sur lui, lorsqu'on entendit l'explosion : on croit que Somers, ne voulant pas se retirer, et préférant la mort à l'esclavage, mit lui-même le feu aux poudres. Les galères furent détruites; un grand nombre de bombes éclatèrent sur la ville et le château, et répandirent partout la consternation.

Lorsque Preeble revint aux États-Unis, le congrès lui vota des remercîments, et lui décerna une médaille d'or, en mémoire de ses glorieux services.

Une nouvelle expédition fut formée contre Tripoli : le général Eaton qui la commandait était chargé de la concerter avec Hamet, ancien pacha de Tripoli, chassé par son frère, et retiré en Égypte, où il était encore à la tête de quelques troupes. Le 6 mars 1805, le général Eaton, accompagné de Hamet, partit d'Alexandrie avec un corps de cavalerie arabe, d'autres partisans du pacha détrôné et soixante-dix chrétiens. Après un pénible voyage à travers la Cyrénaïque, il arriva le 25 avril devant les murs de Derné. Un parlementaire, qu'il envoya au gouverneur de la place, n'ayant pu en obtenir la reddition, on donna l'assaut, et cette ville fut emportée à la baïonnette; une partie de l'escadre américaine était arrivée dans la baie : elle seconda puissamment l'attaque des troupes de terre.

Une armée africaine tenait alors la campagne; et, le 18 mai, elle se présenta devant la ville pour essayer de la reprendre; mais elle fut repoussée, et dut se retirer précipitamment au delà des montagnes. Cette armée, revenant à la charge, engagea plusieurs escarmouches; et, le 10 juin, elle soutint près du rivage un combat général où elle fut encore défaite.

Cependant, tandis que le général Eaton et Hamet obtenaient ces succès dans la province de Derné, le pacha régnant faisait négocier à Tripoli un traité de paix avec Tobias Lear, accrédité auprès de lui par le gouvernement fédéral. Ce traité stipula la mise en liberté des prisonniers américains, et leur rançon fut fixée à une somme de soixante mille livres sterling. Les troupes des États-Unis durent cesser leurs hostilités : elles se rembarquèrent, et leur commandant promit d'employer son influence pour déterminer Hamet à se retirer. On avait profité de ses services en paraissant l'assister lui-même; il vit combien était fragile la protection des étrangers, et il fut sacrifié au rétablissement de la paix.

La guerre avait duré quatre ans, et les expéditions des Américains dans la Méditerranée avaient signalé avec éclat leur marine naissante. Cette épreuve pouvait être utile à leur consideration politique : elle montra tout ce qu'on devait attendre de l'intrépidité de leurs hommes de mer et du développement de leurs forces navales, lorsqu'ils auraient à les faire servir à leur propre défense.

Après avoir terminé cette guerre, les États-Unis se trouvaient en paix avec toutes les puissances : les nouvelles contrées qu'ils avaient acquises doublaient l'étendue de leur territoire, et ils s'occupaient des moyens d'en lier entre elles toutes les parties, quand le génie inventif de Fulton leur prépara les plus rapides et les plus puissantes voies de communication que l'on eût imaginées jusqu'à cette époque.

Le projet d'appliquer à la navigation la force expansive de la vapeur, et d'y trouver un principe de mouvement pour accélérer la marche des vaisseaux et assurer leur direction, avait déjà occupé plusieurs Américains. On cherchait un mécanisme dont les effets pussent être supérieurs à l'action des rames; et différents essais furent tentés successivement, soit pour choisir le premier moteur, soit pour lui adapter le système de rotation et d'impulsion qui pouvait avoir le plus d'énergie.

Sans avoir à suivre dans leurs détails la série et les progrès de ces utiles recherches, qui auraient besoin d'être appuyées de toute la précision des calculs, nous ferons remarquer que Fulton s'occupait avec ardeur, depuis plusieurs années, de l'examen de ces questions, lorsqu'il fit en France, en 1802, pendant son séjour à Plombières, une suite d'expériences comparatives sur la puissance des différents moyens d'impulsion. S'étant convaincu que l'emploi des roues à palettes était le meilleur de tous, il traça un plan ingénieux pour les adapter au bâtiment qu'elles devaient faire avancer, et à la machine à vapeur destinée à leur imprimer le mouvement : il voulut en même temps comparer la force de cette machine avec la rapidité de la rotation, et combiner la résistance de l'eau avec la forme à donner au navire. Ses calculs avaient pour but d'obtenir une vitesse de quatre milles à l'heure; mais il trouva aussi les moyens d'en produire une beaucoup plus grande. Le bateau à vapeur avec lequel il essaya son nouveau mode de navigation fut construit à Paris, et lancé sur la Seine en 1803. Cette expérience eut un plein succès; et le chancelier Livingston, qui résidait alors en France comme ministre américain, s'attacha, de concert avec Fulton, à faire promptement jouir sa patrie de cette heureuse découverte. Lui-même s'était livré à ce genre de recherches avant d'être revêtu de sa mission, et il avait obtenu de la législature de New-York le privilége d'établir un *steamboat* sur la rivière d'Hudson, s'il pouvait en présenter le modèle dans le cours d'une année. L'expérience ne put avoir lieu, et le projet fut abandonné; mais Fulton, après avoir fait sa découverte, se rendit en Angleterre pour se procurer une machine à vapeur telle qu'elle avait été perfectionnée par Watt, et pour en surveiller l'exécution. Cette machine fut transportée à New-York vers la fin de 1806 : toutes les pièces, tous les rouages qui devaient recevoir leur impulsion de ce premier mobile, furent préparés; et le vaisseau, artistement construit, auquel on appliqua ce grand mécanisme, ouvrit soudainement, sans rames et sans voiles, sa rapide navigation. Un peuple nombreux était accouru à ce spectacle, et il suivait des yeux avec admiration cette œuvre du calcul et du génie.

Pour abréger aussi les communications par terre, on s'aida des expériences qui avaient été faites en 1801, par Evans de Philadelphie. Cet homme ingénieux ayant été chargé de construire un navire à drague, pour curer le port et y prévenir quelque envasement, avait fait exécuter dans ses vastes ateliers, situés à une demi-lieue du rivage, la machine et le bâtiment destinés à cet emploi : il fit placer cette pesante charge sur des roues auxquelles la force de la vapeur imprimait le mouvement; le navire fut ainsi transporté jusqu'aux bords du fleuve, et le même mode d'impulsion le lança et le mit à flot. Evans ne fit aucun autre essai de sa machine locomotive, pour effectuer des transports par terre; mais l'invention dont l'honneur lui appartient reçut bientôt en Angleterre différentes applications. On voulait diminuer les frottements et les obstacles; et, pour faire circuler les roues sur un plan uniforme et sans aspérités, on imagina les chemins de fer, dont l'épreuve fut faite, en 1806, dans le pays de Galles.

Tels furent, soit par eau, soit par terre, les premiers essais d'une découverte qui tendait à multiplier les relations sociales de tous les pays.

La situation prospère où les États-Unis étaient déjà parvenus avait été constamment secondée par le concours de leurs premières autorités. Quelle que fût la différence de vues politiques des hommes qui se succédèrent au pouvoir, ils s'étaient signalés par la pureté de leur zèle et par un sincère dévouement à la patrie. Washington, John Adams, Jefferson, étaient arrivés à la suprême magistrature par une longue suite d'honorables services; mais à mesure que l'opinion publique se divisait et que les partis se mettaient en présence, l'élévation au pouvoir était plus contestée, et si la grandeur nationale était assurée, toutes les ambitions particulières n'étaient pas satisfaites.

Jefferson, lorsqu'il fut nommé président en 1801, avait eu pour concurrent le colonel Burr : aucun d'eux n'ayant réuni la majorité des voix dans les assemblées électorales, le sénat avait eu à choisir entre eux; et ce ne fut qu'après une longue suite de scrutins indécis que Jefferson obtint les suffrages du plus grand nombre.

La vice-présidence appartenait à Burr, et une si éminente dignité ne put le satisfaire : le pouvoir qu'il n'avait pas lui portait ombrage : réduit à attendre une autre élection, il chercha les moyens d'y recouvrer la supériorité des votes; et avant que ses fonctions fussent expirées, il se mit sur les rangs dans l'État de New-York, pour y obtenir celles de gouverneur : cette nomination pouvait lui assurer un plus grand nombre de voix, et il la regardait comme un acheminement à la présidence; mais l'influence dont jouissait Alexandre Hamilton le fit écarter; et le colonel Burr, se trouvant offensé de quelques observations personnelles que ce général ne voulut pas rétracter, lui envoya un cartel. Hamilton fut tué dans ce combat singulier, et les regrets que causa la perte d'un homme qui s'était fait également remarquer dans les camps et dans les conseils, firent perdre à son adversaire les partisans qu'il avait eus : il ne lui resta aucune chance de succès pour la présidence, ni même pour la continuation de la vice-présidence; et Jefferson, cher au parti populaire et respecté de ses antagonistes, fut promu de nouveau à la première magistrature.

Burr, en voyant ses espérances déçues, tourna ses vues vers d'autres combinaisons politiques : il passa dans les États de l'Ouest, où les esprits longtemps agités pouvaient se soulever encore; et il vit, dans la mésintelligence qui subsistait alors entre l'Espagne et les États-Unis, un moyen d'attirer autour de lui de nouveaux partisans, et peut-être de se créer une autre existence. Les Américains se plaignaient de ce que l'Espagne leur refusait une indemnité pour un grand nombre de prises illégales : ils réclamaient contre les entraves mises à leur commerce par le gouverneur de la Mobile, et contre quelques violations de territoire commises sur les limites occidentales de la Louisiane.

Ces plaintes étaient répétées avec aigreur : beaucoup d'hommes ardents y voyaient un motif plausible pour attaquer les Florides et les enlever à l'Espagne ; et, quoique le gouvernement fédéral ne voulût se porter à aucune mesure hostile, du moins il regardait comme désirable l'acquisition de ce territoire.

Le colonel Burr sut habilement profiter de cette situation des esprits, et il vit quel parti on pouvait tirer des mécontents, disposés à favoriser toute espèce d'innovations. Ceux qu'on pouvait exciter contre l'Espagne avaient eux-mêmes des griefs contre le gouvernement fédéral : l'un et l'autre motif de ressentiment pouvaient aider à les mettre en action, à leur faire prendre les armes, à les entraîner insensiblement dans une voie où ils ne pourraient plus rétrograder. En cherchant, sous différents prétextes, à gagner les hommes entreprenants qui pouvaient le servir, Burr évitait de se mettre à leur discrétion par des confidences prématurées ; il ne dévoilait qu'une partie de ses desseins ; il commençait des rassemblements, dont le but paraissait inoffensif ; et, quand ses démarches durent enfin exciter toute la vigilance des autorités publiques, l'obscurité qui enveloppait encore ses différents actes, laissait à peine quelque prise à une accusation positive, dont les preuves judiciaires étaient difficiles à rassembler. Les uns lui attribuaient l'intention de démembrer les États-Unis, et de vouloir former de ceux de l'Ouest un gouvernement séparé ; les autres lui reprochaient d'engager son pays dans une nouvelle guerre, en préparant une expédition contre les colonies espagnoles.

Burr avait l'activité et l'énergie nécessaires pour soutenir une entreprise difficile et périlleuse. Il n'en fut pas même détourné par de premières dénonciations, qui lui paraissaient trop vagues pour lui faire encourir une condamnation ; et il connaissait assez la portée des lois pour se tenir hors de leur atteinte. Acquitté, à la fin de 1806, par les tribunaux du Kentucky, il poursuivit ses projets, gagna la vallée du Mississipi, en cherchant à augmenter le nombre de ses partisans, et se rendit à Natchez : là, il fut de nouveau cité à comparaître devant les tribunaux ; mais un jury déclara qu'il n'était coupable ni de crime ni d'offense contre les lois, et qu'il n'avait donné au peuple aucun légitime sujet d'inquiétude et d'alarme. Cependant, quoiqu'il fût absous devant la loi, il ne l'était pas dans l'opinion publique : l'arrestation de quelques-uns de ses affidés le détermina à s'éloigner précipitamment ; mais il fut atteint près des rives du Tombigbee ; et on le traduisit, comme prisonnier d'État, devant la cour fédérale de Richmont en Virginie. La procédure qui s'instruisit alors fut suivie avec solennité : on abandonna promptement la charge de trahison portée contre lui ; mais Burr était accusé d'avoir organisé, sur le territoire fédéral, une expédition militaire contre une nation avec laquelle les Américains étaient en paix. Les enquêtes à faire, et les nombreux témoignages à recueillir en différents lieux, prolongèrent la cause pendant trois mois : elle fut jugée le 1ᵉʳ septembre 1807 ; et le jury déclara que, n'ayant pas acquis la preuve des accusations portées contre le prévenu, il le reconnaissait non coupable. Ce fut la dernière scène de sa vie politique ; dès ce moment, il rentra dans la vie privée, et se renferma dans les occupations du barreau, où il devait encore se faire remarquer par la subtile pénétration de son esprit, et par de profondes études en jurisprudence. Son nom ne pouvait être obscur, mais il avait cessé d'être redoutable.

Les inquiétudes qu'avait fait naître un projet de démembrement ayant été heureusement dissipées, on vit se renouveler avec plus d'activité les entreprises de défrichement dirigées vers les États de l'Ouest : elles s'étendirent dans les territoires d'Indiana, d'Illinois et de Michigan ; elles gagnèrent les rives de la Mobile, et commencèrent à se prolonger, au delà du Mississipi, dans les contrées que le gouvernement fédéral avait acquises. La Louisiane avait été partagée, en 1804, en deux territoires, dont les chefs-lieux étaient la Nouvelle-Orléans et Saint-Louis du Missouri; il s'y rendit de nombreux essaims d'habitants; et le commerce et la navigation du Mississipi prirent un essor d'autant plus rapide, qu'on était alors maître de l'une et de l'autre rive du fleuve.

Napoléon ne jouit pas longtemps du prix de la cession qu'il avait faite. La guerre s'était rallumée entre lui et la Grande-Bretagne au mois de mai 1803: les soixante millions qu'il recevait des États-Unis furent employés aux préparatifs d'une descente en Angleterre; et cette somme se trouva inutilement jetée dans l'Océan, car le projet de débarquement ne se réalisa point. Le sacrifice de la Louisiane ne parvint pas même à maintenir entre la France et les États-Unis la bonne intelligence dont il devait être le gage; et l'effet de cet arrangement fut promptement détruit par de nombreux sujets de plaintes : les États-Unis se trouvèrent exposés à des agressions, à des dommages qu'ils ressentirent vivement, et qui se firent d'abord remarquer dans leurs relations habituelles avec les Antilles.

Depuis les troubles de Saint-Domingue, le commerce de cette île avait passé aux Américains : les noirs qui n'avaient pas de marine étaient intéressés à le favoriser; et, quand le premier consul eut envoyé contre eux une expédition, les croisières qui furent établies dans ces parages ne purent empêcher que les États-Unis ne continuassent les mêmes relations. Ils prirent même le parti de donner à leurs navires marchands les moyens de se défendre; et, comme les armements dirigés contre eux les poursuivirent et les attaquèrent plus d'une fois jusque sur les côtes de leur pays, le congrès publia, le 4 novembre 1804, un acte qui autorisait le président à permettre ou à défendre, selon son gré, l'entrée des ports et des rades des États-Unis, à tout vaisseau armé, appartenant à une nation étrangère. Cette mesure était applicable à l'un et à l'autre belligérant ; car l'Angleterre cherchait, ainsi que la France, à entraver par ses croisières les communications commerciales des Américains avec les possessions françaises, et même avec ses propres colonies.

Au mois de mars 1805, le congrès déclara par un autre acte qu'aucun vaisseau armé pour être mis en mer, ne pourrait se rendre dans les Antilles ni sur les côtes du continent, depuis Cayenne jusqu'aux limites de la Louisiane, à moins qu'il ne se fût engagé sous caution à ne se servir de ses armes que pour sa défense, à ne les vendre nulle part, et à les rapporter aux États-Unis. L'intention du gouvernement fédéral était de se maintenir dans une exacte neutralité, et de ne fournir aucune munition, aucun instrument de guerre aux belligérants : mais, malgré ces restrictions, le commerce américain continua d'être attaqué dans les parages des Antilles. Bientôt il devait éprouver dans toutes les parties de l'Océan de plus graves atteintes ; et les mesures que l'Angleterre et la France prirent envers les neutres ne laissèrent plus aucune sécurité à leur commerce et à leur navigation. Leurs droits furent oubliés : ces deux puissances ne mirent plus de bornes à la rigueur des ordonnances qu'elles publièrent ; et le gouvernement britannique en donna l'exemple le 16 mai 1806, en déclarant en état de blocus une partie des côtes occidentales d'Europe, depuis l'Elbe jusqu'à Brest.

Ce blocus idéal, qu'aucune force maritime n'aurait pu réaliser d'une manière complète, exposait à la rencontre des croisières anglaises un grand nombre de bâtiments neutres : il entraînait alors la capture des navires, des marchandises, quelquefois même des équipages ; et cette première violation de tous les droits amena entre la France et l'Angleterre un échange et une suite d'actes et de règlements dont la sévérité fut toujours progressive.

L'empereur Napoléon, qui disposait alors d'une grande partie de l'Europe, et que ses victoires avaient conduit à Berlin, au mois de novembre 1806, répondit aux proclamations du gouvernement anglais, en déclarant lui-même en état de blocus les îles britanniques, en leur interdisant toutes communication légale avec le continent, et en ordonnant qu'on n'admît dans les ports occupés par ses armes aucun vaisseau venant directement d'Angleterre ou de ses colonies.

La Grande-Bretagne défendit alors toute communication avec les ports occupés par la France ou par ses alliés; et on déclara saisissables tous les bâtiments qui s'y rendraient, à moins qu'ils ne vinssent relâcher dans les ports britanniques, où ils auraient à payer un droit, et d'où ils seraient en suite réexpédiés pour leur destination.

Cet assujettissement, imposé par l'Angleterre aux vaisseaux des autres nations, donna immédiatement lieu au décret impérial de Milan, du 17 décembre 1807. Ce décret déclara dénationalisé tout navire qui se serait soumis à la visite d'un bâtiment anglais, ou à un voyage en Angleterre, ou qui aurait payé une taxe quelconque au gouvernement britannique. Tout navire, rangé dans cette classe, qui entrerait dans les ports de la France ou de ses alliés, ou qui serait rencontré en mer par ses vaisseaux armés ou par ses corsaires, serait déclaré de bonne prise : il en serait de même des bâtiments de toute nation, qui viendraient des ports d'Angleterre ou de ses colonies, ou qui auraient cette destination; et ces mesures ne devaient cesser d'avoir leur effet qu'envers les puissances qui auraient la fermeté de forcer l'Angleterre à respecter leur pavillon.

Chacune des prohibitions que nous venons de rapporter avait successivement empiré la condition des neutres; et le gouvernement britannique vint encore l'aggraver, en déclarant en état de blocus toutes les côtes méridionales d'Espagne, depuis Cadix jusqu'à Carthagène.

La guerre autorise sans doute le terrible droit de représailles, mais les rigueurs que nous venons de signaler n'avaient plus ce caractère; car elles atteignaient beaucoup moins les belligérants que les puissances neutres. En changeant ainsi le but des hostilités on en dépassait toutes les bornes : on ne pouvait d'ailleurs, sans s'exposer aux justes réclamations des neutres, les envelopper dans les mesures que l'on prenait de part et d'autre pour se nuire mutuellement. C'était contracter une dette envers eux; c'était l'augmenter sans cesse, et il serait indispensable de l'acquitter un jour.

Les États-Unis eurent à souffrir de cet état d'irritation, beaucoup plus que toute autre puissance : ils insistèrent près de la France et de la Grande-Bretagne sur la révocation des ordres qui frappaient leur navigation et leur commerce; et le gouvernement fédéral, ne pouvant obtenir aucun adoucissement à ce système de rigueur, publia, le 1ᵉʳ mars 1809, un acte qui interdisait immédiatement l'entrée des ports américains à tous les vaisseaux de guerre, soit anglais, soit français, et qui, à dater du 20 mai suivant, l'interdisait également à tous leurs navires de commerce, sous peine de saisie et de confiscation : le même acte défendait toute importation aux États-Unis de marchandises anglaises ou françaises; et cette prohibition devait durer jusqu'à l'époque où les mesures prises contre le commerce des États-Unis auraient été modifiées.

Déjà le congrès avait défendu par deux actes du 22 décembre 1807 et du 9 mars 1808, la sortie de tous les bâtiments de commerce américains, afin de les soustraire aux attaques des belligérants : il continua par sa nouvelle loi de défendre toute expédition de navires pour Angleterre ou pour France; mais cet embargo fut souvent éludé : un grand nombre de capitaines américains ne cessèrent pas de tenir la mer, et de poursuivre des spéculations hasardeuses, où la chance des bénéfices devenait encore supérieure à celle des pertes.

Le bill du 1ᵉʳ mars 1809 fut le dernier acte de l'administration de Jefferson. Il avait soutenu avec force, mais sans provoquer une rupture, les droits de la neutralité; il avait saisi avec habileté tous les moyens de conserver honorablement la paix; et il voyait, en rentrant dans la retraite, son pays se dédommager, par des améliorations intérieures, de toutes les entraves mises à ses relations avec le dehors. De grands événements appartiennent au temps de la présidence de Jefferson, l'acquisition de la Louisiane, l'invention des bâtiments à vapeur, l'entreprise d'unir par une grande ligne de navigation les contrées de l'est et de l'ouest.

Ce dernier plan avait été formé dans l'État de New-York; et le gouverneur Morris proposa en 1803, d'ouvrir un canal entre la rivière d'Hudson et les grands lacs qui séparent le Canada des États-Unis. La législature de ce pays autorisa en 1808 les premières dépenses à faire pour vérifier si cette ligne de communication était praticable; et l'on projeta de la diriger vers le lac Ontario, en empruntant les eaux du Mohawk, du lac Onéida et de la rivière Oswégo; mais il fallait, dans ce système, lier les lacs Érié et Ontario par d'autres moyens de navigation; et l'on eut à reconnaître tous les accidents du sol qui les sépare, afin de juger des difficultés qu'on aurait à vaincre.

Le Niagara, qui reçoit les eaux du lac Érié, et qui va les verser dans le lac Ontario, parcourt d'abord un large bassin où il se déploie avec majesté. Les hauteurs de sa rive gauche, les plaines de sa rive droite, et les différentes îles qu'il embrasse sont ornées d'une riche végétation : bientôt le sol est plus aride, les rochers sont mis à nu; et leur plateau, se prolongeant sous le lit du fleuve, soutient l'immense volume de ses eaux. Mais cette base vient tout à coup à lui manquer; elle se termine par un escarpement de cent cinquante pieds de hauteur sur un mille d'étendue; et le Niagara s'élance, se précipite avec impétuosité dans la vallée ouverte devant lui : elle est hérissée d'écueils, l'eau s'y brise, et rejaillit vers le ciel sous la forme d'un tourbillon de vapeur. Une voûte est ouverte entre le pied des rochers et la chute du fleuve : un mugissement éternel sort de ces flots bouleversés; les échos le redoublent et le prolongent; il se confond avec les roulements du tonnerre; et, quand le ciel est pur, le soleil reflète souvent les couleurs de l'arc-en-ciel dans le nuage isolé qui s'élève et reste suspendu sur l'abîme. Ce spectacle d'un fleuve qui tombe, et de la profonde vallée où il bouillonne pour reprendre ensuite un paisible cours, et des hautes forêts qui l'enveloppent d'une ceinture, et des rayons du jour, épanouis sur sa tête, offre la nature dans tout l'éclat de sa grandeur et de sa beauté (voy. *pl.* 95 et 96).

A la vue d'une barrière que la puissance de l'homme ne franchira jamais, les ingénieurs, chargés d'examiner la rive droite du fleuve, voulurent d'abord y creuser un canal, où la différence de niveau serait rachetée par un certain nombre d'écluses; mais M. Geddes pensa que, sans échelonner ainsi la navigation, par des moyens qui la ralentissent toujours, on pourrait ouvrir de l'est à l'ouest une communication directe entre l'Hudson et le lac Érié : elle suivrait d'un côté la vallée du Mohawk, de l'autre celle du Tonnewanta; et l'on s'assura que, dans l'intervalle de l'une à l'autre rivière, on trouverait des cours d'eau suffisants pour alimenter le canal, et pour l'élever ou l'abaisser tour à tour à différents niveaux, selon la configuration du sol et l'abondance des eaux dont on pourrait disposer : une commission, nommée à New-York en 1810, adopta ce dernier projet et fut chargée d'en assurer l'exécution. Ce canal devait commencer au nord de la ville de Troy, suivre les rives du Mohawk dont la navigation est plusieurs fois interrompue par des chutes et des rapides, parcourir les régions où devaient bientôt s'élever Utique, Rome, Syracuse, Rochester, et se diriger, en profitant de toutes les prises d'eaux intermédiaires, vers l'embouchure du lac Érié, près de Buffalo, où la nation des Sénécas avait eu ses rendez-vous de chasse et avait creusé ses pirogues (voy. *pl.* 93 et 94).

Avant que ces travaux fussent entrepris, le Massachusett en avait donné l'exemple, en faisant établir entre le Mérimack et la baie de Boston un canal qui fut ouvert à la navigation en 1804. Cette ligne était sans toute moins importante; mais elle fit reconnaître l'avantage d'unir par une navigation intérieure différents rivages, dont les communications par voie de mer étaient à la fois plus lentes et plus périlleuses; et l'on devait un jour faire une grande application de ce principe, dans le système de défense qui fut adopté pour le littoral des États-Unis.

Boston a été plusieurs fois cité dans le cours de cette histoire, pour sa coopération à toutes les grandes entreprises : cette ville sut aussi donner au commerce une impulsion favorable, et quelques-unes de ses expéditions maritimes méritent d'être remarquées. Elle avait des relations étendues avec la Chine et les Indes orientales. Ses vaisseaux expédiés vers le Midi, portaient à l'Amérique du Sud une partie des produits de ses manufactures : ils allaient doubler le cap Horn, remontaient dans le grand Océan jusqu'à la côte nord-ouest de l'Amérique, où l'on faisait la traite des pelleteries et celle des peaux de phoques et de veaux marins : ils les portaient en Chine, en exportaient des soieries et des cargaisons de thé, allaient prendre des étoffes de coton dans les Indes, et se rendaient aux Moluques, aux Célèbes, dans les îles de la Sonde, pour y chercher des épiceries. Ces voyages en Asie tenaient longtemps à la mer les Bostoniens : leurs marins s'accoutumaient aux plus pénibles épreuves de la navigation, et ils jouissaient d'une haute réputation d'habileté et d'intrépidité. Les fils des plus riches familles étaient souvent placés à bord des vaisseaux qui faisaient le commerce d'Asie : un professeur leur apprenait la théorie de la navigation; ils y joignaient une pratique assidue; ils s'exerçaient à toutes les manœuvres; et cette école de plusieurs années, où l'étude s'unissait constamment à l'expérience, fournissait à la marine américaine d'excellents officiers.

D'autres vaisseaux, destinés au commerce d'Europe se rendaient successivement à Liverpool, en Hollande, au Havre, dans la Méditerranée : les pêcheries de la morue, de la baleine et des éléphants de mer occupaient un grand nombre de matelots, et l'activité des manufactures, celle des chantiers de construction faisaient annuellement des progrès.

Cependant l'heureuse situation de New-York, plus centrale et plus à portée de tous les marchés intérieurs, commençait à assurer sa prééminence commerciale, attirait dans ses murs une population nombreuse, et l'encourageait à se livrer aux entreprises les plus étendues. Elles étaient surtout dirigées vers les territoires de l'Ouest, vaste champ de découvertes, dont les limites, encore indéterminées, allaient s'éloigner de plus en plus.

Le gouvernement fédéral, aussitôt après avoir fait l'acquisition de la Louisiane, avait désiré connaître d'une manière exacte les contrées situées à l'occident du Mississipi. Zébulon Pike fut chargé en 1805 de parcourir toutes les eaux supérieures de ce fleuve : il s'éleva jusqu'au lac Sandy, et revint, neuf mois après à l'embouchure du Missouri, d'où il était parti. Cet officier entreprit en 1806 une nouvelle expédition : il remonta le cours entier de l'Osage, et se porta sur l'Arkansas dont il gagna également la source, tandis que Vilkinson descendait la même rivière jusqu'à son embouchure; il alla ensuite reconnaître les sources de la Platte, et se rendit, au delà des montagnes, sur les bords du Rio-del-Norte dont il descendit le cours : alors il voyageait dans les possessions espagnoles sans y être autorisé, et les administrations locales le firent arrêter et escorter jusqu'à la frontière. Dunbar et Hunter avaient visité en 1804 les eaux du Washita qui se jette dans la rivière Rouge : celle-ci fut reconnue par le docteur Sibley; et le gouvernement des États-Unis chargea les capitaines Lewis et Clarke d'explorer le cours du Missouri depuis son embouchure jusqu'à sa source, de gagner ensuite par la route la plus directe le premier fleuve navigable, situé dans les versants occidentaux des montagnes Rocheuses, et de le suivre jusqu'aux rivages du grand Océan.

Ce voyage, commencé le 14 mai 1804, fut exécuté avec autant d'habileté que de succès. Lewis et Clarke étaient accompagnés d'une escorte de quarante hommes, pourvus des moyens de se défendre, et chargés de ne commettre aucune agression : ils s'attachèrent non-seulement à bien connaître le fleuve et les contrées qu'ils avaient à parcourir, mais à gagner la confiance des nations indiennes auxquelles ils venaient promettre paix et amitié. Ils leur apprirent que les États-Unis avaient succédé aux anciens possesseurs de la Louisiane, que destinés à maintenir dès relations habituelles avec leurs tribus, ils leur apportaient la protection du gouvernement fédéral, son intervention pour pacifier les guerres qu'ils avaient entre eux, ses secours et ses présents pour concourir à leur bien-être : ils leur remirent des armes, des étoffes, des meubles utiles; firent flotter au milieu d'eux le pavillon des États-Unis, et donnèrent à leurs chefs des uniformes de l'armée américaine. C'était à la fois arborer les signes de la souveraineté et offrir des gages d'adoption. Le président leur était représenté comme un père qui faisait visiter ses enfants rouges : on les invitait à lui envoyer à leur tour une députation; et la puissance qui ne s'offrait à eux que sous la forme d'une autorité paternelle les trouvait disposés à déférer à ses conseils.

Quoique les diverses nations de ces contrées appartinssent toutes à la classe des peuples chasseurs, elles différaient entre elles par quelques nuances. Les Osages avaient fait des progrès en agriculture, et ils devaient au voisinage des colonies espagnoles ces premiers emprunts de civilisation. Les Panis avaient aussi quelques champs cultivés; mais ils ne formaient plus un seul corps de nation; et le nombre en avait été réduit par de longues guerres avec les Osages.

La nation la plus puissante était celle des Sioux, partagés en dix tribus, qui pouvaient réunir trois mille guerriers : elle s'étendait entre le Mississipi et le Missouri, et se prolongeait vers le nord jusqu'au Red-River, dont les eaux vont s'écouler dans le lac Winnipeg. La Compagnie anglaise du nord-ouest, qui avait près de ce lac une factorerie, entretenait avec les Sioux quelques relations de commerce; et les capitaines Lewis et Clarke trouvèrent chez eux des interprètes qui facilitèrent leurs communications.

Les Ricaras que l'on rencontra vers l'ouest avaient une commune origine avec les Panis, dont ils s'étaient ensuite séparés, et ils s'étaient rapprochés des Mandans qui occupaient les vallées les plus septentrionales du Missouri. L'un et l'autre peuple faisaient avec la Compagnie du nord-ouest un commerce de pelleteries : quelques Français canadiens s'étaient fixés au milieu d'eux; et quand les voyageurs s'arrêtèrent dans le principal village des Mandans, pour y passer l'hiver, ils purent se procurer de nombreux renseignements sur les mœurs de ces tribus.

Les villages de ces nations se ressemblent : leurs maisons ou loges ont une forme conique, dont les parois se composent de pieux plantés dans la terre, recourbés et rapprochés vers le sommet, et liés entre eux par des rameaux longs et flexibles qui s'entrelacent comme une claie : on ménage vers la cime une ouverture de quelques pieds, pour recevoir le jour et donner issue à la fumée. Ces loges se partagent en plusieurs compartiments, pour l'habitation des familles, le dépôt de leurs provisions d'hiver, et celui des pelleteries qui doivent être échangées avec les Canadiens, ou avec d'autres facteurs étrangers.

Les observations déjà faites dans le cours de cette histoire, sur les Indiens situés à l'orient du Mississipi et dans la région des Apalaches, peuvent aussi s'appliquer aux nations occidentales. La similitude de leur situation dans l'ordre social explique celle de leurs usages. La chasse et la pêche sont leurs principaux moyens d'existence : elles se disputent leurs forêts et leurs fleuves, avec le même acharnement, avec la même cruauté envers leurs prisonniers. Quelques ébauches de civilisation ont été commencées vers les extrêmes limites de leurs contrées sauvages ; mais l'empire des habitudes y résiste à cette heureuse innovation : l'ascendant de la force y prédomine ; on cherche les fatigues et les périls, et l'on méprise les paisibles jouissances d'une vie sédentaire. Et cependant c'est à travers de tels obstacles que les anciens peuples ont abandonné les forêts ou les pâturages, et se sont élevés à tous les développements de la morale et de l'intelligence. La postérité a consacré les noms de quelques hommes qui les civilisèrent : une gloire si noble et si pure pourrait encore satisfaire la plus haute ambition.

Au retour du printemps, les voyageurs américains reprirent leur expédition : ils se rembarquèrent sur le Missouri, qu'ils avaient trouvé constamment navigable, et le 15 juin 1805 ils furent arrêtés par les cataractes du fleuve, à plus de cinq cents lieues de son embouchure. Un bruit sourd et continu, qui se faisait entendre à plusieurs milles de distance, les avait prévenus de ce phénomène. On arriva au pied de quelques *rapides*, et l'on eut le spectacle de la grande chute du Missouri, déployant une nappe de quatre-vingt-sept pieds de hauteur sur six cents pieds d'étendue. Elle n'occupe pas toute la largeur du fleuve, et les eaux voisines de chacune des deux rives roulent en cascade et de rochers en rochers jusqu'à la même profondeur. Au delà de cette chute imposante, on aperçoit d'autres rapides, puis une seconde nappe d'eau de quarante-sept pieds de hauteur. De nouveaux degrés où l'eau tombe avec fracas se développent plus loin encore : ils sont surmontés par une troisième chute de vingt-six pieds ; et d'autres cascades, blanchissant d'écume, couronnent ce magique tableau. On ne peut néanmoins le comparer au Niagara, où la chute d'un fleuve entier s'accomplit tout à la fois, et où la simplicité s'unit à la magnificence.

Les Américains franchirent, par un portage, l'intervalle des chutes : ils reprirent ensuite la navigation du Missouri, et lorsqu'ils furent arrivés au pied de la première chaîne des montagnes, ils furent frappés d'une autre scène majestueuse : le fleuve coulait pendant deux lieues entre deux boulevards de rochers granitiques qui s'élevaient perpendiculairement à près de douze cents pieds : le Missouri avait mille pieds de largeur dans ce défilé ; et plusieurs sources, jaillissant avec abondance des flancs du rocher, venaient accroître le volume des eaux. Ce passage reçut le nom de Porte des montagnes Rocheuses. Une longue plaine reparut ensuite : on parvint aux fourches du Missouri, qui reçoit ses eaux de trois rivières principales, et on leur donna les noms de Jefferson, de Madison et de Gallatin.

Arrivé enfin à la chaîne principale des montagnes, on rencontra les Indiens shoshonées, qui, dans leurs excursions annuelles, passent une partie de l'année dans les hautes vallées du Missouri, une autre dans celles de la Columbia : on apprit d'eux la route qu'ils suivaient dans leurs émigrations périodiques ; on acheta les chevaux qu'ils s'étaient eux-mêmes procurés par leur commerce avec les colonies espagnoles ; et, après avoir péniblement franchi les montagnes, on eut à construire des bateaux pour descendre une rivière, longtemps navigable, qui reçut le nom de Lewis : elle les conduisit dans la Columbia ; et les voyageurs américains, accomplissant heureusement leur expédition, suivirent jusqu'à la mer le cours de ce fleuve.

Pendant leur voyage et leur séjour à l'occident des montagnes Rocheuses, ils eurent de fréquentes relations avec les naturels du pays, depuis les Indiens *serpents* qui occupaient les hautes vallées, jusqu'aux différentes peuplades répandues aux bords des fleuves ou sur les rives de l'Océan. Dans la plupart de ces tribus, on aplatissait la tête des enfants, soit qu'on voulût conserver à la nation un caractère distinctif, soit que l'on déférât à une bizarre opinion sur le type de la beauté : funeste aberration qui, en mutilant l'organe de la pensée, devait arrêter le développement des facultés intellectuelles.

Lewis et Clarke hivernèrent chez les Indiens *clatsops* : ils leur laissèrent, avant de partir, un écrit qui pourrait un jour être remis à quelque navigateur, et où ils déclaraient « qu'ayant « été envoyés par le gouvernement des « États-Unis pour explorer l'intérieur « du continent d'Amérique, ils avaient « pénétré, par la voie du Missouri et « de la Columbia, jusqu'à l'embouchure « de ce dernier fleuve dans l'océan Pa- « cifique, qu'ils y étaient arrivés le 14 « novembre 1805, et qu'ils en étaient « partis le 23 mars 1806, pour retour- « ner par la même route aux États- « Unis. »

Ces premiers explorateurs avaient traversé des régions jusqu'alors inconnues : d'autres voyageurs s'y engagèrent après eux, les parcoururent en plusieurs directions, et franchirent sur différents points les montagnes Rocheuses.

Il résulta de leurs observations, commencées le long du Mississipi, que les terres les plus fertiles s'étendaient jusqu'à quatre-vingts lieues vers l'ouest; que le sol, devenu plus élevé, formait une seconde région, où les forêts étaient plus rares et ne suivaient plus que la rive des eaux. On découvrait, en s'avançant davantage, une vaste étendue de plaines traversées par différents fleuves, et dont l'aspect était divers : les unes étaient occupées par des joncs et de hauts herbages; d'autres étaient stériles comme les steppes de la Tartarie; d'autres, tour à tour envahies ou abandonnées par les eaux, étaient couvertes d'une couche de sables profonds, soulevés quelquefois par les vents. Ces plateaux, généralement dépourvus de bois, se relevaient ensuite en collines, en hauteurs progressives, qui allaient se rattacher, comme autant d'embranchements, à la ligne des montagnes Rocheuses, et celles-ci faisaient partie de cette longue chaîne des Cordillères qui parcourt du nord au sud l'Amérique entière. Les points les plus élevés de cette région coïncident au 41° degré, et les réservoirs qui s'y sont formés répandent leurs eaux dans toutes les directions. C'est dans cette contrée supérieure que prennent leur source le Colorado, qui se rend au golfe de Californie : le Rio-del-Norte, le plus grand fleuve du Mexique; l'Arkansas, tributaire du Mississipi; la Platte, le Yellowstone, principaux affluents du Missouri, et le Lewis, qui va grossir les eaux de la Columbia.

La plupart des plaines élevées que parcoururent les premiers voyageurs en s'éloignant vers l'ouest, leur parurent moins favorables à la culture qu'à la multiplication des troupeaux, et ils purent en juger ainsi, soit par le décroissement de la végétation, soit par l'innombrable quantité de buffalos qu'ils rencontrèrent. Néanmoins les indices que donne une nature sauvage ne sont point inaltérables : la terre peut être modifiée par le travail de l'homme; et des efforts dirigés avec intelligence parviennent à façonner un sol rebelle, et à couvrir la nudité de la terre de la parure des plantes, en les adaptant l'une à l'autre, et en choisissant les sites et les végétaux.

La navigation des fleuves qui arrosent ces contrées favorise les progrès des établissements : celle du Missouri offre un développement de plus de mille lieues, si l'on tient compte de tous ses détours; celle de l'Arkansas en a huit cents; les autres rivières peuvent être également remontées jusque vers le pied des montagnes Rocheuses : là on rencontre des chutes et des rapides qui entravent les communications. La rivière *Platte* est la moins navigable de toutes, et les vastes plaines dont elle occupe le centre sont souvent exposées aux débordements.

Si l'une et l'autre rive du Mississipi ont un grand nombre de productions semblables, il est néanmoins plusieurs genres de richesses qui appartiennent spécialement aux contrées occidentales.

Les mines de plomb que l'on a découvertes à l'ouest du Mississipi se partagent en deux régions : l'une, située au nord, vers la *prairie du Chien*, comprend les mines de Dubuque, découvertes et exploitées dès le commencement du dix-huitième siècle : l'autre région est plus méridionale ; elle occupe vingt lieues de longueur sur sept de largeur, dans la chaîne des monts Ozarks qui s'élèvent entre le Missouri et l'Arkansas. Les premières veines de cette mine ont été reconnues dans les hautes vallées du Maramec, du Saint-François et du Washita : on trouve sur les bords de ces rivières des masses de plomb natif, et la fusion de la galène que l'on extrait donne souvent en métal plus de la moitié de son poids.

La même chaîne de montagnes renferme des mines de fer abondantes ; et le voisinage des rivières en facilite l'exploitation. Des mines de charbon fossile se découvrent dans un grand nombre de lieux, et l'on reconnaît combien de forêts ont été ensevelies dans ces vastes plaines, formées de terres d'alluvion, et progressivement exhaussées durant la marche des siècles. Le feu a quelquefois pénétré accidentellement dans ces masses souterraines dont il continue de dévorer une partie : d'autres amas de bois engloutis ont été abandonnés par la nature à une combustion sourde et lente, qui leur a fait éprouver des transformations différentes, suivant la nature des couches où ils étaient ensevelis : ils se sont convertis en houille, en tourbe, en charbon bitumineux ou fossile ; et, en exhumant pour l'entretien de nos usines les débris de ces forêts carbonisées, nous pourrons épargner plus longtemps celles qui nous couvrent encore de leur ombrage.

Nous avons reconnu que les plaines situées au sud-ouest du Missouri sont traversées d'occident en orient par de très-longues rivières : la séparation de leurs bassins fluviatiles n'est souvent formée que par des atterrissements qui en deviennent les digues naturelles ; et les plateaux intermédiaires se couvrent de couches de sel qui en blanchissent la surface ; soit qu'elles appartiennent à d'anciens dépôts de sel gemme, soit qu'elles aient été plus récemment produites par l'évaporation des eaux qui tenaient cette substance en dissolution. Ces salines occupent des plaines entières, et l'on en trouve d'autres également remarquables dans les terres voisines de l'Osage et de l'Arkansas : les cours d'eau qui les arrosent se sont plus ou moins imprégnés de sel, en passant sur un lit qui en était chargé ; et la terre et les eaux participent de la même amertume.

On explique par la nature du sol et par celle des pâturages, l'extrême affluence des buffalos que les premiers voyageurs y rencontrèrent. Ces animaux recherchent les régions salifères : la plaine est semée de leurs débris : souvent même, en la creusant à peine, on y trouve de nombreux ossements fossiles, appartenant à la classe des mastodontes et à d'autres familles qui ont disparu. Les buffalos occupent aujourd'hui la contrée où vivaient ces races gigantesques ; et ils avaient été également répandus dans les plaines de l'Ohio, de l'Indiana, de l'Illinois ; mais l'approche des colonies européennes les a mis en fuite. Ceux qui avaient erré entre les Apalaches et le Mississipi se sont retirés vers les lacs et les prairies du nord-ouest ; d'autres ont franchi le fleuve, et, après en avoir habité les rives occidentales, ils ont encore été repoussés vers des régions plus sauvages. Là, ils continuent de se réunir en troupeaux innombrables, et ils jouissent en commun des pâturages dont les herbes et les eaux savoureuses conviennent à leur instinct. Souvent ces familles nomades et paisibles changent de contrée : elles ont du nord au midi des émigrations périodiques et alternatives, suivant la saison ; on les voit marcher en caravanes, couvrir au loin la plaine, et traverser à la nage le Missouri et les autres fleuves. Mais les premiers voyageurs des États-Unis remarquèrent que les buffalos ne franchissaient pas les montagnes Rocheuses : ces boulevards avaient arrêté jusqu'alors leurs excursions vers l'ouest : ils n'abandonnent pas les prairies et la plaine ; et cette contrée, où leur espèce se développe dans toute sa force, devient aussi un de leurs derniers refuges. Les loups, leurs ennemis infatigables, rôdent sans cesse autour de leurs pâturages : ils n'attaquent pas un troupeau réuni, mais ils l'effrayent, ils le mettent en fuite, et tombent avec voracité sur les animaux qui s'en écartent ou qui n'ont pu le suivre. Les uns et les autres ont de plus redoutables ennemis dans les chasseurs qui les poursuivent : cette guerre est continue, et l'appât de leur dépouille la rend plus acharnée.

Parmi les animaux qui fréquentent les montagnes Rocheuses, et dont la fourrure est recherchée dans le commerce, les voyageurs américains remarquèrent l'ours, le renard rouge, et plusieurs espèces d'antilopes. L'argali atteint les sommets les plus élevés et se suspend aux bords des précipices ; l'élan, le wapiti, parcourent ces forêts dont les arbres sont élancés, et où ils ne rencontrent aucun taillis qui embarrasse leurs ramures. Les castors sont encore nombreux dans les vallées et dans les plaines qu'arrosent des courants d'eau vive ; mais ils se replient devant la race humaine, soit pour échapper à la destruction, soit pour cacher leur industrie dans la solitude. Autrefois la nation des Osages les avait protégés : elle avait appris, par une superstitieuse tradition, que son fondateur s'était allié à la famille d'un castor ; et on avait eu longtemps égard à ce titre de consanguinité ; mais les calculs du commerce et l'appât du gain firent ensuite oublier cette filiation.

Quand les États-Unis commencèrent leurs établissements sur la rive occidentale du Mississipi, les Osages, les Arkansas furent les premières nations indiennes qui se trouvèrent en contact avec eux ; et Lewis, devenu gouverneur de ces contrées, eut à conclure un arrangement avec leurs tribus sur la démarcation des deux territoires. Les Indiens renoncèrent pour quelques subsides à une partie de leurs forêts, et ils commencèrent vers l'ouest ce mouvement de retraite qui ne devait plus avoir de terme.

L'avenir dont les aborigènes étaient alors menacés inspirait à leurs vieillards de vives inquiétudes ; et, lorsque les officiers du gouvernement fédéral vinrent prendre possession des terres nouvellement acquises, constater les limites qui leur étaient assignées, et y construire des forts pour en assurer la défense, un vieux guerrier de la nation des Osages, s'entretenant avec leur interprète, lui exprima ses plaintes.

« Le grand fleuve, le père des eaux,
« nous séparait de vous : pourquoi ve-
« nir nous chercher et vous établir sur
« notre rivage ? La terre du matin ne
« vous suffisait-elle pas ? Elle a, comme
« la nôtre, des eaux, des forêts, des
« montagnes ; elle vous offre, comme
« à nous, ses fruits, ses animaux, ses
« ombrages. J'en ai parcouru les con-
« trées, dans la fleur de ma jeunesse,
« et le tomahac à la main, quand je
« cherchais à venger le massacre de
« ma famille, quand j'allais enlever les
« chevelures de mes ennemis pour pa-
« rer ma hutte sauvage. Les plaines où
« je triomphais m'ont paru belles : leur
« état a-t-il changé ? sont-elles deve-
« nues stériles ? ne reçoivent-elles plus
« l'eau des nuages et les rayons du
« jour ? les rivières où flottait la piro-
« gue ont-elles suspendu leur cours ?
« Ces régions sont vastes : vous ne
« les remplissez pas encore ; et si elles
« vous suffisent pourquoi changer de
« demeures ? Vous avancez ; et tout ce
« qui avait reçu la vie tombe ou dispa-
« raît : l'incendie s'étend devant vous ;
« il éloigne ceux que vous ne pouviez
« atteindre, et vous vous emparez du
« désert que vous avez fait. J'ai prévu
« le sort qui attend tous les hommes
« rouges, quand du haut de nos mon-
« tagnes j'ai vu la terre que vous enva-
« hissez se dépouiller de ces belles fo-
« rêts qui avaient été notre séjour,
« quand j'ai vu ces immenses troupeaux
« de buffalos, de cerfs, d'autres ani-
« maux sauvages, s'éclaircir dans les
« plaines, et gagner précipitamment
« les savanes, les prairies de l'ouest :

« ils étaient notre cortége; ils nous
« suivent pour s'affaiblir encore, et
« pour s'anéantir un jour au fond de
« nos solitudes.

« La terre est encore étendue derrière nous : nous ne sommes pas au terme où vous cesserez de nous poursuivre; mais les pays où vous nous réduisez sont déjà moins fertiles. D'âpres montagnes, des rochers escarpés, où les plantes et les animaux ne peuvent plus vivre, ne nous offriront que leurs cavernes, où la famine viendra nous chercher.

« Nos pères nous ont appris que d'autres régions s'étendaient au delà de ces montagnes : mais si nous franchissons cette barrière, les peuples que nous rencontrerons voudront-ils nous recevoir? La terre qu'ils habitent ne leur a-t-elle pas été donnée par le grand esprit, pour qu'ils puissent en parcourir paisiblement les forêts? Sans doute vous nous y poursuivrez encore; et les débris de nos nations, refoulées les unes sur les autres, ne laisseront plus dans les vastes contrées qui leur avaient appartenu que les monuments de leur passage et de leur destruction. Qui sait même s'il en restera quelque trace sur la terre? On dit que les grandes eaux l'enveloppent comme une ceinture; et si vous nous repoussez sans cesse vers leurs rivages, il viendra un temps où nos dernières générations, ne pouvant plus s'éloigner davantage, et ne voulant pas plier sous la servitude, contempleront ce gouffre immense comme un dernier asile, et n'aspireront plus qu'à s'y ensevelir. »

Les plaintes du vieux guerrier, qui ne pouvait songer sans terreur aux fatales destinées de la race aborigène, ne furent alors attribuées qu'à une exaltation déréglée : la prévoyance et la pénétration des sages sont quelquefois traitées ainsi ; et peut-être il ne devait pas s'écouler plus d'un siècle, avant que cette prédiction s'accomplît.

Les alarmes des Indiens étaient si vives que leurs tribus cherchèrent, quelques années après, à revenir sur la cession de territoire qu'elles avaient faite et dont les conditions n'étaient pas encore remplies. Une députation de chefs de guerre se rendit près du gouverneur du Missouri, et l'orateur s'éleva contre la validité de cette vente. « Les hommes qui l'ont faite n'y étaient pas autorisés ; et la nation elle-même n'en aurait pas le droit. Notre contrée appartient à notre postérité aussi bien qu'à nous : nous l'avons reçue pour le temps de notre vie, et nous la transmettons à nos descendants. Il ne peut nous être permis de vendre les ossements de nos pères et l'héritage de nos fils. »

Cette protestation fut vaine, et le gouverneur déclara qu'une cession volontairement faite par les Osages et sanctionnée par le congrès, ne pouvait pas être révoquée : les subsides promis aux Indiens leur furent remis, et ils conservèrent le droit de chasser dans la même contrée, aussi longtemps que les États-Unis n'y auraient pas formé d'établissements.

Ce privilége éventuel ne pouvait pas être de longue durée. Déjà s'avançaient vers la nouvelle frontière ces aventuriers, à demi sauvages, connus sous le nom de *trappeurs*, qui vivent au milieu des forêts, se mêlent aux chasses des Indiens, leur font souvent la guerre, dépeuplent d'animaux le sol qu'ils parcourent, et deviennent les principaux pourvoyeurs des marchands de pelleteries. Les terres épuisées de gibier étaient promptement abandonnées par les Indiens ; et quelques audacieux fourrageurs ouvraient un champ plus libre aux familles de cultivateurs qui arrivaient après eux.

Ainsi la population des rives inférieures du Missouri et de l'Arkansas commençait à remonter le cours des fleuves, et à se répandre dans les contrées intermédiaires, avant de poursuivre plus au loin sa marche progressive. Mais quelques hommes, embrassant dans leurs vues un long avenir, avaient déjà conçu l'espérance de porter jusqu'au grand Océan les limites des États-Unis, et d'occuper, au nom du gouvernement fédéral, l'embouchure et les rives des fleuves dont Lewis et Clarke avaient reconnu le cours.

M. John Astor de New-York fonda en 1809 une compagnie pour le commerce des fourrures de l'océan Pacifique. Il se proposa de former un établissement à l'entrée de la Columbia ; d'y envoyer, chaque année, un vaisseau chargé de marchandises, soit pour les naturels du pays, soit pour la Chine; d'y prendre les pelleteries qu'on aurait pu se procurer, et de faire voile pour Canton, entrepôt général où l'on en trouverait toujours le débit : le vaisseau, après y avoir déposé ses fourrures et le reste de sa cargaison, devait revenir à New-York avec les productions de la Chine et des Indes orientales.

Le navire le *Tonquin* fut expédié le premier : il partit le 6 septembre 1810, alla doubler le cap Horn et se rendit aux îles Sandwich. Le capitaine Thorne qui le commandait enrôla pour le service de la compagnie quelques insulaires de cet archipel, et il arriva le 23 mars 1811 à l'embouchure de la Columbia, sur la rive méridionale de laquelle on érigea le fort *Astoria*.

Une expédition par terre devait se rendre à la même destination. William Hunt et Donald Mackenzie partirent de Saint-Louis de Missouri, au mois d'août 1810, avec soixante-treize hommes : ils devaient suivre d'aussi près que possible la route que Lewis et Clarke s'étaient tracée en 1804 et 1805, et ils remontèrent le Missouri jusque dans le pays des Ricaras : ils s'engagèrent ensuite dans les vallées du *Yellowstone*, pour gagner les montagnes Rocheuses : on rencontra au delà de cette barrière le cours de la rivière Lewis ; et les voyageurs, après avoir fait par terre et par eau le trajet le plus périlleux et le plus pénible, arrivèrent en deux détachements au fort Astoria, où cent quatre habitants se trouvèrent alors réunis. Dès ce moment on s'occupa des défrichements nécessaires à cette naissante colonie, et des relations qu'elle devait entretenir avec les Indiens.

Quels que fussent les désastres que cet établissement devait éprouver bientôt, l'occupation première avait eu lieu, le titre de possession était proclamé, et les États-Unis étaient intéressés à le faire valoir. Ce peuple est constant dans ses vues : s'il laisse quelquefois reposer ses prétentions, il n'y renonce point, et il attend l'occasion de les faire revivre.

On avait eu des preuves de cet esprit de persévérance dans les démarches faites par le gouvernement fédéral, pour obtenir de la France et de l'Angleterre la révocation des ordonnances, contraires à la neutralité de la navigation et du commerce américain. Quoique le congrès eût déclaré qu'à dater du 20 mai 1810 aucun navire des deux nations ne serait reçu dans les ports des États-Unis, il annonça, au moment où allait commencer cette interdiction, qu'elle cesserait envers la puissance qui révoquerait ses édits avant le 3 mars 1811, et il chargea le général Armstrong, ministre plénipotentiaire d'Amérique en France, de réclamer cette révocation. Ses instances eurent enfin un heureux succès, et ce ministre reçut, le 5 août 1810, la déclaration que les décrets de Berlin et de Milan cesseraient d'avoir leur effet à l'égard des Américains, à dater du 1er novembre suivant. La navigation et le commerce entre la France et les États-Unis allaient dès lors reprendre un cours régulier.

Les deux nations accueillirent avec joie la réconciliation qui venait de s'établir entre elles. Jefferson l'avait toujours désirée : il avait évité toutes les mesures extrêmes qui auraient pu y mettre obstacle; et Madison, qui lui succéda dans la présidence, le 4 mars 1809, honora son administration, en assurant le retour de la bonne harmonie entre les États-Unis et leur ancien allié.

Dès ce moment, on put se livrer avec plus de confiance à de nombreuses opérations commerciales. Les pénibles épreuves qu'elles avaient eu à subir ne les avaient pas interrompues; mais ces périlleuses expéditions, suivies au milieu des écueils, n'avaient offert aucune garantie : de grandes fortunes s'étaient élevées subitement; d'autres s'étaient écroulées : les bénéfices ne servaient plus de compensation aux dommages, et l'on avait à réparer une longue suite de malheurs particuliers.

Les Américains réclamèrent de la France des indemnités pour les pertes qu'ils avaient faites; mais cette question était difficile à résoudre d'une manière définitive, aussi longtemps que la guerre n'avait pas cessé entre l'Angleterre et la France. « J'ai voulu, disait le gouvernement français, opposer à mon adversaire des armes égales, et s'il a mis des bornes aux droits maritimes des autres puissances, il m'a forcé de l'imiter. Je n'ai pu souffrir qu'il masquât son commerce sous pavillon neutre; et quand l'Océan le dérobait à mes poursuites, je l'ai atteint dans tous les ports dont j'étais maître : cette mesure était générale, et les Américains ne pouvaient en être exceptés. Le congrès a voulu sans doute les y soustraire, lorsqu'il a mis dans ses ports un embargo général sur leurs navires, et qu'il a ordonné le retour de tous ceux qui étaient encore chez l'étranger. Cependant, malgré ses injonctions, un grand nombre d'Américains, échappant à l'action des lois, ont continué de suivre, pour le compte de l'ennemi, un commerce qu'il ne pouvait pas exercer lui-même avec liberté. Si leur navigation était illicite aux yeux même du gouvernement fédéral qui l'avait prohibée formellement, n'avaient-ils pas perdu, en méconnaissant son autorité, le droit de recourir ensuite à sa protection? et le désaveu qu'ils avaient encouru de sa part ne permettait-il pas de les considérer comme ennemis? »

Quelque spécieux que pussent être ces motifs, le gouvernement fédéral ne les admettait point. « Si des capitaines américains enfreignent nos lois, c'est à elles seules qu'il appartient de les punir; et en les poursuivant pour un délit, je ne m'interdis point de réclamer en leur faveur une compensation pour les dommages qu'ils ont soufferts. J'ai voulu me tenir à l'écart de vos démêlés avec l'Angleterre, et mettre les vaisseaux américains à l'abri de toute agression : cette réserve n'était point un acte hostile, c'était une paisible sauvegarde pour ma neutralité. Je m'isolais, mais je ne pouvais demeurer impassible. La France et les États-Unis ont été liés par une convention qui reconnaissait l'inviolabilité du pavillon neutre et la liberté du commerce : la durée de cet acte ne devait expirer qu'à la fin de 1809, huit ans après l'échange de ses ratifications, et c'est sur ses clauses mêmes que nous fondons la justice de nos demandes. Si l'Angleterre a suivi d'autres principes maritimes, ceux que consacraient nos traités avec la France n'en sont point altérés, et ce que les deux contractants s'étaient mutuellement promis est devenu la seule base de leurs obligations comme de leurs droits. »

C'est au développement de ces idées générales que pouvaient être ramenés les différents points d'une négociation qui fut suspendue et renouvelée plusieurs fois. Cette discussion polémique, où l'on tendait à éclaircir les faits et à se rapprocher par quelques concessions réciproques, n'avait rien d'irritant : les États-Unis cherchaient à faire reconnaître leurs droits à une indemnité; mais ils en réduisaient l'évaluation primitive, et ils n'en sollicitaient pas le remboursement immédiat; ils avaient égard aux dépenses de la guerre où la France continuait d'être engagée, et, sans prétendre qu'elle dût en ce moment aggraver ses charges, ils ajournaient à des temps plus paisibles leurs instances ultérieures.

Au milieu même de leur mésintelligence, jamais les deux nations n'avaient eu l'une envers l'autre de sentiments hostiles. Les Américains suivaient avec intérêt les destinées de la France, et contemplaient dans toutes les phases de sa fortune l'illustre capitaine que la victoire avait si souvent couronné et qu'elle commençait à enivrer de ses faveurs. Napoléon honorait à son tour la mémoire de Washington; il aimait à voir les Américains prospérer à l'abri de leurs institutions, et, après avoir lui-même concouru à l'accroissement de leur puissance, il n'aurait pas voulu attaquer son ouvrage.

Les États-Unis n'avaient pas alors la même tendance à se rapprocher du gouvernement britannique. Leurs plus chers intérêts, leur dignité, leur indépendance, avaient été blessés : la presse de leurs matelots était exercée par l'Angleterre à bord même de leurs navires; on les avait attaqués jusque sur leurs rivages, et chaque agression nouvelle ajoutait aux ressentiments. Le gouvernement fédéral persista donc à exclure de ses ports les bâtiments britanniques, et à suspendre toute relation de commerce entre l'Angleterre et les États-Unis.

Telle était en 1811 la situation politique de la confédération américaine, et d'autres événements d'une importance plus grande encore commençaient à fixer son attention.

Autant les États-Unis paraissaient éloignés d'intervenir dans les querelles de l'Europe, dont Jefferson aurait voulu quelquefois être séparé par un océan de feu, autant les intérêts du nouveau monde éveillaient leur sollicitude. Ils voyaient se propager dans plusieurs colonies les germes de l'indépendance; et quoique le gouvernement fédéral ne prît aucune mesure pour les fomenter et pour les faire éclore, il ne cherchait pas sans doute à en arrêter le développement.

Miranda, né à Caracas, fut un des hommes qui contribuèrent avec le plus d'ardeur à l'émancipation de l'Amérique espagnole; il avait des vues étendues, un génie entreprenant et le désir d'acquérir de la célébrité.

Pendant la guerre de l'indépendance des États-Unis, Miranda, très-jeune encore, avait servi leur cause, et c'était au milieu d'eux qu'il avait formé le projet d'affranchir sa patrie. Une si grande entreprise exigeait des ressources nombreuses; un appui étranger lui devenait nécessaire, et il voulut, après la conclusion de la paix de 1783, sonder les dispositions de quelques puissances. Dans cette vue, il se rendit à Londres et à Saint-Pétersbourg : en Russie, il obtenait les éloges de Catherine qui aimait les vastes desseins, en Angleterre, il espérait des secours plus efficaces; mais d'autres événements suspendirent pendant plusieurs années l'exécution de son entreprise. La guerre de la révolution française était commencée : Miranda vint y prendre part, et il fut élevé au grade de lieutenant général dans les armées de la république. Ses campagnes en Belgique développèrent son habileté et son expérience; néanmoins il échoua au siége de Mastricht, et il ne put empêcher, en 1793, la perte de la bataille de Nerwinde, où il commandait l'aile gauche de l'armée. Disgracié à la suite de ce revers, il fut arrêté, relâché, et incarcéré de nouveau jusqu'à la mort de Robespierre. Son projet d'émanciper l'Amérique espagnole l'occupait sans cesse; mais il ne fut secondé ni par le comité de salut public, ni par le directoire exécutif : la France et l'Espagne étaient alors unies par des traités de paix et d'alliance; et Miranda, exilé le 18 fructidor (4 septembre 1797), se rendit à Londres, et alla proposer au gouvernement britannique un plan d'indépendance pour la Terre-Ferme et le Mexique : il demandait que les États-Unis fussent invités à concourir à cette expédition, qu'on leur offrît le territoire des Florides s'ils consentaient à faire agir un corps de dix mille hommes, et que l'Angleterre fournît les vaisseaux et les subsides nécessaires au transport des troupes et aux opérations de la guerre.

Mais il fallait s'assurer de l'adhésion du gouvernement fédéral : Miranda se rendit en Amérique pour l'obtenir, et le président refusa les propositions qui lui étaient faites : il ne voulait pas commettre d'agression contre les possessions de l'Espagne, avec laquelle les États-Unis étaient en paix.

Quand de nouvelles dissensions, relatives à la navigation du Mississipi et à l'entrepôt commercial de la Nouvelle-Orléans, éclatèrent entre les deux puissances, Miranda vint encore aux États-Unis pour solliciter de nouveau leur coopération à ses desseins. Cette seconde démarche n'eut pas plus de succès : le traité de 1803 qui cédait la Louisiane aux Américains venait d'être conclu, et la cause de leurs contestations avec l'Espagne avait cessé.

Alors, ne pouvant plus compter sur les secours du congrès, Miranda chercha, pendant son séjour à New-York, à intéresser à ses projets quelques spéculateurs, et à faire en secret des enrôlements volontaires; opération plus facile dans un port où affluent un grand nombre d'étrangers qui viennent, d'un hémisphère à l'autre, tenter la fortune et courir de nouveaux hasards. On se procura des armes et des munitions de guerre : une partie de ces dépenses fut acquittée sur les fonds que l'on avait apportés de Londres ; la garantie des autres payements tenait au succès même de l'expédition : le colonel Smith et Ogden armèrent le navire le *Léandre*, où cette troupe aventureuse s'embarqua; et Miranda, mettant à la voile le 3 février 1806, se dirigea sur Saint-Domingue, d'où il se rendit dans l'île de la Trinité. Dès que la destination de cet armement fut connue, le ministre d'Espagne près du gouvernement fédéral s'en plaignit vivement, et il obtint que Ogden et Smith fussent poursuivis devant les tribunaux; mais tous deux furent acquittés par une déclaration du jury, et le résultat de cette procédure montra que l'entreprise, sans être avouée par le congrès, était favorisée par l'opinion publique.

L'amiral Cochrane se trouvait alors à la Trinité, et Miranda obtint de lui quelques bâtiments armés; cinq cents volontaires étaient réunis sous ses ordres; il partit le 24 juillet, et alla débarquer près du cap de la Véla, dont les forts tombèrent en son pouvoir : il se dirigea ensuite sur Rio de la Hacha, pour y attendre des secours de la Jamaïque ; mais ne recevant aucun renfort, et ne pouvant pas se maintenir avec si peu de forces, il dut renoncer à son expédition, revint dans l'île de la Trinité, et regagna l'Angleterre, pour y attendre une occasion plus favorable.

Ces projets d'émancipation se renouvelèrent deux ans après, et ils furent précédés d'un événement inattendu qui, en changeant le sort du Brésil, ne fut pas sans influence sur celui des colonies espagnoles. On vit, le 27 juillet 1808, arriver de Lisbonne à Rio-Janeiro la famille royale de Bragance. L'invasion de ses États d'Europe avait déterminé le prince régent de Portugal à se retirer au Brésil; et ce pays, délivré du régime colonial, avait acquis les mêmes droits que la mère patrie.

L'invasion de l'Espagne produisit d'autres mouvements en Amérique, lorsqu'on y apprit les actes et les traités de Bayonne, qui avaient précipité du trône Charles IV et son fils Ferdinand VII, et qui avaient conféré cette couronne à Joseph Bonaparte. Cette nouvelle parvint à Caracas au mois de juillet 1808 : les colons ne reconnurent pas le nouveau roi : ils proclamèrent Ferdinand VII, et ouvrirent des relations avec la junte suprême qui s'était formée en Espagne pour gouverner au nom de ce prince. Leur exemple fut suivi dans la Nouvelle-Grenade, et les habitants y reconnurent également Ferdinand VII.

Les opérations militaires de Napoléon en Espagne ne changèrent pas cette détermination; soit lorsque, vengeant les revers essuyés à Baylen par un corps de troupes, il retrouvait la victoire à Burgos et à Tudela, soit lorsqu'il obtenait dans les plaines d'Ocana un nouveau triomphe, et que ses plus habiles généraux pénétraient dans les différentes parties du royaume. En soumettant des provinces, il ne fit pas plier les volontés nationales : on ne cédait qu'à la force; il ne put point imposer l'obéissance partout où il n'était pas ; et les colonies espagnoles, imitant l'exemple de la métropole, persistèrent dans la résolution de ne pas reconnaître l'autorité de Bonaparte.

La régence de Cadix, qui remplaça la junte de Séville après les premiers succès de Napoléon, ne pouvait d'abord lui opposer aucun développement de forces : elle était réduite à des proclamations ; mais ses paroles étaient puissantes; elles retentissaient dans toutes les parties de l'Espagne et de ses possessions éloignées; et partout elles allaient soulever les esprits contre la domination de l'étranger. Cependant la régence allait au delà de son but : l'énergie qu'elle voulait inspirer l'exposait à d'autres périls; et la première proclamation qu'elle adressa aux colonies espagnoles vint y ébranler l'autorité de la métropole. « Elle rappelait aux Américains qu'ils avaient été longtemps accablés sous un joug d'autant plus oppressif qu'ils étaient éloignés du centre du pouvoir : elle ne voulait plus les soumettre au gouvernement arbitraire des vice-rois : elle les dégageait de cette dépendance, et plaçait dans leurs mains leurs futures destinées. »

A peine cette proclamation fut connue à Caracas, que l'autorité du capitaine général fut remplacée par une junte : elle se forma le 19 avril 1810; et une junte semblable fut établie le 20 juillet dans la Nouvelle-Grenade, où don Amar était alors vice-roi.

Après avoir donné l'impulsion aux colonies, la régence de Cadix cherchait à y conserver la direction des affaires et l'exercice du pouvoir; mais déjà on commençait à se lasser d'une autorité exigeante, de tous les sacrifices qu'elle demandait pour assister une métropole éloignée, et de la souveraineté nominale d'un monarque absent et captif, dont l'héritage était abandonné à la guerre civile et étrangère, sans qu'on pût encore prévoir quel serait le terme de tant de calamités. Les nouveaux magistrats de Caracas adressèrent de vives représentations à la régence; et l'amertume de leurs plaintes fut considérée par elle comme un acte de rébellion : elle ordonna le blocus des ports de cette colonie, et fit marcher contre elle un corps de troupes, tiré des provinces qui n'avaient pas encore pris part à l'insurrection.

La guerre qui devait décider du sort de l'Amérique espagnole fut alors commencée : Miranda parut de nouveau sur la scène : il revint d'Angleterre à Caracas vers la fin de 1810; et son influence dans le congrès dont il fut membre, et dans les sociétés populaires qu'il fit organiser, accéléra la déclaration de l'indépendance. L'acte en fut signé, le 5 juillet 1811, par les représentants des provinces qui formaient la confédération de Vénézuéla; et l'on publia, le 23 décembre suivant, une constitution, où se retrouvaient les mêmes principes que dans celle des États-Unis, sur la nature et la distribution des pouvoirs. La législature fut divisée en deux chambres, celle des représentants et celle du sénat; et l'on remit le pouvoir exécutif à un magistrat temporaire : la forme des jugements par jury fut adoptée; on organisa une cour suprême pour les causes qui intéressaient la confédération; une limite fut tracée entre l'autorité centrale et celle des États particuliers ; tous les droits civils et politiques furent déterminés; et le congrès de Vénézuéla couronna dignement son ouvrage, en abolissant la torture, en favorisant la civilisation des Indiens, et en assurant la suppression de la traite des noirs.

Le congrès qui s'était formé dans la Nouvelle-Grenade entretenait avec celui de Vénézuéla d'intimes relations, et il suivait une marche semblable. Après avoir proclamé l'indépendance, il adopta, le 27 novembre 1811, une constitution fédérale.

Au Mexique, la lutte la plus vive était engagée entre le parti espagnol et celui de l'émancipation. Hidalgo, ministre des autels, avait excité, au nom du Dieu des armées, l'enthousiasme des indépendants : protecteur des Indiens, ami des créoles, il les avait soulevés dans tout le nord du Mexique : il tint la campagne pendant six mois, remporta plusieurs avantages, et, tombant enfin au pouvoir de ses ennemis le 21 mars 1811, il fut exécuté trois mois après, avec les principaux officiers qui partageaient sa captivité. Cependant les supplices n'arrêtèrent pas les progrès de l'insurrection. La cause qui a des martyrs fait aussi des prosélytes; et d'autres hommes dévoués se mirent à la tête des indépendants.

L'impulsion donnée à toutes les contrées espagnoles qui entouraient le golfe du Mexique, s'étendait aussi aux provinces plus méridionales : le mouvement était général ; mais le choc des intérêts, l'ardeur des passions, la haine des partis devaient longtemps abandonner ces malheureuses régions aux déchirements de la guerre civile.

Quoique nous n'ayons point à nous occuper d'une suite de révolutions, étrangères au sujet de cet ouvrage, nous avons dû indiquer quelques-unes des causes qui les préparèrent ; et nous ne pouvons méconnaître dans cette fermentation générale les conséquences inévitables de l'indépendance des États-Unis. L'exemple de leur prospérité était offert au monde : les peuples qui couvraient l'Amérique du Sud avaient mesuré leurs forces ; ils voulurent s'affranchir à leur tour, et jouir du droit de se gouverner.

Les États-Unis, qui exerçaient alors un tel ascendant sur les destinées de l'Amérique espagnole, et qui voyaient s'étendre autour d'eux la nature de leur gouvernement et de leurs institutions politiques, s'étaient néanmoins abstenus de prendre une part directe à ces grands changements ; soit qu'il entrât dans leurs principes de laisser à chaque nation le soin de son propre sort, soit qu'ils eussent résolu de ne point enfreindre les traités de paix qui les unissaient à l'Espagne, ou que, pendant leurs dissensions avec l'Angleterre, ils ne voulussent pas s'engager dans d'autres embarras, et se distraire du soin de défendre leurs propres droits. Ainsi, lorsque don Telesfore Oréa, envoyé de la junte de Caracas, vint, en 1810, solliciter les secours des États-Unis, le congrès refusa aux insurgés sa coopération, quoiqu'il pût désirer leurs succès, dans une carrière où lui-même les avait précédés. S'il était disposé à reconnaître les changements établis, du moins il attendait que le temps les eût consacrés, et il prévoyait les résultats de ce mouvement irrésistible. D'autres peuples allaient s'élever à ses côtés ; et, quoique la durée d'une génération se fût à peine écoulée depuis son indépendance, il allait devenir le plus ancien gouvernement du nouveau monde.

Arrivés à la fin de 1811, nous voyons se développer devant nous ce grand spectacle d'émancipation ; et les premiers conquérants de l'Amérique y perdent la domination qu'ils avaient exercée pendant plus de trois siècles : d'autres États succèdent aux colonies ; leur lutte s'engage avec la métropole ; et ni les passions énergiques, ni la persévérance ne leur manquent pour traverser cette crise orageuse, et pour conquérir enfin leur indépendance.

Ce résultat est le plus grand de ceux qui aient suivi la révolution des États-Unis. Leurs principes, leur exemple, leurs victoires devaient changer l'avenir du nouveau monde ; et, le jour où leur émancipation fut proclamée, une voix se fit entendre dans toutes les régions méridionales de l'Amérique, pour leur prophétiser les mêmes destinées.

Le moment où elles commencent à s'accomplir termine une période historique, assez mémorable, assez étendue, pour que nous nous soyons bornés à la parcourir, et pour que nous puissions la séparer du nouveau cercle des événements qui vont la suivre. Nous touchons d'ailleurs à une époque trop récente pour qu'elle puisse être comprise dans cet ouvrage. Les faits dont les acteurs et les témoins vivent encore ne sont point assez éclaircis : il faut que l'opinion publique ait eu le temps de recueillir toutes les relations, de les comparer entre elles, et de remonter aux principes des actions humaines, pour qu'elles puissent être appréciées avec justesse, et entrer dans les pages de l'histoire. Les noms obscurs n'y seront point inscrits ; et si les personnages éminents doivent échapper à l'oubli qui efface et emporte tout ce qui est vulgaire, néanmoins la distribution des rangs et de la renommée ne peut pas se faire entre eux, avant que la tombe ait consacré leurs noms, que les passions qui les jugeaient se soient assoupies, et que la trace de leurs services soit gravée dans l'opinion publique. C'est par de tels souvenirs, c'est par ces sortes d'inscriptions tumulaires et monumentales que commencent les jugements de l'histoire. Laissons à nos successeurs le droit de prononcer sur nos contemporains, et rappelons-nous que le temps seul écarte les voiles de la vérité.

L'historien d'un peuple, devant lequel s'ouvre un long avenir, ne peut jamais prétendre à compléter son ouvrage; car le temps marche sans cesse : les opinions, les connaissances, les événements se succèdent; d'autres renommées brillent ou s'évanouissent, et la scène du monde se renouvelle.

FIN.

OBSERVATIONS

SUR LES GRAVURES JOINTES AU TEXTE DE CETTE HISTOIRE.

Les lecteurs de cet ouvrage auront pu juger que notre but ayant été de composer une *histoire des États-Unis d'Amérique*, c'est à cet objet que nous avons dû constamment nous attacher. Nous avons eu souvent à reconnaître, avec une juste défiance de nos forces, combien était vaste la carrière que nous nous étions proposé de suivre.

L'histoire d'un peuple n'est pas seulement celle des événements qui se sont succédé dans son pays, et des actes du dehors, auxquels il a pu prendre part. Pour le représenter complétement, il faut peindre les progrès qu'il a faits dans les arts, dans l'industrie, dans toutes les disciplines de la vie sociale.

Ici le concours des dessins devient utile. Il est des spectacles que les yeux seuls peuvent saisir : une description ne les ferait point assez comprendre ; et nous avons dû éviter de donner à ces parties accessoires de notre texte une disproportion qui aurait pu nuire à l'ensemble de l'ouvrage, et détourner du sujet principal l'attention du lecteur.

Les mœurs des indigènes, tels qu'ils apparurent aux Européens du seizième siècle, pouvaient exiger à la fois des relations et des images : ces doubles explications s'éclaircissent l'une par l'autre ; et la même remarque s'applique à quelques merveilles de la nature, qui excitent l'admiration, et qui surpassent en majesté et en grandeur tout ce que les voyageurs avaient rencontré jusqu'alors.

Mais l'historien n'a plus à s'occuper des tableaux d'un ordre inférieur, dont on retrouve l'analogie dans d'autres régions : tout ce qu'ils ont de gracieux, de varié, de pittoresque, doit être abandonné aux soins de l'artiste : c'est à son talent seul à faire ressortir les beautés des sites champêtres, à peindre leur végétation, leurs rochers, les eaux paisibles ou tumultueuses qui les animent, le luxe ou le désordre de la nature sauvage, et le brillant spectacle des travaux de la culture. Si nous avons dû faire entrer dans nos récits quelques observations de ce genre, c'est à de simples indications que nous nous sommes bornés.

La gravure de quelques monuments remarquables nous a également paru plus propre qu'une description, à faire connaître les vestiges de l'antiquité et l'état actuel de l'art, dans différentes parties du territoire américain.

Nous avons joint à notre texte vingt gravures, anciennement faites par Théodore de Bry, sur les mœurs des Indiens de la Floride et de la Virginie : les dessins avaient été recueillis sur les lieux mêmes, par deux artistes attachés aux premières expéditions des Européens.

Nous devons un même nombre de dessins à l'obligeance et au crayon facile et spirituel de M. Milbert, qui a bien voulu nous ouvrir son portefeuille, et dont on connaît le bel ouvrage, publié sous le titre de Voyage pittoresque des rives de l'Hudson. Le nom de M. Milbert se trouve indiqué au-dessous des gravures dont le sujet lui appartient.

On a consulté, pour les autres planches, un grand nombre de dessins qui ornent différents ouvrages, déjà publiés sur les États-Unis ; et enfin M. Lemaître a terminé et perfectionné quelques esquisses, faites sur les lieux mêmes, et qui avaient besoin de recevoir de lui la touche et l'expression.

Plusieurs scènes de l'histoire américaine ont été peintes par des artistes estimables ; et, pour mieux consacrer le souvenir de ces grands événements, nous avons cru devoir enrichir notre ouvrage d'une partie des dessins qui les rappellent.

En recueillant ainsi les gravures qui pouvaient accompagner nos observations, nous avons eu en vue de mieux faire connaître un pays si propre à nous intéresser. La nature et les hommes y ont offert à nos méditations de nombreux sujets d'études ; et, après avoir longtemps servi notre patrie, nous déposons avec respect devant elle ce dernier tribut de nos travaux.

TABLE DES MATIÈRES.

	Pages.
INTRODUCTION.	1
Origine des États-Unis.	ibid.
Expéditions antérieures à l'établissement des colonies anglaises.	ibid.
Voyages faits sur les côtes orientales de Floride par Ponce de Léon et par Vasquez de Aillon.	ibid.
Pamphile Narvaëz découvre la baie de Pensacola.	2
Expédition de Ferdinand de Soto.	3
Il étend ses découvertes depuis les Apalaches jusqu'au Texas.	ibid.
Expédition de Tristan de Luna.	4
Différents noms donnés aux mêmes lieux par les premiers voyageurs.	ibid.
Relations de Luna avec les naturels du pays.	5
Il donne des secours aux Indiens de Coosa contre les Natchéz.	ibid.
Leur manière de déclarer et de faire la guerre.	ibid.
Luna est rappelé au Mexique.	7
Établissements français projetés par l'amiral de Coligny.	8
Expédition de Jean Ribaut au nord de la Floride orientale.	ibid.
Il érige un fort dans la baie de Port-Royal, y laisse quelques troupes et revient en France.	9
Relations amicales avec le cacique Andusta.	ibid.
Malheurs de la colonie, dont les débris sont ramenés à Dieppe.	ibid.
Expédition de Laudonnière.	10
Il érige le fort Caroline, au nord de la Floride.	11
Saturiova, chef d'une confédération d'Indiens.	ibid.
Outina, chef d'une autre confédération.	ibid.
Laudonnière envoie des secours à Outina contre ses ennemis.	12
Troubles de la colonie, indiscipline des troupes, guerres avec les Indiens.	14
Seconde expédition de Jean Ribaut.	ibid.
Arrivée de Ménendez en Floride.	16
Il y construit le fort Saint-Augustin.	ibid.
Il s'empare du fort Caroline, et ne fait épargner que les femmes et les enfants.	17
Fin tragique de Ribaut et des hommes de son escadre.	18
Expédition faite par Dominique de Gourgues pour venger leur mort.	19
Il reprend le fort Caroline et ne fait aucun quartier.	21
Il revient en France, et les projets de colonies formés par Coligny sont abandonnés.	22
LIVRE PREMIER.	
Établissements des Anglais en Virginie.	ibid.
Expéditions de Humphrie Gilbert et de Walter Ralegh.	23
Voyage de Richard Greenvil.	25
Établissement dans l'île de Roanoke.	ibid.
Arrivée de Francis Drake sur les côtes de Virginie.	ibid.
Introduction en Europe de la culture de la pomme de terre, et de l'usage du tabac.	27
Cet usage est répandu chez tous les Indiens.	ibid.
Voyage de Bartholomé Gosnold.	29
Premiers établissements anglais dans le Massachusett.	30
Colonie fondée en Virginie près du James-River.	ibid.
Services du capitaine John Smith.	ibid.
Il est pris par les Indiens, condamné à périr, et sauvé par Pocahontas.	31
Voyages et découvertes de Smith.	32
Reconnaissance de la Chésapeake, du Potomac et de quelques autres fleuves.	ibid.
Voyage vers les montagnes.	33
Vue du pont naturel de Virginie.	ibid.
Pocahontas épouse John Rolfe.	37
Son voyage en Angleterre et sa mort.	38
Vicissitudes du sort de Walter Ralegh, éclat de ses services, sa mort sur un échafaud.	39
Organisation du gouvernement de Virginie.	40
Conjuration des Indiens contre cette	

TABLE DES MATIÈRES.

	Pages.
colonie; vengeance exercée contre eux.	41
Remarques sur les mœurs des tribus sauvages, sur leurs chasses, leurs guerres, leur cruauté envers les prisonniers, leurs cérémonies funèbres, leurs opinions sur une autre vie.	42

LIVRE DEUXIÈME.

Fondation des colonies de la Nouvelle-Angleterre.	46 ibid.
Émigrations causées par les troubles politiques et religieux de l'Angleterre.	47
Fondation de Boston.	48
Différentes associations religieuses.	ibid.
Opinions des puritains.	49
Des anabaptistes.	50
Des quakers.	51
Des unitaires.	ibid.
Autres classes de non-conformistes.	53
Confédération du Massachusett, du Connecticut, du New-Hampshire et du Maine.	55
Voyages de Hudson, et découverte de la rivière de ce nom.	ibid.
Fondation de la Nouvelle-Belgique.	56
Fondation d'une colonie suédoise près de la Délaware.	57
Les Hollandais s'en emparent.	58
Établissements formés dans le Maryland.	ibid.
Premières expéditions des Français dans l'île de Terre-Neuve, dans l'Acadie et le Canada.	ibid.
Voyages de Jacques Cartier, de Roberval, de la Roche, de Pierre de Monts.	59
Fondation de Québec par Champlain.	60
Ses relations avec les Hurons, les Algonquins, les Iroquois.	ibid.
Entreprises des Anglais contre l'Acadie et contre le Canada.	61
Protection accordée par Cromwell aux colonies anglaises.	63
Elles s'emparent de la Nouvelle-Belgique, qui reçoit le nom de New-York.	64
Premiers établissements de la Caroline.	ibid.
Analyse de sa constitution, dont l'acte est rédigé par Locke.	65
Acquisition des îles de Bahama.	67
Guerre de la Nouvelle-Angleterre contre les Abénaquis, les Pénobscots et d'autres tribus indiennes.	ibid.
Son alliance avec les Iroquois.	68
Invasions des Iroquois dans le Canada.	69

	Pages.
Leurs guerres avec les Hurons.	70
Fin des hostilités entre les Indiens et la Nouvelle-Angleterre.	71
Premiers établissements en Pensylvanie.	ibid.
Convention de Guillaume Penn avec les Indiens delawares.	72
Fondation de Philadelphie.	73

LIVRE TROISIÈME.

Progrès des établissements français dans le Canada.	74 ibid.
Voyages et dévouement des missionnaires français.	75
Découverte du Mississipi par le P. Marquette et par Joliet.	76
Expédition de la Sale et de Tonti.	77
Leurs navigations sur les grands lacs et sur l'Illinois.	78
Voyage du P. Hennepin sur le haut Mississipi.	ibid.
La Sale descend ce fleuve jusqu'à son embouchure.	ibid.
Remarque sur le Mississipi et sur ses affluents.	79
Bois qui en embarrassent la navigation.	ibid.
Forêts et animaux de la Louisiane.	80
Chasse des buffalos.	81
Incendie des prairies.	ibid.
Seconde expédition de la Sale.	82
Il part de France pour le golfe du Mexique et débarque dans la baie de Saint-Bernard.	ibid.
Ses voyages dans l'intérieur et ses découvertes.	83
Cause et circonstances de sa mort tragique, et de la ruine des établissements qu'il avait formés.	ibid.
Changements opérés dans la situation des peuplades indiennes.	84
Elles sont entraînées dans les guerres des colonies européennes.	ibid.
Modification des chartes de la plupart des colonies anglaises.	85
Projet de les faire jouir de la neutralité, pendant les guerres de l'Angleterre avec la France.	86
Ce projet ne s'exécute pas.	ibid.
Expédition d'Iberville pour le Mississipi.	87
Établissements successivement formés au Biloxi, à la Mobile, dans l'île Dauphine.	88
Relations amicales du Canada avec les Indiens.	89
Nouvelles hostilités entre le Canada et les colonies anglaises.	ibid.

TABLE DES MATIÈRES.

	Pages.
L'Acadie est attaquée à plusieurs reprises.	90
Elle résiste aux deux premières invasions.	91
Les Anglais s'en emparent dans une troisième.	92
Événements de la guerre de la succession.	ibid.
Malheurs et courage de Louis XIV.	93
Paix conclue avec l'Angleterre en 1711.	94
Cession de l'Acadie et des possessions de Terre-Neuve, par le traité d'Utrecht.	ibid.
Crozat obtient le privilége du commerce de la Louisiane.	ibid.
Ce privilége passe à la Compagnie d'Occident, fondée par Law.	95
Émission des billets de cette Compagnie.	ibid.
Entreprises de colonisation, chez les Natchèz, sur l'Ohio, l'Illinois, l'Arkansas, le Missouri, la rivière Rouge.	96
Fondation de la Nouvelle-Orléans.	ibid.
Guerre de 1719; expédition des Anglais contre Pensacola.	ibid.
Forts érigés sur les limites des territoires indiens.	97
Relations avec plusieurs tribus de la Louisiane.	ibid.
Le gouverneur de la Nouvelle-Orléans parvient à concilier entre eux les Osages, les Panis, les Padoucas et d'autres peuplades.	98
Nation des Natchèz plus civilisée.	ibid.
Le fort Rosalie s'élève dans leur contrée.	99
Causes et événements de leur conjuration contre cette colonie.	ibid.
Massacre des Français, et terribles représailles exercées contre les Natchèz.	100
Leur nation est détruite.	101
Quelques Indiens échappés à cette ruine se retirent chez les Chikasaws.	ibid.
LIVRE QUATRIÈME.	102
Fondation de la Géorgie.	ibid.
Comparaison des systèmes coloniaux adoptés en différents temps.	103
Système des colonies anglaises, leurs principales institutions, leurs rapports avec la métropole.	104
Développements de leur agriculture, de leur commerce, de leur navigation et de leurs pêcheries.	107
Pêche de la morue, sur les bancs de Terre-Neuve et dans les autres parages du nord.	108

	Pages.
Pêche du hareng, sur les côtes septentrionales de l'Europe et de l'Amérique.	109
Pêche de la baleine.	110
Émigrations périodiques des cétacés et des phoques.	ibid.
Pêcheries des Indiens, dans le lit des fleuves et à leur embouchure.	111
Traite des pelleteries, construction des navires, éducation des troupeaux, exercice des arts et des professions.	112
Colonies méridionales plus adonnées à l'agriculture.	115
Origine de la culture du riz dans la Caroline.	ibid.
Culture de l'indigo, du coton : éducation des vers à soie ; extraction du sucre d'érable et de la résine.	116
Relations de commerce avec les sauvages : on leur fournit des armes, des ustensiles, des étoffes grossières, des liqueurs spiritueuses.	117
Premiers essais de civilisation des Chérokées.	ibid.
On en arrête le développement.	ibid.
Remarques sur les habitants des colonies anglaises, sur les habitudes et sur les arts qu'ils ont apportés d'Europe.	118
Édifices publics.	119
Intérieur des habitations : vie domestique, dévouement des mères de famille, tendance de l'éducation, désir de former de nouveaux établissements.	120
Rapide accroissement de la population.	121
Émigrations des différentes parties de l'Europe pour le nouveau monde.	ibid.
Les hommes venus d'un même pays se réunissent entre eux.	122
Fusion de ces diverses colonies en un seul peuple.	ibid.
Déportations en Amérique.	123
Esclaves africains employés à la culture des rizières.	124
Origine et exploitation de la traite des noirs.	ibid.
Monopole de ce commerce, acquis par l'Angleterre en 1713.	ibid.
Indiens envoyés quelquefois en esclavage dans les Antilles.	125
Discussions de l'Angleterre avec l'Espagne sur les établissements de la baie de Campêche.	ibid.
Les Anglais essayent de naturaliser le bois de campêche dans les îles de Bahama.	126

TABLE DES MATIÈRES.

	Pages.
Guerre de l'Angleterre avec l'Espagne.	126
Hostilités sur les frontières de la Floride et de la Géorgie.	127
Activité du commerce de Boston.	128
Fondation de Halifax, et affermissement des Anglais en Acadie.	129

LIVRE CINQUIÈME.

Événements de la guerre de 1745.	ibid.
Les Français sont attaqués dans l'île de Cap-Breton.	130
Louisbourg est assiégé, et se rend après une longue défense.	ibid.
Succès des Français en Europe : batailles de Fontenoy, de Rocoux, de Laufeld.	ibid.
Débarquement de Charles-Édouard en Écosse; premiers avantages et derniers revers de cette expédition.	131
Encouragements donnés par l'Angleterre aux hommes qui vont s'établir en Acadie.	132
Accroissement de la population dans les Carolines et la Géorgie.	ibid.
Les Creeks prennent les armes contre la Géorgie : une femme de leur nation les excite à la guerre.	133
Rétablissement de la paix avec les Creeks.	134
Discussions élevées entre les colonies de France et d'Angleterre sur la démarcation de leurs limites.	ibid.
Les Français ont plusieurs établissements entre le Mississipi et les Apalaches, et ils construisent le fort du Quesne sur les rives de l'Ohio.	135
Les colonies anglaises font des préparatifs pour les attaquer.	ibid.
Événements de cette expédition.	136
Défaite du général Braddock.	137
Prise des vaisseaux le *Lys* et l'*Alcide* avant la déclaration de guerre.	ibid.
Attaque des postes que les Français avaient fortifiés, au nord de l'Acadie.	138
Bannissement des familles françaises qui étaient restées en Acadie.	139
Succès des troupes françaises, commandées par Montcalm, près du lac Champlain.	140
Les Français prennent Minorque et occupent le Hanovre.	141
Expéditions des Anglais sur les côtes de France : ils débarquent à Cancale, à Cherbourg, et ils sont repoussés.	143
Ils s'emparent de l'île de Cap-Breton.	144
Les Anglais détachent du parti de la France les Mingoes, les Shawanèses, et d'autres nations indiennes.	145
Ils entrent dans le fort du Quesne que les Français avaient abandonné : cette place prend le nom de Pittsbourg.	146
Opérations de la campagne de 1759 dans les Antilles.	147
Les Anglais s'emparent de la Guadeloupe.	ibid.
Une flotte anglaise remonte le fleuve Saint-Laurent pour venir assiéger Québec.	ibid.
Situation de cette place.	148
Montcalm accourt à sa défense.	ibid.
Disposition des deux armées.	ibid.
Bataille de Québec, où le général Wolf est tué.	149
Montcalm, blessé à mort, expire quelques heures après.	ibid.
Les Anglais s'emparent de Québec, et de plusieurs positions sur le lac Ontario.	150
Les Français se replient sur Montréal.	ibid.
La plupart des Indiens quittent le parti de la France.	ibid.
Les Chérokées prennent seuls les armes contre les Anglais.	ibid.
Ils assiégent le fort Loudown, et forcent la garnison à capituler.	152
Les Anglais font une nouvelle expédition contre eux.	ibid.
Le général de Lévis cherche à reprendre Québec.	153
Il gagne une bataille près des murs de cette place; mais n'ayant aucun moyen d'en faire le siège, il se retire.	154
Les Anglais s'emparent de Montréal et des autres postes du Canada.	155
Ils acquièrent, par le traité de paix de 1763, le Canada, l'île de Cap-Breton et les Florides.	ibid.
La France cède à l'Espagne la Louisiane.	156

LIVRE SIXIÈME.

Les Indiens de l'Ouest s'unissent pour attaquer les postes anglais situés sur leurs frontières.	157
Expéditions dirigées contre eux, par le colonel Bouquet et par le général Gage.	158
Les Indiens concluent la paix.	159
Les Anglais font explorer les régions nouvellement acquises entre les Apalaches et le Mississipi.	ibid.
Digues, enceintes, monuments anciens qu'on y découvre.	160

TABLE DES MATIÈRES.

	Pages.
Inscriptions, vases, ustensiles, ossements fossiles d'animaux dont l'espèce a disparu.	162
Voyages du capitaine Carver sur le haut Mississipi et dans les régions adjacentes.	ibid.
Progrès des colonies anglaises : elles discutent leurs droits et reconnaissent leurs forces.	163
Elles commencent à réclamer contre les restrictions mises à leurs privilèges.	165
Elles ne veulent se soumettre qu'aux impôts votés par elles-mêmes.	166
Elles se plaignent des droits imposés sur leur commerce avec les Antilles.	168
L'établissement d'un droit de timbre cause une vive fermentation dans les colonies.	ibid.
L'Angleterre révoque ce bill ; mais elle établit un autre droit sur l'importation du thé, du verre, du papier, des couleurs.	169
Les colonies en demandent la révocation.	170
Quelques régiments anglais sont envoyés à Boston, sous les ordres du général Gage.	172
Des rixes surviennent entre la garnison et les citoyens.	ibid.
On ne veut recevoir aucune marchandise de l'Angleterre.	ibid.
Le peuple jette à la mer plusieurs cargaisons de thé.	173
L'insurrection gagne toutes les colonies.	ibid.
Le Massachusett, privé de ses privilèges, demande la formation d'un congrès général.	ibid.
La session de ce congrès s'ouvre à Philadelphie.	174
Le Canada, l'Acadie, les Florides, ne prennent aucune part à ce mouvement.	ibid.
LIVRE SEPTIÈME.	176
Formation et actes du premier congrès.	ibid.
Il proclame les droits des colonies.	177
Il suspend toute relation de commerce entre elles et l'Angleterre.	178
Il fait parvenir ses remontrances au roi, au parlement, à la nation britannique.	179
Il adresse une proclamation aux colonies.	180
Le parlement déclare le Massachusett en état de rébellion.	181
Le gouvernement britannique envoie à Boston dix mille hommes de troupes.	181
Le général Gage veut faire saisir un magasin d'armes à Concord.	182
Le combat de Lexington devient le signal de la guerre.	ibid.
Situation de Boston.	ibid.
Combat de Bunker's-Hill.	183
Mort glorieuse de Warren.	ibid.
Le congrès ordonne des levées militaires et nomme Washington général en chef.	184
Le congrès publie un manifeste où sont exposés les griefs des colonies.	185
Il établit par un pacte fédéral les rapports qui doivent les unir entre elles.	188
Dunmore, gouverneur de Virginie, est forcé, par une émeute populaire, à s'embarquer précipitamment.	190
Il cherche à soulever les Indiens contre ses ennemis.	ibid.
Dissensions dans quelques autres colonies.	191
Le gouverneur du Canada décide les Iroquois à prendre les armes en faveur de l'Angleterre.	192
Solennité de leurs délibérations.	193
Fêtes qui précèdent la guerre.	ibid.
Le congrès ordonne une expédition contre le Canada.	194
Le général Montgomery se dirige sur Montréal avec un corps de troupes et il s'en empare.	ibid.
Le colonel Arnold se dirige vers Québec, à travers le district du Maine.	195
Il traverse le Saint-Laurent, et il en remonte la rive gauche pour se joindre à Montgomery.	ibid.
Leurs troupes réunies marchent sur Québec.	196
Montgomery est tué en attaquant la ville basse.	ibid.
Arnold est blessé en conduisant une seconde attaque.	ibid.
Les troupes américaines se retirent, et vont se retrancher à quelques milles de distance.	197
Washington presse les travaux du siége de Boston et prépare une attaque de vive force.	ibid.
Les Américains s'emparent de la presqu'île de Dorchester.	198
Le général Howe, ne pouvant plus défendre Boston, se dispose à l'abandonner.	ibid.
Départ des troupes anglaises et entrée de Washington.	ibid.

TABLE DES MATIERES.

	Pages.
Fin de l'expédition du Canada.	199
Les Américains y reprennent l'offensive, mais ils ne peuvent s'y maintenir.	ibid.
Ils évacuent les postes dont ils s'étaient emparés.	200
Les Anglais et leurs partisans sont défaits dans les deux Carolines et la Géorgie.	201
Ils attaquent Charleston, et renoncent à cette entreprise.	202
Prépondérance du parti qui désire l'indépendance.	203
Cette opinion est propagée par la publication de plusieurs écrits.	ibid.
De nouveaux gouvernements sont organisés dans les colonies.	204
La proposition de proclamer leur indépendance est faite dans le congrès.	205
L'acte de cette indépendance est publié le 4 juillet 1776.	206

LIVRE HUITIÈME. 208

Projet d'expédition des Anglais contre New-York.	209
Leurs troupes débarquent à Sandy-Hook.	ibid.
Le général Howe s'empare de Long-Island et gagne la bataille de Brooklyn.	210
Fermeté du congrès : il refuse les propositions de paix faites par ce général.	211
Il ordonne la formation d'une armée de troupes de ligne.	212
Il encourage les armements en course.	213
Washington fait évacuer New-York, et va occuper les hauteurs entre l'Hudson et le Connecticut.	214
Marches savantes des deux armées.	215
Le congrès donne plus de force aux liens de la confédération.	ibid.
Il ouvre ses ports à tous les pavillons étrangers, et fait venir d'Europe des munitions et des armes.	216
Mission de Franklin en France.	217
Dispositions générales en faveur des Américains.	ibid.
Vues du gouvernement français.	ibid.
Les Anglais font occuper le Rhode-Island.	219
Marche de Washington vers le New-Jersey.	ibid.
Les Anglais excitent les Chérokées à reprendre les armes.	220
Le gouverneur du Canada fait une invasion vers le lac Champlain.	221
Washington, qui s'était replié et concentré sur la Délaware, reprend l'offensive.	223
Il est victorieux à Trenton.	ibid.
Il remporte à Princeton un nouvel avantage.	224
Le général Howe se retire sur Amboy.	ibid.
Indiscipline de son armée.	ibid.
Washington occupe les hauteurs de Morristown.	ibid.
L'invasion de la petite vérole le décide à inoculer son armée, en face même de l'ennemi.	225
Il a rendu sa position inexpugnable.	ibid.
Le général Howe cherche à l'attirer dans la plaine, et lui livre quelques combats particuliers.	227
Howe ne peut ni engager une affaire générale, ni se maintenir dans le New-Jersey.	ibid.
Il se décide à porter la guerre sur un autre point.	228

LIVRE NEUVIÈME.

Campagne de 1777.	ibid.
Les Anglais font eu Canada et sur le lac Champlain des préparatifs pour envahir les contrées du nord.	229
Le général Burgoyne commande ce corps d'armée.	ibid.
Des chefs de guerre indiens s'unissent à son expédition.	ibid.
Il s'empare de Ticondéroga et s'avance vers les rives de l'Hudson.	231
Un autre corps anglais arrive sur les bords du Mohawk, mais il est contraint de se retirer.	232
Mort tragique de Mac-Réa.	ibid.
Défaite de deux détachements de l'armée de Burgoyne.	233
Ce général traverse l'Hudson et désire se porter sur Albany.	ibid.
Il vient camper près de Saratoga.	ibid.
Premier combat contre les troupes du général Gates, près de Still-Water.	ibid.
Burgoyne tente une seconde attaque; mais il est forcé dans son camp, et il se retire sur Saratoga.	234
Il est enveloppé par l'armée américaine, et il capitule.	235
Perte de la bataille de Brandywine par les Américains.	ibid.
Belle conduite de la Fayette.	236
Services de Pulawski.	ibid.
Nouvel échec essuyé à Germantown.	237
Inébranlable fermeté de Washington : il tient la campagne, établit ses quartiers d'hiver à Valley-Forge, et se prépare à la campagne suivante.	238

TABLE DES MATIERES.

	Pages.
La France conclut un traité de commerce et un traité d'alliance avec les Etats-Unis.	240
Clauses de ces traités; principes de droit maritime qui y sont insérés.	241
Entrevue de Franklin et de Voltaire à Paris.	242
Mort de lord Chatam.	ibid.
Suite des opérations militaires en Amérique.	243
Clinton remplace le général Howe : il quitte Philadelphie et passe dans le New-Jersey.	ibid.
Washington attaque à Monmouth l'arrière-garde de l'armée anglaise.	244
Clinton va réunir ses forces à New-York.	ibid.
Commencement des hostilités entre la France et l'Angleterre.	ibid.
Combat naval d'Ouessant.	ibid.
Ordonnances de 1778, favorables aux droits des neutres.	245
Arrivée du comte d'Estaing sur les côtes d'Amérique.	246
Les flottes anglaises et françaises sont en présence; une tempête les sépare.	247
Expédition des Anglais contre les îles de Saint-Pierre et de Miquelon.	ibid.
Leurs incursions sur les côtes du New-Jersey.	ibid.
Destruction de la colonie de Wyoming par les Indiens shawanèses.	248
Expédition ordonnée contre eux par le congrès.	249
La plupart de leurs villages sont détruits.	ibid.
Prise de l'île de la Dominique par les Français, et de Sainte-Lucie par les Anglais.	251
Les Anglais viennent attaquer Savannah et s'en emparent.	ibid.
Leurs incursions sur différents points du littoral.	252
Invasion et ruine du pays des Iroquois par les troupes américaines.	253
Hostilités dans la mer des Indes : prise de Pondichéri et des autres comptoirs français.	255
L'Espagne déclare la guerre à l'Angleterre.	256
La flotte du comte d'Orvilliers rejoint celle d'Espagne, va menacer les côtes d'Angleterre et revient à Brest.	ibid.
Prise de l'île de la Grenade par les Français.	257
D'Estaing débarque en Géorgie, et se joint au général Lincoln pour attaquer Savannah.	258
Assaut meurtrier donné à cette place : les troupes sont repoussées et lèvent le siége.	259
Les Anglais évacuent le Rhode-Island.	ibid.
Exploits de Paul-Jones, attaché au service américain.	260
Combat de la frégate française la *Surveillante*.	ibid.
Pavillon du capitaine Cook, regardé comme neutre.	ibid.

LIVRE DIXIÈME. 261

	Pages.
Armements et convois anglais dirigés vers Gibraltar.	ibid.
Opérations navales dans les mers d'Europe et aux Antilles.	262
Règlements de neutralité, publiés par les gouvernements de Toscane, des Deux-Siciles, de Hambourg, de Hollande.	264
Convois hollandais attaqués par les escadres britanniques.	265
Ligue de la neutralité armée, entre la Russie, la Suède et le Danemark.	266
Clinton s'embarque à New-York et vient attaquer Charleston.	267
Siége et reddition de cette place.	268
Défaite du général Gates à Cambden.	269
Les Anglais occupent une grande partie de la Caroline.	ibid.
Ils cherchent à exciter des défections dans l'armée américaine.	270
Ils attirent le général Arnold dans leur parti.	271
Arnold désire obtenir le commandement de West-Point, pour leur livrer cette position.	272
Importance militaire de West-Pont.	ibid.
Quartier général de Washington, et élite des guerriers qui l'environnent.	ibid.
Kosciusko est de ce nombre.	ibid.
Arnold correspond avec John André, aide de camp du général Clinton.	273
Arrivée d'un corps de troupes françaises dans le Rhode-Island.	ibid.
Washington et Rochambeau se rendent à Hartford pour y concerter leurs opérations.	ibid.
Entrevue d'Arnold et du major André pendant l'absence de Washington.	ibid.
Arnold s'engage à livrer West-Point.	ibid.
Arrestation d'André près de Tarry-Town.	274
Il est mis en jugement et exécuté.	275
Opérations de la guerre dans la Caroline, et habileté des manœuvres du général Greene.	276

TABLE DES MATIÈRES.

	Pages.
Combats de Guilfort, de Hobkirk.	277
Greene se soutient dans la haute Caroline.	278
Les Anglais tentent une expédition en Virginie.	ibid.
Ce pays est défendu par Steuben et la Fayette.	ibid.
Cornwallis vient s'y établir.	ibid.
Les Anglais s'emparent de l'île de Saint-Eustache et de la Guyane hollandaise.	279
Reprise de Pensacola par les Espagnols.	280
Arrivée de la flotte du comte de Grasse dans les Antilles.	ibid.
Prise de l'île de Tabago par le marquis de Bouillé.	ibid.
Le comte de Grasse concerte ses opérations avec Washington et Rochambeau.	ibid.
La flotte française se rend à l'entrée de la Chésapeake.	281
Rochambeau part du Rhode-Island.	ibid.
Les troupes américaines et françaises se réunissent sur les rives de l'Hudson.	ibid.
Marche de Washington et de Rochambeau dans le New-Jersey et en Pensylvanie.	ibid.
Réception des troupes françaises à Philadelphie.	ibid.
Combat d'Eutaw-Springs dans la Caroline.	282
Défaite des Chérokées et des Indiens du Mohawk par les troupes américaines.	283
Manœuvres et combats de Cornwallis sur les bords du James-River.	ibid.
Il concentre ses troupes à York-Town.	ibid.
Siége de cette place par Washington et Rochambeau.	ibid.
Capitulation de Cornwallis, et prise de son armée.	284
Les troupes américaines et françaises prennent leurs quartiers d'hiver.	ibid.
Voyages de Chatellux.	285
Le comte de Grasse retourne aux Antilles.	ibid.
Bouillé reprend l'île de Saint-Eustache.	ibid.
Kersaint reprend la Guyane hollandaise.	ibid.
Bouillé s'empare de l'île de Saint-Christophe.	286
Premier combat naval de Rodney et du comte de Grasse.	287
Combat du 12 avril 1782; défaite et prise du comte de Grasse.	ibid.

	Pages.
Les Anglais évacuent Savannah.	288
Vaudreuil rallie treize vaisseaux et va réparer à Boston ses avaries.	ibid.
La France prépare de nouveaux armements.	ibid.
Attaque et prise de Minorque par les Espagnols et les Français.	289
Travaux du siége de Gibraltar.	ibid.
Batteries flottantes incendiées par les assiégés.	290
Combat naval du Dogger's-Bank, entre les Anglais et les Hollandais.	ibid.
Combat du bailli de Suffren, près des îles du Cap-Vert.	291
Il porte des secours à la colonie hollandaise du cap de Bonne-Espérance.	ibid.
Il se rend à l'île de France et dans les Indes Orientales.	ibid.
Combat naval du 20 février 1782, au nord de Ceylan.	292
Suffren s'empare de Goudelour sur la côte de Coromandel.	ibid.
Combat du 9 mai, à la hauteur de Trinquemale.	ibid.
Combat du 25 juillet, près de Négapatnam.	ibid.
Suffren assiége Trinquemale et s'en empare.	ibid.
Affaires d'Amérique.	293
Convention des États-Unis avec la France sur le remboursement de leurs emprunts.	ibid.
La Hollande reconnait leur indépendance.	ibid.
Elle conclut avec eux un traité de commerce.	294
L'Angleterre se montre disposée à la paix.	ibid.

LIVRE ONZIÈME.

	Pages.
Convention préliminaire de paix entre l'Angleterre et les États-Unis.	295
Préliminaires de paix entre la France et l'Angleterre.	ibid.
Préliminaires entre l'Espagne et l'Angleterre.	297
Siége et combat de Goudelour.	ibid.
On reçoit aux Indes la nouvelle de la paix, et les hostilités cessent.	ibid.
Bases de la paix entre l'Angleterre et la Hollande.	298
Les États-Unis concluent avec la Suède un traité de commerce.	ibid.
Vive agitation dans l'armée américaine : elle réclame le règlement de ses comptes et le payement de sa solde.	ibid.
Washington apaise ce tumulte.	299

TABLE DES MATIÈRES.

	Pages.
Traités de paix définitifs de l'Angleterre avec la France, avec l'Espagne, avec les États-Unis.	299
Traité définitif de l'Angleterre avec la Hollande.	300
Évacuation de New-York par l'armée britannique.	ibid.
Arrivée de Washington à Philadelphie.	ibid.
Hommage qu'il reçoit de la société philosophique américaine.	301
Il vient à Annapolis remettre tous ses pouvoirs au congrès.	ibid.
Discours de Washington.	ibid.
Réponse du général Mifflin, président du congrès.	302
Origine de la société de Cincinnatus.	ibid.
Opposition qu'éprouve ce projet.	303
Modification de quelques bases de ses statuts.	304
Établissement de la société.	ibid.
Autres souvenirs de la guerre de l'indépendance.	305
Projets de colonisation sur les rives de l'Ohio et du Kentucky.	ibid.
Voyages de Bridd et de Finley.	ibid.
Établissements commencés par le colonel Boon.	ibid.
Terres achetées des Iroquois et des Chérokées.	306
Paix conclue avec les Indiens du Wabash.	307
Mesures prises par le congrès pour la vente et la répartition des terres publiques.	308
Le Kentucky est séparé de la Virginie.	ibid.
Séparation du Tennessée et de la Caroline du Nord.	309
Établissements sur la rive droite de l'Ohio.	ibid.
Traité de paix des Indiens avec le congrès.	310
Aspect des contrées de l'Ouest : arbres et animaux qui leur sont propres.	ibid.
Projets formés par Washington pour faciliter les communications entre l'est et l'ouest.	311
Retour de Franklin aux États-Unis.	312
Règlement pour les colonies à établir au nord-ouest de l'Ohio.	ibid.
Négociations avec l'Angleterre pour obtenir l'évacuation de quelques postes militaires, fixer les limites de la Nouvelle-Écosse, et régler les relations de commerce.	313
Les États-Unis veulent donner à leur organisation fédérale plus de force et d'unité.	314

	Pages.
Convention nommée pour rédiger un projet d'acte constitutionnel.	314
Ouvrage de John Adams sur les constitutions américaines.	ibid.
Nouveau plan de constitution adressé au congrès.	315
Ce plan est renvoyé à l'examen de tous les États de la confédération.	319
Il est approuvé par onze États.	ibid.
Un nouveau congrès est convoqué à New-York pour le 4 mars 1789.	ibid.
Washington est nommé président des États-Unis, et John Adams est vice-président.	ibid.
Quelques articles sont ajoutés à la constitution.	ibid.
Ils sont approuvés par les différents États.	320
Derniers services et mort de Franklin.	321
Influence de la révolution et de la guerre de l'indépendance américaine sur les premières commotions de la France.	ibid.
Le congrès ordonne, en 1790, le recensement de la population des États-Unis.	322
Il s'occupe de l'organisation des différentes parties du gouvernement.	323
Des cours de justice.	ibid.
Des revenus publics.	ibid.
Du payement des dettes étrangères et intérieures.	324
Des emprunts à faire pour les acquitter.	ibid.
Hamilton propose l'établissement d'une banque nationale.	325
Elle est créée par le congrès.	326
Lois sur les monnaies.	327
Sur la fondation d'une ville fédérale, où le congrès sera placé.	ibid.
Vues d'amélioration sur l'enseignement public.	328
Sur la réforme des lois.	ibid.
Sur celle des prisons.	ibid.
Premier établissement pénitentiaire.	329
LIVRE DOUZIÈME.	ibid.
Système suivi envers les Indiens.	ibid.
Traité de confédération, conclu à Pittsbourg en 1778, entre les États-Unis et les Délawares.	ibid.
Nouveau droit suivi envers les Indiens, après la paix de 1783.	330
Les États-Unis se regardent comme protecteurs des Indiens et comme souverains de leur territoire.	ibid.
Ils les considèrent comme placés dans les limites de la confédération.	ibid.

TABLE DES MATIÈRES.

	Pages.
Ils obtiennent d'eux des cessions de terres à chaque nouveau traité.	330
Les États-Unis relèvent les ruines des établissements français formés avant la guerre sur les rives du Mississipi, du Wabash et de l'Illinois.	331
Washington cherche à attirer les Indiens vers l'agriculture.	332
Il leur fournit des instruments de labourage et des animaux domestiques.	ibid.
Traités conclus avec les Creeks et les Chérokées.	333
Négociations des Sénécas avec Washington.	ibid.
Les Indiens de l'Ouest prennent les armes.	334
Ils défont près du Scioto les troupes du général Harmer.	ibid.
Ils défont celles du général Saint-Clair.	335
Ils sont vaincus, près de la Maumée, par le général Wayne.	ibid.
Nouveau traité conclu avec les six nations.	336
Traité de paix conclu avec les Indiens du Nord-Ouest.	ibid.
Dispositions des États-Unis envers la France, pendant la guerre qui vient d'éclater entre elle et l'Angleterre.	337
Les États-Unis publient, le 23 avril 1793, une proclamation de neutralité.	338
Entraves mises aux droits des neutres par l'Angleterre et par la France.	ibid.
Désastres de l'île de Saint-Domingue.	339
Secours accordés par les Américains aux colons réfugiés sur leur territoire.	ibid.
Atteintes portées aux droits et à la neutralité des États-Unis.	ibid.
Genet fait armer des corsaires dans leurs ports.	ibid.
Il fait des enrôlements et des armements contre la Louisiane.	340
Washington obtient son rappel.	ibid.
L'Angleterre cherche à conquérir Saint-Domingue.	ibid.
Elle y fait débarquer des troupes à Jérémie et au môle Saint-Nicolas.	ibid.
Elle conclut avec les États-Unis un traité d'amitié, de commerce et de navigation.	341
Les États-Unis sacrifient, dans ce traité, leur premier système sur les droits des neutres.	342
Ils concluent un traité avec l'Espagne, et obtiennent la libre navigation du	

	Pages.
Mississipi et un droit d'entrepôt à la Nouvelle-Orléans.	342
Avantages que ces traités procurent aux contrées de l'Ouest.	343
De nombreuses colonies vont s'y établir.	ibid.
Activité des défrichements.	344
Accroissement de la population.	345
Service des postes et moyens de correspondance.	ibid.
Effets de l'esprit d'association appliqué aux entreprises agricoles et commerciales.	ibid.
Esprit d'association religieuse.	346
Remarques sur différentes communions.	ibid.
Sur l'Église anglicane.	ibid.
Sur les anabaptistes et sur les frères moraves.	347
Sur les méthodistes.	ibid.
Sur les catholiques.	349
Sur les libertés religieuses et civiles.	ibid.
Washington apprend les malheurs de Kosciusko, à la suite des combats qu'il a livrés en 1792 et 1794 pour relever son pays.	ibid.
Il apprend la captivité de la Fayette, jeté dans les prisons d'Olmutz.	350
Washington fait des démarches pour obtenir sa délivrance.	351
Français réfugiés aux États-Unis à différentes époques de la révolution.	ibid.
Monroe est envoyé en France comme ministre des États-Unis.	ibid.
Propositions qui lui sont faites par le commandeur Cibon, chargé d'affaires de l'ordre de Malte.	352
Traités de paix des Américains avec Alger et avec Tripoli.	ibid.
Les négociations de Monroe avec le comité de salut public et ensuite avec le directoire sont sans résultat.	353
Le général Pinckney, son successeur, n'est pas admis.	354
Fin de la seconde présidence de Washington.	ibid.
Ses adieux au peuple et au congrès américain.	ibid.
John Adams lui succède le 4 mars 1797.	355
Projet formé par Blount de livrer aux Anglais la Louisiane	ibid.
Mesures prises par le directoire exécutif contre le commerce des neutres.	356
Les États-Unis se déclarent dégagés de leurs traités avec la France.	357
Ils se mettent sur la défensive, font	

TABLE DES MATIÈRES.

	Pages.
des levées de troupes, et remettent à Washington le commandement de l'armée.	357
Mort de Washington.	358
Deuil des Américains.	ibid.
Nouvelles mesures du directoire envers les neutres.	ibid.
Les États-Unis envoient en France de nouveaux négociateurs.	359
Ils sont accueillis par le premier consul.	ibid.
Convention conclue, le 30 septembre 1800, entre la France et les États-Unis.	ibid.
Ligue de la neutralité armée, renouvelée par les puissances du Nord.	ibid.
Le congrès est transféré dans la ville de Washington.	360
Fondation de cette ville.	ibid.
Capitole, Présidence, Navy-Yard, autres établissements.	ibid.
Envoi d'une armée française à Saint-Domingue, sous les ordres du général Leclerc.	362
Malheurs de cette expédition.	ibid.
Discussions des États-Unis avec l'Espagne sur l'entrepôt de la Nouvelle-Orléans.	363
Négociations avec la France, qui a obtenu la rétrocession de la Louisiane.	ibid.
Les États-Unis demandent à la France l'acquisition de la Nouvelle-Orléans et de quelques territoires voisins.	ibid.
Le premier consul leur fait offrir celle de la Louisiane entière.	365
Traités du 30 avril 1803 entre la France et les États-Unis.	ibid.
Expéditions des Américains contre la régence de Tripoli.	366
Invention des bâtiments à vapeur par Fulton.	368
Il fait sur la Seine, en 1303, ses premières expériences.	ibid.
Bâtiment à vapeur naviguant sur l'Hudson à la fin de 1806.	ibid.
Expériences d'Evans de Philadelphie sur l'application de la vapeur aux transports par terre.	369
Symptômes de dissensions.	ibid.
Ambition du colonel Burr.	ibid.
Combat singulier où Hamilton est tué.	ibid.
Voyage de Burr dans les États de l'Ouest.	ibid.
Il est accusé de vouloir les séparer de la confédération, et de les exciter à la guerre contre les possessions espagnoles.	370

	Pages.
Il est mis plusieurs fois en jugement, et il est acquitté par la déclaration des jurés.	370
Nouveaux défrichements tentés vers l'Ouest et dans le territoire de la Louisiane.	ibid.
Extension du commerce maritime des Américains.	371
Ils arment leurs navires qui se rendent dans les Antilles, afin de les protéger contre les corsaires.	ibid.
Leur navigation est entravée par les actes du gouvernement britannique.	ibid.
Elle est entravée par les décrets impériaux de Berlin et de Milan.	372
Le congrès interdit l'entrée des ports américains aux vaisseaux anglais et français, à dater du 20 mai 1809.	ibid.
Il continue de défendre toute expédition de navires américains pour les ports de France et d'Angleterre.	ibid.
Il tourne toutes ses vues vers les améliorations intérieures.	373
Projet d'ouvrir un canal entre la rivière d'Hudson et le lac Ontario.	ibid.
On fait reconnaître en 1808 la contrée située entre les lacs Érié et Ontario.	ibid.
Vue du saut du Niagara.	ibid.
Le canal doit se diriger vers le lac Érié.	ibid.
Autre canal ouvert entre la baie de Boston et le Mérimack.	374
Entreprises commerciales de Boston.	ibid.
Favorable situation de New-York.	ibid.
Exploration des contrées de l'Ouest, par ordre du gouvernement fédéral.	ibid.
Reconnaissance du cours du Mississipi, de la rivière Rouge, de l'Arkansas, de la Platte, du Missouri.	ibid.
Voyages de Pike, de Wilkinson, de Sibley, de Dunbar et de Hunter.	ibid.
Voyages de Lewis et Clark.	375
Ils remontent le Missouri, ouvrent des relations avec différentes nations indiennes, et observent leurs mœurs.	ibid.
Ils arrivent aux chutes du Missouri, et aux portes ou pyles des montagnes Rocheuses.	376
Ils franchissent cette partie des Cordillères, et poursuivent leur voyage jusqu'à l'embouchure de la Columbia.	ibid.
Aspect général des contrées situées entre le Mississipi et les montagnes Rocheuses.	377
Fleuves navigables.	ibid.
Mines de plomb et d'autres métaux.	378

TABLE DES MATIÈRES.

	Pages.
Charbon fossile.	378
Vastes plaines couvertes de sel.	ibid.
Troupeaux innombrables de buffalos.	ibid.
Autres animaux de ces contrées.	379
Cession de territoire faite par les Osages.	ibid.
Vives inquiétudes que leur causent les progrès de la population blanche.	ibid.
Celle-ci s'avance constamment vers les montagnes Rocheuses.	380
Projet de s'étendre jusqu'au grand Océan.	ibid.
Expéditions dirigées vers l'embouchure de la Columbia.	381
Fondation d'Astoria sur les rives de ce fleuve.	ibid.
Mission du général Armstrong en France.	ibid.
Les États-Unis obtiennent la révocation des décrets de Berlin et de Milan.	ibid.
Ils réclament des indemnités pour les pertes qu'ils ont faites.	382
Remarques sur cette affaire, dont la décision est ajournée à d'autres temps.	ibid.
Dispositions mutuellement amicales des Américains et des Français.	ibid.
Les États-Unis ne rétablissent pas leurs relations de commerce avec l'Angleterre.	383
La situation de l'Amérique espagnole attire toute leur attention.	ibid.
Miranda forme le projet de séparer de la métropole la Terre-Ferme et le Mexique.	ibid.
Sa carrière militaire et France.	383
Il va proposer ses plans à l'Angleterre et aux États-Unis.	ibid.
Le gouvernement fédéral ne lui accorde aucun secours.	ibid.
Miranda forme à New York une expédition particulière.	384
Il lève des volontaires, se rend à la Trinité, et va débarquer près du cap de la Vela.	ibid.
Cette première entreprise ne réussit point.	ibid.
Arrivée de la cour de Portugal au Brésil.	ibid.
Cette colonie devient un nouvel État.	ibid.
Fermentation que produit, à Caracas et dans la Nouvelle-Grenade, l'invasion de l'Espagne en 1808.	ibid.
Ces colonies reconnaissent d'abord Ferdinand VII.	385
Elles établissent des juntes en 1810.	ibid.
Caracas proclame son indépendance en 1811.	ibid.
On y adopte une constitution analogue à celle des États-Unis.	ibid.
La Nouvelle-Grenade prend des résolutions semblables.	ibid.
Guerre engagée, au Mexique, entre le parti espagnol et celui de l'indépendance.	ibid.
Lutte également ouverte entre eux dans les autres possessions espagnoles.	ibid.
Influence de l'émancipation des États-Unis sur le sort des autres parties de l'Amérique.	386
Conclusion de cet ouvrage.	ibid.

FIN DE LA TABLE DES MATIÈRES.

ERRATUM.

Page 61, ligne 15, OCCIDENTALES : *lisez* ORIENTALES.

ETATS-UNIS FLORIDES. VEREINIGTE STAATEN FLORIDA.

Déclaration de Guerre. Kriegserklärung.

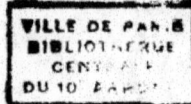

ÉTATS-UNIS. FLORIDE. VEREINIGTE STAATEN. FLORIDA.

Cérémonie avant le Départ pour la Guerre. Ceremonien vor dem Auszug in den Krieg.

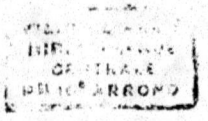

ÉTATS-UNIS

Droit d'Appropriation des Terres

ÉTATS-UNIS.

Pont naturel de Virginie.

ÉTATS - UNIS

Femmes indiennes et Homme

ÉTATS UNIS. VEREINIGTE STAATEN.

Vue d'un pont des environs de Trenton. Wasserfall bei den Bädern von Schooley.

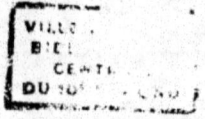

ÉTATS UNIS. VEREINIGTE STAATEN.

Baptême des Anabaptistes. Taufe der Wiedertäufer.

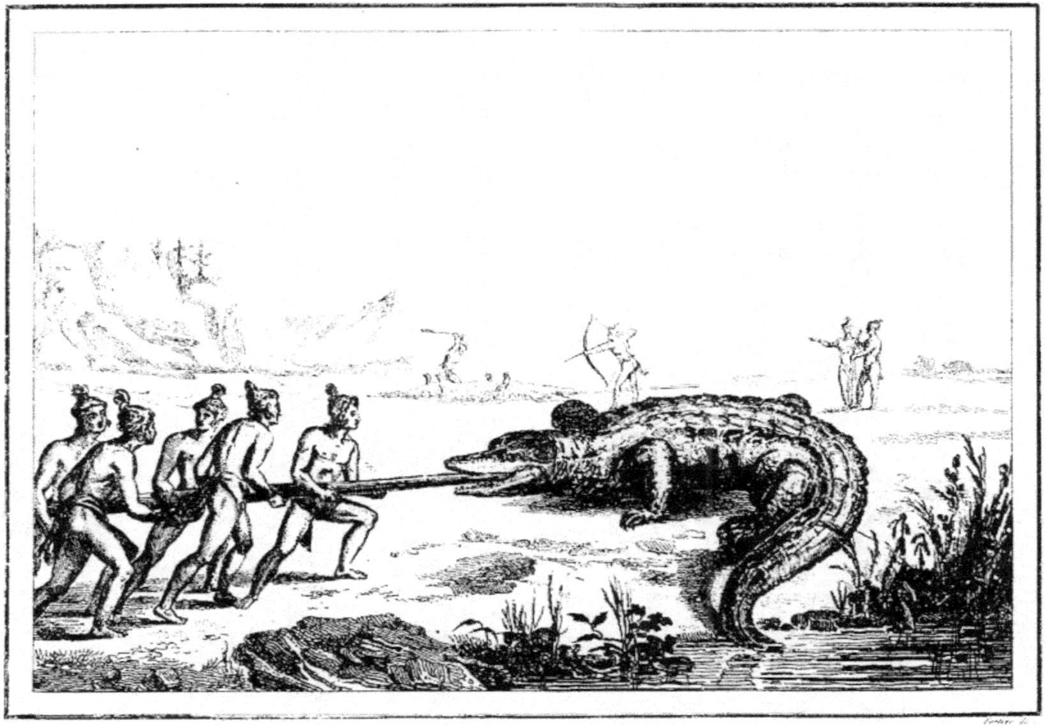

Chasse aux Alligators. Erlegung des Alligator

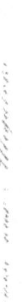

Hirschjagd.

FLORIDE. FLORIDA.

Repas et préparations des mets. Mahlzeit und Zubereitung derselben.

ÉTATS-UNIS.

Manière de traiter les malades.

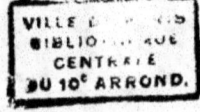

ÉTATS-UNIS.

Manière de arracher les souques.

ÉTATS-UNIS.

Pêche.

Village Indien

ÉTATS-UNIS.

Guillaume Penn achetant la terre des Sauvages.

ÉTATS-UNIS.

1. Maïs.   2. Tabac.

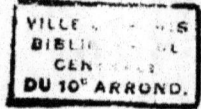

ÉTATS-UNIS.

Palissades naturelles de l'Hudson.

ÉTATS-UNIS.

1. Ocelot.   2. Castor.

ÉTATS - UNIS

1. Wapiti. 2. Buffalo.

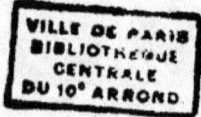

ÉTATS-UNIS.

Premier Temple des Quakers à Philadelphie.

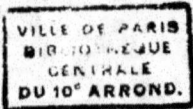

ETATS-UNIS.

Première Église Anabaptiste
à Providence.

Prédication des Anabaptistes.

Église Episcopale de Rosemont.

ÉTATS-UNIS

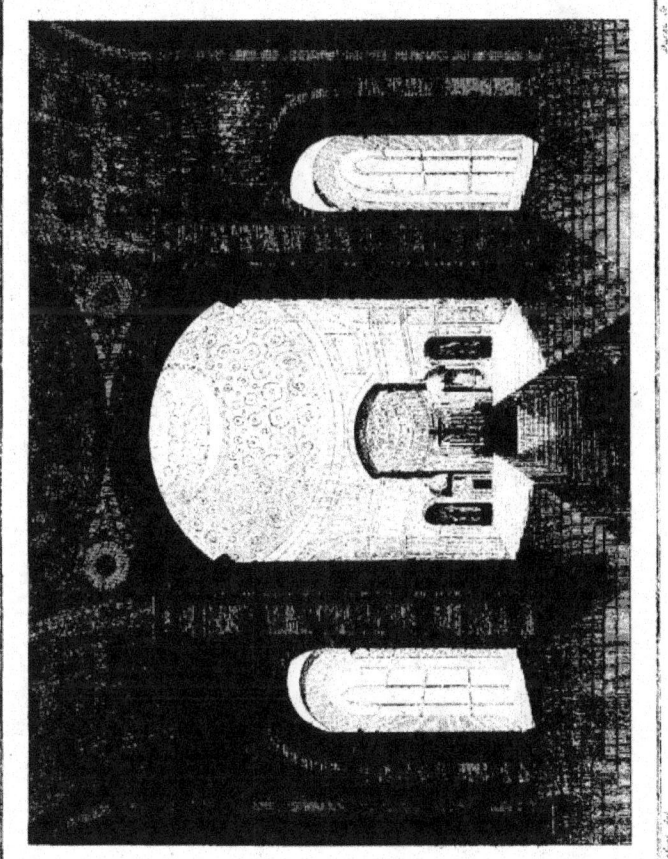

Cathédrale Catholique à Baltimore

ÉTATS-UNIS.

Ruines du Fort Ticonderoga.

ÉTATS-UNIS.

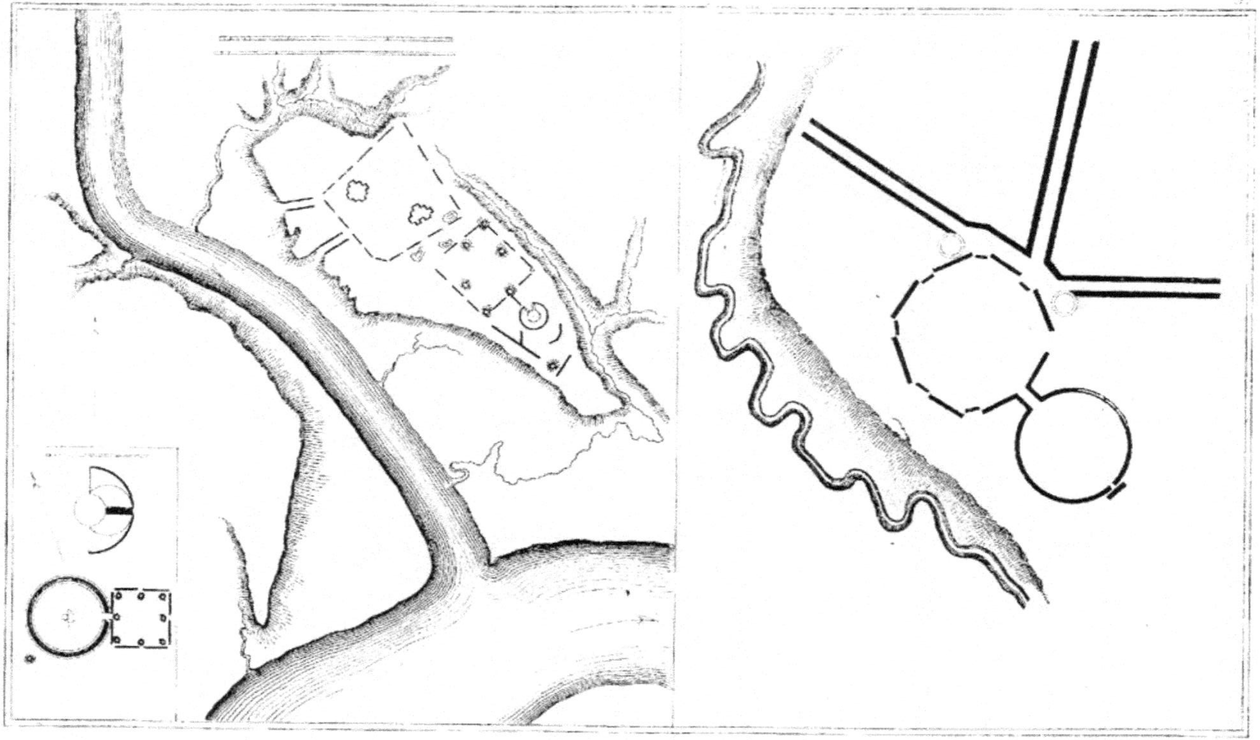

Anciennes fortifications de l'Ohio.

ÉTATS-UNIS.

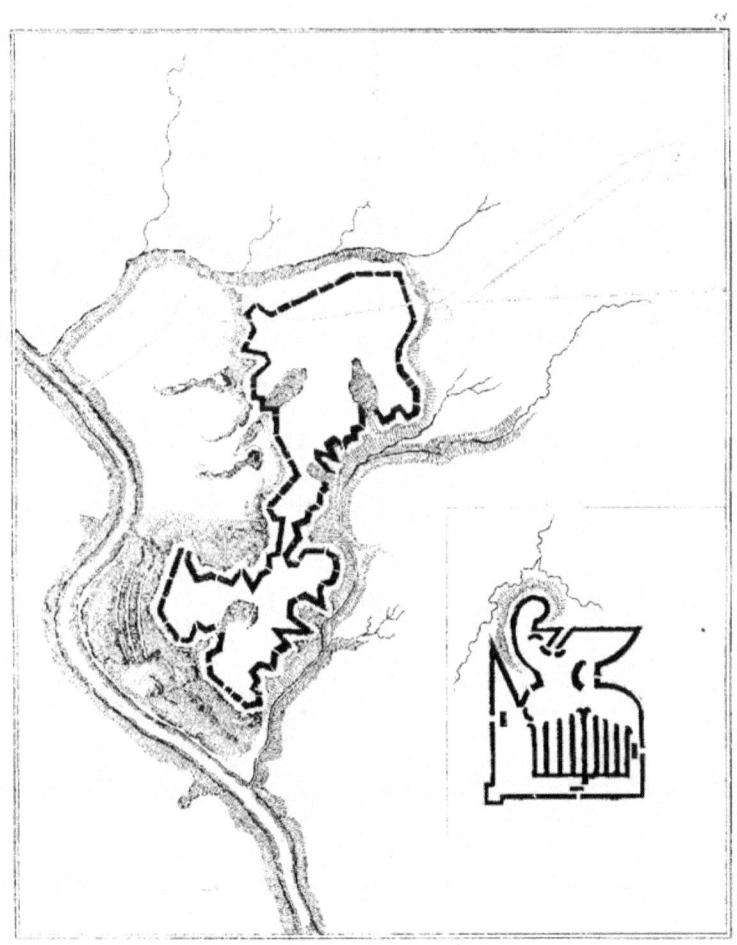

Anciennes fortifications.

ÉTATS-UNIS.

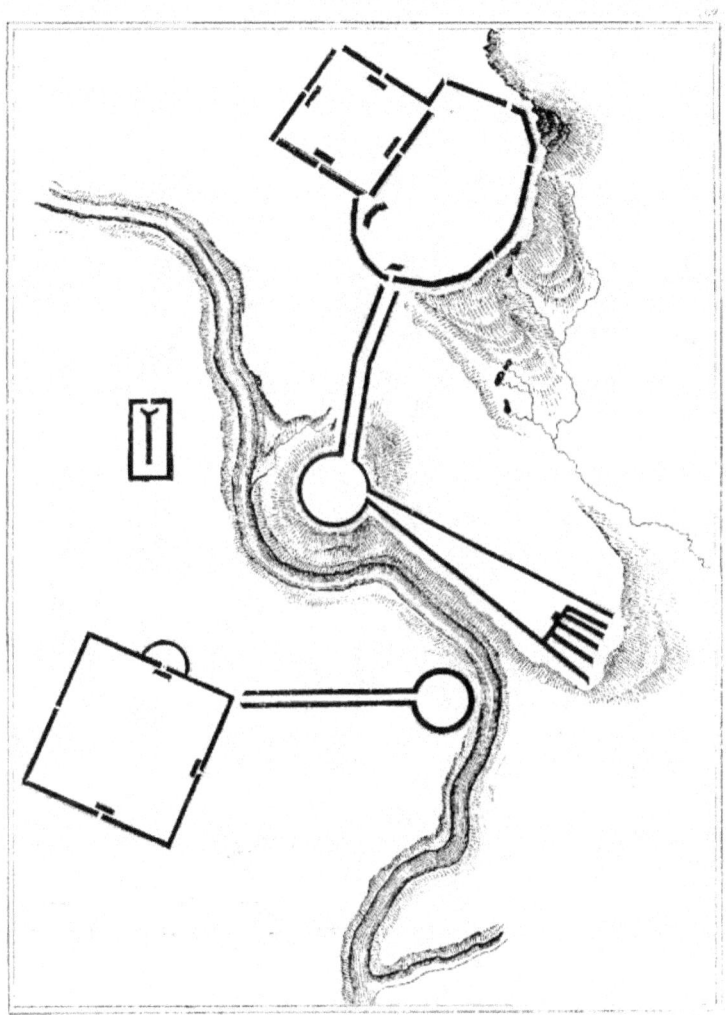

Anciennes fortifications.

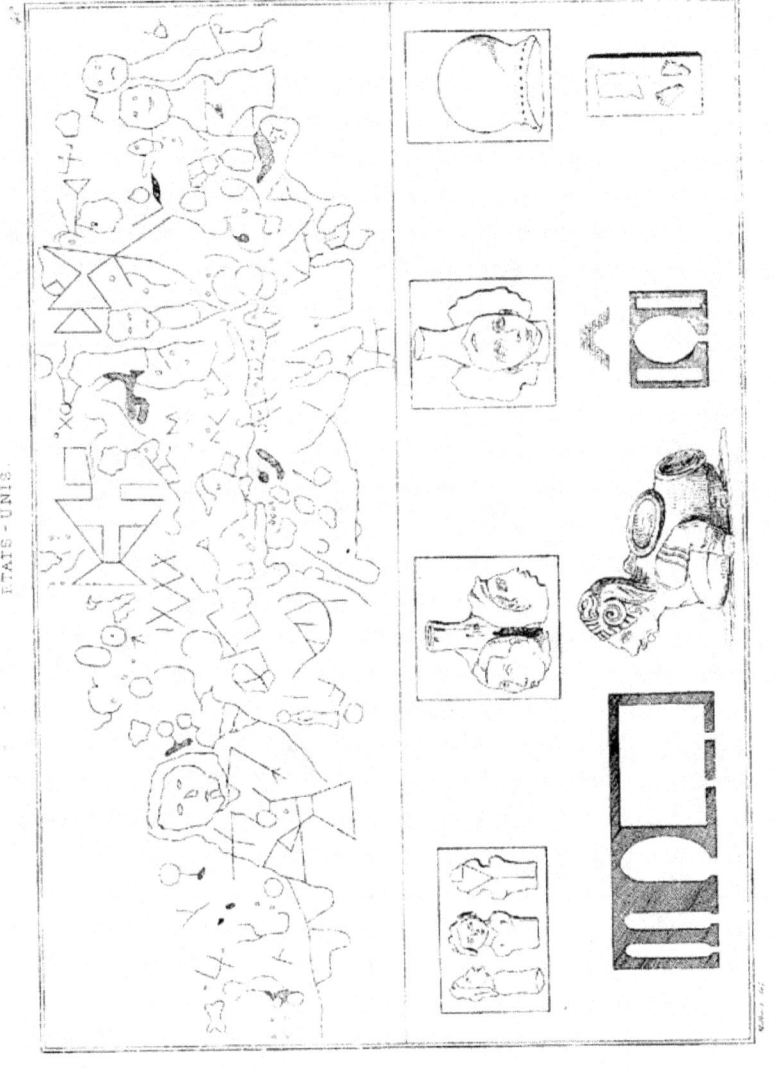

ÉTATS-UNIS.

Hôpital de Pensylvanie

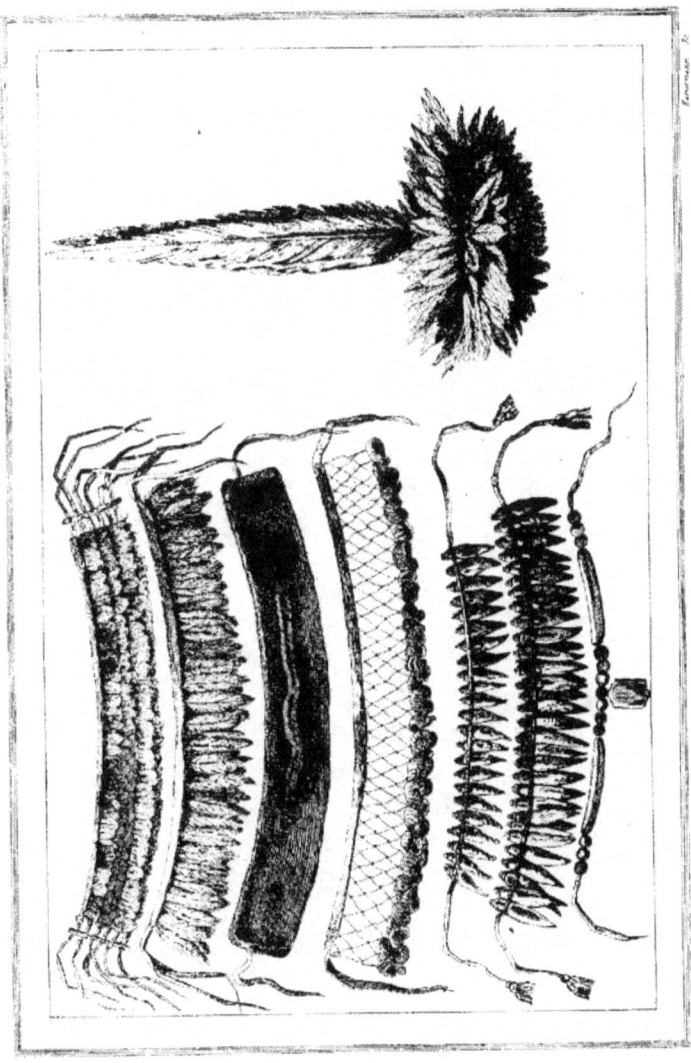

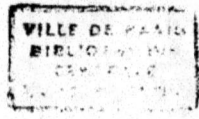

ÉTATS-UNIS.

Hôtel de Ville de Philadelphie.

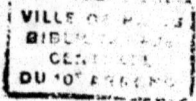

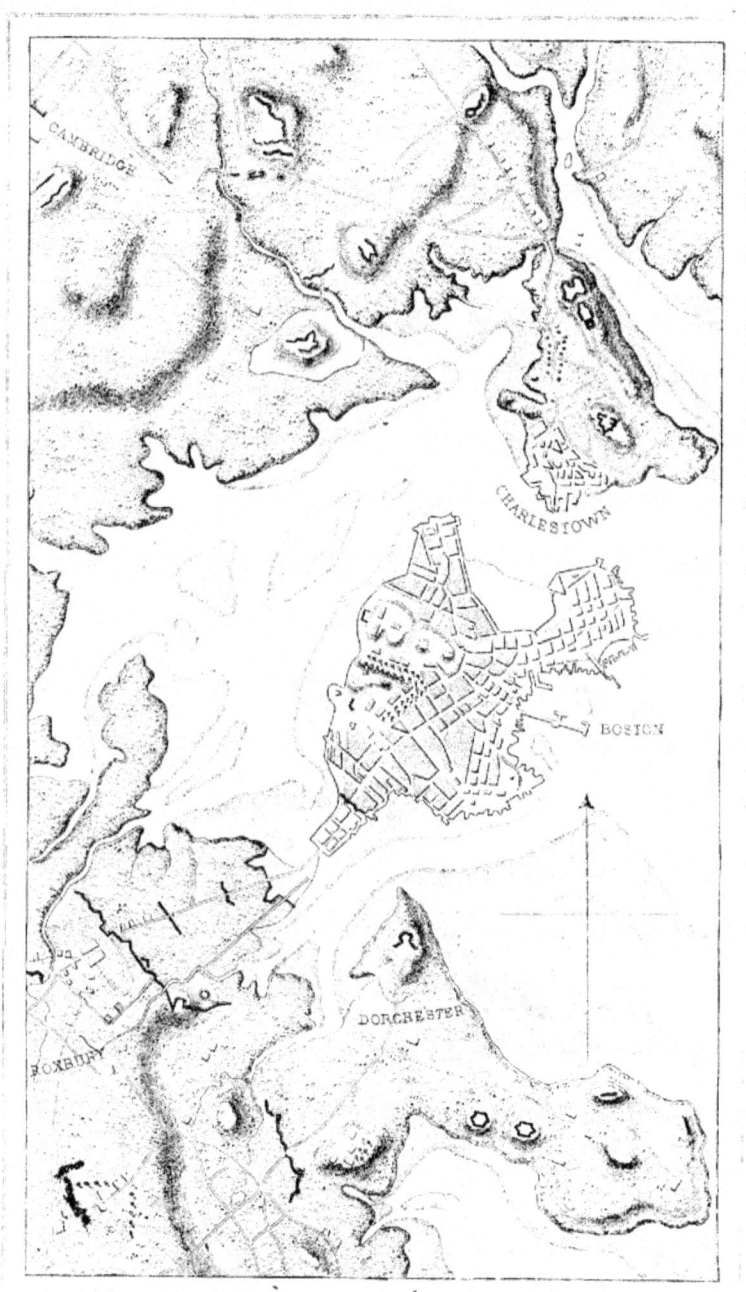

ÉTATS-UNIS.

Vue de la maison et du paysage des Wabash.

ÉTATS-UNIS

ÉTATS-UNIS.

Entrée de la Rivière d'Hudson.

Mort de Montgomery devant Québec.

ÉTATS-UNIS.

Vue de Boston depuis la petite Anglaise.

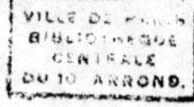

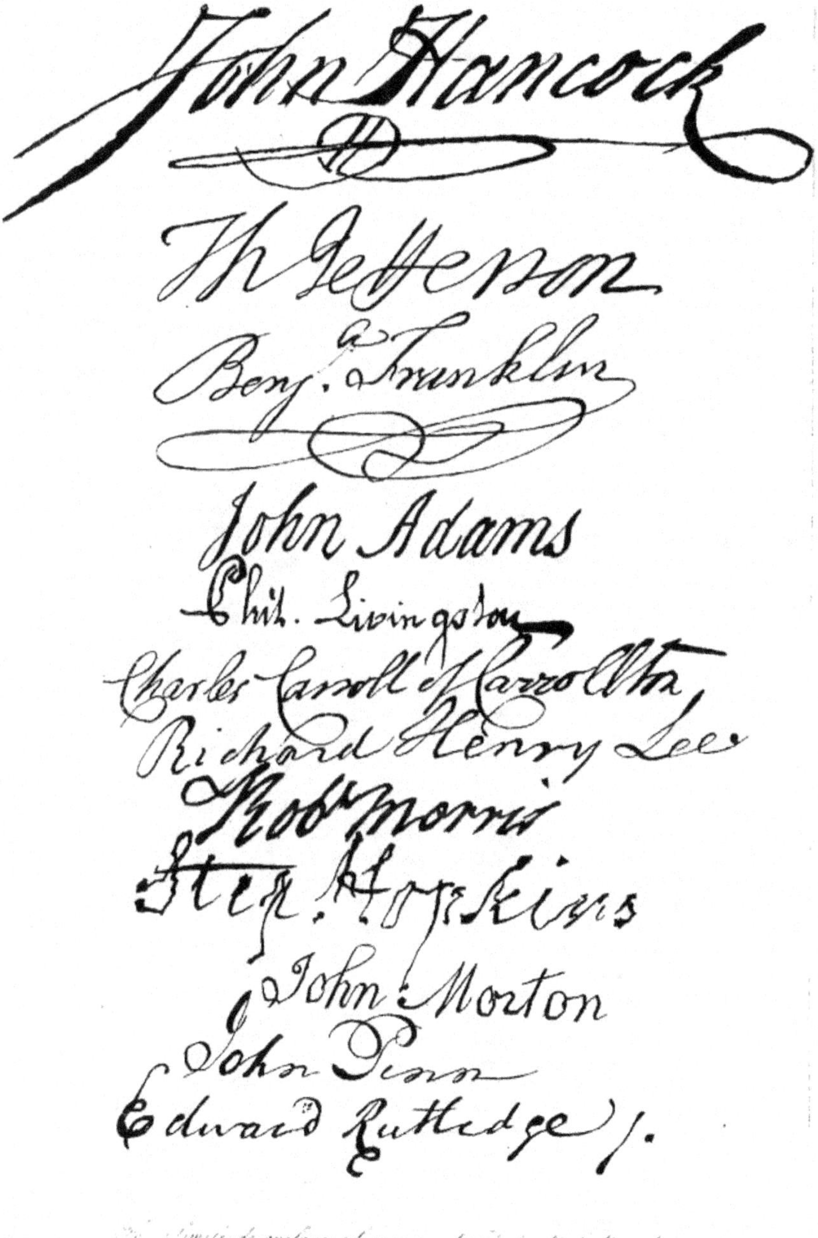

John Hancock
Th Jefferson
Benj.a Franklin
John Adams
Phil. Livingston
Charles Carroll of Carrollton
Richard Henry Lee
Robt Morris
Step. Hopkins
John Morton
John Penn
Edward Rutledge

Fac-similé de quelques signatures de l'acte d'Indépendance.

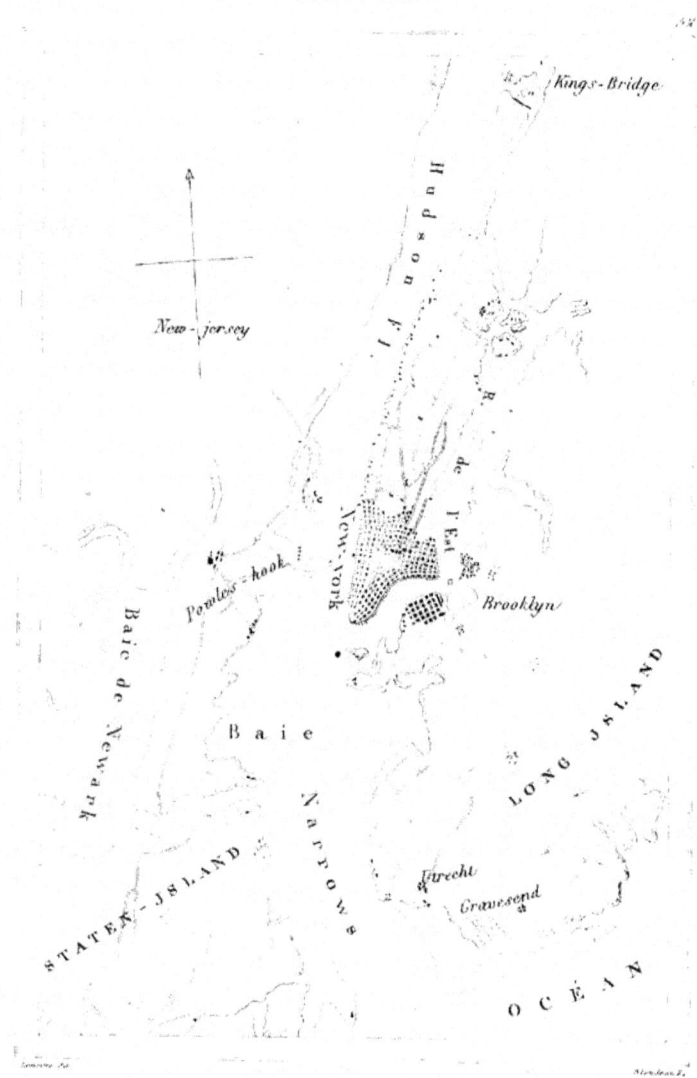

Plan de la Baie de New-York.

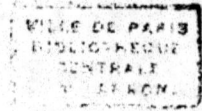

WASHINGTON.

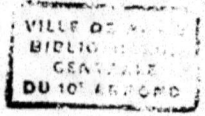

FRANKLIN

JOHN ADAMS.

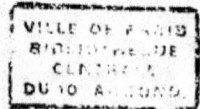

JEFFERSON.

ÉTATS-UNIS.

Lac George.

ÉTATS-UNIS

Usine de Glènes

ÉTATS-UNIS.

Pont sur l'Hudson près Luzerne.

ÉTATS-UNIS.

ÉTATS-UNIS.

Capitulation de Burgoyne à Saratoga.

Vue actuelle de Saratoga.

ÉTAT-UNIS

Vue de la Ville d'Hudson.

ÉTATS-UNIS.

Arrestation du Major André au Bourg de Tany-Town.

Prise de Pensacola.

ÉTATS-UNIS

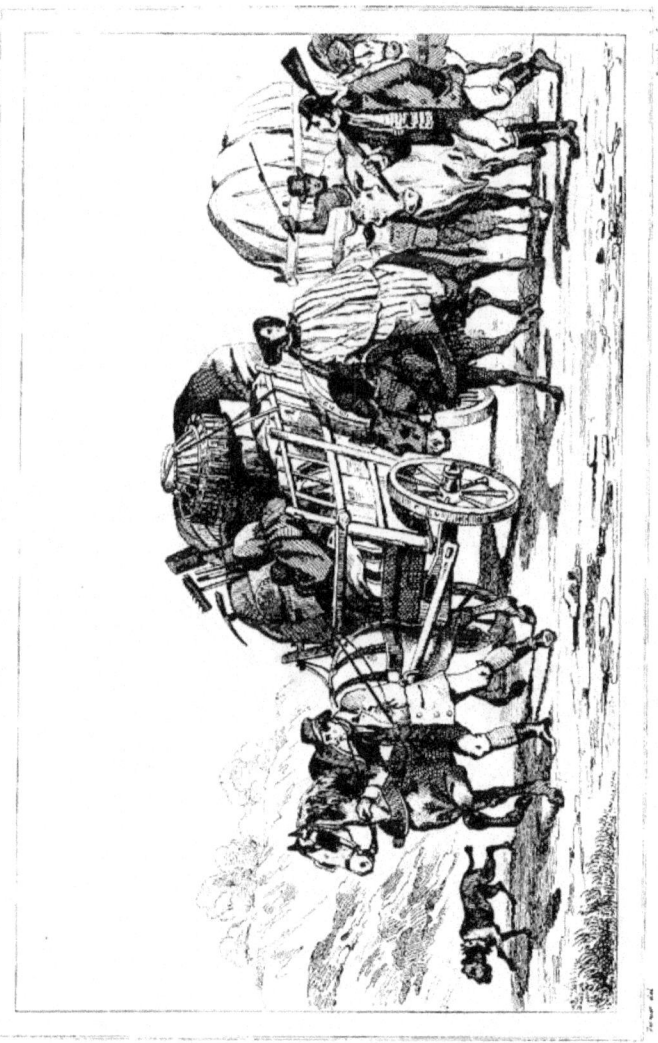

Émigration vers l'Ouest

ÉTATS-UNIS.

Poughkeepsie.

ÉTATS-UNIS

Monument de Bunker-hill.

Muséum de Philadelphie

ÉTATS-UNIS.

Hôtel de Ville et Place Wall.

ÉTATS-UNIS

Église St Paul à New-York.

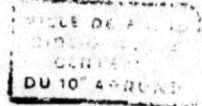

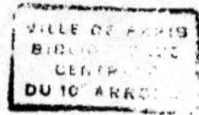

ÉTATS-UNIS.

Université de Cambridge près Boston.

ÉTATS-UNIS

Université de Philadelphie

ÉTATS-UNIS.

Institut de Franklin.

ÉTATS-UNIS.

Banque de Stephen Gerard.

ÉTATS-UNIS.

Pénitencier de Philadelphie.

ÉTATS-UNIS

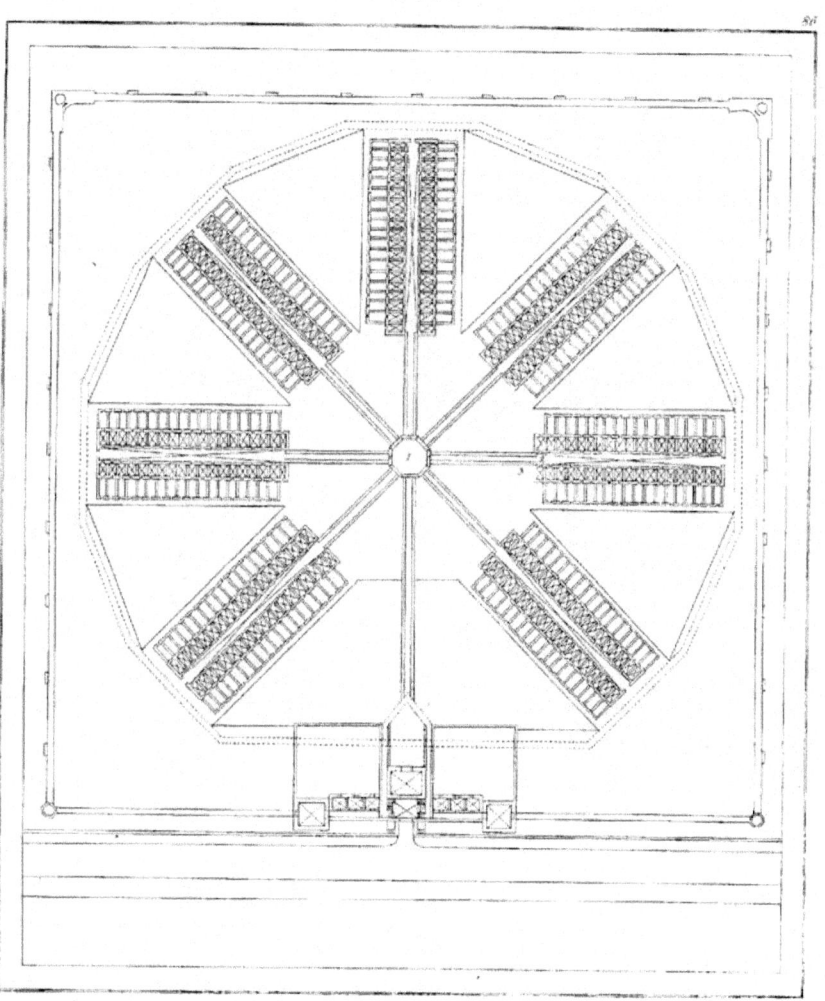

Plan du Pénitentiaire.
1. Observatoire. 2. Corridors. 3. Cellules.

ÉTATS-UNIS.

Manufacture de Virginie.

ÉTATS-UNIS.

Collège de Herson (État de l'Ohio.)

ÉTATS-UNIS.

Capitole de Washington.

ÉTATS-UNIS.

Providence.

ÉTATS-UNIS.

Département d'État.

ÉTATS-UNIS

Tombeau de Washington

ÉTATS-UNIS.

Rapides et Chûte de la Mohawk.

ÉTATS-UNIS

Vue de Yale Rive

ÉTATS-UNIS.

Saut du Niagara.

Voûte sous la Chute du Niagara.

www.ingramcontent.com/pod-product-compliance
Lightning Source LLC
Chambersburg PA
CBHW070357230426
43665CB00012B/1160